ESSAI
SUR
L'ORGANISATION DU TRAVAIL
EN POITOU
DEPUIS LE XIe SIÈCLE JUSQU'A LA RÉVOLUTION

PAR

P. BOISSONNADE

AGRÉGÉ D'HISTOIRE, DOCTEUR ÈS LETTRES
LAURÉAT DE L'ACADÉMIE FRANÇAISE ET DE L'ACADÉMIE DES SCIENCES MORALES
PROFESSEUR A LA FACULTÉ DES LETTRES DE L'UNIVERSITÉ DE POITIERS

TOME PREMIER

PARIS
H. CHAMPION, LIBRAIRE-ÉDITEUR
9, QUAI VOLTAIRE, 9

1900

Don de l'auteur à la Bibliothèque Nationale

P. Guillaume

ESSAI

SUR

L'ORGANISATION DU TRAVAIL

EN POITOU

ESSAI

SUR

L'ORGANISATION DU TRAVAIL

EN POITOU

DEPUIS LE XIe SIÈCLE JUSQU'A LA RÉVOLUTION

PAR

P. BOISSONNADE

AGRÉGÉ D'HISTOIRE, DOCTEUR ÈS LETTRES
LAURÉAT DE L'ACADÉMIE FRANÇAISE ET DE L'ACADÉMIE DES SCIENCES MORALES
PROFESSEUR A LA FACULTÉ DES LETTRES DE L'UNIVERSITÉ DE POITIERS

TOME PREMIER

PARIS

H. CHAMPION, LIBRAIRE-ÉDITEUR

9, QUAI VOLTAIRE, 9

1900

ESSAI

SUR

L'ORGANISATION DU TRAVAIL

EN POITOU

Depuis le XIᵉ siècle jusqu'à la Révolution

INTRODUCTION

Les études d'histoire sociale et économique, longtemps négligées, commencent à attirer l'attention du public. Elles ne peuvent guère être poursuivies avec fruit que si l'on y applique les méthodes critiques dont l'expérience d'un demi-siècle a démontré la valeur. C'est par une série de monographies bien conduites, ville par ville, province par province, que l'on arrivera à pouvoir reconstituer un jour le tableau de la vie économique de l'ancienne France. Tel est l'idéal que l'auteur de ce travail a poursuivi en essayant de décrire, à l'aide de tous les documents manuscrits et imprimés, dont l'accès lui a été permis, l'organisation des communautés d'arts et métiers du Poitou. Dans le premier livre, se trouve l'exposé du mouvement industriel et commercial de la province depuis le xie siècle jusqu'à la Révolution. Le second, qui est le plus considérable de l'ouvrage, est consacré à l'analyse des règlements et coutumes de chacune des industries poitevines. Dans le troisième, sont étudiées l'organisation, la condition, l'administration, le rôle politique et social du personnel des communautés industrielles. Le quatrième enfin est un exposé des rapports des pouvoirs locaux et de l'État avec les maîtres et les ouvriers, et des efforts de l'autorité pour organiser ou réglementer l'industrie et le commerce du Poitou.

On trouvera à la fin de cet ouvrage, avec un choix de pièces justificatives, l'indication détaillée des sources auxquelles nous avons puisé. Ce sont surtout les Archives municipales de Poitiers, les manuscrits de la Bibliothèque de cette ville, les Archives départementales de la Vienne, celles de la Société des Antiquaires de l'Ouest, qui nous ont fourni les éléments de ce travail. Nous avons aussi consulté un certain nombre de registres ou de cartons des Archives Nationales et des Archives des Deux-Sèvres, et une foule de textes imprimés, cartulaires, recueils de documents d'ordre multiple, tels que les Archives historiques du Poitou, des journaux, des brochures, des plaquettes, dont on rencontrera l'index à l'appendice. Il n'a pas été possible de dépouiller toutes les archives communales du Poitou. La tâche est actuellement au-dessus des forces d'un travailleur isolé. Les archives notariales où l'on pourrait puiser des renseignements fort utiles, sont des propriétés particulières; celles du présidial de Poitiers, ne peuvent non plus être abordées, faute d'inventaire et de classement. C'est dire, qu'en dépit de cinq années de recherches continues, ce travail présentera certaines lacunes. En attendant, il offrira un tableau commode dont les érudits locaux pourront compléter les détails, et dont l'ensemble nous paraît déjà suffisamment nouveau, pour qu'il puisse servir aux historiens. La méthode que nous avons suivie est celle de l'analyse. Il nous a paru, que dans un sujet semblable, il fallait procéder avec prudence, chercher surtout à atteindre à la précision et à la clarté, plutôt qu'à l'exposition rapide, parfois plus attrayante et plus brillante, mais plus superficielle et moins sûre, qui est le propre de la synthèse. Nous avons voulu que chaque fait, chaque assertion, fussent accompagnés de leurs preuves, estimant que cette manière de procéder est la seule qui convienne à la probité historique. Le but que nous poursuivons sera assez atteint, si cet essai peut paraître, sinon agréable, du moins utile à ceux qui s'efforcent de reconstituer la véritable histoire de l'avenir, c'est-à-dire celle des institutions et du peuple.

LIVRE PREMIER

Le Mouvement général de l'Industrie et du Commerce en Poitou (XIe-XVIIIe siècles).

CHAPITRE PREMIER

Le Commerce et l'Industrie en Poitou du XIe siècle au XVe.

Les origines de l'histoire économique du Poitou sont enveloppées d'obscurité. Les inscriptions de la période romaine ne nous apprennent presque rien sur ce point spécial. La principale richesse du pays paraît avoir consisté en ce temps, comme aujourd'hui, dans l'agriculture : « Les cam-
« pagnes du Poitou, remarque Pline, sont très riches, grâce
« à l'emploi de la chaux » (1). C'est alors, de même que la plus grande partie de la Gaule, une région de céréales, de pâturages et de grandes forêts, couverte de vastes marais sur les côtes (2). On y exploitait aussi quelques mines de fer, comme le prouvent d'anciens dépôts de scories, notamment ceux qu'a signalés M. de Longuemar aux environs de Charroux (3). La mine de plomb de Melle était, semble-t-il, déjà ouverte, et l'exploitation en resta si active que Dagobert put donner une rente de 8000 l. de cette matière à l'église de Saint-Denis : les exploitants de cette concession minière payaient cette redevance tous les deux ans (4). Il y avait une autre mine de cette sorte sur le ter-

(1) Pline, *Hist. Nat.*, XVII, iv, 5. « Ædui et Pictones calce uberrimos fecere agros ». — (2) A. Ménard, Essai sur la topog. du pays des Pictons, *Bull. Soc. Antiq. Ouest*, 1858, p. 179. — E. Desjardins, Géogr. de la Gaule romaine, I, 265-278. — (3) Daubrée, Aperçu hist. sur l'exploit. des métaux en Gaule, *Revue Archéol.*, avril *1868*. — (4) De Longuemar, Rech. Arch. sur une partie de l'ancien pays des Pictons. *Congrès scientif. de France*, 1861, p. 312.

ritoire d'Alloue, aux environs de l'Angoumois (1). Le Poitou ne semble avoir eu pendant cette époque d'autres industries que les plus usuelles, forges, tissages, ateliers céramiques, petits établissements destinés à alimenter la consommation courante. La période mérovingienne et carolingienne est encore moins abondante en renseignements précis sur le sujet spécial qui fait l'objet de ces études. L'industrie et le commerce se sont trouvés ici comme dans le reste de la Gaule réduits à fournir aux besoins locaux, à l'approvisionnement de chaque domaine seigneurial. Les artisans et les marchands ont été groupés en métiers (*ministeria*), sous la direction des officiers des seigneurs, et cette situation s'est longtemps maintenue, sinon dans les centres urbains, du moins dans les campagnes.

C'est à partir du xi° siècle seulement que les documents deviennent moins rares et qu'il est permis d'y retrouver les grandes lignes du développement économique du Poitou. Les détails épars dans les cartulaires et autres recueils d'actes authentiques montrent que les principales ressources de la province consistent toujours dans ses produits agricoles. Les céréales, le froment et l'avoine surtout, sont cultivés dans la Plaine et même jusqu'en Loudunais (2). L'élève du bétail, chevaux, ânes, mulets, bêtes à corne, porcs, animaux de basse-cour, y semble avoir été florissant (3), favorisé par l'étendue des prés, des pâturages et des bois. Le Poitou cultive également la vigne. Au début du xiii° siècle,

---

(1) *Ibid*, pp. 318, 391. — (2) Les rentes dites frumentage et avenage constituent un des principaux revenus seigneuriaux. Comptes d'Alphonse, Boutaric II, 233 ; *Arch. hist. Poitou* (comptes de 1253, pp. Bardonnet), III, 12. — Guillaume le Breton (Philippide liv. VIII, vers 376, éd. Delaborde) appelle Loudun « ferax cereris ». — (3) Cartulaires, comptes, publiés dans les *Arch. hist. Poitou*, passim.

les vins du territoire de Niort ont déjà un certain renom (1).
Enfin, l'exploitation des bois fournissait un revenu considérable. Cette agriculture florissante du bon et gras pays poitevin, qu'a décrit Froissart (2), fournit à la petite industrie des éléments nombreux. Il est probable d'ailleurs que l'amélioration des conditions de la vie sociale et politique sous l'influence de l'Église, sous l'action du gouvernement fort des Plantagenets et des Capétiens, a aidé au progrès des métiers, sans parler des effets du grand mouvement commercial qui résulte des croisades. Le Poitou eut dès lors ses premières communautés industrielles groupées dans les villes ou les bourgs. A Poitiers, les premiers réglements connus relatifs aux métiers datent en effet du xiiie siècle, et ils concernent les meuniers, les bouchers, les poissonniers, les revendeurs, c'est-à-dire les industries alimentaires (3). Les manuscrits, qui ont recueilli les premiers statuts municipaux rédigés pour la police des professions industrielles, les recueils de chartes, dont les plus précieux sont ceux de Saint-Maixent et de Saint-Hilaire, les actes de toute nature, qui ont été rédigés entre le xie siècle et le milieu du xve, nous fournissent des détails et des termes qui ne laissent aucun doute sur l'extension qu'a prise la petite industrie. Les métiers de l'alimentation sont dès lors largement représentés avec les blatiers ou marchands de blé, les fabricans de meules, les meuniers ou fariniers (*farinarii, molendinarii*), les boulangers et fourniers, les pâtissiers et les

---

(1) « Bacchi Niortum ferax », dit Guillaume le Breton, liv. VIII, vers 376.
— (2) « Le pays, dit-il, estoit rempli de vivres, et les granges pleines de tous biens, de bleds, de foins et d'avainnes, et les celliers pleins de bons vins », (1345) Froissart, *Chroniques, éd. Kervyn de Lettenhove*, V, p. 116.
— (3) Bibl. Munic. de Poitiers. *Mss St-Hilaire.* — Règl. de 1230 sur les meuniers, ci-dessous, livre II.

rôtisseurs, les poissonniers et les pêcheurs, les marchands
ou fabricants de sel, les épiciers, les huiliers, les revendeurs
ou regrattiers, les taverniers et les hôteliers. Il est également
question dans les textes d'un grand nombre d'artisans occupés à la fabrication des tissus, à la confection et à la vente
des objets d'habillement : tisserands de drap et tisserands de
toile, cardeurs et peigneurs, foulons, tondeurs et teinturiers,
marchands drapiers, chaussetiers et bonnetiers, tailleurs
d'habits et couturiers, merciers, fripiers, chapeliers. Avec
les tanneurs, les chamoiseurs, les corroyeurs, les pelletiers,
les aiguilletiers, les boursiers, les gantiers, les cordonniers et les savetiers, les selliers et les bastiers, les bourreliers et les baudroyeurs, c'est le travail des peaux et
leur mise en œuvre qui nous apparaissent fort développés.
Aux industries du bâtiment et de l'ameublement appartiennent
d'autres artisans mentionnés dès lors fréquemment dans les
documents, tels que les pierroyeurs ou carriers, les choliers,
les tuiliers (teblers), les paveurs, les recouvreurs, les maçons,
les charpentiers et les menuisiers, les charrons et les huchiers-coffriers-écriniers, les serruriers, les verriers, les vitriers, les doridiers ou doreurs. Le travail et le commerce
des métaux est déjà subdivisé entre de nombreux spécialistes : ferrons ou marchands de fer, maréchaux ou forgerons, taillandiers, éperonniers, lormiers, fourbisseurs d'épées, heaumiers, épingliers (*aculearii*), pintiers, potiers
d'étain, armuriers. Les orfèvres, horlogers, monnayeurs,
changeurs et banquiers, s'occupent du travail et du maniement des métaux précieux. Enfin, aux arts libéraux et industriels se rattachent les sculpteurs (*signarii*) et les peintres, les enlumineurs, les copistes, les parcheminiers et les
libraires, les médecins, les chirurgiens, les apothicaires et

les barbiers-étuvistes (1). On peut ainsi constater dans la capitale du Poitou du xiiiᵉ au xvᵉ siècle l'existence de 60 à 70 métiers de petite industrie. C'est à peu près le chiffre relevé à Tours par les historiens locaux (2). Paris n'en avait guère plus de 100 à 120 au temps de St-Louis, et 300 environ à l'époque de Philippe le Bel (3). On retrouve les mêmes professions exercées en nombre plus restreint, ou moins subdivisées, dans les autres villes du Poitou, à Fontenay, à Thouars, à Niort, à Châtellerault, à St-Maixent et aux Sables (4).

Parmi ces industries, il n'en est guère que quelques-unes qui aient eu plus qu'une renommée locale. Ce sont la fabrication des tapis, la draperie, la tannerie, l'orfèvrerie, la céramique et la verrerie, enfin les arts industriels. Les ateliers de tapisserie du Poitou avaient au début du xiᵉ siècle une réputation assez grande, pour que l'évêque de Verceil demandât au duc d'Aquitaine, Guillaume V, prétendant à la couronne d'Italie, un spécimen de cette fabrique. Le duc écrivant à ce prélat vers 1025 lui annonce l'envoi d'une mule de choix, et il ajoute ces mots : « Quant au tapis, je « l'enverrai celui que tu voudras, de la longueur et de la « largeur qui te conviendra, pourvu que les artisans de mon « pays sachent en tisser de semblables (*si consuetudo* « *fuerit illud texendi apud nostrates*) (5). » Il est question dans cette correspondance de tapisseries appelées en latin

---

(1) Voir ci-dessous livre II. — (2) Giraudet. *Hist. de Tours*, tome Iᵉʳ, 299, 269 et sq. — (3) G. Fagniez. pp. 7 à 20. — (4) Voir Fillon, Etudes sur Fontenay, pp. 10-14, 62, 74. — Imbert, *Hist. de Thouars*, 179, et Cartulaire de St-Laon de Thouars. — Proust. *Doc. sur Niort. Mém. Soc. st. Deux-Sèvres*, 1888, p. 355. — A Barbier. Etudes sur le Châtelleraudais, *Mém. Soc. Ant. Ouest*, XVI, 239-434. — Cartulaires de St-Maixent et d'Orbestier. — (5) Lettres de l'évêque de Verceil et de Guillaume V vers 1025, *Historiens de France* X, 484.

tapeta. Ce terme désigne-t-il simplement un tissu d'ameublement, ou bien s'applique-t-il aux tapisseries de baldaquins ou faldistoires qu'on nomme précisément *tapeta, tapicia, tapetes*? (1). C'est ce qu'il a été impossible de déterminer. Dans un autre texte, il est encore fait allusion à cette fabrication spéciale. Lorsque Guillaume le Grand veut gagner à sa cause le roi Robert par l'entremise de Foulques d'Anjou, il lui promet 1.000 l. en argent, 100 l. pour la reine Constance, et 100 tapis (*pallia*) (2). Peut-être faut il voir dans ce terme la désignation d'une autre variété de tapisseries poitevines, à savoir les pailes ou tapis dont on recouvrait les autels (3). Du reste, l'industrie des tapisseries paraît avoir disparu rapidement. Depuis cette époque, il est impossible d'en trouver en Poitou la moindre trace. La Marche limousine semble avoir seule conservé les traditions de cet art, jadis, semble-t-il, répandu dans le reste de l'Aquitaine (4).

L'industrie drapière a été autrement persistante. Les draps du Poitou, dont le commerce fut important à dater du xv⁰ siècle, formaient dès le Moyen-Age un des principaux articles du négoce dans les provinces de l'Ouest. On tirait de Flandre, d'Angleterre, de Normandie, la draperie fine, mais la draperie poitevine, serges, étamines, burats, était déjà réputée, sinon pour la finesse et la beauté de ses produits, du moins pour leur solidité. Ce n'est guère qu'au xiv⁰ siècle que cette fabrication paraît avoir pris un certain développement, surtout à Poitiers, à Bressuire, à Par-

(1) Müntz, *La Tapisserie*, p. 98, distingue les tapisseries pour portières (aulaca), pour bancs (bancalia), pour espalliers (spaleriæ), pour dosserets (dossalia), les tapis de pied (substratoria). — (2) Lettre de Foulques au roi Robert vers 1025. *Histor. de France* X. 500 b. — (3) Du Cange, Glossaire v⁰ Pallia. — (4) Limoges a eu en effet ses ateliers de tapisseries comme Poitiers.

thenay, à St-Maixent, à Niort, à Charroux et dans le Bas-Poitou. On y constate la présence de tisserands, de foulons, de tondeurs et de teinturiers, c'est-à-dire des corps de métiers nécessaires pour une industrie déjà divisée, à cause même de son extension (1). La matière première, la laine se trouvait sur place. Elle constituait avec la dîme des agneaux et des porcs un des revenus ecclésiastiques les plus estimés (2). Avec elle, les artisans poitevins fabriquent au début du xv° siècle de gros draps blancs, bigarrés, pies et gris, des bureaux ou burats plus grossiers, des draps blondels ou blondelets, c'est-à-dire fauves, et des serges dont on faisait des chausses de laboureurs. On estime alors surtout les draps gris de Parthenay, les draps de fine laine de Mouilleron, les gros draps de Pamprou et de la Mothe-Sainte-Héraye, et enfin les draps déliés de St-Loup (3).

Le travail des peaux ne pouvait manquer de prendre aussi un certain degré d'importance dans une province où le bétail abondait et où il était facile de se procurer les peaux de bêtes à corne, de moutons et de chèvres. Aussi voit-on la tannerie et la corroierie en pleine activité dès le xi° et le xii° siècles à Châtellerault (4), à Saint-Maixent (5), à Poitiers même, où une charte de Guillaume VI en faveur de l'abbaye de Montierneuf, atteste la présence d'un groupe de tanneries dans le faubourg St-Saturnin (6). Les chartes

(1) Voir ci-dessous, livre II, corporations de l'industrie textile. Pour Charroux, *Arch. hist. Poitou* XI, n° 35 (année 1300); n° 42 (pour Bressuire). — (2) Chartes de St-Maixent, pp. A. Richard, I, 203. — Règlement ou tarif de nov. 1422. *Arch. hist. Poitou* XXVI. p. 389. — (3) Même règlement *ibid.*, pp. 389-390. — Le tarif de la Prévôté de Poitiers (xiv° siècle), et la coutume de la Sèvre cités ci-dessous mentionnent les tissus indigènes parmi les articles exportés. — (4) A. Barbier. Le livre Noir de Châtellerault, *op. laud. Mém. Soc. Antiq. Ouest.*, XVI, 239. — (5) Cartulaire de St-Maixent, pp. A. Richard I, 362. — (6) De Chergé. Notice sur l'abbaye de Montierneuf, *Mém. Soc. Antiq. Ouest*, XI, 258.

de Saint-Hilaire, et le tarif de la prévôté de Poitiers qui date probablement du xiv° siècle (1), mentionnent le trafic des peaux et du tan nécessaire à leur apprêt. De même, la mention du blanc de baleine, des graisses et huiles dans ce tarif prouvent que sur les bords du Clain se pratiquait déjà l'art de la mégisserie (2). Niort était dès ce moment l'un des principaux centres de cette industrie. Les tanneurs établis sur les bords de la Sèvre y recevaient par voie fluviale les peaux du Poitou, de Flandre, d'Angleterre et d'Espagne. Les tarifs ou coutumes de 1285 et de 1277 relatives au commerce de cette rivière indiquent en effet, parmi les articles taxés, cette matière première, ainsi que le blanc de baleine, les graisses et les huiles de poisson (3). Il est probable que l'on préparait à la fois les gros cuirs de bœuf et de vache pour la bourrellerie et la sellerie, et les peaux de chèvre, de chevreau, de mouton et d'agneau pour la ganterie et la cordonnerie. Les statuts des cordonniers, des savetiers, des vachers, des gantiers et des boursiers, ainsi que les tarifs de Poitiers et de Niort font en effet mention de ces articles.

Plus considérable encore mais moins durable a été la réputation des établissements métallurgiques du Poitou. La proximité des gisements de minerai de fer en Limousin, en Angoumois et dans certaines parties de la province, la qualité des eaux favorable à la trempe, et sans doute aussi le bas prix du combustible fourni par les grandes forêts du pays, ont fait au Moyen-âge la fortune des forges poitevines. Le fer et l'acier qu'on y fabrique ont pendant trois

(1) Cartulaire de St-Hilaire, pp. Rédet. 2 vol. in-8, voir la table. — Tarif de la Prévôté de Poitiers (latin), s. d., B. M. de Poitiers Mss. St-Hilaire, f° 26. — (2) Ibid. — (3) Gouget, pp. 9 à 13 (Le Commerce de Niort).

siècles, du XI° à la fin du XIII°, une renommée qui dépasse les limites même de la région française. L'acier « tranchant et cler » du Poitou, comme l'appelle une chronique en vers, sert à faire des lances et des épées (1) Mais on l'exporte aussi à l'état brut, puisqu'il est soumis à l'entrée de Paris à un droit de 4 d. par charrette, de 2 d. par charge de cheval, et de 1 d. par charge d'âne (2). Au XIV° siècle, le fer et l'acier figurent encore dans le texte des tarifs de Niort et de Poitiers parmi les objets d'exportation. Ils étaient au reste utilisés en partie dans le pays même. Outre les *ferrons* qui font le commerce du fer, et qui se retrouvent un peu partout, les documents nomment d'autres corporations qui travaillent à transformer les métaux. Les *éperonniers* ou *lormiers* (*frenarii*) livrent aux chevaliers de menus objets d'équipement fort estimés, tels que freins et éperons. Dès le XIe siècle, au nombre des présents que Guillaume le Grand envoie à l'évêque de Verceil se trouve un mors rehaussé d'or ou d'argent (*frenum pretiosum*) que lui a demandé ce prélat. C'est la preuve du renom que possédaient les ouvriers éperonniers poitevins (3). Il y en a au XIII° siècle à Poitiers (4) et à St-Maixent (5). Ils sont alors groupés avec les heaumiers qui s'occupent de la confection

(1) Geoffroi Plantagenet a une lance « hasta fraxinea ferrum Pictavense praetendens », d'après son biographe Jean le Moine. — Voir aussi la Chronique des ducs de Normandie, celle du trouvère Benoît, le roman de Foulques de Candie. C'est de la Chronique des ducs qu'est extraite la citation. Fr. Michel, édition de la Chronique d'Anelier, pp. 534, 535, 755. — Voir aussi Gay, (Glossaire Archéologique), qui cite au mot Acier des vers de Peire Vidal relatifs à l'armement d'un chevalier. Parmi les armes de ce chevalier figurent « tres cairels » à la ceinture: « la us resplendens d'azur fi. — Et l'autre d'acier peitavi. » — (2) Livre des métiers d'Et. Boileau, éd. Depping, p. 235. — (3) Vers 1025. *Hist. de France* X, 484, 501 (correspondance précitée). — (4) Règlement de 1265, Manuscrit n° 391 de la Bibl. Municipale (dit de St-Hilaire). — (5) Boutaric (comptes d'Alfonse), *op. cit.*, p. 236.

des casques ou heaumes et autres pièces d'armures (1). Les écus, heaumes, hauberts poitevins sont restés en effet célèbres pendant quatre siècles. Le poème de Girart de Roussillon mentionne les *broignes* sorties des ateliers de St-Maixent (2). On sait que cette armure composée de plaques de métal appliquées sur un gilet de peau ou de toile a précédé le haubert. Un recueil de proverbes du xiv° siècle cité par Alexis Monteil, montre qu'à cette époque les armures du Poitou, en particulier les heaumes, étaient encore recherchées (3). Les statuts des merciers de Paris, confirmés par lettres patentes de mars 1407, attestent enfin le trafic persistant auquel cette industrie poitevine donnait lieu (4). D'autres textes prouvent que les ateliers de la province fabriquaient aussi des fers de lance et des carreaux d'arc ou d'arbalète (5). Les poèmes, tels que celui de Foulques de Candie et de Garin le Loherain, les chroniques normandes et scandinaves, mettent en scène des chevaliers ou soldats armés de glaives et d'épées poitevines (6). Les fabriques d'armes du Poitou répandues jusque dans de simples bourgades, telles que Nieuil l'Espoir (7), ont un moment fourni jusqu'aux peuples du Nord de l'Europe. Longtemps, le métier des fourbisseurs et fabricants d'épées resta florissant en Poitou. Il y en avait au xiii° siècle à St-Maixent (8), et, au xiv°, ceux de Fontenay fabriquaient encore des lames estimées (9). A l'industrie des armes et armures, les ouvriers de la métallurgie poitevine joignaient la fabrication

(1) Règl. de 1265. — (2) Poème cité par Fr. Michel, *op. laud.* « Aton....li false la broigne de St-Maixent ». — (3) A. Monteil. II. 42, (éd. J. Janin.) — (4) Statuts de mars 1407, art. 6 et 9. — (5) Voir les textes cités ci-dessus. — (6) Textes recueillis par F. Michel, notes de la Chronique d'Anelier, pp. 115, 534, 535. — (7) Rédet. *Bull. Antiq. Ouest.* XIV, 293. — (8) Boutaric, p. 236. — (9) Fillon, Fontenay, p. 235.

des instruments aratoires, faucilles, serpes et haches, de la quincaillerie usuelle et de la clouterie, couteaux, cloux, vases de métal (*ciphi*), fers de cheval, et même s'occupaient de fondre le métal des cloches (*tympanum*) (1), la vaisselle d'étain et la poêlerie. Dès le xi° siècle, le livre noir de Châtellerault montre enfin que cette ville et la région voisine se livraient à une fabrication spéciale, depuis très développée, celle des couteaux (2).

Les artisans poitevins connaissaient aussi au Moyen-âge le travail du bois. Les merrains, les fûts ou tonneaux, les écuelles de frêne, les escabeaux (*cubelli*), les cercles, les charrettes faisaient l'objet d'un trafic assez actif, comme le prouvent les coutumes ou tarifs de la Sèvre et de Poitiers (3). Il est vrai que cette industrie n'intéressait guère que la région de l'Ouest. Il en était de même de celle de la poterie commune qui livrait à la consommation courante des bouteilles, pots, brocs, coupes et tasses généralement vernissées de vert, revêtues d'ornements en creux faits au moule, au poinçon ou à la pointe. Les potiers poitevins, surtout nombreux à Poitiers, à Melle, à Vouvant, à Maillezais et dans le pays de Rais, savaient également fabriquer des buyes vertes et des cuves ou *ponnes* à lessive, des carreaux de dallage en terre cuite rouge peints en jaune et décorés de figures (4). Mais leur art rustique n'eut jamais le renom de celui des métallurgistes, leurs contemporains. On en peut dire autant des verreries. On a relevé la trace d'un certain nombre de ces établissements dans la région forestière de

---

(1) Coutume ou tarif de la prévôté de Poitiers xiv° s. *Mss. St-Hilaire.*—
(2) A. Barbier. Études sur Châtellerault. *Mém. Antiq. Ouest* XVI. 239.
— (3) Documents précités. — (4) B. Fillon. L'Art de terre chez les Poitevins, pp. 43-56.

la province, à Maillezais, la Roche-sur-Yon, Mervent, Mouchamp (1), à Argentré près de Châtellerault, à Bouleur près de Couhé. Elles produisent à la fois du verre blanc ou verre commun, des vitraux, des aiguières, et des vases destinés aux liquides (2). Elles ne paraissent pas d'ailleurs avoir travaillé pour d'autre clientèle que celle de la province.

L'industrie et l'agriculture poitevines alimentent un commerce qui semble avoir été assez actif à partir surtout du XIIIe siècle. Le Poitou est en relations suivies non seulement avec les autres régions de l'Aquitaine, mais encore avec la France du Nord, l'Angleterre et les Flandres. Les marins poitevins, au besoin pirates (3), et surtout les Flamands, sont les intermédiaires des échanges avec l'étranger. Trois articles agricoles alimentent principalement ce commerce. Ce sont les blés, les vins et les laines. Les vins du Poitou, de l'Aunis et de la Saintonge, sont exportés par les vaisseaux flamands dans les pays du Nord, et par les Templiers jusqu'en Orient. Les blés entreposés à Niort, à la Rochelle et à St-Jean-d'Angély vont approvisionner l'Angleterre, la Normandie et les Pays-Bas. De même, les laines poitevines, enlevées par les marchands de Gravelines, de Gand et de Bruges, alimentent, concurremment avec les laines anglaises, les nombreux métiers des Flandres (4). Aux autres provinces françaises ou à l'étranger, le Poitou vend, outre ses blés, ses vins et ses laines, le sel de ses marais salants, et d'autres produits agricoles, tels que les fromages, le bétail, les châtaignes, le miel et la cire (5). Qu'on y joigne les peaux

(1) Notice de Dugast-Matifeux sur les gentilshommes verriers de Mouchamp 1863. — (2) B. Fillon, L'Art de terre, p. 196. — (3) Guil. le Breton. Philippide, livre IX, vers 3J3. — (4) Rotuli litter. patentium, pp. 18 et 113. — Gouget, Le Commerce de Niort, pp. 8, 9, 11. — Privilèges des marchands d'Aunis et Saintonge à Gravelines 1262, ibid, p. 89. — (5) Pancarte de

de bœuf, de vache, de mouton ou de chèvre, vertes ou sèches, le coudre ou bois de châtaignier pour la tonnellerie, le merrain ou bois d'ouvrage, les fûts ou tonneaux, les armes, le fer ou l'acier, la poterie et les verres, et l'on aura le tableau résumé du commerce d'exportation du Poitou (1). De son côté, la province recevait de la France du Nord et des pays étrangers des substances alimentaires, notamment du poisson sec ou du poisson frais, des harengs, des morues, des esturgeons, des aloses, des saumons et des congres (2), quelque bétail, des bœufs, des porcs, des béliers, des lards et des graisses, des vins et des vinaigres ou des huiles. Pour alimenter les forges poitevines, on importait aussi du plomb, de l'étain et du cuivre, probablement d'Angleterre. Pour les ateliers de peausserie, on faisait venir des peaux blanches destinées aux parcheminiers, du cordouan, de la basane, des peaux de veaux ou de chiens, et de l'écorce de chêne ou tan, enfin de l'huile de poisson et du blanc de baleine, qu'apportaient aux ports de l'Aunis les navires Flamands (3). Par l'entremise des Vénitiens ou plutôt des marchands de Bruges, leurs commissionnaires dans l'Océan, on se procurait les épices et les substances odorantes, poivre, gingembre, cannelle, cumin, encens (4), et aussi les drogues tinctoriales utilisées dans les ateliers de draperie du Poitou. Parmi ces drogues figurent la graine d'écarlate, la garance,

---

Limoges 1377, Ardant. Le Limousin historique 2ᵉ partie, p. 56.— Tarif de la Prévôté de Poitiers, précité.— Coutume de la Sèvre, Arch. D.-Sèvres E. 207.
— (1) Coutume de la Sèvre. — Tarif de la Prévôté de Poitiers. — (2) D'autres variétés de poisson sont indiquées dans ces deux documents et difficiles à identifier : « pisces sicci qui vocantur hadoc et gauberges, toyls, piscis trancus, piscis caminus, poicelle, manerserpa ». — (3) Textes ci-dessus note 1. — Les peaux venaient par ballots de 10 balles nommés dacra. — (4) Nous n'avons pu identifier quelques-unes de ces substances, appelées ciminum, aminadale, cimantum?, ris.

le brésil, la guesde, cette dernière aussi produite en France. Enfin la gomme et la résine, le lin et le chanvre, les laines filées, les instruments aratoires ou domestiques sont aussi compris parmi les articles du commerce d'importation, en particulier « les poisles ou œuvres d'airain et de cuivre » (1). Les Poitevins étaient également tributaires de l'Angleterre, de la Normandie, de l'Ile-de-France, de l'Anjou, des Flandres pour la draperie de laine et les toiles fines. La charte concédée en 1187 à Poitiers par Richard Cœur de Lion et confirmée depuis par Philippe-Auguste, Charles IV et Philippe VI, montre les marchands anglais, flamands et français apportant aux foires de la capitale du Poitou les draps de laine (*pannos laneos*) de France et de Flandre, les étamines anglaises (*stanfortes*), les tissus verts, écarlates, jaunes et rouges, les serges (*sargia*) et les burats (*burella*) étoffes plus grossières (2). Au xiv⁰ siècle, les Angevins y importent les « robbes d'Angers (3). De l'Orient, viennent sans doute par l'entremise des Vénitiens les tissus de soie (*panni serici*), et du Nord, par celle des Flamands, les fourrures, vair, petit-gris et martre zibeline (*varium, grisium, cembelinum*) (4).

Ces relations économiques, attestées par les documents, sont encore cependant malaisées. Les voies de terre (*viae publicae*) interceptées par les paysans, mal entretenues par les seigneurs, infestées par les voleurs, sont souvent plutôt des sentiers ou des pistes que de véritables routes. Les an-

(1) Textes précités ; et en plus, coutume de la Sèvre (1377) citée par Gougel, *op. laud.*, p. 95. — (2) Charte de Richard 1187, pp. Rédet. *Mém. Soc. Antiq. Ouest* XII. 90. — de Philippe-Auguste 1214. Thibaudeau, *Hist. du Poitou*, 2ᵉ édit. II, 419. — Confirmations de 1323 et de 1330. *Arch. hist. Poitou* XI, nᵒˢ 101, 158. — (3) Tarif du 1ᵉʳ juillet 1377 pour la Sèvre, précité. — (4) Chartes de 1187 et suivantes, précitées. — Tarif de la Prévôté de Poitiers.

ciens chemins de l'époque romaine, grandes voies ou voies secondaires, ne subsistent plus qu'à l'état de tronçons. Les plus fréquentés sont ceux qu'on nomme chemins des sauniers parce qu'ils sont suivis par les transports de sel (1) allant de la côte vers l'intérieur. Aussi, les voies fluviales sont-elles utilisées de préférence. Les barques chargées de marchandises remontent ou descendent la Sèvre, le Clain, la Vienne et la Vendée, où se sont fondés les principaux centres urbains du pays. Poitiers (2) et Niort sont alors des ports fluviaux, dont l'importance est accrue par les franchises qu'on leur a concédées. A Niort par exemple le droit de navigation est abaissé à 1 0/0 *ad valorem*, et même à 1/4 0/0 pour les étoffes venant des Flandres (3). Les rois d'Angleterre et de France ont contribué à développer ce mouvement commercial en assurant aux marchands étrangers et aux marchands poitevins la liberté des transactions dans toute l'étendue de leurs territoires (4). D'autre part, les Templiers, les Juifs et les Lombards établis en Poitou, fournissent au commerce en quantité considérable les capitaux mobiliers dont il a besoin (5). L'activité économique se manifeste par l'établissement d'un grand nombre de marchés et de foires. L'autorité féodale en a établi un peu partout. Mais les plus importantes se trouvent dans les centres urbains. Poitiers en particulier a son marché ordinaire qui se tient sur une place voisine du vieux

(1) Gouget, *op. laud.* p. 19. — (2) En 1285, port franc à Poitiers. *Arch. Mun. Poitiers* série A 11. — (3) Gouget, pp. 9-10. — Lettres vidimées des lieut. du Roi accordant un port franc à Niort (1285) Deux-Sèvres E. 207. — (4) Voir les chartes des communes de Niort, Poitiers, la Rochelle dans Giry, Les Etab. de Rouen, 2 vol. in-8, 1885. — Voir aussi les sauf conduits et autres privilèges des Rotuli litterarum patentium. pp. *Th. D. Hardy.* — (5) Voir ci-dessous, livre II.

mur d'enceinte gallo-romain (1). C'est aujourd'hui la place d'Armes. Mais la capitale du Poitou a aussi ses grandes foires. La plus renommée se tenait au mois d'octobre, à Pierre-Levée, lieu situé aujourd'hui en dehors de la ville (2). Elle fut transférée aux halles à Poitiers même, et on porta sa durée primitive de 2 à 3 jours en 1347 (3). Une seconde foire, celle du Carême, attirait une foule de marchands étrangers. Depuis 1188, elle est tenue dans une halle couverte établie par Geoffroi Berland, qui en loue les étalages moyennant redevance. Elle se prolonge depuis le premier dimanche du carême jusqu'au dimanche de la mi-carême (4). Le comte de Poitiers qui a concédé les halles en fief perçoit une partie des revenus, et en retour est astreint aux réparations (5). Quatre autres foires ont été encore instituées au profit de l'église Saint-Nicolas, et quatre, à l'avantage de l'église Sainte-Radégonde. Elles sont fixées aux jours de fête du saint et de la sainte, à la Noël, et à Pâques (6). Le bourg Saint-Hilaire enfin a les siennes sous la protection du chapitre (7). Toutes ces foires se tenaient en plein air; celle du 13 août (jour de Sainte-Radégonde) avait encore en 1780 pour emplacement les remparts et le cimetière de cette paroisse (8). On retrouve dans les documents du Moyen-Age l'indication d'une foule de marchés (*nundinæ*)

(1) En dehors de cette enceinte. On l'appelle « forum vetus ». Cartulaire de St-Nicolas (chartes de 1060 et suiv.) nos II, IV, X, XLI, XLIII. *Arch. hist. Poitou* I. 8 et 19. — (2) Annales d'Aquitaine, éd. de 1644, p. 184. — (3) Lettres pat. du 16 décembre 1347, Rédet. *op. cit.* p. 65. — (4) *Ibid*, p. 63. — La redevance varie de 12 d. à 2 d. Charte de Ph. Auguste 1214, Thibaudeau *Hist. du Poitou*, II. 419.— (5) « Pro domibus aule Pictavensis reparandis » 1253. Comptes d'Alfonse, pp. Bardonnet. *Arch. hist. Poitou* VIII, 11. — Boutaric, p. 269. — (6) Charte du duc Geoffroi, 1060. Cart. de St-Nicolas, pp. Rédet. *Arch. hist. Poitou* I, 22, no XI. — (7) Voir table du Cartulaire St-Hilaire, pp. Rédet. 2 vol. in-8. — (8) Ordonnance du présidial 4 août 1780, *Arch. Soc. Antiq.* série B.

tenus jusque dans les villages. Mais, dès cette époque, les foires les plus fréquentées sont en dehors de Poitiers, celles de Niort, de Fontenay et de Luçon. Ces trois villes ont leurs halles couvertes (*cohuae, aulae*) dès le xiiie siècle. Celles de Niort donnent un revenu appréciable au comte Alfonse qui y loue les étalages aux marchands et qui s'occupe d'en faire réparer les couvertures ou bâtiments. Tenues d'abord sur la place du Vieux-Marché, les foires niortaises qui avaient lieu en mai et en novembre, et dont on faisait remonter la création à Henri II Plantagenet, furent transférées entre 1255 et 1261 sur un nouvel emplacement, le Marché-Neuf. C'est à cette occasion que fut sans doute bâtie la halle, « la plus grant et la plus belle cohue du royaume de France » (1). Celles de Fontenay et de Luçon, la première établie dans un cimetière, existent aussi en 1253 (2). La construction de ces édifices prouve combien le commerce prit d'importance en Poitou, lorsqu'un gouvernement fort, celui des Plantagenets, dont l'héritage fut recueilli par les Capétiens, eut commencé à y combattre l'anarchie féodale. Cette prospérité commerciale et industrielle paraît avoir duré jusqu'aux désastres de la guerre de Cent Ans. Les malheureux événements de cette période arrêtèrent pendant près d'un siècle l'essor économique du Poitou.

CHAPITRE II
Le Relèvement économique du Poitou pendant la Renaissance (1453-1589).

La fin du Moyen-Age fut pour le Poitou une époque dé-

---

(1) Breuillac. Les halles de Niort in-8, 1887, pp. 2-9. — Lettres de grâce acc. à Ph. Gilier nov. 1354. *Arch. hist. Poitou*, XVII et XX, 177.—
(2) Boutaric, p. 269. — *Arch. hist. Poitou*, VIII, 10 et suiv.

sastreuse. La province disputée longtemps entre les bandes anglaises et françaises est l'un des grands champs de bataille où se heurtent les deux États rivaux. La guerre civile des Armagnacs accumule de nouvelles ruines après l'accalmie passagère qui a suivi le rétablissement de la domination française. Plus de sécurité pour le commerce dans cette période troublée où les routes sont infestées de routiers et de brigands (1). La royauté obérée ne remplit plus sa mission protectrice. Des impôts sur les ventes qu'elle établit et qui atteignent au xiv° siècle jusqu'à 3 et 5 °/₀ de la valeur des marchandises, l'établissement de taxes foraines, coutumes, droits de prévôté, octrois qui frappent les produits à la circulation ou aux portes des villes, la création de douanes sur les frontières d'Angoumois et de Saintonge, tous ces expédients financiers passagers destinés à une durée de plusieurs siècles, contribuent à ralentir le mouvement commercial et industriel au moment où il aurait eu le plus besoin d'être encouragé (2). Les villes, écrasées d'impôts, ruinées par les excès des gens de guerre, se dépeuplent peu à peu. Les lettres patentes de Charles VII, de Louis XI et de Charles VIII attestent le déclin de la population et de l'activité de la capitale même du Poitou (3). Les voies navigables, comme les routes, ne sont plus accessibles au commerce. Les rivières s'envasent ou s'ensablent. Tel est le cas du Clain et de la Sèvre. Le port maritime de la Rochelle hérite en grande partie des transactions que le port

---

(1) Voir les introd. des 7 vol. pp. P. Guérin dans les *Arch. hist. Poitou.* (transcriptions du Trésor des Chartes). — (2) Gouget, pp. 13-15. — (3) Voir ci-dessous. — Froissart décrit Poitiers en 1346 comme une ville « pour le temps riche et puissante », d'où les Anglais partirent chargés d'or et d'argent, de draps, de pennes (fourrures) et de jeuiauls (bijoux). Chroniques, éd. Kervyn, V, p. 112.

fluvial de Niort avait gardées longtemps (1). L'état d'abandon dans lequel on laisse les halles indique la stagnation des affaires : les marchands ont désappris le chemin des foires les plus fameuses du Poitou. A Niort, l'édifice où elles se tiennent a été ruiné par une tempête, et reste pendant vingt ans dans le même état de délabrement (2). A Poitiers, le bâtiment construit par les Berland tombe en lambeaux. En 1441, la sénéchaussée condamne vainement les détenteurs à le faire restaurer ; les marchands jusqu'en 1474, ne peuvent même plus y dresser leurs étalages (3).

La fin de la guerre de Cent ans coïncide avec le relèvement économique du Poitou. Pendant un siècle, la province jouira d'une paix profonde, qui permettra à son agriculture et à son industrie de recouvrer leur prospérité. Le pouvoir royal aide de toutes ses forces à multiplier les moyens de communication et d'échange. Il favorise la réfection des routes et les travaux de navigation. Le duc de Berry a fait creuser un nouveau port sur la Sèvre à Niort (4). Louis XI rétablit l'ancienne coutume ou tarif de 1377 pour en consacrer le produit à réparer les écluses et à remettre en état ce port ensablé (5). Aussi les navires pourront-ils au xvie siècle remonter jusqu'à un quart de lieue de la ville. Sur la côte, le roi Charles VII a fait rétablir les achenaus de Maillezais, de Marans et de Velluire (6). La navigation du Clain qui fait l'objet des préoccupations constantes du corps de ville de Poitiers est améliorée grâce au concours de la royauté.

---

(1) Gouget pp. 13-15, Breuillac, p. 9. Gouget évalue le commerce de Niort en 1415 à 2 millions par an ; vers 1450, il était réduit au 5e de ce chiffre. — (2) 1351, *Arch. hist. Poitou* XX, 177. pp. 9-10. — (3) Rédet. pp. 66-67. — (4) Bardonnet, Ephémérides *Mém. Soc. de Statist. Deux-Sèvres* I, 273 (3e série). — (5) Gouget, pp. 43-46. — (6) Gouget, p. 41, note 3.

Après cent ans d'efforts, cette rivière et la Vienne, dont elle est l'affluent, sont ouvertes au commerce. Le Clain depuis Vivonne et la Vienne depuis Lussac jusqu'à Châtellerault sont approfondies de manière à recevoir des bateaux de 25 à 30 tonneaux. En 1542, les travaux de canalisation se trouvent achevés jusqu'aux portes de Poitiers ; ils furent depuis malheureusement interrompus (1). Les foires, que le roi seul peut concéder depuis le règne de Charles V (2), retrouvent peu à peu leur ancienne animation. Pour engager les étrangers à fréquenter celles de Poitiers, Charles VII les a affranchies en 1455 de toute imposition (3). De nouvelles lettres patentes accroissent le nombre de ces réunions commerciales. Niort a obtenu de joindre à sa vieille foire de St-André qui dure 7 à 15 jours, et où « affluent plusieurs marchands de diverses contrées », deux autres marchés de ce genre, l'un pour le jeudi avant le carême, l'autre pour l'octave de la Fête-Dieu (4). Ses halles reconstituées avec leurs vastes charpentes, leurs quatre larges allées, abritent un grand nombre de négociants (5). A Fontenay, le commerce des chevaux et des mules, des draps, des cuirs et des fers, fait dès lors le succès des foires du 2 août, du 11 octobre (la Saint-Venant), et du 24 juin (la Saint-Jean), dont la première dure jusqu'à 8 jours, et la seconde trois (6). A Poitiers, sous Louis XI, en 1477, les halles sont enfin restau-

---

(1) Délib. Municipales 1431, 1432, 1456, 1462, 1466, 1538, 1539, 1540. — Arch. Munic. Reg. 4 à 20 ; D. 40, 41, 42. — (2) P. Huvelin, Essai historique sur le droit des marchés et des foires in-8, 1897, p. 187. — (3) Rédet, p. 75. — (4) Breuillac, p. 10 (d'après les reg. des délib. de la com. de Niort). Gouget p. 31 donne la vraie date 12 juin 1455. — (5) Breuillac, p. 11 (acte de 1538 qui nomme 130 marchands). — (6) Fillon, Fontenay, p. 117. Un passage de Rabelais montre le renom de ces foires. Panurge dit en parlant d'un philosophe : « Plus estoit troublé que s'il feust à la foire de Fontenay ou de Niort. » Œuvres, édit. Jannet III, 71.

rées et agrandies. Aux anciennes foires de la Mi-Carême et de la Saint-Luc, dont la durée respective est de huit et de trois jours (1), viennent s'ajouter celle de la Saint-Simon et Saint-Jude (28 octobre) et de la Saint-Nicolas (6 déc.) (2). Le jeudi-saint, le chapitre Saint-Pierre a aussi obtenu de tenir la sienne qui dure plusieurs jours. De plus, Louis XII a accordé au chapitre Saint-Hilaire deux nouvelles foires qui s'adjoignent à l'ancienne dont le bourg était déjà doté (3), et où fréquentent les boulangers et les marchands merciers, poêliers et pintiers (4). La multiplication des moyens d'échange, par suite de l'afflux des métaux précieux à partir de 1492, favorise encore le progrès du commerce. L'établissement de juridictions consulaires à Poitiers et à Niort en 1566 soustrait enfin le négoce aux lenteurs coûteuses de la juridiction ordinaire (5).

Pendant les cent années qui précèdent les guerres de religion, le Poitou apparaît comme un pays relativement prospère. L'agriculture y tient toujours la première place. La petite industrie y progresse lentement. A côté des anciens métiers, de nouveaux se forment, répondant aux nécessités d'une vie sociale plus raffinée. Les marchands de draps de soie, et de draps de laine, les merciers, les épiciers, les pelletiers forment une classe de plus en plus nombreuse parmi les commerçants. Une liste inédite datée de 1522 atteste que Poitiers compte à ce moment 25 négociants qui font le commerce de l'épicerie et des soie-

(1) Lettres patentes 16 février 1459; nov. 1477, Rédet, *op. laud.*, pp. 68-69. —(2) Lettres pat. 28 sept. 1577. Rédet, 75. — (3) Délib. du 2 mars 1654 relative à la foire du jeudi-saint. *Arch. Mun. reg.* 105 f° 151. — Lettres pat. de nov. 1498 en faveur du chap. St-Hilaire. Chartes de St-Hilaire, pp. Rédet. *Mém. Soc. Antiq. Ouest*, XV n° 375. — (4) Délib. 26 juin 1618. *Arch. Municip. Reg.* 72, f° 146. — (5) *Arch. Nat.* XIA 826, f° 67.

ries, 30 qui se livrent au trafic des lainages, 21 merciers, 19 bonnetiers, 21 chaussetiers, 33 pelletiers et 9 teinturiers. Le même document mentionne 10 pintiers, 5 poêliers, 9 armuriers et fourbisseurs, vendeurs d'armes et de « hacquebutes », des marchands de fer, 6 doreurs, et 17 libraires (1). Le travail se spécialise davantage, et des anciens métiers se détachent des variétés nouvelles qui accroissent le nombre des professions commerciales et industrielles. Les mégissiers et les chamoiseurs s'organisent à côté des tanneurs et des corroyeurs ; les taillandiers auprès des maréchaux ; les poêliers auprès des pintiers, et les vitriers auprès des verriers (2). Le nombre des métiers de la petite industrie tend donc à s'accroître, sans que néanmoins les documents nous permettent d'indiquer dans quelle proportion précise. Les voyageurs qui parcourent le Poitou dans la première moitié du xvi° siècle le décrivent en général comme une région fertile, bien que dépourvue de bonnes routes (3). Poitiers en particulier est resté une des 10 ou 12 capitales provinciales dont la centralisation progressive va peu-à-peu détruire la vitalité. Les ambassadeurs vénitiens qui l'ont visitée signalent ses alentours riches et beaux, ornés de somptueuses résidences seigneuriales, sa grande étendue, l'animation que lui donnent les 4.000 étudiants de son Université et la multitude des gens de justice (4). C'est ce qui explique le développement qu'y a pris

(1) Taxe sur les métiers 1522, *Arch. Munic. Reg. des dél.* n° 18, f° 165. — (2) Voir ci-dessous, livre II. — (3) A. Babeau. Les Voyageurs en France 1885, in-18. — Gaillard, Quelques descriptions de Poitiers et du Poitou, *Mém. Antiq. Ouest.* II, 120. — (4) Relation d'A. Navagero 1528. *Relat. des Amb. Vénitiens* I, 25. — Rabelais dans un passage resté inaperçu, place Poitiers au rang des premières villes de France. Pantagruel, racontant un voyage, dit avoir vu « de fortes et grosses villes, non moins grandes que Lyon et Poictiers ». Œuvres, éd. Jannet-Picard II, 171.

la petite industrie. Niort, Châtellerault, Fontenay sont avec Poitiers les centres urbains les plus florissants à cet égard.

Quatre industries ont à cette époque en Poitou une importance de premier ordre. Ce sont la production et le commerce du sel, la draperie, la préparation des peaux, et la librairie ou l'imprimerie. La métallurgie poitevine jadis si active semble être tombée dans une décadence à peu près complète. La fabrication de l'acier et du fer, des armes et des armures, de la quincaillerie et des instrumens aratoires, si active au moyen-âge dans cette région, n'occupe plus au xve et au xvie siècle la place qu'elle avait autrefois. Il ne subsiste plus qu'une spécialité appelée à maintenir sa réputation : c'est la coutellerie qui s'est concentrée à Châtellerault et aux environs. Dans « cette belle ville », comme l'appelle Navagero, on « fabrique, dit un autre envoyé vé-
« nitien, des couteaux et des ciseaux plus beaux que solides,
« le manche travaillé d'une manière très fine, quelquefois
« en pierres précieuses, avec des miniatures, ciselures et
« ornemens de grand prix » (1). La concurrence des forges de l'Angoumois et du Périgord paraît avoir ruiné les autres établissemens métallurgiques du Poitou. De même, les verreries et les ateliers céramiques, un moment importants, ont décliné bientôt, en dépit de quelques créations éphémères, sans doute par suite du commerce des faïences italiennes et saintongeaises et des fabriques de verres de la région mancelle et normande. On a pu relever les noms de 10 à 12 verreries qui ont existé en Poitou pendant cette période, et qui ont donné des produits estimés. Ce sont surtout celles de la Mothe près de Chizé (1517), la verrerie

(1) Relations de Navagero 1528, et de Lippomano 1577, *Relat. des Amb. Vénitiens,* I, 27 ; II. 31.

Neuve près de Talmond (1543), et la verrerie de l'Argentière paroisse de Prailles, établie avant 1512 par l'Italien Fabiano Salviati (1). La poterie commune continue à être fabriquée dans de nombreux petits ateliers. Mais le Poitou laisse à la Saintonge la première place dans l'Ouest pour la fabrication des faïences. Les faïenceries de Saintes, de Brizambourg et de la Chapelle des Pots n'ont pas de peine à dépasser les créations éphémères que l'on essaie dans la province voisine. Les ateliers d'Oiron que dirigèrent le potier François Charpentier et l'ornemaniste Jehan Bernard et ceux de St-Porchaire ont produit des faïences exquises, coupes, fontaines, hanaps et barils, buies et salières, plats et réchauds, ornées d'arabesques, d'entrelacs et de fleurons, incrustées dans une pâte fine, et qui rappellent les productions les plus exquises de l'art italien. Mais les uns n'ont été qu'une fantaisie de grand seigneur. Elle ne survit pas à son promoteur Claude Gouffier, marquis de Boisy, duc de Roannès. Les autres ont décliné de bonne heure. La fabrique de Fontenay créée en 1558 n'a eu qu'une existence obscure, de même que celles de Rigné près de Thouars, et d'Aspremont en Bas-Poitou (2).

Tout autre est la valeur économique de l'industrie exercée sur les côtes par les paludiers. Elle remonte très haut dans le Moyen-âge. Les cartulaires de Saint-Maixent, d'Orbestier, de Saint Jouin, de l'Absie, de Saint-Cyprien et de St-Hilaire de Poitiers, font souvent mention de ces marais sa-

(1) B. Fillon. L'Art de Terre, p. 285, 196. Fillon cite encore celles de la Roche-sur-Yon 1446-1456 ; de Courlac 1463 ; de la Ferrière près Parthenay 1466 ; de la Puye près de Châtellerault 1468 ; du Rorteau (Bas-Poitou) 1486. Mais on ne sait si elles se sont maintenues. Voir livre II. — (2) Fillon. L'Art de Terre, pp. 58, 82, 132, 138, 144. — Atelier de Rigné 1536-1639. — d'Aspremont 1560. — Bonnaffé. Les faïences de St-Porchaire, Rev. Poit. et Saintong. janv. fév. 1889, 1890, 1892.

lants (*terrae salsabiles*) de l'Aunis et du littoral poitevin. Les propriétaires qui appartiennent en général à la classe noble et au clergé arrentent ces terres aux paludiers (*marisci*), moyennant certaines redevances (1). Le sel de cette région est considéré comme le meilleur d'Occident. Le Marais poitevin, qui depuis longtemps approvisionne l'étranger et les provinces de la France centrale, devient au xv° siècle le grand entrepôt où se fournit presque tout le royaume (2). Une curieuse requête adressée à Charles VII vers 1451, décrit cette zône cotière « infertille de blés, vins et autres choses « nécessaires pour vie de homme, fors seullement de sel « qui y fructiffie moult habondamment ». « Les pauvres « habitans et laboureurs de la mer », répartis dans 8 à 10.000 feux, y vivent en gardiens de la côte « contre la « malice » de l'Océan « moult impétueux, enflé et orgueil- leux ». Les habitants de l'intérieur du Poitou apportent à ces pauvres gens leurs blés, leurs vins, leur bois et leur bétail et reçoivent en échange le sel. Des marchands et même des seigneurs acquièrent « de grands morceaux » de cette denrée dans les marais du Poitou. On la répand dans les provinces voisines, Angoumois, Marche, Limousin et autres pays. Marans, Fontenay, Niort, Thouars, Parthenay, Vivonne, Poitiers, Lussac, font ce commerce qui leur procure de notables bénéfices. En retour, les négociants des pays limitrophes amènent dans la région poitevine « chars, espi-
« cerie, cires, gresses, cuyrs, toilles, geme, rousine, cordage,
« guesdes, garances, merrain, boys à faire vaisseaux, huiles,
« alemandes, gros bestail et toutes autres choses néces-

(1) Voir la table de ces Cartulaires publiés dans les *Arch. hist. Poitou*. I à XXIX. — Ex. d'un arrentement de ce genre, 968. Cartulaire de St-Maixent, pp. A. Richard I. 55. — (2) Ex. Ventes de sel à des Anglais et Hollandais xv s. Marchegay. Ann. Soc. Emul. Vendée, 1864, p. 130.

« saires », car elle n'est fournie « que de blés et de vins ». Les paysans du Bas-Poitou, surtout ceux de la Roche-sur-Yon et de Montaigu, sont constamment occupés à charroyer le sel de la côte aux entrepôts de l'intérieur. L'usage des viandes salées, dont usaient communément «les pauvres « gens de labeur et art mécanique », rendait la consommation très active et le négoce lucratif. La charge de sel se vendait sur le marais 60 s. à 4 l. (1), et se revendait en 1451 à raison de 15 deniers le boisseau. Le bon marché permettait même d'en nourrir «en plusieurs lieux les bestes « aumailles », c'est-à-dire le gros bétail (2). C'était donc la grande ressource d'une bonne partie de la province, si bien que la royauté n'osa jamais, malgré quelques velléités, y établir le régime du monopole qui eut ruiné complètement le littoral (3). En dépit des règlements de Louis XI qui limitèrent à Niort, Fontenay et Poitiers la faculté de posséder des entrepôts, le commerce du sel continua à se faire partout clandestinement, et resta au xvi° siècle le plus actif élément de transactions entre le Poitou et les provinces de l'Ouest et du Centre (4).

La fabrication des draps paraît aussi avoir pris à l'époque de la Renaissance une certaine activité. On constate au xv° siècle l'existence à Poitiers de tisserands, de drapiers, de teinturiers et de foulons. Les plus importants établissemens de teinturerie et de foulage y sont ceux du Pont-Joubert(5) qui appartiennent à une famille pourvue des charges

(1) La charge de sel « est de 80 chevaux chargés ». — (2) Mémoires présentés au roi Charles VII par les délégués de la ville de Poitiers pour le détourner d'établir la gabelle (vers 1451). *Arch. hist. Poitou* II, pp. 258-284. — (3) Elle l'essaya plusieurs fois, mais n'osa jamais maintenir sa prétention. — (4) Gouget pp. 20 et 45. — (5) Rédet. De quelques étab. industriels à Poitiers au xv° siècle. *Mém. Antiq. Ouest.* IX, 355.

de l'échevinage, celle des Claveurier. Charles VIII pour favoriser le développement de cette industrie lui accordera divers privilèges (1). Les draps de Niort gris pers et gris blondelet, longs de 21 aunes et larges d'une aune, sont déjà répandus dans la province vers 1455. Des moulins à foulon se fondent alors sur les bords de la Sèvre. On fabrique encore dans la cité niortaise des serges, des tapis et des toiles, et on y file les laines pour les ateliers des tisserands (2). Vers 1490, les draps du Poitou sont vendus dans les foires fameuses de Tours, à côté des lainages de Berry et de Normandie. Ils viennent surtout de trois centres : Poitiers, Parthenay et Bressuire (3). Les laines poitevines, plus tard enlevées par les fabriques du Languedoc et de Normandie, servent à fabriquer cette draperie, dont la réputation se maintient et s'étend dans le cours du XVI° siècle. Une ordonnance célèbre, celle du 19 mars 1571, qui règle la fabrication et les dimensions des lainages, mentionne les draps du Poitou auprès des tissus de la Normandie, du Languedoc, du Beauvaisis et de la Picardie. Les plus renommés sont alors ceux de Parthenay, de Fontenay et de Niort (4), qui ont une aune de large et 24 de long, et qui valent, du moins ceux de Niort, environ 40 sous l'aune (5). La fabrication des toiles s'est aussi développée. Celles de Châtellerault ont acquis dans le royaume entier une renommée de bon aloi, que constate Barthélemy Laffemas en 1598 (6).

(1) Voir le livre IV de notre travail. — (2) Gouget p. 35-36, d'après des chartes et ordonnances municipales de 1453, 1455 et 1494. — (3) Déclar. portant règl. pour la fabrication des draps à Tours, 8 août 1490. *Ordonn. des rois* XX. 243. — (4) Edict du Roy touchant la manufacture des draps etc. mars 1571. Fontanon I. 1032-1034. — (5) Gouget, p. 36. — (6) B. Laffemas. Advis des corporations aux commissaires du Roy 1600, p. 7 (*Recueil de Doc. hist. inédits* pp. Champollion tome IV.)

La préparation des peaux a été, plus encore que la draperie, dès le xv⁰ siècle, la grande industrie poitevine. Les tanneries sont à la fin du Moyen-Age fort actives en Poitou. A Poitiers, les principales, groupées sur les bords du Clain, étaient celles du Pré l'Abbesse qui appartenaient aux Claveurier (1). A Niort, elles s'étendaient sur les bords de la Sèvre. Elles mettaient en œuvre les peaux du pays et celles qu'on importait, soit de l'Europe du Nord, soit du Nouveau-Monde. Les huiles de poisson nécessaires pour les préparer venaient de la Baltique et peut-être du golfe de Gascogne, où fréquentaient encore les baleines (2). La tannerie française occupait alors en Europe la première place qui lui fut enlevée au xvii⁰ siècle par la Hollande et l'Angleterre (3). Les artisans poitevins se trouvaient à la tête des spécialistes qui exploitaient en France cette branche d'industrie. Une tradition, rapportée par un auteur fort exact, Savary des Bruslons, attribue aux fabricants de Poitiers l'honneur d'avoir inventé l'art de passer les peaux en chamois ou mégie (4). Laffemas atteste le grand renom dont jouissaient les chamoiseurs et tanneurs poitevins. Ils étaient encore à la fin du xvi⁰ siècle les premiers du royaume pour accommoder les peaux à l'usage de la cordonnerie et de l'équipement militaire (5). La buffleterie et la chamoiserie de Poitiers, de Niort et de Châtellerault n'avaient point alors de rivales en France et à l'étranger, capables de les dépasser.

Enfin, une industrie nouvelle, l'imprimerie et la librairie

---

(1) Rédet, *op. laud*. IX. 355. — (2) Gouget, pp. 55-56, 78. — (3) A. de Montchrestien. Traité de l'Œconomie politique p. 106. — (4) Savary. *Dictionnaire du Commerce*, v° Chamoiseurs. — (5) Laffemas (B). *Règl. gén.*, coll. Leber. XIX. 544. « Autre exemple de la ville de Poictiers, dit-il ; depuis 7 ou 8 ans ils accoustrent des peaux de bœuf, vache, chèvres et autres, en façon de buffles et chamois, très bons et beaux en vérité ».)

avait beaucoup grandi en Poitou avec la Renaissance. Il était naturel qu'une ville, comme Poitiers, siège d'une des plus florissantes Universités du royaume, où étudièrent les du Bellay, les Ronsard, les Bacon et les Descartes, devint de bonne heure aussi l'une des métropoles de l'art nouveau inventé au xv⁰ siècle. La capitale du Poitou, cité savante, centre administratif et judiciaire de premier ordre, avait déjà ses parcheminiers, qui subsistèrent en dépit des progrès de l'imprimerie (1). Elle a, l'une des premières, dès 1476 ou 1478, ses imprimeurs (2), dont le métier se confond le plus souvent avec celui des libraires. En 1522, elle ne compte pas moins de 17 boutiques de librairie (3). Les presses poitevines le disputent en activité aux presses de Lyon, de Paris, de Bordeaux, de Toulouse, de Tours. Elles ont leurs illustrations, les Bouchet et les Marnef, industriels et savants à la fois, comme les Gryphius, les Plantin, les Estienne, les Fröben et les Alde. C'est l'âge d'or de l'imprimerie poitevine, qui ne retrouvera plus jamais l'éclat dont elle brilla pendant le xvi⁰ siècle. Les guerres de Religion, dont le Poitou fut un des principaux théâtres, vinrent en effet arrêter l'essor économique qui s'y était produit après le début des temps modernes (4).

CHAPITRE III

L'Industrie et le Commerce du Poitou au XVIIᵉ siècle.

Le Poitou avait beaucoup souffert des troubles religieux; les traces ne s'en effacèrent que lentement. Poitiers en par-

---

(1) Voir ci-dessous, livre II. — (2) A. de la Bouralière. Les Débuts de l'imprimerie à Poitiers in-8. 1890 et 1894. — (3) Voir ci-dessus chapitre II, page 17. — (4) G. Bouchet (XXXVᵉ série) constate la décadence des foires du Poitou causées par ces guerres.

ticulier, saccagé par les protestants, ne s'est jamais tout à fait relevée au rang qu'il avait occupé jusqu'au milieu du xvi° siècle. Le progrès de la centralisation réduit d'ailleurs le rôle des anciennes capitales provinciales. Cependant, cinq ans avant le début du xvii° siècle, Mercator qui décrit brièvement le chef-lieu du Poitou, constate que c'est la ville de France la plus grande après Paris, que son Université est la seconde du royaume (1). Mais en 1605, le géographe Paul Merula ajoute qu'elle est en « grande partie inhabitée », et Golnitz remarque l'aspect misérable de ses vieilles maisons de bois, de ses places étroites et mesquines (2). Maurice le Savant, landgrave de Hesse, qui visite Poitiers à la même époque, a consigné dans son journal de voyage l'impression peu favorable que lui ont laissé la saleté des rues et la laideur des habitations. C'est une ville peu prospère, remarque-t-il, sans luxe, sans boutiques brillantes, et où l'on ne voit presqu'aucun de ces établissements qui attestent alors la richesse, à savoir les magasins d'orfèvres et de parfumeurs (3). Niort paraît être devenue depuis lors la métropole industrielle et commerciale de la province. Mercator dès 1595 signale ses trois foires comme les plus considérables du Poitou (4).

L'agriculture poitevine s'était cependant remise assez aisément des suites des guerres civiles. Isaac Pontanus a traversé de la Rochelle à Poitiers des plaines verdoyantes et fertiles (5). Zinzerling qui a parcouru la région poitevine, depuis Châtellerault et Loudun jusqu'à la capitale du Poi-

(1) En 1595, Gaillard *op. laud.* pp. 28-30. — (2) *Ibid*, pp. 131-152. — (3) Correspondance de Maurice le Savant, pp. Rommel. 2 vol. in-8. — (4) Gaillard, *op. laud.*, p. 30. — P. Masson, Descriptio fluminum Galliæ 1618, cite aussi Luçon comme une place de commerce prospère.— (5) Itinerarium Galliæ, Leyde 1606, cité par Gaillard, p. 133.

tou, parle avec admiration de la fertilité de ce pays, de son vin, de ses fruits, de ses troupeaux, de son gibier (1). Le jésuite poitevin Coulon va même dans son enthousiasme jusqu'à appeler le Poitou « le paradis corruptible des hom- « mes. « La province, dit-il, fut nommée Pictavia pour « être peinte de verdure et couverte d'arbres, de fruits et « de moissons (2). » Il faut évidemment ici faire la part de l'exagération ou de l'illusion naturelle à des voyageurs auxquels on n'a guère montré que les beaux côtés de la province. La région des marais, celles des landes de Montmorillon, des taillis de la Gâtine, ne ressemblait guère à ces fertiles campagnes du Haut-Poitou. Mais il n'en subsiste pas moins cette impression que l'agriculture se trouvait florissante dans une bonne partie de la province pendant les quarante premières années du xviie siècle. Elle le redevint après l'épisode de la Fronde, et jusqu'à la dernière période du règne de Louis XIV, autant qu'on en peut juger par la correspondance de Colbert et de ses successeurs.

La petite industrie poursuit à la même époque sa lente évolution dans les villes et bourgs du Poitou, s'accroissant d'un certain nombre de nouvelles spécialités. Tels sont les métiers de brasseurs de bière, de fabricants d'eaux-de-vie, de droguistes, de couturières, de passementiers-tissutiers-rubandiers, de tapissiers-miroitiers, de boutonniers, de fabricans de bas au métier, de chapeliers feutriers. Au total, Poitiers compte à ce moment une centaine de métiers (3). Saint-Maixent en 1664 possède environ 28 communautés

---

(1) Jodocus Sincerus. Itinerarium Galliæ 1612. — *ibid*, p. 137. — (2) L. Coulon. Les Rivières de France. 1644. *ibid*, p. 167. — Voir A. Babeau. *Les Voyageurs en France*. in-18. 1885. — (3) Statistique dressée d'après les documents réunis dans les *Arch. hist. Poitou* tome XV, et d'après les registres municipaux.

comprenant 57 professions différentes, dont 12 relatives à l'alimentation, 14 à l'habillement, 15 au travail des cuirs ou à celui du bâtiment, 7 à celui des métaux, 8 aux autres métiers (1). Châtellerault de son côté compte 27 communautés (2). Les métiers de la petite industrie sont alors assez largement répandus, soit dans les petites villes, soit dans les bourgs, comme le prouve la statistique détaillée dressée en 1698 par le subdélégué de Saint-Maixent, Lévesque. On y voit en effet que le chef-lieu même de cette élection sur 7.000 âmes compte 20 cabaretiers, 100 marchands bonnetiers ou sergiers, 250 artisans, qui forment avec leurs familles le 6e ou le 7e de la population (3).

Certaines variétés industrielles ont conservé ou développé au xviie siècle l'activité qu'elles montraient au siècle précédent. Sur la côte, les marais salants continuent d'être la grande ressource de l'habitant. Des barques normandes, de petits vaisseaux de Bayonne, des navires d'Angleterre, viennent dans les ports du Bas-Poitou, aux Sables, à Beauvoir, à la Barre de Mont, à Saint-Gilles, à Saint-Benoît-de-la Tranche, et dans les îles d'Yeu et de Nirmoutiers, faire de grands chargements de sel, apportant en échange du brai, de la résine, du charbon de terre (4). Les Olonnais se livrent encore à la pêche de la morue, et la vendent soit verte, soit sèche, partie dans les villes de la province, partie à Nantes, partie à la Rochelle et à Bordeaux. Ils s'emploient aussi à la pêche de la sardine (5). Cette industrie occupe 30 à 40 na-

(1) Liste donnée par A. Richard, *L'Org. municip. de St-Maixent*, p. 330. — (2) *Inv. des Arch. Municip. de Châtellerault* par M. de St-Genis, p. XXIII. — (3) *Mém. sur l'élection de St-Maixent*, (1698) pp. A. Richard. *Mém. Soc. Stat. D.-Sèvres.* 1886, p. 29. — (4) Rapport de 1693 adressé à Ponchartrain. *Arch. Nat.* G. 7, 1685. — et *Dict. du commerce de Savary*. 2e édit. II. 61-62. — (5) En 1635, aux Sables on compte 14.400 hab. et 300 barques ou navires. A. Odin. Les pêches anciennes en Olonnais et Bas-

vires, et environ 200 barques, avec 12 à 1300 matelots (1). Au-dessus de toutes les spécialités industrielles, se sont surtout propagées la draperie et le travail des peaux. Si l'essai tenté par Henri IV pour acclimater dans la province la culture du mûrier et créer des filatures de soie (2) a complètement échoué, du moins la fabrication des lainages communs a-t-elle pris une extension notable. Dans la première moitié du siècle, c'est Saint-Maixent qui tient le premier rang parmi les centres industriels qui se livrent en Poitou à la production de la draperie. Le marquis de la Gomberdière en 1634 ne craint pas d'affirmer que les serges fines de Saint-Maixent sont, quoique moins chères, supérieures pour la qualité à celles tant vantées que produisait l'Angleterre (3). A l'époque de Colbert, les manufactures poitevines sont encore plus actives. Les marchands de Paris, de Lyon, de Bordeaux, de Marseille, de Clermont et de Tours, ont des relations suivies avec les fabricants du Poitou (4). Niort et Saint-Maixent avaient alors le plus grand nombre d'ateliers et la production la plus intense. Les maîtres drapiers et sergetiers de Niort au nombre de 30 avec 120 métiers et 404 ouvriers, livraient annuellement au commerce 2.000 pièces de droguets de 33 à 34 aunes de long, et de tiretaines ou popelines laine et soie de 40 aunes. Les premières se vendaient 20 à 30 sous l'aune, les secondes à peu près autant. On tissait ces étoffes avec des laines d'Espagne,

---

Poitou. Rev. du Bas-Poitou, 1895, pp. 98-106, 284 et sq. — (1) Savary I. 67. — D'après les Affiches du Poitou, 1773, p. 71, le commerce ou pêche de la morue avait été très important de 1660 à 1720 ; 80 vaisseaux de 100 à 120 tonneaux s'y livraient, faisant deux voyages par an à Terre-Neuve et rapportant chacun à chaque voyage 20 à 25 milliers de morue. — (2) Voir ci-dessous, livre IV. — (3) La Gomberdière, Nouveau règl. général sur toutes sortes de marchandises. (1634), réimprimé dans les *Var. hist. et litt. d'Ed. Fournier*, III, p. 119. — (4) Gouget, p. 61.

et elles étaient achetées dans tout le royaume, spécialement à Limoges, Lyon, Bordeaux et Paris (1). Saint-Maixent de son côté comptait en 1669, outre 263 sergetiers, 19 drapiers en soie dans la ville et 31 dans la banlieue, avec 4 teinturiers. La concurrence des droguets et tiretaines fit tomber bientôt la fabrication de la draperie de luxe, et cette ville dix ans plus tard n'avait plus de fabricants pour cette dernière spécialité. Mais la sergetterie y restait encore active; 60 métiers y produisaient annuellement 400 pièces (2), que les marchands de Lyon, de Limoges et de la Rochelle venaient acquérir pour les exporter dans le Portugal et le Milanais. Les serges de cette fabrique faites de laine filée en trame et en chaîne, de couleur blanche, beige ou grise, se vendaient 19 à 20 s. l'aune ; la pièce avait en général 50 aunes de long sur demie-aune de large (3). Cette industrie représentait rien que pour ces deux villes un produit annuel de 100 à 150.000 l. Il y avait d'ailleurs d'autres variétés d'étoffes produites en Poitou. Fontenay fabriquait à la même date des serges drapées grises en laine du pays, dont la pièce large d'une aune sur 12 aunes de long, était vendue 36 à 38 s. l'aune pour les Portugais et les Italiens du Nord. Luçon, la Châtaigneraie et Parthenay, livraient au commerce d'autres sortes étoffes, les serges trémières, que la Rochelle expédiait en Portugal et au Canada (4). Enfin, Colbert essayait d'introduire en Poitou l'industrie des dentelles ou points de Venise et celle des bas au métier (5). Il ne réussit pas à acclimater à Poitiers et à Loudun la pre-

(1) Assembl. des march. drapiers-sergetiers de Niort. 17 août 1679. *Arch. Deux-Sèvres* E. 208. — (2) Délibér. des march. drapiers-sergiers-teinturiers de St-Maixent, 1669 et 1679. *Arch. com. St-Maixent* HH. 2 et Gouget, p. 61. — (3) Délibérations précitées. — (4) Délibér. des fabricants de Niort 1679, précitée. — (5) Voir ci-dessous, livre IV.

mière de ces fabrications mais il parvint du moins à y développer la seconde (1). A Saint-Maixent, 40 bonnetiers travaillaient à fabriquer des bas de laine au tricot que les négociants de Lyon, de Bordeaux et de Limoges, vendaient ensuite à l'étranger ou aux provinces de l'intérieur (2). Dans presque tous les villages du Poitou, la production de la draperie, de la sergetterie et de la bonneterie s'était répandue avec une extrême rapidité. De la Sèvre à la Loire, de la Gâtine au Bocage, s'élevait le bruit des métiers. Ce fut vraiment l'apogée de l'industrie textile dans cette vaste région.

Bien que la révocation de l'édit de Nantes ait porté aux ateliers de tissage de Poitou une sérieuse atteinte, l'industrie des étoffes reste encore à la fin du xviie siècle la plus importante qui existe dans la province. Il y a aux Archives Nationales une statistique précise dressée par l'ordre du contrôleur général Pontchartrain pour toutes les généralités du royaume, d'après les rapports des intendants et des inspecteurs des manufactures. Elle fournit des renseignements détaillés relatifs à l'intendance de Poitiers. Ce document qui est daté de 1693 ne mentionne pas moins de 26 lieux de fabrique pour cette circonscription administrative (3). Après Niort, Saint-Maixent et Fontenay, c'est à Bressuire, à Parthenay, et à Montcoutant que la fabrication se trouve alors être le plus active. La manufacture de Bressuire, comme on l'appelle dans le langage officiel du temps, comprend

---

(1) Voir ci-dessous, livre IV. — (2) Délib. 20 déc. 1681. *Arch. com. de St-Maixent* HII. 2. — (3) Ce sont Poitiers, Châtellerault, Breuil-Barret, Lusignan, St-Maixent, la Mothe Ste-Héraye, Niort, Fontenay, la Châtaigneraye, Cheuffois, la Meilleraye, Pouzauges, Bressuire, St-Pierre-du-Chemin, Thouars, Parthenay, Azais, Secondigny, Vernou, Vivône, Château-Larcher, Melle, Civray, Gençay, Coulonges, St-Mesmin.

en effet 70 fabricants, 100 métiers, 6 moulins à foulon, 2 teinturiers, et produit plus de 4.000 pièces de serges et de tiretaines qui se débitent à Paris, à Orléans et à Nantes. Parthenay avec 45 maîtres, 60 métiers, 5 moulins à foulon, 4 maîtres teinturiers, livre annuellement plus de 2.000 pièces de droguets fort estimés, qui ont cours dans toutes les provinces du royaume. Montcoutant est renommé pour ses tiretaines qu'on trouve jusque sur le marché de Lyon, sans parler de celui de Paris. Ses 20 fabricants font marcher 200 métiers d'où l'on retire tous les ans 2.500 pièces. Thouars qui a 20 fabricants, 45 métiers, 4 moulins à foulon et 2 teinturiers, vend en Anjou ses 1.000 pièces de serges drapées. Châtellerault et Poitiers n'occupent qu'un rang secondaire, produisant chacune environ 600 pièces de serges et étamines par an (1). On se servait pour tisser ces étoffes de laines du pays en partie seulement. Le Poitou recueillait pour 250 milliers de livres de cette matière, mais la vendait aux fabriques de Normandie et de Languedoc. On y mêlait donc dans les manufactures de la province des laines inférieures dites laines d'abats tirées de l'Angoumois et de la Saintonge et des laines fines d'Espagne importées

---

(1) Voici les chiffres des divers centres de fabrication : Poitiers 70 facturiers, 6 moulins à foulon, 10 teinturiers, 600 pièces. — Cheuffois 9 à 10 fabricans, 1 moulin à foulon, 250 pièces. — La Meilleraye 12 fabricans, 18 métiers, 1 moulin, 450 à 460 pièces. — Pouzauges 10 fabricans, 1 moulin, 23 métiers. — St-Mesmin 10 fabricans, 30 métiers. — St-Pierre-du-Chemin 18 fabricans, 50 métiers, 300 pièces. — Azais 15 fabricans, 20 métiers, 5 moulins, 300 pièces — Secondigny 9 fabricans, 2 métiers, 4 moulins, 250 pièces. — Vernou 20 fabricans, 4 métiers, 4 moulins, 250 pièces. — Vivône 12 fabricants, 6 métiers, 400 pièces. — Château-Larcher 12 fabricans, 2 métiers, 7 moulins, 400 pièces. — Melle 18 fabricans, 3 à 400 pièces. — Civray 30 fabricans, 12 métiers, 4 moulins, 600 pièces. — Gençay 80 fabricans, 10 à 11 métiers, 200 pièces. — Coulonges 240 pièces. — Breuil-Barret 14 fabricans, 12 métiers, 80 pièces. — Châtellerault 40 fabricans, 3 teinturiers, 15 moulins, 600 pièces.

par Nantes et la Rochelle. On évaluait à cette date la production du Poitou à 25 ou 30.000 pièces d'étoffes par an. La province occupait environ le 10ᵉ rang à cet égard. Elle venait après les généralités d'Amiens, de Rouen, de Languedoc, de Champagne, de Flandre, de Paris, de Grenoble, d'Alençon et de Montauban, et à peu près sur le même pied que celles de Caen et d'Aix. Elle avait une fabrication d'un tiers plus importante sur ce point que la généralité de Tours et trois fois plus considérable que celle de la généralité de Limoges (1). Les étoffes représentaient une valeur annuelle de 7 à 800.000 l. au minimum pour la province.

La bonneterie était à elle seule presque aussi productive, bien qu'elle fut beaucoup moins disséminée. Les artisans de Poitiers fabriquaient, avec des laines grossières, quantité de bas drapés et de bonnets. Mais c'était surtout à Saint-Maixent que cette industrie prospérait. Le subdélégué Lévesque affirme qu'en 1698 les marchands de cette ville vendaient en France et à l'étranger tous les ans pour plus de 200.000 écus ou 600.000 l. de bas et bonnets doubles faits avec des laines de Poitou et de Limousin (2). La chapellerie de laine avait été également assez prospère dans le courant du xviiᵉ siècle. Mais vers 1693, elle se trouvait en complète décadence, sans doute par suite de la vogue des chapeaux de poil de lièvre et de lapin ou de castor. Il n'y avait plus à Poitiers que 20 chapeliers, et un ou deux à Lusignan, incapables de suffire au commerce local (3). Quant à la fabrication des toiles, si renommée à l'époque de Laf-

---

(1) Etat des manufactures du royaume, 1693. *Arch. Nat.* G. 77, 1685, a été reproduit en partie par Savary I. 63-65. — (2) Etats de 1693 précité. — Mémoire statistique de Lévesque sur l'élection de St-Maixent 1698, précité. — (3) Etat de situation de 1693 précité.

femas, elle était à peu près tombée. Niort, Fontenay, Poitiers comptaient encore chacune 100 à 150 tisserands de ce genre, mais qui ne travaillaient guère que pour la clientèle bourgeoise du lieu (1). Il n'est plus question de l'ancienne fabrique de Châtellerault. Mais Niort a vers 1700 une manufacture de fil à coudre d'un certain renom (2).

Plus encore que la draperie, la tannerie est l'industrie nationale du Poitou à cette époque. Poitiers et Niort excellent dans le travail de préparation des peaux. « Nous avons « dans Poitiers, dit la Gomberdière en 1634, nombre d'ou- « vriers qui accommodent les peaux de bœufs, vaches, chè- « vres, moutons et autres, en façon de buffles et chamois, « qui tous sont très bons et de meilleur service que ceux « qui nous viennent d'Allemagne et d'autres lieux » (3). Soixante ans plus tard, la capitale du Poitou travaille encore avec succès la buffleterie, et à côté des tanneurs qui apprêtent les gros cuirs de bœufs, figurent 10 ou 12 maîtres chamoiseurs et mégissiers qui passent en chamois quantité de peaux de boucs et de moutons (4). Niort l'emporte sur Poitiers lui-même, depuis que la colonisation du Canada y fait affluer les peaux d'élan et d'orignal envoyées en échange des grosses draperies du Poitou (5). Les chamoiseurs Niortais qui préparent ces peaux et celles de bouc et de mouton, « ont la réputation d'être les meilleurs du royaume, dit un « rapport officiel; c'est ce que le grand débit qui se fait « de ces sortes de cuirs semble justifier » (6). Niort et

---

(1) *Ibidem.* — (2) Mémoire de 1744 sur l'élection de Niort. *Mém. Soc. Statist. Deux-Sèvres.* III (1886). — (3) La Gomberdière. Nouveau règl. général, dans les Variétés historiques III, 114. — (4) Etat de 1693 précité — et Savary, II, 63. — (5) Gouget p. 78. De là les deux sauvages Canadiens des armoiries de Niort. — (6) Etat de 1693 précité; et Savary II, 63; I, 632.

Poitiers occupent toujours au début du xviiie siècle la première place pour le travail des peaux surtout de bouc, de chèvre et de chevreau, dépassant Lyon, Grenoble, Marseille, Maringues et Nîmes qui partagent avec elles cette industrie spéciale (1).

Le Poitou perd en revanche peu-à-peu ses anciens établissemens de verrerie, de céramique et de métallurgie. A peine peut-on signaler deux ou trois verreries qui aient survécu, par exemple celle que des verriers italiens bien connus, les Sarode, originaires du Montferrat, ont créés sur la lisière de la province, à la Fosse de Nantes et à Vendrennes. Elles subsisteront deux siècles (2). Parmi les ateliers céramiques qui se sont essayés au xvie siècle, il n'en subsiste plus que deux, celui de Rigné qui ne paraît pas avoir dépassé la fin du règne de Louis XIII, et celui de Thouars, où l'on fabrique encore vers la même époque des assiettes, de grands plats et des carrelages (3). Quelques créations éphémères, comme celle des fabriques de faïences des Ardelais près des Herbiers, et de l'île d'Ellé dans les marais de la Sèvre Niortaise marquent la première moitié du xviie siècle (4). Elles n'ont pas eu d'importance au point de vue économique. Il en a été de même de l'atelier installé à Oiron par Mme de Montespan, et où la maîtresse disgrâciée de Louis XIV appela un moment 31 faïenciers de Nevers (5). Fantaisie de grande dame, qui n'eut point de résultats pratiques. Le Poitou, jadis célèbre par la fabrication des métaux, a perdu aussi au profit des provinces plus favorisées ou plus actives, à savoir le Périgord et l'Angoumois, cette spécialité

---

(1) Savary I, 632. — (2) En 1645. Fillon, L'Art de Terre, p. 205. Il cite aussi celle de Montelle (Vienne). — (3) Fillon pp. 143-144. — (4) Fillon, p. 144. — (5) Fillon, p. 151.

lucrative. A la fin du xviie siècle, c'est à peine si dans ce pays où avaient existé tant d'établissemens métallurgiques il subsiste trois forges à fer et un fourneau d'affinage (1). Le seul vestige de cette ancienne industrie poitevine est la coutellerie de Châtellerault. Les relations de voyage de ce temps ne manquent pas de la mentionner. Zinzerling et Golnitz montrent les voyageurs assaillis au passage par les femmes des couteliers qui leur imposent presque de force l'achat de quelque spécimen de la spécialité châtelleraudaise (3). La coutellerie de Châtellerault est toujours, d'après l'intendant Maupeou, l'une des meilleures du royaume. On estime si bien les couteaux, rasoirs et ciseaux de cette provenance, qu'il s'en fait des envois considérables à Paris, dans les principales villes du royaume, et même à l'étranger (4). Il n'y a guère que Paris, Langres, Moulins et Cosne qui puissent pour ces articles entrer en parallèle avec la petite ville poitevine. On appréciait aussi beaucoup deux autres variétés de l'industrie de Châtellerault. C'étaient le travail des montres « et autres ouvrages d'horlogerie », et celui des pierres fausses ou faux diamants, « auquel ses « lapidaires réussissaient mieux qu'en aucun lieu du monde « sans en excepter Paris où l'on parle tant des diamants « du Temple », dit un rapport de la fin du xviie siècle (5). Une tradition plus ou moins fondée attribue aux horlogers de Châtellerault émigrés en Suisse après la Révocation de l'édit de Nantes, l'introduction de l'horlogerie à Genève et dans le Jura Vaudois (6).

---

(1) Etat des manufactures 1693, précité — Savary I, 65. — (2) Gaillard, op. laud. II, 144. — (3) Etat de 1693 précité; Savary I, 63. — (4) Savary I, 1587. (5) Etat de 1693; Savary I, 63. — (6) *Inv. des Arch. de Châtellerault*, introd. pp. M. de St-Genis, p. XXVI.

Le Poitou tire de sa richesse agricole et de ses industries les plus actives les éléments d'un commerce qui va se développant avec les progrès de la sécurité, le rétablissement ou la construction des routes, et l'exécution des travaux de navigation. Sully et Colbert ont eu une grande part dans cette œuvre de réfection des voies terrestres et fluviales. C'est sous les auspices du premier qu'a été achevée la canalisation du Clain et de la Vienne (1). Le second a projeté de réunir la Loire à la Charente par un canal destiné à desservir la région poitevine. Tous deux ont apporté leurs soins à l'amélioration ou à l'exécution des voies de communication. La fin des guerres civiles a ramené aux foires la clientèle qui en avait été éloignée A Poitiers, les halles sont restaurées dès 1598 (2), et la durée uniforme des quatre foires royales est fixée à 10 jours (3). Les drapiers et les merciers y étalent leurs marchandises (4), tandis qu'aux foires de Fontenay ce sont surtout les marchands de chevaux, de mules, de draps, de cuirs et de fers qui forment le public ordinaire des foires du 24 juin, du 2 août et du 11 octobre (5). Les plus importantes transactions commerciales se font au xvii° siècle aux foires de Niort, à celles de la mi-carême à Civray, du premier jeudi de l'Avent à Thouars, du 17 janvier à Lussac et Vivône, du 20 janvier à Gençay et Chenêché, du 3 février à Montmorillon, du 1ᵉʳ juin à Viez sur les frontières de l'Anjou, du 25 juillet à Bressuire. On signale encore celle du 18 octobre qui dure 10

---

(1) La Navigation du Clain, par M. de la Marsonnière. *Bull. Antiq. Ouest.* 1896 pp. 247-248. — (2) Rédet *op. laud*, pp. 74, 78. Le droit d'étalage y est fixé à 10 s. par foire. — (3) Lettres pat. de juillet 1658 en faveur de René de Goret, prop. des Halles. *Arch. Munic. Reg.* 109, fᵒˢ 139, 141. Par ces mêmes lettres la foire de la St-Jude est tranférée du 28 octobre au lundi avant la St-Barnabé (juin). — (4) Rédet, p. 83. — (5) Fillon, Fontenay, p. 117.

jours à Viez, et celle du 13 novembre à Civrai (1). Les transactions ordinaires se font aux marchés qui se tiennent en grand nombre pendant les divers jours de la semaine dans les villes et les principaux bourgs.

Le commerce poitevin est, comme autrefois, surtout alimenté par les produits agricoles. Le blé en est le principal élément: les vins et les céréales « superabondent » en Poitou, suivant les termes d'une requête des habitans de Niort (2). Les élections de Civrai et de Parthenay sont les greniers de l'Angoumois et de la Saintonge. Celles de Poitiers et de Châtellerault fournissent les provinces du Centre, tandis que les élections des Sables, de Mauléon, de Fontenay et de Thouars exportent leurs grains en Guyenne et Bretagne (3). Comme au xvie siècle, les blés du Poitou figurent parmi les trésors que le Portugal et l'Espagne, « nous viennent mendier » (4). Les vins que produisent surtout les élections de Civrai, de Niort et de Fontenay font l'objet d'un trafic assez considérable dans l'intérieur de la province et même au dehors. On convertit les plus forts en eaux-de-vie qu'on expédie à la Rochelle et à Nantes par les rivières de la côte. Le bétail est abondant. Les haras du Bas-Poitou ont déjà un certain renom. Les fromages, les fruits, les légumes, spécialement les noix et les châtaignes, forment les articles essentiels du commerce local et même du commerce extérieur (5). Enfin, le sel, les serges, les draps communs et la bonneterie poitevine sont expédiés dans l'intérieur du

---

(1) Exposé de Savary. Dict. du Commerce II, 79 ; — Lettre du subdélégué de Bressuire, 26 juillet 1733. *Arch. Vienne* C. 36. — (2) Requête des Niortais 1554, citée par Gouget, p. 45. — (3) Savary II, 61-62 ; voir livre II, chap. 1er de notre travail. — (4) Expression du Discours sur l'extrême cherté des bleds (fin xvie siècle), écrit attribué à Bodin, cité par Baudrillart, Bodin et son temps, p. 171. — (5) Savary II, 61-65.

royaume, et par la Rochelle, dans la péninsule Ibérique, en Angleterre, en Hollande et en Italie. Le Poitou reçoit de son côté les vins blancs d'Anjou, les vins rouges d'Angoumois et de Saintonge, les eaux-de-vie de l'Aunis, et par les ports du littoral le charbon d'Angleterre. La Rochelle et Nantes lui fournissent la résine des Landes, le pastel du Languedoc, les drogues tinctoriales exotiques, les laines d'Espagne et de Portugal, les fers de Bretagne, les sucres raffinés de nos ports, les huiles et les fruits du Midi (1). Aux foires, on apporte les soieries de Tours, les lainages de Picardie, de Flandre, de Normandie, du Languedoc, les toiles de Rouen, d'Anjou et de Maine. Un document inédit, le tarif des droits d'entrée de la ville de Poitiers dressé en juin 1640 peut donner une idée de la variété des objets échangés au xviie siècle dans la province. On y voit figurer à côté des produits alimentaires, beurre, blé, vin, poisson de mer frais ou salé, harengs saurs, sardines, morue, quantité de bois d'ouvrage et de chauffage. L'acier en billes et en barres ou mottes, le cuivre, le laiton, le plomb, l'étain, la quincaillerie, la poterie de terre, les tuiles, les briques, les carreaux sont mentionnés dans cette pièce. Il en est de même des peaux de boucs, chèvres, biches, chevreaux, cerfs, moutons et brebis, du suif, de la graisse, de l'huile de poisson qui se vend en barriques. Le commerce poitevin reçoit du dehors la couperose et l'alun, le soufre et la garance, le pastel, l'amidon, le maroquin et le cuir de Russie apppelé « vache de Roussi », les denrées coloniales, sucres bruts, cassonnades, poivre, girofle, cannelle, muscade, gingembre « et autres drogues concernant

(1) Savary I, 67. — Rapport de l'inspecteur des manufactures 1733. Vienne C. 36.

« le mestier d'apoticquaires, droguistes et confiseurs ». De Rouen et de Limoges lui viennent les épingles, toques de laine et de fil, crochets, mailles, aiguilles, fils de fer et d'archal, les cartes et cartons, les chaussettes de laine et de coton, les boutons de fil, les peaux de couleur, les futaines doubles. Paris et Tours lui expédient de la mercerie, telle que les chapeaux de castor, les cordons et les baudriers, et de la draperie fine ou à demi-fine, comme les draps du Berry, du sceau ou de Rouen, d'Espagne et d'Angleterre, les serges de Beauvais et de Limestre, les estamets, les soieries, la soie à coudre, les revêches et ratines fines, les ras de Chartres. Enfin, c'est par la même voie, ou bien par les ports et par les forains, que le Poitou s'approvisionne de toiles fines de Hollande, de Saint-Quentin, de Cambrai, de Laval et de Quintin, de chapeaux de laine, de tapisseries, de verres et de bouteilles (1).

Industrie et commerce présentent donc une certaine vitalité pendant une bonne partie du xviie siècle. Mais les grandes guerres de la fin du règne de Louis XIV, la mauvaise administration économique des successeurs de Colbert, les fautes politiques telles que la Révocation de l'édit de Nantes, ont eu un contre-coup fâcheux sur le mouvement industriel et commercial du Poitou, qui se trouve dès lors pour longtemps enrayé ou ralenti.

CHAPITRE IV

Le Mouvement industriel et commercial en Poitou au XVIIIe siècle.

Les correspondances des intendants, et celles des inspec-

---

(1) Tarif d'entrée de la ville de Poitiers, 19 juin 1640. *Arch. Mun. Reg. des délib.* n° 90, f° 120.

teurs des manufactures, aussi bien que les rapports privés signalent en effet l'appauvrissement de la province à la fin de l'ancien régime. Le Nain en 1733, M. de Pardieu en 1747, Necker en 1785 constatent la misère dans laquelle est tombée ce pays qui paraît avoir été l'un des plus prospères du royaume pendant nombre d'années, au xiii°, au xiv°, au xvi° et même au xvii° siècles. Le premier écrivant en 1733 au contrôleur général signale la « pauvreté du peuple dans sa généralité » (1). Le second, dans un rapport daté du milieu du siècle, montre le mal qu'ont produit les guerres et l'excès de la fiscalité monarchique. « Les impositions
« sur le peuple des villes et des campagnes sont extrêmes,
« dit-il, en sorte que les trois quarts sont réduits à la plus
« grande misère, que la plupart manque souvent de la nour-
« riture nécessaire à la vie aussitôt que le gros bled est un
« peu cher... Les pauvres habitants ne sont jamais pourvus
« de bonnes subsistances, en sorte que l'espèce d'hommes
« pour la culture des terres manque, que les femmes des cam-
« pagnes sont exténuées et hors d'état d'y faire des enfants
« bien conformés, ou tout au moins de les allaiter pour faire
« des hommes sains et vigoureux, et d'ailleurs la misère
« des hommes et des femmes est cause qu'il s'en fait moins.
« Ce n'est point ici un discours imaginé pour exciter la
« compassion du ministre. Que l'on fasse des reconnais-
« sances ou recensements des habitants de cette province.
« Que les gens en place soient consultés. Que l'on examine
« les rolles des paroisses en les confrontant avec ceux d'il
« y a 50 ans. Que l'on fasse examiner les maisons ou bor-
« deries qui existaient dans ce même temps, et on verra

(1) Le Nain à Orry, 1783. Arch. Nat. H¹, 1520.

« que le nombre des uns et des autres a diminué presque
« partout ou qu'il n'est point augmenté en aucun en-
« droit » (1). Malgré les efforts tentés dans la seconde moitié du siècle par l'Etat et par les agronomes, la situation ne
s'est pas sensiblement modifiée. Sans parler de la Gâtine
où « la culture des terres est si médiocre qu'on peut à peine
« y recueillir du seigle pour la nourriture de ceux qui l'ha-
« bitent pendant trois ou quatre mois de l'année » (2),
le reste du Poitou retourne à la solitude des premiers siècles
du Moyen-Age. La moitié de la province, déclare un spécialiste, le marquis de Butré en 1767, est « en bruyères
« qui forment des plaines immenses », susceptibles cependant de culture. Ce sont parfois des déserts de 30.000 arpents (3). Une grande dame poitevine qui écrit à l'abbé
Baudeau en 1777, observe dans la partie la plus fertile du
Poitou depuis les Ormes jusqu'à Châtellerault, et depuis
Châtellerault jusqu'aux portes de Poitiers, de vastes terrains
en friche. De Poitiers aux frontières du Limousin, elle remarque 25.000 arpents qui ne sont que de « la brande et
des joncs marins ». Sur la route de Montmorillon et de Limoges, pendant dix-neuf lieues, elle n'a pas rencontré sept
hommes. Bien qu'on marie les paysans de bonne heure,
pour les soustraire à la milice, « le pays n'en est pas plus
« peuplé, car presque tous les enfans meurent ». Le culti-
vateur sans avances, laboure « à peine l'épiderme de la
« terre avec sa vilaine charrue sans roues », multipliant,
les pacages, et vit dans l'indolence et l'apathie qu'engendre

(1) Rapport non signé adressé à M. Berryer, intendant de Poitiers, 13 avril
1747, et intitulé Mémoire sur le commerce et les manufactures du Poitou
(diverses particularités montrant qu'il est l'œuvre de l'inspecteur Lazare de
Pardieu) Vienne, C 38. — (2) Même mémoire. — (3) Ephémérides du citoyen III, 190 (1766); IX, 15 (1767).

la misère (1). C'est la même observation qui se trouve formulée 30 ans auparavant dans le rapport de M. de Pardieu. Aussi Necker peu de temps avant la Révolution peut-il qualifier le Poitou « une des plus pauvres provinces » du royaume (2). C'était pourtant ce même pays dont on vantait, à la belle période du xiii° siècle et du xiv°, la richesse et la fertilité.

Bien qu'en notable décadence, l'agriculture dans la moitié cultivée et fertile du Poitou continue à produire des céréales et des vins. Les élections de Thouars et de Bressuire composées de terres froides, où le laboureur lutte contre l'ajonc et le genêt, ne donnent guère que des seigles et des avoines (3). Mais les vallées du Clain, de la Sèvre et de la Vendée sont encore de bonnes terres à blé. « On peut dire, « déclare l'inspecteur Pardieu en 1747, qu'il est recueilli, « année commune, moitié plus de bleds de toute espèce qu'il « n'en faut pour la subsistance des habitans » (4). Le reste du pays renferme nombre de prairies ou de pacages. La paresse des métayers y trouve son compte, « attendu que le « produit provenant du croît du bétail ne coûte aucun travail » (5). Les Poitevins élèvent surtout des chevaux, mules et mulets. Ceux de la Gâtine et du Bas-Poitou nourrissent des veaux et jeunes bœufs qu'ils achètent en Auvergne, Limousin et Marche et qu'ils revendent gras à la boucherie. Le Haut-Poitou se consacre plus spécialement à l'élevage

---

(1) Ephémérides du citoyen, XX, 146 (lettre de la marquise de X.... 17 août 1777). — (2) Necker, cité par Baudrillart. Les pop. agricoles de la France II, 153. En 1802, le tiers de l'arrond. de Civrai consistait encore en landes et bruyères. Cochon, *Stat. de la Vienne*, p. 37. — Remarques du même préfet sur l'arrond. de Montmorillon, p. 33. — (3) Rapport de l'inspecteur Bonneval sur les élections de Thouars et de Bressuire 1733. *Arch. Vienne*, C. 36. — (4) Mémoire de M. de Pardieu 1747, précité. — (5) Lettre de la marquise de X... précitée.

des mules et des ânes (1), très recherchés par les provinces voisines, et que les Espagnols venaient acheter aux foires de Melle (2). La production des vins dans les élections de Niort, de Châtillon, de Poitiers, de Châtellerault et de Thouars, n'avait pas, semble-t-il, diminué, mais ils ne suffisaient même pas à la consommation locale (3). La province reste donc fidèle à ses traditions économiques qui donnent à la production agricole la première place.

Déjà même commence à se dessiner le mouvement de spécialisation de l'industrie, qui va concentrer dans les régions mieux pourvues de capitaux, de moyens de transport et d'approvisionnement, et plus entreprenantes ou plus hardies, la majeure part de la production industrielle. D'autres causes d'ordre social ou politique agirent en Poitou pour enlever peu à peu à ce pays les anciennes variétés de fabrication qu'il conservait encore au début du xviii° siècle. Seule la petite industrie y poursuit son lent progrès. La grande industrie poitevine au contraire décline par degrés, impuissante à lutter, en présence de la transformation des procédés industriels, incapable de se plier aux exigences nouvelles du consommateur, écrasée d'ailleurs par les charges fiscales, gênée par l'excès de la réglementation, privée enfin depuis 1685 de l'élément le plus vivace qui l'avait soutenue pendant cent ans, à savoir les patrons et les ouvriers protestants. Il semble qu'une sorte de torpeur envahisse alors les industriels locaux. En un siècle, où partout, en Bretagne, Hainaut, Boulonnais, Lyonnais, Languedoc, Franche-Comté, les entreprises minières se multiplient, le

---

(1) Mém de M. de Pardieu. — (2) Alm. hist. et prov. du Poitou 1789, p. 212. — (3) *Ibidem* — et Statistiques de la Vienne, de la Vendée et des Deux-Sèvres, dressées en l'an IX par Cochon, Dupin et Labretonnière, in-8.

Poitou se contente d'exploiter quelques carrières de pierres (1). Mais les mines de fer sont en grande partie inutilisées. A peine emploie-t-on pour la forge que le comte de Broglie a créée à Ruffec vers 1760 (2), le minerai excellent des gisemens de Montalembert et de Mairé (3), situés dans la région de Melle. On avait découvert en 1779 une mine de plomb argentifère et de cuivre aux environs des Sables d'Olonne ; elle ne tarda pas à être abandonnée après les premiers événements de la Révolution (4). Il en fut de même de la première mine de charbon découverte à Vouvant peu avant 1789 et que le propriétaire délaissa, découragé par les frais d'exploitation (5). Seuls, les marais salants conservent encore quelque activité. Les Sables d'Olonne expédient dans le premier quart du xviiie siècle environ 20.000 muids de sel que l'on utilise dans les provinces réputées étrangères, et que les Anglais viennent enlever pour le revendre dans les Iles Britaniques ou dans les pays du Nord (6). En 1789, on estime que les expéditions de sel faites par le port des Sables à destination de Bayonne et de Bordeaux s'élèvent à 900 ou 1.300 charges par an valant 150 à 250 l. la charge, suivant l'abondance de la production (7). L'industrie textile, qui était depuis le xviie siècle la

---

(1) Labretonnière. *Stat. de la Vendée*, p. 15 — Cochon. *Stat. de la Vienne*, pp. 62-63. — (2) Charente, série E. (marquisat de Ruffec). « Le Bas-Poitou, dit un mémoire de 1747, est rempli de mines de fer qui seraient susceptibles d'être exploitées, si le bois était plus abondant ». *Arch. Vienne*, C. 38. Voir sur la mine de cuivre jaune de Traversay (près Civrai), sur celle de plomb des Sables, sur la mine d'antimoine de la Ramée, près Pouzauges ; sur la mine de charbon de Vouvant ; *Affiches du Poitou* 1777, p. 57 ; 1784, p. 26 ; 1777, p. 14 ; 1776, p. 46 ; 1785, pp. 33, 37. — (3) Dupin, *Stat. des Deux-Sèvres*, p. 66 — Cochon, p. 62. — (4) *Almanach provincial* p. 208 — Labretonnière, p. 21. — (5) Labretonnière, p. 30. — (6) Savary I, 76 (mémoire du sieur Edme 1727). Rapport de l'intendant Le Nain 1733. *Arch. Nat.* H¹, 1521. — (7) *Almanach provincial*, p. 207.

principale du Poitou, se maintient de plus en plus difficilement. La concurrence de manufactures mieux outillées, les guerres et leurs suites, l'évolution du goût qui porte l'ancienne clientèle des étoffes poitevines à rechercher des tissus plus soignés d'apparence et moins chers, toutes ces causes réunies ont fait péricliter la fabrication des lainages poitevins. En 1685, la Révocation de l'édit de Nantes lui porte un premier coup. L'émigration de 100.000 protestants du Poitou et de la Saintonge (1), enlève à la province ses meilleurs ouvriers et fabricans. Deux longues guerres précipitent le déclin des ateliers de cette région. Une enquête faite en 1714 et dont nous avons retrouvé des fragments peut donner une idée de cette décadence. A Poitiers, sur 90 métiers, 60 sont inoccupés; 30 battent encore, mais uniquement pour la clientèle bourgeoise. Les ouvriers sont réduits à la mendicité. Les fabricants n'ont ni crédit ni fonds. A Châtellerault, en 1695, il y avait 85 maîtres environ. La cherté des vivres, la rareté des laines, la misère ont réduit leur nombre à 50, et sur ces 50 fabricants, 5 seulement sont en mesure de faire travailler. Le paysan n'achète plus; les étoffes de grosse laine grise qui se débitaient autrefois restent invendables. Saint-Maixent avait en 1679, 60 métiers de draperie; en 1714, il n'en reste plus que 40, entretenus par 5 maîtres. La réduction est la même à Lusignan, où de 60 métiers, 20 ont disparu; sur les 40 restants, 20 seulement sont en activité, lors de l'enquête de 1714, et 30 en 1715. A Parthenay, presque tous les fabricants ont suspendu le travail. A Bressuire, la fabrique comptait 100 métiers en 1693, elle n'en a plus que 85 en 1714. A Thouars, le

---

(1) Chiffre donné par F. Puaux. Histoire Générale, VI. 301.

chiffre des maîtres fabricants, qui était de 45 en 1700, est descendu à 20 ; il ne reste plus que 35 à 40 métiers battans. La plupart des maîtres ont abandonné la profession, dit un rapport, à cause de la misère des temps, de la cherté des vivres, de l'avilissement du prix des étoffes. Il ne se présente même plus d'apprentis. La fabrique de Breuil-Barret, pour les mêmes motifs, n'a plus que 6 maîtres ; elle en comptait 24 en 1704 ; de 50 métiers battans, il n'en reste plus que 10. La Châtaigneraye avait 39 maîtres fabricants en 1699 ; il n'y en a plus que 10 en 1714. Environ 100 métiers sont encore répandus dans les campagnes voisines de ce bourg. Mais on ne peut plus recruter de fileurs et de fileuses. Fontenay et ses environs comptent 100 métiers, mais la ville n'en a plus que 25 à 30. A Melle, il n'y a plus que 12 métiers. La fabrication, disent les maîtres « est tom-
« bée dans une telle nonchalance qu'il ne se présente même
« pas d'apprentis et qu'il se trouve très peu d'ouvriers ».
Civrai et Charroux n'ont plus que 15 métiers battans. Il y avait autrefois 20 fabricants à Civrai, il n'en reste plus que 9. Il n'y en a que 8 à Charroux. Dans ces deux petites villes, impossible de trouver des apprentis. La Mothe Sainte-Héraye enfin n'a plus que 7 maîtres au lieu de 32, avec 15 métiers (1).

La longue période de paix qui suit les traités de 1713 et de 1714 permet aux manufactures du Poitou de se relever lentement. La fabrication des lainages communs, serges, étamines, pinchinats, tiretaines, bélinges, celle de la bonneterie et des bas d'estame c'est-à-dire de laine filée, et enfin la production des toiles occupent une quarantaine de villes ou

(1) Procès-verbaux des assemblées de fabricants des manufactures du Poitou 1714, 1715; dossier volumineux aux Arch. de la Vienne, C. 36.

de gros bourgs. Les principaux centres de l'industrie textile sont dans la première moitié du xviii° siècle, Niort, Saint-Maixent, Bressuire, Parthenay, Montcoutant, Châtellerault et Poitiers. Un mémoire de 1729 relatif à l'élection de Niort évalue à 200 pièces par an le nombre des pinchinats fabriqués dans le chef-lieu de cette circonscription et vendus aux foires du Limousin, d'Orléans, de Paris et de Bordeaux. En outre, il s'y fabrique des étamines et des droguets que l'on débite dans le Poitou et l'Aunis (1). En 1744, la fabrique niortaise comprend 34 fabricants, 19 tondeurs et 18 teinturiers pour les lainages, et 79 tisserands pour les toiles. Niort avait eu une certaine réputation pour la production du fil à coudre. Bien que cette spécialité y eut décliné, 23 « fil-étoupiers » travaillaient encore à cette date, et 4 boutonniers fabriquaient des boutons d'étoffe (2). Les environs de Niort participent à cette activité. Ainsi les 7 ou 8 fabricants de la Mothe Sainte-Héraye fabriquent 4 à 500 pièces de serges rases que l'on expédie à Lyon pour le Milanais et à la Rochelle pour le Portugal. Les bourgs de Pougné et d'Hérisson produisent 250 pièces de tiretaines. Secondigny en Gâtine n'en fabrique pas moins de 500 qui se débitent aux foires de Caen et de Guibray, et dans les villes de Normandie (3). La fabrication des serges à Saint-Maixent occupe en 1740 jusqu'à 400 personnes, et ces étoffes se vendent à Genève, en Portugal et en France. Mais la bonneterie et les bas y sont un objet de commerce encore plus considérable, puisque 1600 personnes en vivent, et que ces produits trouvent un débouché facile à Lyon, à Bordeaux,

(1) Mém. de 1729 sur l'élection de Niort. *Mém. de la Soc. de Stat. D.-Sèvres* III, p. 186 (année 1886). — (2) Mém. sur l'élection de Niort par Thibaut de Bouteville, subdélégué. 1744. *Mém. Soc. de Stat. D.-Sèvres* III, 386 (1886). — (3) Mémoire de 1729, p. 188.

et surtout en Bretagne et en Espagne (1). La manufacture de Montcoutant est principalement connue pour la fabrication de ses tiretaines faites avec des laines du pays ou de Saintonge. En 1733, 1200 ouvriers y travaillent, et les 150 métiers de ce bourg donnent 4 à 5000 pièces que l'on vend surtout dans la Normandie et le Maine. Bressuire, à la même époque, envoie des étoffes d'espèce semblable aux foires de la région normande. Cette industrie y occupe les 3/4 de sa population de 1400 à 1500 habitans, et le personnel de 7 moulins à foulon (2). A Poitiers, la production des étoffes est peu active, mais la présence de 60 marchands ou maîtres fabricants bonnetiers atteste le développement qu'y a pris cette variété d'industrie (3). A Châtellerault enfin, la manufacture bien que déchue renferme encore, en 1738, 30 cardeurs de laine et tireurs d'estaim (laine filée), qui travaillent pour les particuliers et les fabricants, et 60 sergers qui fabriquent de grosses étoffes de laine du pays, débitées dans les foires de la région. Vingt chapeliers y font avec les laines du Poitou et du Berry des chapeaux pour les artisans et « les gens de la campagne ». Plus de 60 tisserands livrent à la consommation locale de très bonnes toiles de lin et de chanvre (4). Sur les frontières de l'Anjou, à Vieillevigne, un petit groupe de villages, dépendance industrielle de Cholet, fabrique activement des mouchoirs et des coutils, qui servent à approvisionner tous les marchands de Poitiers et du Poitou, et qui s'exportent à Nantes et à Bor-

---

(1) Mémoire du subdélégué Garran sur l'élection de St-Maixent, 1740. *Mém. Soc. Stat. Deux-Sèvres* III (1886), p. 22. — (2) Rapports de l'inspecteur des manufactures sur Bressuire et Moncoutant 1733. *Arch. Vienne* C. 36-37. — (3) Pièces relatives aux bonnetiers de Poitiers 1735 et suiv. *Arch. Vienne*, C. 39. — (4) Mémoire sur Châtellerault 1738. Mss Fonteneau tome 34. — *Arch. Soc. Antiq. Ouest*, série C.

deaux pour l'usage des habitants de l'Espagne et de l'Amérique espagnole (1). Les fabriques poitevines ne produisent pas en effet seulement pour la province et pour l'intérieur du royaume, mais encore pour les colonies et pour l'étranger. Leurs serges les meilleures vont en Portugal, en Espagne et en Milanais, leurs coutils dans les colonies américaines, leurs carisés blancs, leurs pinchinats et leurs tiretaines, surtout ceux de Niort, à Saint-Domingue et au Canada. Leurs chapeaux et leurs bas, spécialement ceux de Saint-Maixent et de Poitiers, reçoivent la même destination (2). Un rapport adressé en 1747 à l'intendant Berryer par l'inspecteur des manufactures Lazare de Pardieu, peut donner une idée de l'importance relative que possédait à ce moment l'industrie textile en Poitou, et montre qu'elle avait encore une certaine vitalité. « On peut compter, dit cet inspecteur,
« qu'il y a dans les manufactures de Poitou 1100 à 1200
« métiers battans. Ce nombre augmente ou diminue de 150
« à 200 suivant la consommation des étoffes, mais depuis
« longtemps, il n'a pas varié. Cinq cents fabricans occupent
« par eux ou leurs ouvriers ces métiers, et la plupart tra-
« vaillent par eux-mêmes, de sorte qu'il n'y a pas plus de
« 150 maîtres qui fassent travailler uniquement à façon, et
« qui soient sur le pied des marchands fabricans que l'on
« trouve dans les grandes manufactures du royaume. Ce
« nombre de personnes occupe 11.000 à 12.000 personnes
« différentes de tout sexe et de tout âge ». Ce même fonctionnaire observe qu'il se fabrique dans la province « année

---

(1) Mémoire anonyme sans date (vers 1750). *Arch. Vienne*, C. 38. — (2) Mémoire de M. de Pardieu sur les manuf. du Poitou 1747. *Arch. Vienne*, C. 37. — Mémoire du sieur Edme sur le commerce de la Rochelle 1727, Savary, 2ᵉ édit. II, 76-86.

« commune 25.000 pièces de long aunage », et on estime la valeur à 1.600.000 ou 1.700.000 fr. (1).

La seconde moitié du xviii° siècle est marquée par une véritable renaissance industrielle dont le Poitou a ressenti le contre-coup quoique affaibli. On essaie d'y établir en effet des filatures de soie, des fabriques de cotonnades et de toiles à voiles (2). Mais la vieille industrie des lainages y apparaît toujours plus menacée. La vogue grandissante des mousselines, indiennes et toiles peintes, et la concurrence heureuse d'autres régions mieux outillées pour la production des étoffes de laines communes ont contribué à ce résultat. Mais il y faut joindre aussi l'esprit de routine qui règne parmi les fabricants poitevins, la mauvaise qualité de leurs étoffes qui restent grossières et qu'ils négligent, la cherté des laines, la difficulté croissante qu'ils éprouvent à recruter des fileuses, et enfin la perte du Canada et du marché espagnol. En Espagne et en Portugal, les lainages communs d'origine anglaise, se vendant 20 °/₀ moins cher, ont fini par supplanter les lainages du Poitou (3). Dès 1757, le commerce des serges de Saint-Maixent et celui des tiretaines de Bressuire est tombé. On ne trouve plus de commissionnaires qui les expédient à Lyon et à Lisbonne (4). Un mémoire des fabricants de Niort en 1783 assure que, depuis le traité de Paris, la fermeture du marché canadien a fait diminuer de moitié dans cette ville la fabrication des pinchinats (5). Les manufactures poitevines essayèrent de

---

(1) Mém. sur les manufactures et le commerce du Poitou 1747. *Arch. Vienne*, C. 33. — (2) Voir notre livre IV. — (3) Affiches du Poitou 1775. Mémoire et état dressé par l'inspecteur Vauzelade 1775, *Vienne*, C. 38. Mém. de Jean Garran sur l'élection de St-Maixent 1766, *Mém. Soc. Stat. D.-Sèvres*, pp. 170, 190 — Gouget, *op. laud.*, p. 82. — (4) Documents et ouvrages cités note 3. — (5) Mémoire 1783. *Arch. Deux-Sèvres* E. 208.

lutter, surtout après 1770. L'inspecteur Vaugelade affirme en 1775 que la « bonne qualité, la fidélité et le bas prix de leurs étoffes » valurent dès lors aux industriels poitevins un retour de faveur, principalement en Saintonge et dans les îles de Ré et d'Oléron (1). D'ailleurs, la fabrication de la bonneterie et des bas compensait en partie le déclin de la production des lainages. En dépit de la guerre de Sept Ans, elle s'était maintenue à Saint-Maixent « sur le pied ordinaire », et les débouchés étrangers lui ayant été fermés, elle trouvait en Bretagne une clientèle assidue (2). Thibaudeau, vers 1783, estime que le travail des bas et des bonnets occupe dans cette ville 2.500 personnes, et que la bonneterie seule donne un produit annuel de 200.000 l. (3). Un état dressé en 1775 par l'inspecteur Vaugelade évalue à 266.000 livres la valeur de la bonneterie fabriquée en Poitou. Poitiers figure dans ce mémoire pour une production de 128.000 livres et Saint-Maixent pour une valeur de 137.000 l., l'une avec 7.500 douzaines de bonnets, l'autre avec 7.680 (4).

Quant aux lainages, ils sont toujours un élément considérable de la richesse du pays, puisqu'en 1774 les 39 fabriques du Poitou en ont produit pour une valeur de 1.650.540 (5). En 1775, le chiffre est de 1.591.645 l. (6). Mais les pièces

(1) Etat de 1775 et observations. *Arch. Vienne*, C. 38. — (2) Mém. de Jean Garran 1766, précité. — (3) Thibaudeau. *Histoire du Poitou*, 2ᵉ édit. I, xlvi. — (4) Etat des manufactures du Poitou 1775. *Arch. Vienne*, C. 38. — (5) Etat des manufactures 1774. *Vienne*, C. 38. Les lieux de fabrique sont: Niort, Fontenay, le Breuil-Barret, la Châtaigneraye, St-Pierre-du-Chemin, Mouilleron, Cheffois, Vernou, Montcoutant, Secondigny, Azay, la Meilleraye, Bressuire, Pouzauges, St-Mesmin, les Herbiers, Châtillon, Argenton, Thouars, Airvault, St-Loup, St-Maixent, La Mothe Ste-Héraye, Celle-Lévescault, Parthenay, Vivonne, Gençay, Châtelarcher, Coubé, Civrai, Charroux, Chauvigny, Poitiers, Latillé, Châtellerault, Champdeniers, la Tessouaille, Coullonge les Royaux, Lusignan. — (6) Etat des manufactures 1775. *Vienne*, C. 38.

d'étoffes fabriquées, draps, pinchinats, cadis, droguets, sergettes, boulangers, tiretaines, revêches et frisons, sont en 1775 au nombre de 21.094 seulement, en diminution sensible de 4.000 sur le total atteint en 1747. Il faut observer d'ailleurs que le pouvoir de l'argent a diminué dans la dernière moitié du xviii° siècle. Fontenay, tient le premier rang avec 2.337 pièces. Au second vient Parthenay avec 1875, en diminution légère sur le chiffre de 1693. Cette décroissance est encore plus sensible à Niort, où la fabrication est tombée en moins d'un siècle de 2.000 à 1329 pièces, à Moncoutant où de 5.000 elle est descendue à 1042, à Bressuire qui en cent ans a vu décroître sa production de 4.000 à 1.414 pièces. On peut observer ce même fléchissement moins accentué dans la plupart des autres centres de fabrique (1). En 1776, l'inspecteur Vaugelade estime que la valeur des lainages fabriquée en Poitou est de 1.675.234 l.; en 1777, il l'évalue à 1.708.338 l. (2). Mais dès 1778, il accuse dans un état que nous avons retrouvé aux Archives Nationales, un déclin sensible de la fabrication, puisque les pièces fabriquées pendant l'année ne sont plus qu'au nombre de 16.550 (3), soit près de 6.000 piè-

(1) Etats de situation des manuf. du Poitou 1775 (semestriels), *Vienne* C. 38. — Les calculs globaux pour chaque centre, les totaux et les rapprochemens sont notre œuvre; l'inspecteur ne s'est pas préoccupé de cette tâche. Voici les chiffres de production pour les centres non cités ci-dessus : Breuil-Barret 1302 pièces, la Châtaigneraye 1644, Secondigny et Azay 1139, Pouzauges 1092, Thouars 739, Châtellerault et Champdeniers 521, Poitiers et Latillé 495, St-Maixent 494, Lusignan 484, St-Pierre-du-Chemin 500, Mouilleron 310, Cheffois 420, Vernou 277, la Meilleraye 430, St-Mesmin 276, les Herbiers 554, Châtillon 680, Argenton 120, Airvault et St-Loup 267, Coullonges-les-Royaux 400, la Mothe Ste-Héraye 517, Melle 314, Celle-Lévescault 186, Vivonne et Gençay 384, Châtelarcher et Couhé 182, Charroux et Chauvigny 476. — (2) Etats de situation semestriels. 1776-1777, *Vienne*, C. 39. — (3) Tableau général des man. du Poitou par Vaugelade. 1779. Arch. Nat. F. 12, 564.

ces en moins sur le produit de 1775, 10.000 de diminution sur le chiffre de 1747, 10 à 15.000 sur celui de 1693. En 1782, il y a un léger relèvement : 17.240 pièces ont été produites, valant 1.287.886 fr. Cette chute rapide de la fabrication était-elle l'effet de la guerre ? On serait tenté de le croire, car après la paix de Versailles, un rapport semestriel daté de 1787 accuse pour les six premiers mois de cette année une production de 11.376 pièces valant 919.567 l., ce qui permet de supposer pour l'année entière un résultat à peu près analogue à celui de 1775, c'est-à-dire de 20 à 21.000 pièces (1). Toutefois, sans être aussi grande qu'on serait tenté de le supposer, si l'on ne tenait compte que du nombre de pièces fabriquées pendant la période de la guerre d'Amérique, la décadence apparaît indéniable. Elle est d'ailleurs attestée non seulement par la comparaison des états de 1693, de 1747 et de 1775, mais encore par les observations des inspecteurs.

Le nombre des métiers avait cependant peu varié depuis le milieu du siècle. En 1778 au moment où se déclarent les hostilités entre la France et l'Angleterre, le Poitou possède 1.338 métiers, c'est-à-dire atteint à peu de chose près au chiffre de 1747 qui est un peu inférieur, mais 653, près de la moitié des métiers, sont inactifs pendant le premier semestre, et 534 pendant le second (2). Dans un rapport postérieur, l'inspecteur compte pour la province 1.050 métiers battants (3). Le nombre des fabricants varie, suivant ces divers documents, entre 319 et 593. Il y a 35 lieux de fabrique principaux, et en tout 157 villes, bourgs,

(1) Etats de situation des manufactures du Poitou 1782 et 1784. Arch. Nat. F. 12,642. — (2) Tableau général des man. du Poitou par Vaugelade 1778. Arch. Nat. F. 12, 564. — (3) Tableau des lieux d'inspection des manuf. du Poitou, s. d. (postérieur à 1778). Vienne, C. 39.

villages ou hameaux qui participent à la fabrication (1). Un tableau dressé vers 1780 indique pour tout le Poitou le nombre de 468 fabricants, 805 tisserands et 7.212 ouvriers (2). C'est une diminution de 3 à 4.000 personnes sur le chiffre de 1747. Niort arrive en tête avec 40 fabricants, 80 tisserands et 1.200 ouvriers, mais il y en avait 4.000 avant 1760, c'est-à-dire avant la perte du Canada. Puis viennent la Châtaigneraye, Montcoutant, Saint-Maixent, Bressuire, Parthenay. A Poitiers, vivent seulement 22 fabricants, 18 tisserands, 118 ouvriers, et à Châtellerault 15 maîtres, 17 tisserands et 150 cardeurs ou fileurs (3). La Révolution porta un nouveau coup à l'industrie textile dans la province. Cette fabrication se trouvait fort languissante, lorsque les préfets Dupin, Cochon et Labretonnière dressèrent leurs statistiques ou descriptions. Elles ne donnent d'ailleurs aucun de ces renseignements numériques précis qu'on rencontre dans les rapports des anciens inspecteurs des manufactures (4). Enfin, le triomphe de la grande industrie et sa concentration dans un petit nombre de régions mieux placées ont achevé la ruine des manufactures de lainages du Poitou. Depuis un demi-siècle, le souvenir s'en est presque perdu.

La fabrication des toiles n'avait jamais atteint au même

(1) Tableaux indiqués aux notes 2 et 3, p. 64. — (2) Tableau des fabricants, tisserands et ouvriers des man. d'étoffes du Poitou (vers 1780). *Arch. Nat.* F. 12, 564. — (3) Voici quelques autres chiffres relevés dans ce tableau : Lusignan 18 fabricants, 40 tisserands, 82 ouvriers ; St-Maixent 20, 24, 600 ; Fontenay 20, 40, 500 ; la Châtaigneraye 38, 50, 1200 ; Montcoutant 36, 160, 700 ; Bressuire 25, 70, 400 ; Parthenay 25, 50, 200 ; etc. Tableau cité note 2. — Un autre tableau, cité note 3, p. 65, donne la répartition des métiers et des fabricants. — (4) Cochon. *Desc. de la Vienne*, an X, p. 71. — Dupin, *Stat. des D.-Sèvres*, pp. 38, 47, 49, (Niort avait, semble-t-il, repris quelque activité, car Dupin évalue la fabrication à 2540 pièces) ; p. 56 (Dupin évalue à 200.000 l. la production de la bonneterie à St-Maixent, à 33.000 l. celle des serges et ras, à 2.500 le nombre des ouvriers), p. 61 (Melle a 8 ou 10 métiers) ; p. 63. — Labretonnière, pp. 34, 80, 81 (détails sans précision).

degré de développement que celle des lainages. Toutefois, on faisait, dans un certain nombre de bourgs, des tissus de lin, de chanvre, d'étoupes, qui étaient vendus ou fabriqués sur place pour l'usage de la clientèle bourgeoise ou paysanne. Les principaux lieux où cette spécialité s'était conservée ou bien établie se trouvaient disséminés dans la province. Châtellerault, Clairvault, Lencloître, Chenechéé, Dissais, Airvault, Civrai, Couhé et Gençay, livraient à la consommation des toiles fortes et grossières (1). Deux centres, ceux d'Argenton et de la Tessouaille, produisaient surtout des coutils. En 1775, les tisserands d'Argenton-le-Château en avaient fabriqué 700 pièces (2). Autour de la Tessouaille, 14 autres villages, en particulier Mortagne, le Puy-Saint-Bonnet, Evrême, Saint-Hilaire, Saint-Aubin, les Treize-Vents et Châtillon, participaient à cette production, répartie entre 65 fabricants et 103 métiers (3). Enfin, on faisait à Niort et à Mortagne de très beau fil, et dans ce dernier canton, voisin de Cholet, « on avait l'art de le blanchir supérieurement » (4). L'inspecteur du Poitou estimait en 1774 la valeur des toiles à 532.606 l., celle du fil à 125.000 l. En 1775, le premier article est estimé valoir 572.000 l. et le second 140.000 l.; sur ce chiffre, les toiles de la région de la Tessouaille représentent environ 277.834, c'est-à-dire plus de la moitié (5). Pour 1776, la valeur des toiles est de 487.104 l., et celle du fil de 165.000 l. C'est un total de 652.104 l., le tiers environ de la valeur des lainages. Le dernier tableau que nous possédions, celui de 1777, donne pour les toiles une production estimée 606.154 l., et pour le fil 130.000 l.,

(1) Etat de l'inspection des man. du Poitou vers 1780. *Vienne*, C. 39. — (2) Etat de situation de 1775. *Vienne*, C. 38. — (3) Etat de l'inspection, vers 1780. *Vienne*, C. 39. — (4) Labretonnière. *Stat. de la Vendée*, an X, p. 35. — (5) Etat des manuf. 1775. *Vienne*, C. 38.

ensemble 736.154 l. (1). D'après Creuzé-Latouche, auteur d'une Description de l'arrondissement de Châtellerault publiée en 1791, diverses mesures de police et de fiscalité auraient après 1777 ruiné l'industrie des toiles poitevines (2). Châtellerault se trouva en particulier frappé dans son commerce des toiles écrues et blanchies, qui s'expédiaient jusque dans les îles (3). Après la Révolution, on ne retrouve plus que quelques vestiges de cette ancienne fabrication. Ce sont les toiles fortes d'Airvault qui occupent en l'an X 200 métiers de tisserands (4), et les toiles de ménage de Fontenay (5). Quelques ateliers de chapellerie, notamment à Niort où l'on faisait des chapeaux de laine commune vendus 4 fr. à 4 fr. 50 pièce (6), et quelques ouvroirs où l'on produisait à Loudun des dentelles grossières (7), tels sont les établissements de minime importance qui avant 1789 s'adjoignaient aux fabriques de toiles et de lainages. Ils ont tous disparu depuis, et la bonneterie de Saint-Maixent est restée le seul vestige de l'ancienne industrie textile du Poitou.

Une autre grande spécialité poitevine, le travail des peaux, quoique fortement atteinte dans le courant du xviiie siècle, a mieux résisté. La tannerie ou préparation des gros cuirs, concentrée auparavant à Poitiers et dans quelques autres centres, se dissémine sur les bords du Clain, de la Sèvre, de la Boutonne et du Thouet, et s'éparpille dans les bourgs. D'ailleurs, l'Angleterre tendait à l'emporter sur la France pour la manipulation des peaux. Tandis qu'on conservait

(1) Etat des manufactures du Poitou. 1776, 1777. *Vienne*, C. 39. — (2) Creuzé-Latouche, Description topogr. de l'arrond. de Châtellerault. 1791, p 30. — (3) Almanach provincial. 1789, p. 223. — (4) Dupin, *Stat. des D.-Sèvres*, p. 35. — (5) Labretounière, p. 34. — (6) Dupin, p. 47. — (7) Almanach provincial, p. 226.

en Poitou et dans le reste du royaume la vieille méthode qui consistait à préparer le cuir avec la chaux, les Anglais et les Flamands employaient l'eau d'orge et la jusée, procédés meilleurs, moins chers et plus expéditifs (1). La tannerie poitevine se trouva entraînée dans le déclin général. La chamoiserie montra plus de vitalité. Elle se concentra de plus en plus à Niort. Cette ville traversa de 1700 à 1720 une période de prospérité, par suite de l'ouverture du marché espagnol. Elle eut presque le monopole de l'achat des peaux de la Plata, qui passaient pour excellentes, et le Canada lui fournissait en outre les peaux de daims, d'élan et d'orignal. C'est par le port de la Rochelle qu'arrivaient ces matières brutes, en même temps que l'huile de poisson vendue 30 à 40 l. le quintal par les marins Olonnais, Malouins et Rochelais (2). Même après la perte de Terre-Neuve, les chamoiseurs de Niort conservèrent leur renom. Les buffleteries qu'ils préparaient étaient recherchées pour la cavalerie ; les autres pelleteries dans le reste de la France (3). Il s'en vendait dans les foires du Poitou en 1736 pour 60.000 l. environ (4), et on en faisait de gros envois à celles de Guibray, de Caen et de Bordeaux (5). On comptait à Niort 400 ouvriers pour cette spécialité au début du siècle. Les droits établis sur les cuirs par l'État ayant amené une crise, il n'en subsistait pas moins 57 maîtres chamoiseurs dans cette ville en 1744, avec 9 tanneurs ou corroyeurs (6). L'inspecteur M. de Pardieu, trois ans plus tard, constate que c'est une des

---

(1) Gouget, p. 80. — Voir aussi les Inventaires de la série C. des Archives Départementales. — (2) Lalande. L'Art du Chamoiseur et du tanneur (Encycl. des Arts et métiers 1776). — (3) Mém. sur l'élection de Niort, 1729. *Mém. Soc. de Stat. D.-Sèvres*, 1886, p. 187. — (4) Voir ci-dessous. — (5) Mémoire sur l'él. de Niort, précité note 3. — (6) Mém. sur l'élection de Niort, 1744, dans *Mém. Soc. de Stat. D.-Sèvres*, 1886, p. 270.

principales manufactures du Poitou (1). La cavalerie, le service des postes, les particuliers s'y approvisionnent de peaux de daims. Après Niort, c'était Châtellerault qui avait le plus de réputation, mais pour la tannerie seulement. Ses quinze tanneurs en 1738 travaillaient les peaux de la région avec habileté, et en expédiaient une certaine quantité en différents lieux, surtout à Bordeaux (2).

La seconde moitié du xviii° siècle est une période de crise pour cette industrie. En effet, les chamoiseurs, qui tiraient de Portugal, d'Angleterre et des pays de la Baltique, par la Rochelle et Marans, 1.000 barriques d'huile de poisson annuellement; avaient auparavant coutume de revendre cette huile après s'en être servis. Ce résidu appelé dégras se vendait 60 l., c'est-à-dire 20 l. de plus que l'huile elle-même, pour la préparation des peaux de veau dans les tanneries (3). A partir de 1760 environ, ce commerce décrut, et les tanneries prirent l'habitude de faire venir le dégras d'Angleterre, au grand préjudice de la chamoiserie niortaise. D'un autre côté, la France perdait le Canada. Il fallut demander au marché de Londres à grands frais les peaux de daims, d'élans, de cerfs et de chevreuils qui s'y entreposaient, au lieu de les faire venir du port de la Rochelle (4), placé aux portes du Poitou. Néanmoins, les fabricants de Niort luttèrent vaillamment. La valeur de la production des peaux de chamois était encore de 320.000 l. en 1774, de 310.000 en 1775, de 235.000 livres en 1776, et de 240.000 l. en 1777 (5). Sur les bords

---

(1) Mém. de 1747, précité. *Vienne*, C. 38. — (2) Mémoire de 1738 sur Châtellerault, précité. — (3) Mémoire des officiers municipaux de Niort, 1783. Gouget, pp. 83 et sq. — (4) Mém. des off. munic. de Niort, précité.—
(5) Etats de situation des manuf. du Poitou. 1774-1777. *Vienne*, C. 38 et 39.

de la Sèvre, dans la ville et la banlieue, on trouvait plus de 30 moulins à fouler les peaux. Aucun autre centre industriel « ne pouvait entrer en concurrence avec Niort pour la « supériorité de l'apprêt » (1). Les chamoiseries y occupaient plus de 300 ouvriers et fournissaient de culottes et de gants plus de 30 régiments de cavalerie (2). A la chamoiserie étaient venues s'ajouter la ganterie et la cordonnerie. « La ville, disaient les officiers municipaux niortais « en 1783, possède une immense quantité d'ouvriers dans « ce genre, de femmes et d'enfans qui cousent des gants « avec toute la propreté et la solidité possible, pour 6 à « 7 sols la paire (3). » D'après un état de 1774, la ganterie fournissait du travail à 1100 femmes et enfants, et 110 familles de cordonniers s'occupaient à fabriquer des chaussures pour l'Amérique (4). Ce fut à vrai dire la seule industrie poitevine qui n'eut pas trop à souffrir de la Révolution. Au début du xixe siècle, en l'an X, Dupin estime que la tannerie de Parthenay avec 30 à 35 ouvriers représente un mouvement d'affaires de 100 à 150.000 l. par an, et s'il signale à Niort la décroissance de la chamoiserie réduite à 169 ouvriers, il remarque que la ganterie occupe 620 ouvrières, et la cordonnerie 400 compagnons. Les gants de fabrication niortaise s'envoient alors en Italie et en Espagne (5). On sait que Niort a conservé jusqu'à nos jours et développé cette vieille industrie.

En dehors de la fabrication des lainages et du travail des peaux, le Poitou ne possède plus au xviiie siècle que de rares établissements qui présentent le caractère d'entreprises in-

(1) Mém. des officiers municipaux de Niort, précité. — (2) Thibaudeau. *Hist. du Poitou*, I, p. xliv.— (3) Mémoire des offic. municipaux, précité. — (4) Thibaudeau, I, p. xliv.— (5) Dupin, Statistique, pp. 31-45.

dustrielles d'intérêt général. Telles étaient les fabriques de confitures d'angélique de Niort(1), et surtout les minoteries de Saint-Maixent et de la Mothe-Saint-Héraye (2). Aux environs de cette dernière ville, 120 moulins, situés dans un rayon d'une lieue, travaillaient à fabriquer des farines de minot que l'on expédiait en quantité considérable aux ports de la Rochelle et de Rochefort et aux îles d'Amérique. Ils fournirent en peu de temps, malgré la disette et le maximum, 40.000 quintaux de fleur de farine à la flotte française en 1794, lors de la fameuse expédition qu'illustra la fin héroïque du vaisseur *le Vengeur* (3). Sur la côte, le port des Sables se livrait avec succès au début de ce siècle à la pêche de la morue et de la sardine. « Ces deux commerces « solidaires, parce que la sardine ne se prenait qu'avec des « œufs de morue, faisaient vivre, remarque l'intendant Le « Nain, une infinité de peuple (4). » En effet, les Olonnais envoyaient tous les ans sur le banc de Terre-Neuve 70 à 80 petits bâtiments de 100 tonneaux pour pêcher les morues, et 40 à 50 chaloupes pour capturer les sardines et autres poissons de mer (5). Cette industrie avait décliné depuis 1720. Les soixante vaisseaux étrangers qui venaient autrefois aux Sables charger la sardine et la morue avaient été éloignés par des droits excessifs (6). Les Olonnais continuèrent néan-

(1) Alm. prov. 1789, p. 204. — (2) Alm. provincial, pp. 206, 210. La moutarde de St-Maixent avait aussi du renom. — (3) Dupin, *Statistique des Deux-Sèvres*, an X, pp. 51, 63-64. — (4) Rapport de l'intendant Le Nain. 8 mai 1733. Arch. Nat. H¹, 1521. — (5) Savary, I, 76; 86 (2ᵉ édit.). — Mémoire de Le Nain, 1735. Arch. Nat. H¹, 1520. —(6) Mém. de Le Nain, 1735, précité. — Voir aussi les Affiches du Poitou (note sur les Sables), 1773, p. 35. —Les Olonnais apportaient le produit de leur pêche dans les ports de Normandie; Délib. du Conseil de Commerce 1742, sept. Arch. Nat. F. 12, 89. — Dʳ Beaudouin. La pêche Sablaise au commencement du XIXᵉ s. Rev. Sc. Nat. Ouest, 1893. — A. Odin. Les pêches anciennes dans l'Olon-

moins à envoyer quelques bateaux à la pêche de la morue sur les grands bancs de l'île Royale et de Terre-Neuve. Mais ils se tournèrent surtout vers celle de la sardine et de la drège qui avait lieu d'avril à septembre, et où ils réussirent mieux (1). La fabrication de la cire blanche avait aussi pris à Châtellerault une grande extension dans la seconde moitié du siècle (2). La petite ville poitevine fournissait de cet article les « différentes places du royaume » et notamment Paris. On estimait à 100 milliers de livres la production annuelle (3). Peu avant la Révolution, la prospérité de cette manufacture avait d'ailleurs été fortement atteinte (4).

Quelques papeteries, en particulier à Saint-Benoît près de Poitiers et à Montmorillon sur la Gartempe (5), à Niort et à Mortagne-sur-Sèvre (6), subvenaient pour une part assez faible à la consommation de la province. Depuis le milieu du siècle, apparaissent aussi quelques verreries et faïenceries. La principale verrerie est celle que crée le sieur Bertrand de Chazelles à la Chapelle, et où l'on fait toutes sortes de verres et mêmes des glaces (7). Un rapport inédit de 1750 mentionne la fabrique de faïence de Lavergne-Greffau, près de la Roche-sur-Yon, où l'on emploie une terre

nais. Rev. Bas-Poitou, 1895. — Id. Histoire de la pêche de la sardine en Vendée, 1895.

(1) Alm. prov., p. 207. — La pêche de la sardine en 1773 vaut annuellement aux Sables 200.000 l. *Affiches du Poitou*, 1773, p. 35. — (2) L'auteur du mémoire de 1738 relatif à Châtellerault n'en parle pas, bien qu'il donne sur les autres industries des détails précis. Cette spécialité ne paraît donc dater que de la 2e moitié du siècle. — (3) Almanach provincial 1789, p. 223. — (4) Creuzé-Latouche, *op. cit.*, p. 30. — (5) Alm. prov., p. 195. — Cochon, p. 71. — (6) Dupin, p. 48. — Labretonnière, p. 15. — (7) En 1779. *Arch. Nat.* F. 12, reg. 11 (requête) et 680 (elle est abandonnée en 1787). Il y avait 4 verreries dans l'élection de Châtillon, notamment à Dompierre et à Boisselin, en 1743 et 1744 (*Arch. Nat.* F. 12, 89 et 90), 2 près Chef-Boutonne (Mém. de 1730. Vienne C. 64), 1 à Béruges près Poitiers et 1 à Mervent (1712-1750. Vallette. La forêt de Mervent, 1890).

aussi résistante au feu que celle qu'utilisent les faïenciers de Rouen, mais qui ne livre que des produits grossiers enduits d'un vernis noir (1). Postérieurement, c'est-à-dire de 1770 à 1785, se créent ou sont rétablies les faïenceries de Migné, de Montbernage à Poitiers, de Chef-Boutonne et de Saint-Porchaire près de Bressuire (2). Le marquis de Torcy tente même à Saint-Denis-la-Chevasse, près de Montaigu, d'établir une manufacture de porcelaine du genre moyen pour les services de table (3). Ces divers établissements ne paraissent avoir eu qu'une importance très restreinte.

Le Poitou n'avait guère gardé que de faibles vestiges de son ancienne supériorité dans le travail des métaux. On n'y rencontrait plus que quelques forges dont les feux s'éteignirent tour à tour. Celle de la Meilleraye, qui existait encore dans l'élection de Niort en 1744 (4), disparaît un peu plus tard. D'après un rapport dressé par l'intendant en 1787, la généralité de Poitiers ne renferme plus que 12 forges dans l'élection de Confolens, dépendance de l'Angoumois, et 3 seulement en pays poitevin, celles de Verrières, de Goberté et de la Peyratte, toutes du reste très anciennement organisées. La première produisait 300 milliers de fer, la seconde 150, et la troisième 450 milliers (5). Cette dernière fabriquait du fer recherché pour les gros ouvrages et les instruments aratoires (6). Une note rédigée en 1774 ajoute à ces trois forges celle de Luchapt, disparue sans doute depuis ou peut-être comprise parmi celles de la région Confolen-

(1) Rapport anonyme vers 1750. *Arch. Vienne*, C. 38. — (2) Fillon, L'Art de terre, p. 160. — (3) Arrêt du conseil, 17 août 1784. *Arch. Nat.* F. 12, reg. 9. — (4) Mém. sur l'élection de Niort, 1744, précité. — (5) Rapport de l'intend. de Poitiers 1787. *Arch. Nat.* F. 12, 680. — (6) Dupin, p. 39. — Cochon, p. 72 (celle de Verrières, arrond. de Montmorillon, résista seule à la crise révolutionnaire).

taise par l'état de 1787. La production annuelle de ces quatre établissements est évaluée dans cette note à 1.500.000 l. de fonte, et 1.100.000 l. de fer en barre. Elles alimentent les villes de Niort et de Poitiers (1). L'horlogerie de St-Loup (2) et surtout celle de Châtellerault avaient encore quelque réputation. Les 9 horlogers de cette dernière ville, déclare l'auteur d'un mémoire de 1738, « font des montres de toute
« espèce même à répétition ; ils envoyent leurs ouvrages à
« Paris, Bordeaux et autres lieux et les donnent à bas prix ;
« les marchands bijoutiers qui passent leur en enlèvent
« beaucoup » (3). La coutellerie châtelleraudaise avait également gardé son renom. Piganiol de la Force (4) et les auteurs de guides ne manquent pas de signaler cette spécialité. Toutefois, dans le premier tiers du xviii° siècle, sa prospérité avait reçu quelque atteinte. Cent vingt maîtres et un plus grand nombre de compagnons exerçaient en 1738 cette industrie. Mais le commerce de cet article, jadis fort considérable en France et à l'étranger, avait décru par suite de la négligence apportée à la fabrication. « La coutellerie de
« Châtellerault, déclare l'auteur du mémoire de 1738,
« manque absolument pour la trempe ; peu d'ouvriers y
« travaillent avec quelque succès ; d'autres fournissent de
« mauvaise marchandise qui se débite à Paris et à Bor-
« deaux avec de fausses marques ; d'autres enfin ne trouvent
« le débit de leurs ouvrages que dans l'importunité dont ils
« usent à l'égard des voyageurs qu'ils forcent de les pren-
« dre à très bas prix (5). » Cette décadence fut probable-

(1) Affiches du Poitou, 1774, p. 155. — (2) Alm. prov., p. 197. — (3) Mém. sur Châtellerault. 1738 (par Pallu), mss précité. — (4) Piganiol de la Force, Nouv. Voyage en France, I, 42. — (5) Mém. sur Châtellerault, 1738, précité.

ment enrayée, puisque entre 1750 et 1768, Châtellerault comptait 204 maîtres couteliers, presque le double du chiffre de 1738, tandis que Paris n'en avait que 120, et Langres 61 (1). Les couteaux et ciseaux de provenance châtelleraudaise étaient avant la Révolution vendus en grand nombre aux îles d'Amérique, et aux foires de Bordeaux, de Beaucaire, de Normandie et de Bretagne. Cinq cents familles vers 1780 vivaient de ce travail (2). Un moment la fabrique fut composée de 300 maîtres et de 900 compagnons. Mais le nouveau régime des maîtrises inauguré en 1777, et surtout la concurrence de la coutellerie anglaise à bas prix, depuis la conclusion du traité de commerce avec l'Angleterre en 1786, portèrent à cette industrie poitevine un premier coup (3). La Révolution « la fit presque totalement tomber » ; en 1802, les fabricants ne recevaient plus de commandes, et la plupart des ouvriers manquaient même de pain (4).

Ainsi, en dépit de quelques périodes assez courtes de relèvement, la grande industrie décline d'une manière lente en Poitou pendant le cours du xviiie siècle. Cette décadence atteint non seulement le travail des étoffes, mais encore celui des peaux, et les autres variétés industrielles où la province avait gardé quelque supériorité.

C'étaient donc les produits agricoles qui formaient les principaux éléments d'un commerce languissant et dont l'activité eût pu se ranimer, si les moyens de communication avaient été meilleurs et plus multipliés. Necker, dans un mémoire adressé au roi, attribue en partie le « dépérissement

(1) C. Pagé. La Coutellerie, p. 101 (d'après les registres municipaux de Châtellerault). — (2) Thibaudeau, *Hist. du Poitou*, I, XLV. — Alm. prov., 1789, p. 223. — (3) Procès-verbal de l'ass. des trois ordres à Châtellerault 1789, imprimé in-8. — Creuzé-Latouche. Description, p. 29. — (4) Cochon, Description gén. du départ. de la Vienne, p. 72.

de la province à ce qu'elle est dépourvue de routes dans une grande partie de son territoire (1). » Dans le Haut-Poitou en particulier, les transports même au début de l'Empire se font à dos de mulet (2). Le Bas-Poitou n'était guère mieux partagé. En 1802, le préfet de la Vendée, Labretonnière, constatait qu'aucun des départements de France ne comptait aussi peu de grands chemins que le sien (3). L'administration royale avait cependant fait de louables efforts pour créer un réseau de voies de terre commode. Depuis Colbert de Croissy jusqu'à Blossac et à Boula de Nanteuil, les intendants s'étaient appliqués à doter la province de bonnes routes. En 1789 la généralité avait 700 k. de chemins royaux, mais sur beaucoup de points ce n'étaient que des tronçons encore peu utilisables (4). Les chemins ruraux sans entretien étaient de véritables fondrières, et sur la côte, les levées des canaux pendant six à huit mois de l'année devenaient impraticables (5). La navigation fluviale, qui aurait pu suppléer partiellement à cette insuffisance des routes, avait été, en dépit de projets souvent renouvelés mais toujours inexécutés faute d'argent, livrée au plus complet abandon. La Vienne, qu'il eût été facile de rendre navigable au-dessus de Chitré jusqu'à Châtellerault, était inutilisable pour la batellerie, par suite des barres qu'on y avait laissé former, pendant six mois de l'année (6). La navigation du Clain se trouvait suspendue depuis le début du

(1) Mém. de Necker cité par Baudrillart. Les Pop. Agric. de la France, tome II, p. 153. — (2) Cochon, *op. cit.*, pp. 73, 76. — (3) Labretonnière, p. 105. — Dupin, p. 96. — (4) Baudrillart, pp. 155, 163. — Voir de plus les Statist. de Cochon, p. 73, de Labretonnière, p. 105, et de Dupin, p. 96, pour le détail. Le Poitou a aujourd'hui 11 fois plus de routes. Voir l'essai de M. Clément sur la Corvée royale en Poitou, 1899, in-8. — (5) Baudrillart, p. 164. — (6) Cochon, pp. 80-84. — (7) La Marsonnière, *op. cit.*

xviii° siècle (1); les écluses négligées étaient tombées en ruines; et tous les plans pour les restaurer ne devaient plus aboutir. Le cours de la Vendée, dont on aurait dû sans grandes dépenses faciliter l'accès jusqu'à Fontenay aux bateaux de 15 à 1800 tonneaux, était brusquement interrompu à une demi-lieue de cette ville par une barre qu'on n'avait pas eu la force de supprimer (2). Enfin, la principale voie navigable, celle de la Sèvre Niortaise, devenait inaccessible pendant deux mois de l'été faute d'approfondissement du chenal. Elle était dépourvue de chemin de halage, de sorte que les mariniers éprouvaient à remonter la rivière depuis Marans de grosses difficultés, et n'amenaient guère que des barques de 15 à 20 tonneaux (3). Sur le littoral, le seul port important, celui des Sables, avait été préservé de l'invasion des flots et des apports maritimes par deux jetées construites à partir de 1762. On avait travaillé à le joindre au hâvre de la Gachère par un canal, et ces divers travaux avaient coûté 2.206.000 l. Des batteries en défendaient l'entrée. Ces améliorations avaient valu aux Sables un retour de faveur : les bâtiments marchands de 5 à 600 tonneaux et les vaisseaux de guerre convoyeurs y mouillaient volontiers (4). Mais le canal de Luçon, débouché des produits de la Plaine, s'envasait sans qu'on y portât remède, et à Noirmoutiers la rade excellente du Bois-de-la-Chaise s'ensablait rapidement (5). Quant aux autres ports, Beauvoir, Saint-Gilles-sur-Vie, la Barre-de-Mont, le Pairay, la rade de l'Aiguillon, ils auraient pu être mieux utilisés pour l'exportation des sels et autres denrées, mais les ressources avaient manqué pour les améliorer (6).

(1) Cochon, p. 84. — (2) Labretonnière, p. 71. — (3) Dupin, p. 89. — (4) Labretonnière, pp. 98-100. Affiches du Poitou, 1773, p. 35. — (5) *Ibid*, pp. 87-102. — (6) *Ibid*, pp. 115-120. — De Sourdeval, l'ancien port de Beauvoir, Soc. d'Em. Vendée, 1864, p. 23.

Avec de pareilles lacunes dans l'ensemble des moyens de communications, le Poitou ne pouvait guère posséder qu'une médiocre activité commerciale. Les transactions tendaient dès lors à se localiser, et les marchés se multipliaient, tandis que déclinait l'importance des foires où se faisait jadis l'échange des produits de province à province et même d'État à État. Le nombre des foires et marchés s'était sans doute très accru, mais on n'y faisait guère que l'échange des articles de consommation locale (1). Les grandes réunions commerciales avaient diminué, sinon en quantité, du moins en valeur, soit par suite du développement du commerce de mercerie ou de commission, soit par le progrès de la stabilité du négoce. Le commerce ambulant ou forain se trouve donc atteint, et le pouvoir, pour des raisons d'ordre politique ou économique, ne s'émeut que faiblement de cette décadence. Il diminue même les foires royales en concédant leurs privilèges à des marchés de caractère tout local. Ainsi les quatre foires tenues à Châtellerault à la mi-carême, au 1er mai, à la Saint-Jean et à la Saint-Michel sont au xviiie siècle à peu près semblables à des marchés (2). Les foires de Poitiers, autrefois fameuses, ne sont plus que l'ombre de ce qu'elles avaient été, bien que des lettres patentes de 1753 y aient ajouté quatre autres réunions de 3 jours chacune (3), spécialement réservées à la mercerie, à la soierie, à la draperie et à la quincaillerie. Elles ne furent guère fréquentées, comme les anciennes, que par les agriculteurs et industriels

(1) Voir la longue liste de ces foires dans l'Alm. provincial de 1789, pp. 251-267. Les Aff. du Poitou, 1780, p.43, constatent le déclin des foires dû à leur multiplication. — (2) Mémoire relatif à Châtellerault, 1738. — (3) Lettres pat. d'octobre 1753, dans Thibaudeau, II, 360. — Rédet, p.84. Ces 4 nouvelles foires devaient avoir lieu le 13 janvier, le lundi des Rogations, le 14 juin et le 1er septembre.

locaux, marchands de cuirs, de bestiaux, de mousselines et de toiles (1). On était loin du temps où les Flamands, les Anglais et les Français du Nord affluaient sur la place de Poitiers. Seules, les foires de Niort, de Fontenay et de Viez réunissent encore des commerçants venus des diverses parties du royaume. Les inspecteurs des manufactures en suivent le mouvement jusqu'à la Révolution et en transmettent des états au contrôle général. On y vend aux marchands de l'étranger ou des autres provinces des étoffes de laine du pays, draps, étamines, pinchinats, cadisés, revêches, tiretaines, serges, pour d'assez fortes sommes. Ainsi, aux foires de Fontenay, de Niort et de Vihiers, en 1737, la valeur des tissus du Poitou vendus atteint, d'après nos calculs, au chiffre de 379.000 l. (2). On en vend pour 120 à 130.000 l. aux seules foires de Niort en 1775 (3). Avec les lainages grossiers, les marchands de la province débitent encore quelques coutils, et des bas et bonnets de Poitiers et de Saint-Maixent. La vente de la bonneterie représente en 1737 un total de 45 à 46.000 l. pour les trois foires principales du pays (4). En 1747, à la seule foire de la Saint-Venant, qui se tient à Fontenay, on en vend pour 31.555 l. (5). A la même foire en 1775, la vente est réduite pour cet article à 12.000 l. ; et dans toutes celles de Niort, à 15.000 l. environ (6). L'industrie poitevine écoulait enfin, dans ces grandes assises commerciales, les peaux de chamois de Niort. En 1736, aux foires d'octobre et

---

(1) Lettre de l'intendant au corps-de-ville, 30 juin 1789. Reg. des délib. munic., n° 195. — (2) Etats certifiés des foires du Poitou, 1737. *Vienne,* C. 37. — Les chiffres récapitulatifs ont été obtenus en calculant les sommes portées sur ces états et non additionnées par l'inspecteur. — (3) Etats des foires de Niort (trois états), 1775. *Vienne,* C. 38. — (4) Etats des foires, 1737. — (5) Etat de la foire de la St-Venant à Fontenay, 1747. *Vienne,* C. 38. — (6) Etats des foires, 1775. *Vienne,* C. 38, 39.

de novembre, la vente de cet article s'élevait à 48.000 l. ; en 1737, à 57.000 l. pour trois foires. En 1775, la vente de la chamoiserie pour toutes les foires de Niort n'arrivait plus qu'au chiffre de 17.000 l. (1). Les laines et les bestiaux constituaient enfin les autres éléments de trafic entre les marchands de la province et ceux du dehors.

Les laines du Poitou étaient presque aussi estimées que celles du Berry. On recherchait surtout celles des régions de Moncontour, Thénezay, Latillé, Sanxay, Parthenay, Niort, Lusignan, Melle, Pamprou et Chef-Boutonne. Les marchands normands venaient les acheter aux foires, pour les fabriques de Vitré, de Vire, de Lisieux et de Beauvais (2). Elles se vendent en 1736, 19 à 23 sous la livre : dans les foires d'octobre et de novembre, à Fontenay et à Niort, il en est vendu la même année 70 milliers représentant une valeur de près de 80.000 fr. A Fontenay seulement, en 1737, le produit de cette vente atteint au chiffre de 72.000 l. En 1775, aux foires de Niort, ces laines, vendues 30 à 32 s. la livre, représentent encore un trafic annuel de 40.000 l. environ. Mais ce commerce, d'après les rapports officiels, paraît à ce moment fort diminué, du moins dans les foires (3). La vente du bétail était autrement importante et constituait à vrai dire l'élément prépondérant du trafic forain. Les bœufs de labour ou de boucherie, les mulets et mules, les chevaux de charrette et de selle ou de carrosse, les bidets et les juments vendus dans les seules foires de Niort et de Fontenay, en octobre et novembre 1736, sont estimés valoir près de 300.000 l. Dans la seule foire de

---

(1) Etats des foires précités. — (2) Mém. sur les laines du Poitou. *Affiches du Poitou*, 1774, p. 142. — (3) Etats des foires, 1736 à 1775. Vienne, C. 36-38.

mai à Niort en 1774 il en est vendu pour 254.000 l. En 1775, année qui fut très médiocre pour la vente, les bestiaux vendus n'en représentent pas moins 460.000 l. dans l'ensemble du mouvement commercial auquel ont donné lieu les foires niortaises (1).

Les marchands forains amenaient de leur côté aux foires du Poitou les étamines du Mans et de Nogent, les draps de Lodève, les cadis de Montauban et les serges de Mende, la draperie fine d'Elbeuf et les dauphines et droguets de Reims, les peluches rouges et d'autres couleurs d'Amiens, les frocs de Lisieux, les ras de Maroc, les crépons et petites étamines glacées de fabrication Rémoise, les draps de Lacaune, les calmandes de Lille, les couvertures de laine de fabrique Montalbanaise. A la foire de Saint-Venant de Fontenay (11 octobre), en 1736, il est vendu pour 148.686 l. de ces lainages de provenance française; et aux 4 foires de cette même ville, en 1737, la vente atteint à un total de 165.000 fr. environ. En 1747, on en vend pour 180.712 l. à la seule foire du 11 octobre. Aux trois foires de Niort en 1775, la vente de ces étoffes arrive au chiffre de 180.000 l. (2). La clientèle riche achète aussi aux forains des dorures de Paris et de Lyon, des soieries de Tours, à savoir les damas, les gros rayés, les ras Saint-Maur, les taffetas d'Angleterre unis ou non. Les toiles fines qui se débitent dans ces foires sont celles de Laval, de Cholet et de Rouen. On y fait aussi le trafic des toiles fortes dites noyalles de Bretagne, celui des cotonnades ou siamoises de Rouen, des toiles de coton et mousselines exotiques importées par la Compagnie des Indes. Après 1758, on y porte les toiles

(1) Etats des foires, 1774, 1775. *Vienne*, C. 38. — (2) Etats des foires, 1736, 1775. *Vienne*, C. 36, 38.

peintes et imprimées des nombreuses fabriques qui s'ouvrent de toutes parts. Les articles de passementerie et de rubannerie, ceux de quincaillerie et de bijouterie, les laines inférieures de Saintonge, tels sont les autres objets négociés aux foires du Poitou. En 1737, aux trois grandes foires de Fontenay, il a été vendu pour 70.000 l. de dorures, 80.000 de soieries, 64.000 l. de toiles, 80.000 l. de mercerie et de quincaillerie. En 1775, aux diverses foires de Niort, il s'est vendu pour 103.000 fr. de soieries, 130.000 fr. de toiles, 24.000 fr. de dorures, 43.000 fr. de passementerie, rubannerie et mercerie, 17.000 fr. de quincaillerie et bijouterie (1). Ces résultats fragmentaires, les seuls qu'il soit possible d'obtenir d'après les documents, peuvent donner une idée de la part que représente chacun de ces articles dans l'ensemble du trafic forain. Il est à peu près impossible de connaître l'importance précise du mouvement total des grandes foires du Poitou. Les états complets font en général défaut. Pour l'année 1737, nos calculs permettent d'évaluer à 2.382.000 fr. le total des ventes faites aux foires de Fontenay, de Vihiers et de Niort. C'est à 107.000 fr. sur ce chiffre que s'élève la valeur des tissus de toute espèce vendus. Aux foires de Niort, en 1775, le mouvement des ventes n'est pas inférieur à 1.150.000 fr., dont un peu plus de moitié, 640.000 l., représente le trafic des tissus (2). Ainsi, la décadence du commerce forain, qui s'était fait sentir à Poitiers et à Châtellerault, n'avait pas encore atteint d'une manière notable les places de Fontenay et de Niort.

(1) Etats des foires, 1737-1775. *Vienne*, C. 36-38. — (2) Etats des foires, 1733-1779, *Vienne*, C. 36-38. Ces résultats récapitulatifs ne sont pas donnés par les états; nous les avons obtenus en additionnant les chiffres partiels donnés par ces états.

En dehors de ces grandes réunions commerciales, le trafic par voie de terre ou voie fluviale se concentrait dans un certain nombre de villes qui devaient à leur situation géographique cette supériorité. Niort, placée sur un fleuve navigable à portée de Marans et de la Rochelle, était certainement la première place de commerce de la province. « Nous faisons, écrivait un négociant de cette ville en 1773, « un commerce fort étendu avec les îles d'Amérique et les « peuples du Nord et de la Méditerranée. Ce commerce « nous rend en échange des sels, des peaux en poil que « nous apprêtons en chamois, du sucre, du café, de l'indigo, « du plomb, du fer, du bois des isles, des planches de sa- « pin, du poisson salé, beurre en baril, fromages de Hol- « lande et autres provisions comestibles ou propres aux « arts. Notre ville en est comme l'entrepôt; elles se répan- « dent de là dans les autres provinces (1). » Châtellerault venait ensuite. Sa position à l'endroit où commençait la Vienne navigable, et sur la grande route de Bordeaux à Paris, lui valait une importance commerciale supérieure à son activité industrielle, et qui s'était accrue dans le courant du xviii° siècle. Au début de cette période, ce commerce consistait presque uniquement dans le négoce de commission. Les marchands châtelleraudais se contentaient « d'être les « commissionnaires de ceux de Paris, d'Orléans et d'autres « grandes villes qui, à cause de la commodité de la rivière, « leur adressaient des marchandises et recevaient celles « qu'ils tiraient de Bordeaux, de la Rochelle, et principale- « ment des eaux-de-vie de Cognac et de toute la Saintonge ». Ces produits arrivaient à Châtellerault par charroi « et s'en-

(1) Affiches du Poitou, 1773, p. 19. — Dupin, *Statistique des Deux-Sèvres*, p. 50.

voyaient à leur destination par la rivière de Vienne ». Les marchands du lieu se contentaient d'un petit bénéfice. Ce commerce traditionnel s'était modifié dans le premier tiers du siècle antérieur à la Révolution. Les négociants de Châtellerault se hasardèrent à entreprendre le négoce pour leur compte. Ils cessèrent d'être de simples facteurs, et « cette émulation » accrut le mouvement des affaires. Les eaux-de-vie étaient toujours le premier élément de leur trafic; puis venaient les blés du Poitou, les huiles de toute espèce, les savons, l'épicerie, les fers et aciers, et les toiles, qui se débitaient dans les provinces voisines (1). Ce développement du commerce châtelleraudais n'avait cessé de se manifester jusqu'en 1789. Châtellerault était alors considéré comme l'entrepôt des provinces de Poitou, d'Aunis, d'Angoumois, de Saintonge et de Guienne. De là les bateaux descendaient en cinq ou six jours à Nantes par Saumur et Angers; par la Loire, ils remontaient vers Blois, Orléans et Paris et rejoignaient le port de Rouen. « Il arrive
« journellement de toutes ces places soit par terre, soit par
« le canal de la Vienne, des marchandises de toute espèce,
« ce qui donne une grande activité au commerce de cette
« ville, dit un ouvrage de ce temps. Il en part année com-
« mune 4 à 500 bateaux de toutes grandeurs qui exportent
« les blés, vins, eaux-de-vie, huiles de noix et chénevis,
« le sucre brut, les laines d'Espagne pour faire passer aux
« fabriques. Ces mêmes bateaux retournent chargés de
« différentes épiceries de Nantes et d'Orléans ; ils voiturent
« des fers du Berry et d'Anjou, de l'ardoise, du charbon
« de terre, toutes sortes de bois d'ouvrages et autres es-

(1) Mém. sur Châtellerault, 1738. *Mss. Antiq. Ouest* et collection Fontenau.

« pèces de marchandises pour les différentes provinces (1). »
En dehors de Poitiers, où se font des transactions encore actives relatives aux produits du pays, le Haut Poitou ne compte plus que quelques centres commerciaux de second ordre, tels que Civrai et Chauvigny, pour les denrées agricoles et le bétail (2), Saint-Maixent, la Mothe, Melle et Chef-Boutonne pour la bonneterie, les étoffes, les farines et les bestiaux (3). Dans le Bas-Poitou, le commerce du Bocage, pays alors dépourvu de rivières navigables, de routes et de villes, se réduisait à l'exportation du blé, des bœufs et des porcs, du bois, du merrain et du charbon. Ces produits étaient envoyés dans l'Aunis et la Saintonge par la Vendée, et dans les autres régions de l'Ouest, par le moyen des foires ou marchés de l'intérieur. La Plaine expédie à Ré, à Bordeaux, à Rochefort, à la Rochelle, ses froments, orges, seigles et avoines. A ses foires, les marchands d'Auvergne, de Provence, de Languedoc et d'Espagne, viennent s'approvisionner de mulets et surtout de mules, et ceux de Normandie acheter les meilleures laines du pays. Le Marais exporte ses céréales, ses sels, ses chanvres, dans le Bordelais, la Bretagne et le centre de la France. Ses bœufs alimentent le marché de Poissy et la boucherie parisienne, et les belles toisons de ses moutons, les fabriques de Normandie et de Beauvaisis. Les ports du littoral, principalement ceux de Saint-Gilles-sur-Vie et des Sables-d'Olonne, ainsi que les îles de Bouin et de Noirmoutiers, font avec l'Angleterre, l'Espagne et nos provinces maritimes le trafic des denrées agricoles, celui du sel, de la morue et des sardi-

(1) Almanach provincial, 1789, p. 223. — (2) Affiches du Poitou, 1773, pp. 59, 110. — (3) Almanach provincial, pp. 192 et suiv. — Dupin, *Statistique*, p. 142.

nes. A la fin du xviiie siècle, les Sables commencent même à disputer à Marans le commerce d'exportation des céréales, et depuis 1764 ils prennent une part active aux relations commerciales avec les colonies (1).

Une agriculture arriérée dont l'essor se trouvait enrayé par une organisation sociale et politique défectueuse, une industrie en décadence, un commerce local en partie paralysé par le mauvais état des routes, tel est en raccourci le tableau que présente le Poitou au point de vue économique à la veille de la Révolution. « Vilaine et pauvre pro-« vince, dira Arthur Young, qui semble manquer de com-« munications, de débouchés et de mouvement de toute sorte, « et ne produit pas en moyenne la moitié de ce qu'elle devrait « produire (2). » L'appréciation est peut-être trop sévère ; elle est exacte au fond. Comme le remarque le voyageur anglais, le gouvernement monarchique a eu une part dans ce déclin qui a surtout frappé l'agriculture, mais qui a atteint aussi, quoique dans une proportion moindre, l'industrie et le commerce poitevins. L'absolutisme, par les excès de sa fiscalité et par des mesures religieuses impolitiques, telles que la Révocation de l'édit de Nantes, a certainement contribué à ralentir l'activité économique du Poitou. Mais il serait injuste de faire retomber sur la royauté toute la responsabilité de cette décadence. Peu à peu, se produisait l'évolution qui devait transformer la production industrielle et les transactions commerciales. Le groupement des capitaux, et la concentration croissante de l'industrie dans les grandes régions favorisées par la nature ou par de puissan-

(1) Affiches du Poitou, 1774, p. 15. — Almanach provincial, 1789, p. 207. — Labretonnière, *Statistique de la Vendée*, pp. 8, 33, 58, 77, 89, 99, 115. — (2) A. Young. Voyage en France (2 sept. 1787), I, 86, trad. Lesage.

tes traditions, commençaient à produire leurs effets. La grande industrie tendait à se former. Au morcellement industriel, legs du morcellement politique et territorial du Moyen-Age, allait succéder une sorte d'unification, fondée sur le groupement de la fabrication et de ses agents en quelques centres puissamment outillés pour une production perfectionnée, rapide et peu coûteuse. La petite industrie seule, qui subvient aux nécessités courantes de l'existence, est restée localisée. Le Poitou a dû chercher au XIX° siècle, dans la production agricole stimulée, accrue et améliorée, la principale source de sa richesse.

LIVRE II

L'Organisation de l'Industrie et du Commerce en Poitou.
Origines, Progrès, Police. Règlements et Coutumes des métiers (XIe siècle -- 1789).

CHAPITRE PREMIER

Le commerce des céréales en Poitou avant la Révolution.

Bien que le Poitou ait été dès le Moyen-Age un des principaux pays producteurs de céréales (1), les documents relatifs au commerce de cette précieuse denrée font presque entièrement défaut pour cette période. Ils ne commencent à devenir abondants que depuis le xviie siècle. Au reste, les règlements qui concernent le trafic des blés, bien que relativement récents, sont inspirés par une tradition depuis longtemps établie. Il faut se souvenir, pour les apprécier avec équité, que les provinces, même les plus favorisées au point de vue de la production, manquent de moyens de communication, que la circulation des produits du sol y est difficile, qu'il n'y a aucune régularité dans les emblavements et dans les ventes, qu'il n'existe aucun moyen de prévoir et de prévenir les disettes, et qu'enfin, sur un marché limité, les accaparements ne sont pas impossibles. De là cette multiplicité de règles ou de coutumes auxquelles le commerce des blés est astreint.

Ces règles s'appliquent à la fois aux particuliers, aux marchands et aux industriels. Quand le blé a été battu au village sur l'aire coutumière (2), le laboureur ou proprié-

---

(1) Les rentes en blés ou froments, seigles, avoines, baillarges sont mentionnées dans une foule de chartes. Dans une seule châtellenie, celle d'Angle, l'évêque de Poitiers en perçoit pour une valeur de 3.591 fr. Cartulaire de l'Evêché (acte de 1420), pp. Rédet, *Arch. hist. Poitou*, X, n° 144. —
(2) A Prahec, au xiiie siècle, l'aire payait au comte une redevance de 80 setiers de blé. Boutaric, *Alfonse de Poitiers*, p. 236.

taire n'a pas le droit d'en disposer en maître absolu. La denrée dont il est le détenteur est nécessaire à la communauté. C'est pourquoi un usage sanctionné par l'ordonnance royale du 21 novembre 1577 a défendu aux particuliers détenteurs de grains de garder ce produit plus de deux ans (1). Des dispositions législatives antérieures ou postérieures ont interdit aux particuliers de conserver les grains en greniers et magasins et les astreignent à les transporter aux marchés (2). En temps normal, on n'use point de contrainte, mais aussitôt que la disette paraît menaçante, on a recours à la force. En 1637 par exemple, le corps-de-ville de Poitiers, apprenant que les grains enchérissent et que des transports clandestins ont lieu par la porte de Pont-Achard, ordonne «que tous les habitants qui ont des blés dans leurs « greniers plus que leur provision seront requis d'en envoyer « aux marchez pour en vendre à prix raisonnable (3). » D'ailleurs, on n'hésite pas à recourir aux visites domiciliaires, pour reconnaître l'état des approvisionnements et obliger les particuliers à vendre l'excédent de leur provision (4). Lorsque, en 1482, 1630, 1631, 1649, 1651, la famine menace Poitiers, le maire désigne pour chaque paroisse trois ou quatre « honnêtes gens » qui sont chargés « de visiter « aux maisons les bledz tenus en icelles et registrer la quan- « tité et qualité qui s'y trouve par dessus celuy qui sera « nécessaire à chaque famillle, afin de mettre ordre à en

(1) Etablissemens de St-Louis, chap. 49. — Ordonnance 21 nov. 1577. *Arch. Nat.* AD, XI, 37. — (2) Ordon. février 1413. — arrêt 5 sept. 1693. Delamare, Traité de la police, tome II, livre V, titre XIV. Ordes de la sén. de Fontenay et du siège de Challans, 1708 et 1770. Vendée B. 16 et 319. — (3) Délib. 25 mai 1637. Reg. 87, f° 187. *Arch. Munic.* — Ord. munic. de Châtellerault, 28 mai 1630, Godard, I, 69. — (4) Cette pratique est admise par l'ordon. de février 1304, les arrêts du 22 mai 1693, 7 mai 1709, etc. Delamare, *op. cit.* — Recueils Poitevins de la Bibl. de Poitiers, in-4°, tome V, n° 146.

« distribuer à prix raisonnable à ceux qui en auront besoin,
« et d'en ordonner la vente au marché public ». Ces
mesures suscitaient en général de la part des détenteurs une
vive résistance, mais nul n'osait en contester la légalité (1).
Pendant l'administration de Colbert, on rompit avec ces pratiques plus capables de semer la panique que d'atténuer les
disettes. Le comte de Beauregard, qui résidait alors à Châtellerault, affirme que même en 1679, époque de famine, on
n'autorisa aucune visite dans les greniers des particuliers,
et qu'on ne força personne à porter les blés au marché (2).
Mais dans la terrible année 1709, on employa encore ces
mesures. Il fallut mettre sur pied une armée de subdélégués
spéciaux, greffiers, huissiers, procureurs, archers, mesureurs, commissaires, entretenus à grands frais, pour procéder aux visites, et dresser les états des grains (3). Ces
moyens légaux ne sont cependant mis en œuvre que d'une
façon exceptionnelle. Mais il n'est pas de même d'autres
dispositions, telles que la publicité des ventes, qui sont
d'ailleurs communes aux particuliers et aux marchands.

Le commerce d'achat et de revente des blés est fait par
une catégorie spéciale de commerçants, les blatiers (4),
dont la profession est sévèrement réglementée. Les ordonnances de police, conformément aux prescriptions des règlements royaux (5), enjoignent en effet, en Poitou, à toutes

(1) Délib. 1er mars 1482, 29 mars, 29 avril, 27 mai 1630, 3 et 10 mars
1631, 11 octobre 1649, 28 août 1651. Reg. 7, et 80 fos 245, 222, 238; reg.
81, f° 155; reg. 101, f° 65; reg. 103, f° 69. — (2) Le comte de Beauregard
au Contr. gén., 1er nov. 1708. *Corresp. des Contr. gén.*, III, n° 205. — (3)
Coresp. de l'intendant de Poitou, Roujault, avec le contrôleur général,
juillet-août 1709. *Corresp. des contr. gén.*, III, n° 506. — L'arrêt du conseil
du 22 avril 1789 réédite ces mesures exceptionnelles, Isambert, XXVIII,
n° 2566. — (4) Mention des blatiers, règl. municipaux de 1631 et 1685; ordon. du présidial 1700, ci-dessous citées. — (5) Ordonnances royales du 4
fév. 1367, 27 nov. 1577, de janvier 1629, 31 août 1699, 23 décem. 1770, etc.

« personnes qui voudront faire trafic des bleds, froments,
« seigles, avoines et autres grains, pour les acheter, vendre
« et revendre d'en faire leur déclaration aux juges du
« présidial, prester serment et en faire enregistrer les
« actes contenant leurs noms, surnoms et demeures, au
« greffe de la police, à peine de confiscation des grains et
« de 500 l. d'amende (1) ». Les archives de la Vienne conservent le registre des déclarations des blatiers de Châtellerault. On y voit que le nombre de ces marchands en 1771 n'est pas inférieur à 22, qu'ils sont tenus de déclarer en quels lieux ils ont leurs magasins, la quantité de céréales qu'ils y détiennent, et de tenir registre en bonne et due forme des achats et des ventes. Veulent-ils quitter le commerce, ils sont obligés d'en faire déclaration au greffe de la police qui leur en délivre expédition authentique (2). Ce trafic se trouve légalement interdit aux gentilshommes, et aux officiers de justice et de finances (3). L'article 5 de la déclaration royale du 21 août 1699 l'avait aussi proclamé incompatible avec l'état de laboureur. Mais il fut impossible dans le Bas-Poitou de mettre à exécution ces interdictions légales à l'égard des cultivateurs. L'intendant Roujault déclare dans un mémoire daté de 1709 que « les laboureurs » de cette région « sont presque tous érigés en marchands de blé ». Ils ont des greniers à Marans, à Ré, à la Rochelle, et ce commerce « en gros est établi de tout temps ». Lorsqu'on essaya de l'empêcher, au mois de décembre 1709, on ne fit que troubler inutilement les transactions et compro-

(1) Règl. de police du présidial de Poitiers, 12 janv. 1700, art. 21, *Arch. Soc. Antiq. Ouest.* — Ord. du siège des Sables, 11 fév. 1760. Vendée B. 793. — (2) Registre des déclar. des marchands de blé à Châtellerault, 1770-1788. Vienne, E. 7¹ — (3) Déclar. du 21 août 1699, *Arch. Nat.* AD, XI, 37.

mettre les approvisionnements de l'Aunis et du Bordelais(1). Les meuniers et boulangers qui reçoivent de leur clientèle du blé et d'autres céréales comme rémunération ont la faculté de vendre, mais non celle d'acheter, du moins en gros, et sont aussi exclus par les lois, de la profession de blatiers. Les ordonnances de police de la ville de Poitiers défendent à ces industriels d'« aller ne faire aller personnes interpo-
« sées au-devant des marchands qui amènent des blé ds pour
« vendre ». Il leur est interdit de se rendre au minage « et de fréquenter le marché », de parcourir la campagne pour y faire des achats, de former des magasins, de détenir une quantité plus grande de grains que celle qui est nécessaire à leur provision. Il est également défendu aux particuliers de leur en vendre. Les meuniers ou boulangers coupables sont passibles d'amende ; le blé qu'ils ont acheté est confisqué et vendu au minage (2). Eux-mêmes peuvent être l'objet d'une punition corporelle; au besoin, on les emprisonne, on les met au carcan sur la place publique, pour les signaler aux risées et au mépris de la populace (3). Au XVIII° siècle seulement, quelques tempéraments sont apportés à cette législation draconienne. L'ordonnance de l'intendant de Poitou, en 1733, prohibe encore pour les meuniers et regrattiers les achats en dehors des marchés, mais leur permet de se rendre au minage, après neuf heures en été, et après dix heures en hiver (4). C'est que la meunerie commençait

---

(1) Mém. de Roujault sur le commerce des blés entre le Poitou et l'Aunis, 6 déc. 1709, et lettre du 26 déc. *Arch. Nat.* G. 7, 1647. — (2) Ordonnances de police de Poitiers, 1541, art. 8; 25 janvier 1578; 19 juillet 1632; 18 août 1631; 10 août 1637. *Arch. Mun.* D. 70; Reg. 82 et 88. — Recueils Poitevins in-8. — *Arch. Antiq. Ouest.* — (3) Sentences de l'échevinage de Poitiers 21 sept., 5 octobre 1643, 26 août 1658, 27 août 1663, 3 sept. 1635, Reg. 95, 86, 109, 114. — (4) Ordonnance de l'intendant Le Nain, 1733, art. 11. *Arch. Soc. Antiq. Ouest.* L'ord^{ce} du siège des Sables de 1760 les oblige à tenir registre des achats de blés.

à se transformer, à travailler pour une clientèle plus vaste, de sorte que l'interdiction absolue du commerce des blés eût entravé totalement ses progrès. Au reste, toutes les prohibitions ne pouvaient empêcher depuis longtemps meuniers et boulangers de se livrer au négoce clandestin des céréales. Le renouvellement incessant des ordonnances prouve précisément leur inefficacité. Une autre communauté d'industriels était aussi exclue du commerce des blés propres à faire du pain. C'était celle des amidonniers. Une ordonnance du présidial de Poitiers rappelle encore cette interdiction, confisque des farines trouvées chez trois amidonniers de cette ville et reconnues provenir de bons blés, et leur permet seulement de se servir de recoupes de blés gâtés (1).

La crainte des disettes et des accaparements avait dicté ces mesures, de même que les précautions prises à l'encontre des blatiers. D'abord, depuis le milieu du xviii° siècle, il leur est interdit de former des sociétés avec d'autres marchands de grains (2). Ils ne peuvent contracter de marchés à terme, acheter, ou suivant l'expression alors consacrée, enarrher les blés en vert, sur pied et avant la récolte. Une ordonnance de 1482, qui se trouve dans le Coutumier du Poitou, prohibe cette pratique (3). On essaie de restreindre leur négoce dans d'étroites limites, pour les empêcher de faire hausser le prix des grains. C'est pourquoi ils s'exposent à de graves peines, telles que la confiscation, l'amende, et même à des châtiments corporels, s'ils parcourent les

(1) Ordonnance du présidial de Poitiers, 21 août 1784. *Arch. Soc. Antiq. Ouest.* — (2) Arrêt du Parl. de Paris, 19 août 1661. *Arch. Nat.* AD. XI, 37. — Déclaration du 31 août 1699, art. 8 et 9, Delamare, II, 59. — (3) Ordon. de 1482 prohibant la vente des blés en vert. Coutumier du Poitou, 1486, in-folio goth.

campagnes pour y acheter directement les blés et autres céréales (1). Il ne leur est pas davantage permis de se rendre dans les maisons particulières ou dans les hôtelleries des bourgs et des villes, pour y négocier auprès des bourgeois et des marchands forains, l'achat des grains. S'ils s'y hasardent, on les accuse d'accaparement, on prétend qu'« ils « font des magasins secrets, qu'ils empêchent que le minage « soit fourni, et qu'ils font enchérir toutes sortes de bleds, ce « qui est d'une dangereuse conséquence et très préjudiciable « au public ». On les rappelle au respect des ordonnances ; on saisit leurs grains, et parfois, comme à Poitiers en 1631, on les bannit de la ville pour six mois « avec défenses d'y venir et fréquenter sous peine de punition corporelle » (2). On veut se rendre compte de l'importance de leurs achats. Aussi ne peuvent-ils exercer leur commerce qu'aux jours de foires et de marchés, c'est-à-dire sous les yeux du public, et à certaines heures, par exemple après midi, pour que les particuliers aient le temps de faire leurs provisions (3). Encore, doivent-ils acheter à poche découverte, c'est-à-dire faire porter leurs achats uniquement sur les grains réellement exposés au marché. Une ordonnance du lieutenant de police de Niort condamne en effet à 30 l. d'amende un marchand de blé qui a acheté des céréales sur montre, et lui défend de récidiver à peine d'interdiction du commerce et de 3.000 l. d'amende (4). Il y a mieux : les blatiers n'ont pas le droit d'acquérir la quantité de grains

---

(1) Ordonnance du corps-de-ville de Poitiers, 17 août 1643. Reg. 95, f⁰ 34. — (2) Ordonnance du corps-de-ville de Poitiers concernant les blatierss 22 octobre 1685. Reg. 130 f⁰ 48. — Ordonnance du corps-de-ville, 10 mars 1631. Reg. 81, f⁰ 159. — (3) Règl. de police relatif au Poitou, 25 janvier 1578. Recueils Poitevins de la Bibl. Municipale. — (4) Ordon. du lieut. gén. de police de Niort, 18 sept. 1773. *Affiches du Poitou*, 1773, p. 160. Ord. du siège de Challans 15 mai 1770. Vendée, B. 319.

qui leur convient. On essaie de limiter leurs achats « à une petite quantité », par exemple à « une charge » de cheval (1). On les astreint à déclarer la quantité qu'ils détiennent en magasin (2), et on les soupçonne toujours de former « des dépôts », c'est-à-dire d'accumuler des stocks pour peser sur les prix et faire à leur gré la hausse ou la baisse (3). Pareils règlements étaient d'une exécution si délicate qu'en temps normal on les laisse sommeiller. Mais à la moindre alerte, on les fait revivre, et d'ailleurs leur observation dépend du zèle plus ou moins éclairé des officiers de police. Dans le Bas-Poitou, ils sont en général inobservés. L'intendant Roujault y montre au début du xviiie siècle les blatiers exerçant le commerce en gros, et fort peu soucieux des prescriptions officielles, parcourant la Plaine pour y acheter et transporter à Marans 10, 20, 30 tonneaux de blés à la fois (4). En même temps qu'on s'efforçait vainement à limiter les opérations des blatiers, on prétendait leur imposer l'obligation d'approvisionner les marchés. Ils sont tenus en effet de conduire les grains au minage, au moins une fois par mois, et à posséder en tout temps dans leurs magasins une quantité de céréales suffisante pour alimenter ce commerce de détail (5). Les ordonnances édictent des pénalités très graves contre tous ceux qui gênent la circulation, arrêtent les produits transportés par les blatiers sur les routes et chemins, et elles mettent ces commerçants sous la protec-

(1) Ordonnance du 25 janvier 1578 relative au Poitou. — (2) Registre des déclarations des blatiers de Châtellerault, 1771-1788. *Vienne*, E. 7¹. — Ordonnance royale du 27 nov. 1577. — (3) L'interdiction des dépôts ou magasins se trouve dans un grand nombre d'ordonnances citées par Delamare au livre II de son Traité de la Police. — (4) Mém. de Roujault sur le com. des blés en Poitou, 6 déc. 1709. *Arch. Nat*, G. 7, 1647. — (5) Edit de janvier 1629, art. 22 cité par Delamare.

tion de la maréchaussée (1). On les protège même contre la négligence de leurs voituriers ou bateliers. M. de Blossac, en 1750, menace d'amende et de dommages-intérêts ceux qui, faute de couvrir les blés, les auront laissé mouiller pendant le transport (2).

Le vendeur particulier ou marchand n'a pas la faculté de transporter sa denrée en tous lieux. D'abord, chaque centre urbain s'est réservé d'empêcher l'établissement de tout marché rival dans un rayon déterminé. Tout marchand qui pénètre dans ce rayon est obligé de conduire sa marchandise dans la cité qui en est le centre et de l'y vendre. Ce rayon est de 4 lieues autour de Paris. Autour de Poitiers, il est de 3 lieues environ. En 1652 et 1658, divers boulangers et meuniers ayant établi un marché à Bonnevaulx, à 2 lieues et demie de la capitale du Poitou, on les accuse d'empêcher l'arrivée des blés et d'attirer « les blatiers qui y font amas par forme de minage ». Le conseil de ville requiert l'interdiction de ce minage comme préjudiciable à celui de la ville (3). Des marchands traversent-ils le territoire réservé avec des chargements destinés à d'autres lieux, on peut les arrêter et les forcer à porter leur blé au marché municipal. C'est ce qui arrive en 1661 à des blatiers de Châtellerault, qui, venant des foires de Vivône, Gençay et St-Sauvant, ont essayé de passer des céréales clandestinement à travers le rayon réservé à la ville de Poitiers (4). Tout ce qui pourrait nuire à la publicité des ventes et favoriser les

(1) Par ex. Ordon. du lieut. g. de la sénéch. de Poitou, 17 avril 1789, *Arch. Soc. Antiq. Ouest.* — (2) Ordonnances de Berryer et de Blossac, 22 déc. 1747, 22 déc. 1750, *ibid.* — (3) Délibér. du corps-de-ville de Poitiers, 20 mai, 7 octobre 1652; 6 mai, 11 nov. 1658. Reg. 103, 104, 108, 109. Finalement, ce marché fut autorisé, parce qu'on reconnut qu'il n'avait rien de nuisible aux intérêts de la ville. — (4) Délibér. du 26 sept. 1661. Reg. 112.

accaparements a été prévu et prohibé. Ainsi, les blatiers ou les cultivateurs ne doivent pas s'arrêter en route pour vendre les blés, et ils sont tenus de les conduire directement au minage. Nul n'a le droit d'aller au-devant des grains en dehors de la ville « pour les retenir et achepter », ni de se rendre à domicile pour en solliciter l'acquisition (1). En dehors des jours de marché, il est seulement loisible aux particuliers de se procurer des grains dans la ville ou à la campagne, mais « pour leur fourniture et usage » exclusifs(2). Chaque ville possède une place officielle où se font les transactions relatives aux céréales, sous la surveillance du public et de l'autorité. C'est le Minage. Il a été placé à Poitiers d'abord rue de l'*Annonerie* (3), puis au xviie siècle dans la rue Neuve appelée depuis rue du Minage, en une « place assez belle et spatieuse et en bon lieu (4). » Les propriétaires voisins y ont bâti des boutiques pour mettre à couvert les marchands, mais les blatiers se tiennent de préférence sous les porches des maisons qui avoisinent cette place (5). Toute vente ou débit en dehors du minage peut être puni d'amende, et même les blatiers contrevenants s'exposent à un mois de prison (6). La vente commence et finit à des heures déterminées. A Poitiers et à St-Maixent, le marché du blé qui se tient le samedi ne doit s'ouvrir qu'à 9 heures du matin, de la Notre-Dame de Mars à la St-Mi-

(1) Règlemens de police pour Poitiers, 18 janv. 1567, et le Poitou, 25 janvier 1578. Recueils Poitevins.— (2) Ordon. du corps-de-ville de Poitiers, 15 octobre 1646. Reg. 98. — (3) Rue mentionnée dans divers actes du chapitre St-Hilaire notam. en 1262, Chartes de St-Hilaire, pp. Rédet, n° 262. — (4) Le transfert eut lieu en 1616. Délib. du corps-de-ville de Poitiers, 13 oct. 1616, 23 avril 1618, 26 février 1652. Reg. 71, 72, 103.— (5) Délibér. du 23 avril 1618, précitée. — (6) Ordon. du corps-de-ville de Poitiers, 15 oct. 1646. Reg. 98. — 31 août 1676, Reg. 126. — Ordon. de l'intendant Marillac, 8 fév. 1676; du présidial de Poitiers, 18 mars 1769. *Arch. Antiq. Ouest.*

chel, et qu'à 10 heures dans la période suivante (1). Les meuniers, boulangers et revendeurs ne peuvent pénétrer dans le marché. Les blés qu'ils y achèteraient doivent être confisqués. Comme, malgré les menaces, ces industriels viennent faire concurrence aux acheteurs particuliers, le corps-de-ville de Poitiers ordonne en 1637 qu'on dressera un poteau et un carcan pour y mettre les contrevenants, tout auprès du Minage, au coin de la pyramide St-Hilaire (2). Ceux d'entre eux qui ont des grains à revendre, provenant du salaire de leur industrie, ne peuvent procéder à la vente qu'en un autre lieu placé en dehors du marché, et qui est situé dans la métropole poitevine, non loin du puits St-Didier et du palais de justice (3). Pareille prohibition s'étend aux revendeurs ; ces derniers ont leurs boutiques près du Minage, mais ils ne sauraient entrer au marché, si ce n'est après l'heure de midi, et pour y négocier seulement l'achat des avoines, vesces et jarousses (4).

Les vendeurs et les particuliers non commerçants doivent seuls théoriquement se trouver en présence, et il faut que les premiers vendent leurs céréales à prix raisonnable, que les seconds n'en achètent que la quantité strictement nécessaire à leur consommation. Aussi le blatier ou le fermier se trouve-t-il obligé de vendre ses grains, soit au second, soit au troisième marché au plus tard, et de ne pas en demander un prix plus élevé que celui qu'il a exigé au

---

(1) Régl. relatif à St-Maixent, 19 déc. 1661. Arch. Mun. Poitiers, S. 71, n° 1635. — A Challens, le marché s'ouvre de 6 à 7 h. ou de 7 à 8, suivant la saison. Ordon. du 15 mai 1770. Vendée B. 319. — (2) Règlemens du corps-de-ville de Poitiers, 5 déc. 1650, 29 mai 1651, 28 nov. 1650, 4 août 1603, 19 janvier 1609, 10 août 1637, 30 octobre 1662, 20 mai 1658, 27 août 1663. Reg. 61, 64, 88, 102, 108, 114, 123. — (3) Ordonnance du corps-de-ville de Poitiers, 17 août 1643, Reg. 95. — (4) Délib. du corps-de-ville, 26 déc. 1661, 29 mai 1651, Reg. 102 et 114.

début de ses opérations (1). Au reste, bien que le marchand ait le droit de reprendre son blé la première fois, il se trouvera généralement forcé de consentir à la vente dès le premier marché, puisqu'il lui est difficile de laisser ses blés entreposés auprès du minage et pour une durée de plusieurs jours. En effet, sous prétexte que les propriétaires des boutiques voisines du lieu de vente s'entendent avec les blatiers ou autres personnes pour revendre les grains, on leur interdit, comme à Poitiers, de les « resserrer après la clôture du marché (2) ». Si le vendeur est soupçonné d'avidité, l'acheteur n'est pas non plus indemne de l'accusation de spéculation. En principe, les particuliers ne peuvent acheter qu'une quantité déterminée de grains. C'est tantôt la provision nécessaire pour un mois (3), tantôt celle d'un an (4). Mais, dans la pratique, chacun s'efforce à bénéficier d'un commerce d'autant plus lucratif qu'il comporte plus de risques. Ce ne sont pas seulement les meuniers, les boulangers et les revendeurs qui font aux blatiers une concurrence illicite. Les fermiers des minages chargés de mesurer officiellement les grains et qui prélèvent leur rémunération en nature (5), les propriétaires ou locataires des maisons voisines du marché, une foule d'autres habitants, voire même les communautés religieuses d'hommes et de femmes, retirent les blés, les arrhent ou les arrêtent, et en font des magasins, pour revendre ces denrées à beaux bénéfices (6). On

---

(1) Ordonnances de février 1415, 27 nov. 1577, déc. 1672, citées par Delamare, livre II. — (2) Ordon. municipale, 18 août 1631. Reg. 82. — (3) Régl. de police de Poitiers, 18 janvier 1567, précité. — (4) Ordon. municipale, 4 nov. 1641, Reg. 93. — (5) Ordon. municipales de Poitiers, 1er août 1661; 30 sept. 1675; 26 déc. 1661; 18 août 1631; 20 mai 1652, etc. Reg. 88, 103, 112, 125. — (6) Ordon. municip. de Poitiers, 4 nov. 1641, 19 août 1630, 25 août 1636, 29 mai 1651. Reg. 81, 87, 95, 102.

tente de les ramener à la règle qui prohibe les achats en gros, n'autorisant que les acquisitions au détail, « boisseau « par boisseau, setier par setier, avec un maximum de « 20 boisseaux », pour le froment du moins. On autorise seulement la liberté des ventes pour les avoines, vesces, jarousses et chénevis, c'est-à-dire pour les grains destinés aux animaux (1). Tant de précautions, souvent renouvelées, rendent le commerce plus difficile, mais il n'est pas sûr qu'elles aient beaucoup servi la cause du consommateur qu'on prétendait protéger.

Une fois les grains entrés dans l'enceinte de la ville, ils s'y trouvent comme prisonniers. Pour peu que la récolte ait été médiocre, on prohibe la sortie des blés. Nul n'est autorisé à emporter des céréales, si « ce n'est par permission et passeport du maire » à Poitiers, et des officiers de police dans les autres lieux (2). Maintes ordonnances municipales interdisent aux meuniers et autres personnes « de divertir » et transporter les blés. Pour stimuler les dénonciations, le tiers de l'amende et du produit de la confiscation est attribué au dénonciateur (3). Des poursuites criminelles sont intentées à ceux, qui, profitant de la nuit, essaient de transgresser les règlements (4). Au besoin, on fait arrêter les convois suspects. En 1663, des marchands fouassiers de Migné s'efforçant de faire sortir de Poitiers quatre setiers de blé en cachette, le maire les condamne à 100 l.

(1) Règl. de police pour le Poitou, 25 janvier 1578, précité. — Ordon. municipale, 18 janv. 1643. Reg. 94. — (2) Ordon. municipale de Poitiers, 14 mai 1618. Reg. 72, f° 131. — Ordon. de M. de la Rochepozay, évêque de Poitiers pour la baronnie de Chauvigny (xvii° siècle). *Vienne*, G. 32. — (3) Ordon. munic. de Poitiers, 28 août 1651, 1er août et 26 sept. 1661, 14 mai 1618, etc. Reg. 72, 103, 112. — (4) Enquête de 1712 sur une sortie clandestine de blé par les étangs de Pont-Achard à Poitiers. *Vienne*, G. 655. — Délib. du 25 mai 1637, Reg. 87.

d'amende, les exclut du minage et fait ramener les grains au marché (1). D'ailleurs, le peuple prend l'initiative de cette mesure extrême. Il s'attroupe, arrête les charrettes ou les chevaux, et oblige les échevins à intervenir contre les exportateurs (2). En temps d'abondance, la libre circulation dans l'intérieur de la province ne souffre, en dépit de ces règlements, aucune difficulté. Mais on fait revivre les ordonnances à la moindre menace de disette. Alors se produit en Poitou le spectacle que nous montrent les documents pendant les années 1630, 1644, 1649, 1651, 1739, 1788, 1789, qui peuvent servir d'exemple. Chaque district s'efforce à retenir ses blés; les campagnes affament les bourgs; et les uns et les autres affament les villes. Pendant la famine de 1630, les meuniers et boulangers de Poitiers ayant acheté des blés au château de Bonnivet, les paysans des environs leur « courent sus, battent les conducteurs, et enlèvent les mulets et les sacs ». A Celle-Lévescault, à Latillé, des attroupements arrêtent les convois destinés à la ville. Il faut fournir aux blatiers des escortes pour qu'ils puissent faire les approvisionnements. Il faut appuyer par la force la déclaration du Parlement qui interdit d'entraver la circulation des grains. En 1644, des gens du peuple attroupés entre Celle-Lévescault et Ailles attaquent à main armée les blatiers qui amènent des blés à Poitiers. En 1649, ce sont les populations des districts de Lusignan, de Couhé et de Vivonne, surtout « les gens de néans qui ostent de force les « bleds aux marchands », si bien que les Poitevins sont

---

(1) Délibér. du corps-de-ville de Poitiers, 27 août 1663; 15 mai 1662; 25 mai 1637. Reg. 87, 112, 114. — (2) Exemple: à la porte de Chasseigne, à Poitiers, en 1661, à la porte St-Lazare en 1658, au Pont Joubert en 1789. Délib. du corps-de-ville de Poitiers, 1er août 1661, 4 nov. 1658, sept. 1789. Reg. 112, 109, 195.

menacés de mourir de faim (1). Mêmes scènes en 1739 à Ruffec sur les frontières du Poitou et au faubourg de Châteauneuf à Châtellerault. Dans cette dernière ville, une sédition est excitée par des femmes du peuple à l'occasion du départ de quelques charrettes de blé. Elles mettent le feu à ces véhicules, et maltraitent les conducteurs (2). En 1785, en 1788, en 1789, on vit se renouveler les désordres de ce genre. Les autorités locales partagent d'ailleurs les préjugés populaires, et entravent par leur inertie ou leur hostilité le commerce des grains. En 1650, le lieutenant de Lusignan, malgré la terrible disette qui désole Poitiers, défend dans son ressort la sortie et le transport des blés (3). Il faut l'intervention des présidiaux, et surtout des intendants, pour venir à bout de l'opposition aveugle des foules et des pouvoirs locaux. Les juges de Poitiers menacent de mort, en 1630, quiconque s'opposera à la libre circulation, et c'est sous peine « de la vie » que l'intendant d'Argenson en 1644 interdit de troubler les marchands de blé dans leur trafic (4). En 1739, le prévôt de Poitiers sévit avec rigueur contre les émeutières de Châtellerault; l'une d'elles est condamnée à être étranglée, les autres sont bannies ou emprisonnées (5). C'est uniquement par cette répression énergique que l'on parvenait à assurer la subsistance des villes, non sans violer, dans ces cas d'urgence, ces mêmes règlements dont on exigeait l'exécution à d'autres moments.

Si le commerce des blatiers est soumis dans l'intérieur même du Poitou à tant de variations et d'obstacles, com-

(1) Délibér. du corps-de-ville de Poitiers, 3 juin, 14 octobre, 15 nov. 1630, 24 février 1631, 11 oct. 1649. Reg. 80, 81, 101. — (2) Sentence prévôtale de la maréch. de Poitiers, 19 mai 1739. *Arch. Antiq. Ouest.* —(3) Délibér. (18 nov. 1630) du corps-de-ville de Poitiers. Reg. 81. — (4) *Ibid*, Ordon. de M. d'Argenson, 5 sept. 1644. Reg. 96. — (5) Sentence précitée, note 2.

bien plus ne se trouve-t-il pas entravé lorsqu'il s'agit de l'exportation dans les autres provinces ou à l'extérieur du royaume. En général, le pays poitevin produit plus de grains qu'il n'en consomme, de sorte que la circulation des céréales de cette provenance souffre peu de difficultés, du moins dans l'intérieur de la France. Dès le Moyen-Age, les grains du Poitou font l'objet d'un trafic actif avec les provinces voisines. Mais aussitôt que la récolte apparaît médiocre ou mauvaise, une barrière se dresse entre la province et les régions limitrophes. Ainsi, la circulation est tantôt autorisée, tantôt interdite, suivant les appréciations plus ou moins exactes de l'autorité locale ou supérieure. Nul transport ne peut alors avoir lieu sans une autorisation spéciale du pouvoir souverain ou de ses mandataires. Ainsi, en 1419, des lettres-patentes ont interdit expressément de transporter les blés hors du Poitou, et il a fallu une permission royale pour permettre aux habitants de la Rochelle et de Ré de s'approvisionner de grains dans la province (1). Quand le blé est cher, l'opinion en effet s'affole, et les corps municipaux réclament l'interdiction de la sortie des céréales. En octobre 1631, par exemple, le pain ayant enchéri de 3 sous, le bruit se répand que la hausse est due aux grands enlèvements de grains que font des étrangers sur les frontières du Poitou. Aussitôt, l'échevinage de Poitiers demande au roi des lettres-patentes pour empêcher « le transport des bleds hors de la province (2) ». Mais, tout

---

(1) Lettres patentes du 27 sept. 1419 interdisant le transport. — Lettres pat. des 19 nov. et 12 déc. 1419 autorisant le transport pour la Rochelle et Ré. *Arch. hist. Poitou*, XXVI, nos 995, 997, 999. — (2) Délibér. de l'échev. de Poitiers, 6 oct. 1631, Reg. 82, f. 77. — Ordonnance du corps-de-ville de Châtellerault interdisant le transport des blés, 9 août 1635 et 25 décembre 1639. Godard, I, 105, 135.

préoccupés des intérêts locaux, les habitants du Poitou s'étonnent et protestent lorsque, en temps de disette, les provinces voisines, imitant leur exemple, font obstacle à la libre circulation des grains. Au mois d'août 1630, le corps-de-ville de Poitiers a obtenu des lettres du Conseil royal « pour avoir le trafic libre du bled des autres provinces « en celle de Poictou, attendu la nécessité ». Les juges de Saumur en Anjou s'opposent à ce commerce, confisquent les poches, les montures et les grains que des blatiers de Mirebeau conduisaient à Poitiers et condamnent ceux-ci à l'amende. L'échevinage poitevin jette les hauts cris et en appelle au Parlement (1). Ce sont des scènes qui se renouvellent chaque fois que la consommation provinciale se trouve compromise.

Aussi avait-on déjà préconisé la libre circulation des céréales dans l'intérieur du royaume comme le moyen d'assurer la subsistance des provinces. Ce vœu, émis dès 1627 par l'assemblée des notables de Rouen (2), ne reçut pas d'exécution avant l'arrêt du 17 septembre 1754. Il fallut, même dans la province de Poitou, où une bonne récolte suffisait d'ordinaire à entretenir pendant trois ans la consommation locale, que les blatiers continuassent, pendant tout le xviie siècle et une partie du xviiie, à se munir de passe-ports et d'autorisations officielles. Celles ci étaient aux deux derniers siècles délivrées par les intendants, qui, pour éviter « les émotions populaires », n'autorisaient la sortie des grains à destination des provinces voisines que dans des proportions très restreintes. Dans les périodes de disette, la cir-

---

(1) Délibér. de l'éch. de Poitiers, 19 août, 16 sept., 7 oct., 4 nov. 1630, 20 janv. 1631. Reg. 81. — Ord. du corps-de-ville de Châtellerault 18 août 1641, Godard, I, 142. — (2) Exposé de Forbonnais. Rech. sur les Finances, I, 401.

culation est même entièrement suspendue. On essaie par exemple en 1709 de cette mesure extrême, de sorte que tout l'Aunis se trouve affamé (1). En 1733, un arrêt du 13 janvier défend aux marchands de faire sortir du Poitou « pour les autres provinces du royaume », la baillarge qui forme « presque la seule nourriture du peuple » poitevin, et dans cette interdiction se trouve comprise aussi l'avoine, la récolte de ces deux espèces de grains ayant été insuffisante (2). Tantôt le transport est donc interdit de province à province, tantôt il est autorisé, soit pour alimenter une province déterminée, comme la Provence en 1734, soit toutes les provinces indistinctement (3). Tantôt les passeports et autorisations spéciales sont exigés, tantôt, comme en 1733, les blatiers poitevins peuvent vendre leurs grains dans les régions voisines, sans autres formalités que des déclarations enregistrées aux bureaux des douanes (4). Il arrive aussi que l'on restreigne la permission de sortie, et que l'on n'autorise le transport qu'à destination des provinces du royaume, « qui en ont besoin », comme en 1746 (5). Les blatiers abusent-ils d'une large tolérance, on en revient, comme en 1747, à ne plus leur accorder le droit de vendre aux autres provinces que « sur un ordre exprès de Sa Majesté (6) ». Au reste, les enlèvements par voie de mer sont encore plus sévèrement contrôlés que ceux qui se font par voie fluviale ou

---

(1) Roujault, intendant de Poitou, au Cont. général, 30 sept. 1708. *Corresp. des Contr. gén.*, III, n° 87. — Bégon au même, 14 mai 1709, *ibid.*, n° 409. — (2) Arrêt du Conseil d'État relatif au Poitou, 13 janv. 1733. *Arch. Antiq. Ouest.* — Orry à Le Nain, 21 sept. 1733. *Vienne*, C. 27. — (3) Orry à Le Nain, int. de Poitou, au sujet des grains destinés à la Provence, 4 déc. 1734. *Vienne*, C. 27. — Arrêt du Conseil, 17 sept. 1743 (libre circul. pour toutes provinces), *Arch. Nat.* AD. XI, 37. — (4) Ordonnance de l'intendant Le Nain, 14 février 1733. *Arch. Antiq. Ouest.* — (5) Arrêt du Conseil du 11 octobre 1746 relatif à la Bretagne et au Poitou, *ibid.* — (6) Arrêt du Conseil du 21 août 1747, *ibid.*

terrestre. On craint que l'étranger ne soit le bénéficiaire de cette liberté du trafic qu'on veut réserver à l'intérieur du royaume. Longtemps, deux ports sont seuls autorisés à exporter les grains destinés aux provinces françaises. C'étaient ceux de Marans dans la généralité de la Rochelle et des Sables d'Olonne dans celle de Poitiers. En 1773, on y ajoute les ports de Moricq et de Saint-Gilles-sur-Vie, mais en limitant les chargements à 50 tonneaux, s'ils sont destinés à un autre point du Poitou. En 1775 enfin, tous les ports sont admis à ce commerce (1).

C'est surtout l'exportation des grains à l'étranger qui préoccupe l'opinion dans une province maritime, telle que le Poitou. Lorsque les récoltes sont abondantes, l'autorisation d'exporter est accordée, malgré les interdictions générales décrétées en principe. Dès le Moyen-Age, les Poitevins font le trafic de leurs blés par la Sèvre et les ports de la côte (2). Mais quand on redoute la disette, toute exportation est rigoureusement prohibée. Le commerce des blés oscille ainsi entre la liberté et la prohibition, et ce système se maintient jusqu'à la fin du xviiie siècle (3). Au reste, même dans les années où le trafic extérieur des blés est autorisé, les blatiers ou propriétaires exportateurs sont tenus de se munir de passeports (4) que délivrent le plus souvent les agents du roi, depuis l'époque de saint Louis, et dont

---

(1) Arrêts du Conseil des 17 fév. et 31 déc. 1773, 24 avril et 12 oct. 1775, Rec. Poitevins in-4°, tome VII. — Isambert, XXIII, n°s 180 et 301. — (2) Voir ci-dessus, livre Ier, chap. Ier. — (3) Exemple d'ordonnances autorisant l'exportation, 1252, 20 février 1534, 29 août 1558, 20 février 1601, janvier 1629, 29 mai 1669, etc. — Ordonnances prohibitives, 1304, 1322, 1515, 1538, 1565, 1587, 1626, 1641, 1675, etc. — L'art. 7 de la déclar. royale de 1699 renouvelle ces dispositions. Forbonnais, II, 15, 382, 397, 444. — (4) Lettre du maire de Niort au sujet des passeports d'exportation, 16 nov. 1648. Reg. des dél. munic. de Poitiers, n° 100.

le prince, à partir du règne de François Ier, se réserve la délivrance. La faculté d'exporter n'est accordée que pour une durée limitée. L'arrêt du 31 décembre 1671 par exemple autorise l'exportation des blés du Poitou moyennant le paiement de 11 l. par muid de froment et de métail et de 8 l. par muid de seigle, mais jusqu'à la fin de 1672 seulement, époque à laquelle une nouvelle prorogation est octroyée. Parfois même, la permission est accordée pour une période plus limitée encore. Quand l'arrêt du 15 juillet 1687 autorise les habitants du Poitou à « vendre et faire sortir les « bleds, froments, méteils et autres grains en tels États, pro- « vinces et royaumes qu'ils adviseront », c'est uniquement pour une durée de huit mois et demi (1). Le système des passeports et de l'exportation limitée se maintint malgré ses inconvénients. Le plus usuel de ces abus, signalé en 1648 par le maire de Niort, et en 1679 par l'intendant de Toulouse, Daguesseau, était de permettre « aux gens puissans » et aux traitants d'exploiter les marchands de blé, en leur faisant payer à haut prix les autorisations (2). Il faut de plus attendre que les grains soient à vil prix pour que la permission officielle soit octroyée, comme en 1732, 1735 et 1744 (3). Quand les propriétaires, fermiers et blatiers ne peuvent trouver « dans le Poitou ni dans les provinces cir- « convoisines un placement avantageux », sur le rapport de l'intendant, on autorise la vente aux étrangers, dans les conditions les plus défavorables pour les détenteurs de

---

(1) Arrêts du Conseil, 31 décembre 1671, 26 octobre 1672, 15 juillet 1687. Rec. Poitevins, in-4°, tome Ier. — (2) Lettre du maire de Niort, 1648, citée page précédente, note 4. — Daguesseau à Colbert (1679, février). Lettres de Colbert VII, 295. — (3) Orry à l'intendant Le Nain, 7 août 1732, *Vienne*, C. 27. — Arrêts du Conseil, 15 fév 1735, et 10 octobre 1744, *Arch. Antiq. Ouest*.

grains. Encore exige-t-on que les céréales ne sortent que par les ports de Marans et de la Rochelle (1), fixe-t-on sur les passeports la quantité qu'il est permis d'exporter, et oblige-t-on les exportateurs à rapports des décharges ou acquits à caution des employés des douanes (2), attestant que l'expédition n'a pas dépassé le taux accordé. On est prêt à la moindre alerte à arrêter la sortie, comme en 1739 et en 1772. Dans ce cas, on stimule le zèle des gardes des douanes en leur accordant le tiers de la prise, et on frappe les contrevenants de confiscation et de grosses amendes (3). C'est sous ce régime restrictif que le commerce des blés a vécu en Poitou jusqu'à l'aurore du xix° siècle.

CHAPITRE II

Le Régime de la Meunerie poitevine (XIe-XVIIIe siècles)

Comme le trafic des céréales, les deux industries de la meunerie et de l'amidonnerie, celle-ci plus récente, celle-là plus ancienne, ne sont pas, en Poitou, des métiers jurés. Mais elles n'échappent pas pour cela aux prescriptions de la coutume et chacune de leurs opérations est déterminée par l'usage ou par la loi.

La meunerie apparaît en particulier dès les premiers temps de l'âge féodal comme une industrie étroitement

(1) Orry à Le Nain, 23 fév. 1733 (sur les formalités d'exportation), *Vienne*, C. 27. — Corresp. relative à la délivrance de passeports, 18 fév. 1732, 20 avril 1733, 1er fév. 1734, 13 et 27 sept. 1734, *Vienne*, C. 34. — Reg. des décl. des marchands de blé de Châtellerault. 1771. 88 *Vienne*, E, 7². — (2) Ordonnance de l'intendant du Poitou, 26 déc. 1739. — Arrêt du Conseil, 13 juin 1772, relatif à Noirmoutiers. *Arch. Antiq. Ouest.* — (3) Sentences de l'intend. du Poitou, 24 déc. 1739, 27 nov. 1740, 5 octobre 1741. *Arch. Antiq. Ouest.* — *Arch. Dép. Vienne*, C. 27.

subordonnée à la volonté des seigneurs, disséminée, réduite à un outillage et à des procédés primitifs, et elle garde longtemps ce caractère. Les meuniers ne sont d'abord que les tenanciers ou fermiers de l'autorité seigneuriale, et cet état de choses ne s'est guère modifié que dans les derniers siècles de l'ancien régime. Avant la Révolution, la petite meunerie, souvenir des temps féodaux, est encore infiniment plus développée que la minoterie libre. Le droit de tenir moulin est en effet, jusqu'en 1789, une prérogative seigneuriale classée parmi ce que l'on nomme les droits de banalité. Il suffit de posséder la basse justice, c'est-à-dire le degré le plus infime de la juridiction féodale, pour obliger les roturiers du fief ou châtellenie à mener moudre leurs blés au moulin banal. La coutume du Poitou est à cet égard formelle. Les nobles et les ecclésiastiques isolés ou en communauté sont seuls exempts de cette obligation (1). La banalité est une règle qui a été maintes fois maintenue, par exemple à l'égard des sujets de l'abbé de Saint-Maixent, du chapitre Saint-Hilaire et de l'évêque de Poitiers (2). Cette contrainte s'étend à tous les habitants de naissance roturière sous peine d'amende. Elle entraîne l'injonction pour le seigneur d'entretenir un moulin dans chaque zone de 2.000 pas (1 k. 050 m.), ce que l'on nomme la banlieue. Le roturier est autorisé dans le cas contraire à aller faire moudre au moulin du suzerain de son seigneur, et au défaut de celui-ci, où il lui plaît. Le droit de moulin n'est cessible du reste

---

(1) Coutume du Poitou, titre Ier, art. 34; voir le commentaire de Lelet et de Filleau, dans l'édition in-4° de 1683, p. 122. — Sentence du présid. de Poitiers en faveur des Carmes de Mortemart, 1629. — (2) Charles de St-Maixent, I, 9 (arrêt du Parl. de 1404). — Sentences rel. à des moulins banaux à Frouzille, Cubon, Lavau, etc. 1482-1600. Vienne, G. 819, 841, 852.

qu'avec celui de juridiction et de fief. En cas de partage entre cohéritiers, il appartient à celui qui obtient le moulin dans sa part d'héritage. Il peut rester indivis entre deux propriétaires ; il peut être dévolu encore au seigneur non détenteur de cette banalité, si celui-ci épouse une femme pourvue du droit de moulin banal. La coutume n'accorde au roturier la dispense de cette contrainte que dans des cas restreints. Quand le seigneur est simple fermier ou locataire, il ne peut user de cette prérogative. Lorsque le moulin cesse de moudre vingt-quatre heures par défaut d'eau ou de vent, l'obligation cesse « sans offense ». Mais dans toute autre occurrence, le roturier s'expose à payer l'amende au seigneur, qui « peut connoistre » de ce fait « à ses assises », et il devra restituer au meunier, c'est-à-dire au fermier du moulin seigneurial, la valeur du « droit de moulange (1) ».

La banalité de moulin, droit lucratif, entraîne la nécessité d'entretenir des établissements industriels de ce genre sur presque tous les points de la province. Elle a pour conséquence la multiplicité des moulins. D'ailleurs, les difficultés des communications font de cette multiplicité une loi. Les cartulaires nous montrent au Moyen-Age, dès le IX° siècle, une foule de moulins à eau et de moulins à vent. Chaque rivière ou ruisseau est encombrée par les chaussées des premiers. Sur la côte se dresse partout la silhouette des seconds. Dans un seul recueil de chartes, celui de l'abbaye de Saint-Maixent, on peut relever la mention d'une vingtaine de ces usines. Rien que dans une paroisse, celle de Saint-Martin, on en trouve jusqu'à quatre qui fonction-

(1) Coutume du Poitou, titre Ier, art. 39, 40, 44, 45, 48, 49, 50, — et le commentaire de Lelet, Filleau et autres dans l'édition de 1663, pp. 117 à 137. — On peut s'exempter de cette banalité par rachat. Ex. acte de 1303 rel. à Bouin, pp. Marchegay, Soc. Emul. Vendée, 1858, p 167.

nent à la fois (1). Lorsqu'en 1596 on reconnut le cours du Clain de Vivonne à Châtellerault, on put constater entre Vivonne et Poitiers la présence de 12 moulins, dont 4 dans la paroisse d'Iteuil, et 2 dans chacune des paroisses de Smarves et de Saint-Benoît. Dans la traversée de Poitiers, on en rencontrait 4 autres. De Poitiers au confluent de la Vienne et du Clain, on releva l'existence de 24 de ces établissements : une seule paroisse, celle de Dissais, en possédait jusqu'à 5 (2). Chaque seigneur tenait en effet à exercer son droit de banalité. Ainsi, à Poitiers, les diverses juridictions qui se partageaient la ville possèdent chacune leur moulin. Ce sont ceux de Pont-Achard sur la Boivre et sur l'étang de ce nom, appartenant au chapitre Saint-Hilaire (3). L'abbaye de Montierneuf a les siens sur l'étang artificiel formé entre la Boivre et le Clain (4). Puis viennent ceux de Chasseigne, propriété de la commune de Poitiers depuis le XIV° siècle (5). Les moulins de Bajon appartiennent à l'abbaye de Sainte-Croix (6). Ceux du Château et le moulin Cornet dépendent du chapitre Saint-Pierre qui les cède ensuite à la ville au XV° siècle (7). L'abbaye Saint-Hilaire de la

(1) Cartulaire de St-Maixent, pp. A. Richard, I, 233, 347, 323, 186, 246, 293; II, 200, 132, 34, 106, etc. — (2) Procès-verbal de l'enquête de 1596, pp. Jouyneau-Desloges. *Affiches du Poitou*, août-novembre 1781. — (3) Les moulins de Pont-Achard existent dès le IX° siècle, ils sont mentionnés dans une foule de pièces; il y en avait 4 au XIII° siècle. Cartulaire de St-Hilaire, pp. Rédet I. n°s 62, 81, 106, 124, 125, 137, 140, 262. — (4) Il y avait là, en 1316, 2 moulins, ceux de Montierneuf et de Rochereuil (actes de 1066 et de 1315). Teulet, Layettes I, n° 20. — *Arch. Munic. de Poitiers*, F. 26. — (5) Actes de 1315-16 relatifs à ces moulins; quittances de 1382. *Arch. Mun.* F. 26 et 46. Il y avait là 3 moulins dits de la commune, Poullet et Saunier au XVI° s. (lettres de Charles VII juin 1427 ; baux de 1562). *Arch. Munic.* F. 65, 70, 72, 91; 115. — (6) Arrêt du Parl. 7 sept. 1397; vidimus de 1396 d'une trans. avec le duc de Berry. *Bibl. Mun. Mss.* n° 426, pièce 11. — Au XVIII° s. l'abbaye a le moulin de Charras près de la porte St-Lazare, 1783. *Vienne*, G. 1267. — (7) Arrêt du Parl. 6. — 27 janv. 1435. *Arch. Munic.* F. 71 ; actes du XIV° s. *ibid.* E. 16.

Celle et celle de Saint-Cyprien ont également les leurs, les moulins de la Celle, de Saint-Cyprien et de Tison (1). Au xvi° siècle, la capitale du Poitou n'a guère moins de 14 à 15 moulins à blé. Un seul, celui du Pont-Joubert, est une propriété particulière, celle des Claveurier, riches bourgeois, qui l'ont probablement acquise de quelque juridiction féodale (2). Le roi, héritier des comtes de Poitou, a gardé aussi une partie des moulins du domaine, par exemple, ceux de la Gartempe à Montmorillon, qu'il détient au début du xiv° siècle (3). Les moulins à vent, peu nombreux en Haut-Poitou, sont très répandus sur toute la côte. A Poitiers, on trouvait cependant un de ces établissements qui a laissé son nom à une des rues de la ville et qui se trouvait vers le port Saint-Lazare, non loin du Clain (4). Au reste, ils sont en possession comme les autres du droit de banalité (5). Depuis le xvii° siècle, soit que l'obligation d'entretenir les moulins fût devenue plus onéreuse qu'utile, soit que la contrainte s'exerçât avec moins de facilité à l'égard des redevables, le nombre de ces usines tend à diminuer. L'enquête de 1596 prouve qu'il n'en existe plus qu'un petit nombre à Poitiers, à savoir celles de Tison, de Saint-Cyprien, de la Celle, de Sainte-Croix ou Bajon, de Chasseigne, du Pont-Joubert, de Montierneuf (6).

(1) *Arch. hist. Poitou*, XIII. *Arch. Vienne*. G. 1043. — Enquête de 1596 précitée. — (2) Les moulins de Pont-Joubert avaient été donnés en 1188 à l'abbaye de St-Maixent. Cartulaire I, p. 293. — Sur les Claveurier, voir Rédet, De qq. ét. ind. à Poitiers. *Mém. Antiq. Ouest*. XIX. 355. — (3) Mention dans un bail de 1308. *Arch. hist. Poitou*, XI, n° 18. — Sur les moulins banaux d'Alfonse de Poitiers. Boutaric, p. 236. — (4) Ce moulin à vent est mentionné dans une délibération du 16 août 1649. *Reg. delib. mun. Poitiers* n° 101, f° 43. — (5) Cession par le vicomte de Thouars à l'abbé d'Orbestier du droit de construire un moulin à vent avec pouvoir de contrainte à l'égard des manants. 1317. Cartulaire d'Orbestier, n° 11, publié dans *Arch. hist. Poitou*, VI. — Exemples de moulins à vent : Andillé (1327), *Arch. hist. Poitou*, XI, n° 127 ; Rouillé (1463) *Vienne*, G. 982. Maillezais (1772) *Vendée*, B. 684, etc. — (6) Enquête de 1596, précitée page 95. — Une visite

Des visites faites par les échevins au xvii͏ᵉ siècle, il résulte qu'il n'en reste en 1651 que huit (1), et que 10 en 1662 (2). Ce n'est guère toutefois que depuis le xix͏ᵉ siècle qu'on a vu disparaître rapidement, au profit de la grande meunerie, les petits établissements de mouture d'autrefois.

Longtemps en effet, jusqu'au début du xviii͏ᵉ siècle, la meunerie poitevine n'avait été qu'une petite industrie localisée, travaillant uniquement pour le paysan ou le bourgeois qui étaient tenus de faire moudre leurs blés au moulin banal. Le matériel en est élémentaire, semblable à celui de nos petits moulins de campagne. Le moulin à vent est le moins coûteux : pour en rétablir deux entièrement démolis, on estime au début du xv͏ᵉ siècle qu'il faudra débourser 30 l. (3). Pour les moulins à eau, dont l'usage s'est répandu en Occident depuis le v͏ᵉ siècle, une chaussée, une roue, un arbre de transmission et quelques meules suffisent. On prend ces dernières sur place. Les meules de pierre dure ou de silex n'ont été en usage que là où on a pu les obtenir sans trop de frais. En Poitou, des ouvriers spéciaux, à savoir les fabricants ou extracteurs de meule (*molinarii*) extraient et taillent dans les carrières voisines des bourgs ou des villes la pierre meulière dure ou tendre. On voit fonctionner cette industrie à Saint-Maixent et à Poitiers au

---

de 1566 mentionne les moulins des Gallois, Bajon, Pont-Achard, la Jasserye, Tizon, Davignon, la Peyre, de la commune ou de Chasseigne, de Montierneuf, Chauvineau, Enjoubert et de St-Benoît. *Arch. Mun.* D. 49.

(1) Visite de 1651 : (moulins de la Chaussée, moulin Neuf près St-Lazare, les Gallois, les Quatre-Rouhes, la Celle, St-Cyprien, 2 à Pont-Achard, Chasseigne, Bajon (3 moulins), la Jasserye, Tizon, la Celle hors ville. *Délib.* 3 avril 1651, 24 mars 1659. *Reg.* 102 et 109. Acte relatif au moulin Bajon 1652. *Arch. Mun.* D. 80 ⁱⁱ. — (2) Moulins St-Cyprien, Tizon, la Celle, Bajon, Chasseigne, Quatre-Rouhes, Rochereuil, St-Lazare, Montierneuf, des Gallois. *Délib.* 6 nov. 1662, 1ᵉʳ oct. 1663. *Reg.* 113 et 114. — (3) Papiers de recette de la terre de la Frouzille. 1406. *Vienne* G. 853.

XIIe siècle. Les hommes qui l'exercent sont des serfs coutumiers, protégés des abbés de Saint-Maixent et de Montierneuf et qui doivent travailler sans rémunération (*sine precio*), ou bien fournir les meules aux moulins des abbayes à un prix déterminé (1). Cette profession devenue sans doute libre se rencontre encore au XVIIe siècle, où quelques actes font mention de « tireurs de pierre de moulange » (2). Le personnel du moulin est restreint, aussi peu coûteux que le matériel. Il se compose du meunier et de quelques serviteurs. Le meunier (*molendinarius*) apparaît d'abord comme un simple domestique, serf ou non du seigneur (3), logé au moulin et que l'on peut chasser à volonté, s'il se montre insuffisant (4). Plus tard, c'est un fermier, pourvu de connaissances techniques, et qui loue l'exploitation moyennant un bail et des redevances déterminées. Le moulin peut avoir plusieurs propriétaires entre lesquels il reste indivis et qui se partagent la propriété par tiers, quart, moitié ou autrement. Ils se sont entendus pour construire l'établissement ou bien ils en ont acquis une part; ils partagent aussi les frais d'entretien de l'immeuble et du matériel, de même que les profits (5). La location est faite pour des périodes varia-

---

(1) Charte d'Eléonore pour Montierneuf, 1199. Layettes, pp. Teulet I, n° 495. — Charte du XIIe siècle pour St-Maixent. Cartulaire I, 9. Le prix d'une meule à St-Maixent est de 12 s. 3 d.; *ibid*. — En 1253, deux meules rendues sur place au moulin de Montreuil coûtent 9 l. 15 s. Comptes d'Alfonse, pp. Bardonnet, p. 11. — Note sur une meule découverte à Poitiers. *Bul. Antiq. Ouest*, 2e s., V. 289. — (2) Ex. Fr. Briot, habitant de la seigneurie d'Asnières en Poitou 1621. 69. *Vienne*, G. 715. C'est seulement depuis 1752 que les meules de la Ferté ont acquis leur grand renom. Turgan, Les Grandes Usines, I, 60. — (3) Exemple, acte de 1088. Cartul. St-Cyprien, pp. Rédet. *Arch. hist. Poitou*, III, n° 242. — (4) Convention pour l'exploit. d'un moulin 1146. Cart. St-Cyprien, *ibid*., III, n° 432. — (5) Ex. : acte de 932 pour la construction d'un moulin. Cart. St-Cyprien. *Arch. hist. Poitou*, III, n° 126. — Convention de 1130 pour l'exploitation d'un moulin, *ibid*., III, n° 432. — Cession d'1/3 de moulin 1130, *ibid*., n° 351 — de la 1/2 des

bles; on a des exemples de baux à long terme, comme de baux à courte durée (1). Le fermage se paie surtout en nature. Il consiste généralement en un nombre fixé de setiers de blé, d'avoine, de seigle ou d'autres grains (2). On y joint parfois du poisson, des anguilles par exemple (3), et des chapons ou du foin (4), si le moulin a des dépendances affermées. En certains cas, le propriétaire participe au droit de mouture que prélève le meunier et prend une portion de la farine abandonnée à ce dernier par le client (5). Lors des chômages, le meunier obtient une remise de tout ou partie de sa redevance (6). Le fermier est tenu aussi en certaines occasions pour sa location de payer une certaine somme d'argent (7).

Suivant son importance, le moulin est affermé à un ou à plusieurs exploitants qui ont la faculté de sous-affermer,

moulins sur la Gartempe 1080. *Ibid*, n° 203 — de la moitié de 3 moulins, 1319. *Arch. hist. Poitou*, XIII, n° 234 — achat de la 6e partie d'un moulin, 1051. *Arch. hist. Poitou*, II, n° 58.

(1) Exemples : baux des moulins de la commune de Poitiers cités ci-dessous. — (2) Exemples : baux de la ferme des moulins de la ville de Poitiers en 1388 : 79 setiers de froment par an ; en 1439, 36 setiers, en 1432, 50 setiers, *Arch. Munic.* F. 46, 70, 72, 91. — Le moulin d'Angle affermé en 1420 pour 4 setiers de froment et 1 de mouture. Enquête pp. Rédet. *Arch. hist. Poitou*, X, n° 144. — Moulin de la Ronde affermé (xve siècle) 38 mines de mouture et 2 de froment. *Vienne*, G. 217. Moulin du Château à Poitiers, 100 setiers de froment. *Vienne*, G. 289 — moulin de Merdry, 22 setiers de blé, xve siècle. *Vienne*, G.446. — Moulin de Pont-Achard (1680), 94 setiers de blé par an. *Vienne*, G. 549. — Moulin relevant de St-Maixent (1096), affermé 4 deniers argent, 2 setiers de grains de rebut (tiracia), 1 setier froment et 1 setier seigle. Cartulaire I. 225. — (3) Exemple : moulins de Chasseigne affermés (1493) pour 35 l. d'argent et 2 douzaines d'anguilles payables au maire de Poitiers. *Arch. Mun.* F. 12, 93. — Le moulin de Begrolle (1720), 2 setiers de mouture et 1/3 des anguilles pêchées aux écluses. *Vienne*, G. 148 (cens de la s. de Ste-Pezenne). — (4) Moulin de Courdevant affermé 4 setiers de blé et 2 chapons. xve s. Cart. de St-Maixent, II, 167. — Moulin de la Ronde, 100 l. et 1 charretée de foin, xve s. *Vienne*, G. 217. — (5) Aveu de 1366 pour les moulins de Ricou et Courdevant. Cartul. St-Maixent, II, 167. — (6) Ex., acte du 14 déc. 1388 pour les moulins de Chasseigne. *Arch. Mun. Poitiers*, F. 46. — (7) Voir actes ci-dessus.

mais qui sont solidairement responsables de leurs co-locataires ou de leurs sous-locataires. Ainsi, à Poitiers, les moulins de la Celle ont cinq fermiers en 1631, ceux de Saint-Cyprien 2, de Tizon 3, de Chasseigne 6, de Rochereuil 7, de Montierneuf 2, des Quatre-Roues 3, tandis que d'autres, à l'exemple des moulins de campagne, sont exploités par un seul locataire aidé de sa femme et de ses enfants ou de quelques valets (1). Au Moyen-Age, le nombre des exploitants était même limité par les règlements, soit qu'on cherchât à restreindre les frais d'exploitation, soit qu'on voulut empêcher les meuniers de se faire concurrence et les petits moulins de souffrir du voisinage des établissements mieux pourvus. Une curieuse ordonnance municipale de 1230 relative aux moulins de Poitiers stipule en effet que chaque meunier (*dominus molendini, farinarius*) ne pourra avoir avec lui plus de deux serviteurs (2). Les meuniers ont aussi à leur service un conducteur (*attractor*) qui va chercher les blés de la pratique et rapporter la farine à la clientèle (3). Au besoin, le chef d'exploitation ou ses enfants vont eux-mêmes remplir cette mission délicate, verser le blé dans l'arche, ôter la farine du vaisseau où on la met, et la transporter à domicile (4). Les transports se font à dos d'âne ou de mulet. Au XIII° siècle, le règlement municipal de Poitiers

(1) Procès-v. de visite des moulins de Poitiers, 3 mars 1631, 6 nov. 1652, 13 nov. 1662. *Reg. délib. mun.* nos 81 et 113. — (2) Règlement pour les meuniers de Poitiers, juin 1230, contenu dans un vidimus du 13 juin 1439, pièce parch. *Arch. Mun.* F. 1 — copies fautives mss St-Hilaire f° 58, et coll. Fonteneau, tome 74, f° 535, celle-ci incomplète. — (3) Convention pour l'expl. d'un moulin 1136. Cart. St-Cyprien. *Arch. hist. Poitou*, III, n° 432; l'*attractor* reçoit par semaine 2 boisseaux de céréales communes, le blé exclus; il a un âne (*asinus deditus huic officio*). Les mulets des meuniers sont mentionnés dans une foule d'actes du XIII° au XVIII° s. C'était encore au début du XIX° siècle la bête de charge habituelle pour eux. — (4) Convention précitée note 3.

interdit même absolument, on ne sait pour quel motif, l'emploi des chevaux dans les moulins (1). Peu à peu, ces prescriptions perdirent de leur force, et au xviiie siècle, la grande meunerie commença à apparaître en Poitou. Les moulins exploités à Exoudun, Pamprou, la Mothe-Ste-Héraye, Niort, eurent un nombreux personnel, et travaillèrent surtout pour l'approvisionnement des ports français et des îles d'Amérique. Leurs farines en sacs (*minots*) s'expédiaient à la Rochelle et à Nantes (2). Au milieu du siècle, s'organisent même les moulins à outillage perfectionné et à grand rendement imités des Anglais et qu'on appelle moulins économiques. Il s'en créait de tous côtés, à Bordeaux, à Moissac, à Orthez. Le Poitou eut aussi les siens. Sur les frontières de cette province et de l'Angoumois, le comte de Broglie organisait des moulins du nouveau système à Condac (3). Le comte de Montausier l'imitait à Salles, près de St-Maixent, où il se proposait d'entrer en concurrence avec les fabricants de Moissac (4), et un riche négociant Jérémie Tribert, futur beau-père du conventionnel Thibaudeau, faisait construire à Poitiers sur la Chaussée deux de ces établissements modèles (5).

A cette date, l'ancienne réglementation était partiellement tombée en désuétude. Mais auparavant l'industrie de la meunerie se trouvait astreinte à une foule de règles. Les unes sont destinées à empêcher les meuniers d'accaparer les grains et les farines. Les autres déterminent leurs de-

---

(1) Règlement de juin 1230, précité note 2, p. 119. — (2) Mém. sur les ét. de Niort (1729) et de St-Maixent (1757). *Mém. Soc. Stat. Deux-Sèvres* (1886), pp. 178, 188, 190. — (3) Arch. Charente, série E (fonds de Broglie) marquisat de Ruffec. — (4) Affiches du Poitou, 1774, p. 15. — (5) Mémoire justificatif pour Tribert, par Thibaudeau père. 1793. *Rec. Poitev.* in-4° XIII, n° 54. — Aff. du Poitou, 1781, p. 56.

voirs à l'égard de leur clientèle, en vue de prévenir ou d'empêcher la fraude. Des prescriptions d'ordre général les obligent en outre à tenir « leurs chaussées, écluses et bouchaux de manière à ne submerger ni endommager le voisin » (1), à faire réparer les chaussées sur la demande des riverains (2) ; à ne pas détourner par des barrages l'eau des moulins voisins (3) ; à opérer les curages nécessaires dans la partie de rivière ou d'étang qui alimente leurs usines (4), à entretenir enfin les voies d'accès qui conduisent aux établissements (5). Il ne leur est pas loisible d'exercer simultanément leur métier et ceux de blatiers et de boulangers. On craint qu'ils ne parviennent à monopoliser le commerce des blés et des farines, et à hausser à leur gré le prix de ces denrées en même temps que celui du pain. Aussi leur a-t-on interdit les marchés à terme relatifs aux grains, l'exportation des céréales, la formation d'associations d'achat, l'organisation de magasins, l'accès des minages sauf à certaines heures, les acquisitions en dehors des marchés (6). Ils ont seulement le droit de recevoir et de moudre les blés que leur confient les habitants de leur banlieue et les boulangers de toute provenance, et les grains qu'ils ont eux-mêmes reçus en paiement ou qu'ils ont achetés pour la provision de leur maison. Un règlement de 1564 menace d'amende, de prison et du fouet, les meuniers de Poitiers qui achèteront des blés pour revendre, ou qui serviront de receleurs aux fermiers ou autres qui auraient fait des amas de grains. Les céréales qui excè-

(1) Règl. de police de la ville de Poitiers 1541, art. 11. — (2) Ordonnan. munic. rel. au meunier de la Celle à Poitiers, 1er mars 1666. Reg. 116. — (3) Arrêt du Parlement relatif au différend d'entre le sieur de Javarzay et le chapitre de Poitiers, xviiie s. Vienne, G. 242, 244. — (4) Délib. du c.-de-ville de Poitiers relative aux meuniers de la Chaussée et de Pont-Achard, 28 sept. 1643. Reg. 95. — (5) Délib. relative aux moulins de St-Cyprien et de Tison à Poitiers. 16 juin 1608. Reg. 63. — (6) Voir ci-dessus, liv. 1er, chap. 1er.

dent la provision des industriels devront être vendues aux boulangers ou autres personnes qui le voudront au prix d'achat, sans bénéfice (1). Le boulanger qui s'aviserait de servir de prête-nom au meunier pour acheter et revendre les blés risquerait de partager sa peine, c'est-à-dire la confiscation et l'amende arbitraire (2). C'est pour éviter ces manœuvres, que le meunier, parqué dans son métier, ne peut exercer « ensemblement » la meunerie et la boulangerie. Il est tenu d'opter, et les ordonnances municipales l'y contraignent, sous la menace de la prison, de la saisie des biens « et autres voyes que de raison » (3).

La coutume exigeait des meuniers des obligations fort onéreuses en retour du monopole dont ils se trouvaient pourvus. En premier lieu, si le meunier, représentant du seigneur, a seul le droit de moudre les blés des roturiers, si par tolérance il peut être admis à prendre ceux des autres terres (4), partout il est tenu d'aller quérir les grains « qu'on lui voudra bailler à moudre, sans qu'il puisse avoir « aucun salaire ne droit de moulange » pour ce fait, à moins « que, d'ancienneté, on n'ait accoutumé de porter ledit bled au moulin ». De même, dans les 24 heures qui suivent l'arrivée du blé, il est obligé d'aller « rendre la farine ès hostels desdits hommes et sujets », sauf le cas d'usage contraire (5). Telles sont les lois prescrites par la coutume du

(1) Règlement sur les mestiers de boulangiers et meusniers de Poictiers, 27 nov. 1564. *Rec. Poict.* in-8º, tome Ier. — (2) Statuts des boulangers de Poitiers, 1609, art. 21. *Reg.* 64 des *délib. munic.* — (3) Règlement de 1564, précité note 2. — Règlement du 25 janvier 1578, précité, et relatif à tout le Poitou. — (4) Sur le droit de queste ou de chasseranderie, voir Chopin. *Coutume d'Anjou*, livre Ier, chap. 14 et 15. — *Aff. du Poitou*, 1779, p. 127. — Les garçons meuniers se nomment pour ce motif *chasserons*. — Le droit de queste s'affermait : ex. d'un bail de ce genre pour la queste du blé du moulin de Montfaucon, 1692. Vienne, G. 706. — (5) Coutume du Poitou,

Poitou et par les règlements. L'exécution, assez malaisée dans la pratique, souffrait quelques tempéraments. Mais il était permis d'en requérir l'application stricte. Le blé est pesé et mesuré avant d'entrer au moulin ou aussitôt après y être entré. A Poitiers, au xiii° siècle, des peseurs-jurés ou assermentés ont été institués par la commune, l'évêque, les abbés de Montierneuf, de Saint-Cyprien et de Nouaillé, le chapitre de la cathédrale, le maître-école, les abbesses de Sainte-Croix et de la Trinité. Ils sont chargés de garder le poids public (*stateram*) et de faire les pesées, moyennant le paiement d'un denier en argent pour chaque cuissée de blé (1). Pour deux setiers, ils perçoivent une obole. Cette rétribution versée dans une caisse commune (*pixis*) sert de salaire aux peseurs (2), dont les deux bureaux se trouvent à la Cueille et au Pont-Joubert (3). Le plus souvent, le blé est pesé et mesuré, soit au départ chez le client, soit à l'arrivée chez le meunier, qui est tenu par tous les règlements d'avoir des boisseaux dûment étalonnés d'après celui de la ville ou de la seigneurie dont il dépend (4).

La crainte de la fraude a fait multiplier les précautions. Le meunier est tenu de posséder un matériel et d'employer des méthodes déterminées. Tout moulin doit posséder des meules que l'on piquera régulièrement, que l'on garnira de pâte « bien convenable », pour faciliter et régulariser le travail. Les meules inférieures ou gisantes appelées « lits »

---

titre Ier, art. 34. — Règl. de police du 17 janvier 1567 pour Poitiers. — La queste devait avoir lieu même les dimanches et fêtes.
(1) La cuissée de blé valait 32 boisseaux. *Affiches du Poitou*, 1778, p. 79. — (2) Règlement de juin 1230 relatif aux moulins de Poitiers, précité. — (3) Bureaux mentionnés dans un inventaire des titres de la commune de 1506. *Arch. Munic.* — Lettres latines de 1278 relatives au bureau de la Cueille, analysées *Aff. Poitou*, 1780, 183. — (4) Règlements du 17 janv. 1567 et sq., cités ci-dessous.

ne peuvent être d'une dimension moindre que les supérieures ou meules tournantes, de peur que la farine ne se perde sur les côtés, au bénéfice du meunier, au détriment du client (1). Quand la meule a été repiquée, le meunier devra y moudre trois boisseaux de son propre blé avant d'y mettre le blé de sa clientèle, afin que celui-ci bénéficie de l'épreuve préalable faite par l'industriel (2). Les meules sont contenues dans un appareil de bois, dont les règlements fixent la forme depuis le XVIe siècle. Lors de la réformation de la coutume du Poitou, en 1559, sur les représentations des trois ordres de la province, il fut décidé qu'on obligerait les meuniers à tenir leurs moulins à point rond, obligation dont les anciens coutumiers de 1485 et de 1514 ne faisaient pas mention. L'appareil enveloppant des meules ne pouvait donc être que de forme circulaire, bien enclos, sans angles; la hauteur des montants ou « vertigalles » ne devait pas être inférieure à celle de la meule (3). Toutes ces précautions avaient pour objet d'empêcher la fleur de farine de se loger dans les recoins appelés « marinolles » et de se répandre dans le moulin, au lieu de tomber dans l'arche. Certains meuniers réalisaient de ce chef des bénéfices illicites, au point que, dans une visite aux moulins de la Celle en 1632, le maire de Poitiers trouve 4 boisseaux de fine farine ainsi perdue

---

(1) Règlem. du 27 nov. 1564 et 25 janv. 1578, précités, relatifs à Poitiers et au Poitou. — (2) « La première farine moulue, dit le règlement de 1564, « estant pernicieuse et graveleuse et grandement nuisible à la santé. » Règl. 27 nov. 1564 et 25 janvier 1578. — (3) Coutume du Poitou, art. 34. — Règl. municipal de Poitiers, 27 nov. 1564; Règl. gén. pour le Poitou, 25 janv. 1578. — Ordon. mun. de Poitiers 19 avril 1632; 3 avril 1651; 6 nov. 1662. *Arch. Munic.* D. 70; *Reg. des délib.* 102, 113, 114. — Ordon. du corps-de-ville de Châtellerault, 6 août 1630, Godard, I, 71. — Ordonnance de l'intendant de Poitou, 1733, art. 7. — Ordon. du lieut. g. de la sén. de Poitiers, 2 sept. 1738. *Arch. Mun.* D. 97. — *Arch. Antiq. Ouest.*

par les clients à l'avantage de l'industriel (1). Malgré les visites, malgré la confiscation des vertigalles que l'on livre au feu, malgré les amendes et le renouvellement des ordonnances, ces pratiques se perpétuèrent dans une partie de la meunerie jusqu'à la fin de l'ancien régime (2). Il est également interdit de faire moudre le seigle, le méteil et les gros blés aux mêmes moulins que le froment, pour éviter tout mélange ou certains défauts de fabrication (3). Le récipient qui reçoit le blé et le déverse sur la meule doit être agencé de façon à ne pas laisser couler le grain sur les bandes de fer, et sur le balin (drap de toile) qui est placé au-dessous du « rouet ». On voit dans cette négligence un moyen pour le meunier « de recéler ledit bled et d'en faire son proficl ». Le fraudeur est passible d'une amende arbitraire et de châtiment corporel (4). On s'efforce par les mêmes rigueurs d'empêcher les fabricants peu scrupuleux de mêler la farine avec le son, le sable, les pierres ou autres corps étrangers, de mouiller ou arroser le blé « pour faire grossir et enfler la farine ». On les oblige à le « sécher, curer et nettoyer » ; il leur est interdit de l'altérer, de le changer, de substituer les farines d'un client à celles d'un autre, de les « tremper pour les rendre plus pesantes ». Ils doivent rendre le produit de la mouture pur et net, sans séparer (5) les divers

(1) Procès-verbal du 28 février 1632 ; dans un autre du 1er octobre 1663, on relève au moulin de Chasseigne 2 sacs de farine. — Autres visites, 6 nov. 1662 ; 27 février 1662, etc. *Reg. des dél.* nos 81, 112, 113. — (2) B. Filleau. *Du droit de mouture perçu par les meuniers*, 1827, p. 28, atteste qu'un certain nombre de moulins en 1786 étaient encore à point carré, avec des onglets dans les angles pour empêcher la farine de s'y rassembler. — (3) Règ. du 27 nov. 1564 pour Poitiers, précité. — Cette séparation se trouve aux moulins de la Celle en 1631. Procès-v. de visite, 3 mars 1631. *Reg. dél. m. Poitiers*, no 81. — (4) Règl. du 27 nov. 1564, précité, du 25 janv. 1578, précité. — Ordon. mun. de Poitiers 1er oct. 1663. *Reg.* no 114. — (5) Règl. du 25 janv. 1578 pour le Poitou, précité. — Arrêt du Parl. du 21 août 1749

éléments, farines premières ou secondes, sons ou repasses. C'est au client qu'il appartient de faire cette séparation. Enfin, le meunier est tenu de moudre les blés du premier arrivant avant tous autres, exception faite pour ceux du propriétaire du moulin qui doivent avoir toujours la préférence (1).

Le rendement du blé en farine a été aussi fixé légalement. Au xiiie siècle, il faut que le meunier restitue au client un poids de farine égal à celui du blé qui lui a été livré ; la vérification est faite à Poitiers au poids public tenu par les peseurs-jurés (2). Depuis la rédaction de la Coutume du Poitou, le mesurage est substitué au pesage. L'industriel est obligé de rendre, pour chaque boisseau de blé « net et curé » qu'on lui livre, un boisseau comble de farine (3). C'est pourquoi, chaque meunier est astreint à tenir au moulin, attaché à la trémie, un boisseau tiercier, ainsi appelé parce qu'il « doit avoir de profond le tiers de son large » (4). Cette mesure est étalonnée sur celle de l'hôtel de ville, ou sur la mesure du roi ou du seigneur du lieu (5). Les meuniers ont également des tiers et des quarts des boisseaux marqués de la marque royale, municipale ou seigneuriale (6). Comme

pour Châtellerault. *Arch. Antiq. Ouest.* — Ordon. mun. de Poitiers, 1er sept. 1642. *Reg.* n° 94. Nombreux rapports sur ces fraudes dans ces registres.
(1) Règl. de juin 1230 pour les moulins de Poitiers, précité. — (2) Règl. de juin 1230 pour Poitiers : « idem pondus farinæ tenebuntur reddere servientes quod receperunt de blado ». — (3) Le règl. de police de Fontenay du 21 octobre 1343 (Fillon, Fontenay, pp. 47-49) stipule déjà que le meunier rendra un boisseau comble de farine pour un boisseau ras de blé. — Coutume du Poitou, titre Ier art. 36. — Règl. de police de Poitiers, 1541, art. 9. — Ordonn. de l'intendant de Poitou 1733, art. 9. — (4) Règl. de 1541 pour Poitiers, art. 10; règl. du 17 janv. 1567, *id.* — du 25 janvier 1578 pour le Poitou; du 19 juillet 1632 pour Poitiers (*Arch. Mun.* D. 70). — Coutume du Poitou, titre Ier, art. 36 et 37. — Règl. du 6 nov. 1662 pour Poitiers (*Reg. des délib.* n° 113); du 3 avril 1651 (*reg.* n° 102), etc. — (5) Mêmes règlemens. — (6) Coutume du Poitou art. 35 — règl. pour Fontenay, 21 oct.

ils sont tenus de rendre la farine au domicile du client, ils devraient transporter avec eux un boisseau tiercier. Cette obligation « gênante et dispendieuse » était tombée de bonne heure en désuétude (1). Mais le client a toujours droit de recours contre le meunier s'il se trouve lésé. Il peut retenir l'âne ou le mulet du conducteur au service de l'industriel, et en cas de contestation, « le seigneur ou dame de la farine, « dit un règlement de 1564, est cru par serment, sans autre « figure de procès » (2). Les différends sont en effet très nombreux entre clients et meuniers. Ils sont surtout causés par le mode de rétribution de ces derniers. Malgré les dispositions de diverses ordonnances royales, qui permettaient à la clientèle d'acquitter le droit de mouture soit en argent, soit en nature (3), ce dernier mode était le seul admis en Poitou. En 1230, le règlement relatif aux moulins de Poitiers stipule que le meunier recevra pour chaque cuissée de blé, mesure qui valait 32 boisseaux, c'est-à-dire 4 setiers 1/2 ou 449 litres, un droit de mouture de 1 boisseau marchand de Poitiers (14 litres 1 décilitre). Les serviteurs du meunier ont pour leur salaire un autre boisseau. Le droit est perçu au prorata de ce tarif pour les quantités inférieures à une cuissée (4). La coutume de la province avait fixé la perception du droit « de moulange » d'une façon plus obscure. Elle ordonnait que le meunier aurait pour rétribution l'excédent d'un boisseau de farine non pressé avec les deux mains (5). De là des difficultés incessantes d'ap-

1343; pour Poitiers, 17 mars 1659. (*Reg.* n° 109); 24 juillet 1662 (*Reg.* n° 113), etc.

(1) Rapport du procureur du roi à Civrai cité dans l'arrêt du Parl. du 13 juillet 1787. *Rec. Poitev.* in-4°, XVII, n° 34. — (2) Règl. du 27 nov. 1564 relatif à Poitiers, précité. — (3) Ordonnances de 1350, 1439, 1438, 1546, citées par H. Filleau. Du Droit de mouture, p. 15. — (4) Règlement inédit de juin 1230 pour Poitiers, précité. — (5) Coutume du Poitou, art.

préciation. En général, les règlements fixaient à 1/16 par boisseau le droit que les meuniers étaient admis à percevoir. Ainsi à Poitiers (1), à St-Maixent (2), à Châtellerault, à Thouars, à Civray (3). Les officiers de cette dernière ville jugeaient même que 1/17 aurait dû suffire (4). Mais en réalité les meuniers percevaient sur le client, ici le 10e ou le 12e, là le 14e ou le 16e, quelquefois même le quart et le tiers. Les boulangers seuls traitaient avec eux et obtenaient ainsi de payer en argent ou de ne livrer que le 20e de la mouture (5). Vainement, les ordonnances prescrivaient-elles aux meuniers de tenir attachés aux trémies des moulins avec des chaînes de fer des mesures dûment étalonnées et contenant la 16e partie du boisseau seulement (6). Ces dispositions sont constamment éludées. Les meuniers se dispensent de faire étalonner et marquer leurs mesures, ont des boisseaux de contenance réduite pour rendre la farine, et des récipients de dimensions exagérées pour percevoir

36 : « Le droit de moulange que peuvent prendre les meuniers est tel que, quand on leur baille bled net et curé, ils doivent rendre pour un boisseau de bled raz, un boisseau comble de farine ; et de deux boisseaux, l'un de ladite farine une fois rempli, caché et pressé avec les deux mains mises en croix, et derechef comblé ; et pour faire les dites mesures, le boisseau doit avoir de parfond le tiers de son large ; et l'outre plus doit seulement retenir le meunier ».

(1) Règl. du 17 janvier 1567 pour Poitiers, précité (il prescrit une mesure contenant le 16e du boisseau). — Ordon. municipale 1er octobre 1663. Reg. 114. — Règl. du 27 nov. 1564 (punit les meuniers contrevenans du fouet). — (2) Arrêt du Parl. (1404) relatif à St-Maixent. Cartulaire, tome Ier. — Ordon. de l'intendant pour la sén. de St-Maixent, 10 juin 1750. H. Filleau, p. 27. — (3) Ordon. relatives à Thouars 14 juin 1752 ; à Argenton 22 déc. 1753 ; arrêt du Parl. 16 juillet 1750 pour le Poitou. H. Filleau, p. 27. — Arrêt relatif à Châtellerault 1749 précité. — Ordon. de la sén. de Civrai, 13 juillet 1787, précitée. — (4) Ils estiment que le droit doit être du 1/16 quand le meunier apporte la farine à domicile, de 1/32 dans le cas contraire. — (5) H. Filleau, Du Droit de mouture, pp. 21 et 26-27. — (6) Exemples : règl. du 17 janvier 1567, et 6 nov. 1662, pour Poitiers, précités.

leur droit de mouture (1). Au xviiie siècle, on tente de substituer le pesage au mesurage, si le client le requiert (2). La multiplication des infractions, et la continuité des plaintes prouvent que les lois restèrent inefficaces. Ces abus tenaient à la nature même de la rétribution et à l'organisation de la petite meunerie, où la rapacité de l'industriel se trouvait en conflit avec l'avidité du client. L'un cherchait à tirer le plus qu'il pouvait de son droit de mouture, et l'autre, sans souci des difficultés d'exploitation et de la variabilité du rendement des blés (3), s'imaginait que le meunier devait vivre d'une rémunération fixe, sans songer qu'elle n'était peut-être pas équitable.

CHAPITRE III
Les Industries dérivées de l'emploi des blés : Amidonniers, Boulangers et Fourniers.

Les blés devant servir avant tout à l'alimentation humaine, on n'admettait point sous l'ancien régime qu'il fût permis de les employer à tous les usages. C'est pourquoi l'emploi en était réservé aux particuliers et aux boulangers ou aux pâtissiers. Toutefois, on avait permis à un corps particulier d'industriels, les amidonniers, d'utiliser les blés gâtés, et les issues des farines appelées griots, recoupettes et recoupes. Ils les mettaient tremper dans des tonneaux, et le résidu ou fécule, réduit en pains, servait à faire de la colle,

(1) Exemples : délib. de l'échevin. de Poitiers, 24 juillet, 30 octobre 1662, 27 nov. 1664, 13 et 27 février 1662. Reg. nos 112, 113. — 3 février 1631, 1er oct. 1663. Reg. nos 81 et 114. Procès-v. de visite des moulins de Pont-Achard 1705 Vienne G. 654. (2) Arrêt du Parl. 21 août 1749 pour Châtellerault; de juillet-août 1787 pour Civrai, précités. — H. Filleau propose encore ce moyen en 1827, Du Droit de mouture, pp. 31 et sq. — (3) Ainsi l'évaporation, qui ne fait perdre guère qu'une livre par 100 pour les bons blés, est incalculable avec du blé humide, malpropre, ou avec des meules repiquées à neuf. Filleau, p. 49.

de l'empois, des ingrédients non colorants pour la teinture, et surtout, aux deux derniers siècles, de la poudre à poudrer (1). Les documents manquent sur l'état de cette industrie en Poitou. Poitiers n'avait en 1775 que deux amidonneries, l'une située sur une branche du Clain, le ruisseau du Pré l'Abbesse, l'autre sur la Chaussée de l'étang de Montierneuf, près de la porte Saint-Lazare. Celle-ci passait, aux yeux des perruquiers et marchands, pour produire d'aussi bonne poudre à cheveux ou perruques que celle qu'on tirait de Paris (2). Neuf ans après, au lieu de deux amidonneries, il y en avait cinq. La police tenait spécialement à les empêcher d'employer de bons grains, sous prétexte qu'il était criminel d'enlever le blé nécessaire à la subsistance du peuple ou d'en faire enchérir le prix. Trois des amidonniers de Poitiers, s'étant avisés de fabriquer avec du bon froment des farines destinées à être converties en amidon, sont frappés en 1784 de 500 l. d'amende, que l'on modère par grâce à 30 l. (3).

Le blé converti en mouture, c'est-à-dire en farine pourvue de ses divers éléments depuis la farine première jusqu'au son, est rendu sous cette forme au client. Celui-ci blute et sasse la mouture, en sépare les diverses parties, et pétrit lui-même la pâte. Donner les grains ou la farine au boulanger pour qu'il les convertît en pain, moyennant rémunération, passa longtemps pour un luxe de citadin : « De se « pourvoir chez le boulanger, écrivait encore Olivier de Serres

(1) Savary, *Dict. du Com.* I, 650. — *Encycl. Méth. Arts et Métiers*, I, 17 et sq. — (2) *Affiches du Poitou*, 1775, p. 43. Une autre amidonnerie existait à Niort en 1774 (*Affiches du Poitou*, 1774, p. 72); une autre aux Sables (Sentence de 1764. *Vendée*. B. 796.) — (3) Ordon. de police de la sénéch. de Poitiers. 21 février 1784. *Arch. Antiq. Ouest.* — L'édit de février 1771 et l'arrêt du Conseil du 10 déc. 1778 soumirent les amidonniers à l'exercice, et leur imposèrent un droit fiscal. *Encycl. Méth.* I, 20-22.

« dans le Théâtre d'Agriculture, c'est trancher par trop de
« l'homme de ville, et puisque nous fournissons la matière
« au boulanger, pourquoi n'y ajouterions-nous pas la
« forme (1) ? » L'usage de convertir la farine en pâte au
domicile de chaque famille se maintint au reste, même
après le Moyen Age, non seulement dans les campagnes,
mais encore dans les centres urbains, comme le prouvent
diverses ordonnances de police relatives à Poitiers et à
Niort (2). De là deux corps de métiers, les boulangers, dont
le nom primitif est celui de pétrisseurs (*pistores*), qui blu-
tent les farines et pétrissent le pain, et les fourniers (*fur-
narii*) qui s'occupent de la cuisson. Ces deux professions,
qui apparaissent au Moyen Age, sont tantôt distinctes,
tantôt réunies, et cet état de choses se maintient jusqu'à
la Révolution ; le métier de fournier tend néanmoins à se
confondre, depuis le xvi° siècle surtout, avec celui de boulanger. Primitivement, l'un et l'autre ne sont que des serviteurs
du domaine seigneurial, l'un pétrissant le pain des maîtres, l'autre faisant cuire ce pain en même temps que celui
des autres habitants du village ou du bourg (3). Puis on
distingue les *fourniers banaux*, fermiers des fours seigneuriaux, les *fourniers libres* urbains ou forains, et les *boulangers*. Ces professions peuvent d'ailleurs être exercées
simultanément par le même industriel (4).

(1) Olivier de Serres. Théâtre d'Agriculture, édit. de 1805, tome II, p. 607.
— (2) Requête des échevins de Niort au Conseil d'Etat, 1731 : « De temps
« immémorial les habitants de la ville et faubourgs sont en usage d'appres-
« ter leur paste à faire du pain ». *Arch. Vienne*, C. 24. — Ordon. de police
relative au bourg St-Hilaire à Poitiers, juin 1771. *Vienne*, G. 670. — (3) Exemples : Durandus pistor (*Cartul. de St-Laon de Thouars*, p. 86); Maingodus
pistor (1100), Aimericus pistor (1100) (*Cartulaire St-Cyprien de Poitiers*, 41,
116). — Le *serviens* furni ou *furnarius* (1189) mentionné dans la charte de
St-Maixent, I, 269. *Furnarius* concédé par Savari de Mauléon (1218) au
prieuré des Fontaines (Doc. p. l'hist. du Bas-Poitou, pp. B. Fillon in-8,

Le fournier banal exerce au nom du seigneur la contrainte de four sur tous les habitants « roturiers, couchans et levans roturièrement », suivant les termes de la coutume du Poitou (1). En principe, toute seigneurie laïque ou ecclésiastique, individuelle ou collective, pourvue simplement du droit de basse-justice, possède le droit de four bannier « et la contrainte de fournoyer » (2). Les roturiers, même au xvii° siècle, ne sont pas fondés à avoir de four dans leur maison, du moins pour cuire leur pain; tout au plus a-t-on fini par tolérer qu'ils en aient pour cuire des pâtés ou des fruits (3). Chaque village a donc son four banal. La coutume stipule, d'accord avec le bon sens, qu'on ne peut forcer les « hommes levans et couchans » à « venir de loin » (4). Aussi les cartulaires et plus tard les actes notariés mentionnent-ils jusque dans les hameaux l'existence de ces fours (5). A Poitiers par exemple, on rencontre le four du prieuré St-Nicolas, donné aux clercs par la comtesse Agnès en 1050 (6). Dans la juridiction du chapitre St-Hilaire se trouvent le four Guillon (7), les fours de la Tour (8) et de la Madeleine (9). Le plus connu, le four au doyen ou Audin, situé rue Ste-Triaise, et qui dépend du doyen du chapitre, subsistait encore en 1789 (10). La com-

1847, p. 52.) — (4) Distinction qui se trouve dans de nombreux règlements municipaux de Poitiers — dans la requête des échevins de Niort 1731 — et dans le règl. des boulangers de Luçon 1772. *Rec. Poit.* in-4°, XX, n° 27.

(1) Coutume du Poitou, titre Ier, art. 36. — (2) *Ibidem.* — (3) Sentence du présidial de Poitiers, 3 déc. 1601, entre l'évêque de Maillezais et un de ses sujets roturiers. Commentaire de la Coutume, pp. Lelet et Filleau, 1683, p. 132. — (4) Coutume du Poitou, art. 36. — (5) Voir en particulier les tables des Cartulaires de St-Hilaire et de St-Maixent, pp. Rédet et A. Richard. — (6) Charte de la comtesse Agnès de Poitiers en faveur du prieuré St-Nicolas, 1050. *Arch. hist. Poitou*, I, p. 7. — (7) Cartulaire de St-Hilaire, I, 302 (xiiie s.). — (8) Actes de 957 et de 1534. Cartulaire St-Hilaire, I, 31. — Inv. des titres de St-Hilaire. 1747. *Vienne*, G. 625. — (9) Quittances rel. à ce four, 1630-40. *Vienne*, G. 605. — (10) Cart. de St-Hilaire, II, 38, 44; Baux à ferme de ce four, xve et xviiie s. *Vienne*, G. 616.

mune enfin avait son four banal situé près de la porte de la Tranchée (1), sans compter ceux qui appartenaient à des seigneurs particuliers pourvus de quelque juridiction dans un quartier de la ville (2). La propriété du four est cessible sous forme de fief, et par donation, vente ou autre espèce de mutation. Elle peut être fractionnée entre plusieurs copropriétaires, si bien qu'on trouve jusqu'à six ou neuf parts de propriété pour un seul four (3). Le four est affermé à un fournier (*dominus furni*, ou *furnarius*) qui paie au seigneur une redevance variable suivant l'importance de l'établissement (4). A Celle-Lévescault en 1415, le four de l'évêque ne vaut que 15 s. de ferme (5), tandis que le revenu de celui d'Harcourt est estimé vers 1534 valoir 12 l. 13 s. (6). Le four au doyen à Poitiers, affermé 311 l. par an en 1689, 300 l. en 1707, 390 l. en 1716, rapporte encore 200 l. en 1787 (7). De plus, le fournier est contraint de cuire le pain du seigneur à des conditions déter-

(1) Acte de 1360 mentionné dans l'inv. des titres de la commune. 1506, Coll. Fonteneau 74 f° 603. — (2) Par ex. : Renaud de Marin, prop. d'un four donné (1203) par Alienor, comtesse de Poitiers. Besly, *Hist. des comtes de Poitou*, p. 497. Le four de la Celle mentionné dans un arrêt du Parlement de Paris. 16 mars 1353. *Arch. Nat.* X¹ᴬ 15 f° 25. Four du carrefour St-Paul donné par Gaubert (1080). *Arch. hist. Poitou*, III, n° 84. — (3) Exemples : don de la moitié d'un four à St-Laurent-sur-Sèvre (vers 1100) Cartul. St-Cyprien (*Arch. hist. Poitou*, III, n° 156); de moitié d'un autre à Cheneché (1080), *ibid.* n° 67. — Acquisition par le chapitre St-Hilaire, de la 6ᵉ et 9ᵉ partie du four à ban de la Coinderie. 1475? *Vienne*, G. 870. — Concession des fours de Niort à G. le Queux par Richard Cœur de Lion 1190. *Arch. Nat.* J. 190 A n° 4. — Arrentement au sieur de Magné du four de Courcosme par le chapitre St-Hilaire. Inv. de 1752. *Vienne*, G. 808; hommage du sieur de Lymur pour ce four 1431, *Vienne*, G. 790 — acte de 1144 relatif à un four de l'abbaye de St-Maixent. Cartulaire, I, 332. — (4) En 1189 le prop. du four Bordet le fait exploiter par un *serviens* ou *furnarius* auquel il fournit le bois, et qui partage avec lui le droit de cuisson. Acte de 1189, Cart. St-Maixent, I, 379. — (5) Produits de la terre de Celle-Lévescault. 1415. *Arch. hist. Poitou* X, n° 137. — (6) Cahier des cens et rentes de la baronnie de Chauvigny, 1524-73, *Vienne*, G. 44. — (7) Baux du four au doyen, 1689 à 1787. *Vienne*, G. 616.

minées et dans une proportion fixée, et d'entretenir le four avec ses dépendances en bon état de réparations locatives (1). Il est tenu à l'égard des redevables de certaines obligations. Il doit leur fournir du levain, assigner à chacun l'heure où il pourra faire cuire, aller chercher à domicile la pâte et rapporter le pain, ne pas retarder la cuisson de plus de vingt-quatre heures, fournir « les paillassons bons et compétens » pour déposer les pâtes, faire cuire le pain sans le brûler ni « l'emboucher ». Dans sa boutique, il aura continuellement des poids et balances pour peser la pâte et le pain (2). Il perçoit enfin, pour le combustible nécessaire au chauffage du four et pour son travail de manipulation ou de surveillance, un droit de cuisson fixé en général à la 16e partie des pâtes (3). Ce droit est parfois payable en argent, à raison du blé converti en farine et en pain par les soins du fournier, ou bien en proportion du pain cuit par lui. Ainsi, deux ordonnances de François Ier, en 1530 et 1540, fixent d'abord à 18 deniers tournois, puis à 2 s. au lieu du 16e de la pâte, le salaire du fournier, pour la cuisson de chaque setier de blé dans le four au doyen qui appartient au chapitre St-Hilaire (4). En 1787, le droit de cuisson en argent est au contraire fixé à 18 d.

---

(1) Baux du four au doyen, xvie et xviiie siècles, *ibid.* — Bail du four banal d'Angle, 1610. *Vienne*, G. 50. — (2) Baux à ferme du four au doyen 1576-1787. *Vienne*, G. 616. — Ordon. police du sénéchal de St-Hilaire, 3 juin 1771. *Vienne*, G, 670. — (3) Ordon. de police de 1771, précitée. — Bail à ferme du four banal d'Angle, 1610, précité. — De même à la Mothe Ste-Héraye, droit du 16e des pâtes, et 1 sol par boisseau. *Aff. Poitou*, 1775, p. 67-7. — A l'île d'Yeu, le 24e de la pâte, *Rech. sur l'île d'Yeu*, Soc. d'Emul. Vendée 1883, p. 275. —(4) Les habitants offraient 22 deniers. Sentence de la sén. de Poitiers 1530. — Arrêt du Parl. 23 déc. 1530. — Ordonnance du roi en conformité. — Sentence de la sénéchaussée 12 juin 1532. — Ordonnance de François Ier 7 mars 1540. *Vienne*, G. 616. —A Vivonne, droit de 2 d. par carte de gros pain ou pain blanc (Pap. terrier 1449, p. p. l'abbé Drochon, *Bull. Antiq. Ouest*, 2e s. II p. 130.)

pour chaque pain du poids de 22 l. (1). Le fermier a enfin sa part des amendes prononcées contre les roturiers astreints à la banalité et bénéficie des pâtes confisquées sur eux (2).

Les fourniers banaux ne se bornèrent pas à cuire le pain des redevables. Ils obtinrent peu à peu la permission de fabriquer et de vendre pour leur propre compte. Un règlement de police relatif à la ville de Luçon prouve qu'au xviiie siècle on leur réservait la confection et le commerce des pains de troisième qualité (3). La banalité de four avait aussi reçu des atténuations avec le temps. Certains propriétaires étaient parvenus à obtenir du seigneur l'autorisation de bâtir des fours dans leur maison, soit pour leur usage personnel, soit pour celui de leurs colons et métayers, à cause de l'éloignement du four banal (4). D'autres avaient acquis ce droit à prix d'argent ou moyennant une redevance annuelle (5). « Les fours banaux estant très à charge, « dit un mémoire des échevins de Niort, ont esté ostés par- « tout où on a pu sans faire tort au seigneur » (6). Ainsi était née la profession des fourniers libres, qui se rencontraient dans les villes aussi bien que dans les campa-

---

(1) Bail à ferme du four au doyen 1787. *Vienne*, G. 616. — (2) Ordon. de police du bourg St-Hilaire. 1771 précitée (la pénalité est de 3 l. d'amende en plus de la confiscation des pâtes). — Amende de 4 boisseaux de blé en 1476 contre un roturier. *Vienne*, G. 871; sentence du présidial, xviie s. *ibid*. G. 875. — Acte relative au four banal de Dissay xviie s. *Vienne*, G. 77. — (3) Règl. de police des boulangers de Luçon 1772, art. 5. *Rec. Poit.* in-4o, XX, no 27. — (4) Exemple: permission accordée par M. de la Rocheposay à Cl. Bonneau, xviie s. *Vienne*, G.84. — Affr. de four banal accordé par le prince de Lambesc (1731) à Veillon, Poitevin, pour un cens annuel de 20 s. Soc. d'Emul. Vendée 1889, p. 248. — (5) Ex.: permission de ce genre donnée par le chapitre St-Hilaire, xviie s. *Vienne*, G. 842. — (6) Requête des échevins de Niort contre les boulangers 1730. *Vienne*, C. 24. — Une ordonnance du 5 avril 1631 prouve qu'à Châtellerault chacun est libre de faire cuire son pain. Godard, I, 76, — id., p. 299.

gnes, et qui se confondaient souvent avec les boulangers. Ils différaient de ceux-ci en ce qu'ils s'occupaient avant tout de cuire le pain des particuliers, sans le fabriquer eux-mêmes. L'usage s'était maintenu, même dans des villes importantes comme Niort, de préparer la pâte à domicile. Les fourniers chauffaient et entretenaient les fours où l'habitant envoyait cuire les pâtes. A Niort, on trouvait en 1730 une vingtaine de grands fours ainsi répandus dans les divers quartiers. Les artisans et les paysans formaient leur clientèle, et y recevaient après cuisson les gros pains de méture ou de baillarge faits d'un boisseau de farine le plus souvent non tamisée. Le fournier percevait sa rétribution en pâte et en argent. Il fabriquait de plus du pain blanc de 1 à 8 l. pour les auberges et les étrangers, et du pain commun pour le débiter dans les foires et marchés (1).

La banalité de four devait gêner quelque temps le développement d'une industrie nouvelle, celle des boulangers ou talmeliers, qui préparaient et cuisaient ensuite le pain pour la population des bourgs ou des villes, et pour les bourgeois ou les artisans auxquels ce travail était à charge. Les cartulaires mentionnent au Moyen-Age des noms de boulangers (*pistores, panifici*) en assez grand nombre. Mais les premiers documents détaillés qui nous renseignent sur leur condition ne sont pas antérieurs au xiv° siècle. Un règlement de police de la ville de Fontenay du 21 octobre 1343 montre que les « panetiers » font non seulement le métier de pétrisseurs et de fourniers, mais encore cuisent et vendent le pain pour leur propre compte (2). C'est ce que con-

---

(1) Mémoire des échevins de Niort et requêtes au Conseil d'Etat, 1730. *Vienne*, C. 24. — (2) Règlement de police de la ville de Fontenay, 21 octobre 1343, pp. B. Fillon, Fontenay, p. 47.

firme une ordonnance municipale relative aux boulangers ou fourniers de Poitiers (1). Ils étaient donc à ce moment exempts, semble-t-il, de la banalité de four, soit par rachat, soit par tolérance (2). La Coutume du Poitou, consacrant l'usage établi, reconnaît aux boulangers l'exemption de cette banalité, mais seulement pour le pain destiné à être vendu, soit aux habitants du lieu, soit aux étrangers (3). A Poitiers, sur le territoire de la commune, tous les habitants ont le même droit que les boulangers, à savoir de faire cuire leur pain à domicile, et de le vendre, s'il leur plaît, tandis que dans le bourg St-Hilaire ce privilège n'a jamais été concédé aux particuliers (4). Les limitations légales apportées à l'exercice du métier de boulanger ont pour effet de les amener, pour étendre le cercle de leurs opérations, à se charger le plus souvent de l'exploitation des fours banaux (5). La profession se développa de plus en plus, à mesure que les anciennes traditions déclinaient, du moins dans les villes, où l'habitant, comme le constate Olivier de Serres, recourait d'ordinaire à l'entremise de l'industriel spécialiste. Ainsi à Poitiers, le nombre des boulangers, qui n'était que de 17 en 1564, s'élève à 48 en 1609 (6). A Niort, où il n'y

(1) Règlement relatif au poids du pain et aux fourniers de Poitiers, déc. 1362 (vendredi après Ste-Luce). *Mss St-Hilaire*. f° 41. — Ordon. du roi au sujet des boulangers (*panifici jurati* de Poitiers) 22 janvier 1310, coll. *A. Lecointre*, — (2) A Paris, la banalité de four avait été supprimée dès le règne de Philippe-Auguste. G. Fagniez. Etudes sur l'ind. à Paris, p. 169. — Petit-Dutaillis. Etude sur le règne de Louis VIII, p. 380. Chaque boulanger payait au roi pour ce motif 9 s. 3 oboles. — (3) « Les boulangers qui cuiront pain pour l'exposer en vente, et débiter à étrangers sans fraude, ne sont tenus aller au four au ban ». Coutume du Poitou, art. 47. Mais ils ne sont pas exempts de la banalité de moulin. Sentence du présidial 23 janvier 1666, citée par Lelet et Filleau, édition de 1683. — (4) Règl. de police de Poitiers, octobre 1541, art. 6. — doc. précité. — (5) Ainsi les fermiers du four au doyen (juridiction St-Hilaire) sont tous des boulangers. — (6) Règl. du 27 nov. 1564 pour Poitiers, précité. — Statuts des boulangers de Poitiers 8 juin 1609. *Reg. des dél. mun.* n° 64.

avait que cinq ou six boulangers exerçant en même temps le métier de cordonniers ou de dégraisseurs en 1710, la population ayant pris l'habitude d'exiger du pain bien préparé, le chiffre de ces industriels ne tarda pas à s'élever à 21, qui s'occupèrent exclusivement de la panification (1). Châtellerault vers la même époque possède une communauté de 30 boulangers (2). Ils occupent donc en Poitou une des premières places, par le nombre, parmi les métiers de l'alimentation.

On distingue parmi eux un certain nombre de variétés. Les boulangers forains sont des industriels de la ville ou de la campagne, qui, n'ayant qu'une clientèle locale insuffisante, transportent leur pain dans les foires et marchés (3). On connaît encore en Poitou les boulangers *fouassiers* qui se livrent au commerce de la variété de pain appelée *fouasse* (4). Les règlements de la ville de Poitiers font mention des boulangers de pain blanc qui fabriquent le pain mollet, la miche et le pain de fine fleur, tandis que les boulangers de pain commun ne s'occupent que du petit ou du gros pain (5). A Niort, avant 1731, les boulangers ne font que du pain blanc pour vendre aux auberges et aux étrangers ; lorsqu'ils sont organisés en corporation dans cette ville, ils se mettent à fabriquer les diverses espèces de pain (6). Ils peuvent d'ailleurs partout exercer à la fois le métier de fourniers et ceux de boulangers et de marchands de fari-

(1) Mém. relatif aux boulangers de Niort 1731. *Vienne*. C. 24. — (2) Mém. sur Châtellerault, 1738, précité. — (3) Mention des boulangers forains dans les statuts des boulangers de Poitiers 1609 ; dans le règl. sur la taxe du pain (XIVe s.) à Poitiers ; dans les règl. des boulangers de St-Maixent (1664), de Niort (1730), de Luçon 1772. Voir ci-dessous. — (4) Requête des boulangers fouassiers forains et urbains. 7 fév. 1611. *Reg. des dél. mun.* de Poitiers, no 65. — (5) Règl. de police de Poitiers, 18 août 1631, précité. — (6) Mém. des boulangers et des échevins de Niort 1731. *Vienne*, C. 24.

nes. Comme possesseurs de fours, ils sont obligés de recevoir la pâte des particuliers, et de leur fournir le levain dont ils ont le monopole (1). En retour, ils perçoivent une redevance en argent, qui est fixée pour Poitiers à 18ᵈ tournois par setier de blé en 1530, à 2ˢ en 1540, à 18ᵈ par pain de 22ˡ en 1787 (2). Ils ont droit en plus à prendre une portion de la pâte équivalente au levain qu'ils fournissent. Les servantes de leurs clients ou les clients eux-mêmes peuvent assister à la mise des pâtes au four, afin d'empêcher le boulanger « de les dérober » (3). Le boulanger fabrique aussi pour son propre compte, et à ce titre il pratique le colportage, l'étalage et la vente du pain (4). On admet également qu'il puisse acheter et revendre les blés et les farines. Au xvıᵉ siècle, on voit même certains boulangers exerçant en même temps que leur profession celle de meuniers (5), cumul qui dans la suite paraît avoir été prohibé. En revanche, le commerce des blés ne pouvait leur être interdit. En effet, il était d'usage que la boulangerie ne s'adressât à la meunerie que pour faire moudre les céréales, et non pour lui acheter directement des farines. On les autorise donc à acheter des grains aux particuliers, soit au comptant, soit à échéance fixe, avec menace, en cas de faillite, de les exclure de leur communauté (6). Au surplus, dans la crainte des accaparements, on leur défend de se rendre au minage

---

(1) Statuts des boulangers de Poitiers, 1609, art. 26. — (2) Les ordonnances ci-dessus citées relatives aux fourniers banaux (1530, 1540, 1787) reproduisent en effet les dispositions des règlements applicables aux boulangers. — (3) Ordonnance municipale de Poitiers (13 mars 1662) Reg. 112. — (4) Il leur est même interdit de refuser du pain, et les particuliers sont invités à les dénoncer à la police en cas de refus. Règl. des boulangers de Luçon 1779, art. 30. — (5) Règl. du 27 nov. 1564 pour Poitiers : sur 17 boulangers dans cette ville, 7 sont en même temps meuniers. — (6) Statuts des boulangers de Poitiers, 1609, art. 33.

les jours de marché, sauf après dix ou onze heures, d'y envoyer des intermédiaires (1), d'acheter dans les hôtelleries (2), d'aller au-devant des marchands (3), de parcourir la campagne pour arrher et « retenir » les blés (4), d'en négocier l'achat auprès des meuniers (5), de le payer plus cher qu'à la première vente et que les habitants (6), enfin « de former aucuns monopoles et menées secrètes, sous « peine du fouet et d'amende arbitraire » (7). Il leur est loisible d'utiliser le blé pour le convertir en farine, mais ils doivent le vendre directement en un lieu public déterminé. Au xvie siècle, le marché pour les blés provenant des boulangers est par exemple, à Poitiers, la place du puits St-Didier (8). De même, quand les grains ont été transformés par le meunier et que la mouture a été livrée aux boulangers, ceux-ci en utilisent une partie, vendent les sons et les recoupes, et ont coutume de mettre en vente « à petites mesures la farine sassée ». A Niort, ce trafic ne peut se faire que pour des quantités inférieures au boisseau, et la farine vendue est généralement la plus fine, « que les nour- « rices achètent pour faire des boullies et les particuliers pour des pâtisseries » (9). A Luçon, les boulangers s'exposent à 30 l. d'amende, et, en cas de récidive, à des poursuites extraordinaires, s'ils vendent au-delà d'une livre et demie de farine sassée (10). La vente au boisseau et

---

(1) Mêmes statuts, art. 23 et 29. Règl. municipal de Poitiers, 18 août 1631. Ordon. du 5 avril 1631 et d'août 1749 pour Châtellerault précitées. — (2) Sentence de l'échevinage de Poitiers, 24 mars 1631 *Reg.* 81. — (3) Règl. 18 août 1631. — Sentence du 24 mars 1631. — (4) Règl. 28 juillet 1631 pour Poitiers. *Reg.* 82. — (5) Règl. 19 août 1630. *Reg.* 81. — (6) Règl. 18 août 1631. — (7) Règl. 27 nov. 1504 ; 17 octobre 1541 ; 19 août 1630, pour Poitiers, etc. — (8) Règl. 27 nov. 1503. — (9) Statuts des boulangers de Niort, 1730, art. 29. — Mém. des boulangers et des échevins de Niort, 1731. *Vienne*, C. 24. — (10) Règl. des boulangers de Luçon, 1772, art. 25 et 26.

au-dessus est réservée aux meuniers et aux minotiers ou fabricants de farines d'exportation, qui ont d'ailleurs le droit de vendre à petites mesures, aussi bien que les boulangers (1).

Ceux-ci jouissent de monopoles plus ou moins étendus suivant leur qualité. Les mieux traités sont les boulangers urbains possesseurs ou locataires de leurs fours et boutiques (2), industriels établis à poste fixe et dont le commerce est protégé contre la concurrence des fourniers banaux et forains, des fouassiers et des pâtissiers. Tous, forains ou domiciliés, fouassiers, boulangers, fabricants de pain de luxe ou de pain commun, ont le monopole de la préparation et de la vente des levains, de la cuisson du pain, de la fabrication et du trafic des échaudés. Aux pâtissiers en particulier il est formellement interdit de cuire ou de faire, soit du pain, soit des échaudés, même pour leur propre usage (3). Le serment de tout boulanger fait foi en justice jusqu'à la valeur de 5^s, et cette disposition le favorise contre les clients de mauvaise foi (4). Mais c'est aux boulangers domiciliés que les règlements réservent spécialement l'exercice du commerce dans toute son étendue. En effet, non seulement les fourniers ne sont pas autorisés à vendre le pain « dans leur four et maison », mais encore ils ne peuvent le vendre qu'aux halles ou marchés, les jours ordinaires de vente, et à la condition d'y mettre leur marque, tandis que les boulangers sont en droit d'étaler leur pain dans leur boutique et d'en faire le trafic tous les jours (5). Les fouassiers

---

(1) Mém. des boulangers et échevins de Niort 1731. — (2) Statuts des boulangers de Poitiers 1609, art. 7. — (3) Statuts des boulangers de Poitiers 1609, art. 26. — (4) Coutume de Poitou, titre Ier art. 79. — (5) Le règl. des boulangers de Luçon restreint les fourniers à la fabrication du pain de 3e qualité. Règl. de police de 1772, art. 5 et 27. — Sur les

ou fabricants de pain broyé ne doivent étaler qu'à certains jours de la semaine, qui sont au xvii® siècle, à Poitiers, le mardi, le jeudi et le samedi, et seulement sur la place Notre-Dame (1). Un moment les boulangers prétendent même interdire la revente et le colportage de la fouasse, que faisaient quelques pauvres femmes du peuple (2). Un règlement du xiv® siècle oblige les fouassiers forains à vendre au même prix que les boulangers urbains la fouasse cuite, bien que ce produit apporté du dehors doive peser une once de plus que la marchandise provenant d'un industriel de la ville (3). Le boulanger domicilié est encore protégé contre le boulanger forain. Celui-ci est cependant considéré comme indispensable à l'approvisionnement des centres importants de population. Aussi, malgré les requêtes des boulangers urbains, maintient-on partout la faculté pour les forains de vendre leur pain aux habitants des bourgs ou des villes (4). Parfois, pour empêcher la hausse du pain, on les autorise à étaler tous les jours et à ouvrir boutique pour une durée limitée (5). Mais, en général, on a voulu ménager les intérêts des boulangers domiciliés, en limitant la liberté des boulangers forains. Ceux-ci en effet ne sont admis à étaler leurs produits qu'à la place du marché ou des halles, afin d'éviter les ventes clandestines, et à cer-

obligations des fourniers, sentence du lieut. gén. de police de Niort relative aux fourniers, rapportée dans une requête des boulangers, février 1731. *Vienne*, C. 24.

(1) Ordonnance de l'échevinage de Poitiers rel. aux fouassiers de Migné et de la Cueille, 7 fév. 1611. *Reg.* n° 65. Statuts des boulangers de Poitiers, art. 28. — (2) Différends entre les boulangers et les revendeuses de fouasse, 4 mai 1637, 20 février 1612, 16 mai 1616, 7 août 1673. *Reg.* n°s 87, 68, 70, 123. — (3) Règl. sur le poids et le prix du pain à Poitiers, xvi® siècle (article relatif aux fourniers de Vouillé), *Mss St-Hilaire*, fos 41-42 ; coll. Fonteneau 74, f° 311. — (4) Ordon. de l'échev. de Poitiers, 18 août 1511. *Reg.* n° 11. — Requête des hab. de Niort, 1731. *Vienne* C. 24.— (5) Ex. à Poitiers, ordon. de l'échevinage, 6 août 1630. *Reg.* 81.

tains jours de la semaine, le jeudi à Niort, le mardi et le samedi à Poitiers (1). Leurs pains sont visités avant l'étalage, et ne peuvent être vendus qu'au prix de la taxe municipale. En certaines circonstances, on les astreint à ne mettre en vente que les variétés de pain usitées dans la ville (2), et même à les vendre au-dessous du prix des boulangers urbains (3). Dans d'autres, par exemple en cas de famine, on les dispense au contraire de l'obligation du poids et de la taxe (4). Il leur est d'ailleurs en tout temps interdit de remporter le pain, de le mettre en dépôt dans les maisons particulières pour le marché suivant, de le colporter dans les rues et les hôtelleries. Ils sont tenus de le vendre « dans les trois ou quatre heures de relevée », c'est-à-dire avant midi, sous peine de le voir mettre au rabais. On leur défend d'en hausser le prix pendant la durée du marché sous peine de confiscation. Ils sont « obligés de « le donner au prix qu'il a valu le matin, ou plutôt le diminuer ». Ils ne peuvent accroître la quantité qu'ils étalent en « allant quérir d'autre pain chaud », pendant la tenue du marché (5). Il ne leur est pas permis de vendre aux regrattiers comme le font les boulangers urbains, qui, au XV° siècle, ont l'habitude d'accroître leur commerce, en confiant

(1) A Poitiers, les forains ne peuvent étaler de pain qu'à la place Notre-Dame et à la place St-Hilaire, à Niort qu'aux halles. — Ordonnance de 1417, *Arch. hist. Poitou* XXVI, p. xxxii. — Règl. de police de Poitiers octobre 1541, et 27 nov. 1564, précités. — Statuts des boulangers de Poitiers, 1609 art. 12. — Statuts des boulangers de Niort 1730, art. 22 et 24. — (2) Règl. de police du 27 nov. 1564 et de sept. 1634 pour Poitiers. — (3) Règlement du XIVe s. sur le poids et la taxe du pain à Poitiers, précité. Il astreint les forains de Vouillé à vendre leur pain de 11 onces 4 gros et 1/2 au même prix (2 deniers) que le pain de 7 onces et 1/2 fabriqué en ville. — (4) Règlement du 18 août 1631 pour Poitiers, précité ; du 2 déc. 1557 pour Niort, cité dans un mémoire des boulangers de 1731. *Vienne*, C. 24. — (5) Statuts des boulangers de Poitiers 1609, art. 12; des boulangers de Niort 1730, art 23 ; règl. de police de Poitiers 18 août 1631 ; règl. du 2 déc. 1557 pour Niort.

une partie de la vente aux revendeurs, moyennant une commission d'un pain sur treize (1). Enfin, la vente et le colportage des échaudés est réservée parfois aux boulangers urbains ou aux revendeuses auxquelles ils les vendent, à l'exclusion des boulangers forains (2).

Les documents permettent de se faire une idée assez précise de l'ancienne boulangerie poitevine. L'outillage en était peu compliqué. Un ou deux fours où l'on peut cuire deux à trois fournées par jour (3), une boutique pour y étaler aux fenêtres et vendre le pain (4), une grange pour emmagasiner les fagots et les bois de chauffage, tels sont d'ordinaire les bâtiments nécessaires au boulanger. L'industriel reçoit du meunier le produit des blés à l'état de mouture. C'est à la boulangerie, et non comme aujourd'hui au moulin, que se fait l'opération du blutage c'est-à-dire la séparation de la farine, du son et des issues. Les règlements recommandent au boulanger de ne « pas tirer et beluter » la farine à la « rigueur et plus qu'il appartient » (5). Pour ce travail, on se sert d'un tamis auquel s'adaptent trois toiles, l'une à mailles serrées pour passer la première fleur, l'autre plus claire pour sasser la seconde fleur, la troisième pour obtenir la farine en usage dans le pain bis. Au xviiie siècle seulement, les boulangers commencent à employer un second tamis sous prétexte de séparer les recoupes et les sons, et le règlement de police de Luçon, soupçonnant

---

(1) Statuts des boulangers de Niort 1730, art. 23. — Règl. relatifs à Poitiers, 8 avril 1418 et mai 1449. Reg. n°s 1-4. — (2) Ordon. des 14 et 11 mars 1639 relative aux boulangers et aux revendeuses d'échaudés à Poitiers. Reg. 89. — A Luçon, les forains peuvent vendre fouasses, pains, miches, échaudés, tourtisseaux. Règl. de 1772, art. 28. — (3) Règl. de police conc. les boulangers de Luçon, juin 1772, précité. — (4) Statuts des boulangers de Poitiers 1609, art. 18. — (5) Règl. du 27 nov. 1564 conc. les boulangers de Poitiers, précité.

dans cette innovation quelque méthode frauduleuse, en prohibe formellement l'usage (1). La fabrication du pain doit être surveillée de près. Les ordonnances prescrivent « de le bien labourer et fermement boulanger », c'est-à-dire de le pétrir avec soin (2). Elles interdisent l'emploi des mélanges, celui des farines «réprouvées et mauvaises », ou provenant « de blés relavés », l'addition des « sons remoulus » ou des secondes recoupes aux farines, même de deuxième qualité. Il ne doit y avoir dans le pain premier ou second que des farines de froment, et le boulanger qui viole cette prescription s'expose d'abord à l'amende, puis à l'interdiction (3). On se préoccupe aussi d'empêcher la fabrication du pain dans les maisons contaminées par les épidémies (4), et l'emploi des eaux malfaisantes, telles que celles des citernes souillées (5). L'approvisionnement des boulangers en bois ou fagots et la situation de leurs granges ont été réglementés également par l'autorité publique. Pour éviter l'accaparement, ces industriels ne sont autorisés à faire emplette de fagots que sur les lieux mêmes, et ne peuvent en acheter plus de 10 milliers, c'est-à-dire plus que la provision d'une année (6). Ils n'ont point le droit d'embarrasser les places et les rues de leurs fagots et de leur bois (7). Afin de prévenir le péril des incendies, on

(1) Règl. des boulangers de Luçon, art. 12 et 13. — (2) Statuts des boulangers de Poitiers, 1609, art. 2; règl. des boulangers de St-Maixent,1661, précité. — Arrêt du Parl. et Grands jours de Poitiers, 28 août 1662, cités dans l'ordon. de l'intendant de Poitou, 1733, art. 7.— (3) Statuts des boulangers de Poitiers, 1609, art. 30. — Ordon. de l'intendant Le Nain, 1733, art. 7; — règl. des boulangers de St-Maixent 1661; et de Luçon (1772), art. 15 à 20. —(4) Ordon. munic. de Poitiers 11 août et 15 déc. 1631, et amende contre le sieur Petit, boulanger. *Reg.* n° 82. — (5) Ordonnance de police de Poitiers, 1780. *Vienne,* G. 673. — (6) Règl. de police de Poitiers, 18 janv. 1567, précité. — Mêmes stipulations ou à peu près à Paris, d'après l'ordonnance du 11 mars 1783. Recueil d'arrêts de Simon. — (7) Ordon. du présidial de Poitiers, 15 déc. 1753. *Arch. Antiq. Ouest.*

les oblige à déposer leurs fagots de bruyère et de bourrée en « des lieux écartés », dans des granges ou magasins situés à 15 toises de distance des fours, séparés des principaux bâtiments par quelque rue, cour ou jardin, sans qu'ils puissent tenir plus d'un fagot à la fois dans leur boutique (1), ni entrer dans les granges en portant de la lumière (2). Il faut qu'ils donnent au pain une bonne cuisson. Certains, pour le rendre plus pesant, mettent en vente du pain mal cuit, ou non *arroyé* (c'est-à-dire non essuyé) (3). Les règlements s'élèvent contre cette fraude, de même que contre le commerce du pain vendu chaud, non paré, ni rassis (4). Au besoin, on déchaîne contre les boulangers négligents la concurrence des forains. Les boulangers sont encore tenus de cuire à « heure compétente, « pour que le pain puisse être distribué aux heures de « réfection ordinaire » (5), de faire la veille des dimanches des fournées suffisantes pour alimenter leurs pratiques et les paysans qui viennent en ville les jours de fête (6), et enfin de n'étaler aux fenêtres de leurs ouvroirs que du pain de poids, façon, blancheur « et boulangerie convena- « bles » (7).

En général, le boulanger ne fabrique pas le même pain que les particuliers, et il ne s'adresse guère qu'à une clientèle aisée ou riche. Les paysans et les artisans pauvres ne

---

(1) Règl. mun. de Poitiers, 15 juillet 1667. *Reg.* n° 118. — Ordon. du présidial, 15 déc. 1753, art. 8 ; 10 janvier 1763. *Arch. Antiq. Ouest.* — (2) Ordon. du présidial, 10 janvier 1763, art. 3. — (3) Statuts des boulangers de Poitiers, art. 30 et 18 ; — règl. des boul. de St-Maixent (1661), de Luçon, 1772. — Règl. du 25 janv. 1578 pour le Poitou. — Ordon. de l'intendant, 1733, art. 7. — (4) Statuts des boulangers de Poitiers, 1609, art. 30. — Ordonn. de l'intendant, 1733, art. 7. — (5) Ex. à Poitiers, délib. de l'échevinage, 6 août 1630, 4 nov. 1658. *Reg.* 81 et 109. — (6) Ordonnance du présidial de Poitiers, 16 janvier 1781. *Arch. Antiq. Ouest.* — (7) Statuts des boulangers de Poitiers, 1609, art. 18.

mangent guère, même au xviiie siècle, que du pain « fait de
« blé méture, c'est-à-dire d'un mélange de seigle et de fro-
« ment ou de baillarge (orge d'été), et souvent sans le pas-
« ser par le tamis, dit un mémoire de 1731, pour n'en pas
« trop diminuer la quantité » ; ils n'achètent pas de pain
blanc. Ils font cuire de grands pains de 18 à 22 livres,
où entre jusqu'à un boisseau de farine (1). Dans le Bocage, au
début du xixe siècle, la nourriture habituelle était encore le
pain de seigle mêlé d'orge, ou la bouillie de maïs et de sar-
rasin (2). Il en était de même dans les campagnes du Haut
Poitou, où le pain était à la même époque formé de froment
et de baillarge, de seigle et de méteil, avec un mélange
d'ail et de pois secs (3). En temps de famine, on se servait
même de la garobe ou gesse noire, qu'on employait d'ordinaire à la nourriture des pigeons (4). Les boulangers sont
donc le plus souvent restreints à la production et au commerce du pain blanc. Le règlement de police de Fontenay
les astreint en 1343 à faire « le pain à vendre selon la fleur
du blé » (5). Ils y joignaient toutefois pour la population ouvrière des villes ou pour le peuple des campagnes la fabrication de variétés moins chères, telles que le pain de méteil. Une curieuse ordonnance relative à la ville de Poitiers,
et qui paraît se rapporter au xive siècle, énumère les diverses
espèces de pains dont les boulangers doivent être munis et
le poids légal de chaque espèce. On y distingue deux variétés de pain dit de Vouillé, dont l'une pèse neuf onces et l'au-

(1) Mém. des échevins de Niort au Conseil d'Etat au sujet des boulangers,
1731. *Vienne*, C. 24. — Baux à ferme du four banal de St-Hilaire, xve et xviiie s.
précités. — (2) Labretonnière, Stat. de la Vendée, p. 35. — (3) Cochon, Stat.
de la Vienne, p. 45. — Dupin, Stat. des D.-Sèvres, p. 65. — (4) H. Gelin,
L'Ethnogr. pop. en Poitou, dans la Tradition en Poitou, p. 81. — (5) Règl.
de police de Fontenay, 21 oct. 1343, précité.

tre 18 onces ou 1 livre. Puis viennent trois sortes de pains blancs de miche de Poitiers, dont l'une salée pèse 9 onces et 1/2 (soit demi-livre), l'autre non salée 8 onces, et la troisième 16. On y trouve ensuite trois espèces de pain « safleur », c'est-à-dire de fleur de farine, pesant respectivement 4, 10 et 20 onces, et quatre de pain broyé appelé « ribout ou fouace cuite », du poids de 26, 16, 8 et 7 onces et demie. Après ces pains légers, l'ordonnance mentionne les grands pains cuits de froment « faits pour mesnage », du poids de 200 onces ou 12 livres et 1/2, de 6 livres 4 onces et de 3 livres 10 onces, et enfin trois variétés de pain « de métail » pesant 12 livres, 6 livres et 3 livres (1). Le règlement de police de Poitiers en 1541 n'admet plus pour les boulangers que la faculté de faire des pains d'une livre, de 2 livres ou de 4 livres (2). Au contraire, l'ordonnance du 25 janvier 1578, qui est applicable à tout le Poitou, autorise ces industriels à fabriquer des pains de toute grandeur et de tout poids pourvu que celui-ci « soit certain », c'est-à-dire énoncé ou connu. Elle distingue trois grandes espèces de pain : le pain blanc de fine fleur de froment, dont le poids doit être de 1/2 livre, 1 livre, 2 livres ou 4 livres au plus ; le pain de farine de froment seule ou mélangée de seigle, et le pain bis ou gros pain fait de bonne mouture commune de tous blés ; pour ces deux dernières espèces, il n'est fixé aucun poids. On voit, d'après ce même document, que la boulangerie livrait alors à la consommation des pains de luxe, supérieurs au pain blanc, et appelés gâteaux et fouaces. On interdit aux boulangers à cette occasion la confection

---

(1) Statut de l'hôtel de ville de Poitiers pour faire le pain, xiv° s. *Mss St-Hilaire*, f°s 41-42 et 56. — Coll. Fonteneau, tome 74, f°s 311-318. —
(2) Règl. de police de Poitiers, oct. 1541, art. 2, précité.

de gâteaux particuliers qu'on donnait d'habitude aux femmes enceintes (1).

Au XVIIe siècle, à Poitiers les boulangeries sont obligées de tenir quatre ou cinq principales espèces de pains. La plus chère est faite de fine fleur de froment et appelée pain mollet ou broyé. Le bon pain blanc de froment, nommé miche, vient ensuite, et se fait d'ordinaire du poids de 2 livres, 1 livre et demi-livre. C'est peut-être cette variété qui est désignée dans les statuts des boulangers sous le nom de pain de taille. Le pain bis ou de méteil ou gros pain constitue la troisième sorte, et si les boulangers veulent le faire plus blanc « que le méteil pur », ils sont contraints de ne pas lui donner un poids supérieur à deux livres. Toute boulangerie qui n'est pas approvisionnée de ces espèces de pains peut être fermée par décision municipale. La fabrication des autres espèces est facultative, à savoir celle des gâteaux ou pains bénits et des échaudés. La confection des échaudés n'est autorisée qu'autant qu'ils pèsent un demi-quart de livre, et seulement pendant la période comprise entre le mercredi des Cendres et la foire de la mi-carême, règles restrictives dont le motif nous est inconnu (2). Ailleurs à Saint-Maixent, au lieu de deux variétés de pain blanc obligatoires, on n'en retrouve qu'une, dont le poids est de 1/2 livre, 1 livre, 2 livres et 7 livres. Il y a au contraire deux sortes de gros pains, le pain de méteil et le pain de mouture

---

(1) Ordonnance générale du 25 janvier 1578 pour la police du Poitou. — Règl. des boulangers de Poitiers, 27 nov. 1564 (d'après ce document, le pain bis se fait de 6, 8, 10, 12 et 16 livres). Les « pauvres » sont en droit d'exiger que les boulangers leur vendent le grand pain par demi-livre, 1 livre et 2 livres. — (2) Statuts des boulangers de Poitiers, 1609, art. 8, 11, 14, 25, 27, 28.— Règl. du 18 août 1631, précité. — Ordon. du 6 et 13 oct. 1636, et 9 juin 1664. *Reg*. nos 84 et 114. — Ordon. sur requêtes rel. à la vente des échaudés à Poitiers, 7 fév. 1611, 20 fév. 1640. *Reg*. nos 65 et 90.

ou pain bis; leur poids est fixé à 1/2 livre, 1 livre, 2 livres, 7 livres 1/2, 10 livres et 15 livres (1). Au xviii° siècle, le règlement des boulangers de Luçon prouve qu'on distinguait le pain de 1ʳᵉ qualité ou de fine fleur, fait en petites miches qui demandaient en proportion plus de pâte et d'apprêt que les autres, le pain de 2ᵉ qualité ou de seconde fleur, le pain de 3ᵉ qualité fait de méteil ou de mouture, et enfin les fouasses, les échaudés et les tourtisseaux (2). Notons encore qu'au début du xviiᵉ siècle, on estimait beaucoup le pain couleur de safran fabriqué à Loudun, sorte de gâteau que les étrangers eux-mêmes achetaient pour en faire cadeau à leurs enfants ou amis (3).

La boulangerie, industrie de première nécessité comme la meunerie, se trouve soumise à des obligations très précises que justifie l'intérêt général. La plus importante est celle qui astreint les boulangers à approvisionner d'une façon continue le marché local. « Ils seront tenus, dit un rè-
« glement, d'avoir leurs boutiques et étaux toujours garnis
« de bon pain, et en fournir la place ès jours de marché de
« toutes les variétés, miches, mollet, fleur de froment, petit
« et gros pain, sur peine d'amende arbitraire et de punition
« corporelle » (4). S'ils négligent d'étaler pendant trois jours consécutifs au marché Notre-Dame, à Poitiers, leurs con-

(1) Régl. des boulangers de St-Maixent, 1661, précité. — (2) Régl. de police des boulangers de Luçon, art. 2, 3, 4, 10, 11, 28. — Les tourtisseaux étaient des pâtes cuites à la poêle en carrés longs ou en morceaux triangulaires, et qu'on consommait au carnaval. Lalanne, *Glossaire du Patois poitevin*, p. 251. — (3) Zinzerling mentionne ce pain comme une des spécialités du Poitou. Voyage analysé par H. Gaillard. *Mém. Antiq. Ouest.*, II, 142. — (4) Régl. relatif à la ville de Poitiers, 18 août 1631. *Reg.* n° 82. — Régl. des boulangers de Luçon, 1772, art. 24. — Ord. de police de Palluau (oblige les boulangers à tenir leurs boutiques garnies et à ne cesser le métier que 3 mois après avoir averti le procureur fiscal), 1769 (9 mars), *Vendée* B. 1034.

currents peuvent prendre la place vacante et la garder (1). Au besoin on use de contrainte, et on leur commande d'office de fournir le pain nécessaire à la consommation. Comme arme suprême, on tient en réserve contre eux la faculté d'installer à demeure leurs rivaux, les boulangers forains (2). Ils ne doivent vendre leur marchandise qu'au prix fixé par l'autorité locale (3), qu'au poids déterminé par les règlements, qu'avec les signes extérieurs permettant de reconnaître la qualité et d'établir les responsabilités, qu'aux jours, aux heures, aux lieux indiqués par les ordonnances. Des visites, que les maires, les officiers de police ou leurs délégués et les gardes-jurés de la corporation font dans les boutiques et sur les marchés, sont destinées à découvrir toute contravention et à la réprimer (4). Le pain exposé en vente dans les boutiques ou sur le marché doit porter deux marques. La première indique d'une façon très apparente combien de livres pèse le pain, la seconde donne les deux premières lettres du nom et du surnom du boulanger. Un double de ces deux marques empreintes sur cuir ou sur peau de parchemin est déposé au greffe de la police du lieu ou au secrétariat de l'hôtel de ville. Le pain livré à la circulation sans marque se trouve sujet à confiscation et le boulanger exposé à une amende arbitraire (5). Le poids du pain ne peut

(1) Règl. des boulangers de Poitiers, 27 nov. 1564. — (2) Délib. de l'échevinage de Poitiers, 18 août 1511, 27 mai, 6 août 1630, Reg. nos 11, 80, 81. — (3) Voir ci-dessous livre IV pour la taxe du pain. — (4) Voir les livres III et IV. — (5) Règl. des boulangers de St-Maixent, 1661. — des boulangers de Poitiers, 27 nov. 1564. — Arrêt du Parlement relatif aux boulangers de Fontenay, 19 déc. 1778, *Affiches du Poitou*, 1779 p. 19. — Règl. de police de Poitiers, oct. 1541; 18 janv. 1567; règl. gén. pour le Poitou, janv. 1578. — Règl. de police de Poitiers, 19 juillet 1632. — Ordon. de l'int. Le Nain 1733, art. 7. — Statuts des boul. de Poitiers, 1609, art. 10 et 11. — Règl. des boul. de Luçon, 1772, art. 23. — Ordon. de police de Challans, 17 juin 1766 (ici, l'une des empreintes désigne le pain

être inférieur au chiffre indiqué par la marque ou fixé par les ordonnances de police. Des visites au marché ou à domicile ont pour objet de découvrir le pain léger. Le boulanger qui en est nanti ou qui le livre au client est puni d'amende, de confiscation, et contraint à restituer l'argent qu'il a reçu (1). A l'occasion, on menace même les industriels peu scrupuleux des poursuites extraordinaires qu'encourent les vendeurs à faux poids (2). Précautions fort utiles, mais que déjoue souvent l'avidité des commerçants, surtout lorsqu'ils « vendent en boutique », observe un règlement de 1651 (3). C'est encore pour prévenir les fraudes qu'on interdit aux boulangers de vendre le pain sans l'avoir pesé (4), qu'on les oblige à avoir sur leurs fenêtres, dans leurs boutiques et au marché, des balances à deux ronds, sans aucune pièce susceptible de relâchement, justes et sans plomb, avec des poids de marc. Longtemps il leur est même prescrit de ne se servir que de balances et de poids de cuivre. La pierre, le plomb, le fer et l'étain sont prohibés (5), ainsi que le bois (6).

et l'autre le poids; elles ne sont obligatoires que pour les pains de 3 l., parce que les autres, si on les marquait, s'aplatiraient au four) *Vendée B.* 317. — Ord. de police des Sables, 12 janv. 1784, et de Palluau, 26 avril 1787 (oblig. de marquer le nom du boulanger et le poids du pain) *Vendée*, B. 808 et 973.

(1) Mêmes ordonnances. — Ordon. du présidial de Poitiers, 20 janvier 1700, art. 10, *Arch. Antiq. Ouest.* — Ordon. mun. de Poitiers, 7 février 1683, 15 juillet 1686, *Reg.* nos 127 et 130; 27 nov. 1684, *Reg.* n° 129. — (2) Règl. des boulang. de Luçon, 1772, art. 21. — (3) Délib. de l'échev. de Poitiers au sujet d'une plainte contre des boulangers, 16 oct. 1651. *Reg.* n° 103. — Nombr. sentences contre des boulangers, ex. août 1511, mai 1618; juillet 1654 etc. *Reg.* nos 11, 103, 105. — (4) Statuts des boulangers de Poitiers 1609, art. 27, etc. — (5) Règl. d'octobre 1541 art. 4; 27 nov. 1564; 25 janvier 1578; sept. 1634. —Ordon. mun. de Poitiers, 3 avril 1651, *Reg.* n° 112. — Statuts des boulang. de Poitiers, 1609, art. 5. — Ordon. du présidial, 29 janv. 1700, 15 déc. 1753; de l'intendant, 1733, art. 7. — (6) Sentence du sénéchal de Palluau contre deux boulangers pour emploi de balances en bois (elles sont susceptibles d'usure) (26 avril 1787) *Vendée B.* 973.

C'est seulement dans une ordonnance de 1753 que les poids et piles de fonte sont admis pourvu qu'ils soient « ajustés au sep », c'est-à-dire à l'étalon de la police (1). Il faut « que « le peuple qui acheptera le pain, dit un article des statuts « des boulangers de Poitiers, puisse iceluy pezer ou faire « pezer, si bon leur semble, et que aucun ne soit deceu » (2). La confiscation et la rupture des balances et poids, sans préjudice de l'amende, sont les pénalités qui frappent les contrevenants (3).

Comme les boulangers pourraient arguer de leur ignorance en cas de délit, ils n'ont pas le droit de se servir d'intermédiaires pour la vente. « Ne feront ne bailleront à vendre leur « pain à autre, disent les statuts de 1619, ains le vendront « en leurs personnes, ou feront vendre par leurs gens, ser- « viteurs, familiers, couchans et levans en leurs maisons, « ou à leur pain et pot » (4). Le colportage, qui favorise les ventes illicites et clandestines, leur est interdit. « Ne « feront iceluy promener, déclare le même document, par « la ville et fauxbourgs, sur peine de perdre ledit pain » (5). En 1673, l'échevinage de Poitiers est informé que des boulangers portent « du pain par la ville en des paniers sur « cheval ou en des hottes, lequel ils vendent à des cabare- « tiers et à quiconque en veut acheter, pour éviter par ce « moyen la visite de leur pain et conséquemment qu'on ne « sçache s'il est de poids ». Il renouvelle aussitôt les prescriptions des ordonnances antérieures, ne faisant exception que pour les maisons conventuelles et autres avec lesquelles

---

(1) Ordon. de l'intendant Le Nain, 1733, art. 7. — (2) Statuts des boulangers de Poitiers, 1609, art. 5. — (3) Ordon. municipale de Poitiers, 13 avril 1651, et autres règlements précités. — (4) Statuts des boulangers de Poitiers, art. 19. — (5) *Ibid.*

les boulangers ont fait marché « de bailler du pain pour du « bled et sont obligez de le porter » (1). C'est donc uniquement dans les ouvroirs ou sur la place publique que la vente doit se faire, aux yeux et sous le contrôle du public. En conséquence, tous les jours de la semaine, le boulanger est tenu de garnir les fenêtres de sa boutique des espèces de pain fixées par les règlements. Là, le pain est visité et pesé avec les poids et balances réglementaires et vendu au même prix que sur le marché (2). Sur les saillies des devantures s'étalent les spécimens ou montres destinées à allécher le client (3). Les jours de marché, le mardi et le samedi par exemple à Poitiers, les boulangers étalent dans leurs paniers ou sur leurs étaux, à une place déterminée. C'est dans le chef-lieu du Poitou, la place Notre-Dame pour les boulangers de la commune, celle de l'église St-Hilaire, pour les industriels du bourg de ce nom (4). Le tarif du prix du pain y est affiché; une croix située devant l'église Notre-Dame sert à cet usage à Poitiers (5). Chaque boulanger possède son banc parfois surmonté d'une couverture ou chapelle, et l'espace qu'il y occupe lui appartient viagèrement. Une chaîne de fer barre l'accès de ce marché aux

---

(1) Ordon. munic. de Poitiers, 4 sept. 1673, *Reg.* n° 123. — (2) Acte de 1285 mentionnant le marché neuf (N.-Dame) où on vend le pain à Poitiers. Inventaire de 1506. Coll. Fonteneau, tome 74, f° 603. — Règl. des boulangers de Poitiers, nov. 1564; et de St-Maixent, 1661. — Statuts des boulangers de Poitiers, 1609, art. 5. — Règl. d'octobre 1541, art. 4; et du 21 nov. 1684 (*Reg.* n° 129). — Ordon. gén. pour le Poitou, 25 janv. 1578. — Ordon. de l'intendant Le Nain, 1733, art. 7. — (3) Ordon. des Trésoriers de France à Poitiers sur la voirie, art. 21, 9 août 1737. *Rec. Poit.* in-8°, VII, n° 9. — (4) Règl. d'octobre 1541, art. 5; 27 nov. 1564; 20 janv. 1700, etc.; statuts des boulangers de Poitiers, 1609, art. 4 et 11. — Un bail de 1313 mentionne à Niort les bancs du marché où on vend le pain, *Arch. hist. Poitou* XI, n° 40. — (5) Délib. de l'échevinage de Poitiers, 1er août 1661, 4 juin 1607. *Reg.* n°s 62 et 112.

charrettes et aux carrosses (1). La vente y a lieu à des jours fixés ; elle y commence et y finit à des heures invariables. Longtemps, l'étalage est prohibé les jours de dimanches et de fêtes. Les forains ont obtenu d'abord le droit, pour la commodité des journaliers et des paysans, d'étaler aux jours dominicaux jusqu'à neuf heures. Les boulangers domiciliés obtiennent à leur tour cette faveur dans les mêmes limites. Mais elle ne s'étend, ni pour les uns ni pour les autres, aux quatre grandes fêtes annuelles de Notre-Dame (2). De même, à partir de 1609, on les autorise, à cause de l'accroissement de la population, à étaler provisoirement au Marché Vieux (place d'Armes actuelle), mais seulement les vendredis et samedis pendant le carême (3). Avant l'ouverture du marché, le maire et les jurés font la visite du pain ; quiconque dissimule cette marchandise est passible de peines sévères. Aussitôt après, la vente commence. Elle s'ouvre à six heures du matin depuis Pâques, à sept heures depuis la St-Michel, et se termine à midi (4).

Il n'est permis qu'aux taverniers et aux hôteliers ou cabaretiers de revendre le pain acheté aux boulangers. Encore ne peuvent-ils en livrer qu'à leurs clients de passage ou aux personnes qu'ils logent. Le trafic de regrat leur est interdit, et ils doivent se conformer pour la vente au prix officiel (5). Quant aux revendeurs ou regratiers proprement

---

(1) *Ibid.*— Délib. de l'échevinage de Poitiers, 29 mai 1656 ; 19 janv. 1660. *Reg.* nos 106 et 110. — (2) Statuts des boulangers de Poitiers, juin 1609, art. 25. — Délib. 17 juillet et 4 sept. 1617, 27 juillet 1615. *Reg.* nos 70 et 72. — (3) Délib. de l'échev. de Poitiers, 19 nov. 1609. — L'autorisation est rapportée le 19 juillet 1614. *Reg.* nos 65 et 69. — (4) Statuts des boulangers de Poitiers, 1609, art. 12.— Règlement munic. de Poitiers, 3 avril 1651, *Reg.* n° 102. — Ordon. du présidial, 29 janvier 1700, art. 10. — Règl. du 27 nov. 1564. — (5) Règl. du 27 nov. 1564. — Statuts des boulangers de Poitiers, 1609, art. 6 et 20.— Ordon. de l'intendant Le Nain, 1733, art. 7.

dits, au début du xv° siècle, ils avaient encore la faculté de faire le commerce du pain au treizain, c'est-à-dire en recevant du boulanger une commission d'un pain sur treize (1). Au xvi° siècle, aussi bien à Poitiers qu'à Niort, la vente du pain aux regratiers est formellement interdite; ils n'ont le droit d'en acheter que pour leur provision et non pour revendre. On retrouve encore cette interdiction dans l'ordonnance de l'intendant Le Nain en 1733 (2). Cette mesure était motivée par la malpropreté habituelle des regratiers et par la crainte que leurs manœuvres ne fissent enchérir le pain (3). C'est ce dernier motif qui avait aussi fait prohiber la vente du pain en gros, soit aux boulangers, soit aux particuliers (4). Comme pour le blé, chaque centre urbain, de peur d'être à la merci des industriels ou de se trouver affamé, a soin de se réserver la majeure partie du pain produit par ses habitants. Les paysans et les marchands forains sont autorisés à s'approvisionner en ville, mais pour la nourriture de leur famille seulement et par petites quantités. Cette quantité est fixée à Poitiers en 1651 à trois ou quatre pains de 2 livres pièce au maximum, en 1662 à deux ou trois grands pains (5). On ne tolère aucun transport clandestin, aucune sortie de pain à dos de cheval ou par charrette (6). En temps de disette, on surveille jalousement l'exécution de ces règles. Le peuple d'ailleurs se charge de ce

(1) Règl. du 8 avril 1418 et de mai 1449, précités. — (2) Ordon. de 1733, art. 7. — Règl. du 27 nov. 1564. — (3) Mém. des boulangers de Niort, 1731. *Vienne* C. 24. — (4) Ordon. de 1733, art. 7. — (5) Ordon. munic. de Poitiers, 28 août 1651. — 1er mai 1662. Reg. nos 103 et 112. — Informations contre des logeurs, boulangers et particuliers, 22 nov. 1649, 14 nov. 1661. Reg. nos 101 et 112. — Ordon. de police de Palluau interdisant à un boulanger de vendre du pain aux étrangers avant que les habitants ne soient pourvus. 29 août 1763. *Vendée* B. 1028. — (6) Ordon. munic. de Poitiers, 25 juillet 1644. Reg. n° 96.

soin, et, comme en 1649 au faubourg de la Cueille Mirebalaise à Poitiers, arrête au moindre soupçon montures et charrois (1). C'est à cet ensemble de règles étroites que, depuis le Moyen-Age, la boulangerie s'est trouvée soumise. Il était difficile d'ailleurs, sous l'ancien régime, que cette industrie de première nécessité fût livrée à elle-même. La liberté n'a été possible que du jour où la facilité des approvisionnements, la multiplication des moyens de communication, l'efficacité de la concurrence ont éloigné les dangers des accaparements et des famines.

CHAPITRE IV

Les Pâtissiers-rôtisseurs et les Bouchers ; organisation de leur industrie.

Démembré du métier de boulanger, celui des pâtissiers s'est établi et étendu peu à peu sur les frontières à la fois de la boulangerie et de la boucherie. Mais comme cette industrie n'est pas aussi nécessaire au public que celle du meunier, du boulanger et du boucher, l'organisation en est moins minutieusement réglementée. Les documents qui nous renseignent sur la profession des pâtissiers montrent qu'elle se développa en Poitou, et qu'elle se fragmenta en spécialités nouvelles, surtout depuis le xve siècle (2). Elle existait sans doute auparavant, mais nous n'avons rencontré dans les textes du haut Moyen-Age aucune mention qui s'y rapporte. Peut-être les pâtissiers se confondaient-ils avec

(1) Délib. de l'échev. de Poitiers, 3 et 9 août 1649, 3 juin 1652, etc. Reg. n°s 103 et 101. — (2) Mention en 1390 d'un pâtissier à Thouars. *Arch. hist. Poitou*, XXIV, 7.

les boulangers; peut-être formaient-ils encore un groupe industriel si peu important qu'il passait presque inaperçu. Au début du xvi° siècle, au contraire ils sont assez nombreux, à Poitiers du moins, pour former une corporation. En 1505, la capitale du Poitou a 15 maîtres pâtissiers (1), et en 1520, ce chiffre s'élève à 17 (2). Ils portent, d'après leurs statuts, le nom de *pasticiers-oblieurs et roustisseurs*. Plus tard, au xvii° siècle, le métier comprend un certain nombre de variétés exercées tantôt séparément, tantôt concurremment avec la pâtisserie. Les pâtissiers tendent à se spécialiser dans la préparation des pâtes de luxe et des pâtés de viande. Les rôtisseurs se groupent à part, et, depuis 1651, prétendent même former une corporation particulière qui s'occupe des viandes rôties (3). A côté d'eux, se trouvent les *coquetiers*, les *picqueurs, blanchisseurs, vivandiers, poulaillers*, qui font le commerce des œufs, de la volaille et du gibier, vaquent à la cuisson et au débit des viandes blanches. A partir du milieu du xvii° siècle, bon nombre de Parisiens sont venus exercer cette spécialité à Poitiers. On rencontre encore, tantôt confondus avec les pâtissiers, tantôt exerçant à part leur métier, des *marchands vendeurs d'oyes, de cochon rôti et de fouace* (4). Enfin, la fabrication des confitures, dont l'usage était autrefois fort répandu, a donné naissance à la profession spéciale de confiseur, tantôt exercée séparément (5),

---

(1) Statuts des pâtissiers de Poitiers, 12 janvier 1505. *Mss St-Hilaire*, f° 14. — Coll. Fonteneau, tome 23 f° 361. — (2) Statuts révisés des pâtissiers, 19 mars 1520. *Reg. des dél. mun. de Poitiers* n° 17, f°ˢ 339-415. — (3) *Délib. mun. de Poitiers* rel. aux rôtisseurs, blanchisseurs, piqueurs, vivandiers, poulaillers, coquetiers, 19 sept. 1661, 24 nov. 1659, 3 oct. 1661, 27 avril, 1ᵉʳ juin 1648; 24 janvier 1658; 19 sept. 1661, 29 avril 1663, 8 nov. 1666 et 1671. Reg. n°ˢ 99, 108, 110, 112, 113, 115, 119, 121. — (4) Délib. munic. 25 sept. 1610; 1ᵉʳ sept. 1625. Reg. n°ˢ 65 et 77. — (5) Délib. autorisant l'étab. d'un confiseur à Poitiers, 28 juillet 1659, Reg. 110.

tantôt confondue avec celle de pâtissier, tantôt avec celle d'épicier (1). Ajoutons que les pâtissiers sont aussi parfois en même temps traiteurs, c'est-à-dire restaurateurs, du moins dans le dernier siècle de l'ancien régime. Un document non daté, mais dont l'écriture indique l'époque, probablement le milieu du xviiie siècle, indique que l'ancien métier se subdivisait alors en deux grandes branches : les rôtisseurs et blanchisseurs d'une part, les pâtissiers et sans doute aussi les confiseurs de l'autre (2). En 1789, les pâtissiers, rôtisseurs et traiteurs apparaissent groupés en une seule communauté (3).

Ce corps de métier a le monopole de la fabrication et de la vente de la plupart des variétés de pâtisserie, à l'exclusion de tous autres industriels, mais non des particuliers qui sont toujours libres d'avoir de petits fours à domicile et d'y cuire pour leur usage. Si l'on en excepte les échaudés, gâteaux de fine fleur de froment cuits à l'eau bouillante et au four, et dont la confection est réservée aux boulangers, les pâtissiers produisent toutes sortes de pâtés. Leurs statuts mentionnent les pâtés d'assiette pleins et vides, les croûtes de tartes communes, les tartes renversées, les darioles (sortes de flans) faites avec du lait et surmontées d'une fleur de lys exécutée à la main, les dauphins de crème d'amande, les oublies ou *nebles* (nuages) plates ou non, et dont les aspirants à la maîtrise doivent savoir faire un millier entre le lever et le coucher du soleil, pour prouver leur habileté (4). Dans d'autres textes, il est question des gaufres et des tar-

---

(1) *Affiches du Poitou* 1776, p. 76. — (2) Liste des com. d'arts et métiers de Poitiers, s. d. Arch. Antiq. Ouest, coll. Bonsergent. — (3) Délib. du corps municipal de Poitiers, 9 déc. 1788, 8 août 1789. Reg. 194. — (4) Statuts des pâtissiers de Poitiers, 1505 et 1520, précités.

telettes, des craquelins ou gâteaux secs croquants sous la dent (1), des cassemuseaux, pâtisseries dures que Rabelais comparait aux os les plus solides du corps (2), de la fouasse qu'il déclare « un délicieux mangier avec du raisin » (3), des pains *de cousteaux* appelés aussi pentecosteaux ou escriblettes, menues pâtisseries qu'on laissait tomber du haut des voûtes sur les fidèles avec du feu et de l'eau pendant la messe de la Pentecôte en même temps que des oublies (4). Les pâtissiers garnissent également les pâtés avec de la volaille et d'autres chairs. Ils ont le privilège de débiter les pâtés de chapons « de haulte gresse » et ceux « de truye », les boudins noirs et les boudins blancs, c'est-à-dire les saucisses (5). Ils font encore le commerce des œufs sous le titre de *coquetiers*, et celui de la volaille et du gibier sous celui de *vivandiers* et « *polaliers* ou *poulaliers* ». Les règlements énumèrent les variétés d'animaux qu'ils ont coutume d'accommoder. Ce sont les chapons et les poules en plumes ou piqués, les « oyes grasses », les canes et canards de rivière, et celles de « paille » ou de basse-cour, les cochons de lait, les perdrix, les bécasses, les pluviers, les vaneaux, les grives, les ramiers et les bizets, les pigeons, les merles et alouettes avec le menu gibier, les lièvres, les levrauts, le

(1) Voir pour les pâtisseries encore en usage en Poitou et qui rappellent celles d'autrefois Lalanne, *Glossaire du Patois Poitevin*, pp. XIX-XXI; H. Gelin, La tradition en Poitou, pp. 83-84; La Liborlière, *Bull. Antiq. Ouest*, II, 54. — (2) Rabelais. Œuvres, IV. 130, éd. de la Bibl. Elzévirienne. Lemerre 1873. — (3) Rabelais I. 41, 91, 112. — (4) Cet usage aboli vers 1620 est mentionné dans les comptes de la chevecerie de la cathédrale et du chapitre St-Hilaire de Poitiers, xve-xviie s. Vienne G. 317, 540, 542, 1241. Voir aussi pour l'oublée à Niort. *Arch. hist. Poitou* XX, 219. Le millier de grandes oublies se vendait 12 s. le cent, et celui des petites 5 s. — Ces diverses pâtisseries sont citées dans deux délib. munic. de Poitiers, 20 mai 1618, 27 sept. 1674. Reg. 73 et 124. — (5) Ordon. du siège de police de Poitiers, 15 déc. 1753, *Arch. Antiq. Ouest*. — Statuts des pâtissiers, 1505. — Délib. munic. du 17 sept. 1674.

chevreuil, les « conils » (lapins) de garenne et de clapier. Ils ont même le droit de préparer et de vendre du chevreau et de l'agneau (1). Ils trouvaient dans la province les éléments de leur industrie, car le Poitou, si l'on en juge par les éloges que décerne Rabelais aux poulardes et chapons du Loudunais, et que donnent Golnitz et Zinzerling à la volaille et aux forêts giboyeuses de la province, passait pour une des régions du royaume le plus favorisées à cet égard (2). Lippomano remarquait au xvi° siècle le goût de la population pour la bonne chère et surtout pour les viandes cuites en pâtés. Il s'étonnait de voir des pâtisseries jusque dans les villages, et constatait la vogue dont jouissaient les rôtisseurs (3).

Pâtissiers et rôtisseurs défendent âprement leur monopole contre les empiétements des autres communautés. Aux hôteliers et taverniers publics, ils dénient le droit de transporter ou « bailler hors leurs maisons » des viandes rôties et habillées, ces industriels n'ayant la faculté « de roustir et habiller les viandes que pour leurs hostes » (4). Aux cabaretiers, ils refusent le privilège de faire des pièces de four, soit dans les auberges, soit dans les maisons particulières (5). Ils prétendent interdire aux « vendeurs d'oyes » l'exposition et la vente des oies rôties, de même qu'aux revendeurs le commerce du cochon rôti, des viandes cuites ou bouillies, du gibier et de la volaille dont le trafic exclusif

(1) Règl. de police pour le Poitou, 25 janv. 1578. — Baux de la volaille et du gibier en carême, cités ci-dessous. — Ordon. sur le prix des vivres, 1307 et 1422. — (2) Rabelais V. 131, 128. — Golnitz et Zinzerling cités par Babeau. Les Voyageurs en France, 75, 82. — Gallot, Essai sur la topog. du Bas-Poitou, Soc. d'Emul. Vendée 1871, p. 110. — (3) Relation de Lippomano, citée par Babeau, les Voyageurs, p. 49. — (4) Statuts des pâtissiers de Poitiers 1505, art. 2. — (5) Ordon. munic. de Poitiers, 30 juillet 1663, Reg. n° 114.

est formellement réservé aux pâtissiers (1). Tout au plus, par une dérogation rare, résultat d'une faveur royale, autorise-t-on quelque pauvre femme à colporter des oies et de la « fouace », sans que cette permission puisse tirer à conséquence (2) Les jurés-pâtissiers sont fondés, avec l'autorisation des échevins, à saisir les comestibles vendus dans les rues, étalés sur les bancs, sur les places publiques, ou dans les boutiques, et qui ne proviennent pas d'un membre de leur métier (3). Mais on a voulu aussi protéger le consommateur contre les effets de leur monopole. C'est pourquoi, comme il importe d'établir la provenance de chaque produit, ils ne sont pas autorisés à vendre « par personnes interposées (4) ». Ils ne peuvent employer à la vente que les membres de leur famille, que leur serviteur ou varlet, et que leurs apprentis dont le rôle consiste à colporter et à crier tous les soirs les oublies et autres pâtisseries à travers les rues (5). Une concurrence illimitée entraînerait une mauvaise fabrication. Chaque pâtissier n'aura donc qu'une seule boutique et qu'un seul banc ou étal à la place (6). Il faut que les habitants puissent s'approvisionner de gibier et de volaille avant les industriels. Les blanchisseurs, piqueurs, poulaillers et autres membres de la communauté des pâtissiers s'exposent à l'amende et à la confiscation, s'ils arrhent le gibier et la volaille, s'ils prennent à ferme des propriétaires les garennes circonvoisines, s'ils concluent des conventions

(1) Délib. de l'échev. de Poitiers, 15 oct. 1635, 25 sept. 1610, 17 sept. et 1er octobre 1618, 24 nov. 1659. Reg. 65, 73, 86, 110; 17 sept. 1674, Reg. 124. — (2) Ex. en 1615 et 1618. Délib. de l'échevinage au sujet des femmes La Mothe et La Boitaude, autorisées par la Reine-mère, 17 sept., 1er oct. 1618, 1er sept. 1625. Reg. 73 et 77. — (3) Délib. du 24 sept. 1640 et 7 oct. 1647. Reg. 91 et 99. — (4) Délib. munic. 17 sept. 1674. Reg. 124. — (5) Statuts des pâtissiers, 1505. — Délib. munic. de Poitiers 17 sept. 1674. Reg. 124. — (6) Délib. mun., sept. 1662 (amende contre Vannelle, pâtissier), Reg. 112.

avec les marchands forains, s'ils vont au devant des commerçants et des paysans en dehors de la ville, s'ils se rendent dans les maisons particulières pour faire leurs achats, s'ils se présentent au marché public avant dix heures en été, onze heures en hiver (1). Mêmes pénalités contre les particuliers et les marchands forains qui colporteraient leurs œufs, leur gibier, leurs volailles ou leurs agneaux, iraient les offrir à domicile aux pâtissiers, et les vendraient ailleurs qu'au marché (2). On ne veut pas que ces derniers industriels puissent provoquer la hausse des produits ou, suivant l'expression du temps, « survendre à leur mot » (3).

Une autre garantie pour le consommateur est la publicité de la vente. Si le colportage est autorisé pour les apprentis ou valets des maîtres pâtissiers, il est limité aux pâtisseries dont on peut reconnaître aisément la qualité, oublies en boîtes, gaufres, tartelettes, craquelins, casse-museaux et pâtés de truie. Encore est-il défendu de les colporter après la nuit, c'est-à-dire après six heures du soir (4). Le commerce des viandes bouillies et rôties, de la volaille, du gibier, des œufs ne peut se faire qu'en boutique à toutes les heures du jour (5), et à la place du marché, tous les jours, aux heures fixées. Les pâtissiers, rôtisseurs, poulail-

(1) Délib. munic. de Poitiers, 24 janv. 1656, 2 avril 1663, 3 oct. 1661, 1671, 27 avril 1648, *Reg*. 99, 106, 112, 113, 121. — Règl. général de janvier 1578, précité. — Délib. munic. de Poitiers, 21 janv. 1658, 3 oct. 1661, 1er sept. 1664, 9 août 1666 etc. *Reg*. 108, 112, 115, 117. — Sentence de police des Sables cond* un marchand pour avoir acheté du gibier avant 9 heures sonnées, 28 nov. 1765. *Vendée*. B. 810 — (2) Règl. gén. 25 janv. 1578. — Délib. munic. du 24 janvier 1656, 9 avril 1663, 11 février 1664. *Reg*. 106, 113, 114. — (3) Expression de l'ordon. municipale du 9 avril 1648, précitée. — (4) Statuts des pâtissiers de Poitiers, art. 11. — Règl. munic. du 19 avril 1638 et 17 sept. 1674, *Reg*. 88 et 124. — (5) Ordon. munic. de Poitiers, 7 octobre 1647, 14 août 1673, 1er juin 1648, etc. *Reg*. 99 et 123.

lers, vivandiers, coquetiers y ont leurs étaux ou bancs transmissibles de père en fils et cessibles par voie d'achat (1). A Poitiers, le lieu de vente est la place Notre-Dame, où les membres de la communauté sont les voisins des bouchers(2). Des visites régulières sont faites pour reconnaître la qualité de leurs produits. Certains doivent être marqués. Ainsi, le conil ou lapin de clapier porte une marque à l'oreille pour qu'on puisse le distinguer du lapin domestique (3). D'autres objets ne sauraient être exposés sans avoir été fabriqués de la manière prescrite par l'autorité. Une ordonnance curieuse de 1753 oblige par exemple les pâtissiers « à confectionner « les boudins blancs et noirs, également en quantité de « viande, à les bien remplir, à les faire de la longueur de « six pouces et de la grosseur de quatre pouces (4). » Une autre interdit de vendre des agneaux mâles ou femelles de l'année, sans doute parceque la chair en paraît trop tendre, ou pour permettre de réparer les vides des troupeaux (5). Des motifs d'ordre religieux viennent aussi limiter la vente ou la faire cesser à certains jours ou à certaines époques de l'année. Pendant les trois jours de la fête de St-Luc le colportage des pâtisseries est interdit; celui des pâtés de truie est seul permis. Les oublies et autres pâtisseries légères ne peuvent être colportées aux jeûnes commandés, ni pendant les fêtes de la Noël et de la Toussaint (6). La vente en boutiques est

(1) Ordon. munic. de Poitiers, 2 août 1646, 27 avril 1648, 18 juillet 1650, 1er juin 1648, 14 août 1673, etc. *Reg.* 98, 99, 102, 117, 123. — (2) Ordon. munic. de Poitiers, 25 août 1625. *Reg.* 77. — (3) Règl. général du 25 janvier 1578 pour le Poitou, précitée. — (4) Ordon. du présidial de Poitiers, 11 déc. 1753, *Arch. Antiq. Ouest.* — (5) Règl. gén. 25 janv. 1578. — De même, des ordon. de police de Palluau et de Mareuil (9 mars 1769 et 15 mars 1775), interdisent la vente, le recél et le colportage du gibier pris aux lacets, cordes, filets, collets et pièges. *Vendée B.* 713 et 1034. — (6) Statuts des pâtissiers 1505, art. 11; 19 avril 1638 et 17 sept. 1674, *Reg.* 88 et 124.

longtemps défendue les jours de fêtes et de dimanches, et pendant les fêtes de la Vierge (1). Tout au plus, par une tolérance qui dure peu, les autorise-t-on à rester ouvertes aux jours fériés jusqu'à neuf heures du matin, et permet-on aux forains d'étaler les volailles sur la place publique jusqu'à la même heure (2). L'accès des marchés est totalement interdit à tous les membres de la communauté, tous les dimanches et spécialement aux quatre fêtes solennelles de l'année, à Pâques, à la Pentecôte, à la Noël, à la Toussaint, à la Fête-Dieu et pendant l'octave de cette solennité, et enfin aux fêtes commandées de la Vierge (3).

En carême, pâtissiers, rôtisseurs, poulaillers, coquetiers, ne peuvent débiter ni gibier, ni volaille ni agneau, ni aucune espèce de viande, ni même des œufs. L'usage de ce dernier produit est autorisé quelquefois, soit pendant toute cette période « en considération de la rareté des denrées », soit seulement jusqu'au dimanche des Rameaux (4). Les particuliers eux-mêmes à la ville ou à la campagne ne sauraient détenir, ni exposer, ni vendre, en ce temps d'abstinence, de la volaille ou du gibier (5). Au xviie siècle, on défend même « de porter ou faire porter aucuns gibiers et viandes » en carême auprès

(1) Statuts des pâtissiers, 1505, art. 11. — Ordon. munic. de Poitiers, 7 octobre 1647, 14 août 1673. Reg. 99 et 123. — Ordon. du présidial de Poitiers, 15 déc. 1753, art. 10. *Arch. Antiq. Ouest*. — (2) Ordonnance mun. de Poitiers, 24 juillet 1615, Reg. 70. — Les ordon. postérieures n'admettent pas ce tempérament. — Ex. règl. de police de Châtellerault, 1749, art. 3. — (3) Ordon. municipale de Poitiers, 1er juin 1648, 14 juin 1673, 27 juin 1616. *Reg.* 70, 99, 123. — (4) Cette interdiction existe aussi à Paris, voir la déclar. du 1er avril 1726, Isambert, XXI, n° 342. — Pour le Poitou, ordon. citées ci-dessous note 5. — Permissions accordées par le chap. St-Hilaire pour la vente des œufs en carême 1691-1725. *Vienne* G. 553, 562. — (5) Ordon. munic. et délib. du c.-de-ville de Poitiers, 27 fév. 1651, 24 fév. 1653, 8 mars 1654, 24, 28 janvier, 13 mars 1656, 14 avril 1661, 16 fév. 1664, 9 fév. 1665; 18 fév. 1675, etc. *Reg.* 102, 104, 105, 106, 107, 111, 112, 115.

du temple des huguenots « pour icelles vendre à ces derniers (1). Les malades et les infirmes qui fournissent un certificat du médecin et du curé sont seuls exceptés de cette prohibition (2). Chaque année, à Poitiers du moins, l'échevinage met aux enchères la fourniture du gibier, de la volaille et de l'agneau destinés à cette catégorie de consommateurs. L'adjudicataire, en payant à la ville une somme variable, généralement 75 à 170¹ au xvii° siècle, obtient le monopole de la fourniture de ces produits, à l'exclusion de tous autres marchands ou particuliers. Encore lui enjoint-on de « vendre en cachette », le plus secrètement que faire se pourra, en une seule boutique ou deux au plus, dont la devanture sera close, ou ouverte « d'un ais seulement, afin d'éviter le scandale » (3). Aux époques où toute la communauté peut se livrer au commerce de la volaille et du gibier, elle n'est pas libre de hausser les prix de vente. Elle est soumise à des tarifs officiels qui, sans être périodiquement renouvelés, viennent au moment opportun protéger la population contre l'augmentation que les pouvoirs locaux jugent excessive (4). Le gibier ou la volaille, une fois entrés dans une ville, ne doivent pas en sortir, si l'autorité le juge bon. Poulaillers, vivandiers, rôtisseurs sont passibles de confiscation et d'amende s'ils transportent le gibier hors de Poitiers et de la province. Un poulailler est condamné en 1657 pour avoir voulu envoyer à Tours trois charges de gibier, et son envoi est confisqué au profit des pauvres. On a voulu ainsi empêcher que ces produits « se vendent à

(1) Ordon. munic. du 13 mars 1656, *Reg.* 106. — (2) Ordon. précitées, note 5. — (3) Ordonnances munic. précitées, page 138, note 5. — (4) Règl. du 25 janv. 1578 pour le Poitou et autres. — Voir ci-dessous, livre IV.

« prix excessif et préjudiciable au public (1) », dont le commerçant est le premier serviteur (2).

Ces idées profondément enracinées parmi les populations de l'ancienne France se retrouvent parmi l'organisation plus rigide que présente la boucherie en Poitou. La communauté qui exerce cette industrie a eu partout dès le milieu du Moyen Age une des premières places parmi les métiers. Les cartulaires mentionnent assez souvent au xiie et au xiiie siècle des noms de bouchers (*carnifices*), et l'on possède des règlements municipaux datés de 1247 et de 1270 qui les concernent (3). Ils paraissent à l'origine et pendant plusieurs siècles avoir exercé simultanément divers métiers spéciaux qui plus tard tendirent à former des professions distinctes à côté de la leur, telles que celles de langueyeurs de porcs, de charcutiers et de tripiers, de boucquetiers et de chevrotiers. Au reste, la séparation ne fut jamais complète, et les bouchers purent toujours joindre à leur ancienne spécialité les industries plus récentes issues d'elle. Ainsi au xvie siècle, ils ont seuls le droit de langueyer les pourceaux pour savoir si ces animaux sont atteints de ladrerie (4). Cent ans plus tard, des hommes spéciaux, les langueyeurs, procèdent à cette opération délicate, mais les bouchers pourvu « qu'ils soient expers » partagent avec eux cette profession particulière. Ils sont d'ailleurs, comme eux, responsables du

---

(1) Ordon. municipales, 24 janv. 1656, 21 janv. 1658, *Reg.* 106 et 108. — Sentence du 1er janvier 1657, *Reg.* 107. — (2) Exemples: Guill. le Normand boucher, acte de 1178; Boninus et Cocatrix *carnifices*, 1263; Jean le Bocher, 1263. Cartul. de St-Hilaire de Poitiers, I. 189, 305, 317. — Cartulaire de St-Laon de Thouars n°s 34, 49. — Cartul. de St-Maixent, II, 235, etc. — (3) *Mss St-Hilaire* f° 70. — Coll. Fonteneau, tomes 74 et 23. — (4) Statuts des bouchers de Châtellerault, 1520, art. 14, pp. M. de Fouchier, *Bull. Antiq. Ouest*, 2e série, V, 548.

prix de l'animal qu'ils ont reconnu sain, si celui-ci est trouvé ensuite « meseau en la langue », c'est-à-dire ladre (1). Ce privilège des grands et petits bouchers domiciliés est dénié aux bouchers forains (2). Il y a une place particulière, celle du Marché Vieux à Poitiers, où langueyeurs et bouchers se livrent à cette bruyante occupation (3). Il semble aussi que la confection et la préparation des chairs de pourceaux, des saucisses, lards, andouilles, cervelas, des jambons et langues de bœufs, de porcs et de moutons, des lards et des saindoux, qui faisaient l'objet du métier de charcutier-saucissier, aient appartenu à la fois à la communauté des bouchers, et, pour quelques variétés de ces objets, les saucisses par exemple, à celle des pâtissiers-rôtisseurs. On voit par les statuts des bouchers de Poitiers et de Châtellerault que ces industriels possèdent le droit de préparer ces divers produits (4). Ce n'est guère qu'assez tard que les charcutiers s'organisent à part et à côté des bouchers (5). On en peut dire autant des tripiers : la préparation et la vente des tripes est si bien liée vers 1520 au métier des bouchers que les veuves de maîtres remariées à des commerçants d'une autre catégorie perdent le privilège de vendre ces comestibles (6).

La communauté des bouchers est généralement, du

(1) Ordon. de l'échevinage de Poitiers relative aux langueyeurs de porcs, 22 janvier 1618, Reg. n° 72. — Statuts des bouchers de Poitiers, xv° s. Coll. Fonteneau, tome 74, f° 519; Mss St-Hilaire f° 11. — (2) Ordon. du 22 janvier 1618. — (3) Délibér. de l'échev. de Poitiers, 7 juin 1666. Reg. n° 116. — (4) Statuts précités, et notamment ceux des bouchers de Châtellerault, art. 19. — (5) Les charcutiers de Poitiers sont mentionnés à côté des bouchers dans une ordon. du présidial relative aux suifs, 25 nov. 1725. Arch. Antiq. Ouest. C'est le premier document que nous ayons trouvé où ils se trouvent désignés. En 1788 et 1789, ils forment une seule communauté avec les bouchers. Délib. de la munic. de Poitiers, déc. 1788, 8 août 1789. Reg. 194, 195. — (6) Statuts des bouchers de Châtellerault, 1520, art. 8 et 18.

moins dans les villes, nombreuse et influente. Elle a son quartier spécial, qui est, à Poitiers, celui de la Grande-Boucherie et de la Regratterie, non loin de l'église Notre-Dame (1). Les maîtres bouchers et leurs enfants ont pour insigne le tablier ou devanteau noir, où il y a « bource devant » (2). La corporation des bouchers de Poitiers à la fin du xve siècle compte 22 maîtres (3). En 1610 et 1628, elle renferme 53 grands ou petits bouchers (4). A Niort, au xviiie siècle, 38 industriels de ce genre ont leurs bancs à la boucherie (5) et à Châtellerault en 1738, il en existe 30 (6). Aussi avait-on divisé la corporation en deux branches dans les centres où elle se trouvait trop accrue (7). On distinguait à Niort dès le xve siècle les grands bouchers et les petits bouchers appelés *boucquetiers-chevrotiers*. Les premiers y étaient au nombre de 27, et les seconds au nombre de 11 vers 1720. La même division s'était produite à Poitiers dès la rédaction des statuts de la corporation, aux environs de l'année 1500. En 1610, les boucquetiers ou petits bouchers de cette ville, imitant ceux de Niort, qui deux ans auparavant avaient fait « jurer leur métier », s'organisèrent en corporation particulière. Ils étaient alors au nombre de 25, tandis qu'il y avait 28 grands bouchers (8). Ailleurs au contraire, à Fontenay par exemple, et à Châtellerault, cette séparation ne

(1) Rédet. Enseignes et rues de Poitiers au moyen-âge. *Mém. Antiq. Ouest*, XVII. — Délib. mun. de Poitiers 7 juillet 1689. *Reg.* 132. — (2) Statuts des bouchers de Poitiers. — (3) *Ibid.*, préambule. — (4) Statuts des boucquetiers de Poitiers, 1611, *Reg.* 63. — Délib. munic. de Poitiers 23 mars 1626, *Reg.* 77. — (5) Proust, Revenus de l'hôtel de ville de Niort, *Mém. Soc. Stat. D.-Sèvres.* 3e série V, 113-436. — (6) Mém. mss sur Châtellerault (1738) *Arch. Antiq. Ouest.* — (7) En revanche à Thouars il n'y a qu'1 boucher, et on en demande un ou deux de plus en 1779. *Affiches Poitou*, 1779, p. 68. — (8) Proust *op. cit.*, pour Niort. — Statuts des bouchers de Poitiers xve s., et des boucquetiers, 1611, précités.

paraît pas s'être produite (1). Elle avait d'ailleurs donné lieu à plus d'inconvénients qu'elle n'avait procuré d'avantages. Elle ouvrait la voie à des procès incessants pour les deux corporations (2), si bien qu'en 1690 un arrêt du Parlement ordonna, à Poitiers du moins, la fusion des deux corps en un seul (3). Les grands bouchers continuèrent à vendre, comme ils le faisaient auparavant dès le xve siècle, les viandes de bœuf, de mouton, de veau, de pourceau, tandis que les petits bouchers vendaient exclusivement les chairs de boucs (d'où leur nom de boucquetiers), de chèvres et de chevreaux, de vaches, de verrats, d'ouailles, (brebis), de couillards (béliers), de géliz et de billauds (moutons de lait châtrés) (4). « C'est presque le seul trafic des « boucquetiers, dit un texte de 1628, de vendre des « femelles » (5). Les documents prouvent qu'ils vendent aussi des mâles, mais on les astreint à leur laisser « les « génitoires », afin de reconnaître s'ils appartiennent aux catégories dont le commerce appartient aux petits bouchers (6).

Petits et grands bouchers sont investis d'un monopole qui souffre cependant quelques restrictions destinées à faciliter l'approvisionnement. Seuls, ils peuvent dans la ville tuer, vendre et porter au marché les bêtes tuées pour leur propre compte ou bien celles qu'ils ont égorgées pour le

(1) Fillon (*Fontenay*, p. 235) ne mentionne en 1604 qu'un seul corps d'état et de même Pallu de Roffay dans son Mém. mss sur Châtellerault en 1738. — (2) Voir ci-dessous livre III. — (3) Arrêt du Parl. 18 avril 1690, mentionné dans le reg. des délib. de Poitiers, mai-juin 1690, *Reg.* 132. — (4) Statuts des bouchers de Poitiers, xve s. — Ordon. du 10 janvier 1553 relative aux boucquetiers de Poitiers. *Reg.* n° 32. — Statuts des petits bouchers de Poitiers 1608. *Reg.* 63. — Ordon. munic. 4 juillet 1622, 3 mars 1625, 1er mai 1651, 23 mars 1684. *Reg.* n°s 76, 76 *bis*, 102, 132. — (5) Délib. de l'échev. de Poitiers 27 janv. 1628. *Reg.* 78. — (6) Délib. de l'échev. 19 juillet 1651, *Reg.* 103.

compte des clercs et autres particuliers ou pour celui des forains, et qu'ils débitent moyennant commission (1). Les statuts donnés à ceux de Poitiers réprimant l'entreprise « d'aucuns mécaniques (ouvriers) d'autres mestiers », qui se sont avisés de vendre du porc salé, interdisent à tous les habitants de cette ville autre que les bouchers d'acheter et de tuer des bêtes de boucherie pour les étaler et les revendre (2) « Item et en suivant les antiennes coustumes
« de bouchiers, disent les statuts de ceux de Châtellerault,
« que aulcun de quelque estat qu'il soyt, ne pourra vendre
« cher de boucherye, ne expouser en vente soyt beuf,
« mouton, veau, porc frays ne sallé, en la ville et banlieue,
« excepté les bouchiers de ladicte ville seulement» (3). Mais ce monopole est restreint en faveur des bouchers forains et des pâtissiers-rôtisseurs. Un règlement de 1247 oblige en effet les bouchers de Poitiers à accueillir les forains (*extraneos*), exception faite de leurs ennemis. Les forains sont admis à étaler sur les bancs du marché des chairs saines (*legitimas*), à louer les bancs vides des bouchers urbains, à acheter les boucs (*baccones*), les bœufs, les porcs et autres animaux (4). Au xve siècle, ils achètent et vendent même les boucs et les chèvres dont le commerce est interdit aux bouchers de la ville, et ils peuvent aussi étaler le porc après la visite sanitaire (5). En 1270, il est vrai, les bouchers urbains percevaient sur les forains et les nouveaux confrères une redevance nommée *collagium* s'élevant à 6 s. par livre de bétail (*de libra catalli*) jusqu'à 20 l. et de 10 s. au-

---

(1) Règlement de 1247 relatif aux bouchers de Poitiers, *Mss St-Hilaire* f° 70. — (2) Statuts des bouchers de Poitiers, xve s. — (3) Statuts des bouchers de Châtellerault 1520, art. 19. — (4) Règlement de 1247 conc[t] les bouchers de Poitiers, précité. — (5) Statuts des bouchers de Poitiers, xve s.

dessus. La redevance une fois payée, les héritiers de l'industriel en étaient pour toujours dispensés (1). Les rôtisseurs, poulaillers et pâtissiers n'ont pas le droit d'acheter ni de tuer les agneaux et les chevreaux, les bœufs, moutons, pourceaux, veaux. Ils sont tenus de les acquérir dans les boucheries. Au xviie siècle seulement, ils peuvent faire le commerce des agneaux et chevreaux. Mais de leur côté les bouchers ne peuvent « mettre chairs en pastés, ne les rous-« tir, ne cuyre ou faire cuyre par eux ou par aultres, chairs « aulcunes pour vendre » (2).

L'entrée dans la communauté des bouchers est entourée de garanties sévères. On les exige, soit pour sauvegarder la santé publique, soit pour empêcher des hommes de moralité suspecte de corrompre un métier de première nécessité. Il faut donc pour être admis parmi les bouchers remplir certaines conditions physiques et morales. Nul ne peut être reçu dans la corporation, « s'il n'est de bon sang, non puant de la bouche et du nez » (3). Il est encore défendu de se présenter comme maître ou compagnon, à peine de 500 l. d'amende et de punition corporelle, si l'on est teigneux, atteint du scorbut, des scrofules ou écrouelles, d'épilepsie, de lèpre, de maladies vénériennes (4). L'exclusion est aussi prononcée contre « ceux qui ont usé d'aucun ouvrage sale « ou œuvres mauvaises, dit le statut des petits bouchers de « Poitiers, ou qui ont fait exercice de samarderie, comme « escorcheurs de bestes mortes, infectées ou malades, ou

---

(1) Règl. de 1270 relatif aux bouchers de Poitiers, mss. *St-Hilaire* f° 70; *coll. Fonteneau* tome 23, f° 263. — (2) Règl. municipal de Poitiers 10 août 1610, Reg. 65, f° 210. — Statuts des bouchers de Châtellerault 1520, art. 11 et 12. — (3) Statuts des bouchers de Poitiers 1608, art. 4. — Règl. de de police de Châtellerault 1749, art. 83. — (4) Règl. de police de Châtellerault, art. 83.

« autres opérations illicites ou deshonnêtes contraires et
« répugnantes audit mestier » (1). On ne saurait admettre
dans la communauté sans une information « sur l'extraction
« et lignée » de ceux qui aspirent à y entrer, et il faut que
chaque membre ne puisse être soupçonné « d'aulcuns vilains
« cas, blasmes et reproches » (2). Les excommuniés sont
donc exclus du métier, à peine d'amende, et s'ils persévè-
rent, d'interdiction limitée à un an, de peur qu'ils ne propa-
gent leurs mœurs ou opinions jugées subversives par l'autorité (3). La suspension est prononcée contre les bouchers
peu scrupuleux qui, usant « de respits et guingenelles », ne
paient pas leurs fournisseurs (4). L'interdiction et l'amende
frappent ceux qui prétendraient en même temps devenir
fermiers, cautions ou associés des adjudicataires de quelque
« charge ou imposition touchant ledit mestier » (5). Il ne
faut pas qu'ils se trouvent ainsi juges et parties dans leur
propre cause.

On s'est efforcé en même temps de leur permettre de
s'approvisionner avec facilité, sans gêner les particuliers.
On les autorise donc à s'associer pour acheter ensemble
le bétail, mais « sans intelligences ni monopoles » (6). Ils
peuvent faire leurs achats à leur guise, mais non conclure
des marchés à terme, c'est-à-dire « arrer les marchandises ».
On leur défend d'aller au devant des marchands, en dehors des villes, dans les rues ou avenues, de peur qu'ils ne
fassent la loi aux autres bouchers ou au public, en accapa-
rant les bestiaux (7). Il leur est loisible de se rendre à tous

(1) Statuts des petits bouchers de Poitiers 1608, art. 4. — (2) Itidem. —
(3) Statuts des bouchers de Poitiers, xve s. — Statuts des bouchers de Châtellerault, art. 2. — (4) Statuts des bouchers de Poitiers, xve s. — (5) Statuts
des bouchers de Poitiers, xve s. — (6) Règl. du 25 janv. 1578 pour la police
du Poitou. — (7) Ordon. municipales de Poitiers 16 août 1604; 18 nov. 1647,

les marchés ou foires de la journée, mais ils ne peuvent y pénétrer qu'après dix heures en été, midi en hiver, quand le public s'est approvisionné (1). Dans chaque bourg ou ville, le lieu et le jour du marché pour le bétail sont fixés. A Poitiers, par exemple, c'est le vendredi de chaque semaine. Le Marché-Vieux et la place du Pilori sont destinés à ce trafic, à cause de la distance qui les sépare des églises où les fidèles pourraient être incommodés par les cris des bestiaux (2). Les bouchers peuvent acheter à crédit, mais ils doivent, sous peine de suspension de leur métier, acquitter leurs dettes dans les trois mois (3). Le bétail une fois acheté doit être soumis à l'inspection sanitaire. Deux au moins des jurés du métier sont tenus de faire la visite des bestiaux en présence des délégués de la police. Cette inspection se fait à Poitiers sur les places du Marché-Vieux, de St-Pierre et du Pilori. Aux yeux du public, on y observe la façon dont les animaux mangent et boivent; puis on examine s'ils n'ont aucun « vice ou maladie nuisible au corps « humain ». Si l'animal est reconnu sain, on délivre un permis d'abattage (4). Dans les cas d'épizootie, la visite est

Reg. 61 et 99. — Règlements municipaux de Poitiers 3 août 1274, 1245, 1247, 1324, Mss St-Hilaire f°s 11, 70, 82, 84; coll. Fonteneau, tome 23. — Ordon. du sén. du Poitou 1307, Arch. hist. Poitou, tome VIII.

(1) Ordon. munic. de Poitiers, 16 août 1604, 17 mai 1654, Reg. 61 et 103. — Règl. de police de Châtellerault, art. 90. — (2) Délib. de l'échev. de Poitiers 3 nov. 1603; 7 juin 1606, Reg. 61 et 116. — (3) Statuts des bouchers de Poitiers, xve s. —(4) Statuts des petits bouchers art. 9. — Règl. de police du 18 janv. 1567 pour Poitiers; et du 25 janvier 1578 pour le Poitou. — Ordon. du présidial 29 janv. 1700, art. 11; de l'intendant Le Nain 1733, art. 8, doc. précités.—Règl. de police de Châtellerault 1749, art. 87.— Ordon. municipales de Poitiers 4 sept. 1464, 2 déc. 1619, 28 octobre 1619, 1er mai 1651, 28 août 1662, 10 août 1676, Reg. 4, 74, 102, 113, 126.—Ordon. de police de Challans 18 déc. 1731, 6 mai 1763 (en temps d'épidémie, visite par 2 éleveurs ou bouchers — enfouis^t des viandes gâtées, oblig. d'apporter avec les viandes abattues la tête et la langue de l'animal.) Vendée B. 284, 312.

faite parfois aux portes de la ville, et on ne laisse entrer aucune bête suspecte (1). Le boucher qui néglige ces formalités essentielles s'expose, au XVIIe siècle, la première fois à l'amende, la seconde au carcan, la troisième à l'interdiction (2). Des règlements fort sages interdisent de tuer les animaux trop jeunes, les femelles à certains moments de l'année, le bétail mal nourri ou malsain. L'abattage des veaux de moins de trois semaines, et de ceux qui nourris de son et d'eau blanche auraient moins de six à dix semaines, est sévèrement proscrit, parce que la chair en est trop molle (3). Depuis la St-André ou la Toussaint jusqu'à Pâques ou à la St-Jean, on visite les étables des bouchers pour les empêcher de tuer des vaches, brebis, ouailles, chèvres, et en général tout le bétail femelle, de peur que les bêtes ne soient pleines, qu'on « ne dépeuple la province de tels animaux » et parce que d'ailleurs « la chair en est fort mauvaise à manger » (4). On proscrit l'achat, l'abattage, la vente des bestiaux malades, morts de maladie naturelle ou par accident (5). Il n'est pas davantage permis de tuer des pourceaux mézeaux, c'est-à-dire suspects de ladrerie, des bêtes qui seraient atteintes de l'excroissance charnue en forme de figue appe-

(1) Ordon. munic. de Poitiers 12 sept. 1661, *Reg.* n° 112. — (2) Ordon. du 10 août 1676 précitée. — La confiscation et l'amende suffisent au XVIIIe s. Ordon. de Le Nain, 1733, art. 8. — (3) Arrêt du Parl. de Paris 31 déc. 1783. — 30 mars 1784. Recueil Simon. — *Arch. Antiq. Ouest.* — (4) Ordonnances municipales de Poitiers 22 déc. 1625, 3 et 17 janvier, 30 octobre 1628, *Reg.* 77, 78, 79. — (5) Statuts des bouchers de Châtellerault 1520, art. 6. — Règl. de police de Châtellerault 1749, art. 86. — Sentence de police de Challans (22 mars 1728) pour vente de viande de bœufs malades. — Procédure (24 déc. 1725) contre des bouchers pour exposition en vente de vaches mortes. — Ordon. de police d'Aizenay contre un boucher qui vendait de la viande de veau naissant ou malade, 19 fév. 1785. *Vendée* B. 281, 278, 113.

lée fic, et de vieux verrats à la chair « sandrée », c'est-à-
dire couverte de taches grises. Toutes les viandes de ce
genre sont saisies et brûlées. Les bouchers ne sauraient
non plus acheter et égorger les pourceaux et autres bêtes
provenant, soit du logis des maréchaux, qui en leur qualité
de vétérinaires détiennent souvent des animaux malades,
soit des maisons des barbiers et des chirurgiens, qui, pratiquant la saignée, pourraient donner à leur bétail le sang
de leurs clients intentionnellement ou par mégarde (1). La
même prohibition s'étend au bétail que nourrissent les huiliers, parce que la chair des bêtes nourries avec des matières oléagineuses est de mauvais goût, et à celui qui provient
des maladreries, parce que la viande pourrait être mal-
saine (2).

Telles étaient les prescriptions édictées par l'autorité.
Étaient-elles fidèlement exécutées? Il est permis d'en douter, si l'on considère le sort qu'eurent d'autres règlements
non moins bien conçus, mais dont la routine empêcha l'application. Au Moyen-Age, les bouchers avaient eu le droit
d'abattre le bétail tous les jours et à toute heure à leur
gré (3). Mais au XVIe siècle on commençait à sentir la nécessité d'établir des abattoirs. Les statuts des bouchers de
Châtellerault prescrivent en 1520 l'établissement d'une
« tuerie » sur les bords de la Vienne pour y égorger les
bœufs, vaches, veaux, moutons, pourceaux, chèvres et
boucs (4). Le règlement général de janvier 1578 ordonnait
la création dans toutes les villes et gros bourgs du Poitou
d'une ou plusieurs tueries et escorcheries édifiées en un lieu

(1) Statuts des bouchers de Châtellerault 1520, art. 4, 5, 9. — Règl. de
police de Châtellerault 1749, art. 85. — (2) Ibid., art. 85. — (3) Règl. de
1247 pour les bouchers de Poitiers, précité. — (4) Statuts des bouchers de
Châtellerault 1520, art. 23.

propre et convenable » (1). Ces injonctions n'aboutirent à aucun résultat pratique. En 1619, l'échevinage de Poitiers ayant voulu obliger les bouchers à établir un abattoir, ceux ci objectent la grande étendue de la ville et l'exemple des autres centres urbains, menacent de se mettre en grève, traînent l'affaire en longueur, et leur résistance amène l'abandon du projet (2). Poitiers et Châtellerault ont attendu jusqu'au xix° siècle pour avoir leurs « tueries et escorche- « ries ». En dépit des ordonnances et des règlements, les bouchers continuèrent à abattre le bétail comme ils faisaient de temps immémorial, c'est-à-dire dans leurs logis, parfois même sur la place publique (3). Tout au plus leur demande-t-on de l'égorger dans leurs boutiques à portes et fenêtres ouvertes (4). Les boucquetiers tuent même les agneaux et les chevreaux au marché, et on le tolère, pourvu qu'ils aient des baquets suffisants pour recevoir le sang, de « sorte que la place n'en puisse être incommodée ni infec- « tée ». (5) En 1733, l'intendant Le Nain interdit cet usage à tous les bouchers (6). On ne juge pas non plus inutile de leur enjoindre de tenir leurs escorcheries nettes, et de ne pas répandre en tous lieux le sang, les entrailles, les ordures, les eaux sales et autres immondices provenant de leurs écuries et de leurs abattoirs privés (7). Les petits bouchers

.(1) Règl. de police du 25 janv. 1578 pour le Poitou. — (2) Ordon. munic. de Poitiers, 28 octobre, 18 et 20 nov., 2 déc. 1619; 13 janvier, 9 et 16 mars, 6 et 9 avril 1620, *Reg.* 74. — (3) Statuts des bouchers de Châtellerault 1520. — Règl. munic. de Poitiers, 1er mai 1651, *Reg.* 102. — Ordon. de l'intend. Le Nain 1733, art. 8. — (4) Règl. munic. de Poitiers, 1er mai 1651. — (5) Statuts des boucquetiers de Poitiers, 1608, art. 10. — (6) Ordon. de 1733, art. 8. — Ordon. de police de Mareuil interdisant de tuer et de brûler les cochons sous les halles, 5 juillet 1779. *Vendée* B. 715. — (7) Ordon. munic. de Poitiers, 21 août 1617, *Reg.* 72. — Ordon. de police de Châtellerault 1749, art. 91. — Ordon. de Le Nain 1733, art. 8.

de Poitiers au xvii° siècle ne se font pas scrupule de les répandre sur la voie publique, devant les portes des églises et cimetières de Notre-Dame la Grande et de St-Porchaire et jusqu'au seuil de l'Hôtel-de-Ville (1). Cent ans plus tard on est encore obligé d'enjoindre aux bouchers de Châtellerault et de Poitiers de ne pas laisser couler le sang dans les rues ou ailleurs, de n'y jeter « aucune corne de tête ou de pied », de ne pas incommoder le public en les faisant brûler, mais d'aller jeter et enterrer le tout au loin dans la campagne (2).

L'abatage et la préparation des viandes, des graisses, des suifs, des peaux, sont d'ailleurs soumis à des règles précises. Les bouchers ne doivent égorger que des bêtes en bon état, et d'autre part ils sont tenus d'en avoir en quantité suffisante. Ils ont donc des étables à côté de leurs maisons, où ils gardent en réserve leur bétail, surtout les moutons, dont la consommation est le plus répandue avec celle du porc (3). Aux environs des villes, ils louent des pacages publics pour y mener leurs bestiaux, en attendant le jour de l'abatage (4). Il leur est recommandé de bien saigner le bétail qu'ils tuent, « sans retenir de sang dans les chairs « pour les rendre plus pesantes » (5), et de façon à ne pas laisser répandre ce sang qu'ils devront recueillir dans des baquets (6). Les anciens statuts interdisent aux bouchers de « souffler ou faire souffler » par le moyen d'un instru-

---

(1) Faits cités dans l'ordon. municipale du 21 août 1617. — (2) Règl. de police de Châtellerault 1749, art. 91. — (3) Statuts des bouchers de Poitiers, xv° s. — (4) Règl. du 25 janvier 1578 pour le Poitou. — (5) Règl. municipal de Poitiers 1er mai 1651, art. 2. *Reg.* 102. — Règl. de police de Châtellerault 1749, art. 86. — (6) Surtout pour les agneaux et chevreaux. Statuts des boucquetiers 1608, art. 10. — Ordon. du présidial de Poitiers, 7 mai 1765, *Arch. Antiq. Ouest.*

ment ou de toute autre façon les chairs des animaux égorgés, spécialement celles des porcs, sous peine d'amende arbitraire, de confiscation et d'interdiction du métier (1). On ne voulait pas qu'ils pussent donner ainsi aux bêtes maigres des apparences trompeuses. Plus tard, au XVII° siècle, cette pratique est permise, mais seulement pour les moutons, que les bouchers sont autorisés à souffler entre peau et chair (2). Au XVIII° siècle, il leur est licite, du moins dans certaines villes, de souffler les bestiaux, pourvu que ce soit avec des soufflets et non avec la bouche (3). On leur recommande de « de doucement lever les chairs « avant de les exposer en vente » (4). Ils ne peuvent à Poitiers les saler pour les garder, sauf celles de porcs, s'ils n'ont pu les vendre aussitôt. Ailleurs, à Châtellerault, la conservation des chairs au moyen du sel est tolérée. Mais toutes les chairs fraîches doivent être vendues avant midi pendant l'été, c'est-à-dire de Pâques au 1ᵉʳ septembre, dès le second jour après l'abatage (5). Les statuts des bouchers de Poitiers vont jusqu'à prohiber chez ces industriels l'usage des armoires et des tonneaux (*arritmoires et pipes*), où ils pourraient recueillir les viandes et les graisses, et jusqu'à ordonner l'enlèvement de ces meubles, s'il y en existe (6). L'exposition des chairs d'animaux abattus depuis plus de deux jours n'est admise qu'après la visite sanitaire (7).

---

(1) Statuts des bouchers de Poitiers XV° s. ; — des bouchers de Châtellerault 1520, art. 4 ; — des boucquetiers de Poitiers 1608, art. 8. — (2) Règl. mun. de Poitiers, 1ᵉʳ mai 1651, art. 2. — Le 21 nov. 1639 on décide de sévir contre les bouchers qui soufflent les viandes. *Reg.* 90. — (3) Ordon. de police de Châtellerault 1749, art. 86. — (4) Ordon. munic. de Poitiers, 1ᵉʳ mai 1651, art. 2. *Reg.* 102. — (5) Statuts des bouchers de Poitiers XV° s. — Statuts des bouchers de Châtellerault 1520, art. 10. — Ord. de police de Châtellerault 1749, art. 86. — (6) Statuts des bouchers de Poitiers XV° s. — (7) Ord. de police de Châtellerault 1749, art. 86.

Avant de mettre en vente la viande, les bouchers la dépècent tous les jours. Au Moyen-Age, le dépeçage était interdit, semble-t-il, le samedi. Il fut autorisé par les statuts du xv° siècle(1). Mais ces règlements ne permettent pas de vendre les viandes toutes chaudes et le jour même de l'abatage(2). On astreint les bouchers à distinguer les diverses variétés de chairs : bœuf, mouton, veau, porc frais, porc salé; à vendre à part les brebis, les vaches, les chèvres, les truies, les agneaux, les chevreaux et les boucs dont la viande est consommée usuellement dès le xiii° siècle. Il faut laisser aux moutons, verrats, béliers, les rognons et les génitoires adhérents (3). Sur chaque étal sont rangés à une place distincte la bonne chair, et les morceaux de rebut, têtes, pieds, jarrets, ventres et fressures, et enfin les lards frais et salés (4). Des animaux égorgés, les bouchers extraient les suifs, mais il leur est interdit de mêler ceux de diverses espèces, « d'iceulx faire fondre les uns parmi les autres, ne « y adjouter aucunes gresses de pourceaulx ou de tripes, à « peine de 20 escuz d'amende et de confiscation » (5). Ils sont obligés de faire fondre ces produits, sans pouvoir les garder en gousse plus de quinze jours (6). Un règlement de 1247 semble concerner la fonte des suifs, désignés probablement sous le nom de *remisia*. Cette opération ne pouvait se faire le vendredi ni le samedi, mais seulement les

(1) Statuts des bouchers de Poitiers xv° s. — (2) *Ibid*. — (3) Ordon. munic. de Poitiers 25 août 1625; 23 mai 1650, *Reg*. 77, 101. — Statuts des bouchers de Poitiers. — Règl. de 1247, précité. — (4) Pendant l'été, on débite surtout de l'agneau et du chevreau. Délib. mun. de Poitiers, 21 juillet 1625, *Reg*. 76 *bis*. — Sur les variétés de viande et l'oblig. des bouchers de les vendre à part, Règl. gén. 25 janv. 1578 pour le Poitou. — (5) Règl. du 25 janv. 1578. — Statuts des boucquetiers de Poitiers 1608. — Règl. de police 18 janv. 1567 et 12 sept. 1634 pour Poitiers — (6) Ordon. du présidial de Poitiers, 30 juillet 1751 rappelant le règl. de 1634. *Arch. Antiq. Ouest*.

autres jours de la semaine. La même ordonnance prescrit de ne brûler et de ne fondre les débris du lard appelés *cerenna* ou *grellae* (1), que pendant la nuit (2). Les bouchers font encore commerce de la levée ou cueillette des bêtes et des peaux de bœuf, vache, veau, mouton ou brebis. Ils vendent ces dernières garnies de laine de la St-Michel à la Pentecôte, mais sont autorisés à les livrer dépourvues de toison pendant l'été. Toutefois, il ne leur est pas permis de saler les peaux pour les conserver, ni de les garder plus de huit jours (3).

Le souci de protéger à la fois les intérêts du commerçant et ceux du consommateur a dicté les règles qui concernent la vente des viandes de boucherie et autres produits du métier. Aux bouchers est réservé le monopole de la vente à laquelle ils procèdent en personne (4). Chacun d'eux n'a droit qu'à un seul banc dans la boucherie, c'est-à-dire au marché. Les enfants du boucher ne sont admis à en posséder un à part que du jour de leur émancipation (5). Toute concurrence illicite est prohibée. On leur défend de « s'in-« sulter et de se diffamer » (6), de héler le client arrêté devant l'étalage du voisin (7), de se porter préjudice, « de se « mesfaire d'aucune manière » (8). Mais il faut aussi qu'ils

---

(1) Les mots de *remisia, cerenna, grellae*, manquent dans le Glossaire de DuCange. — *Remisia* signifie probt les suifs; quant à *grellae* il rappelle le patois poitevin grillon qui signifie débris de lard fondu. — (2) Règl. de 1247 rel. aux bouchers de Poitiers, précité. — (3) Règl. du 25 janv. 1578 pour le Poitou; 12 sept. 1634 pour Poitiers. — (4) Statuts des bouchers de Poitiers xv⁰ s. — de Châtellerault 1520. — (5) Statuts des bouchers de Poitiers xv⁰ s. — Statuts des boucquetiers de Poitiers 1608, art. 15. — (6) Statuts des boucquetiers de Poitiers art. 16. — (7) Règl. du 3 août 1724 conc. les bouchers. *Mss St-Hilaire* f⁰ 84; coll. Fontencau, XXIII f⁰ 283. — Statuts des bouchers de Poitiers xv⁰ s. ; des boucquetiers 1608, art. 14. — (8) Ordon. munic. de Poitiers 25 août 1625, 1ᵉʳ mai 1651 art. 12. Reg. 77, 102.

se consacrent au service du public. C'est pourquoi, tous les jours de la semaine indiqués par l'autorité locale, de cinq heures du matin à cinq heures du soir en été, de sept heures du matin à quatre heures du soir en hiver, ils doivent se tenir en personne à leurs bancs (1). Une ordonnance de l'échevinage de Poitiers datée de 1640 rappelle à leur devoir certains bouchers qui, au lieu de faire leur service, « s'ingèrent de trafiquer de toutes sortes de bestiaux pour « la province et s'absentent la plupart du temps ». Maints règlements punissent les grands bouchers qui ne garnissent pas suffisamment les étaux du marché des viandes requises, à savoir de bœuf, de mouton et de pourceau l'hiver, de bœuf et de mouton l'été. Quant aux petits bouchers, des obligations analogues leur incombent pour les viandes dont ils ont la spécialité. Il faut que « les bourgeois et « hommes de chaque ville puissent se fournir à prix rai- « sonnable » (2). Si les industriels urbains montrent quelque mauvaise volonté, on autorise les forains à venir leur faire concurrence, pour rétablir l'équilibre (3). Bien mieux, les bouchers doivent avoir dans leurs maisons des viandes de réserve, spécialement du mouton, au cas où le marché se trouverait dégarni avant la fin du jour (4). Dans les petites villes, telles que Châtellerault, la police les oblige à tuer au moins une ou deux fois la semaine ; ils abattent ainsi 12 bœufs tous les huit jours, et ils sont dans « l'usage de

---

(1) Statuts des bouchers xv⁰ s. — des boucquetiers de Poitiers, art. 11. Ordon. munic. de Poitiers 25 juillet 1625, 21 juillet 1604, 1ᵉʳ août 1611, 24 sept. 1618, 27 avril 1621, 3 fév. 1631, 2 sept. 1640, 7 août 1662, *Reg*. 77, 61, 68, 73, 75, 81, 82, 91, 113. —Ord. du présidial de Poitiers, 29 janvier 1700, art. 11.— 20 déc. 1769. *Rec. Poit.* in-4, V, n⁰ 62.— (2) Expression des statuts des boucquetiers, art. 11.— (3) Délib. de l'échev. de Poitiers, 19 avril 1621, 3 février 1631, 3 mai 1632, *Reg*. 75, 81, 82. — (4) Statuts des bouchers de Poitiers xv⁰ s.

« s'assortir pour la distribution des viandes » (1). Ce dernier usage existe aussi pour le marché du mercredi à Poitiers au xv° siècle ; les bouchers s'entendent afin de fournir à tour de rôle les boucheries publiques pendant cette journée (2). De même, toutes les semaines, les tanneurs et cordonniers viennent s'approvisionner de peaux fraîches, et les chandeliers ou autres particuliers se rendent tous les mois au lieu de vente pour acheter les suifs. Les bouchers sont obligés d'apporter ces divers produits « sans les serrer « ni retenir plus longuement » (3). Le consommateur privé a toujours la préférence sur l'industriel. Les règlements le prescrivent du moins, ce qui n'indique pas nécessairement qu'ils soient exécutés. Ainsi, au marché des suifs, les particuliers sont en droit d'acheter au même prix que le gros, c'est-à-dire que les chandeliers, et avant l'heure fixée pour ceux-ci (4). A celui des viandes, ils passent avant les hôteliers et cabaretiers (5). Ils ont le droit de choisir « en tels en-« droitz qu'ils veulent », et les bouchers sont astreints à « bailler séparément les viandes que les clients auront « désignées, sans augmentation de prix » (6). Avec la bonne viande, on ne peut donner des morceaux inférieurs, tels que les têtes, pieds, jarrets, ventres, et fressures (7), et

(1) Mémoire sur Châtellerault (mss par Pallu de Roffay) 1738; à Niort, la consommation hebdomadaire est de 4 bœufs et 8 vaches en 1754. Mém. Soc. Stat. D. Sèvres 1888, 346. — (2) Statuts des bouchers de Poitiers xv° s. — (3) Règl. gén. du 25 janvier 1578 pour le Poitou. — (4) Règl. de septembre 1634 pour Poitiers. — Ordon. du présidial, 14 nov. 1725. Arch. Antiq. Ouest. — (5) Règl. munic. de Poitiers, 27 avril 1626, Reg. 77. — Ordon. de police de Châtellerault, art. 93. Les hôteliers ne sont admis qu'après 10 heures ou midi. — (6) Règl. du 25 janvier 1578 pour le Poitou. — Ordon. du 12 sept. 1634; 1er mai 1651; 9 mai 1689. Reg. 102, 132. — Règl. d'octobre 1245 relatif aux bouchers, Mss St-Hilaire f° 70; coll. Fonteneau 23, f° 261. — (7) Règl. gén. du 25 janvier 1578. Sentence de police des Sables contre 2 bouchers pour avoir vendu de la réjouissance avec de la bonne viande, 13 mars 1786. Vendée B. 810.

les ordonnances vont jusqu'à prescrire la façon « de tailler « et de couper », semblable à celle des bouchers de Paris (1).

La peur des accaparements hante l'autorité, aussi bien quand s'agit de la boucherie, que lorsqu'il est question du commerce des blés, des farines et du pain. Aussi dès le xiii° siècle, les règlements de la commune de Poitiers prohibent-ils les associations ou coalitions illicites faites entre les bouchers, pour enchérir la viande ou pour accaparer le bétail, sous peine de poursuites. Cette prescription est répétée dans un grand nombre d'ordonnances postérieures (2). De là encore, l'obligation, pour les bouchers qui mènent paître leurs bêtes dans les pacages publics d'une ville, de détailler les meilleures sur place, sans pouvoir aller les vendre en gros plus loin (3). De là fixation du délai après lequel il ne leur est plus loisible de garder les viandes, les suifs et les peaux (4). De là enfin, interdiction de détenir dans les maisons, sans les étaler au marché, les produits dont ils font commerce (5). On poursuit avec une sévérité légitime ceux qui n'apportent pas dans leur trafic une suffisante loyauté. Avec une rigueur impitoyable, on sévit contre les bouchers qui vendent de la vache pour du bœuf, de la brebis pour du mouton, de la truie pour du cochon, du chevreau pour de l'agneau. A Châtellerault, il

(1) Ordon. 12 sept. 1634. — (2) Règl. d'octobre 1245, précité; — autre règl. de 1247 pour Poitiers. — Statuts des bouchers de Poitiers xv° s. — Règl. munic. de Poitiers octobre 1476, Reg. 7. — Statuts des boucquetiers de Poitiers 1608, art. 16. — Ordon. municip. du 16 mars 1642, *Reg.* 94. — Règl. du 25 janv. 1578 (il interdit de revendre les bêtes et chairs entre bouchers). —(3) Règl. gén. du 25 janv. 1578 pour le Poitou. — (4) Ce délai est de 8 jours pour les peaux. (Règl. gén. de 1578); de trois mois pour les suifs, règl. de police de Poitiers 12 sept. 1634; ordon. du présidial 29 janvier 1700, art. 11. — (5) Ordon. municipales de Poitiers 9 mai 1689, et 25 déc. 1654, 19 oct. 1665. *Reg.* 105, 116, 132. Ordon. du présidial de Poitiers, 14 nov. 1725, précitée.

faut que l'industriel ait trois barres à crochets de différents étages : à l'une sont suspendus le bœuf, le mouton et le cochon, à l'autre la vache, la brebis et la truie, à la troisième le veau et l'agneau (1). Partout, sur les étaux, chaque espèce de viande est étalée à part, avec les indices qui la feront connaître, par exemple les « testicules et génitoires » pour les verrats, béliers, boucs, les rognons pour les moutons (2). A plus forte raison, interdit-on la mise en vente « des chairs infectes ou puantes », des viandes provenant de bêtes mortes de maladie ou d'accident, des porcs ladres (*méseaulx*) (3), ou des veaux morts étouffés (4), à peine de confiscation, d'amende et d'interdiction du métier (5). A la bonne viande, les bouchers n'ont pas le droit de mêler celle de qualité inférieure appelée réjouissance (6). On leur défend de dissimuler leurs produits, soit sous leurs bancs, soit dans des coffres ou armoires. Tout doit être étalé, pour que le public puisse choisir (7). La sanction de ces règle-

(1) Ordon. de police de Châtellerault, 1749, art. 89. — Ord. de police d'Aizenay contre un boucher qui a vendu du bouc pour du mouton, 19 fév. 1781. — Ord. de police de Palluau (1769, 9 mars) défendant de vendre du bœuf pour de la vache et de la brebis pour du mouton. *Vendée B.* 113 et 1034. — (2) Règl. mun. de Poitiers 28 juillet 1625 (étalage séparé de chaque espèce de viande). — Statuts des bouchers de Poitiers xve s. ; des boucquetiers 1608, art. 12. — Ordon. munic. de Poitiers, 25 août 1625, 23 mai 1650, 1er mai et 19 juillet 1651, *Reg.* 77, 101, 102, 103. — (3) Statuts des bouchers de Poitiers xve s. ; des bouchers de Châtellerault 1520, art. 4 et 6 (ceux-ci interdisent même aux bouchers de manger de la viande de bêtes mortes de maladie). — Ordon. de police de Châtellerault 1749, art. 86. — Ordon. de l'int. Le Nain 1733, art. 8. — Au xve s. à Poitiers, on autorise la vente de la chair de pourceau ladre salée, mais seulement le jeudi, et à une place à part. Statuts des bouchers de Poitiers, xve s. — (4) Arrêt du Parl. de Paris, 31 mars 1784. *Arch. Antiq.Ouest.* — (5) Règl. cités note 1. — (6) Ordon. du présidial de Poitiers 10 mai et 2 août 1785, 6 avril 1786. *Arch. Antiq. Ouest.* — (7) Statuts des bouchers de Poitiers xve s. — Ord. de police de Châtellerault, 1749, art. 88. — Règl. mun. de Poitiers 1er mai 1651, art. 7. *Reg.* 102. — Ord. de police de Palluau (1769, 9 mars), précitée.

ments est l'obligation de la visite. Tous les jours, les maîtres-jurés du métier ou les personnes expertes qu'ils désignent accompagnent le maire et les échevins pour procéder avant l'ouverture du marché à l'inspection des viandes. Nul n'est admis à étaler avant d'avoir subi cette formalité qui a lieu à sept heures du matin l'hiver, et pendant l'été aux premières heures du jour (1). La vente une fois commencée, le boucher se tient à la disposition du client. A côté des viandes, il a sur le banc des balances ou crochets et des poids étalonnés au sep ou marc royal, municipal ou seigneurial. Ces instruments doivent être de cuivre ou de fer et non d'autre métal, et capables de porter 25 l. au maximum (2). La vente se fait en général à la livre et au poids. Toutefois, dans certaines circonstances, par exemple quand la vente a lieu de gré à gré, ou quand le client le demande, le boucher peut « vendre à la main », c'est-à-dire sans recourir aux pesées et par appréciation (3).

La publicité des ventes est encore une des garanties essentielles que les règlements ont voulu donner aux consommateurs à l'égard des bouchers. Il ne faut pas que ceux-ci puissent rejeter sur d'autres la responsabilité des erreurs ou des fautes commises. On exige donc qu'ils se tiennent en personne à leur banc, sauf le cas de maladie ou d'absence

---

(1) Statuts des bouchers de Poitiers xve s., — des boucquetiers 1608, art. 2 et nombreuses ordonnances. — (2) Règl. de la com. de Poitiers, 12 janv. 1324-25 *Mss St-Hilaire* f° 82; coll. *Fonteneau*, tome XXIII f° 305. — Règl. munic. de Poitiers 30 juillet, 25 août 1625, 19 juillet 1651, 17 août 1648, 14 déc. 1684, 9 mai 1689. *Reg.* 77, 100, 103, 129, 132. — Ord. du présidial de Poitiers 29 janv. 1700, art. 11. — Sentence de police contre deux charcutiers des Sables pour vente à faux poids et à fausse balance, 9 janvier 1786. *Vendée*, B. 810. — (3) Règl. gén. du 25 janv. 1578; ordon. de sept. 1634 pour Poitiers. — Règl. municipaux de Poitiers, 28 juillet 1625, 27 avril 1626, 17 août 1648, 16 mai 1689, etc. *Reg.* 77, 100, 132.

nécessaire. Ils peuvent seulement se faire assister de leurs femmes ou de leurs serviteurs quand la viande est détaillée sur l'étal, sans qu'il leur soit permis de se faire suppléer (1). Leur commerce se fait sur la place publique. Dans les petites villes elles-mêmes, comme Montcontour, il y a une halle où sont placés les bancs des bouchers (2). Il en est de même dans les cités plus importantes, comme Niort et Fontenay ou Saint-Maixent (3). Dans les centres urbains très étendus, comme Poitiers, il y a plusieurs marchés spéciaux ou halles particulières nommées boucheries. Le bourg Saint-Hilaire, qui appartient au chapitre, en a une qui est installée dans les bâtiments de l'hôtel des Trois-Piliers, d'où le nom qui la désigne (4). Au cœur de la ville, se trouve la Grande-Boucherie, située rue de la Regratterie, paroisse Saint-Cybard (5). Les deux bouchers dont les bancs avoisinent la rue Cloche-Perse sont obligés de tenir en état les portes et de les fermer chaque soir, pour empêcher les vagabonds de s'y retirer la nuit et d'y faire scandale (6). A l'un des angles du Marché-Vieux (place d'Armes), est une autre halle ou Boucherie, dont les bâtiments presque tout ruinés durent être refaits en 1631 aux frais de

---

(1) Statuts des bouchers de Châtellerault 1520, art. 1er. — Règl. munic. de Poitiers, 2 sept. 1640, 8 avril 1641. Reg. 91. — (2) Mention de cette halle dans un legs fait au chap. St-Hilaire. Vienne, G. 1066. — Ord. de police de Marcuil enjoignant d'étaler sous les halles et non ailleurs jeudi et samedi dès 6 h. matin l'été et 8 h. l'hiver. 1er août 1768. Vendée, B. 711. — (3) Règl. de 1343 pour Fontenay, précités. — Comptes de la ville de Niort. pp. Proust, précités. — Cart. de St-Maixent, II, 235, 363. — (4) Doc. sur cette boucherie xiiie-xviiie s. Vienne, G. 615; notam. acte du 29 juin 1433, Cartul. de St-Hilaire, no 341. — (5) Elle est mentionnée dans les reg. munic. tous les ans au mois des offices (distribution de la police aux échevins). — appelée aussi boucherie de St-Didier. Délib. 22 mai 1690 Reg. 132. — Ord. du 25 août 1625 Reg. 77. — Enumér. des boucheries, 10 août 1676. Reg. 126. — (6) Délib. du 20 juillet 1664. Reg. 116.

l'échevinage et des bouchers (1). Les quartiers voisins de l'église Sainte-Radegonde ont aussi leur boucherie établie par le Dauphin Charles en 1421. Elle se tient d'abord en plein air, puis dans une des maisons du chapitre (2), et est enfin transférée, partie au Vieux-Marché, partie à la place Notre-Dame (3). Une autre, la boucherie de Saint-Michel, est placée dans le quartier de ce nom (4). Enfin, dès le XIIIe siècle, une partie des bancs du Marché-Neuf ou place Notre-Dame la Grande est réservée aux bouchers qui y étalent à côté des poulaillers et des vivandiers (5). Chaque grande variété de viandes ne peut être exposée qu'à un endroit déterminé. Ainsi, le bœuf, le mouton, le veau et le porc doivent être étalés et vendus uniquement dans les grandes boucheries de la Regratterie, du Marché-Vieil et de Saint-Michel (6). Au contraire, les chairs de vache, brebis, chèvres, truies, boucs, béliers, verrats, sont étalées seulement sur la place Notre-Dame la Grande (7). On eut un moment l'idée, au XVIIe siècle, de reléguer les petits bouchers dans une halle particulière qu'on eût appelée « la Boucqatrie », sur la place du Pilori. Ce projet ne fut jamais exécuté (8). L'agneau et le chevreau sont vendus aux portes des grandes boucheries, mais non à l'intérieur (9). Quant

(1) Documents cités à la page précédente, note 6 — et délib. du 21 juillet 1631, *Reg*. 81. — (2) Les bouchers de Ste-Radegonde sont mentionnés dans un règl. du 12 janvier 1324-25. Mss *St-Hilaire* f° 82. — Mais la boucherie paraît dater de 1421. Lettres pat. du 14 juillet 1421 et 27 sept. 1427. *Arch. Vienne*, G. 1364 — la Fontenelle. *Bull. Soc. d'Agric*. VI, 82 (1836). — (3) Chergé (de), Guide de Poitiers 231, 300. — (4) Délib. du 10 août 1676, *Reg*. 126. — (5) Acte de 1243 relatif à une rente sur une maison du Marché Neuf. *Cart. de St-Hil.* I, n° 227. — Statuts des bouchers de Poitiers XVe s. — et doc. cités à la note 5 de la page précédente. — (6) Ex. règl. mun. de Poitiers 13 mars 1628, 6 août 1629, 9 mars 1689 ; arrêt du Parl. de Paris, 18 avril 1689, relatif aux bouchers de Poitiers. *Reg*. 78, 80, 132. — (7) Règl. munic. 10 janv. 1553 et 25 août 1625, *Reg*. 32 et doc. de la note précédente. — (8) Délib. du 4 sept. 1612. Reg. 68. — (9) Ord. munic. de Poitiers, 25 août 1625. *Reg*. 77. — 9 mars 1689, *Reg*. 132.

au porc ladre (*meseau*), il ne doit être exposé que sur la place Notre-Dame, au-dessous de la grosse horloge de l'Hôtel-Dieu (1).

Pour la vente des suifs, c'est le « poids le roy, » près de l'Arsenal, à l'un des coins du Marché-Vieux, qui sert de lieu de réunion obligatoire aux bouchers et aux chandeliers (2). En dehors des boucheries, il est loisible d'étaler les viandes aux « fenêtres » des maisons, mais non pas de les débiter, sauf en certaines circonstances, les jours de dimanches et fêtes (3). Encore, cette dérogation à la règle n'est-elle pas en vigueur au xviie siècle, mais seulement au xve (4). Dans chaque halle ou boucherie, se trouvent des bancs (*scanna carnificum*). Il en est fait mention dès le xiiie siècle à Saint-Maixent (5). On en établit au dedans et au dehors des édifices. Ceux qui les occupent paient une redevance annuelle à l'autorité seigneuriale ou municipale (6). Les bancs de l'extérieur ne peuvent être occupés que si ceux de l'intérieur sont déjà loués (7). Leur longueur est fixée par la coutume ancienne (8). Ils se transmettent du père au fils, et quand un boucher meurt sans enfants, le banc qu'il détenait passe au voisin placé près du défunt, de sorte qu'il y ait une ascension lente des derniers rangs

(1) Ord. du 25 août 1625, *Reg.* 77. — Règl. des 9 mars 1689, 18 avril et 27 juin 1690. *Reg.* 132. — (2) Règl. 17 sept. 1634; Ord. du présidial de Poitiers 25 nov. 1725 et 30 juillet 1751. *Arch. Antiq. Ouest.* — (3) Statuts des bouchers de Poitiers xve s. — Règl. munic. de Poitiers 25 août 1625, 27 octobre 1631, 19 oct. 1665, 9 mai et 31 octobre 1689. *Reg.* 77, 82, 116, 132. — Statuts des boucquetiers de Poitiers, art. 14. — (4) Statuts des bouchers de Poitiers xve s. — L'ord. du 25 août 1625 permet encore la vente de l'agneau et du chevreau. — Les règl. postérieurs ne font aucune exception. — (5) Acte de 1222-24. *Cart. St-Maixent*, II, 63. — (6) Les petits bouchers de Poitiers paient 20 l. par an pour chaque banc. *Délib.* 18 juillet 1750, *Reg.* 102. — (7) *Délib.* 7 juin 1660, 11 août 1664, *Reg.* 110 et 115. — (8) Requête des petits bouchers et délib. de l'échev. de Poitiers, 18 juillet, 1er août 1650, *Reg.* 102.

vers les premiers (1). Chaque industriel n'a droit qu'à un banc (2). Divers règlements montrent que l'urbanité et la propreté ne règnent pas toujours parmi les bouchers qui occupent ces places à titre héréditaire. Il fallut en effet leur interdire de laisser couler le sang des agneaux et des chevreaux sur le lieu du marché (3), leur recommander de ne pas laisser s'accumuler plus de huit jours les os et autres débris sous les bancs (4), leur prescrire de ne pas se faire escorter de leurs chiens, dangereux pour les clients (5), leur défendre d'injurier et de maltraiter les personnes qui se présentaient à leurs étaux (6). Les règlements sont affichés à la porte d'entrée des boucheries, afin que les bouchers ne puissent arguer de leur ignorance (7). Les jours et les heures de la vente sont fixés. C'est en général le jeudi de 5 heures du matin à 5 heures du soir pour le porc salé (8), le vendredi et plus tard aussi le mardi de 8 heures à 11 heures pour les suifs (9). L'ordonnance de 1247 relative aux bouchers de Poitiers autorisait ces commerçants et même les forains à étaler les viandes tous les jours, et à toute heure du jour à leur gré (10). Plus tard, au xviie siècle, le mardi et le samedi sont réservés à la vente du bœuf, du veau et du porc, le samedi à celle du veau et du mouton, le lundi et le mercredi aux autres viandes que l'on peut d'ailleurs débiter

---

(1) Statuts des bouchers de Poitiers xve s. — Ord. munic. sur requête de Rivière, boucher, 25 août 1669, *Reg.* 110. — (2) Statuts des bouchers de Poitiers, xve s. — (3) Voir ci-dessus. — (4) Ord. du présidial de Poitiers, 7 mai 1765 et 21 juillet 1784, *Arch. Antiq. Ouest.* — (5) *Ibid.* — (5) Ord. du présidial de Poitiers 6 avril 1786. *Arch. Antiq. Ouest.* — (7) Délib. de l'échev. de Poitiers 9 mai 1689, *Reg.* 132. — (8) Statuts des bouchers de Poitiers, xve s. — Le dimanche, les boucquetiers exposent la chair de bouc. Délib. de l'échev. 15 oct. 1661, *Reg.* 102. — (9) Ord. du présidial de Poitiers 25 nov. 1725 et 30 juillet 1751, *Arch. Antiq. Ouest.* — (10) Règl. de 1247 pour les bouchers de Poitiers, précité.

aussi les autres jours (1). Le porc ladre enfin peut se vendre en tout temps (2). Le vendredi, le marché de boucherie chôme, sauf quand le samedi est un jour de fête (3). Le dimanche et les fêtes, surtout celles de Notre-Dame, doivent être observés avec rigueur par les bouchers. Au xv⁰ siècle, si on interdisait l'étalage sur les bancs, on tolérait du moins la vente en boutique pour les étrangers et les « personnes qui avaient *mestier* » (besoin) de viande (4). Aux xvii⁰ et xviii⁰ siècles le débit est formellement prohibé « dans les logis, hors et devant les boutiques », sous peine de confiscation et d'amende (5).

Des préoccupations religieuses ont fait interdire aux bouchers comme aux rôtisseurs et aux poulaillers le trafic de la viande en temps de carême. Cette prohibition s'étend jusqu'aux huguenots. Des ordonnances municipales, notamment en 1626, punissent de 100 l. d'amende des bouchers qui se sont avisés à Poitiers de vendre publiquement de la viande aux protestants, au faubourg de la Cueille, sur la place des Quatre-Piquets où se tient le prêche. Les industriels incriminés sont cités au conseil de l'échevinage, blâmés en public, et leur marchandise est confisquée au profit de l'hôpital (6). On ne fait d'exception qu'en faveur des infirmes et des malades, munis de certificats du médecin et du curé. Chaque année, le maire, et plus tard les administrateurs de l'Hôtel-Dieu, en vertu d'un arrêt du Parle-

(1) Règl. mun. de Poitiers 24 sept. 1618, 27 mai 1621, 19 fév. 1635, 3 sept. 1665 *Reg.* 73, 75, 85, 114. — (2) Statuts des bouchers xv⁰ s. — (3) Règl. mun. de Poitiers, 3 sept. 1665. — (4) Statuts des bouchers de Poitiers, xv⁰ s. — (5) Nombreux règlemens, notam. 2 oct. 1645, 14 août 1648, 27 juill. 1654 5 nov. 1657, 16 nov. 1665, 6 mai 1669 *Reg.* 97, 100, 105, 108, 116, 119. — (6) Ord. munic. du 16 mars 1626. *Reg.* 77 ; la prescription est renouvelée dans les règlemens suivants.

ment daté de 1640, mettent en adjudication ce que l'on appelle le bail de la boucherie de carême. Le produit du bail qui varie au xvii° siècle entre 135 et 320 l. est versé au profit des pauvres malades (1). Trois à quatre bouchers seulement, c'est-à-dire un par quartier, sont autorisés à Poitiers moyennant ce versement, et en se conformant au tarif des prix arrêté par la police, à fournir la viande aux personnes autorisées, mais sans pouvoir s'associer, ou étaler en commun, et en ayant soin de vendre à l'intérieur de leur boutique, à volets clos, avec un ais seulement ouvert, « pour obvier au scandale » (2).

Le souci de l'approvisionnement local a fait enfin imposer aux bouchers d'autres interdictions d'un ordre différent. A Poitiers, on menace d'amende, de confiscation, et même de déchéance ceux qui s'aviseront « d'acheter et « vendre aulcun bestail pour estre mené hors ceste « ville » (3). On prétend les empêcher, suivant la vieille coutume, « de traficquer de bestail hors la province » (4), ou de « divertir le suif et de le transporter au dehors ». On veut empêcher par ces mesures le prix « excessif » des viandes et de la chandelle (5). En effet, des bouchers s'étant avisés de fournir des bestiaux à leurs confrères de

(1) Arrêt du Parl. de Paris rel. à Poitiers 23 juin 1640; règl. municipaux du 28 janv. 1641, 24 fév. 1642, fév. 1648, 14 mars 1661, etc. *Reg.* 91, 93, 99, 111, etc. Ord. du présidial février 1782, 1er fév. 1780, 12 fév. 1784. *Arch. Antiq. Ouest.* — Sur la boucherie de carême à Châtellerault (*Godard* 11, 147, 148, 252), et aux Sables (procès-verbal d'adjudic. 5 fév. 1761). *Vendée* B. 851. Sur cette boucherie à Niort, *Mém. Soc. Stat. D. Sèvres*, 1888, p. 347. — (2) Mêmes règl. Ord. munic. 23 déc. 1619, 16 mars 1626, 3 avril 1628 etc., Reg. 74, 77, 78. — Ord. de police pour Châtellerault 1749, art. 92. — (3) Règl. gén. pour le Poitou 25 janv. 1578. Ord. munic. de Poitiers du 25 janv. 1639, *Reg.* 89. — (4) Ord. munic. de Poitiers, 2 sept. 1640 et 8 avril 1641.— Citations contre Poupeau et Audinet, bouchers, 18 oct. 1640, 29 avril 1641, *Reg.* 91. — (5) Ord. munic. précitées. — Règl. du 28 sept. 1654 conc. les suifs, *Reg.* 105.

Paris, on les cite à comparaître au conseil de ville (1). A plusieurs reprises, on décrète des amendes contre des industriels coupables de ce délit (2). Ces restrictions existaient-elles encore au xviii° siècle? C'est ce que les documents ne nous apprennent pas d'une façon précise (3). Il ne faudrait pas au reste se faire trop d'illusions sur l'efficacité des règlements qui régissaient la boucherie. L'espèce de régularité avec laquelle on les renouvelle indique qu'ils n'étaient pas observés d'une manière aussi stricte, aussi permanente que le laisserait croire la lettre des ordonnances.

CHAPITRE V

Le Commerce du Poisson, du Sel et des Epices, du Beurre et des Fromages, des Légumes et des Fruits.

Le commerce du poisson est presque aussi important que celui de la viande en un temps où la loi religieuse impose l'usage de ce produit alimentaire pendant une bonne partie de l'année.

La pêche du poisson de mer occupe une partie de la population des côtes de la province. Au xviii° siècle, les pêcheurs du Bas-Poitou se livrent surtout à celle de la sardine et de la morue, les Normands et les Bretons ayant plutôt la spécialité de la capture du maquereau et du hareng. Au mois de juin, les bancs de sardines remontant le long du littoral vers Saint-Gilles et les Sables, les barques vont jeter

---

(1) Délib. de l'échev. de Poitiers, 4 avril 1644. *Reg.* 95. — (2) Documents cités p. 192, note 4. — (3) Une ord. de police de Palluau (25 juin 1789) oblige encore les bouchers à approvisionner de préférence les gens du lieu, mais ne paraît pas prohiber l'exportation des viandes. *Vendée B.* 773.

les filets. On vend ce poisson au sortir de l'eau à des revendeurs qui le salent, et le portent à dos de cheval dans les villes voisines, où il s'en fait un grand débit (1). Les Bretons au contraire vendent surtout les sardines salées, séchées ou fumées, en boîtes ou barils. Du mois de février à la fin d'avril, les Olonnais partent à la pêche de la morue. A la fin du xvii° siècle, ils tiennent le premier rang parmi les pêcheurs de cette variété de poisson. « Les négociants « des Sables d'Olonne, dit Savary, sont de tous les Fran- « çais ceux qui donnent le plus dans la pêche et le com- « merce de la morue, et qui le font avec le plus de succès, « quoique leur ville soit très petite et leur port étroit et « mauvais ; y ayant eu quelquefois des années qu'on a « vu jusqu'à 100 vaisseaux Olonois embarqués ». C'est sur le grand banc de Terre-Neuve que les équipages se rendent. Le capitaine et les matelots de chaque vaisseau reçoivent pour salaire le tiers de la morue qu'ils rapportent. La morue verte se sale à bord, et après avoir été triée suivant la longueur, l'épaisseur et la largeur, se vend dans les ports de la Rochelle et de Nantes (2).

De plus, tout le long du littoral, la population se livre à la pêche du poisson frais (3), soit au large, soit au moyen

(1) Savary, *Dict. du Commerce*, III, 1339. — (2) Ibid., III, 470. En 1789, on armait encore 18 navires par an pour cette pêche, 4 seulement en 1804. *Cavoleau*, *Stat. de la Vendée*, éd. la Fontenelle 1844 p. 683. — Les navires pour cette pêche étaient des bricks de 150 à 180 tonneaux et valaient neufs 30 à 36.000 fr. ; les frais d'armement s'élevaient à 8 ou 10.000 fr. ; l'équipage comprenait 20 hommes. Ibid. — Ex. d'un contrat pour un voyage de pêche à Terre-Neuve, 22 déc. 1622, pp. Petiteau, *Soc. d'Em. Vendée* 1882, 17. Le prop. du navire fournit 1000 l. pour frais d'armement, c'est-à-dire les vivres ; il a 2/3 du profit, le capitaine du navire et ses 12 hommes ont l'autre 1/3. — (3) Voir l'ordon. de nov. 1684, titre V pour les règlements de la pêche côtière ou de la grande pêche. On appelait grande pêche celle des baleines, valrus, morues, harengs, maquereaux, sardines, dauphins, esturgeons, saumons, truites, marsouins, veaux de mer, thons, souffleurs, etc. — Sur la pêche de la sardine, *Cavoleau*, pp. 690-692.

des bouchots, sorte de réservoirs communiquant avec la mer et formés de bois entrelacés en forme de claies. D'autres emploient des parcs en pierre ayant l'aspect d'un demi-cercle de 4 pieds de haut, avec une ouverture vers la mer fermée de grilles en bois percées de trous. C'est ce qu'on nomme des écluses ou pêcheries. Les ordonnances de la marine de 1683 et de 1684 avaient réglementé l'usage de ces réservoirs. Les arrêts du Conseil du 22 mai 1732 et du 2 mai 1739, pour empêcher la destruction du frai et du poisson de premier âge, ordonnèrent la démolition de tous les parcs situés sur les côtes du Poitou, dont on ne pourrait représenter les titres de propriété. Quarante-un parcs de pierre, gords ou écluses furent ainsi détruits en une seule année. On épargna ceux de l'évêque de Luçon et du baron de Champagné, en les soumettant à des prescriptions minutieuses relatives à la composition, à la longueur, largeur et hauteur des claies et à la pose des filets. Les documents montrent qu'au XVIIIe siècle il était permis de placer dans les pêcheries, du 1er octobre au 1er avril, des engins de toute espèce, rets, sacs, verveux, loups, guideaux, tonnelles, baches ou benastres volants, nasses, paniers, borgnes ou gonnes, gonnastres, bourgnons, boutels, bouterons, mais à 18 lignes d'intervalle et avec des mailles de deux pouces en carré. Ces engins sont enlevés du 1er mai au 30 septembre. Quant aux riverains, « pescheurs de « pied et tendeurs à basse eau », ils continuent à jouir du droit traditionnel de tendre sur les grèves des filets, rets à courtines ou rets noircis, et des courtines ou preschoirs montés sur des picux à quatre pieds hors des sables (1). La

(1) Ordon. de mars 1684, art. 84 et 85, d'août 1681, titre III, livre V. — Arrêts du Conseil 22 mai, 10 déc. 1732, 10 sept. 1735, 8 sept. 1736, 2 mai

pêche fluviale ou d'eau douce a été de tout temps pratiquée. Les cartulaires du Poitou font assez souvent mention des pêcheurs (*piscatores*). Mais on ne connaît rien de leur profession. On sait seulement que l'ordonnance des eaux et forêts de 1669 astreignit les maîtres-pêcheurs à se faire recevoir aux sièges des maîtrises, pour pouvoir pêcher sur les fleuves et rivières navigables, et qu'elle édicta des règles dont beaucoup sont encore en vigueur, sur l'emploi des engins, sur l'interdiction de la chaux et de la coque du Levant, et sur la clôture de la pêche (1). L'intendant du Poitou, Le Nain, rappelle en 1736 ses administrés au respect de cette dernière clause, qui prohibait la capture du poisson du 1er avril au 1er juin, sous peine d'amende et de prison les deux premières fois, du carcan, du fouet et du bannissement, à la troisième contravention (2).

Le poisson de mer, de rivière ou d'étang alimente le commerce des communautés de marchands comprises dans les villes sous le nom général de poissonniers. Il y a parmi eux une hiérarchie et des variétés. Ainsi les registres municipaux de Poitiers distinguent les marchands carpiers-

---

1739 (ce dernier a 23 art.) *Arch. Antiq. Ouest.* Sur la pêche aux écluses dans les courtines et arviers et sur les bouchots où on élevait aussi les moules, voir *Capoteau*, pp. 693-706.

(1) Au Moyen-Age, la pêche de nuit est interdite. Lettre de rémission de 1320 *Arch. hist. Poitou* XXIV, 48. — Ordonnance des eaux et forêts 1669, titre XXXI, 26 articles. — (2) Art. 6 du titre XXXI. — Ordon. de l'intendant du Poitou, Le Nain, 18 mai 1736. *Arch. Antiq. Ouest.* — Des ordonnances des sièges de police de Maillezais (7 août 1724), de Palluau et autres lieux (juin 1763, janv. 1763, 12 avril 1789, mars 1769) interdisent de saigner les rivières, d'y faire des sorties pour mettre des filets, bottes, engins prohibés, d'arrêter ou détourner le cours des eaux avec des digues, de pêcher et tendre des filets au temps du frai ou de la roue des poissons, de pêcher avec des gallerets (filets de 5 à 6 pieds carrés), de faire des abots pour prendre les anguilles, de jeter de la coque de Levant. Vendée B. 616, 1027, 1058, 708, 930, 1034.

poissonniers, appelés au xiii° siècle marchands-poissonniers, dont la profession est assez considérée pour qu'on les appelle au xvii° siècle aux fonctions de juges consulaires. Ils achètent et revendent, soit en gros, soit en détail, les poissons de mer et d'eau douce qu'apportent les forains (1). A côté d'eux se placent les marchands « *de mollues* » (morues) et ceux d'anguillettes. Quelquefois même, on voit établir une distinction entre les marchands poissonniers de poisson d'eau douce, et ceux de poisson de mer, de poisson sec et de poisson salé (2). Au dernier degré, sont placés les revendeurs ou revendeuses appelés aussi poissonniers ou poissonnières (3). Ce sont surtout des femmes qui exercent cette profession, et qui y apportent leur humeur turbulente. « Elles sont, dit une délibération de l'échevinage de Poi-« tiers, le plus souvent agitées de colère » (4) et forment la partie la moins disciplinée du commerce poitevin. Le poisson arrive par voie de terre ou par voie fluviale : les bateaux ont des « arches » pour le tenir frais jusqu'au débarquement (5). Les pêcheurs et les marchands poissonniers forains peuvent d'ailleurs vendre eux-mêmes leur marchandise au marché urbain (6). Au xiii° siècle, les forains, s'ils ne veulent procéder en personne à la vente, sont libres

(1) Régl. relatifs aux poissonniers de Poitiers, 10 fév. 1258 et 12 févr. 1297. Coll. Fontencau XXIII f° 293. *Mss.* St-Hilaire f° 67. — Liste des juges consulaires. *Arch. hist. Poitou*, XV, 238. — Délib. munic. 3 mars 1635, 3 mars 1664, *Reg.* 85, 114. — (2) L. Sandais, march. de mollue, juge consulaire en 1648. *Arch. hist. Poitou* XV. 235. — Délib. munic. de Poitiers, rel. aux mds. de morues et d'anguillettes, 18 sept. 1638, 1er juin 1648. *Reg.* 79 et 99. — Régl. précités. — (3) Régl. rel. aux poissonniers 1494, *Mss.* St-Hilaire, f° 2. — Coll. Fontencau XXIII f° 359. — Cette distinction est encore nettement indiquée dans la délib. munic. du 7 février 1656, *Reg.* 106. — (4) Délib. du 7 février 1656 conc. les poissonnières de Poitiers. *Reg.* 106. — (5) Règlements de 1297 et de 1494. — (6) Tarif de la Prévôté de Poitiers, xiv° s. — Délib. de l'échevin. de Poitiers, 19 fév. 1574. *Reg.* 123.

de la confier au marchand poissonnier qui joue le rôle de commissionnaire. « En la voulenté du marchand qui ap-
« portera le poisson, dit un règlement de 1297, sera de le
« vendre par soy ou de le faire vendre à ceulx de la ville,
« et si ceulx de la ville le vendent, il n'y aura à une soulme
« (charge de poisson) que un vendeur, lequel aura deux
« sols pour son salaire, et le doivent vendre par leur sere-
« ment (serment), si raisonnablement que avenans gaings
« soient saufs au marchand ». Cette ordonnance astreint donc les poissonniers urbains à jurer de « ne pas tenir trop
« cher » le poisson qu'on leur donne pour vendre, « par
« espérance de l'acheter afin de le revendre ». Le forain devra être payé à la fin de chaque journée ou dédommagé par le commissionnaire (1). En 1494, ce mode de vente est interdit, sans doute parce qu'il paraissait faciliter l'entente entre forains et poissonniers, et par suite les accaparements. Le forain doit vendre par lui-même ou par l'entremise de ses voituriers ; il ne peut plus recourir au commissionnaire (2).

Avant d'être admis à exercer son commerce, le poissonnier est tenu de prêter serment d'observer les ordonnances, « sur peine de confiscation, de perdition du poisson, d'amende arbitraire » et d'interdiction du métier (3). Dès lors, il lui est permis de faire le trafic de toute espèce de poisson. Les textes permettent de se rendre compte des produits de ce genre qui servent à la consommation courante, et qu'on amène dans les villes soit par charge de cheval (*somme*), soit par charrette (*quadrigata*), soit par

---

(1) Reg. de 1297 précité.— (2) Règl. de 1494 précité. — (3) Règl. de 1494. — Délib. de l'échev. de Poitiers, 7 févr. 1656.

bateau (1). Ce sont parmi les poissons de mer l'esturgeon (*sturio*), les mègres, les sèches qu'on n'utilise plus aujourd'hui pour l'alimentation, les moules ou mocles, et les huîtres (2). Aux xve, xvie et xviie siècles, on y joint le merlu, la *mollue* (morue) verte qui se vend au cent, la morue sèche qui se débite par balle en gros, le hareng blanc trempé et le hareng salé ou soret, les sardines qui se vendent en caques ou barils, la sole, le saumon salé ou frais vendu en gros par cent livres, le mulet, le phoque, la dorade, la raie, l'épinoche, la plie, le congre (3). Le poisson de rivière le plus répandu comprend l'anguille, la tanche, le barbeau, l'hadot ou aigrefin, l'alose qu'on vend fraîche ou salée, le saumon, le turbot, le goujon, la tanche, la truite, le casseron, la lamproie (4). On pêchait aussi dans les douves des châteaux, par exemple à Saint-Maixent et à Poitiers (5), et dans

(1) Tarif de la prévôté de Poitiers, xive s. — Tarif des droits d'entrée de la ville de Poitiers, 19 juin 1640, *Reg.* 90 — (2) Les huîtres du Poitou son déjà connues et appréciées au temps d'Ausone. (*Epitre* 9e, vers 36-38). — Sur les réservoirs d'huîtres, voir *Bull Soc. Stat. D.-Sèvres* V. 395. — Sur les réservoirs ou traits de moucles en Bas-Poitou (actes de 1615 et de 1779), Delidon, *Soc. d'Emul. Vendée* 1872, p. 157. — G. Bouchet, série 1re, p. 68. — Voir sur leur conservation en réservoirs à Poitiers, notes de Dufour et de A. Barbier. *Bull. Antiq. Ouest.* 1838, III; 1888, 469. — (3) Tarif de la prévôté de Poitiers. — Etat des revenus du trésorier de St-Hilaire (droits de marché). 1300. *Cart. St-Hilaire*, n° 298. — Règlement du 2 mars 1344. *Mss. St-Hilaire* f° 67. — Coll. Fonteneau LXXIV, f° 206. — Règl. de 1497 précité. — Variétés de poisson servant à l'alimentation en Bas-Poitou, voir *Doc. sur les dépenses de table* vers 1446, pp. Marchegay. — Et Essai sur la topog. du Bas-Poitou par le d^r E. Gallot (1777), *Soc. d'Emul. Vendée* 1871 pp. 153, et 111-112. — Coutumes de l'abbaye de St-Maixent 1603, *Cartul.* 11-314. — Tarif des droits d'entrée de Poitiers 1640. — Ord. gén. pour le Poitou 25 janv. 1578. — (4) Mêmes documents. — En plus, comptes des revenus de la chèvecerie de la cath. de Poitiers, 1439, *Vienne* G. 317; comptes du domaine d'Alfonse de Poitiers. *Arch. hist. Poitiers*, VII, 86. — Boutaric, p. 237. — Délib. munic. de Poitiers, 24 fév. 1652, *Reg.* 104. — (5) Don du droit de pêche (1080) à l'abb. St-Cyprien. — Ferme de ce droit à St-Maixent 1351 *Arch. hist. Poitou* III, n° 20; XX, 164. — Guil. Bouchet, *Sérées* 3e et 6e pp. 132 et 233.

les étangs du Poitou, la carpe, la tanche et le brochet (1). Il en venait aussi beaucoup du Berry, ainsi que du poisson blanc. Les habitants de la région du Blanc étaient renommés pour leurs étangs et greniers « à poissons », dont ils apportaient les produits estimés à cause de leur finesse et de leur bon goût, jusqu'à Poitiers par la route de Chauvigny (2). Quand le poisson arrive vivant à la ville, il est permis, soit aux forains, soit aux poissonniers, de le mettre dans des viviers ou réservoirs pour le conserver. Les dimensions de ces réservoirs sont déterminées au xviii° siècle par les ordonnances (3). Toutefois au xv° siècle, on ne peut mettre le poisson dans l'eau ou l'en ôter après onze heures, c'est-à-dire après le marché. Certaines variétés, les moules par exemple, doivent se vendre le jour même de leur arrivée (4). Au xvii° siècle, les poissonniers et les forains sont en droit de porter tous les soirs dans les viviers le poisson d'eau douce qu'ils n'ont pu vendre. Des particuliers riches, les Claveurier, vers 1440, possédaient, près du Pont-Joubert, des réservoirs bien aménagés pour cet objet (5). De temps immémorial à Poitiers, la ville mettait à la disposition des poissonniers domiciliés ou forains une dérivation du Clain appelée la « douhe ou douve Saint-Cyprien » qui s'étendait depuis le pont de ce nom jusqu'à la plateforme de Tison, le long des remparts. L'usage en était d'abord gratuit. A partir de 1622 ou de 1623, l'échevinage afferme la douve, et le fermier perçoit 5 s. par charge, pour qu'on puisse « y mettre esgaier et regorger le poisson ». Les forains sont admis au même pri-

(1) Délib. mun. de Poitiers 18 fév. 1636, *Reg* 87; 18 janv. 166, *Reg.* 166. — (2) Délib. munic. 16 janv. 1632. *Reg* 82. — (3) Ordon. de l'intendant Le Nain, 18 mai 1736. — (4) Règlement de 1493. — (5) Rédct. De quelq. établ. industriels au xv° s., mémoire précité.

vilège moyennant un abonnement annuel et collectif de 25 l. (1). Mais les revendeurs et « revenderesses » se trouvent exclus du bénéfice de ces dispositions (2). Nul parmi les commerçants n'a depuis ce moment le pouvoir de faire construire de réservoirs privés, au préjudice du vivier municipal (3). Quant au poisson mort, il faut qu'on l'apporte nettoyé et paré sur le lieu du marché. Les marchands d'anguillettes par exemple sont tenus d'exposer les anguillettes grillées et rôties ; mais cette préparation doit se faire à domicile. Il leur est interdit à Poitiers de procéder à ce soin sur la place Notre-Dame (4), où l'odeur infecte qui se dégage de ce travail incommode les passants. Le poisson salé, les morues et autres « poissons quelsconques », auraient dû être lavés à la rivière, « afin que le public n'en reçut incommodité ». En réalité, les poissonniers se livraient à cette opération en pleine halle. En dépit des règlements qui prescrivaient de ne pas jeter les eaux de lavage sur le pavé, dans les rues ou dans les maisons, ils répandaient ces eaux dans tout le quartier du Marché, au risque « de provoquer une telle puanteur qu'elle est capable, disent les habitants, d'y porter des maladies » (5).

Soucieuse d'empêcher la hausse d'une denrée aussi nécessaire, l'autorité qui facilite aux poissonniers la conservation et la préparation du poisson se préoccupe d'autre part de protéger les particuliers contre l'avidité du marchand. Des règlements, souvent renouvelés, interdisent aux

(1) Délib. munic. de Poitiers, 30 mars 1626, 20 déc. 1627, février, 1628, 6 mars 1631, 7 février, 13 et 20 mars 1656, 18 janv. 1666, etc. *Reg.* 77, 78, 102, 106, 116. — (2) Délib. munic. du 6 mars 1656. *Reg.* 106. — (3) Délib. du 21 déc. 1627 contre un hab. du Pont-Joubert. *Reg.* 78. — (4) Ord. munic. de Poitiers, 1ᵉʳ juin 1648, *Reg.* 99. — (5) Ordon. munic. 21 et 28 août 1617; 18 sept. 1628; 12 nov. 1635; 1ᵉʳ juin 1648; 6 mars 1656, etc. *Reg.* 72, 79, 86, 99, 106.

habitants, et surtout aux négociants, revendeurs et hôteliers, d'aller au devant des forains, soit dans la banlieue des villes, soit à la campagne, soit dans les rues, soit sur le quai des ports fluviaux (1). Les marchands du dehors ne doivent ouvrir leurs paniers qu'au marché, en présence d'un juge ou d'un officier de police, du maire ou de l'échevin délégué par le conseil (2). L'accès du marché lui-même est fermé aux revendeurs et revenderesses jusqu'à une heure déterminée, à laquelle la vente en gros peut se faire. C'est au xiiie siècle l'heure de « tierce », au xve celle de midi ; dix, onze, ou bien encore neuf heures en été, 10 heures en hiver au xviie et au xviiie siècle (3). Les délinquants ou délinquantes sont punis d'amende la première fois ; en cas de récidive, on les attache au carcan établi avec un poteau destiné à le soutenir auprès d'une des portes de la Poissonnerie (4). Les revendeurs ne peuvent même acheter et vendre le poisson, s'il n'est mort, avant onze heures, sous peine d'être mis pendant six heures au carcan (5). C'est une lutte perpétuelle entre la rigueur des ordonnances et l'ingéniosité des marchandes qui pénètrent dans la halle avant l'ouverture officielle, s'y glissent après la vi-

(1) Règl. de 1297 et de 1494, précités ; — 23 février 1573, 26 janv. 1632, 16 mars et 27 avril 1648, juin 1649, 19 fév. 1674, 28 fév. 1684, 22 octobre 1685, 17 mars 1686, Reg. 41, 82, 99, 123, 128, 129, 130, 131. — Règl. de police de Fontenay, 1343 précité. — Ord. du présidial de Poitiers, 29 janv. 1700. — Ord. de l'int. Le Nain 1733, art. 9. — Ord. de police de St-Gilles sur Vie relative aux arrimeurs de sardines, 11 juin 1784.
(2) Ord. du présidial de Poitiers, 29 janv. 1700, précitée ; du 7 janv. 1715, Vendée B. 1092. — Arch. Antiq. Ouest.; de l'int. Le Nain, 1733, art. 9, etc. — (3) Règl. de 1297 et 1494, ord. munic. de Poitiers, 20 mars 1638, 5 mars 1635, 5 fév. 1646, 30 mars 1648, 7 juin 1649, 6 mars 1656, 18 mars 1658, 3 mars 1664, 20 mars 1668, 19 fév. 1674. Reg. 78, 85, 97, 99, 100, 106, 108, 114, 118, 123. — Ordon. de l'intendant Le Nain 1733, art. 11. —
(4) Ordon. munic. 30 mars 1648, Reg. 99 ; 27 février 1651, Reg. 102. —
(5) Ordon. munic. de Poitiers, 12 et 24 février 1652, Reg. 103, 104.

site du maire, prennent la place des forains, et au besoin forcent ceux-ci à leur vendre le poisson au prix qu'elles veulent (1). Au Moyen Age, comme au xvii° siècle, ces manœuvres ne sont pas rares, puisque le règlement de 1297 force les poissonniers de la ville à jurer « de ne point desturber la vente » du forain, et « de ne lui faire ne pourchasser ennuy pour celle occasion » (2). A la même époque, on prohibait l'association des forains et des poissonniers urbains, à moins que ceux-ci ne se chargeassent d'aller prendre le poisson à la mer ou au lieu de la capture. On interdisait les marchés ou monopoles, c'est-à-dire les coalitions secrètes ou publiques entre marchands, comme susceptibles d' « affamer les villes ». Chacun était tenu de vendre son poisson, sans « s'entremettre du poisson des autres », et sans en fixer d'avance le prix par une entente générale (3). Ces règles sont maintenues avec soin pendant la période moderne (4).

La sincérité et la loyauté des ventes risquerait d'être altérée et l'approvisionnement compromis, si le marchand pouvait vendre seulement une partie de sa marchandise, dans un autre lieu que le marché public, et sans subir les formalités d'un contrôle. Tous les forains, qu'ils vendent du poisson d'eau douce ou du poisson de mer, sont donc tenus de faire conduire ce produit à la poissonnerie, « sans arrester à le faire dégorger », sans pouvoir en garder dans les maisons, sauf à l'emporter le soir après le marché et à le rapporter le lendemain (5). C'est par exception qu'on tolère quelquefois

(1) Ordon. munic. citées ci-dessus et autres des 22 février et 8 mars 1654, 14 février 1656, *Reg.* 105 et 106. — (2) Règl. de 1297. — (3) Règl. de 1297 et de 1494 — (4) Ord. mun. de Poitiers, 28 fév. 1512, *Reg.* 11. — Règlements cités ci-dessus. (5) Règl. de 1297 et de 1494. — Ordon. munic. de

la vente du poisson sec et salé et de la morue à domicile (1). Pour bien établir les responsabilités, on pose en principe « que nul ne doit vendre autre poisson que le sien (2) ». Si on admet au Moyen Age pour le forain seulement la vente par commission, c'est à la condition qu'il n'y aura qu'un vendeur par somme ou charge de poisson (3). Au xv° siècle, cette tolérance est encore restreinte. Les marchands sont tenus par le règlement de 1494 de vendre eux-mêmes ou par l'entremise de leurs voituriers. Il n'est permis à personne de les assister à la vente, « de seoir auprès des marchands (4) ». Tous les règlements du xvii° siècle obligent strictement les poissonniers à faire eux-mêmes « le débit, sans permettre « que aultres personnes que eulx facent » le trafic, jusqu'à l'heure de midi (5). Le marchand après son arrivée ne peut ouvrir ses paniers ou caisses, « desployer le poisson et le mettre sur les bancs », sans avoir subi les formalités de la visite. Des échevins ou officiers de police viennent s'assurer si le poisson « est bon, vendable et marchand (6) ». Ils dénoncent à l'autorité les marchandises avariées. Le poisson corrompu est « jeté hors et ars », c'est-à-dire enlevé et brûlé (7). Le poissonnier qui s'aviserait de vendre du poisson pourri, infect, « reboux », est passible de fortes amen-

Poitiers des 16 avril 1576, 27 février et 3 avril 1651, 12 et 24 fév. 1652, 6 mars 1656, 22 octobre 1685. *Reg.* 42, 102, 103, 104, 106, 130.
(1) Ordon. munic. de Poitiers, 28 août 1617, *Reg.* 72; 30 janv. 1662, *Reg.* 112. — (2) Règl. de police de Fontenay, 1343, précité. — (3) Règl. de 1297, — (4) Règl. de 1294. — Mêmes dispositions dans les ordon. munic. de Poitiers 27 fév. 1651, 8 févr. 1654, 24 fév. 1652, 19 fév. 1674. *Reg.* 102, 104. 105, 123. — (5) Règlements de 1651 et de 1654, précités. — Ordon. munic. du 14 mars 1667 autorisant un poissonnier âgé à faire vendre, à titre d'exception, par quelqu'un de sa famille. *Reg.* 117. — (6) Règlement de 1494. Ordon. munic. de Poitiers, 27 mars 1634, 18 fév. 1635, 8 févr. 1654, 22 octobre 1685, *Reg.* 84, 86, 105, 130. — (7) Règlement de 1297. — Sentence de l'échevinage 1344, *Mss St-Hilaire* f. 67. — coll. Fonteneau LXXIV, f° 506.

des. En même temps, les visiteurs sont chargés avant la vente de compter les huîtres, et les marchands doivent leur déclarer la quantité de charges et les variétés de poisson qu'ils apportent(1). Lorsque le son de la cloche a prévenu les clients que la visite est finie, le marché s'ouvre (2). Le poissonnier est tenu d'étaler loyalement les produits qu'il apporte. On le punit s'il en dissimule une partie sous son banc (3) ou en boutique, surtout les jours maigres (4), s'il ne vend à panier ouvert, s'il n'indique à tous ceux qui l'en requièrent la nature et la quantité de sa marchandise, s'il n'en supporte l'examen, s'il mêle le poisson frais et le poisson vieux, spécialement les moules fraîches et les vieilles (5). Il peut garder et remettre en vente le lendemain le poisson mort la veille sur les bancs, mais à condition de lui tailler la queue, pour qu'on puisse le reconnaître (6). Quant au poisson sec et salé, on l'autorise à le vendre pendant trois jours consécutifs, parce qu'il est moins sujet à s'altérer (7). Enfin, il ne peut surfaire le prix (8), ni tromper sur le poids. Vend-il le poisson à morceaux, ou comme dit le vieux règlement de 1494, « *à darnes* » (couteaux), il est tenu de le faire à « darnes de fer et non de bois, adjustées devant le maire (9) ». Il doit vendre à la livre, et au pied, c'est-à-dire en mesurant la longueur entre la queue et les ouies (10). Le serrurier municipal à Poitiers est chargé d'attacher aux bancs de la Poissonnerie un pied en fer auquel on recourt pour vérifier la

---

(1) Règl. de 1494. — (2) *Guil. Bouchet, serée VI*e. — (3) Règl. de police de Fontenay 1343; règl. des poissonniers de Poitiers 1494. Sentence de police de Marcuil contre des vendeurs, qui ont dissimulé un mannequin d'huîtres, 6 mars 1749, *Vendée B*. 705. — (4) Règl. de 1297 et de 1494. — (5) Règl. de 1297 et de 1494. — (6) Règl. de 1494. — (7) Règl. de 1297. — (8) Règl. de 1297; ordon. munic. de Poitiers, 28 nov. 1650, *Reg.* 102. — (9) Règl. de 1494. (10) Règl. munic. de Poitiers 24 et 26 février 1654, 8 février 1654, 4 mars 1686 etc. *Reg.* 104, 105, 130.

mesure imposée aux poissonniers (1). La vente à la main, c'est-à-dire par appréciation, n'est permise qu' « à prix raisonnable » et pour ceux qui le demandent (2).

Chaque ville possède une place spéciale où la vente se fait publiquement. A Niort et à Fontenay, c'est la halle où les bancs des poissonniers avoisinent ceux des boulangers (3). Le voisinage incommode du poisson excite les plaintes des marchands, si bien que le corps de ville de Niort établit en 1610 un local particulier ou poissonnerie auprès des murs de la ville (4). A Poitiers, les poissonniers urbains et les forains étalaient encore au xiv⁰ siècle, sans doute en plein air, sur le Marché-Vieux (5). En 1473, l'échevinage décidait cependant la construction d'une Halle au poisson, rue de la Regratterie, et chargeait un particulier de l'édifier, en lui promettant le remboursement de ses avances (6). Ce projet fut-il exécuté ? On en peut douter, puisque, au xvi⁰ siècle, il est fait mention de la Halle de la poissonnerie établie au Marché-Vieux. Les poissonniers désireux de se soustraire à la surveillance de l'autorité municipale en demandèrent vainement la suppression, qu'ils essayèrent d'obtenir même en suscitant une émeute (7). C'était un bâtiment semblable à une grange, étroit, incommode, mal entretenu, où les eaux croupissaient dans les interstices du pavé rompu (8).

(1) Règl. munic. de Poitiers 8 mars 1652; *Reg.* 103.— (2) Règl. du 24 février 1652, *Reg.* 103. — (3) Règl. de police de Fontenay 1343. — Mention du marché au poisson de Niort dans un bail à cens de 1313, *Arch. hist. Poitou* XI, n⁰ 4. — Poissonneries mentionnées aux Sables et à Châtellerault (1704, 1726). Vendée B. 824; Godard I. 299. — (4) Bardonnet, *Ephémérides de Niort*, p. 341. — (5) Règl. munic. de Poitiers 1344, 2 mars, *Coll. Fonteneau* LXXIV f⁰ 506. — (6) Délib. mun. du 14 juin 1473, *Reg.* 7. — (7) Commission adressée au gouverneur comte du Lude à ce sujet, 5 avril 1567. Arch. Mun. Poitiers, D. 50, liasse 10. — Ordon. munic. des 21 et 28 août 1617 interdisant l'étalage au marché Notre-Dame. *Reg.* 72. — (8) Délib. munic. 20 déc. 1628, *Reg.* 81.

Il fut question de le reconstruire au xvii° siècle, près du monastère du Calvaire (1). On se contenta de le réparer, de l'agrandir de quelques boutiques (2), et il subsista ainsi jusqu'à la veille de la Révolution (3). Dans l'intérieur de cet édifice se trouvaient 18 emplacements, non compris ceux qu'occupaient les carpières et les marchandes de morues (4). La ville affermait cette halle, et le fermier percevait un droit de plaçage sur les marchands, mais ceux-ci avaient l'usufruit de leurs bancs, qui se transmettaient héréditairement (5). Bien que les bancs soient rognés au même niveau (6), et parfois séparés par des barreaux (7), bien qu'il y ait au centre un passage de six pieds pour la commodité du public (8), il n'est pas facile d'empêcher les turbulents carpiers-poissonniers d'empiéter les uns sur les autres, d'avancer sur le « chemin intérieur », de s'invectiver, de faire tomber le poisson du voisin par terre, et de se disputer le client (9). Au dehors de la halle, et quand l'intérieur est garni, le fermier autorise les poissonniers à établir des bancs dans un rayon de 8 pieds, mais non des étalages couverts de toile; en cas de pluie, ils peuvent se retirer à l'intérieur. Quant aux revendeurs et aux forains qui apportent du poisson de rivière, ils sont admis, au xviii° siècle, à vaquer à leur trafic debout, et au delà du rayon fixé, sans payer de droits.

(1) Les religieuses s'y opposèrent. Délib. munic. 16 mai et 2 juin 1622. Reg. 76. — (2) Délib. munic. de février 1631, 20 février 1651, 20 décem. 1658, Reg. 81, 102, 109. — (3) La Liborlière, *Souvenirs du Vieux Poitiers*, p. 14. La Poissonnerie, voisine de la Boucherie, était sur l'emplacement actuel du théâtre. — (4) Ordon. des Trésoriers de France rel. à la Poissonnerie de Poitiers, 7 janv. 1715. *Arch. Antiq. Ouest.* — (5) Ordon. munic. de Poitiers, 27 août 1618, 1er octobre 1635, 28 avril 1636, 21 octobre 1658, etc. Reg. 73, 86, 109. — (6) Délib. munic. 26 février 1652, Reg. 103. — (7) Délib. munic. 7 février 1656, Reg. 106. — (8) Ordon. des Trésoriers de France, 7 janvier 1715. — (9) Délib. munic., 12 nov. 1635, 7 février 1656.

Lorsque le poisson n'a pu être vendu le vendredi, il est permis de le transporter le samedi suivant à la place Notre-Dame (1). C'est là aussi que les marchands d'anguillettes étalent leurs produits rôtis ou grillés (2). La vente commencée dès les premières heures de la journée ne se termine, les jours maigres du moins, qu'à trois heures de l'après-midi ou jusqu'à vêpres « sonnées », soit pour le poisson d'eau douce, soit pour le poisson de mer. Il en est de même, semble-t-il, pendant le temps du carême (3). Dans d'autres temps, si l'autorité le permet, le poissonnier peut enlever sa marchandise à 11 heures pour la mettre « en boutique » ou au réservoir (4). Les forains arrivent-ils dans la soirée, aussitôt ils doivent aller étaler leur poisson sur les bancs. Au reste, pour des motifs d'hygiène faciles à comprendre et pour empêcher le marchand de maintenir des prix trop élevés, la durée légale de la vente est fixée à un jour et demi pour le poisson frais, et à trois jours pour l'alose, le saumon et le poisson salé (5). Au xiii° siècle, on interdit même de reporter à Poitiers ou dans la banlieue, le poisson acheté après l'heure de tierce, en vue de la revente au dehors (6), de peur sans doute que la marchandise ainsi colportée, ne soit plus nuisible qu'utile à la consommation locale. Enfin, les pêcheurs ou les marchands tenus d'étaler aux halles et non ailleurs doivent approvisionner de préférence les habitants du lieu. Ceux-ci ont le droit, en cas de refus, de se servir eux-mêmes, en payant le prix au détenteur du poisson (7).

(1) Délib. munic. du 26 déc. 1644; 17 mars 1659; 6 juin 1661, *Reg.* 96, 109, 111. — Ordon. des Trésoriers de France, 7 janvier 1715.— (2) Ordon. et délib. munic. 1er juin 1648, *Reg.* 99. — (3) Règl. de 1294 et de 1494; voir aussi les ordonnances citées aux pages précédentes, notamment celle du 24 février 1652. — (4) Règl. de 1494. — (5) Règl. de 1297 et de 1494, etc. — (6) Règl. de 1297. — (7) Ordon. de St-Gilles-sur-Vie et de St-Michel

Moins sujet aux manœuvres d'accaparement et plus facile à surveiller, le commerce du beurre et des graisses, des légumes, des fruits et des épices se trouve en général jouir d'une liberté relative. Mais le trafic du sel, c'est-à-dire d'un aliment aussi indispensable que le pain, la viande ou le poisson, est comme celui de ces produits minutieusement réglementé. Une communauté spéciale, celle des beurriers-graissiers, s'occupe, dans les villes importantes telles que Poitiers, de vendre les beurres, fromages et graisses (1). Celles-ci se débitent au cent pesant, du moins les graisses molles, tandis que le beurre se vend à la livre (2). Il est amené par des beurriers forains qui sont tenus d'alimenter la ville de ce produit avec régularité (3). On distingue le beurre du pays, plus commun, des beurres blancs et jaunes de Bretagne, ces derniers les plus chers, et enfin les beurres frais et les beurres salés, qu'on amène à dos de cheval. Les forains les vendent en gros au commerce local, ou en détail aux particuliers. Le plus souvent le trafic de détail est abandonné à des revendeurs et à des « revenderesses » (4). C'est du Poitou lui-même que viennent sur les marchés des villes les fromages, dont on distingue diverses espèces, à savoir ceux de forme ou de vache, et ceux de «barillet». Les meilleurs sont faits à Hérisson et à Bresmont, à Montmo-

en l'Herm au sujet des arrimeurs de sardines et pêcheurs, 11 juin 1784, 3 sept. 1717. *Vendée* B. 1092, 1146.

(1) Requête des beurriers-graissiers de Poitiers au Bureau du Commerce. 3 juillet 1738. *Arch. Nat.* F. 12, 85. — Il y en a aussi à Niort, *Aff. du Poitou* 1779, p. 36. — (2) Ordon. pour le prix des vivres à Poitiers, nov. 1422, *Arch. hist. Poitou*, XXVI, 380 et sq. — (3) Règl. gén. de police pour Poitiers 18 janvier 1567, précité. — (4) Tarif de la prévôté de Poitiers, xive s. — Tarif des droits d'entrée à Poitiers, 19 juin 1640. — Règl. gén. du 25 janvier 1578, pour le Poitou. — Ordon. munic. de Poitiers, 12 janv. 1632, *Rey.* 82. — Règl. du 31 janvier 1578 édicté pour les 15 poissonniers vendeurs de beurre, à Poitiers, *Rey.* 42.

rillon et dans la châtellenie de Poitiers (1). Le négoce des légumes et fruits est fait soit par les paysans et les forains aux marchés ordinaires, soit par des revendeurs ou revendeuses appelés herbiers et fruictiers (2). On apporte ces denrées dans les villes, soit à dos d'homme, soit par charge de cheval, soit par charretées (3). Les tarifs d'entrée et les règlements municipaux de Poitiers mentionnent, parmi les légumes les plus usités, les oignons, les échalottes, les aulx, les fèves, les épinards, les cerises, les noix vertes, les fruits aigres ou aigrest, les melons, les concombres et les cerneaux, les pommes « de cailleaux et de pépin », les poires d'hiver, le verjus, le raisin, les figues, les amandes et noisettes (4). Les châtaignes de la région de Civrai ont un certain renom (5). Les petits pois, surtout ceux de Niort, sont considérés comme un aliment de choix, qui se trouve sur la table des rois de France et dont un intendant, soigneux de ses relations, ne manque pas de faire goûter aux ministres (6). Quant aux fruits du Poitou, ils passent pour savoureux, et Jean Bouchet dans une épître en vers adressée à Rabelais ne manque pas d'en vanter la bonté (7). Le tarif de la Sèvre daté de 1285 montre qu'on

(1) Ordon. pour le prix des vivres, nov. 1422. On usait aussi des fromages d'Auvergne. Doc. sur les dép. de table (1446) pp. Marchegay, Soc. d'Emul-Vendée 1871, p. 153. — (2) Ord. munic, 19 août 1652; 7 sept. 1789, Reg. 104, 195. — (3) Tarifs de la prévôté xive s. et du 19 juin 1640. — (4) Tarifs ci-dessus; règl. du 18 janv. 1567; 2 août 1618, 19 août 1652, 31 juillet 1662, 29 nov. 1666, 21 mai 1663, 23 sept. 1647, Reg. 73, 99, 104, 113, 117. — Doc. pp. Marchegay précités. — Anc. coutumes de l'abb. de la Trinité de Poitiers (13e s.) Doc. pp. la Soc. Antiq. Ouest, p. 117 (usage fréquent des grèzes ou fèves écossées). — P. Coutant, second Eden, p. 63. — Dr Gallot, Essai sur le Bas-Poitou, p. 117. — (5) Affiches du Poitou, 1773, p. 34. — (6) Lettre de l'intendant Roujault au contrôleur général au sujet d'un envoi de petits pois de Niort, 1712 (18 mai), Corresp. des Contr. gén. III, n° 1276. — Dupin Statistique des Deux-Sèvres, p. 58. — (7) Epître de Jean Bouchet dans les Œuvres de Rabelais, VI, 55.

faisait de plus venir du dehors des figues et des raisins secs (1).

Le trafic des épices est dès le xi⁰ siècle assez répandu pour qu'il soit exercé par des négociants spéciaux, les épiciers ou espiciers (*pimenterii*) (2). Ils sont à Poitiers en 1522 au nombre de 22, mais confondus dans cette liste avec les marchands de draps de soie (3). Les tarifs de la Sèvre et de la prévôté de Poitiers indiquent parmi les épices qui parvenaient en Poitou, sans doute par l'entremise des Vénitiens, le poivre, la cannelle ou cinamome, le gingembre, le cumin (4). Plus tard, au xv⁰ siècle, il est question, dans divers documents, du sucre, du safran, de la muscade, des épices confites (5). Au xvii⁰ siècle, les épiciers cumulent avec leur profession celle de droguistes, et sont soumis pour ce motif aux visites des apothicaires (6). Mais ils n'ont jamais formé même à Poitiers de communauté exclusive, et le commerce de l'épicerie est toujours resté entièrement libre (7).

Le sel, bien plus répandu que les épices, est produit dans le Bas-Poitou dès la première période du Moyen-Age. Les salines (*salinae*) ou marais salants (*terrae salsabiles*), exploitées par les paludiers (*marisci*) sont fréquemment indiquées dans les cartulaires (8). Les marais se trouvent

---

(1) Coutume de la Sèvre 1285, pp. Gouget p. 94. — (2) *Herveus pimenterius* (acte de 1132, Cartul. de St-Hilaire, n° 136. — Pierre Lespissier (acte de 1308, *Arch. hist. Poitou*, XI n° 21). — (3) Liste de 1522, Reg. n° 15 (délib. munic.) — (4) Tarifs de la Sèvre (1285) et de la prévôté de Poitiers, xiv⁰ s. — (5) Repas d'une confrérie en Poitou au xvi⁰ s. *Aff. du Poitou*, 1781, p. 57. — Actes capit. de St-Hilaire 1450, *Vienne*, G. 524 — recettes de la baronne d'Anglex xv⁰ s. *Vienne*, G. 69. — Doc. pp. Marchegay (1446) précités. — (6) Statuts des apothicaires de Poitiers 1628, art. 19. — (7) Mém. des épiciers de Poitiers contre les apothicaires 1773, *Rec. Poit.* in-4°, XXII n° 8. — On trouve à Poitiers des épiciers en même temps confiseurs ou ciriers, *Affiches* 1776, p. 72; et 1780, p. 32. — (8) Concessions de marais salants x⁰ et xi⁰ s. — *Arch. hist. Poitou* III. n°s 520, 526, 513; I. n°s 41 et 29; II n° 13 etc. — Sur le

surtout en Aunis, dans la région de Marans et sur le littoral poitevin autour de la baie de Bourgneuf dans un rayon de 12 lieues où sont Noirmoutiers, l'île de Bouin, Machecoul, la Barre de Mont et Beauvoir-sur-Mer. On estimait qu'il y avait là au xviii° siècle 20.000 salines. Chacune des salines se divisait en 50 aires ou œillettes, c'est-à-dire en petits bassins où l'eau de mer subissait sa dernière évaporation (1).

La contenance de l'aire, d'ailleurs variable, était dans la région des Sables-d'Olonne, généralement fixée à 7 m. de long sur 5 m. de large (2). On évaluait la production annuelle de chaque aire à un quart de muid de sel mesure de Paris, c'est-à-dire à 700 l. pesant, et celle de toute la baie de Bourgneuf à 37.000 muids, production à peu près égale à celle des salines d'Aunis et de Saintonge, et supérieure à celle des marais du Croisic et de Guérande en Bretagne. Dans les bassins carrés appelés *parcs*, subdivisés par des digues en *aires*, on faisait pénétrer l'eau de mer, de la mi-mai à la fin d'août. Quand le soleil en avait cristallisé la surface, on la cassait avec une perche nommée simange, pour la retirer ensuite et la mettre à sécher au bord de l'aire. Les monceaux de sel recouverts de paille ou de jonc pour les garantir de la pluie étaient désignés sous le nom de vaches par les sauniers du Poitou. Le sel ainsi obtenu, de couleur grisâtre, se vendait aux greniers du Roi, aux étrangers (3) et aux habitants de la province (4). L'État au

---

prix des aires de marais salants, actes nombreux, Vendée B. 501 et sq. — Sur leur exploitation au 19° s., Cavoleau, pp. 666 et sq.

(1) Savary, Diction. des Manuf. et du Commerce, 2ᵉ édit. III 83. — (2) Rédet, Préface du Cartulaire St-Cyprien, III, p. XXXI. — (3) Le sel, vendu 30 à 35 l. la charge, se transportait au xviiᵉ siècle dans la Flandre, la Zélande, la Pologne et les pays de la Baltique. Savary III. 86 — (4) Savary III. 83-84.

xviiiᵉ siècle, a le privilège de l'acheter au prix du gros, c'est-à-dire à 20 l. la charge de 6.720 l. pesant (1). Le transport en est fait à l'intérieur, soit par barque, soit par charrettes attelées de deux chevaux ou d'un seul. Le sel est contenu, du moins au xvᵉ siècle, dans de grands pots de terre nommés *houles* ou *oilles*, dans lesquels il se conserve mieux (2), et d'où on l'extrait pour le vendre au boisseau. Le Poitou est une province rédimée. De là pour tous les habitants de ce pays le droit de faire librement le commerce du sel. Tout marchand, soit domicilié, soit forain, est admis à amener cette denrée dans les villes et bourgs pour la débiter publiquement (3). A Poitiers, ce trafic avantageux est fait en gros par des commerçants qui ont de vastes magasins où ils entreposent de 25 à 400 minots. Ils sont en 1652 au nombre de cinq, et l'un d'eux est en même temps banquier (4). La vente au détail se fait, soit par l'entremise des forains, soit par celle des revendeurs ou revendeuses de sel qui n'ont le droit de vendre qu'à petites mesures et qui ne possèdent guère dans leurs boutiques que 3 à 10 minots (5).

Le souci de prévenir les accaparements, de sauvegarder la santé publique, et de faciliter l'approvisionnement des particuliers, a fait édicter un certain nombre de règles

(1) *Ibid*, p. 86. — Les étrangers le payaient d'ordinaire 30 à 35 l. la charge. — En 1453 le sac se vend 30 s. à 45 s. rendu à bord du navire (il y a 28 sacs à la charge) *Marchegay* (acte de vente de sel à un navire hollandais, mars 1453), *Soc. d'Emul. Vendée* 1864, p. 130. — De 1745 à 1755, prix de la charge (poids 6500 liv.) 32 l. 6 s; de 1755 à 1765, 30 l. 16 s. ; 1765-1775, 65 l. 4 s., 1775-85, 35 l. 2 s.; 1785-95, 46 l. 10 s., Cavoleau, pp. 673-674.
(2) Tarif de la prévôté de Poitiers, précité. — Ordon. de nov. 1422 sur le prix des vivres à Poitiers. — (3) Délib. munic. du 13 février 1634 rel. à une tentative contre la lib. du commerce du sel, *Reg.* 84. — Ord. munic. des Poitiers 6 fév. 1645, *Reg.* 96 etc. — On finit cependant par établir des greniers à sel officiels à Châtellerault, Jaulnay, Latillé, Plumartin, etc. (xviiᵉ s.) *Godard I.* 110; *Aff. du Poitou*, 1778, 180. — (4) Délib. munic. de Poitiers, août et sept. 1652, *Reg.* 104. — (5) Délib. munic. 27 août et 14 sept. 1665, *Reg.* 114.

applicables à la vente de ces diverses denrées. A tous il est interdit d'aller au devant des marchands qui apportent du sel, des légumes, beurres et fruits, et d'acheter ces denrées avant la clôture du marché dans les rues, maisons privées et hôtelleries. Aux marchands il est défendu de vendre ailleurs qu'au marché « de peur que les habitants ne soient « trompés et déçus » (1). Les particuliers doivent passer avant les revendeurs et s'approvisionner à leur aise. C'est pourquoi, les marchands beurriers forains et étrangers et les traficants en gros sont tenus au xvie siècle, à peine de confiscation et d'amende arbitraire, ou du carcan, en cas de récidive, d'étaler dès leur arrivée le beurre à la Poissonnerie pendant un jour entier, afin de permettre aux habitants de faire leur provision (2). Au xviie siècle, ce n'est qu'après 10 ou 11 heures que les revendeurs sont admis au marché du beurre comme à celui du sel. Les hôteliers qui s'aviseraient de recéler ces denrées sont passibles des mêmes pénalités que les marchands (3).

Une ordonnance municipale oblige même les beurriers à déclarer sous la foi du serment au maire la quantité de

---

(1) Règl. du 18 janv. 1567; du 9 juillet 1632, du 12 sept. 1634 pour Poitiers, précités. Ord. munic. de Poitiers, 14 août 1572, 2 sept. 1640. *Reg.* 41 et 91. — Règl. du 25 janv. 1578 pour le Poitou. — Ord. de police de la Mothe Achard, 25 août 1784, *Vendée* B. 177. — Ord. du sénéchal de Challans interdisant la vente des fèves en greniers et fixant les heures du marché entre 6 et 8 h., 15 mai 1770 *Vendée* B. 319. —(2) Règl. du 18 janv. 1567, du 25 janv. 1578 et du 17 juillet 1632, précités. — Ord. de police de Challans (1770) précitée (les hab. sont seuls admis au marché des fèves la première heure). — (3) Ord. munic. 19 juillet 1559 (elle interdit à peine de fustigation et d'amende aux revendeuses d'approcher du marché « à la longueur d'un jeet d'arbaleste »); 12 sept. 1634; 5 février 1646; 28 fév. 1650; 3 avril 1651; 12 fév. 1652; 17 juin et 19 août 1652; 19 mai 1653; 8 fév. 1654; 6 mars 1656; 21 août 1662 relatives aux beurriers; du 31 août 1665 relative au sel. *Reg.* 37, 97, 101, 102, 103, 104, 105, 106, 113, 116. — Ord. du présidial de Poitiers, 29 janv. 1700, art. 16.

beurre qu'ils ont amené (1). Il faut une permission de ce magistrat pour acheter en vue de la revente l'aigrest, les noix vertes, le verjus et le raisin (2). On redoute en effet les manœuvres des intermédiaires qui risqueraient de faire hausser le prix de ces denrées. En conséquence, les particuliers, soit aux jours de marché, soit en dehors de ces jours, peuvent acheter le sel et autres produits, mais pour leur « fourniture et usage seulement » (3). Cette interdiction est surtout applicable au sel. Maintes ordonnances municipales prohibent d'une manière absolue les amas ou magasins qu'on nomme *salorges* ou *salines*, dans les villes et leur banlieue. On limite à deux minots la provision de chacun, à trois ou quatre celle qu'il est permis d'avoir pour revendre, à charge d'en garnir le marché le samedi (4). Des visites domiciliaires, des descentes de police chez les marchands, les hôteliers, et même les particuliers, sont destinées à assurer l'exécution de ces prescriptions. Les délinquants sont punis de confiscations et de fortes amendes (5).

L'intérêt du consommateur exige que ni le forain, ni le marchand domicilié ne puissent dissimuler leur marchandise, et que le marché public soit constamment fourni. Aussi les sauniers ne peuvent-ils décharger leur sel sur le port St-Lazare, ni dans les maisons de Poitiers. Ils sont

---

(1) Ord. municipale 17 juin 1652. — (2) Règl. du 18 janvier 1567 pour Poitiers. — (3) Ordon. munic. 15 octobre 1646. *Reg.* 98; voir aussi les documents cités ci-dessous. — (4) Règl. du 18 janv. 1567; 19 juillet 1632, précités; 4 août 1627; 24 août 1637; 12 sept. 1644; 17 août 1650, 15 mars 1651, sept. 1652, sept. 1655, août 1656; 31 août 1665; 29 nov. 1669, etc. Reg. 78, 88, 96, 102, 103, 104, 106, 107, 116, 121. — Ord. du présidial de Poitiers, 29 janv. 1700, art. 11. — Ord. munic. de Châtell^t, 3 avril 1657, Godard I, 198. — (5) Ex. descente au jeu de paume du Bourrain, 4 sept. 1651; au bourg de Cissé, près Poitiers, 29 nov. 1669. *Reg.* 103 et 121. —

tenus de l'apporter au lieu prescrit pour la vente; s'ils ne peuvent le vendre entièrement le premier jour, il leur est permis de l'entreposer dans les maisons voisines, à charge de l'exposer au marché suivant (1). Les charretiers eux-mêmes sont passibles d'amende s'ils s'avisent de décharger ce produit ailleurs que sur la place désignée (2). Les marchands en gros sont astreints à faire conduire tous les samedis au marché public le sel qu'ils ont en magasin, et il leur est défendu de le rapporter dans leurs maisons (3). On les oblige à alimenter régulièrement les habitants qui ne peuvent acheter qu'à petites mesures (4). De leur côté, les particuliers n'ont pas le droit de reserrer « du sel en leur « logis » au delà de leur provision, et ils doivent exposer le superflu en vente aux mêmes conditions que les marchands (5).

En vertu des mêmes principes, l'exportation du sel, soit en dehors des villes du Poitou, soit en dehors de la province, est soumise à de minutieuses entraves. Sur la côte, il est généralement permis aux sauniers de vendre la récolte aux étrangers; c'est l'une des grandes ressources du paludier. Toutefois, quand la production a été trop médiocre, on interdit la sortie des sels à destination du dehors du royaume et même des ports de la Manche, « afin d'assurer

Nombreuses mesures et sentences de ce genre. — Visite à Châtell. chez un orfèvre, soupçonné de faire salorge, 1635. Godard I, 107.

(1) Ordon. munic. de Poitiers, 17 sept. 1607, 16 juillet 1621, 4 sept. 1624, 15 sept. 1632, 14 août 1634, 4 août 1627, 12 sept. 1644, 17 août 1650, 15 mai 1651, 6 août 1652, 2, 9, 23 sept. et 7 octobre 1652; 3, 10, 27 octobre 1661; 15 sept. 1664; 31 août 1665; 1er avril 1675. Reg. 63, 75, 76, 78, 82, 85, 96, 102, 182, 104, 115, 116, 124. — Ordon. munic. de Châtellerault, 3 avril 1657, Godard I, 198.— (2) Ordon. munic. de Poitiers, 28 juillet 1658, Reg. 109.—(3) Ordon. mun. 31 août 1665, etc.—(4) Ordon. mun. Poitiers. 1er avril 1675.—Châtell. 3 avril 1657. —(5) Ord. munic. de Poitiers 16 juillet 1621. — A Châtell. le particulier peut faire provision de sel pour 6 mois, mais en sollicitant une autorisation écrite. Ordon. 3 avril 1657.

« le fournissement de la ferme des gabelles », et la consommation intérieure (1). En tout temps, quand l'autorité locale le juge bon, il est permis d'interdire aux marchands en gros, aux forains, aux revendeurs, tout transport de sel hors de la ville, « à peine d'amende et de confiscation » (2). On visite les maisons suspectes de pratiquer « le divertisse-« ment » de cette denrée, et les logis qui donnent asile aux contrevenants (3). On arrête aux portes les charrettes et les montures, et on renvoie le sel au marché (4). On emprisonne ceux qui essaient de le transporter clandestinement (5). L'accès du marché urbain n'est pas interdit aux marchands étrangers, mais ils n'y sont pas admis avant midi, les achats en gros ne leur sont en aucun cas permis. Ils ne peuvent acheter qu'au détail (6), et faire leurs transports qu'ouvertement. En 1667, on va jusqu'à mettre en prison un négociant forain qui enlève cinq à six minots (7), et en 1665 on confisque neuf minots sur des gens de Chinon qui s'avisaient de les charger en secret (8). Chaque ville arrête au passage la précieuse denrée. Les bateaux qui remontent le Clain à destination de Châtellerault sont contraints de stationner au port St-Lazare à Poitiers. On ne

(1) Arrêts du Conseil des 14 nov. 1713, 28 août 1714, 23 sept. 1770. *Arch. Antiq. Ouest.* — Même règle pour le transport des noix et des légumes, en certains cas. Ordon. munic. de Châtel. 18 avril 1651, *Godard I*, 142. — Sentence de police des Sables ordon. confiscation du beurre acheté aux halles par les marchands de la Rochelle et de Ré au détr. des hab. des Sables. 12 juin 1741. *Vendée* B. 776. — (2) Règl. munic. de Poitiers, 4 août 1627, 19 juillet 1632, 17 août 1650, 5 avril 1652, 23 sept. et 11 nov. 1652, etc. *Reg.* 78, 83, 102, 104. — (3) Ex. visite du logis de l'Écu à Poitiers 25 oct. 1652. *Reg.* 184. — (4) Délib. munic. 6 août 1652, 8 août 1661, 31 août 1665 *Reg.* 104, 112, 116. — (5) Ex. procès-verb. des 31 août 1665 et 30 août 1666 à Poitiers, *Reg.* 116 et 117. — (6) Règl. municipaux de Poitiers, 24 août 1637, 15 mai 1651, 26 août 1652, 31 août 1665, etc. *Reg.* 88, 102, 104, 116. — (7) Ex. procès-verbal du 9 mai 1667 à Poitiers. *Reg.* 117. — Procès-v. contre un forain de St-Gervais et un cordonnier, 21 déc. 1665, *Reg.* 116. — (8) Délib. munic. de Poitiers, 14 déc. 1665. *Reg.* 116.

leur laisse continuer leur voyage qu'après avoir déchargé le sel sur la place publique. Les habitants s'approvisionnent à leur aise, et c'est seulement quand ils sont satisfaits que les marchands peuvent transporter ailleurs le surplus (1). Les charrettes n'échappent pas à cette loi. On arrête près de la porte St-Lazare en 1649 plusieurs charretiers qui avaient cru esquiver la difficulté en se dissimulant le long des murs, et on amène leur chargement au marché (2).

Les messagers eux-mêmes sont fouillés, et s'ils ont plusieurs minots de sel, contraints de les mener à la place (3). Les marchands sauniers qui faisaient le trafic dans les diverses villes du Poitou avaient tenté de faire régulariser leur situation. A Poitiers, ils avaient obtenu, au début du XVII° siècle, des règlements qui leur accordaient la faculté du libre transit, sans obligation de décharger leur marchandise, pourvu qu'ils justifiassent par certificats officiels que leur sel provenait des deux grands marchés légaux de Niort et de Marans, et à condition qu'ils n'en eussent déchargé aucune fraction dans les magasins de la ville (4). Mais cette liberté ne tarda guère à être violée. On contraignit d'abord les marchands à laisser le tiers de leur sel aux habitants de Poitiers, pour que ceux-ci eussent la faculté de se pourvoir (5). Puis on subordonna la permission du transit aux nécessités de la consommation locale, et sous prétexte que la ville « avait besoin » de sel « pour fournir les habitants » on exigea les quantités les plus arbitraires (6). Le régime restrictif paraît d'ailleurs n'avoir été appliqué qu'au com-

(1) Délib. munic. du 3 sept. 1621, *Reg.* 76; du 5 août 1624, *Reg.* 76 *bis*, etc. — (2) Délib. munic. 16 août 1649, *Reg.* 101. — (3) Délib. munic. relative au messager d'Angle, 9 janvier 1667, *Reg.* 118. — (4) Règl. municipaux de Poitiers du 4 août 1624; du 19 juillet 1632; du 12 août 1630, *Reg.* 78, 81, 83. — (5) Règl. munic. 28 août 1630, *Reg.* 81. — (6) Règl. munic. 22 août 1633, 16 août 1640, *Reg.* 84 et 91.

merce du sel, et non, du moins d'une façon permanente, à celui des beurres et graisses, des épices, des légumes et des fruits.

D'autres règles au contraire concernent ces diverses espèces de trafic. L'autorité locale peut s'enquérir de la provenance des denrées vendues. C'est ce qui a lieu pour le sel et les beurres. Il en est de même pour les herbes, les noix et le verjus. Le maraudage des revendeurs et autres pauvres gens s'exerce dans les prés, les champs, les vignes et les vergers à la saison propice. Aussi, aux portes des villes, les portiers municipaux sont-ils en droit de faire la visite des paquets et d'arrêter les délinquants (1). Les revendeurs sont invités à n'acheter aucune des denrées qu'on leur apporte, « s'ils n'ont cognoissance » que ceux qui les présentent les ont prises « en ce qui leur appartient » (2). Soucieuse de l'hygiène publique, la police locale empêche la vente de l'aigrest, du verjus en grains, des noix vertes et du raisin, avant l'époque officielle de la récolte et des vendanges (3). Elle s'oppose au trafic des melons, cerneaux, concombres et autres fruits, quand la dyssenterie fait des ravages parmi le « commun peuple ». L'acheteur est puni d'amende. Le vendeur s'expose de plus à la confiscation et à la peine infamante du carcan qu'il subit à Poitiers sur la place Notre-Dame la Grande ou sur celle du Pilori (4). Les denrées sont soumises à la formalité de la visite. Elle est

---

(1) Règl. munic. de Poitiers 30 juillet 1659, 31 juillet 1662, 21 mai 1663. Reg. 110-113. — (2) Règl. du 31 juillet 1662. — (3) Règl. mun. de Poitiers, 18 janv. 1567, précité; 19 juillet 1632; 2 sept. 1640; 17 août 1643; 19 août 1652; 21 juillet 1659. Reg. 91, 95, 104, 110. — (4) Mêmes règl. et ordon. munic. de Poitiers du 23 sept. 1647, Reg. 99. — Règl. de police de Châtell!. 1749, art. 58 (interd. de la vente des mauvais melons et du trafic de ce fruit après le 15 octobre).

surtout minutieuse pour le beurre. Dès le jeudi soir à trois ou quatre heures, les beurriers, qui ne peuvent d'ailleurs exposer que le vendredi, sont tenus de faire porter leur marchandise à la Poissonnerie, où on en fait l'épreuve, et où on pèse en même temps les pots et vaisseaux de terre qui contiennent le produit (1).

On s'ingénie à déjouer les fraudes des marchands qui s'exercent surtout au moment du pesage. Ainsi les fruitiers forains trompent l'acheteur en remplissant le fond de leurs paniers de fougère et de foin d'une façon exagérée. Une ordonnance municipale prohibe cet abus (2). Les beurriers et revendeurs qui détaillent le beurre à la livre ont des poids de plomb ou des cailloux non marqués et des balances mal ajustées. On les oblige à avoir des balances exactes et des poids de cuivre marqués du marc de la ville, et on frappe d'amende ceux qui vendent à poids léger ou faux (3). Le lait ne peut se vendre qu'à petites mesures fixées par les officiers de police des lieux (4). Le sel est vendu de la même manière, le samedi sur la place publique et les autres jours en boutique par les revendeurs (5), et au minot par les marchands en gros ou forains. Leurs mesures sont étalonnées et marquées, d'après la mesure officielle du lieu, et visitées par les agents du seigneur ou du pouvoir local compétent (6). L'usage veut à Poitiers que le marchand donne le minot de sel à quatre boisseaux et demi *avec le crosson*,

---

(1) Ordon. munic. de Poitiers du 2 sept. 1640, 21 août 1662, 22 janvier 1663, *Reg.* 91 et 113. — (2) Ordon. munic. de Poitiers, 15 juin 1651, *Reg.* 102. — (3) Règl. munic. de Poitiers, 27 février et 3 avril 1651, *Reg.* 102. — (4) Règl. gén. du 25 janv. 1578 pour le Poitou. — (5) Règl. du 14 sept. 1665 relatif aux revendeurs de sel à Poitiers. *Reg.* 116. — (6) Règl. de police de Poitiers, 18 janv. 1567, précité. — Règl. munic. du 26 mai 1609, 28 juillet 1625, 30 sept. 1655, etc., *Reg.* 64, 77, 106.

c'est-à-dire en le pressant et en abattant le comble (1), sans que la contenance du boisseau puisse être diminuée (2). Les falsifications sont réprimées avec rigueur. On punit par exemple de confiscation et d'amende les beurriers qui altèrent le beurre ou qui mélangent en le repétrissant le beurre vieux et le beurre frais, aussi bien que les marchands de sel qui mêlent à cette denrée une certaine quantité de sable (3).

La surveillance est facilitée par la fixation du lieu, du jour et des heures de vente. Chaque produit doit être étalé à une place déterminée. C'est pour le sel, à Poitiers depuis le xi° siècle, le Marché Notre-Dame, où on l'amène en char, charrette à un, deux ou quatre bœufs, et brouette (*beroata*) à ânes (4), et où il est vendu en plein air, « à plom », c'est-à-dire au poids strict, d'après l'injonction des règlements (5). En 1625, ce marché est transféré sur la place du Pilori, pavée pour la circonstance de beau pavé de Busserolles, et dès lors il est interdit de vendre le sel ailleurs (6). Ce produit y est étalé sur de grosses toiles rousses appelées *balins*, qu'un fermier, chargé de l'entretien de la place et des bornes qui l'entourent, est obligé de fournir aux marchands forains, moyennant la perception d'un léger droit (7). Au xv° siècle, les légumes se vendent devant le cimetière Saint-Didier, les

---

(1) Règl. munic. 16 juillet et 6 août 1663, *Reg.* 114. — (2) Ord. du présidial de Poitiers, 12 déc. 1701 et 14 août 1782. *Arch. Antiq. Ouest.* — (3) Ord. munic. 31 oct 1639, et 10 oct. 1661, 13 déc. 1669. *Reg.* 90, 112, 121. — Ord. de l'intendant Le Nain, 1733, art. 10. — (4) Charte d'Agnès accordant un droit sur la vente du sel au prieuré St Nicolas de Poitiers, 1080. *Arch. hist. Poitou*, I, 7. — (5) Règl. munic., 18 janv. 1567, précité ; du 17 sept. 1607, *Reg.* 63. — (6) Ordon. municip. 12 mai 1625, 15 octobre, 1646, mars 1660, 1er août 1661, *Reg.* 76 bis, 98, 110, 112. — (7) Mêmes règl. et ordon. munic. du 29 juillet 1632, 2 avril 1685. *Reg.* 82, 129. — Ord. du présidial de Poitiers, 29 janv. 1700, art. 17, et 14 août 1782.

herbes peut-être avec le pain dans la rue dite de Lerberie (1). Au xvii°, les amandes, légumes et certains fruits tels que les noix sont vendus au minage (2). Mais les fruitiers et les herbiers peuvent aussi étaler sur la place Notre-Dame et aux autres endroits assignés (3). Le beurre enfin est exposé en vente dans la Halle de la Poissonnerie sur des bancs que loue le fermier : l'étalage au dehors n'est toléré que si l'intérieur est entièrement garni (4). Un jour par semaine est consacré à la vente de ces produits. C'est le vendredi pour le beurre : le marché ouvert à 6 heures se ferme à 10 ou 11 heures (5). C'est le samedi entier pour le sel vendu au minot : la vente à petites mesures est autorisée en boutique les autres jours de la semaine (6). Les légumes et les fruits peuvent être étalés tous les jours jusqu'à 11 heures, sauf ceux de Notre-Dame et autres fêtes solennelles. Encore cette restriction n'est-elle pas souvent respectée (7). La vente doit d'ailleurs être faite à des conditions raisonnables, et, au besoin, le pouvoir use de son droit de tarification pour fixer les prix (8). Ici comme pour les autres variétés du commerce et des industries de l'alimentation, l'intérêt public a dicté les règles qui déterminent l'organisation plus ou moins rigide donnée avec le temps à chaque profession.

(1) Ordon. munic. du 14 juin 1473, Reg. 7. — (2) Ordon. munic., 29 nov. 1666, Reg. 117. — (3) Ord. munic. 19 oct. 1643, 14 août 1648, 7 sept. 1789, Reg. 95. 100, 195. — (4) Règl. 18 janv. 1567, 19 juillet 1632, 5 fév. 1646, 12 et 26 février, 17 juin 1652, 8 février 1654, 6 juin 1661, 21 août 1662. Reg. 81, 83, 97, 103, 105, 111, 113. — Ord. du présidial de Poitiers, 29 janv. 1700, art. 18 ; — de l'intendant Le Nain, 1733, art. 10. — (5) Ord. munic. 18 janv. 1567, 12 sept. 1634 ; 2 sept. 1640, 17 juin 1652, 19 août 1652, février 1654, 22 janv. 1663. — Ord. du présidial 1700, art. 16 ; de Le Nain, 1733, art. 10. — (6) Ord. munic. 24 août 1615, 15 sept. 1632, 6 et 26 août 1652, etc. Reg. 78, 82, 104. — (7) Règl. 18 janv. 1567, 1er juin et 14 août 1648, Reg. 99 et 10. — (8) Voir le livre IV.

CHAPITRE VI

Le commerce des liquides, la revente des aliments, les industries de l'éclairage et du chauffage

Le commerce des liquides occupe un certain nombre de communautés poitevines, mais leur organisation est difficile à connaître. Pour certaines, les documents sont rares et peu explicites. Tel est le cas des brasseurs, des fabricants ou distillateurs d'eau-de-vie, des vinaigriers et des huiliers. Longtemps la fabrication de la bière est restée inconnue en Poitou. Lorsque en 1640 un certain David Guillet présente requête au Corps de ville de Poitiers pour établir une brasserie, afin de suppléer à la « disette du vin », l'échevinage autorise cette industrie qu'il reconnaît être toute nouvelle(1). En 1775, le seul établissement de ce genre qu'il y eût dans la province se trouvait aux environs de Fontenay-le-Comte sur la terre de Fontaine. La bière de bonne qualité qu'on y fabriquait se débita rapidement dans la province (2) et donna l'idée de nouvelles brasseries. En 1781, deux brasseurs Flamands, nommés Louage et Paulet, établissaient à Poitiers, près de l'Hôpital-des-Champs, une fabrique de ce genre qui utilisait comme matière première les blés du pays (3). Toutefois, la consommation de la bière était encore si restreinte qu'à la fin du xvIII° siècle il n'y avait que cinq brasseries dans les deux départements des Deux-Sèvres et de la Vendée, à savoir une à Saint-Liguaire près de Niort,

---

(1) Délib. du corps de ville de Poitiers, 17 sept. 1640, Reg. 91. — Un aveu de 1655, mentionne aussi un brasseur nommé Pellisson à Niort. Vienne G. 137. — (2) Affiches du Poitou, 1775, p. 132. — (3) Affiches du Poitou, 1781, pp. 48 et 144; créée par M. de Chapelle, Cavoleau, Stat. p. 664.

trois à Fontenay et une à Luçon (1). Dans les campagnes, on ignorait même à peu près entièrement l'usage de la bière et du cidre (2).

La distillation des vins blancs et leur conversion en eaux-de-vie était une industrie rurale pratiquée en Poitou d'une manière assez active, mais sur laquelle on n'a de renseignements que pour le xviii² siècle. Dans les élections de Fontenay, de Thouars et de Niort, et dans la partie du Poitou qui appartenait à la généralité de la Rochelle, surtout à Aigre, se faisait un commerce important d'eaux-de-vie, dont les unes étaient expédiées vers les ports de l'Océan, et les autres dans l'intérieur par la voie du Clain et de la Vienne. « De toutes les eaux-de-vie françaises, dit Savary, « celles de Nantes et du Poitou qui sont de semblable qua- « lité sont les plus estimées, parce qu'elles sont d'un meil- « leur goût, plus fines, plus vigoureuses, et qu'elles conser- « vent plus longtemps l'épreuve du chapelet » (3). Elles n'ont d'égales que celles d'Angoumois et de Saintonge, et sont bien supérieures à celles d'Anjou, de Touraine et d'Orléanais. L'étranger en enlevait tous les ans un grand nombre de pipes ou de tonneaux. Le négoce se fait en gros ou en détail dans les villes par les marchands épiciers-droguistes et par les limonadiers et les vinaigriers. Ceux-ci peuvent en effet brûler les vins et posséder des alambics (4), de même que les paysans. La distillation était donc une industrie surtout rurale et familiale, car la profession spéciale de distillateur d'eau-de-vie ne semble pas avoir été répan-

---

(1) Labretonnière, *Statistique de la Vendée*, p. 81 — (2) Dupin, *Stat. Deux-Sèvres*, p. 54. — (3) Dupin, *ibid.*, p. 70. (4) Le chapelet est la mousse blanche qui se forme à la surface de l'eau-de-vie quand on la verse, Savary, I, 2ᵉ édit., 61, 62 ; II, 994.

due en Poitou. Le seul indice qu'on en trouve à Poitiers est l'autorisation de domicile accordée en 1621 à un faiseur d'eau-de-vie, nommé Jean Mondon, originaire de Grenoble (1).

La fabrication des vinaigres est dévolue à une communauté qui s'organise à Poitiers en corporation jurée au début du xvii° siècle (2). C'est celle des vinaigriers-buffetiers-moutardiers, analogues aux vinaigriers-sauciers-moutardiers-distillateurs et buvetiers de Paris. Au reste, ils ont les mêmes règlements que ces derniers (3). Ils possèdent le monopole de l'achat des lies de vin et vessières, ainsi que celui de la fabrication des vinaigres, de la moutarde, du verjus, de la sauce jaune. C'est à eux seuls qu'il appartient d'acheter les vins gâtés et les lies sèches que vendent les taverniers, cabaretiers et regratiers. En 1621, ils font interdire à des marchands forains l'acquisition des lies et vessières, et à cette occasion, l'échevinage de Poitiers défend à tous de « se mesler de faire vinaigre, buffetrie et moutarde, ny en vendre, sans estre reçu audit mestier » (4). Vingt-huit ans plus tard, défense est faite aux chandeliers de se livrer au trafic des vinaigres, soit en détail, soit en gros (5). Au reste, cette industrie avait un caractère tout local. A la fin du xviii° siècle, les deux vinaigreries de Niort suffisaient à alimenter tout le département des Deux-Sèvres (6). Le seul produit des vinaigriers qui eût quelque renom était avant la

(1) Délibération de l'échev. de Poitiers, 10 mai 1621, Reg. 75. (2) Délib. de l'échev. 9 mars 1615, février, avril, mai 1616, Reg. 69, 70. — (3) Délib. de l'échev. de Poitiers, 26 avril 1616, Reg. 70. — (4) Ord. munic. de Poitiers, 26 avril 1621, Reg. 75. — Comparer avec les statuts des vinaigriers de Paris, 1656, analysés par Savary, Dict. du com. III, 642-644. — (5) Ord. munic. de Poitiers, 9 août 1649, 16 mai 1667. Reg. 101 et 117. — (6) Dupin, Statistique, p. 49.

Révolution la moutarde de St-Maixent (1). On ne sait presque rien d'un commerce voisin de celui des vinaigres, à savoir le négoce des huiles comestibles. Les règlements et quelques tarifs mentionnent les huiles de noix et les huiles d'olive, que l'on transporte dans des pots de terre et à dos d'homme ou de cheval, et qu'on emploie dans les fritures et les potages (2). La fabrication de l'huile de noix était une industrie locale ; l'huile d'olive provenait sans doute de la France méridionale. Dans les villes, la profession des marchands d'huiles ou huiliers apparaît exercée dès le xiii° siècle. Un acte de cette époque mentionne un de ces industriels, un *olearius*, à Poitiers (3). Au reste, ce trafic était exercé encore au xvii° siècle conjointement par les huiliers, les chandeliers et de pauvres femmes veuves, qui «de tout temps, vendaient de l'huile en boutique » (4). Il semble donc que les huiliers faisaient aussi le commerce des huiles d'éclairage. D'ailleurs la profession ne paraît pas avoir été très importante.

Il n'en était pas de même du commerce des vins. Le Poitou eut de bonne heure des vignobles assez étendus. Il est souvent question dans les cartulaires des terrains plantés en vignes, et certains crus, ceux de Niort par exemple, étaient connus au dehors de la province (5). On trouve même mentionnée à la fin du xiv° siècle une institution

---

(1) *Affiches du Poitou*, 1775, p. 35. — (2) Tarif de la Prévôté de Poitiers, xiv° s. — Ord. sur le prix des vivres à Poitiers, nov. 1422 — Règl. gén. du 25 janv. 1578 pour le Poitou — documents précités. — Coutumes de St-Maixent, xvii° s. *Cartul. de St-Maixent* II, 314. — Une ord. mun. de Châtel[t] (15 février 1631), en temps de disette, oblige les huiliers à tenir registre et à ne délivrer de tourteaux provt. des noix que sur billet du maire, *Godard* I, 75. — (3) Testament de Jean de Coussay, chanoine de St-Hilaire, 1262. *Cart. de St-Hilaire* I, n° 269. — (4) Délib. de l'échev. de Poitiers rel. aux huiliers, 12 et 16 nov. 1629, *Reg.* 75. — (5) Voir ci-dessus, livre Ier, chap. Ier.

curieuse qui a survécu dans les pays où prospère la viticulture, celle des sergents ou gardes de vigne, chargés de protéger les raisins contre l'avidité des maraudeurs (1). Les bourgeois des villes ont presque tous leur quartier de vignoble, si bien qu'à Poitiers, au xvii° siècle, pendant le temps des vendanges, bon nombre de maisons sont abandonnées (2). Les habitants de la province passent pour des amateurs fervents de la vigne et de ses produits, et le poète Jean Bouchet décrivant la vallée du Clain, ne manque pas d'y louer

Les bons fruictz et bons vins
Que bien aymons entre nous Poictevins (3).

L'auteur des Serées consacre toute une de ses causeries à ce même sujet (4). On distinguait le vin claret, le gris, le rouge et le blanc, qui avaient chacun leurs amateurs, et on plaçait même le rouge aussitôt après les vins de Beaune et d'Aunis (5). Les crus les plus renommés au xvi° siècle étaient le « bon vin de Ligugé » et celui de la Foye-Monjault, près de Niort, que François Ier prisait beaucoup et dont Rabelais fait mention (6). Au-dessous venaient les variétés appelées vin pineau, vins ordinaires et petits vins (7), et au xvii° siècle, les vins de vendanges (8) et de râpe. En général, du moins, avant la Révolution et au début de notre siècle, le paysan

---

(1) Rémission en faveur des gardes de vignes 1391. *Arch. hist. Poitou*, XXIV, 38. — Ord. de police de St-Michel en l'Herm concernant les sergents verdiers gardes des vignes 3 sept. 1717. *Vendée B*. 1146. — (2) Délib. de l'échev. de Poitiers, 20 sept. 1649 *Reg.* 101. — Voir sur la production des vins, Mém. de l'intendant Maupeou (1698), pp. D. Malifeux, pp. 411, 412, 421. — (3) Epître de Jean Bouchet à Rabelais. Œuvres de Rabelais, VI, 55. — (4) Serées de Guill. Bouchet, n° 1. — (5) Ordon. de nov. 1422 sur le prix de vivres. — G. Bouchet, *Serées*, n° 1, pp. 35-37, 46, 63. — (6) Œuvres de Rabelais III, 196. Dupin, *Statistique*, p. 58. — Sur les vins du Poitou, Gallot, *Essai sur la topog. du Bas-Poitou* p. 107. — Jouyneau Desloges, *Journ. de Poitiers* an VIII, n° 36. — (7) Règl. du 25 janv. 1578 pour le Poitou. — (8) Tarif d'entrée de Poitiers, juin 1640.

réservait le vin pour la vente. Il se contentait pour lui-même d'une sorte de piquette appelée boisson, faite d'eau fermentée sur les marcs une fois pressés, ou même d'une espèce d'eau de prunes ou de pommes séchées au four et fermentées, nommée vinasse (1). Une bonne partie du vin est donc transportée et vendue, soit dans l'intérieur de la province, soit au dehors. Au xiii° siècle, la coutume de la Sèvre mentionne ce produit parmi ceux que l'on exporte (2). Une partie de la récolte annuelle s'expédie de tout temps par les ports de la côte poitevine ou par ceux de Nantes, de la Rochelle et de Marans (3). L'autre partie, transportée en tonneaux ou pipes sur des charrettes (4), alimente la consommation locale. Le supplément nécessaire est fourni par les vins de Gascogne, de Saintonge et d'Angoumois (5). Ce commerce occupe une grande place dans la vie économique du Poitou. Dès le Moyen-Age, le négoce en gros appartient à une classe spéciale de négociants qui se livrent à la fois au trafic d'exportation et à la vente sur place (6), soit des vins de la province, soit des vins d'autre provenance. On les nomme, au xvii° siècle, marchands grossiers (7), et ils sont seuls autorisés à vendre le vin en gros, c'est-à-dire par barriques ou tonneaux.

La vente au détail appartient aux taverniers, aubergistes, cabaretiers et hôteliers, dont la condition nous est

(1) Rapport sur l'élection de Fontenay (1730), pp. D. Matifeux (*Etat du Poitou*, etc., p.436)—Cochon, *Stat. de la Vienne*, p. 42. —Dupin, *Stat. Deux-Sèvres*, p. 70.—Cavoleau, *Stat.* p.635,indique pour le produit des vins de la Vendée en 1803, le chiffre de 313.000 hectolitres. — (2) Gouget, p. 94. — (3) Savary I, 61-62. — (4) Le mode de transport était fort coûteux, voir comptes d'Alfonse de Poitiers, 1253. *Arch. hist. Poitou* III, 12.—(5) Délib. de l'échev. de Poitiers, 28 déc. 1665, *Reg.* n° 6. — (6) Par ex. Guill. et André Bérart frères, marchands de vin qui font des expéditions de vin par barque à Marans 1396, Acte de rémission dans les *Arch. hist. Poitou* XXIV, 250. (7) Délib. de l'échev. de Poitiers, du 11 février 1658, *Reg.* 108.

mieux connue en Poitou que celle des marchands grossiers. Les taverniers exercent, soit pour leur propre compte, soit comme intermédiaires, et parfois ils pratiquent simultanément la vente à la commission et la vente directe. Les grands propriétaires, nobles, clercs, bourgeois et tous les particuliers qui ont du vin en excédent, en confient le débit à ces industriels. Un règlement du 1er juillet 1272, montre comment s'exerce ce métier à Poitiers au XIIIe siècle. Les taverniers des seigneurs, dont il est question dans ce document, sont de simples dépositaires qui reçoivent en dépôt dans leurs celliers les vins à taverner, c'est-à-dire à débiter, aussi bien que ceux qu'on ne destine pas à la vente. Ils prêtent serment de les garder « bien et léaument », de ne pas les boire eux-mêmes ni de les donner à boire, de s'abstenir de les altérer (*empirrer*) ou d'en disposer sans « licence » du propriétaire. Quand celui-ci juge le moment de la vente arrivé, il fait remettre au tavernier, par l'entremise des *hucheurs*(1), des mesures de grande dimension, et de petites appelées demi-jalons, toutes marquées. Ces mesures sont rendues au hucheur, quand la taverne doit être fermée et quand le vin est changé d'un cellier à un autre. Le tavernier appelle le passant et l'invite à entrer, mais il ne verse le liquide que moyennant paiement immédiat, comme le tenancier de nos débits sur le comptoir. Le règlement lui interdit de vendre le vin, s'il ne reçoit d'argent ou de gage. Peut-être était-il rétribué en nature, c'est-à-dire par le prélèvement d'une part du vin. C'est ce que semble indiquer l'article qui lui interdit de ré-

---

(1) Le mot « hucheur » manque dans le répertoire de Godefroy ; il doit signifier ici *crieur* (de vin) ; ce sens est le plus plausible, hucher ou huchier signifiant crier.

clamer de l'argent au propriétaire du vin à moins que celui-ci n'y consente (1). Le tavernier infidèle qui a trompé le vendeur ou l'acheteur est mis au pilori, signalé par les crieurs publics et exclu du métier. Le hucheur qui le prendrait comme vendeur est puni d'amende (2). Au xiv° siècle, le tavernier n'apparaît plus comme un simple commissionnaire. Les documents nous montrent que l'ancien industriel qui vend le vin dans son « ostel » pour le seigneur ou la dame du lieu (3) est aussi alors un débitant qui achète et revend pour son propre compte (4). La profession est à ce moment exercée non seulement par des laïques, mais encore par des curés de campagne (5). Le métier est en effet lucratif : les jours de marché, de dimanches ou de fêtes, l'artisan et le paysan aiment à se rendre à la taverne pour y jouer et boire, non sans que cette distraction donne lieu à des rixes suivies de coups et de blessures (6). L'usage veut que la conclusion de tout marché soit accompagnée d'une station auprès du tavernier et qu'on verse du vin à discrétion. C'est la coutume du *beuvrage* (*biberagium*) (7). Le tavernier n'eut longtemps le droit que de vendre du vin à pot, c'est-à-dire qu'il ne pouvait que donner à boire, mais non à manger (8). La vente à assiette appar-

(1) « N'auront nul sec (derniers secs ?), si le seigneur à qui sera le vin ne leur en baillet. » — (2) Règl. du 1ᵉʳ juillet 1272 et de 1301 concernant les taverniers de Poitiers, *Mss St-Hilaire*, f° 59 v° — Coll. Fonteneau, XXIII 277. — (3) Ex. un tavernier, cité dans une lettre de rémission de mars 1414. *Arch. Hist. Poitou* XXVI, n° 965. — (4) Acte de rémission en faveur de Guil. Brotel (où est décrit le négoce d'un tavernier) juin 1385. *Arch. Hist. Poitou* XXI, p. 269. — Le vin de 1527 et la taverne de Mᵐᵉ de la Guyonne en Poitou, *Rev. des prov. de l'Ouest* 1858. — (5) Lettres de rémission de janv. 1388 mentionnant le curé-tavernier de Suyllé. *Arch. hist.* XXI, 349. — (6) Nombreux exemples dans les lettres de rémission du xivᵉ s. *Arch. hist. Poitou* XXI, 265, 361, 325; XXVI, 2, 32, 47, 189, 190; XXIV, 140, etc. — (7) Coutume mentionnée dans une charte de 1051 et dans un acte du xvᵉ s. *Arch. hist. Poitou* II. 58; XXVI, 327. — (8) Un acte de rémission de 1393

tenait aux cabaretiers et aux hôteliers qui avaient licence de fournir à la fois du vin et des aliments. Cette distinction est encore exprimée dans le règlement de 1578, qui distingue la taverne du cabaret et de l'hôtellerie (1). Mais elle n'était pas rigoureusement observée ; le tavernier débitait parfois du pain ou des œufs en même temps que du vin (2), et la séparation finit par disparaître. Taverniers et cabaretiers se confondirent aux xvi° et xvii° siècles, et la taverne finit par être considérée comme un cabaret de bas étage (3). Le commerce du vin au détail devint à la longue l'apanage non seulement des taverniers, hôteliers et cabaretiers, mais encore celui des marchands-épiciers, et des maîtres-pâtissiers-traiteurs (4). Toutefois, un dernier vestige se maintient de l'ancienne distinction. C'est l'interdiction légale, mais probablement éludée, qui est faite avant 1789 aux débitants de vins et d'eaux-de-vie de vendre au détail des comestibles. C'est l'obligation qu'on leur impose de débiter des boissons au détail en se bornant à permettre à leurs clients de s'asseoir autour des tables du cabaret (5), sans consommer d'aliments solides.

Le commerce des vins et des vinaigres a donné encore naissance à une profession curieuse qui se retrouve en Poitou. C'est celle des crieurs de vin ou huchiers, et des crieurs de vinaigre ou de moutarde. Ces derniers, choisis parmi les serviteurs ou apprentis des vinaigriers, un pot ou

montre cependant qu'on pouvait manger à la taverne des aliments tels que des œufs. *Arch. hist. Poitou* XXIV, 146.

(1) Règl. gén, du 25 janv. 1578 pour le Poitou. — (2) Ex. lettres de rémission de mars 1418 mention une taverne de ce genre, *Arch. hist. Poitou* XXVI n° 989. — (3) Mention des taverniers de Smarves dans les Œuvres de Rabelais III, 196. — Savary, *Dict. du commerce* III, 335. — (4) Voir les annonces des *Affiches du Poitou* 1777, pp. 28; 36; 1778, 116. — (5) Arrêts du Conseil des 23 mai 1778 et 20 déc. 1779. *Arch. Antiq. Ouest.*

une chopine à la main, promènent dans les rues sur des brouettes le vinaigre et les récipients de bois où est renfermée la moutarde (1). Les huchiers annoncent le vin à vendre, avec l'indication du prix et celle du lieu où il est vendu, taverne, magasin, cabaret. Ils exercent leur métier de jour seulement (2), et sans troubler les solennités, sous peine d'emprisonnement (3). On recourt pour cet office à des « gens de néans et de peu de moyens », tels que des mendiants et des crocheteurs (4). A Poitiers, le corps de ville avait imaginé, au xviie siècle, d'affermer le droit de crier le vin à un adjudicataire. Celui-ci le sous-louait moyennant redevance; il avait le droit de saisir les vaisseaux à vin des crieurs non autorisés par lui, sans préjudice de l'amende infligée aux délinquants par le tribunal du maire (5).

La consommation des liquides autres que la bière, l'eau-de-vie et le vin est fort peu répandue dans les provinces avant le xviiie siècle. Aux xve et xvie, on buvait volontiers à Poitiers dans les fêtes l'hypocras, sorte de vin aromatisé avec du sucre, de la cannelle, du girofle, du gingembre, que préparaient les apothicaires, et qu'on accompagnait de l'absorption de rôties (6). Mais l'usage de la limonade, que l'on faisait avec de l'eau, du citron et du sucre, celui des vins de liqueurs, des glaces, des sorbets et du café ne se

---

(1) Savary III. 665 (statuts des vinaigriers de Paris, sur lesquels furent rédigés ceux des vinaigriers de Poitiers). — (2) Guil. Bouchet, *Sérée 1*, p. 69. — (3) Sentence de l'échev. de Poitiers, contre le crieur Gros-Jean qui a troublé une procession le jour de la Fête-Dieu, 27 juin 1629, *Reg.* 89. — (4) Métivier « pauvre » et Gros-Jean crocheteurs, crieurs de vin, *Délib. de l'échev. de Poitiers*, 5 oct. 1615, 27 juin 1639 *Reg.* 70 et 89. — (5) Ordon. munic. de Poitiers, 5 oct. 1615, 14 janv. 1619, *Reg.* 70 et 73. — (6) G. Bouchet, *Sérée 1re* pp. 1 et 82. — Comptes du receveur de Niort xve s. *Mém. Soc. Stat. Deux-Sèvres* 1875. — Dép. de table en 1446, doc. pp. Marchegay, *Soc. d'Emul. Vendée*, 1871, p. 153.

généralisa que plus tard. Les limonadiers et cafetiers qui formaient le même corps n'avaient été organisés en jurande à Paris qu'en 1673, et nulle part en Poitou ils ne semblent avoir été assez nombreux pour former de communauté séparée de celles des cabaretiers et taverniers. Il n'y avait à Poitiers même, avant la Révolution, que trois cafés, dont deux étaient uniquement fréquentés par les officiers de la garnison et les étudiants en droit (1), et dont le troisième n'avait aucune importance. « Aucun homme jeune, dit un « survivant de la génération de 1789, appartenant à la « classe bourgeoise comme à la première société, n'aurait « osé s'attabler dans un café. Les artisans et les gens du « peuple allaient tout bonnement au cabaret » (2).

On n'a sur les règlements relatifs à la fabrication et au commerce des liquides qu'un petit nombre de renseignements. La plupart de ces ordonnances procèdent d'ailleurs d'une inspiration toute fiscale. Tout au plus peut-on reconnaître quelque préoccupation d'ordre économique ou social dans l'interdiction de débiter des vinaigres et eaux-de-vie faits avec d'autres matières que le vin (3), ou des bières fabriquées avec des blés (4). Il s'agit par cette dernière disposition d'empêcher la déperdition de produits alimentaires indispensables, tels que les froments, comme par les premières de mettre obstacle à la circulation des boissons préjudiciables à la santé publique. D'autres règles ont surtout pour objet de faciliter la vente des produits du pays,

---

(1) L'un, près des Augustins, l'autre rue du Collège. — (2) La Liborlière, *Vieux souvenirs du Poitiers d'avant 1789*, pp. 11-12 — Le café de Bellevue ou du Collège (1773) « vend de la glace, des fromages à la glace, des desserts, confitures, liqueurs, loue des cristaux », *Affiches du Poitou* 1773, p. 108. — (3) Déclaration royale du 24 janvier 1713, Isambert, XX, n° 2200. — (4) Délib. de l'échevinage de Poitiers, 17 sept. 1640, Reg. 91.

de procurer au consommateur privé des facilités d'achat, de le préserver des fraudes du commerçant. Parfois, en effet, on voit l'autorité locale interdire, comme en 1667, le débit des vins étrangers et ne permettre que celui des vins du Poitou pendant une période déterminée, sous prétexte « que les vins du pays demeurent presque inutiles à ceux qui en recueillent », et que l'on ne peut savoir le prix des achats faits au dehors par les marchands et cabaretiers, de sorte qu'ils peuvent faire la loi au public (1). Pour le même motif, quiconque, dans les villes, achète du vin pour revendre avant que ce liquide ait été exposé en vente au détail, s'expose à l'amende arbitraire et à une punition corporelle (2). Quand le vendeur a commencé à vendre son vin au détail, il ne peut interrompre la vente, pour céder sa marchandise en gros aux hôteliers et cabaretiers. Bien mieux il n'a pas le droit d'augmenter le prix du vin fixé au début du marché, ni de refuser d'en vendre à ce prix au client qui le sollicite. Cette même obligation incombe au cabaretier, à l'hôtelier et au tavernier (3). Les règlements punissent le commerçant qui, au lieu de livrer du vin « pur et net », en donne de mêlé, corrompu, « gasté, brouillé », et qui « change » la qualité de celui qu'on lui a acheté (4). Ils recommandent au tavernier « de bien et

(1) Délib. de l'échev. de Poitiers interdisant jusqu'à Pâques la vente des vins étrangers, 31 oct. 1667, Reg. 118. — Une ord. munic. de Châtell. prohibe les vins d'Orléans et n'autorise que la vente de ceux du Châtelleraudais, 25 janvier 1630. Godard I, 62. — On connaît des règlements semblables pour le Béarn, la Provence, le Bordelais. Voir le préambule de l'édit. d'avril 1776, Isambert XXIII n° 448. — On prohibe aussi parfois l'exportation des vins vieux du pays qu'achetaient les marchands de Paris et d'Orléans, afin d'empêcher le rechérissement. Délib. munic. de Poitiers 25 juillet, 24 nov., 13 déc. 1586, Reg. 46. — (2) Règl. général 18 janvier 1578 pour le Poitou ; du 18 janvier 1567 pour Poitiers. — (3) Règl. du 25 janv. 1578 pour le Poitou ; du 18 janvier 1567 et du 12 sept. 1634 pour Poitiers. — (4) Règl. du 25 janvier 1578.

léalement trayre » son vin, quand il doit servir la pratique (1), et au brasseur de ne mettre en vente que de bonne bière, de la qualité requise, « ayant au préalable esté goustée et jugée telle par personnes capables et expérimentées » (2). Pour éviter toute tromperie, le vin est mesuré par l'hôtelier ou le cabaretier en présence de l'acheteur (3). « Le tavernier, dit le règlement de 1272, s'il ne fait suffi« sant *moyson* (mesure), ou s'il mesfait à ceulx qui tirent le « vin, sera déchu de son office, crié en la ville, mis au pi« lori » et frappé de 60 s. d'amende (4). Les propriétaires et les marchands en gros ne peuvent exposer en vente leurs vins que dans des vaisseaux dont la contenance est prescrite. Cette contenance variait au Moyen-Age suivant la mesure du lieu. On essaie au XVI° siècle de l'uniformiser, en ramenant toutes les jauges du Poitou à celle de Poitiers, de sorte que la pipe aura « douze vingt sept (247 pots), et le bussard la moitié de ce chiffre. Chaque ville doit avoir « en lieu public et éminent » la représentation figurée (*dépeincte*), de la pipe et du bussard officiels, et dans la maison de l'échevinage ou autre lieu, deux jauges de fer contenant la longueur et la grosseur requises entre les deux fonds, le milieu et les deux bouts de ces futailles (5). Ces mesures sont obligatoires, sous peine pour le « maître du vin » de confiscation de la charrette, des chevaux et du liquide, sans parler d'une amende de 10 écus qu'encourra aussi le tonnelier coupable d'avoir fabriqué les vaisseaux défectueux (6). La vente au détail est soumise à des prescriptions identi-

(1) Règl. des taverniers de Poitiers, juillet 1242, coll. *Fonteneau* XXIII, fo 277. — Le règl. de police de Châtellerault 1749 (art. 16) défend de mêler de la litharge et autres drogues au vin. — Bouchet (*Serée* 1re, p. 53) montre que les hôteliers étaient coutumiers de ces falsifications. — (2) Règ. municipal de Poitiers, 17 sept. 1640, *Reg.* 91 — (3) Règl. gén. du 25 janvier 1578. — (4) Règl. de juillet 1272, précité. — (5) Règl. du 18 janvier 1567 pour Poitiers; du 25 janvier 1578 pour le Poitou.— (6) Règlements précités.

ques. Ainsi l'huile d'olive doit être vendue à la livre, et celle de noix au pot. Le vin ne peut se débiter qu'à des mesures « bonnes et loyales, ajustées » à celle du seigneur du lieu « et marquées de son marc ». Ces mesures sont le pot, la tiercière, la pinte, la chopine (1). Il est défendu aux hôteliers, cabaretiers et taverniers de vendre le vin à « bouteilles », sans le mesurer auparavant, parce que c'est un moyen frauduleux d'accroître le prix en diminuant la quantité. En 1666, l'hôte du Chapeau d'Or à Poitiers est condamné pour une contravention de ce genre à 100 s. d'amende (2). De plus le débitant est tenu de se conformer au tarif officiel qui détermine le prix de ses produits (3). Enfin, des raisons d'hygiène font annuellement interdire la vente des vins nouveaux à pot et à pinte depuis les vendanges jusqu'à la St Martin. On craignait que l'usage de cette boisson ne causât des maladies dangereuses parmi le peuple, et en particulier la dyssenterie (4). Il n'est dérogé à cette loi que dans le cas où le vin vieux est trop cher, et la permission de vente est alors octroyée dès la St Luc (5).

La revente des aliments de toute sorte est l'origine d'un

---

(1) La pinte valait 0, litre 89, la chopine 0 l. 44. — Ord. de police des Sables, de St-Michel en l'Herm, de Palluau, 2 sept. 1766, 21 janv. 1691, 9 mars 1769, interdisant de vendre du vin dans des pots et chopines d'étain non étalonnées. *Vendée B.* 801, 1144, 1034. — (2) Règlements de juillet 1272; du 25 janvier 1578, précités.—Ordon. sur le prix des vivres et salaires, nov. 1422. — Règl. munic. de Poitiers et décisions de l'échevinage, 1er mars et 2 août 1676, juillet 1676, *Reg.* 116, 117, 126. — Ordon. du présidial de Poitiers, 29 janv. 1700, art. 7. — (3) Sentence de police d'Aizenay contre deux cabaretiers qui vendaient du vin dans des bouteilles de verre de moindre mesure que les chopines d'étain ancient. usitées, 12 août 1784. *Vendée B.* 113. Ibid. — (4) Par ex. règl. munic. de Poitiers, 11 octobre 1627, 8 octobre 1646, 23 oct. 1647, 29 sept. 1659, 9 octobre 1662, 1er octobre 1668, 17 octobre 1667, 21 octobre 1675, *Reg.* 78, 98, 99, 110, 111, 113, 119, 118, 125. — (5) Par ex. règl. munic. du 18 oct. 1666 et du 15 octobre 1674, *Reg.* 117 et 124.

nombre considérable de métiers. Au xvi° siècle, le Vénitien Lippomano estimait que le tiers de la population de la France était composé de bouchers, de pâtissiers et de rôtisseurs, de taverniers, d'hôteliers et de revendeurs (1). En Poitou, le commerce de revente des aliments, avec l'industrie du logement qui en dérive, est représenté par les communautés des regrattiers, des cuisiniers-traiteurs, des hôteliers, aubergistes et cabaretiers, et des logeurs. La profession des premiers remonte très haut. Une liste de censitaires de l'abbaye Saint-Cyprien de Poitiers mentionne en 1100 un certain Hugues regrattier (*regraters*), et un testament du xiii° siècle donne le nom d'une regrattière appelée Douce (*Dulcia regratere*) (2). De là vient la dénomination d'une des vieilles rues de Poitiers, celle de la Regratterie. On a conservé un règlement de 1272 qui concerne ce métier (3), dont les membres se nommaient aussi revendeurs et revenderesses. Une liste datée de 1522 montre que, dans la capitale du Poitou, ils formaient unis aux hôteliers une communauté de 46 personnes (4). On les retrouve d'ailleurs partout dans les villes et même dans les bourgs (5). Le regrat ou revente s'applique à toutes sortes de substances alimentaires, telle que les farines et les céréales qu'on vend à petite mesure, au débit du pain, de la viande, de la volaille, du gibier, du poisson, du sel, des légumes et des fruits, spécialement des fruits aigres (*aigret*), tels que les cerises et

(1) Babeau, *Les Voyageurs*, p. 49. — (2) *Cartulaire St-Cyprien* (cens de 1100), *Arch. hist. Poitou* III, 116. — Testament de Jean de Coussay, 1262, *Cartul. St-Hilaire*, n° 269. — (3) Règlement de 1272, *Coll. Fonteneau*, tome 23 ; *Mss. St-Hilaire* f° 60. — Les regrattiers sont également mentionnés dans l'ord. du sénéchal de Poitou relative au prix des vivres, 1307 *Arch. hist. Poitou* VIII 405-411. — (4) Reg. des délib. mun., n° 15. — (5) Ord. du sénéchal de Neuville relative aux revendeurs de ce bourg, *Affiches du Poitou* 1779, p. 140.

le verjus (1). Les revendeurs vendent aussi les meubles et les hardes défraîchies, en concurrence avec les fripiers, et même l'avoine, le foin et le bois de chauffage (2). Ils étalent, soit sur les places après les heures fixées pour le marché ordinaire, soit en boutique. Leur condition est peu estimée ; leurs mœurs turbulentes ou grossières justifient le mépris mêlé de crainte qu'ils inspirent. Souvent à Poitiers, les échevins se plaignent de l'indocilité et de l'insolence des regrattiers et des regrattières, des désordres qu'ils causent, des blasphèmes qu'ils profèrent. C'est pour les punir qu'en 1659 le maire fait élever sur la place Notre-Dame une cage avec bascule pour enfermer et élever en l'air les revendeuses ou revendeurs « malfaiteurs et blasphémateurs » (3).

Plus ancienne encore est la profession des cuisiniers, devenus plus tard des traiteurs. C'est d'abord un métier domestique. Les cartulaires qui font mention de cette classe d'artisans appelés *cocci*, *coqui*, *coquinarii*, nous les montrent surtout attachés à la personne des grands, des clercs, des monastères et des riches particuliers. Plusieurs s'élèvent ainsi à la noblesse, comme ce Guillaume Le Queux dont Jean Sans-Terre fit un gouverneur de Niort (4). Plus tard, après le Moyen-Age, apparaissent les traiteurs cuisiniers publics qui donnent à manger chez eux et qui font les noces et festins. Ceux de Paris appelés maîtres-queux-

(1) Voir ci-dessus les chapitres I à V du livre II et le règl. de 1272. — (2) Ord. du sénéchal de Poitou 1307. — *Délib. mun. de Poitiers*, 18 juillet 1628, 19 octobre 1665 etc., *Reg.* 78, 90. — (3) Nombreux exemples dans les registres municipaux ; voir notamment *Reg.* 11 (démêlés du maire avec la Drouillarde regrattière en 1509) et ordon. des 1er et 15 sept. 1659. *Reg.* 110.—(4) *Martinus coccus* (cens de 1100), *Cartul. St-Cyprien, Arch. hist. Poitou*, III, 116 ; *Andreas coquinarius* (acte de 1140 *ibid*, III, 47 ; *Cartul. St-Maixent*, I, 242, 277 ; *Cartulaire St-Laon de Thouars* 49, 50, 74, etc.) Ordon. de l'hôtel du comte de Poitou, 1315. *Arch. hist. Poitou*, XI, 115, etc.

cuisiniers-porte-chappes-traiteurs, n'ont reçu de statuts qu'en 1599 (1). En Poitou, au xviiie siècle, ils cumulent le métier de cuisinier et ceux de pâtissier ou d'aubergiste, de limonadier et même de logeur (2). La préparation des aliments était originairement la principale fonction du cuisinier traiteur. C'est le logement que fournissent d'abord et avant tout les hôteliers (*hospites*), mais leurs attributions se sont rapidement étendues à la fourniture des aliments. Leur métier se trouve réglementé sur quelques points dès l'année 1274 (3). Ils sont en droit non seulement de loger, mais encore de nourrir leurs clients. S'ils ne sont pas autorisés à faire rôtir la volaille et le gibier ou à préparer les pâtisseries dans leur hôtel, ils peuvent cependant fournir les comestibles achetés chez les pâtissiers-rôtisseurs (4). Ils ont aussi la faculté de préparer et de fournir les grosses viandes, celles de veau, de bœuf, de porc et de mouton, le poisson, les légumes, les fruits et le pain achetés au marché, et de revendre le vin acquis du propriétaire, du marchand ou du tavernier (5). Au reste, ils tiennent à demeure des pourceaux, « conils (lapins), oyes, oysons et canards »,

(1) Savary, III, 1030, 1494. — Ils ont le monopole des noces et festins et peuvent seuls avoir des cuisiniers chez eux. Mais ils ne peuvent donner à boire que le vin qu'ils ont dans leurs caves. Déclarations royales du 29 mai 1708 et du 8 juillet 1710. Isambert, XX n° 2146. — (2) Annonces des *Affiches du Poitou* 1776, pp. 1260 ; 1777 p. 36 ; 1778, 116 — Arrêt du Parl. relatif aux traiteurs de Niort, 12 mai 1786, *Recueil Simon*. — (3) Règl. du 3 août 1274, Mss St-Hilaire, f° 84 — coll. *Fonteneau* XXIII, f° 383. — (4) Statuts des pâtissiers de Poitiers, précités. — Pour les grands seigneurs, même au xvie siècle, l'hôtelier se borne à fournir le logis, le linge, le bois, le sel et les épices, le verjus, le vinaigre et la moutarde, ce qu'on appelle *bellechère* : chaque grand seigneur voyage avec ses cuisiniers et pourvoyeurs. Frais de nourriture et de séjour de la comtesse de Taillebourg à Saint-Loup 1502, *Mém. Soc. Stat. Deux-Sèvres* 1875, p. 302. — Compte de 1451, pp. Marchegay, *Soc. d'Emul. Vendée* 1871, p. 144. — (5) Voir ci-dessus chapitres II et suivants du livre Ier, et délibér. de l'échevinage de Poitiers en 1511 sur une contestation entre les hôteliers et panetiers, *Reg.* 11 f° 43.

qu'ils laissent trop souvent vaguer dans les rues (1). De bonne heure, ils ont encore la spécialité de louer des chevaux, de loger et de nourrir les bêtes de somme (2). Une ordonnnance de police de 1701 relative à Poitiers montre que leurs valets d'écurie ou palefreniers conduisent les chevaux en bande à la rivière et les lâchent en guise d'amusement à travers les rues, au grand effroi du public (3). Au Moyen-Age, les hôteliers ont la permission de héler l'étranger ou le passant, pourvu que ceux-ci ne soient pas en pourparlers avec un autre hôte (4). Tandis que les cabaretiers ne peuvent avoir comme signe extérieur de leur commerce qu'un bouchon, branche de lierre, de houx, de cyprès ou même de chou, les hôteliers ont droit à l'enseigne, sorte de tableau ou de figure en relief (5), représentant l'image d'un saint, ou encore quelque animal réel ou imaginaire, quelque objet matériel, quelque personnage historique (6). Au XVIII° siècle, se trouvent les premières mentions des tables d'hôte. En 1775, le maître d'hôtel de la Bourdonnaye à Poitiers fait annoncer qu'il s'est procuré à Paris un excellent cuisinier, « pour établir un ordinaire « appelé table d'hôte » à l'usage des voyageurs et autres

(1) Ordon. mun. de Poitiers, 18 juillet 1611, *Reg.* 68. — (2) Ord. du sénéchal de Poitou, 1307 ; délib. mun. de Poitiers juillet 1628, *Reg.* 78. — (3) Ord. du lieut. gén. de police 28 février 1701, *Arch. Antiq. Ouest.* — (4) Règl. du 3 août 1274 pour les hôteliers de Poitiers. *Mss St-Hilaire*, f° 84. — (5) Délibération munic. de Poitiers, 26 avril 1654, *Reg.* 105. — Voir aussi Savary I, 1053. — (6) Voici à titre de curiosité quelques enseignes de ce genre pour Poitiers (d'après les documents) : Hôtelleries St-André, Ste-Catherine, St-Martin, St-François, St-Jean, St-Julien, St-Jacques, St-Joseph, — la Croix-Verte, la Croix-Rouge, la Croix-Blanche — la Truie qui file le Bœuf couronné, les Trois Pigeons, le Cheval Blanc, la Queue de Regnard, le Saumon, la Lamproie, la Baleine, le Dauphin, le Grand-Cygne — l'Ecu de France, l'Ecu de Bretagne, les Trois Piliers, le Page, les Trois Verds-Gallans, les Trois-Rois, la Tête-Noire, la Cloche-Perse, le Petit-More, le Plat d'Etain.

personnes qui veulent faire un séjour prolongé. Moyennant 60 l. par mois, il promet « de servir proprement et attentivement » sa clientèle (1). Enfin, les hôteliers continuent à pratiquer, en concurrence avec les logeurs, l'industrie de la location des logements.

L'accès de ces diverses professions semble avoir été très facile. Il ne paraît point qu'on se soit beaucoup mis en peine d'exiger des regrattiers, des cabaretiers, des hôteliers et des logeurs des conditions de moralité. Aussi rencontrait-on parmi eux toutes les variétés d'individus, depuis le commerçant honnête, bien posé, appelé parfois aux honneurs du tribunal consulaire, jusqu'au tenancier de vie louche, recéleur de vagabonds, de filles et de voleurs, capable des pires excès (2). Une autorisation préalable de la police était-elle requise ? C'est ce que les documents locaux ne nous apprennent pas. Nous n'avons pu trouver sur cette question que deux documents. L'un est l'ordonnance du présidial de Poitiers rendue en 1786 qui interdit la profession des logeurs aux domestiques, et astreint ces industriels à se munir d'une permission écrite du lieutenant général de police (3). L'autre est un arrêt du Parlement qui déclare incompatibles la profession de cabaretier et celle de cavalier de la maré-

---

(1) *Affiches du Poitou* 1775, p. 24. Une autre est installée peu après non loin du séminaire St-Charles par un cuisinier-traiteur-pâtissier, *Aff. du Poitou* 1776, p. 160. — (2) Voir les listes de la juridiction consulaire de Poitiers au xviie siècle. *Arch. hist. Poitou*, XV — le type d'hôtelier poitevin courtois décrit par Mme Gauthier (1787), A. Babeau, les *Voyageurs en France*, p. 325. — Comme contraste, l'hôtelier Laurenceau, chef de l'insurrection de Poitiers en 1639, *Arch. hist.* XV, 88 90 ; l'hôtelier souteneur Grosjean (*Reg. délib. mun. Poitiers*, n° 82, f° 53 — année 1631); l'hôtelier assassin Dutertre, roué pour assassinat de 7 voyageurs et dont l'auberge du Croissant est un coupe-gorge, Arrêt du Parl. 17 mai 1661, *Arch. Munic. Poitiers*, N. 48. — (3) Ordon. du lieut. g. de police de Poitiers 21 déc. 1786, *Rec. Poit.* XVII n° 51.

chaussée (1). La porte de ces industries était donc largement ouverte, mais l'exercice en était surveillé avec un soin minutieux, dans l'intérêt du bon ordre et de la moralité publique, aussi bien que dans celui du fisc.

L'ensemble des règlements relatifs à ces métiers peut se diviser en deux catégories. Les uns concernent le logement, les autres la revente des aliments et des boissons. Il n'est pas permis en premier lieu aux hôteliers et cabaretiers « de laisser l'exercice de leur état » et de refuser de loger et « de retirer les hostes », c'est-à-dire les voyageurs, « à peine de 100 écus d'amende et plus « grande, s'il y échoit » (2). On leur impose des conditions d'hygiène, qui sont fort peu observées sans doute, puisqu'on est contraint de les renouveler fréquemment. Telle est par exemple l'obligation d'avoir dans leurs maisons des « fosses, latrines, privés ou cloaques », et l'interdiction de tenir d'avril à septembre des pourceaux dans leurs étables (4). On leur défend encore d'avoir « aucuns domestiques « de l'un et de l'autre sexe qu'ils connaîtront de mauvaise vie, « et de souffrir aucuns libertinages entre ces domestiques et « leurs hôtes » (5). La règle était plus facile à édicter qu'à appliquer, et n'empêcha probablement d'aucune manière un abus qui semble difficile à extirper. La sécurité des voyageurs et de leurs montures a fait interdire l'accès des greniers à foin et écuries autrement qu'avec des lanternes, afin d'éviter le danger des incendies (6). Le maintien du bon ordre est intéressé à ce que les hôteliers et logeurs ne

---

(1) Arrêt du Parlement de Paris, 17 août 1782, relatif à un cabaretier de Poitiers. *Arch. Antiq. Ouest.* — (2) Règl. du 25 janv. 1578 pour le Poitou. — (3) Règlements de police de 1541, du 18 janvier 1567, de septembre, 1634 etc. — (4) Mêmes règlements. — (5) Règl. de police de Châtellerault, 1749, art. 19. — (6) *Ibid.*, art. 15.

reçoivent pas de gens suspects. Aussi les règlements du xvi° et du xvii° siècle les astreignent-ils à faire journellement la déclaration des personnes qu'ils reçoivent chez eux, avec l'indication de leur nom et de leur demeure (1). A mesure que la police se régularise, cette obligation devient plus stricte. Les aubergistes, hôteliers, cabaretiers, logeurs sont au xviii° siècle obligés de déclarer au greffe leur intention de louer ou sous-louer des logements, et d'en obtenir permission écrite du lieutenant général de police. Au devant de leurs maisons un écriteau en gros caractères annonce qu'on y loge en chambres garnies. Chaque jour, l'hôtelier ou le logeur inscrivent, sur un registre coté et paraphé par l'autorité, les noms, professions, qualités et pays d'origine des étrangers arrivants, le temps que ceux-ci doivent passer dans la ville, même « le dessein » c'est-à-dire l'objet de leur séjour. Dans les vingt-quatre heures, ils en rapportent des états certifiés au juge de police en exercice (2). Les étrangers qui ne veulent pas donner leur nom ou qui le déguisent sont poursuivis comme vagabonds. Hôteliers et logeurs doivent sur-le-champ aviser le procureur du Roi de l'arrivée et séjour des personnes « qui « par leurs déclarations, déguisements, conversations, « conduite et menées, leur paraîtraient suspectes » (3). Ils risqueraient d'être responsables de tous dommages causés par ces gens suspects, et c'est dans ce but qu'ils ne man-

(1) Ord. du chapitre St-Hilaire (xvii° s.) *Vienne*, G. 645. — Règlement du 25 janvier 1578. — Ordon. munic. de Poitiers, des 13 juillet 1585, 18 octobre 1649; sentence contre l'hôte des Trois-Piliers, 29 octobre 1635, *Reg.* 45, 86 et 101. — (2) Ordon. du présidial de Poitiers, 29 janvier 1700, art. 3; 15 décembre 1753, art. 3; 21 déc. 1786. — Ordon. de l'intendant Le Nain, 1733 art. 3.— Règl. de police de Châtellerault 1749 art. 18. — Ordon. du lieut. g. de police de Poitiers 15 déc. 1768, *Arch. Antiq. Ouest.* — (3) Ordon. du lieut. gén. de police de Poitiers 21 déc. 1786. *Rec. Poit.* in-8°, XVII n° 51.

quent pas de se nantir des armes offensives et défensives que ces étrangers apportent, pendant le temps de leur séjour (1).

Pour certaines catégories de personnes, les précautions deviennent tout à fait minutieuses. Ainsi, à peine les marchands forains ont-ils déposé leurs marchandises, que l'hôtelier avise la police de leur arrivée et de leur nom et provenance. Une ordonnance de 1768 défend même de loger ces marchands plus de trois jours, sans doute afin de ménager le commerce local que leur concurrence pourrait gêner (2). Non seulement on interdit aux domestiques la faculté de tenir à loyer des chambres et cabinets, mais encore on ne permet pas aux hôteliers et logeurs de leur louer des chambres, armoires ou coffres, sans autorisation écrite des maîtres, de peur de faciliter les vols ou l'inconduite des gens de service. Une ordonnance de 1733 allait jusqu'à prescrire d'arrêter dans les auberges ou logis tous les domestiques qui s'y trouveraient sans être munis de certificats de fidélité (3). L'hôtelier ou logeur est responsable des dépôts d'argent que l'on confie d'ordinaire à sa garde (4). Il l'est surtout de la conduite d'une classe particulièrement turbulente et dangereuse, à Poitiers du moins, celle des écoliers. L'Université attirait en effet dans la capitale du Poitou un grand nombre d'étudiants de toute nation. L'épée au côté, « des pistolets à feu dans les poches »,

---

(1) Règlements précités de 1541, 1578, 1634, 1700, 1733, etc. — (2) Règlement de police de Châtellerault 1749, art. 18. — Ordon. du lieut. g. de police de Poitiers, 15 déc. 1768. *Arch. Antiq. Ouest.*— (3) Ordon. du corps de ville de Poitiers 4 fév. 1726, 3 déc. 1736. *Reg.* 144 et 155; — du lieut. g. de police de Poitiers, 21 déc. 1786, précitée. — Ordonnance royale du 23 août 1733, Isambert XV n° 448. — (4) Cet usage existe au Moyen-Age, comme le prouvent les lettres de rémission en faveur de Thibaut de Guérande coupable de vol dans une hôtellerie de Niort, mai 1352. *Arch. hist.* XX, 110-111.

dit une ordonnance municipale, ils vont dans les écoles, sur les remparts et dans les rues, où ils courent le pavé jusqu'à minuit, rançonnent les étrangers dans les auberges, exigent des bienvenues en argent des nouveaux écoliers, ferraillent entre eux pour le moindre prétexte, tirent des coups de pistolet au hasard, et sont la terreur des bourgeois et des passants (1). Cet état de choses durait encore au milieu du xvii* siècle. Une foule de règlements essayèrent d'empêcher ces désordes, en obligeant les logeurs et hôteliers à tenir leurs portes closes dès la chute du jour, ou dès la retraite sonnée, sans donner de clefs aux étudiants qu'ils logaient. On leur enjoignit à maintes reprises de les empêcher de sortir armés et de saisir les épées, pistolets, hacquebutes, bâtons à feu, poignards, arbalètes, dont ils pourraient être porteurs, avec mission de prévenir la police en cas de résistance (2). Les coutumes furent longtemps plus fortes que les lois. Ce n'est guère qu'à partir de la seconde moitié du xvii siècle que l'autorité parvint à se faire mieux obéir. Néanmoins, les ordonnances de police attestent encore que les vieilles habitudes reparaissaient, surtout à l'époque du carnaval et de la mi-carême. On dut plus d'une fois inviter les logeurs à ne pas donner de clefs ou loquets à leurs pensionnaires qui s'en servaient pour courir la nuit à des assemblées illicites, se présenter masqués et déguisés dans les maisons et mêmes aux réunions de

---

(1) Considérants des diverses ordonnances municipales, notamment de celles du 26 déc. 1650, *Reg.* 102; du 25 nov. 1652; du 11 janvier 1654 à la suite d'une blessure reçue par un valet du collège de Puygarreau, *Reg.* 104 et 105. — (2) Règl. de 1541, art. 58; des 18 janvier 1567; 13 août 1582, 1er avril 1583; des 15 juillet 1585, 19 juillet 1632; du 12 sept. 1634 précités; du 26 déc. 1650; du 17 avril 1651; du 25 nov. 1652; du 10 février 1653; du 11 janvier 1654; du 28 février 1656, *Reg.* 44, 45, 102, 104, 105, 106. — Ord. du présidial 15 déc. 1768.

familles où ils n'étaient pas invités, organiser des « caval-
« cades nocturnes », et troubler de toutes façons la tranquil-
lité générale. Les hôteliers ou logeurs sont même tenus de
signaler dans les vingt-quatre heures à la police tout étu-
diant qui s'avise de découcher (1).

L'une des plaies de l'ancienne société était le vagabon-
dage uni à la mendicité. Les facilités que les « *caïmans* »
(c'est ainsi qu'on nommait les vagabonds) trouvaient auprès
des hôteliers et des logeurs rendaient malaisée la tâche de
la police. Les ordonnances du xvi° et du xvii° siècle essaient
sans grand succès de mettre un terme à cet abus, en édictant de graves pénalités à la fois contre les vagabonds et
contre ceux qui leur procurent des logements. Tous caïmans « gens valides, oisifs et sans aveu, filous », soldats
déserteurs et « boesmes » (bohémiens), sont invités à dé-
guerpir au plus tôt, sous peine d'être emprisonnés et rasés
la première fois, d'être exposés au carcan la seconde, d'être
fustigés et envoyés aux galères la troisième, sans forme de
procès (2). Quant aux mendiants invalides et aux enfants,
ils sont conduits, à partir de 1656, à l'hôpital général. En
1733, l'intendant Le Nain prescrit d'y mener aussi les vagabonds valides, de les mettre au pain et à l'eau et de les
marquer au bras de la lettre M (mendiant) au fer rouge (3).
Les officiers de police procèdent d'ordinaire avec moins de
rigueur que ne le veut la lettre des règlements. Les caïmans
se tirent généralement d'affaire avec quelques heures
de prison ou une exposition au carcan sur la place Notre-

(1) Ordon. du lieut gén. de police du 12 janvier 1700; du 15 déc. 1758;
du 9 février 1770, *Arch. Antiq. Ouest.* — (2) Règl. de police de Poitiers
1541, art. 59 et 60; 18 janvier 1567; de janvier 1578 (commun au Poitou);
du 19 juillet 1632; de septembre 1634. — (3) Ordonnance de l'intendant Le
Nain 1733, art. 3.

Dame (1). Puis, on les bannit du territoire de la ville, et ils vont continuer ailleurs leur vie errante et misérable (2). Pour atteindre le mal à la racine elle-même, il a été interdit aux particuliers de faire l'aumône, aux aubergistes, hôteliers et logeurs de recevoir plus de vingt-quatre heures d'abord (intervalle que le règlement de 1541 appelle « une repue »), tous vagabonds et gens sans aveu ni métier. Le délai est porté à 3 jours par des règlements postérieurs, puis réduit encore, à Poitiers du moins, à l'ancienne limite d'un jour. Les contrevenants sont menacés d'être poursuivis comme recéleurs, emprisonnés et bannis avec ceux qu'ils auront recueillis (3). Généralement, ils en sont quittes pour une amende plus ou moins forte (4), s'ils ont négligé de prévenir la police dans les vingt-quatre heures réglementaires (5). C'est dans la même catégorie suspecte que les ordonnances rangent les filles et les femmes de mauvaise vie et les individus appelés alors *ruffians* qui vivent de la prostitution. Il est formellement défendu de leur fournir un logement, et comme la défense est souvent éludée, on procède par la voie sommaire des expulsions ou du bannissement contre les prostituées, et on frappe d'amende les hôtes qui leur donnent asile (6).

(1) Exemple : en 1644 sentence contre des vagabonds arrêtés à l'hôtel du Croissant ; 1668 contre des caïmans surpris faubourg St-Saturnin. *Reg.* 87 et 118 (*délib. munic. de Poitiers*). — (2) Ex. sentence du 30 juillet 1657 contre des « boesmes » logés chez un hôtelier de St-Benoît près de Poitiers, *Reg.* 118. — Ordon. du 6 janv. 1619 pour Poitiers, *Reg.* 73. — (3) Règl. de 1541, 1567, 1578, 1632, 1634 (celui-ci ramène le délai à 1 jour) ; du 3 déc. 1736 (*id.*); ord. du présidial de Poitiers, 12 janv. 1700, art. 5 ; de l'intendant Le Nain 1733 art. 3. — (4) Ex. : amendes de 30 l. contre Pichard, cabaretier près l'église St-Germain à Poitiers, 1631 ; de 100 l. contre Dutertre, hôte du Croissant— Retrait de la permission de vendre du vin à l'hôte du Cheval-Blanc, 1621, etc. *Reg.* 82, 87, 118, 76, etc. — (5) Ordon. de 1700 et de 1733. — (6) Ordon. de police des xvie et xviie s. *Vienne* G. 645, 646. — Ord. du présidial

La fourniture des aliments n'est pas non plus livrée à l'arbitraire des industriels qui les revendent. Revendeurs, traiteurs, cabaretiers, hôteliers, cuisiniers, sont l'objet d'une surveillance étroite quand ils font leurs achats. Elle est destinée à les empêcher d'accaparer les provisions au détriment des particuliers. Il leur est expressément interdit d'aller au-devant des marchands, d'acheter à deux lieues à la ronde de chaque ville, soit directement, soit par l'entremise de leurs domestiques ou autres personnes interposées, de se tenir aux portes et dans les avenues des bourgs et des cités, de se présenter aux marchés avant les heures fixées par les règlements et avant que le public soit approvisionné. L'amende et même la prison sont les sanctions ordinaires de ces dispositions légales qui s'appliquent à toutes les variétés de provisions, depuis le pain et la farine jusqu'aux fruits, aux légumes et aux vins (1). Dans certains cas, et quand il s'agit de denrées faciles à dérober, ils sont tenus de n'acheter qu'aux vendeurs dont ils connaissent la probité et de dénoncer ceux qui leur inspirent des soupçons (2). La revente, de même que l'achat, doit se faire dans les con-

---

de Poitiers 12 janv. 1700, art. 9; et du 31 déc. 1753. *Arch. Antiq. Ouest.* — Ordon. de Le Nain 1733 art. 2 : il prescrit d'enfermer à l'hôpital général les « maquerelles » et prostituées; les logeurs seront condamnés à 100 l. d'amende et à la confiscation des loyers pour 3 ans. — Amende contre Dutertre pour avoir logé « des garses »; contre Madré, hôtelier près le Pont-Joubert, pour avoir retiré des ruffians qui courent le pavé la nuit 1637-1658. *Reg. des délib. mun. de Poitiers*, 87 et 109.

(1) Ordon. sur le prix des vivres, 1307 et 1422, précités. — Régl. de police du 18 janv. 1567, 19 juillet 1632, 12 sept. 1634 pour Poitiers. — Ord. munic. de Poitiers, 20 août 1611; 7 juin 1649; 19 octobre 1665; 22 octobre 1685. *Reg.* 60, 100, 116, 130. — Ord. du présidial de Poitiers 29 janv. 1700 art. 17 et 18. — Ordon. gén. du 18 janv. 1567 pour le Poitou. — Ordon. de l'intendant Le Nain 1733, art. 1 et 11. — Régl. de police de Châtellerault 1749, art. 56-57. — Ord. du présidial de Poitiers, 14 sept. 1751, et 20 nov. 1780. *Arch. Antiq. Ouest.* — (2) Régl. de 1272 relatif aux revendeurs, précité; prescriptions analogues dans les règlements postérieurs. —

ditions de publicité, de loyauté, de temps et de lieu prescrites. Les revendeurs sont donc astreints à garnir leurs « fenêtres », c'est-à-dire les étalages de leurs maisons et les bancs des marchés de toutes les denrées qu'ils détiennent, sans pouvoir les dissimuler et « les retenir » pour en faire hausser le prix (1). L'hôtelier ou le cabaretier fourniront le gîte et la nourriture au voyageur au tarif fixé officiellement (2). Leurs mesures, pots et pintes, seront dûment étalonnées, pour qu'ils ne puissent frauder sur la quantité du vin qu'ils débitent (3). Les récipients dont ils se servent pour donner l'avoine aux chevaux des voyageurs auront le quart du boisseau de Poitiers et ils devront distribuer aux montures au moins un boisseau de ce produit par jour (4). Le règlement général relatif au Poitou édicté en 1578 prétend même déterminer la nourriture qui devra être donnée aux « gens de cheval », logés à prix fixe, à savoir de la viande de bœuf, du mouton, du veau, ou bien du porc si le veau manque, et du pigeon ou bien du poulet ou du chapon. Ils ont, en plus des deux repas, droit à du « linge blanc et honneste », au chauffage, pour lequel l'hôtelier doit leur fournir « le bois suffisant », et au coucher. Quant aux gens de pied qui paient deux tiers en moins, on leur fournit le coucher et deux repas avec plats de bœuf et de mouton, bon pain et bon vin. Au reste, les voyageurs sont libres de traiter « aux pièces » avec l'hôtelier. C'est ce mode de marché qui était

---

(1) Règl. de 1272. — Ord. munic. de Poitiers, 27 fév. 1651. — Sentence contre un revendeur, 16 mars 1648. *Reg.* 102 et 99. — (2) Règlements de 1567; de 1578; ordon. de 1307 et de 1422, etc. — Voir ci-dessous, livre IV. — Procès-v. du proc. fiscal de Challans contre un aubergiste qui a refusé de loger deux étrangers munis de passeports, 23 juillet 1786. *Vendée* B. 463. — (3) Règl. de police de 1578 et de 1749 (pour Châtellerault), art. 13. — (4) Règl. de police du 18 janv. 1567, du 25 janv. 1578, 12 septembre 1634.

sans doute généralement usité. Il n'y a pas de trace en effet de l'exécution stricte des règles édictées en 1578 (1). Les règlements se bornent le plus souvent à interdire les fraudes dont l'hôtelier se rend coupable dans la fourniture des aliments. La plus usitée était l'altération du vin, dont Guillaume Bouchet se plaint déjà, et que les commissaires du commerce signalaient à Henri IV en 1601 (2). Le mouillage paraît avoir été une pratique fréquente chez les cabaretiers et hôteliers poitevins, aussi bien que l'addition de la litharge et autres drogues ou mixtions (3).

Le souci de la santé publique n'est pas le seul qui ait obligé l'autorité à réglementer strictement l'industrie exercée par les logeurs, taverniers, aubergistes, cabaretiers et hôteliers, limonadiers et débitants. Le bon ordre et la moralité sont intéressés à ce que la liberté de ces commerçants soit restreinte dans d'étroites bornes, si l'on ne veut pas qu'elle dégénère en licence. Aussi n'est-il permis de recevoir dans les tavernes, débits, hôtelleries, auberges, que certaines catégories de personnes qui sont forcées de s'y présenter, par exemple les étrangers. Les ordonnances défendent aux « gens mariés et rességans en la ville d'aller boire et manger, « yvrongner, taverner et jouer ès hostelleries, cabarets ou « tavernes », et aux hôteliers de les recevoir (4). La même

(1) Règl. gén. du 25 janv. 1578. — Ces prescriptions ne reparaissent plus dans les règlements postérieurs. — (2) G. Bouchet, *Serée* 1re — Procès-v. de la Com. du Com. pp. Champollion (*Doc. hist. inédits*, tome IV). — (3) Règl. de police de Châtellerault, 1749, art. 16. — On interdit aussi de survendre le vin et de le livrer autrement qu'au pot ou à la pinte, et non en bouteille. Règl. mun. de Poitiers 19 déc. 1667, *Reg.* 118. — (4) Règl. du 18 janvier 1567 pour Poitiers — du 19 juillet 1632 — du 7 avril 1642; 25 janvier 1666; 19 déc. 1667. *Reg.* 93, 116, 118. — Sentence du sénéchal d'Aizenay contre un cabaretier, 1781. *Arch. Vendée* B. 113. — Ordon. du lieut. g. de police de Poitiers, 3 mars 1780. *Arch. Antiq. Ouest.* — Ordon. munic. de Châtellerault, 25 janvier 1630, *Godard*, 1, 62. — Ordon. de

interdiction s'étend aux « enfants de famille, serviteurs et autres personnes domiciliées », aux artisans, aux clercs, aux garçons, aux domestiques et gens de service, enfin « aux petits escoliers » et aux étudiants (1). La prohibition est d'ailleurs souvent éludée. Les auteurs des règlements édictés se plaignent qu'au mépris des prescriptions légales les cabaretiers, hôteliers, limonadiers, retirent « en leurs maisons, « tant de jour que de nuit, toutes sortes d'habitants, bour- « geois, ouvriers » et surtout les « escoliers de droit et autres » qui viennent boire et manger, jouer aux cartes et dés, même les dimanches et fêtes, « d'où s'ensuivent de grandes « débauches, jurements et blasphèmes, au grand scandale « du public » (2). A la fin de l'ancien régime, l'accès du cabaret est également interdit aux racoleurs qui venaient auparavant y faire contracter des engagements militaires, dans les fumées de l'ivresse, aux écoliers, clercs et garçons de boutique (3). Quant aux caïmans, bohémiens, filoux, vagabonds, gens sans aveu, quant aux filles et femmes débauchées, la police les exclut de la table et du séjour des hôtelleries, auberges et autres lieux publics (4), sans que cette obligation légale ait pu être jamais strictement appliquée. On s'était efforcé aussi d'astreindre l'auberge ou le débit à des conditions de tenue décente et morale. C'est pourquoi le

police de Palluau (9 mars 1769) interdisant de recevoir des domestiques et de leur donner à boire sans le consentement des maîtres. *Vendée* B. 1034.

(1) Règl. gén. pour le Poitou, 25 janv. 1578; 26 déc. 1650; 7 avril 1642; 15 février 1653; 25 janvier 1666 pour Poitiers. *Reg.* 102. 93, 104, 106, 116. — Règl. de police de Châtellerault, 1749, art. 5. — (2) Mêmes règl. et notamment celui du 7 avril 1642. — (3) Ordon. du lieut. g. de police de Poitiers, 10 mars 1767, 3 mars 1780, *Arch. Antiq. Ouest.* — (4) Mêmes ordonnances. — Règl. de police de Châtellerault 1749, art. 17 et 29. — Ordon. de l'intendant Le Nain, 1733, art. 3. — Ordon. du 23 août 1640 à Châtellerault. *Godard*, I. 138.

règlement de Châtellerault par exemple fixe la quantité de vin qu'on pourra donner au client à une pinte (1 litre) au plus par repas, « afin d'éviter les débords et yvrogneries » (1).

Les personnes obligées d'aller boire et manger aux hôtelleries sont invitées à s'y « contenir tranquillement et sans au-
« cun bruit », sans se quereller entre elles ou avec l'hôtelier, sans tenir des propos injurieux ou scandaleux, sans insulter les passants. En cas de rixe, l'hôte doit prévenir aussitôt la police (2). Toute vente à crédit est interdite, spécialement à l'égard des sous-officiers et des soldats (3), de sorte que le cabaretier ne puisse pousser le client à consommer outre mesure. Aucune distraction n'est autorisée qui puisse retenir les consommateurs au cabaret. Les hôteliers ou aubergistes et autres tenanciers de lieux publics ne doivent tolérer chez eux aucuns jeux de cartes, de dés, de quilles, de billes ou de clefs (4). De fortes amendes sont infligées à ceux qui tiennent des jeux de hasard (5). L'appât du libertinage, toujours puissant, fait de beaucoup d'auberges et de cafés autant de lieux de débauche. Une ordonnance relative à Poitiers constate même à la fin du xviii° siècle que quelques-uns de ces lieux « sont favorisés, pour ne pas dire tenus, par des personnes d'une naissance illustre », et que traiteurs, cabaretiers, limonadiers et cafetiers, retirent dans leurs maisons et dans leurs jardins, « pour y commettre des excès de toutes

---

(1) Règl. de police de Châtellerault 1749, art. 13. — Ordon. de police de Palluau, 9 mars 1769 (même prescription). *Vendée* B. 1034. — (2) Même règl., art. 20. — Ordon. munic. de Poitiers contre l'hôte de la Croix-Verte à la Cueille, 12 mai 1642, *Reg.* 93. — (3) Ordon. du lieut. g de police de Poitiers, 15 déc. 1753; 29 novembre 1780, 7 juin 1881. *Arch. Antiq. Ouest.* — (4) Règl. de janvier 1567; janvier 1578; 26 janvier 1666. — (5) Sentences de police du 5 mars 1756 et du 15 nov. 1766, contre les hôtes du Chêne-Vert et de l'image de St-Nicolas à Poitiers. (*Arch. Antiq. Ouest.*). — Ordon. de police du 9 février 1770, *ibid.*

sortes », des femmes et des filles de mauvaise vie (1).
Les règlements s'efforcent de mettre un terme à ces désordres, sans que ce mal chronique ait d'ailleurs jamais pu être enrayé. D'autres lois, tout aussi sages et tout aussi peu respectées, interdisent de recevoir dans les hôtelleries et auberges, toutes sortes de personnes, après la retraite sonnée, c'est-à-dire tantôt après 7 heures, tantôt après 8 heures en automne et en hiver, et après 9 ou 10 heures en été (2). La mesure n'est pas inutile, car les auberges se transforment la nuit en tripots, sont le théâtre de rixes, servent de rendez-vous aux malandrins ou aux mauvais plaisants et aux libertins, qui de là se répandent dans la ville, hurlent des chansons obscènes, insultent les passants attardés, cassent les vitres, enfoncent les boutiques, arrachent « les bouteroues « et autres pierres placées pour la commodité publique », et commettent mille autres excès (3). Le jour, les cafés et cabarets doivent être interdits aux étudiants en droit et autres écoliers ou clercs pendant les heures de classe (4).

Enfin, l'observation des lois religieuses est strictement exigée des hôteliers et des cabaretiers, des revendeurs et des revendeuses. En conséquence, les regrattiers et

---

(1) Ordon. précitées des xvi⁰ et xvii⁰ siècles. — Règl. de police de Châtellerault 1749, art. 30. — Ordon. du lieut. g. de police de Poitiers, 3 mars 1780 ; 7 juin 1781, *Arch. Antiq. Ouest*. — Ex. inform. du sén. du bourg St-Hilaire contre l'aubergiste de la Magdeleine, faubourg de la Tranchée à Poitiers, accusé de favoriser la débauche et de loger des mendiants 1736. Vienne G. 661. — (2) Ordon. citées ci-dessus — Ordon. du 28 janvier 1636, pour Châtellerault, *Godard* I. 115. — (3) Règl. de police 1567, 1578, 1632, 1634, 7 avril 1642, 10 janvier 1656, 12 nov. 1667, 25 janvier 1666. — Ordon. du présidial de Poitiers, 29 janv. 1700, art. 6 et 7. — Règl. de police de Châtellerault 1749, art. 13. — Arrêts du Parlement pour la sénéch. de Civray (1780) et pour Niort, 12 mai 1786. — Ordon. du lieut. g. de police de Poitiers 15 déc. 1753, 15 déc. 1768, 29 déc. 1768 (au sujet du cabaretier Barbotin, rue de la Chaîne), *Arch. Antiq. Ouest*. — (4) Ordon. de police du 9 février 1770, *ibid*.

regrattières « qui blasphèment le saint nom de Dieu » sur la place publique sont passibles d'amende. A Poitiers, au xvii⁰ siècle, on les expose dans une cage élevée sur la place Notre-Dame (1). Les jours de dimanches et fêtes, leurs boutiques sont fermées : on enlève leurs bancs et étaux sur le marché (2). Au moment du service divin, les mêmes jours, et aussi, au xvii⁰ siècle, les jours de jeûne, à savoir le vendredi et le samedi, ainsi que pendant tout le carême, les aubergistes, hôteliers, rôtisseurs, traiteurs, débitants sont astreints à fermer leurs maisons de 8 à 10 heures du matin l'hiver, de 9 à 11 h. l'été. Ils ne peuvent, sous peine de prison et d'amende, donner à boire et à manger, sauf aux voyageurs et aux amis qu'ils reçoivent gratuitement (3). Les jours d'abstinence et de jeûne, ils ne doivent pas fournir d'aliments gras et de viande, sauf aux malades et à ceux qui sont munis d'une permission de l'autorité ecclésiastique. En cas de contravention, c'est l'amende arbitraire que l'hôtelier encourt pour la première fois, et pour la seconde, la prison (4). Qu'on joigne aux multiples règles d'hygiène et de moralité, celles que le fisc impose, et on aura une idée de l'étroite sujétion à laquelle l'industrie du logement et de

---

(1) Ordon. munic. de Poitiers, 1ᵉʳ et 15 sept. 1659. Reg. 110. — (2) Ordonnance municipale de Poitiers, 6 et 13 mars 1656, Reg. 106. — (3) Règl. de police de Poitiers, 12 sept. 1634, précité. — Ordon. du 24 mai 1642 à Châtellerault, Godard 1. 147. — Sentence du 10 déc. 1667, et de janvier 1683. Reg. 118, 127. — Ord. du présidial de Poitiers 12 janvier 1700 ; de l'intendant Le Nain, 1733, art. 1. — Règl. de police de Châtellerault 1749, art. 4 et 5 ; de Poitiers 1ᵉʳ déc. 1740. (Arch. Ant. Ouest). — Arrêt du Parl., 27 nov. 1786, pour la sénéch. de Civray. — Lettre mss. de Joly de Fleury au proc. fiscal de Luçon, 21 avril 1776, ibid. — Ordon. de police Palluau (9 mars 1769), les Sables (26 avril 1745), St-Michel en l'Herm (21 janv. 1691), etc. Vendée B. 779, 1144. — (4) Règl. 12 sept. 1634. — Ordon. du présidial de Poitiers, 29 janv. 1700, art. 1 ; de l'intendant Le Nain 1733, art. 1. — Règl. munic. de Poitiers, 6 mars 1656. Reg. 106. — Règl. de Châtellerault 1749, art. 12.

la revente des produits alimentaires s'est trouvée de plus en plus soumise.

Les professions relatives à l'éclairage et au chauffage, de même qu'à l'approvisionnement des animaux, jouissent d'une liberté relative, en comparaison du régime rigoureux imposé à la plupart des métiers de l'alimentation. Ces professions étaient au nombre de cinq en Poitou, à savoir celles des ciriers, des chandeliers, des charbonniers, des marchands de bois de chauffage et bûcherons, des marchands de foin et de paille. On n'a d'ailleurs conservé sur chacune d'elles qu'un nombrer estreint de documents. Les ciriers-ciergiers, groupés en corporation, exerçaient leur art à une époque assez haute du Moyen-Age, puisque les cartulaires mentionnent l'emploi usuel de la cire pour l'éclairage privé et pour celui des églises (1). Il est question en 1522 des marchands de cierges de Poitiers. Le tarif de la Sèvre de la fin du XIIIe siècle, aussi bien que le tarif de la prévôté du XIVe siècle pour Poitiers, citent les matières premières dont ces industriels se servent, à savoir le blanc de baleine et la cire indigène (2). En 1675, les ciriers sont classés encore parmi les corps de métiers de la capitale du Poitou, et on les retrouve en 1789 groupés avec les épiciers et les chandeliers (3). Ils ont le monopole de la vente de la cire ouvrée, et du travail et débit des torches, flambeaux, bougies et cierges. En 1660, les communautés religieuses, Carmélites, Ursulines, Visitandines, Augustins s'avisent de fabriquer des cierges et flambeaux. Les ciergiers font reconnaître leurs

(1) Voir par ex. le Cartulaire de St-Hilaire de Poitiers I, 98, 104, 118; 11, 120. — (2) Liste des corps de métiers de Poitiers 1522. *Reg. des délib.*, n° 18, f. 165. — Coutumes de la Sèvre et de la prévôté de Poitiers (XIVe s.), précitées. — (3) Liste des corps de métiers de Poitiers taxés 1675 *Reg.* 124. — Liste du 8 août 1789. *Reg.* 195.

droits contre cette usurpation (1). Les chandeliers sont organisés en métier distinct dès le Moyen-Age. Dans un document de 1348, il est question d'un artisan de ce genre à Lusignan (2). Au xviie siècle, ils forment à Poitiers une corporation jurée (3), qui a duré jusqu'à la Révolution. Leur principale fonction consiste à fabriquer et à vendre la chandelle de suif et les huiles à brûler, huiles de noix, de navette, d'olive, de pavots, de pignon ou de chénevis. Ils ont le monopole de ce travail et de ce commerce (4). Rabelais dans la description du pays de Lanternois n'a pas manqué de citer les chandelles de noix du Mirebalais et les chandelles armées ou ornées d'armoiries du Bas-Poitou (5). Comme ils préparent, coupent et ajustent les fils de chanvre et de coton qui forment les mèches des chandelles, ils se trouvent parfois aux prises avec les cordiers (6). Le charbon de bois est préparé dans les forêts par les charbonniers, auxquels se rapporte un règlement du xive siècle conservé par le manuscrit Saint-Hilaire. Cette profession est d'ailleurs citée dans une ordonnance du sénéchal de Poitou en 1307 (7). C'est un métier libre fort répandu dans les campagnes, et dont les documents s'occupent fort peu. Les marchands de

(1) Délibér. municip. de Poitiers, 9 août 1604, 29 mai 1645, 20 mai 1647, 31 janvier 1661, 26 juillet 1660. *Reg.* 61, 96, 98, 111. — (2) L'ordonnance sur le prix des vivres à Poitiers de 1307 mentionne le suif (*sain*) fondu, et la chandelle de suif avec lumignon en coton. *Arch. hist. Poitou*, VIII, 488. — Nom de Bonnet le Chandellier dans un acte de 1348. *Arch. hist. du Poitou*, XVII, 2. — (3) Ils sont au nombre de 5 en 1578, à Poitiers, *Reg.* 42, f° 943. — Délib. mun. de Poitiers, 17 juillet 1628, 1er février 1638. *Reg.* 79 et 88. — (4) Délib. munic. de Poitiers, 4 déc. 1673, 8 février 1677, *Reg.* 123 et 126. — (5) Rabelais, *Œuvres*, V, 135. Une ordonnance du présidial de Poitiers du 15 février 1767 distingue la chandelle d'hiver moulée ou non, avec mèche de coton, celle dont la mèche est moitié fil moitié coton, et celle de pur fil. *Arch. Ant. Ouest*. — (6) Ex. en 1675 et en 1684, *Reg. des dél. mun.* de Poitiers, n°s 124, f. 55, et n° 128, f° 90. — (7) Règl. relatif aux charbonniers, s. d. *Mss St-Hilaire*, f° 82. — Ordon. du sénéchal du Poitou sur le prix des vivres, 1307, précitée.

bois de chauffage sont mieux connus. Leur trafic s'exerçait au Moyen-Age à dos de jument, de cheval ou d'âne, ou au moyen de charrettes à bœufs et à chevaux, tandis que le charbon était transporté en sacs et en paniers (1). Le bois se débitait en bûches, gros et menus fagots, réortées ou fagots mêlés de gros bois et liés avec des branches flexibles (réortes), le tout pris sur place ou rendu à domicile (2). Quant au commerce des foins et des pailles qui se trouve réglementé à Paris dès 1268 (3), il est dans les villes du Poitou l'apanage des regrattiers « de fains, d'aveynes et de bûches pour ardoir » que mentionne l'ordonnance de 1307 (4), et qui achètent ces produits aux paysans. D'ailleurs, toutes sortes de personnes ont le droit de se livrer à ce trafic comme le prouve un règlement du siège de police de Poitiers daté de 1785 (5).

Certaines règles avaient cependant été assignées à ces professions, dans l'intérêt général. Elles concernaient les achats, la manipulation, et les ventes des marchandises. Afin de maintenir par exemple le prix de la chandelle à un taux accessible, on a donné aux chandeliers un droit de préemption sur les suifs mis en vente par les bouchers, de sorte qu'ils puissent s'approvisionner aisément de la matière première nécessaire à leur industrie. On oblige les vendeurs à fournir aux acheteurs des suifs sans mélange de graisse, et sans altération, et on les astreint à vendre en lieu public et aux jours fixés. Le transport de ce produit

---

(1) Mêmes documents — et ordon. de nov. 1422 sur le prix des vivres et objets usuels, précitée. — (2) Mêmes documents — Pièces citées ci-dessous, et délib. munc. du 13 mai 1625 et 18 janvier 1666. *Reg.* 70 et 116. — (3) Savary, *Dict. du Com.*, II, 1271-1275. — (4) Ordon. du sénéchal de Poitou 1307 précitée. — (5) Ordon. du présidial de Poitiers du 9 août 1785 sur le prix des foins et des pailles, *Arch. Antiq. Ouest.*

est même interdit « hors ville » sans permission de la police (1). Parfois même on a été jusqu'à prescrire la forme sous laquelle le suif doit être exposé, jusqu'à prohiber les suifs en gousses pour ne permettre que les suifs en pains (2). En cas de hausse exagérée, l'autorité intervient pour fixer le prix (3). Le bois de chauffage, le charbon, le foin ou la paille pourraient être accaparés, si on laissait aux marchands toute latitude dans leurs opérations. Aussi veille-t-on à ce qu'ils n'achètent pas sans autorisation tous les bois sur pied à 5 lieues autour des villes, de peur qu'ils n'empêchent l'approvisionnement des marchés « et qu'ils ne produisent la cherté et la rareté » du combustible (4). En principe, les achats ayant pour but la revente du bois ou du charbon sont même prohibés (5). En fait, on se borne à obliger ceux qui ont des dépôts à solliciter une permission de la police, et à déclarer l'espèce et la quantité de produits qu'ils détiennent (6). En 1637, un marchand ayant acheté au port Saint-Lazare tout le charbon arrivé par bateau, les serruriers réclament contre un acte qui tend à faire enchérir cet article, et le marchand est assigné devant les échevins de Poitiers (7). On menace d'amende et de confiscation les revendeurs ou autres commerçants qui s'avisent de faire des associations d'achat ou de vente pour les bois, charbons, foins et pailles, qui vont en

---

(1) Voir ci-dessus le chapitre relatif au commerce de boucherie. — Règl. gén. du 25 janv. 1578 pour le Poitou — du 12 sept. 1634, du 2 et du 24 sept. 1640 pour Poitiers, *Reg.* 91 — de 1749, art. 94, pour Châtellerault. — (2) Ordon. du présidial de Poitiers 2 déc. 1766 *Arch. Antiq. Ouest.* — L'ordon. du 15 février 1767 (*ibid*) permet la vente en pains. — (3) Voir livre IV. — (4) Ordon. du présidial de Poitiers, 7 déc. 1701, *Arch. Antiq. Ouest.* — (5) Règl. de police pour Poitiers (18 janvier 1567) précité. — Ordon. de janvier 1700, art. 18, précitée. — (6) Ordon. du présidial de Poitiers, 7 déc. 1701. — (7) Ordon. de l'échev. de Poitiers, 23 nov. 1637, *Reg.* 88.

dehors des villes arrer ou retenir les produits, qui organisent des entrepôts, qui forment des magasins clandestins. En cas de nécessité, tout magasin même public est absolument prohibé (1). On ne veut pas que les commerçants ou industriels puissent nuire à l'approvisionnement des particuliers. C'est pourquoi les chandeliers ne peuvent commencer l'achat des suifs que quand le public est pourvu. De même, les marchands et les boulangers ne sont admis à acheter sur place ou en ville, qu'une quantité de fagots limitée à 10 milliers et équivalente à la provision d'un an, sous peine de voir le surplus saisi et vendu au plus offrant (2). Les règlements, afin de maintenir l'égalité entre les industriels, vont jusqu'à prescrire de faire une répartition uniforme des suifs, ou, suivant l'expression alors usitée, de les « lotiser » entre les maîtres chandeliers, quand les habitants auront été pourvus (3).

La fabrication ou la préparation des marchandises est aussi l'objet de certaines prescriptions. Les maîtres chandeliers par exemple s'avisent de falsifier la chandelle en mélangeant le suif pur avec le suif de tripes et de graisses de bœuf, de mouton, de bouc et de chèvre ou de pourceau. Les règlements interdisent ces mélanges abusifs et exigent qu'ils ne livrent à leur clientèle que de la chandelle de suif pur, blanche, « bien faite et bien cuite, comme il appartient » (4). La législation locale n'admet pas non plus qu'on

---

(1) Règlements précités, p. 258, notes 4 à 7. — Ord. du présidial de Poitiers du 1er déc. 1700 rel. au charbon, *Arch. Antiq. Ouest*. — Comparer avec les arrêts du Conseil et ordonnances des 23 août 1781, 7 juillet 1786, 13 nov. 1787 relat. au commerce des bois, fagots et foins, à Paris. *Isambert* XXVII nos 1542, 2245, 2407, 2408. — (2) Règl. du 18 janvier 1567. — (3) Règlemens cités page 258, notes 1 et 2. — (4) Règl. 18 janvier 1567, 25 janvier 1578, 12 sept. 1634 précités. — Ordon. munic. de Poitiers, 25 nov. 1658, Reg. 109. — Ordon. du présidial de Poitiers 14 nov. 1725, et 15 février

coupe pour le chauffage des baliveaux, perches et autres jeunes arbres pris dans les taillis (1). Elle fixe la longueur et la grosseur des fagots et des bûches suivant les variétés appelées cordes, cordées, fagots boutons, fagots bâtards et cotrets. Elle indique la composition de chaque espèce en gros ou en menu bois, ordonne de bien serrer et unir les bûches, et interdit de laisser des vides intérieurs (2). Il faut que le bois de chauffage ait au moins neuf ans, que les fagots soient bons et marchands et fournis au dedans de gros bois (3). La vente doit se faire dans les conditions de publicité et de loyauté requises par l'intérêt public. Tout d'abord, les marchands sont obligés d'approvisionner de préférence leurs concitoyens. Ainsi, il est enjoint aux chandeliers de tenir leurs boutiques constamment garnies (4), et aux marchands de bois des forêts de Coulombiers et de Moulière, de réserver le combustible qui en provient à la ville de Poitiers, sans pouvoir en vendre ailleurs (5). Les charbonniers ne peuvent vendre le charbon qu'en poches et sacs dont les dimensions sont réglées à 2/3 d'aune de long et à demie-aune de large, et, pour que la marchandise puisse être mieux

1767, *Arch. Antiq. Ouest*. — Règl. de police de Châtellerault, 1749, art. 96. De là, obligation de la visite pour les chandeliers, règl. mun. de Poitiers, 28 août 1572, *Reg.* 41.

(1) Ordon. mun. de Poitiers, 10 janvier 1629, *Reg.* 89. — Règl. du 18 janvier 1567. — (2) Règl. de police de Poitiers, 1541, art. 40 (fixe la longueur des bois et fagots à 3 pieds et demi); du 18 janvier 1567 et du 25 janvier 1578 (distinguent le gros bois à réortée de 3 pieds et demi et 4 doigts de long — la réortée de 7 pieds et demi 4 doigts). — Ordon. du lieut. g. de police 12 janvier 1700, art. 13 (fagots de 3 pieds et demi — bois de réortée 3 pieds et demi et 4 doigts). — Ordon. de la sén. de Châtellerault, 5 juillet 1777, *Affiches du Poitou* 1777, p. 113. — Arrêt du Parl. de Paris, 10 fév. 1784. — Ordon. de la maîtrise des Eaux et forêts de Poitiers 20 janvier 1784 (distingue la longueur, hauteur, grosseur du bois suivant les variétés, réortée ou corde, cordée, corde de bois calin ou à charbon et fagots mousquets) (*Arch. Antiq. Ouest.*— (3) Règl. de 1541 et autres précités, note 3. — (4) Exe. ordonnance municip. de Poitiers, 2 sept. 1640, *Reg.* 91 fr. 41. — (5) Ordon. du 10 janvier 1784 précitée.

examinée, le charbon doit dépasser les bords de la poche ou du sac (1). Les chandeliers ont sur les fenêtres de leurs ouvroirs des poids et balances, semblables à ceux des boulangers, marqués et étalonnés. Ils ne doivent point débiter de chandelle sans la peser, alors même que l'acheteur ne l'exigerait pas (2), et il sne leur est permis d'en vendre qu'à la livre (3). Le débit des bûches ne peut se faire à Poitiers qu'à la corde, à la mesure de 8 pieds de long sur 4 de haut, le gros bois se vendre qu'à la réortée, ayant 7 pieds et 9 pouces de tour, le fagot qu'à la longueur de 4 pieds ou de 3 pieds et demi de long. Longtemps après l'ordonnance des eaux et forêts de 1669, on cherchera, sans grand succès, à proscrire les anciens modes de vente du bois à la bûche, au cent et à la chabane (4). Des places particulières où ils peuvent se rendre tous les jours, sauf les dimanches et fêtes, sont assignées dans les villes aux marchands. C'est à Poitiers, pour les chandeliers, l'Arsenal ou le Poids le Roi, dans lequel se tient le marché des suifs (5). C'est pour les marchands de gros bois et fagots la place du Marché Vieil ou la place Notre-Dame. Plus tard, on assigne en outre aux vendeurs celles de Saint-Pierre et du Pilori (6). De

(1) Règl. des charbonniers de Poitiers, s. d. (xive s.), Mss St-Hilaire f° 87. — (2) Règl. gén. pour le Poitou, 25 janvier 1578. — Règl. de police de Châtellerault 1749, art. 96. — (3) Ibid. et règl. du 2 sept. 1640 pour Poitiers, Reg. 91. — (4) Règl. de police de Poitiers 1541, art. 40 et 41. — Ordon. municip. 19 juillet 1632, Arch. Mun. Poitiers, D. 70. — Ordon. du présidial de Poitiers et de la maîtrise des eaux et forêts, 7 déc. 1701, 20 août 1753, 20 février 1768, 15 déc. 1780, Rec. Poit. in-8, XVII, n° 53; Arch. Antiq. Ouest. — Règl. de police de Châtellerault 1749 art. 96. — Ordon. de la maîtrise de Châtellerault 1777, Affiches du Poitou 1777, p. 113. — (5) Ordon. du présidial de Poitiers 2 déc. 1766, Arch. Antiq. Ouest; et autres règlements précités relatifs aux chandeliers. — (6) Règl. de police de Poitiers 1541, art. 44. — Ord. mun. de Poitiers 13 mai 1625, 19 juillet 1609, 21 juillet 1618, 18 janv. 1666, 10 janvier 1629, Reg. 76 bis, 64, 73, 116, 89. — Ord. du présidial de Poitiers, 7 déc. 1701.

plus, les marchands qui conduisent les charrettes ou les bêtes de charge, sont astreints à se rendre directement au lieu prescrit sans s'arrêter « par les rues » (1). Enfin, l'autorité se réserve de fixer les prix auxquels la chandelle, le bois, le charbon, le foin ou la paille seront vendus (2), de manière à empêcher l'exploitation des particuliers par les marchands.

CHAPITRE VII

Les Industries Textiles et le Commerce de l'Habillement en Poitou.

La police des industries textiles et du commerce des objets d'habillement ne saurait se comparer à celle du commerce et des industries de l'alimentation, de l'éclairage et du chauffage. Celles-ci ont été surveillées d'une manière plus stricte que celles-là. Aussi les documents deviennent-ils ici plus rares et plus clairsemés. Ils permettent néanmoins de reconnaître en Poitou trois groupes essentiels parmi les industriels et les commerçants qui s'occupent de l'habillement (3). Le premier est formé par les maîtres ou ouvriers dont la préparation des matières premières ou la fabrication des tissus constituent le métier : peigneurs, cardeurs et tireurs d'estaim, tisserands de toile et tisserands de laine, filetiers, drapiers, sergetiers, fabricants d'étoffes de soie, laine, fil et coton, foulons, tondeurs, teinturiers

(1) Règl. de police de Poitiers du 18 janvier 1567, et autres précités. — (2) Voir ci-dessous livre IV. — (3) Voir ci-dessous, même chapitre; liste des corps de métiers de Poitiers 1522, 1675, 9 décembre 1788, août 1789, précitées.

et blanchisseurs. Au second groupe appartiennent ceux qui fabriquent les accessoires de la toilette : bonnetiers, chapeliers feutriers et enjoliveurs de chapeaux, boutonniers, garnisseurs, dentellières, brodeurs, passementiers, rubanniers. Au troisième se rattachent les professions dont la spécialité consiste à utiliser les tissus fabriqués et à en faire le commerce, à savoir celles des marchands drapiers, des marchands de draps de soie, des colporteurs d'étoffes, des merciers, des modistes et marchands de modes, des lingers et lingères, des chaussetiers, des couturiers, ou tailleurs d'habits et des couturières.

L'industrie de la fabrication des tissus a été de bonne heure florissante en Poitou. Les matières premières, laines, lin et chanvre, se trouvaient en abondance dans la province. Les laines surtout forment un des grands revenus des propriétaires (1), et elles se vendent, soit en toisons avec le suint, soit lavées, soit filées (2). Les meilleures sont achetées au Moyen-Age par les Flamands, au xviie et au xviiie siècle par les fabricants de Normandie et de Languedoc (3). Les communes sont réservées à la fabrication locale (4), qui tire aussi une partie de cette matière de la Gascogne et de la Saintonge. Ces dernières provenaient souvent d'animaux abattus, d'où leur nom de laines d'abats; on employait les plus fines aux meilleures étoffes (5). Aux deux derniers siè-

---

(1) Voir notamment le *Cartulaire de St-Hilaire*, pp. Rédet I, 249, 244, 303; II. 24. — Au xviiie s., les meilleures laines viennent des régions de St-Maixent et de Mortagne, Gallot *Essai sur la topog. médicale du Poitou*, Soc. d'Emul. *Vendée* 1871, p. 110. — (2) Règlement sur le prix des vivres 1422, précité, et textes ci-dessous indiqués. — (3) Voir ci-dessus livre Ier, chap. I et IV. — Dupin, *Statist. Deux-Sèvres* p. 51. — (4) Procès-verb. de l'ass. des fabricants de Niort 1677, analysé par Bardonnet, *Ephemérides* p. 288. — et documents cités au chap. IV du livre Ier. — (5) Mémoire sur l'élection de Niort 1739, *Mém. Soc. Stat. D.-Sèvres* 1886, p. 186.

cles, le Poitou recourait encore à l'Espagne et recevait annuellement par la Rochelle et Nantes près de 2.000 balles, pesant chacune 2 à 300 l., de laines espagnoles de troisième ou de quatrième qualité, appelées laines de Campos ou fleuretonnes de Navarre (1). En 1307, les cent livres de laine, dont on distinguait deux variétés, bourre lanisse et bourre moleisse, se vendent 26 s. à 16 s. En 1422, la livre de laine commune vaut 5 deniers ; la laine fine (*déliée*) 12 d. la livre ; et la grosse laine filée 18 d. (2). En 1680, les laines de Poitou valent 10 à 12 s. la livre, en 1701, 25 à 26 s (3); en 1736, à Fontenay 22 à 23 s. ; à Moncoutant, en 1733, la laine filée et teinte se vend 28 à 30 s. la livre ; les laines d'abat de Saintonge sont estimées 18 s. (4). A la foire de Fontenay en 1747, le prix de la livre de ces mêmes laines varie de 21 à 25 s. et en 1757, de 30 à 31 s. (5). Au reste, la vente se faisait, semble-t-il, à des taux différents sur les divers marchés, suivant la finesse des laines. En 1775, par exemple, le prix du quintal des laines est à la même date de 180 l. à St-Maixent, de 150 l. à Niort et à Fontenay, de 130 l. à Châtellerault et de 115 l. à Thouars (6), c'est-à-dire qu'il varie entre 1 fr. 30 et 1 fr. 80 la livre (7). A la fin du xviiie siècle, les Normands et les Picards viennent encore enlever les plus fines aux foires de Niort et de Fontenay ; les communes sont utilisées

---

(1) Savary *Diction*. 2e édit. I. 65. — (1) Ordon. sur le prix des vivres 1307 et 1422, précitées. — (3) Chiffres citées dans un arrêt mss du Conseil d'Etat pour les bonnetiers de Poitiers 31 déc. 1701. *Vienne*, C. 37. — (4) Etat des foires de Fontenay 1736 — rapport sur le bureau de Moncoutant 1733. *Vienne*, C. 36. — (5) Etats des foires de Fontenay 1747, *Vienne*, C. 36. — Mém. de Garran sur l'élection de Niort 1757, *Mém. Soc. Stat. D. Sèvres* 1883, 178. — (6) *Affiches du Poitou* 1775, p. 200. — (7) En 1776, la livre vaut 28 à 33 s., *Affiches* 1776, p. 81.

dans le pays (1). On estime surtout celles de Mortagne, du Marais et de la Plaine (2).

Moins productive que l'élevage des bêtes à laines, la culture du chanvre et du lin a été cependant très développée en Poitou. Les cartulaires font souvent mention de chenevières et de plantations de lin (3). Un règlement de 1422 montre que le chanvre non peigné se vend à la livre 10 d., que la livre de ce textile peignée vaut 15 d., et filée 2 s. 6 d. Le lin brut vendu à la poignée est estimé 12 d ; prête à filer, la livre s'achète à raison de 3 s. 4 d. et filée 5 s. (4). En 1733, le fil de lin du pays est vendu à Moncoutant tout filé 38 à 45 s. la livre (5). Plus tard en 1775, les chanvres en poil valent suivant les lieux dans la province 45 à 90 l. le quintal, et les lins en poil 50 à 125 l. (6), soit pour les premiers 9 s. à 18 s. la livre, et pour les seconds 10 à 25 s. On appréciait surtout les lins d'été du Bocage, les chanvres du Châtelleraudais, et du Marais, dont une partie, notamment ceux de Vix, s'exportaient à Rochefort et à Bordeaux (7). La majeure part s'employait dans le pays. Quant à l'emploi du coton et de la soie, il resta longtemps inconnu des fabricants poitevins. Ce n'est guère qu'au XVIII⁰ siècle qu'on utilisa ces deux matières dans quelques fabriques de la province (8).

(1) Dupin en l'an IX compte pour le seul département des Deux-Sèvres 255.817 moutons de race commune, et 33 mérinos ; il estime cette évaluation inférieure d'un tiers à la réalité, *Statistique* p. 177. — (2) Rapports des inspecteurs XVIII⁰ s., cités chapitre IV, livre 1ᵉʳ. — Dupin, *Stat. D.-Sèvres* 51, 62, 140, 177. — Labretonnière, *Statistique de la Vendée*, pp. 33, 62, 80. — (3) Ex. *Cartulaire St-Hilaire* I, 229, 244, etc. — *Arch. hist. Poitou*, XXV, 1. — *Savary* Diction. (v⁰ Chanvre). — J. Desloges, La culture du chanvre en Poitou, *J. de Poitiers* an VI, nᵒ 36. — *Mém. de Maupeou* (1698), pp. D. Matifeux, p. 405. — (4) Règlement pour le prix des vivres 1422. — (5) Rapport sur le bureau de Moncoutant 1733, précité. — (6) *Affiches du Poitou* 1775, pp. 200 et 75. — (7) *Aff. du Poitou*, 1781, p. 50 — Dupin, pp. 58, 130 ; Labretonnière, pp. 59, 77. — (8) Voir ci-dessous livre IV.

La fabrication des toiles de lin et de chanvre n'eut jamais en Poitou l'importance de celle des étoffes de laine. C'était une industrie presque domestique, exercée dans l'intérieur de beaucoup de familles, et qui occupait dans les bourgs et les villes un certain nombre d'artisans. Généralement, la préparation des fibres du lin et du chanvre se fait par les soins des paysans eux-mêmes aux jours de semaine. Diverses ordonnances qui ont été conservées interdisent de vaquer au rouissage les dimanches et les fêtes (1). D'autres défendent de déposer les lins et chanvres dans les rivières pour ne pas empoisonner les eaux (2). Des arrêts du Parlement prescrivent, peu avant la Révolution, de briser les fibres textiles en plein air, au soleil, et non dans les fours, dans les rues ou en dehors des villages, et non dans les maisons, et de consumer à l'extérieur les chenevottes qui en proviennent, le tout dans l'intérêt de la salubrité publique (3). Le lin et le chanvre filés ou peignés sont mis en œuvre par les texandiers ou texiers appelés aussi tisserands de toiles. L'ordonnance du sénéchal de Poitou les désigne en 1307 sous le nom de *leblers*, et celle de 1422 sous celui de *tixiers* (4). Ils produisent plusieurs variétés de toiles que désignent les documents. Ce sont au xv° siècle les toiles de lin en petite laine vendues 8 s. 4 d. à 6 s. 3. d. l'aune, les toiles de lin damassées façon d'Auxerre, les serviettes de même composition. Puis viennent les toiles de chanvre pleines à grande ou à petite laine, qui sont estimées 5 s. à 3 s. 9 d. l'aune, les toiles

(1) Ordon. de la justice de la Mothe Achard, 12 sept. 1726. *Vendée* B. 147. — du sénéchal de Palluau 1769. *Vendée* B. 1027. — (2) Ordon. de la sén. de Poitiers, 31 juillet 1776, relative à Chalandray. *Aff. du Poitou* 1776, p. 154. — (3) Arrêt du Parlement de Paris, 19 avril 1782 ; Isambert XXVII, n° 1635. — (4) Ordonnances de 1307 et 1422, *Arch. hist. Poitou*, VIII et XXVI, précitées. — Ils sont appelés texandiers dans les statuts du 10 janv. 1553 relatifs aux tisserands en toile de Poitiers. *Reg. des délib. munic.*, n° 32, f° 374.

de chenevin façon d'Auxerre et dont on fait aussi des serviettes ; les toiles d'étoupe de chanvre dont l'aune coûte 2 s. 6 d. ; enfin les toiles de meslinge, c'est-à-dire probablement mêlées de lin et de chanvre, qui coûtent 3 s. 4 d. à 4 s. 2 d. l'aune (1). Un inventaire de 1527 montre qu'on se sert dans les intérieurs aristocratiques de linceuls, de serviettes unies ou pleines, de taies d'oreillers (*sonegles*), de bonnets ou couvrechefs de lin (2). L'usage des tissus de chanvre paraît avoir été encore plus répandu. Au xvi° siècle, les tisserands de toiles savent fabriquer les serviettes « grosses ou déliées », le linge ouvré à la manière de Venise ou de Paris, et le linge damassé (3). Au xvii° et au xviii° siècle, ils ont la faculté de travailler aux lainages mélangés, tels que les tiretaines, droguets, bauges et étoffes de même nature (4). A Niort, s'était organisée une spécialité, celle de la fabrication du fil à coudre, à laquelle succéda la production du fil de lin et de chanvre. Celui-ci teint en diverses couleurs et mis en écheveaux de 22 s. la livre, s'expédiait en Flandre, à Bordeaux et surtout à Béziers (5). Cette industrie occupait dans cette ville en 1744 environ 23 fil-étoupiers (6). Sur la frontière de la province à Vieillevigne, des tisserands répandus au milieu des campagnes

---

(1) Ordon. de nov. 1422 sur le prix des marchandises à Poitiers, précitée. A Niort en 1453, les toiles pour draps de lit se vendent 3 s. 4 d. l'aune, Gouget, *op. cit.*, p. 35. — (2) Inv. du linge de la comtesse de Coëtivy, xvi° s. *Mém. Soc. de Stat. des D.-Sèvres* 1875, p. 304. — Inv. du château de Thouars (1472), pp. Ledain, p. 15. — (3) Statuts des texiers de Poitiers 1543, précités. — Un acte d'achat passé à Champdeniers le 26 fév. 1624 entre 2 marchands de Bayonne et des marchands du Poitou parle des toiles fabriquées à Pouzauges, la Châtaigneraye, Fontenay, St-Mesmin, la Tardière, ornées de dessins quadrillés et vendues 60 l. les 100 aunes. *Bull. Soc. St. D.-Sèvres* IV. 162. — (4) Arrêt du Conseil du 24 déc. 1737, *Vienne*, C. 37. — (5) Mém. sur l'élection de Niort 1729 et 1744. *Mém. Soc. Stat. D.-Sèvres*, 1886, pp. 175, 702. — (6) Mém. sur l'élection de Niort, 1744.

produisaient les mouchoirs et les « *coctis* » (coutils), dont s'approvisionnaient tous les marchands du pays, et qui se vendaient 35 l. à 42 l. la pièce de 18 à 20 aunes en 1736, 24 à 50 l. en 1747 (1). Les lettres patentes de 1780 relatives aux toiles et aux toileries du Poitou énumèrent les variétés fabriquées à la Tessouaille et aux environs. Ce sont trois espèces de toiles flammées formées de fil blanc teint ; trois de toiles grises faites de fil de lin écru ; douze de toiles rayées et à carreaux composées de fil et de coton ; huit de toiles unies de lin, et huit de toiles demi-fil en lin, enfin quatre de mouchoirs en fil de lin et en coton rouge des Indes avec nervures et carreaux (2). Ces tissus sont encore employés au xix° siècle non seulement pour le linge de corps et de table ou de toilette, mais encore pour le costume d'été des hommes et des femmes (3).

Le tisserand recevait de la clientèle rurale le lin ou le chanvre à l'état de pelote ou de filet. Il en était de même dans les villes. A Poitiers, par exemple, où ils sont au nombre de 67 en 1553, les texiers en toile vont à domicile quérir les filets ou pelotes et les mettent en œuvre à la saison voulue. Ils travaillent, soit dans leur ouvroir ou boutique, soit à « l'ostel », c'est-à-dire dans la maison de leurs clients (4). La fabrication, laissée libre dans les campagnes, est surveillée dans les centres urbains d'une manière assez sévère. Le tisserand y est astreint à faire preuve d'une cer-

---

(1) Rapport anonyme sur la fabrique de Vieillevigne (vers 1750), *Vienne*, C. 38. — Etats des foires de Fontenay 1736, 1737, 1747, *Vienne*, C. 35, 37. — (2) Lettres patentes de 1781 relatives aux toiles de la g. de Poitiers. *Arch. Nat.* AD. XI, 44ᴬ. — (3) M. Gélin dans la *Tradition en Poitou*, p. 42. — (4) Statuts des texiers de Poitiers 1553. — A Châtellerault en 1738 il y en avait plus de 60 qui travaillent aussi pour l'habitant. *Mém. sur Châtellerault*, précité.

taine expérience technique. Il faut qu'il sache ourdir une chaîne, ne mettre en œuvre que « des filés suffisamment bons et raisonnables, ni mêlés, « ni pourris », qu'il connaisse l'art de disposer les lames du métier et « icelles marcher » c'est-à-dire mettre en mouvement, ainsi que celui de ployer la pièce et de la lever ou « extraire » (1). La largeur et la longueur des variétés de toiles sont déterminées. L'ordondonnance du sénéchal de Poitou en 1307 se réfère à cet égard à la coutume observée dix ans auparavant (2). Les statuts des texiers de Poitiers plus explicites indiquent le nombre des portées et les dimensions de chaque espèce de issu. Les portées varient de 253 à 67 ; la largeur de 5/4 à une aune 1/16 ou 2 aunes. Pour la fabrication commune, il est établi une mesure ou verge de fer mesurant une aune 1/16 ; elle indique la largeur légale que doivent comprendre les métiers (3). La toile est rendue au client au sortir de ce travail. On la pèse avec des poids « bons et loyaux » (4). L'usage encore suivi au début de notre siècle était d'exiger une aune de toile par livre de fil. Le tisserand, dont le salaire est quelquefois fixé par ordonnance (5), le plus souvent de gré à gré, est responsable des fautes commises (6).

Ce n'est guère avant la deuxième moitié du xviiie siècle qu'au tissage des toiles vinrent s'adjoindre la filature du coton et la fabrication des indiennes. Encore, les établissements de cette dernière espèce, créés sur l'initiative de l'État, n'eurent-ils qu'un médiocre succès (7). Le blanchiment des

---

(1) Statuts des texiers de Poitiers 1553. — (2) Ordon. du sénéchal de Poitou 1307 : « Est ordené que tuit tebler facent teille de molle de la façon ancienne, c'est assavoir dou large et de l'espès que elle soloit estre Xanz a ». — (3) Statuts des texiers de Poitiers 1553. — (4) *Ibidem*. et ordon. munic. de Poitiers relative aux texiers, 27 nov. 1628. *Reg*. n° 79. — (5) Ordonn. de novembre 1422, précitée. — (6) Statuts des texiers de Poitiers 1553. — (7) Voir le livre IV.

toiles, pratiqué en général par les intéressés eux-mêmes, ne semble pas non plus avoir fait l'objet d'une industrie particulière. La seule blanchisserie de toiles qu'on trouve mentionnée au xviii° siècle est celle de Dissay aux environs de Poitiers, où trois entrepreneurs blanchissaient annuellement chacun 12 à 15. 000 aunes de ces tissus(1). Avec les fils de lin et de chanvre, on faisait un peu partout dans les familles des dentelles communes. Loudun avait surtout développé cette spécialité qui y occupait les femmes et les jeunes filles. Les dentelles à poignets d'abbé s'y vendaient en 1773, 18 s. à 3 d. la pièce de 12 aunes ; les dentelles à béguin 3 s. à 10 s. l'aune ; les picquots larges et étroits qu'on attachait autour des broderies et linons, 28 s. à 4 l. la douzaine ; les mignonnettes ou dentelles fines et étroites 5 s. à 30 s. l'aune. Tous les efforts faits pour améliorer cette fabrication avaient d'ailleurs échoué devant l'obstination des dentellières attachées aux vieilles coutumes (2). Enfin, dans les villes, était exercée la profession de raccommodeuses de dentelles, qui n'est d'ailleurs guère mieux connue que celle des dentellières (3).

La préparation des laines et la fabrication des draps exigent une division du travail plus grande que celle des toiles. Aussi ces diverses opérations occupaient-elles en Poitou un nombre considérable d'ouvriers. On n'a sur le commerce des laines et les règlements qui le régissaient aucun document. Mais quelques textes relatifs à la préparation de ces matières nous sont parvenus. De bonne heure, la

---

(1) Note sur les blanchisseries de Dissay, *Affiches du Poitou* 1777, p. 63. — Mention d'un buandier à Poitiers, *ibid.* 1779, p. 184. — (2) Voir le livre IV pour la tentative de Colbert. — Notice sur les dentelles de Loudun. *Affiches du Poitou*, 1773, p. 11. — (3) Annonce dans les *Aff. du Poitou* 1780, p. 40.

laine est préparée par des artisans spéciaux appelés *tireurs d'estaim, escardeurs de laynes, cardeurs, peigneurs, fineurs* (1). On en trouve dans les villes telles que Poitiers, Châtellerault, Thouars, aussi bien que dans les bourgs tels que Pamproux (2). A Châtellerault, il y en a plus de 30 en 1738 (3). Ce sont en général de pauvres gens, relégués dans les faubourgs, tels que celui « de Maubrenage » à Poitiers et ils travaillent pour le compte des particuliers ou pour celui des sergers-drapiers. Il en est peu qui puissent tenir ouvroir et besogner pour leur propre compte (4). Dans la première moitié du XIX° siècle, des cardeurs ambulants parcouraient encore les campagnes, pour démêler les laines avec leurs cardes de fer et les peigner avec les têtes du chardon à foulon (5). C'était un souvenir des anciens usages aujourd'hui disparus. La laine cardée ou peignée était ensuite filée à domicile, soit par les femmes, soit par les ouvriers eux-mêmes, cardeurs, peigneurs, fineurs ou tisserands. Un règlement du XIV° siècle soumet les cardeurs à la visite des jurés texiers et interdit de mêler les laines cardées avec les autres laines, de peur que ce mélange frauduleux n'altère la qualité des étoffes (6). La fabrication des lainages est la spécialité des tisserands et fabricants de draps ou drapiers sergers ou sergetiers. Ces artisans sont mentionnés dans les cartulaires sous le nom latin de *textores*, sous le terme

(1) Ces divers noms leur sont donnés par les documents ci-dessous cités. — (2) Règl. du 28 octobre 1377 pour Poitiers, *coll. Fonteneau*, 74 f° 543 ; délib. de l'échev. de Poitiers rel. aux cardeurs 18 nov. 1647 et 19 février 1685, *Reg.* 99 et 127. — Mémoire sur l'élection de Saint-Maixent, 1729, p. 154. — Mémoire sur *Châtellerault* 1738, mss précité. — Imbert, *Histoire de Thouars*, p. 331. — Statuts des sergers de Châtellerault 1658, art. 2, cités ci-dessous. — (3) *Mém. mss sur Châtellerault*. — (4) Délib. de l'échev. de Poitiers, 17 nov. 1747, *Reg.* 99. — Imbert, *op. cit.* p. 331. — Mém. sur Châtellerault 1738. — (5) H. Gélin, la *Tradition en Poitou*, p. 42. — (6) Règl. relatif aux cardeurs de Poitiers, 28 octobre 1377, *Mss. St-Hilaire*, f° 72.

français de *toieser*, de *teiser*, de *tessier* ou de *texier* en *laine* (1). On distingue ensuite les *drapiers drapants* qui sont généralement des patrons, et les *tisserands*, qui, du moins dans les villes, travaillent pour le compte des drapiers (2). A côté des drapiers et des tisserands, tantôt confondus avec eux, tantôt séparés, sont les *sergers* ou *sergetiers*. Ils forment des corporations particulières dans les centres urbains tels que Poitiers et Châtellerault (3). Ces divers industriels ont le monopole de la confection des draps et des serges et celui de la vente dans les halles du lieu et dans un rayon déterminé (4).

Avant même que l'État ne vienne multiplier au xvii° siècle les prescriptions relatives à leur métier, tisserands, drapiers et sergetiers ont été astreints par les pouvoirs locaux à des règlements précis. Ces règlements obligent les fabricants à détenir en magasin une quantité suffisante de laines, et leur interdisent de les transporter « hors de la ville et fauxbourgs, sur peine de confisca-

---

(1) Guillelmus *textor* (acte de 1263), Guillelmus le *toieser* (acte de 1247), *Cart. de St.-Hilaire de Poitiers*, I pp. 262, 317; Etienne *Texer* (acte du xii° siècle), *Cart. d'Orbestier*; n° 333; li *tessier* de la rue de la Pallu à Charroux (acte de 1310), *Arch. hist. Poitou*, XI, n° 35; Herpin, texier en laine à Montierneuf, *Vienne*, G. 1045. — Régl. sur le prix des vivres 1422 précité. — (2) Règl. de 1330 et de 1377 pour Poitiers cités ci-dessus. — Ordon. du 18 nov. 1555 conc. les drapiers; elle distingue les drapiers drapans, les sergers et les drapiers détaillans, *Arch. munic. Poitiers*, carton M. 43, Reg. n° 18. Cette distinction se retrouve dans la plupart des documents. — (3) A Pamproux, par ex., un mém. cite 3 tisserands et 1 sergier. *Mém. sur l'élection de St-Maixent* 1729, p. 154. — A Châtellerault on distingue ainsi qu'à Poitiers les maîtres sergetiers et les tisserands; de même à Niort (à Niort ceux-ci sont 52 en 1657, *Bull. Soc. D.-Sèvres* III, 20-24) et dans les autres centres importants, Statuts des sergetiers de Châtellerault 1658. *Vienne*, E. 7¹. — A Châtell. en 1700, on compte 97 tisserands. Sentence du 13 sept. 1700 *Vienne*, E 7. — Rapports sur les manuf. du Poitou 1733 et sq. *Vienne*, C. 36. 37. — A Poitiers, ils s'intitulent maîtres drapiers drapans fabriquans sergiers. Mémoire des sergetiers de Poitiers, 1736, *Vienne*, C. 37. — (4) Statuts des sergers de Châtellerault 1658, art. 9 et 12. Le rayon est de 2 lieues.

tion » (1). Ils prohibent l'emploi des laines inférieures ou mauvaises qu'on appelle en Poitou « laines de char (chair), de gratus et de pelletiers, de pelot ou pelades, laines de devant, bourre gratisse, laine testaine, penne santonienne », parce que « telle laine n'est loyale ne marchande » (2). Ces matières provenaient en effet soit des parties de l'animal où la laine est défectueuse, soit des peaux de moutons, de brebis et d'agneaux morts, grattées par les mégissiers ou les pelletiers. Celles de Saintonge (*pennes santoniennes*) étaient en général livrées sous cette forme au commerce, d'où leur nom de laines d'abat. Il faut que les draps soient dûment façonnés et sans fraude. La coutume de Poitou interdit « de les farder de bourre ou autre chose qui s'y « puisse appliquer » (3). Les statuts des sergetiers de Châtellerault ordonnent de confisquer les étoffes mal tissues, débourrées ou embourrées, et dont on essaie de dissimuler les défauts avec de l'empois ou de la colle (4). Tout au plus, ces statuts tolèrent-ils une partie de l'année la fabrication des serges faites de laines d'avalie, c'est-à-dire pelades, et pour l'autre partie, celle des serges formées par moitié de toisons et de pelades (5). Une des prescriptions essentielles renouvelées par les règlements depuis le xive siècle concerne le nombre des fils, la longueur et la largeur des pièces de draps. Les ordonnances municipales de Poitiers datées de 1320, de 1330 et de 1377, insistent sur « *la moison* » ou dimension des étoffes, obligent les fabricants à faire six varié-

---

(1) Ordon. du corps de ville de Poitiers, 17 déc. 1555, *Arch. mun.* M, 43, Reg. n° 18. — (2) Règl. de 1320, 1330 et 1377 concernant la draperie, *Mss St-Hilaire*, f° 82 ; *coll. Fonteneau* 74, f^{es} 507-510. — Statuts des sergetiers de Châtellerault, art. 3. — (3) Coutume de Poitou, titre 1er, art. 9. — (4) Statuts des sergetiers de Châtellerault 1658, art. 6. — (5) *Ibid*, art. 1.

tés de draps ayant respectivement 1200, 1300, 1400, 1500, 1600 fils à la chaîne, à leur donner au moins une aune (1^m,20) de lé ou de large, et 25 ou 26 aunes de long. en toile ou écru, afin que le tissu apprêté et rétréci par l'apprêt ne soit pas trop inférieur en longueur. Les étoffes appelées *rachignes* (revêches) et les *bauges* ou bages, celles-ci faites avec du fil et de la laine grossière, dont les chaînes étaient teintes avant d'être mises en œuvre, devaient avoir au moins 25 aunes de long ; le rétrécissement qu'elles subissaient par l'opération du foulage était en effet considérable (1). Plus tard au xvie siècle la largeur des draps livrés au commerce est fixée pour le Poitou à 1 aune, et leur longueur à 24 aunes (2). L'administration royale à partir de l'époque de Colbert devait soumettre la fabrication à des obligations plus minutieuses encore (3).

Les tisserands, drapiers et sergetiers du Poitou ne produisent guère, au Moyen Age, que de la draperie commune ou même grossière. Ce sont de gros draps noirs, blancs ou bigarrés qui pèsent jusqu'à 72 l.; des burats ou bureaux, des serges dont s'habillent les gens du peuple, des bauges et des rechignes ou revêches, des tapis ou couvertures de lit (4). En 1422, il y a cependant des draps déliés ou fins fabriqués dans quelques lieux de la province (5). Au xvie et au xviie siècle, ces fortes étoffes, dont la fabri-

---

(1) Règlements de 1320, 1330, 1377 relatifs à la draperie de Poitiers, précités. — (2) Edit du roi mars 1571, dans le *Recueil de Fontanon*, I, 1032. — Règlement de police de janvier 1578 pour le Poitou, précité (il prescrit l'ancienne longueur de 1 aune 1/4 probablement en écru, pour les étoffes). — (3) Voir le livre IV de ce travail. — (4) Règlements de 1320, 1330, 1377 relatifs à la draperie de Poitiers. — Règlement de nov. 1422 sur le prix des vivres. — Charte de 1453 au sujet des étoffes de Niort, citée par Gouget, p. 35. — (5) Le règl. de nov. 1422 mentionne les draps déliés de Saint-Loup et les draps fins de Mouilleron.

cation s'est améliorée, sont recherchées en France et à l'étranger. Les documents font mention des draps, des serges drapées à faire « robbes ou habillemens », des grandes serges de lit, des petites revêches, des bayettes ou baguettes, des droguets, des breluches « et autres mar- « chandises de laines de grosserie du pays » (1). Ces dernières sont des lainages de petite dimension vendus à bas prix. Le règlement de 1698 relatif aux manufactures du Poitou énumère les variétés d'étoffes fabriquées dans la province. Ce sont des tissus mi-soie mi-laine filée, tels que les droguets mélangés, et les tiretaines de soie ou popelines ; les pièces ont 1/2 aune de large, 38 à 40 aunes de long. Puis viennent les draps de laine de première qualité, tels que ceux de Fontenay ou de Coulonges, les droguets croisés drapés nommés aussi campes, les sergettes et cadisés, les tiretaines croisées ou à petits carreaux, fabriquées à Breuil-Barret, la Châtaigneraye, Saint-Pierre-du-Chemin, Cheuffois, Bressuire, Moncoutant. Ces tissus, où entraient les meilleures laines du pays et les laines d'Espagne (campos, fleuretonnes, navarraises), mesuraient les premiers 1 aune de large, 15 à 16 aunes de long, les seconds 1/2 aune de largeur sur 40 de longueur, les troisièmes à peu près autant. Les variétés dominantes en Poitou étaient les étoffes de grosse laine appelées serges, pinchinats, tiretaines communes, droguets. Les serges rases de deux étaims, c'est-à-dire de laine filée et cardée ou peignée, en chaîne et en trame, fabriquées en grand nombre à Saint-Maixent, la Mothe Sainte-Héraye, Vivonne, Lu-

(1) Ordon. de Charles VIII (8 août 1490),*Ordon. des rois* XX, 243. — Edit du roi mars 1571, *Fontanon* I, 1032. — Statuts des sergetiers de Châtellerault 1658, art. 12. — Tarif des droits d'entrée à Poitiers 19 juin 1640, précité. — Bardonnet *Ephémérides de Niort*, pp. 288-289.

signan, Melle, mesurent en général 1/2 aune de large, 21 à 40 aunes de long, et se vendent soit rases et en blanc, soit beiges ou couleur de brebis. Le pinchinat est une espèce de droguet croisé en laine pure dont la pièce est fabriquée à raison de 1/2 aune 2/3 de large et de 38 à 40 aunes de long. Cette étoffe de bonne qualité, quoique grossière, était surtout produite par les tisserands de Niort, de Coullonges-les-Royaux et de Parthenay, où on la qualifiait du nom de petit drap. On faisait à Bressuire des tiretaines fines, et dans les manufactures du Bas-Poitou des tiretaines communes, ayant 1/2 aune de large et 40 aunes de long, et composées de laines du pays en chaîne, de pelades en trame. Certains de ces tissus, confectionnés à Moncoutant, portaient le nom de breluches: cette seule fabrique en produisait vers 1733 jusqu'à 4300 pièces qu'on teignait en gris ou aurore et qui se vendaient aux foires de Normandie. Enfin, venaient au dernier rang de grosses étoffes de laine, telles que les revêches, les cadis, les cadisés ou molletons, les frisons, les ras unis ou rayés. Avec un mélange de fil et de laine, se faisaient des droguets, des tiretaines et des bauges, des boulangers, ainsi appelés à cause de leur couleur gris blanchâtre, parfois soignés, généralement de qualité inférieure (1). Les échantillons de ces divers produits conservés aux Archives Nationales et aux archives de la Vienne montrent d'ailleurs que même les étoffes les plus renommées du Poitou ne s'adressaient guère qu'à une clien-

---

(1) Arrêt du Conseil et lettres-pat. rel. aux manuf. du Poitou, 4 nov. 1698, *Arch. Nat.* AD. XI 43. — Mém. sur l'élection de Niort 1729 et 1744; et sur l'élection de St-Maixent 1757, *Mém. Soc. Stat. D.-Sèvres* 1886, 75, 188-190, 222. — Rapports des inspecteurs Bonneval, Pardieu, Fontanes, Vaugelade, 1733-1780, *Vienne*, C. 36-38. — Etats des foires avec le prix des étoffes 1737-1780 *Vienne*, C. 36-38. — Lettres-patentes du 22 juillet 1780, portant règl. pour les étoffes du Poitou *Arch. Nat.* AD. XI 44 A.

tèle rurale peu difficile (1). Le prix en était du reste relativement accessible. Les plus réputés de ces tissus se vendent en 1422, 12 s. l'aune, les moins estimés 5 s. (2). Au xviii° siècle, l'aune des draps de Fontenay qui sont les plus chers vaut de 4 l. à 4 l. 15 s. aux foires de 1737 et de 1747 ; les autres draps sont estimés 42 à 46 s. l'aune ; les pinchinats 39 à 40 s. au plus, 26 à 29 s. au moins ; le prix des autres variétés de lainages oscille généralement entre 22 et 32 s. (3). Parmi ces lainages les uns sont tissés sur un métier à deux marches semblable à celui des toiles, par exemple les droguets sur fil, les bayettes et les frisons, les autres sur un métier à trois ou quatre marches, comme les serges, les tiretaines, les pinchinats, et en général tous les tissus croisés.

Avec les étoffes destinées à l'habillement, les drapiers sergetiers fabriquent celles qu'on emploie pour l'ameublement. C'est seulement en 1773 qu'un maître faïencier parfumeur nommé Moutiers établit à Poitiers, près de l'hôpital général, la première manufacture spéciale qui ait existé en Poitou pour la production des couvertures de laine, de soie et de coton (4). A côté des tisserands, drapiers et sergetiers, s'étaient constitués au contraire de bonne heure des artisans spéciaux, auxiliaires de leur industrie, à savoir les foulons, les tondeurs et les teinturiers. Les moulins à fouler et à dégraisser les étoffes sont nombreux dès le Moyen Age sur le cours des rivières et des ruisseaux, ou à l'issue des étangs. Il en existe pour Poitiers à Bajon, sur les

(1) *Arch. Nat.* F. **12**, 564 (rap. d'inspecteurs) ; et *Arch. Vienne*, C. 37-38 (rapports d'inspecteurs et états des foires, avec échantillons d'étoffes). — (2) Règl. de nov. 1422 sur le prix des marchandises. — (3) Etats des foires de Fontenay et de Niort 1737-1747, *Vienne*, C. 37. — (4) *Affiches du Poitou*, 1775, p. 30 ; 1778, p. 219.

terres de l'abbaye Ste-Croix,(1) au Pont-Joubert, sur le domaine des Claveurier (2), à Chasseigne dans la propriété de la commune (3), aux Quatre-Roues, et à Pont-Achard dans la juridiction du chapitre Saint-Hilaire (4). En 1596, sur le Clain depuis Dissais jusqu'au confluent de la Vienne, on constate l'existence de 12 moulins à draps, c'est-à-dire à foulon (5). En 1733, la fabrique de Bressuire n'a pas moins de 7 établissements de ce genre à sa portée (6). Les foulonniers appelés aussi mouliniers, recevant l'étoffe des mains du tisserand, la placent dans des cuves ou pilles, où des pilons mus par l'eau la foulent à plusieurs reprises. Le tissu est plongé dans un bain d'eau chaude et d'argile ou de glaise pendant cette opération. On estimait en Poitou que l'argile de Fenioux et de la Chapelle-Tireuil entre Fontenay et Niort était la meilleure du pays pour le dégraissage (7), sans doute à cause de ses propriétés alcalines. Chaque pille pouvait apprêter par jour deux pièces d'étoffes (8).

Les règlements du métier des foulonniers ont disparu pour la période antérieure au XVIIIe siècle. On sait seulement qu'il leur était interdit de vendre les étoffes et laines à des marchands qui auraient pu les transporter hors de la province. Cette précaution avait pour objet d'empêcher le détournement de ces produits et de prémunir les marchés locaux contre la

(1) Bail à rente du moulin Bajon 1326, Bibl. de Poitiers, *Mss* n° 426 [10]. — (2) Rédet, De quelques étab. indust. à Poitiers, *Mém. Antiq. Ouest*, IX. — (3) Bail des moulins de Chasseigne 23 mars 1561, *Arch. Mun. Poitiers*, F. 115. — (4) Mention en 1638 de deux de ces moulins *Arch. hist. Poitou*, XV, 83. — Bail du moulin à drap de Pont-Achard pour 25 l. (1562 mars) *Vienne, reg.* G. 625. — (5) Procès-v. de visite du cours du Clain 1596, *Affiches du Poitou*, octobre 1781. — (6) Rapport de l'inspecteur Bonneval sur Bressuire 1733, *Vienne*, C. 36. — (7) Etat de la subdél. de Niort 1744, *Mém. Soc. Stat. D.-Sèvres* 1884, p. 237. — Autres gisements exploités au XIXe siècle, cités par Gélin, *op. cit.*, p. 55. — (8 Rapport sur Bressuire précité.

hausse de ces articles (1). Plus tard, les statuts des sergetiers de Châtellerault prescrivent aux foulons « de mouil-
« ler à fin les draps, tellement qu'ils ne se puissent retirer,
« sur peine d'une once d'argent par chacune aune qui sera
« trouvée mal mouillée » (2). Le règlement royal de 1698
enjoint d'apprêter les étoffes « apprest d'eau », de manière
qu'elles ne puissent se retirer en long ni en large, sous la
menace de confiscation des tissus et de 100 l. d'amende
contre l'ouvrier. Il oblige les foulons à veiller au rétrécissement de la pièce, dont la diminution est légalement fixée,
soit pour la longueur, soit pour la largeur (3). Au reste, les
foulons cumulent souvent leur profession et celle de tondeurs, surtout dans les fabriques peu importantes. Le métier des tondeurs est cependant exercé à part dès le Moyen
Age, jusque dans des villes de second ordre, telles que
Charroux et Bressuire (4). Ces ouvriers pratiquent aussi le
métier d'apprêteurs et de pareurs qui, dans les grandes manufactures telles qu'Amiens ou Rouen, est constitué à l'état
de profession séparée. Ils prétendent même, comme à Niort,
avoir le droit de fabriquer les étoffes en concurrence avec
les drapiers-sergers ou les marchands, prétention qui est
d'ailleurs rejetée, en exécution de vieilles règles remontant
au Moyen Age (5). Tondeurs ou foulons sont chargés de

(1) Ord. du sénéchal de Poitou (1307) sur le prix des vivres : « cil des
molins à foler draps ne les vendent à home qui les porte hors de la chastelenie
de Poitiers ». Cette disposition est reproduite dans les ordonnances générales
du xviie et du xviiie siècle. — (2) Statuts des sergetiers de Châtellerault 1658,
art. 4 et 6. — (3) Règl. de 1698 pour les manuf. du Poitou, précité. — (4) G.
le Retondeur à Charroux (acte de 1310); André le tondeur à Bressuire (acte
de 1313) ; Raoulet le tondeur (acte de 1393) ; *Arch. hist. Poitou,* XI n°s 35 et
42 ; XXIV, p. 138. — Mention des tondeurs de Poitiers dans le règlement de
1390, cité ci-dessous ; Geoffriau, tondeur au bourg St-Hilaire (acte de 1461),
Cart. St-Hilaire, II n° 358. — Mention des tondeurs dans l'ordon. de 1422 sur
le prix des vivres. — (5) Règl. des tondeurs de Poitiers 2 mai 1399, *Mss St-*

mettre sécher les draps, de les parer et lainer en ramenant le poil à la surface avec des têtes de chardon, de les tendre ou étirer avec une poulie pour leur donner la longueur et la largeur requises ou pour en détruire les plis, et enfin d'en tondre la surface avec des ciseaux appelés forces. Ces diverses opérations exigeaient une certaine vigueur musculaire. De là le règlement de 1399 qui interdit aux femmes le métier de tondeur (1).

Les ouvriers sont responsables du déchet qu'éprouvent les étoffes par suite de leur négligence ou de leurs fraudes. Si le drap est mal foulé, s'il est tiré abusivement, pour dissimuler le défaut de dimensions, au moyen de poulies à clou ou autres engins, s'il est mal tondu, le tondeur ou le foulon responsables sont punis d'une amende qui s'élève parfois jusqu'à 12 d. par aune (2). Le tissu une fois foulé, paré, tiré et tondu, ce sont encore les mouliniers et les tondeurs (3) ou bien les drapiers eux-mêmes qui le pressent, le roulent, le plient et l'appointent, c'est-à-dire le mettent en ballots. On avait prévu les abus qui pouvaient survenir pendant ces derniers apprêts. Il était notamment défendu de rouler les étoffes à chaud, soit au moyen des rouleaux, soit en mettant du feu dessus ou dessous (4). Le délinquant s'exposait à une amende de 100 l. et même à la déchéance

---

Hilaire, f° 74 v°; *coll. Fonteneau*, 23 f° 321. — Décision du Bureau du Commerce (3 août 1741) rejetant la requête des tondeurs de Niort *Arch. Nat.* F. 12, 88. — A Moncoutant les foulons paraissent exercer tous les apprêts. Rap. de M. de Bonneval 1733, *Vienne*, C. 36.

(1) Règl. de 1399 pour les tondeurs de Poitiers. — (2) Règl. des tondeurs de Poitiers 1399. — Déclar. royale du 8 août 1490, *Ordon.* XX. 243. — *Coutume du Poitou* titre Ier art. 9, 10, 11. — Statuts des sergetiers de Châtellerault 1658, art. 4. — (3) Ce sont les mouliniers à Moncoutant, les foulons et tondeurs à Châtellerault, ailleurs les drapiers ou marchands qui font ces derniers apprêts. — (4) Règlement royal de 1698.

de la maîtrise en cas de contravention. La coutume proscrivait avec la même sévérité les presses de fer ou d'airain; elle n'admettait que celles de bois ou de papier (1). Rouleaux à chaud et presses de métal avaient en effet l'inconvénient d'aider à cacher les défauts du drap ou d'altérer les tissus.

La teinture des lins, fils de chanvre, laines et étoffes est en Poitou tantôt pratiquée par des industriels particuliers, tantôt par les fabricants eux-mêmes, tireurs d'estaim cardeurs, sergetiers, bonnetiers, foulonniers, chapeliers, presseurs, et même par les taillandiers (2). Partout dans la province, même au xviiie siècle, les bonnetiers et les chapeliers (3) avaient maintenu l'usage de teindre à domicile les laines nécessaires à leur métier (4). Les drapiers-sergetiers dans un grand nombre de lieux conservaient à cette époque le droit de passer en teinture matières et tissus, avec l'indigo et la cendre gravelée pour le bleu, la gaude et la genétrolle pour le jaune (5). Les villes importantes eurent au contraire de bonne heure des teinturiers. On en trouve à Charroux, à Poitiers, à Niort, à Châtellerault dès le Moyen Age (6). Ils mettent en œuvre les drogues tinctoriales usitées dès ce moment: garance, guesde ou pastel, brésil, indigo ou inde, orseille, couperose, alun, cendre gravelée ou tartre, moulée

---

(1) *Coutume du Poitou* titre Ier art. 11. — Procédure contre 2 march. drapiers de Poitiers détenteurs de presses à drap, 1488-89, *Arch. Mun.* D. 22. — (2) Placets des teinturiers de Poitiers au contrôleur général 1736. *Vienne*, C. 37 et 36. — (3) Lettre de l'inspecteur Bonneval à l'intendant, 13 février 1737. *Vienne*, C. 37. — (4) Ordon. de l'intendant de Poitou maintenant cet usage, 24 avril 1737. *Vienne*, C. 37. — (5) Par ex. à Bressuire, Rapport de Bonneval sur cette fabrique 1733, *Vienne*, C. 36. — (6) Teinturier à Charroux (acte de 1310), *Arch. hist. Poitou*, XI n° 35; à Châtellerault (acte de 1247), *ibid.* XXV p. 234; teintureries des Claveurier au Pont-Joubert à Poitiers xve s. Rédet, *De quelq. établ. indust. Mém. Antiq. Ouest.* 1842. — Pour Niort, voir *Gouget*, p. 35.

de taillandiers (1). Les couleurs noires, écarlates, rouges, vertes, gris pers (bleu), gris blondel, fauve, sont communément employées (2). Le métier est réglementé par voie d'ordonnances municipales ou seigneuriales, dont l'exécution est obligatoire et auxquelles font allusion les documents, mais dont on n'a pu trouver aucun spécimen (3). On a conservé seulement les règlements que Colbert édicta en 1669 et que ses successeurs amplifièrent (4). Alors s'organisèrent à Poitiers et à Niort deux communautés jurées assez nombreuses, puisque l'une comptait en 1736 environ 30 teinturiers et l'autre 18. Ces industriels obtinrent, à Poitiers du moins, le monopole des teintures de couleur bleue et noire et des drogues propres à cet objet, à l'exclusion des cardeurs, drapiers drapans et sergers (5).

Il est malaisé de connaître l'organisation du second groupe des industries de l'habillement. Les renseignements relatifs aux brodeurs, aux passementiers, aux chapeliers, aux bonnetiers du Poitou, sont rares et très disséminés. L'usage de la broderie sur les vêtements, même masculins, était autrefois très répandu. On brodait les chemises, les cols des costumes, les manches des manteaux, les pourpoints, les coiffes. Ce travail s'exécutait, alors comme aujourd'hui, surtout à domicile. Les femmes excellaient dans cette industrie domestique. Les comptes municipaux de

---

(1) Coutume de la Sèvre XIIIe s. — Tarif de la prévôté de Poitiers XIVe s. — (2) Ordon. de 1422 sur le prix des march., précitée. — Fondation de la veuve Macé, XIVe s. Vienne. G. 1017; actes capit. de St-Hilaire, XVIe s. Vienne, G. 528; couleurs des draps de Niort 1453, Gouget p. 35. — (3) Le règl. gén. de police de janvier 1578 prescrit l'observation de ces règlements. — (4) Voir le livre IV de ce travail. — (5) Mém. de 1744 pour l'élection de Niort, précité. — Mém. des teinturiers de Poitiers 1736, précités. — Arrêt du conseil des manufactures de Poitiers du 12 mars 1672, cité dans ces mémoires.

Poitiers, les registres de l'échevinage, d'autres documents, mentionnent aussi des ouvriers spéciaux, les brodeurs, qui sont chargés d'orner des armoiries de la ville les casaques des portiers, des sergents et des agents de police appelés *chasse-coquins*, de décorer les chasubles, les dais ou poêles de velours ou de satin sous lesquels on reçoit les grands personnages (1). Ils exercent parfois en même temps le métier d'enjoliveurs et de boutonniers, et font le commerce des boutons et des cordons (2). On trouve dans les registres municipaux du xviie siècle la mention de *passementiers-tissutiers-rubandiers* de Poitiers (3). Mais nous n'avons aucun détail qui les concerne. Il en est de même des *boutonniers*. On sait seulement qu'ils forment dans la capitale du Poitou une corporation unie à celle des *garnisseurs de chapeaux* et qui a le monopole de la fabrication et de la vente en gros des boutons d'étoffes (4). Les maîtres chapeliers sont organisés en métier, sinon en corporation jurée, dès le xiiie siècle, dans le chef-lieu de la province. Un règlement latin conservé par le manuscrit Saint-Hilaire concerne leur profession, les astreint à prêter serment, à faire des chapeaux de bonne laine, et à ne pas travailler de nuit (5). Chapeliers garnisseurs et chapeliers feutriers étaient probablement confondus à cette époque dans un même groupement,

---

(1) Délib. munic. de Poitiers 1608, juillet 1614, nov. 1615, février 1620, 30 mai 1718 relatives à des brodeurs ou à leurs ouvrages *Reg.* 64, 69, 74, 70, 137. — Actes capit. de St-Hilaire 1620 *Vienne*, G. 543. — Sur les broderies modernes en usage dans le Poitou, H. Gélin, *la Tradition en Poitou*, pp. 62, 66-67. — (2) Annonce dans les *Affiches du Poitou*, 1781, p. 180. — (3) Délib. munic. de Poitiers 12 juillet 1660 *Reg.* 110 f° 227. — (4) Délib. du 14 février 1667 ; 28 juin 1666 ; 14 déc. 1684 rel. aux boutonniers de Poitiers, *Reg.* 116, 117, 121. — En 1744 il y a 4 boutonniers à Niort. *Mém. sur l'élection de Niort*, précité. — (5) Statut des chapeliers (*ordinacio capellariorum*), (fin xiiie s.), *Mss St-Hilaire* f° 79. — Rôle censier de Ste-Croix de Poitiers (1232, *Girardus lo fcolrer*), *Doc. p.p. Antiq. Ouest*, p. 111.

qui s'occupait de la fabrication des diverses sortes de coiffures, chaperons, chapes à pluie, couvre-chefs, mortiers et aumusses en drap de laine ou de soie (1). Les chapeaux de feutre ayant fait leur apparition vers le xv⁰ siècle (2), le métier se fractionna en deux groupes. Le premier est celui des enjoliveurs qui portent au xvii⁰ siècle à Poitiers le nom de maîtres *chapeliers garnisseurs-passementiers-boutonniers-enjoliveurs de chapeaux* (3). Ils ont seuls le droit « de garnir et embellir de soye et tous autres enrichissemens » les diverses sortes de coiffures, et ils forment une corporation jurée, qui se trouve parfois aux prises avec les chapeliers feutriers d'une part, et avec les tailleurs de l'autre (4). Les chapeliers feutriers constitués à l'état de métier distinct, au moins dès le xvi⁰ siècle, sont occupés à la confection des diverses variétés de feutres. Ils ne faisaient guère en Poitou que des chapeaux de laine. Les statuts de ceux de Poitiers, qui remontent à 1560 environ, montrent qu'ils fabriquaient quatre à cinq variétés de chapeaux de feutre, savoir ceux d'Espagne de fine laine, ceux de feutre piqué ou frisé, ceux de villageois ou en laine commune rase, à grands bords. Ils distinguent aussi les feutres d'avocat et de prêtre, tous faits de fine laine, et les feutres « pour couvrir soit homme, soit damoiselle », probablement de laine fine ou commune. Il est interdit aux chapeliers de mettre en œuvre d'autre matière que la laine, par exemple du poil de bœuf ou de chevreau, de dégraisser « aulcuns chappeaux pour reven-

(1) Voir sur ces diverses coiffures. Quicherat, *Hist. du costume*, 160, 187, 283. — Au xv⁰ s. il y a à Poitiers une rue des Chapeliers (actuellement rue St-Paul), Rédet, Poitiers, enseignes et tours. Mém. *Antiq. Ouest*, XIX, 451-474. — (2) Quicherat, *op. cit.* — (3) Ainsi nommés dans les délib. du corps de ville de Poitiers, 26 août et 22 sept. 1608, 15 août 1609, 19 fév. 1674, etc. Reg. 64, 65, 123. — (4) Délib. munic. de Poitiers 15 août 1609, 19 février 1674, 18 mai 1876, 11 et 18 avril 1689. Reg. 65, 123, 125, 132.

dre », de les reteindre sauf sur la demande des particuliers, et de les recouvrir. Ce sont autant de fraudes que la coutume punit de fortes amendes et de confiscation. Pour en découvrir les auteurs, les statuts imposent l'obligation d'une marque en fil, spéciale à chaque chapelier. Tout ouvrage qui en est dépourvu doit être aussitôt saisi (1). Plus tard, apparurent les chapeaux de castor, de demi-castor, de laine de vigogne, et même de poil de lièvre ou de lapin ; l'usage de ces derniers résista aux prohibitions officielles. Ces nouvelles coiffures, qui coûtent d'ailleurs assez cher (un chapeau de demi-castor pour exempt de maréchaussée vaut en 1738 jusqu'à 10¹) (2), ne remplacèrent nullement dans le peuple les chapeaux de laine. Ceux-ci étaient les seuls que fabriquaient au xviiᵉ siècle les 20 chapeliers de Châtellerault, comme au xviᵉ les 13 chapeliers de Poitiers (3).

La fabrication des bas et des bonnets était en Poitou une vieille industrie familiale. On n'y connut longtemps que la bonneterie à l'aiguille ou au tricot, et elle se maintint toujours à côté de la bonneterie au métier. Les bas et bonnets, surtout ceux de St-Maixent et de Poitiers, fabriqués à l'aiguille, étaient de gros ouvrages, mais chauds et solides. Les bonnets fins valaient dans le pays en 1698 jusqu'à 3 l. pièce, et les bas fins 4 l. à 4 l. 10 s. la paire. On les débitait dans le

(1) Projet de statuts des chapeliers-feutriers de Poitiers (vers 1560), orig. *Arch. Munic.* D. 47, liasse 10. — Statuts des chapeliers de Châtellerault 26 sept. 1588, *Arch. Dép., Vienne* E. 7¹. — (2) Savary, Diction., vᵒ Chapeaux. — Orry à Le Nain sur le choix des chapeaux de la maréchaussée de Poitou 14 déc. 1738, *Vienne*, C. 37. — (3) Statuts des chapeliers de Poitiers 1560. — Mém. mss de 1738 sur Châtellerault. — Il y en avait 24 en 1694, Acte du 20 mars 1694, *Vienne*, E. 7¹. — On fabriquait aussi des chapeaux de grosse laine à Charroux, *Aff. du Poitou* 1774, p. 211. — Voir aussi Dupin, *Statistique*, pp. 58 et 47.

royaume et à l'étranger. Pendant la première moitié du xviii° siècle, la douzaine de bas d'homme se vendait 26 l. à 32 l. la douzaine, les bas cadets 22 à 25 l., les bas de femme 18 à 22 l. et les bonnets 10 à 14 l. (1). A l'époque de Colbert, s'introduit à Poitiers la fabrication des bas au métier, et les maîtres bonnetiers érigés en 1671 en jurande prennent le nom de maîtres faiseurs de bas au tricot et au métier (2). En 1737, ils sont au nombre de 37 et leur industrie « fait « vivre une grande quantité de peuple », spécialement nombre de tricoteuses dans la ville et les faubourgs » ; les « marchands grossiers » débitent leurs ouvrages avec succès. Malgré l'opposition des teinturiers, les faiseurs de bas au métier ont le droit de teindre les laines jusqu'à la quantité nécessaire pour une paire de 50 s. (3). Ils sont astreints à suivre les règlements royaux rendus sur leur profession et en particulier à ne tolérer chez les tricoteuses, dans la première moitié du xviii° siècle, que l'usage de broches du poids de 2 onces et d'une longueur de 13 pouces, propres à faire la bonneterie fine et commune. Les anciens jeux de broche peuvent être saisis et cassés, et l'ouvrière est condamnée à 10 l. d'amende (4).

Le commerce des tissus et des objets d'habillement et la mise en œuvre des draps ou toiles sont dévolus en Poitou à un troisième groupe d'industriels. A leur tête, se trouvent les merciers dont la profession est fort ancienne. Elle est men-

(1) La fabrication de la bonneterie à Saint-Maixent occupe en 1698, 1600 personnes. Mém. du subd. Lévesque 1698, pp. A. Richard, et Mém. de Garran 1740, pp. 16 et 22. — Etats des foires de Fontenay et de Niort, 1737-47, *Vienne*, C. 37. — (2) Délib. munic. de Poitiers 20 et 24 juillet 1671, *Reg.* 121 ; voir aussi le livre IV. — (3) Mém. des bonnetiers de Poitiers au contrôleur général 1737. — Arrêt du Conseil du 31 déc. 1701 en faveur des bonnetiers de Poitiers. *Vienne*, C. 37. — (4) Voir le livre IV. — Ordon. du lieut. g. de police de Poitiers, 8 juin 1764, impé. *Arch. Antiq. Ouest.*

tionnée, dès le xɪɪ⁰ siècle, dans une charte de St-Hilaire (1). En 1522, ils sont au nombre de 21 à Poitiers ; 2 sont des merciers en gros vendant toutes sortes de marchandises, et 19 pratiquent le commerce de détail (2). Ils sont aussi appelés drapiers-merciers, et marchands de drogues et merceries (3), ce qui montre la variété de leur trafic. On les place à un degré assez élevé dans la hiérarchie des commerçants, puisqu'ils figurent assez souvent, au xvɪɪ⁰ siècle, sur la liste des juges consulaires (4). Leur commerce correspond à celui de nos magasins de nouveautés ou encore de nos bazars. A Poitiers, où ils vendent, soit en boutique, surtout rue de la Regratterie, soit dans les Halles à une place particulière, soit au Palais de Justice dans une galerie spéciale, soit sur le marché Notre-Dame et au plan St-Hilaire (5), ils débitent une foule d'articles, vêtements et tissus de laine, de coton ou de soie, toques, chaussettes, bas, rubans, crochets, mailles, épingles, aiguilles, fil d'archal et fil de fer, peaux de couleur, boutons de fil, chapeaux de castor, cordons, baudriers, pelleterie, épicerie, quincaillerie, bimbeloterie (6). Ils ont pour ennemis ou concurrents les forains qui viennent vendre au détail dans les foires royales (7), et éta-

(1) *Martinus mercerius* (acte de 1143). *Cart. de St-Hilaire*, I, pp. 149. — (2) Liste des métiers de Poitiers, 1522, *Reg.*, n⁰ 18. — (3) Liste des juges consulaires de Poitiers, xvɪɪ⁰ s. *Arch. hist. Poitou* XV, 238. — *Aff. du Poitou* 1777, p. 16 (annonce d'un mercier droguiste). — (4) Liste citée ci-dessus. — (5) Rédet. Les Halles de Poitiers, *op. laud.*, pp. 68 et sq. — Procès v. de saisie fait par le sénéchal du bourg St-Hilaire 1708, *Vienne* G. 654. — Délibér. du corps de ville de Poitiers, 1ᵉʳ août 1611, 20 janvier 1620, 10 déc. 1657, *Reg.* 68, 74, 108. — Mention des bancs des merciers aux halles de Challans (acte de 1762) *Vendée* B. 394. — (6) Tarif du 19 juin 1640 pour Poitiers, *Reg.* 90 ; requête des merciers de Poitiers au corps de ville (30 juin 1789) pour la suppression des six foires royales, *Reg.* 195. — Etats des foires du Poitou (xvɪɪɪ⁰ s.) précités. — Franklin, les *Mag. de nouveautés*, pp. 6-9 (pour les merciers de Paris). — (7) Voir ci-dessous le paragraphe relatif aux colporteurs.

ler au marché devant leurs boutiques (1). Eux-mêmes se rendent aux foires et marchés du dehors, et ils sont en droit d'inaugurer ces réunions commerciales créées par le Roi (2).

Le trafic des marchands de draps et de toiles est plus circonscrit que celui des merciers. Les marchands drapiers font, dès les premiers temps du Moyen Age, le commerce de la draperie locale et des draps français, anglais ou flamands, burats, étamines, serges de couleurs éclatantes et autres tissus (3), qu'ils débitent en gros ou en détail dans leurs boutiques et sous les halles (4). Ils vendent également la brocatelle ou le camelin, tissu fait de poil de chèvre, de laine et de soie, le camelot qui a la même composition, le tiercelin, étoffe formée de trois sortes de fil, le boucassin, sorte de treillis ou de bougran, l'ostade, toile gommée et calandrée employée pour les doublures (5). Ils y joignent pour les églises et les maisons seigneuriales les draps d'or bleus et rouges, les velours cramoisis, verts et noirs, les satins vermeils, verts, pers et violets (6). Avec le xve siècle, le commerce de draperie devient si important que les marchands drapiers, dans les centres de premier ordre, tels que Poitiers, se divisent en deux branches : les marchands de draps de laine et les marchands de draps de soie. Les premiers figurent au nombre de 30 dans une

(1) Délib. munic. du 1er août 1611, *Reg.* 68. — (2) Délib. munic. de Poitiers rel. à l'inaug. de la foire de Beaumont. 26 août 1619. *Reg.* 74. — (3) Voir ci-dessus, livre Ier, chap. Ier, les chartes de 1188 et de 1214. — Règl. de nov. 1422 sur les prix précité. — (4) Rédet. Les Halles de Poitiers, pp. 65 et sq. (5) Articles mentionnés dans le Cartulaire de St-Hilaire I, 202, 316 ; II. 152, 153 etc. ; voir l'*Index* — et dans les chartes de 1188 et de 1214. — (6) Inv. des ornements de l'église St-Hilaire, 20 nov. 1469, *Cart. St-Hilaire*, II, n° 366. — Inventaire du château de Thouars, pp. Ledain. p. 6 et sq. — Livre de comptes de Guy de la Trémoille (1395-1402), 1890, etc.

liste des membres des métiers dressée en 1522 pour la capitale du Poitou. Les seconds, réunis aux épiciers, forment un groupe de 25 personnes (1). Les uns et les autres constituent une classe fort estimée qui fournit un grand nombre de membres à la juridiction consulaire et à l'échevinage, et où figurèrent quelques-uns des membres de l'aristocratie bourgeoise de Poitiers, tels que les Pidoux, les Clabat et les Babinet (2). Ils font un grand débit des étoffes communes du pays, des tissus anglais et des soieries italiennes au xvi⁰ siècle et au début du xvii⁰ (3). Depuis l'époque de Colbert jusqu'à la Révolution, à côté de la draperie poitevine, ce sont les étoffes de laine et les soieries françaises, les rouenneries, indiennes, mousselines, qui l'emportent, et qui constituent les articles principaux du trafic des drapiers (4). Ceux-ci n'ont été longtemps soumis qu'à quelques règlements fort simples. Telle est l'obligation de réserver la vente au détail pour la boutique, et la vente en gros pour les halles (5), mesure imposée sans doute dans l'intérêt des fabricants et des forains. Telle est encore l'injonction d'auner les draps « par le fust », c'est-à-dire

(1) Liste des métiers 1522, précitée. — (2) Liste des juges-consuls xvi⁰ s., précitée. —(3) Rouleaux et carisés d'Angleterre mentionnés par la Coutume du Poitou titre I⁰ʳ art. 8 — les autres articles par le tarif du 19 juin 1640 pour Poitiers, précité. — (4) Etats des foires xviii⁰ s. *Vienne* C. 36-38. Voici quelques détails sur les prix. Soieries : damas de Tours et soieries à la mode 7ˡ à 12ˡ l'aune ; gros de Tours et ras St-Maur, 3ˡ 15 l. à 4 l. 10ˢ ; taffetas d'Angleterre 4ˡ à 5ˡ 10ˢ en 1737 ; en 1747 les mêmes articles se vendent respectivement 8 à 15ˡ, 4ˡ à 4ˡ5ˢ ; 4ˡ à 4ˡ 10ˢ.— Les draps fins se vendent 17ˡ à 22ˡ l'aune en 1737, et ceux pour doublures 7ˡ 5ˢ l'aune ; les draps de Romorantin 7ˡ, 5ˢ à 15ˡ suiv. la couleur ; les draps d'Elbeuf 14 à 15ˡ ; les draps de Lodève 7ˡ 15ˢ à 8ˡ ; les camelots soie 3ˡ 15ˢ à 4ˡ ; les peluches 5 à 7ˡ ; les droguets de Reims 44 à 46ˢ ; les draps de Lacaune 56 à 60ˢ ; les calmandes de Lille 30 à 50 s ; le tout vendu à l'aune ; les cadisés du Gévaudan et serges de Mende 22ˡ à 30ˡ la pièce de 30 à 35 aunes. — (5) Statuts des sergetiers de Châtellerault, 1658, art. 9.

dans leur longueur, et celle d'observer à l'occasion les avis officiels qui fixent les prix, injonctions motivées par le souci de protéger l'acheteur contre la fraude et contre les renchérissements arbitraires(1). D'un autre côté, le marchand drapier s'est vu protégé contre la concurrence illimitée du forain. Il est interdit, en effet, à ce dernier de vendre ses marchandises au détail en dehors des jours de foire (2). A ces prescriptions, l'administration royale en ajouta d'autres plus compliquées pendant la période où triompha le système réglementaire (3). Les mêmes règles s'appliquent à l'industrie des marchands de toiles, sur laquelle on n'a d'ailleurs presque aucun renseignement (4).

Marchands merciers, drapiers et toiliers urbains ou forains, presque tous gros ou petits bourgeois établis et considérés, ont pour rivaux ou ennemis les marchands colporteurs. Ces derniers, leur balle sur le dos, vont de village en village, de ville en ville, offrir les objets dont ils sont détenteurs. Un colporteur de Poitiers pris par les Anglais sur les frontières de la province vers 1370 est trouvé nanti d'un assortiment de toiles, aiguillettes, peaux de « mégeys » et autres menues denrées(5). Les colporteurs merciers du Poitou ont acquis une réputation extraordinaire à cause du

(1) Coutume du Poitou, titre Ier, art. Ier.—Règl. de janvier 1578 pour le Poitou, précité. — (2) Ordon. munic. de Poitiers, 11 nov. 1658, *Reg.* 109.— (3) Voir ci-dessous le livre IV.— (4) Le tarif du 19 juin 1640 pour Poitiers mentionne le commerce des toiles de Hollande, de baptiste ou de St-Quentin, de Quintin (Bretagne), de Cambrai et de Laval ou toiles fines, et des toiles de lin et chanvre du pays. — Les états des foires (XVIIIe s.) montrent qu'on faisait surtout le trafic des toiles de Cholet et de Laval (prix 18 à 32s l'aune 1re moitié du siècle), des toiles de Rouen (32s à 3l l'aune), des toiles noyales (de Bretagne; 32s à 4l l'aune), des mousselines et toiles de coton des Indes (3l 10s à 7l pièce en temps de paix), des mouchoirs de fil et coton de Rouen (9l à 24l la douzaine). — (5) Lettres de rémission de mars 1386, *Arch. hist. Poitou* XXI, 290.

métier louche qu'ils exerçaient. Connus sous le nom de *mercelots, coesmoletiers, camelots*, ils forment, dit d'Aubigné, « une gaillarde académie de larrons » (1), qui la balle au col ou sur l'épaule, groupée en compagnies, ayant leurs chefs, leurs rites d'initiation et leur argot, s'en vont aux foires de Fontenay et de Niort couper les bourses, dévalisent les fermes et les moulins sur leur passage, enlèvent la volaille, forcent les coffres et disparaissent sans qu'on puisse découvrir leur retraite (2). Cet état de choses se maintint jusqu'à l'établissement d'une police régulière dans la seconde moitié du xviie siècle. Les colporteurs cessèrent alors en général de se livrer aux dangereux exploits des camelots. Tout au plus, excitent-ils à la fin de l'ancien régime les plaintes des marchands drapiers ou toiliers, en pratiquant la vente de gros qui est réservée à ceux-ci, en débitant hors des jours de foire dans les villes, et en déballant pour la vente dans les auberges, hôtelleries et maisons, au lieu de vendre dans les lieux publics (3).

La mise en œuvre des tissus a donné naissance à quatre ou cinq groupes de métiers. Celui des lingers ou lingères a, au xviie siècle, la spécialité de la confection et de la vente des caleçons et des chaussettes à coins, à avant-pied et à étrier, des guêtres et des chaussons de toutes toiles neuves et vieilles, des treillis et des canevas, et enfin de la lingerie en général (4). Les modistes ou marchands de modes, qui

---

(1) Agrippa d'Aubigné, *Le baron de Fœneste*, éd. P. Mérimée, p. 137. — (2) La Vie générale des marcelots, gueux et boësmiens p. p. Ed. Fournier, *Variétés hist. et littér.*, tome VIII, pp.147-192. — (3) Arrêt du Parlement de Paris en faveur des marchands drapiers et merciers de Poitiers contre un colporteur, 22 juin 1779. *Aff. du Poitou* 1779, p. 140. — Information contre un colporteur de toiles à Poitiers 5 févr. 1646, *Reg.* 97. — (4) Ordon. mun. de Poitiers 19 mars 1640, *Reg.* 90.

exercent aussi parfois la profession de coiffeuses, se répandent en Poitou au xviii° siècle, imitant les modes de Paris (1). Mais les professions les plus répandues de ce groupe sont celles des chaussetiers, des couturiers et tailleurs d'habits et des couturières. Les *chaussetiers-pourpointiers* paraissent s'être constitués au xiv° siècle, quand l'usage des chausses et des pourpoints se généralisa en Poitou (2). Les statuts des artisans de ce genre établis à Poitiers sont datés de 1472 (3). Les chaussetiers sont au nombre de 21 dans cette ville en 1522 (4), de plus de 40 en 1640 (5). Leur métier existe encore à la fin du xvii° siècle (6). Ils ont le monopole de la confection des bas et des hauts-de-chausses pour hommes et pour femmes. Leurs règlements déterminent la façon de ces ouvrages. D'abord, les bas de chausses, partie du vêtement très long qui s'étend du pied au caleçon, doivent se faire dans une aune de drap de 5/4 de large; on en tire deux de ces bas longs de 3/4 et demi à 3/4 d'aune. Les bas pour homme se font à coin et à talon, et sans avant-pied, ceux pour femme à maille et à avant-pied coupé, et tous avec ou sans chaussons. Les coutures ne peuvent être faites qu'à surjet, rabattues et avec de bon fil, et il est interdit de mêler dans la chausse le vieux drap ou le drap inférieur au drap neuf et de qualité supérieure. Tout mauvais

(1) Annonce d'une coeffeuse et modiste, *Aff. du Poitou*, 1775, p. 216. — Voir sur les modistes de Paris dans *Var. hist. et litt.* VIII-223 le brevet d'appr. d'une fille de modes. — (2) Mention de ce vêtement dans l'ordon. du sénéchal de Poitou de 1307 pour le prix des marchandises. — En 1354 un fermier de l'impôt du 10° à Niort porte le nom expressif de Pierre « pert ses chausses » (Acte de 1354) *Arch.hist. Poitou* XX, 178; XIII, 112. — (3) Statuts des chaussetiers de Poitiers, 25 janvier 1472, *Ordon. des rois*, XVII, 168. — (4) Liste des métiers de Poitiers, 1522, précitée. — (5) Requête des chaussetiers de Poitiers, mars 1640, *Arch. Mun.* D. 75, liasse 11. — (6) Ils sont mentionnés dans une délib. munic. de Poitiers du 3 sept. 1674. Reg. 124.

ouvrage est saisi et brûlé et le chaussetier frappé d'amende. Quant aux hauts-de-chausses, sortes de culottes serrées en haut à la taille, et en bas à mi-cuisse par des cordons ou jarretières, les statuts de 1472 en distinguent deux variétés. Les unes sont appelées *chausses à brayes;* on doit les garnir en toile de bonne qualité, et les faire assez larges. Les autres, nommées *chausses à locquets,* sont des culottes collantes garnies à la hauteur des aines d'un sac mobile, la braye ou braguette qui s'attache avec des pattes (*locquets*), à droite et à gauche. On saisit et on brûle les hauts-de-chausses faits de draps mouillés ou rétrécis, et on oblige les chaussetiers à ne livrer que des ouvrages faits de bonne étoffe, ornés de loquets bien doublés à l'intérieur et à l'extérieur, et munis derrière d'une attache ou d'une ligature (*lyeure*) (1). Les chaussetiers ont le monopole de la confection et du débit de ces articles à l'exclusion des couturiers et des tailleurs d'habits (2). Mais peu à peu ils se trouvèrent exposés à la concurrence grandissante des tailleurs et des merciers, en même temps que la vogue des articles spéciaux dont ils faisaient le commerce allait en déclinant. Aussi, pendant cinquante ou soixante ans, de 1580 à 1640, avaient-ils obtenu d'exercer « les mêmes besoignes » que les tailleurs (3). Mais un arrêt de Parlement infirme alors cette tolérance. Les chaussetiers se trouvent forcés de plus de défendre péniblement leur spécialité, tantôt contre les tailleurs, tantôt contre les merciers, tantôt contre les lingers et les lingères, et même contre les particuliers qui, au mépris des statuts, font et

---

(1) Statuts des chaussetiers de Poitiers, 25 janvier 1472. — (2) *Ibid.* (les couturiers doivent se faire recevoir maîtres chaussetiers, s'ils veulent exercer ce métier). Requête des chaussetiers contre les couturiers 11 mai 1581. *Reg.* 43. — (3) Requête des chaussetiers de Poitiers, mars 1640, précitée.

vendent des hauts et des bas de chausses de drap, de serge, de futaine, de treillis, de toile et de chamois. S'ils obtiennent gain de cause pour le monopole de la plupart de ces produits, ils sont néanmoins obligés de reconnaître aux lingers et lingères le droit de tailler et de vendre les chaussons, guêtres, caleçons et chaussettes de toile, et aux merciers la faculté de débiter les chausses brochées dites de Bâle, les chausses d'enfants au-dessous de six ans, et les bas d'estame (1). Ils ne parviennent pas davantage à se faire reconnaître la production exclusive des articles nouveaux, tels que les fourreaux de hauts-de-chausses et les bas et rhingraves de toile (2).

Plus heureux, le corps des couturiers et tailleurs d'habits n'a cessé de s'accroître, alors que le métier rival déclinait. Ils sont d'abord désignés sous le nom de cousturiers (*sartores*), puis de taillandiers et de tailleurs d'habits (3). Les termes de maîtres couturiers et de maîtres-tailleurs deviennent d'ailleurs peu à peu équivalents (4). Les maisons seigneuriales ou religieuses ont longtemps leurs couturiers spéciaux qui figurent dans la domesticité de l'aristocratie ou du clergé (5) et que mentionnent encore les

(1) *Ibid.* — Arrêts du Parl. de Paris 10 février 1629 et 20 mars au profit des chaussetiers, *Reg. des délib. Mun. de Poitiers*, 89, f° 5. — Ordon. munic. de Poitiers, 27 juillet 1615 (réservant aux chaussetiers les bas de chausse et les hauts de chausse de toile garnis de galons) ; du 19 mars 1640 (au sujet des merciers et des lingers) *Reg.* 70 et 90. — (2) Délib. munic. de Poitiers 28 juillet 1664, 21 juin 1666, 3 sept. 1674. *Reg.* 115, 116, 124. — (3) *Guillelmus le Coturer* (enquêtes de St Louis en Poitou 1247). *Aimericus le codurer* (rôle censier de Ste-Croix, 1232. *Doc. pp. Antiq. Ouest*, p. 111). Gauteron, couturier (fin xiv° s.) *Arch. hist. Poitou*, XXV, 234 ; XX, 357 ; XXIV, 316 etc., *Abbo Sartor* (acte de 1104) ; *Arch. hist.*, XVI, 238. — (3) Statuts des tailleurs de Poitiers, mars 1461. *Ordon. des rois* XVIII, 566. — (4) Ainsi dans les délib. munic. de Poitiers 21 octobre 1603 et 1617, *Reg.* 61 et 72. — (5) Gauteron, couturier du vicomte d'Aunay (xiv° s.) *Arch. hist. Poitou* XX, 357. — Statuts des tailleurs de Poitiers, 29 juin 1458, approuvés par le roi en mai 1461.

statuts de 1458. Mais la meilleure partie de ce groupe industriel est formée d'artisans répandus un peu partout, particulièrement dans les villes. A Poitiers, ils sont groupés en corporation dès le milieu du xv° siècle (1), et on y distingue, outre les couturiers attachés à la maison des grands seigneurs, les maîtres *tailleurs-couturiers-taillandiers* qui taillent, coupent, assemblent et cousent l'étoffe fournie par les clients particuliers, et les *maîtres marchands-tailleurs* qui fournissent les tissus et les vendent confectionnés à l'ensemble du public (2). La technique de leur profession a varié avec la mode. L'ordonnance de 1307 les montre occupés à la confection des vêtements longs, les robes, alors communes aux hommes et aux femmes, et qui se vendent fourrées et garnies de boutons, ou sans ces accessoires. Ils y joignent le commerce des vêtements de dessous appelés cottes et surcots, qui recouvraient la chainse ou chemise (3), celui des tabards et des huques, ou manteaux d'hommes et de femmes, et des tuniques (4). L'ordonnance de 1422 distingue les robes doublées à usage d'homme, les robes sangles ou simples, les chaperons doubles, les pourpoints ou justaucorps communs, les cottes hardies pour femmes (5). D'autres documents du xv° siècle mentionnent les habits courts qu'on porte à cheval, les manteaux à long capuchon, les gipons ou vêtements de dessous couvrant le buste et non comme aujourd'hui les jambes, enfin les capuces boutonnées (6). Au xvii° siècle, tout tailleur pour être admis

---

(1) Statuts précités. — (2) *Ibid.* — (3) Ordon. du sénéchal de Poitou (1307) et ordonnance de nov. 1422 sur le prix des marchandises. — (4) Invent. de Jean de Coussay (xiii° s.), et testament de Pierre Négrault (1456), chanoines de St-Hilaire, *Cart. de St-Hilaire*, n°s 269, 355. — Testament de la veuve Macé, xiv° s. *Vienne*, G. 1017. — (5) Ordon. de nov. 1422 sur le prix des march., précitée. — (6) Testament de P. Negrand — Statuts de l'église collégiale N.-Dame-la-Grande à Poitiers, *Vienne*, G. 1091.

à exercer doit savoir faire les costumes propres à chacune des classes de la société. Ce sont pour les ecclésiastiques la robe à collet droit, la soutane à la romaine, la chape du chanoine avec chaperon, la cloche d'évêque avec camail. Pour les gens de justice, il faut pouvoir confectionner la robe à grandes manches et la soutane, costume grave dont le roi prescrit l'usage ; pour les docteurs d'Université, la robe à grande escoupe qui sied au médecin, et la chape rectorale ornée du chaperon. Pour les gens de finance, c'est le robon à double devant ; pour les gentilshommes la chape à capuchon, la casaque d'armes et les bas de soie ; pour les marchands, la robe à la petite « escouppe », la robe à la clef, la grande casaque et la robe de chambre (1). On laisse aux petits tailleurs de ville et de village le soin de faire les larges chausses à la suisse avec rabat et les vêtements de drap grossier ou de toile dont se sert le paysan, le corset de laine et de siamoise et le jupon court dont usent les villageoises (2). Il est probable qu'à l'exemple de Paris les tailleurs de Poitiers et des autres villes de Poitou finirent à la fin du XVIIe ou au début du XVIIIe siècle par se réunir aux chaussetiers, avec lesquels ils avaient eu de longs différends (3). Invoquant les statuts qui leur réservent la coupe, la couture et la découpure de toutes sortes de vêtements, ils prétendent interdire aux marchands drapiers, merciers et autres de tenir et de vendre les jupes, les robes de chambres et les habits tout faits, qu'on nomme aujour-

(1) Délibér. munic. de Poitiers, 22 mars 1632, au sujet du chef-d'œuvre des tailleurs, Reg. 82. — (2) Boulainvilliers, État de la France. — Babeau les Voyageurs en France, p 238. — Sur le vêtement au début du XIXe siècle en Poitou, voir Dupin, Stat. des D.-Sèvres p. 70, et H. Gélin, la Tradition en Poitou, pp. 57-62. — (3) Les chaussetiers sont unis aux tailleurs à Paris en 1660, Franklin, Les mag. de nouveautés, p. 176. — Voir ci-dessus pour les différends des tailleurs et des chaussetiers.

d'hui les confections (1). Eux seuls peuvent travailler dans les maisons particulières (2). Il n'est permis enfin qu'aux tailleurs et non aux chapeliers enjoliveurs de faire et d'exposer en vente les caleçons, rhingraves, chemisettes même de chamois, et autres ouvrages, à moins qu'ils n'aient été coupés par les premiers et marqués par un maître juré tailleur avec une marque où sont empreintes les armes de la ville (3). Longtemps, les tailleurs ont même essayé d'empêcher la formation du corps spécial des couturières. Ils habillent jusqu'au xvii° siècle hommes et femmes, et seules les filles de couturiers sont admises à faire des costumes pour enfants au-dessous de huit ans. A Paris, les couturières avaient lutté pendant 25 ans pour faire reconnaître leur droit au travail (4). A Poitiers, vers la même époque, c'est-à-dire en 1674, le corps de ville autorise « les filles qui « usent de cousturerie à aller en journée chez les particuliers « et à y faire toutes sortes d'habits pour femmes sans dis- « tinction d'étoffes de laine ou de soie, ni de prix ». Mais il leur défend de travailler chez elles, « hormis à de vieille besogne », et à des costumes d'enfants de sept à huit ans ou d'âge inférieur, ou bien à des vêtements formés d'étoffes de 25 à 28 s. l'aune au maximum, destinés à « des personnes de servile et mécanique condition » (5). Dans la

---

(1) Requête des tailleurs, 14 août 1673, *Reg. des délib. munic. de Poitiers*, n° 123. — Factum du 1er avril 1773 (dû aux tailleurs de Paris), *Arch. Antiq. Ouest*. — (2) Délib. munic. de Poitiers, 27 déc. 1638, 6 février 1640, *Reg.* 89 et 90. — (3) Règl. munic. de Poitiers entre les enjoliveurs et les tailleurs, 19 février 1674 *Reg.* 123. — (4) Franklin, *Les Mag. de nouv.* p. 251. — (5) Règlement munic. de Poitiers 30 avril 1674, entre les couturières et les tailleurs, *Reg.* 123. — En 1597, le sieur de la Pelissonnière achète une cotte de camelot orange, une brassière de futaine et un cotillon de revêche à une femme tailleuse de Poitiers; c'était sans doute la femme ou la fille d'un tailleur. *Comptes, j p. Audé*, p. 19.

seconde moitié du xviiiᵉ siècle, on voit d'ailleurs les couturières travailler spécialement à des robes de femmes (1). Les tailleurs continuent de leur côté à fabriquer des habillements féminins de tout genre, y compris même les corps et corsets à l'anglaise et à la reine, avec ou sans baleines, en maroquin ou en toile pour dames, enfants, et même pour les femmes enceintes (2). On était parvenu en effet en ce moment à cette période critique où, en présence des progrès de l'industrie et de la complexité croissante des métiers, il devenait de plus en plus difficile de délimiter les monopoles et d'assurer l'exécution des règlements.

CHAPITRE VIII

Le Travail et le Commerce des Cuirs et des Peaux en Poitou.

Le même fait se produisit pour une industrie et un commerce longtemps florissants en Poitou, ceux des cuirs et des peaux. On sait quelle fut l'importance de ce travail et de ce trafic dès le milieu du Moyen-Age. Deux catégories de professions se rattachent à cette grande spécialité industrielle et commerciale. Ce sont d'abord les métiers de tanneurs, de corroyeurs, de mégissiers et de chamoiseurs, de peaussiers et de hongroyeurs qui se consacrent à la préparation des matières. Puis viennent les corps qui mettent en œuvre les cuirs et les peaux, à savoir les cordonniers et les savetiers, les gantiers, les boursiers et aiguilletiers, les gainiers, les pelletiers, les selliers et les bastiers, les bourreliers et les baudroyeurs.

(1) *Affiches du Poitou*, 1776, p. 108. — (2) *Affiches du Poitou*, 1779, p. 184; 1781, p. 112.

Répandus sur le bord des rivières, notamment sur le Clain, la Sèvre et la Vienne, dans les faubourgs de Poitiers, de Châtellerault, de Niort et de Saint-Maixent (1), et même dans des bourgs, tels que Chef-Boutonne et Airvault (2), les tanneurs (*tannatores*) (3) ont formé un groupe industriel nombreux et puissant. A Poitiers et à Châtellerault, ils sont organisés en corporation (4); ils comptent dans la grosse bourgeoisie des villes, prennent assez souvent place parmi les juges consuls et les échevins (5). Leur commerce s'étend au-delà des limites de la province. Au xviie et au xviiie siècle, les tanneurs poitevins et châtelleraudais figurent parmi ceux qui sont obligés de fournir le marché parisien (6). Ils ont le monopole de la préparation des gros cuirs de bœuf et de vache qu'ils tirent de la province elle-même ou qui viennent en vert de Gascogne (7), les premiers servant à faire des semelles ou « carrelures », les seconds des bottes et des souliers (8). Ils ont aussi le droit de préparer les cuirs de veau, de cordouan ou de chèvre, et ceux de mouton (9). Les

(1) Voir ci-dessus, livre Ier, chap. Ier. — Actes concernant les tanneries de Poitiers xie-xviie s. *Vienne*. G. 593, 1040, 1045 (tanneries de Montierneuf); G. 348 (tanneries du Pré-l'Abbesse); charte de St-Maixent relative aux tanneurs 1210, *Cartul. St-Maixent* II, 30; statuts des tanneurs de Châtellerault, 15 mars 1596, *Vienne*, E. 7^1. — Gouget, *le Commerce de Niort*, passim. — (2) B. Filleau, *Rech. hist. sur Chef-Boutonne*, *Mém. Soc. Stat. D.-Sèvres*, 1884, p. 28; *Recherches sur Airvault*, *Mém. Antiq. Ouest* XXIV, 177. — (3) C'est le nom qui leur est donné dans la charte de St-Maixent (1210), précitée. — (4) Révision des statuts des tanneurs de Poitiers, 14 janvier 1460, *Reg.* n° 4. — mention de ces statuts 30 juillet 1657, *Reg.* 108. — Statuts des tanneurs de Châtellerault, 15 mars 1596, précités. — Ces derniers tanneurs étaient au nombre de 15 en 1738, *Mém. mss sur Châtell.* par Roffay des Pallu. — (5) Liste des juges-consuls xviie s. *Arch. hist. Poitou*, XV. — *Reg. munic. de Poitiers et de Châtell*.(listes d'échevins). — (6) Savary,) *Dict. du Com.*, II 1668. — (7) Ord. du sén. de Poitou sur les prix 1307, précitée; le cuir de bon bœuf se vend 25 s., et tanné 32 s. — Ord. de nov. 1422 (prix des peaux de mouton à toute laine, 4 l.). — (8) Règl. gén. de police pour le Poitou, janvier 1578. — (9) Statuts des tanneurs de Châtellerault, 1596, art. 1.

cuirs sont apprêtés avec la poudre d'écorce de chêne. Le tan figure parmi les revenus seigneuriaux (1) et se vend à l'état brut dans les marchés où on l'apporte par charges (*sommes*) d'âne et de mulet. Au Moyen-Age, dans certaines seigneuries, celle de Saint-Maixent par exemple, les tanneurs sont astreints à faire moudre l'écorce au moulin à tan du seigneur. Mais il est probable qu'ils s'affranchirent presque partout de cette obligation onéreuse moyennant redevance, et qu'ils obtinrent la liberté de triturer le tan dans leurs propres cuves (*piles*), ou dans celles des moulins spéciaux établis à cet effet (2). C'est dans des *nouhes* ou auges de pierres (3) que les tanneurs font macérer les cuirs entre deux assises de tan, pour les étirer, les lisser ensuite, et enfin les amincir dans un bain d'eau chaude (4). Il leur est expressément interdit de « faire courroyer aulcunes mar- « chandises » sous peine d'amende (5), c'est-à-dire d'empiéter sur la profession des corroyeurs. Toutefois en 1773, une déclaration royale autorise les tanneurs qui n'ont pas le droit de corroyer à mettre en huile les cuirs de veau et les menues peaux et à les vendre sèches d'huile, en croûte ou corroyées, aux corroyeurs et à tous autres (6).

Des mains des tanneurs, les cuirs passent entre celles

(1) Ex. : revenus de l'abbé de St-Maixent (*Cartul. St-Maixent* II, 28) et de l'évêque de Poitiers xve s. (*Cart. de l'Evêché*, pp. Rédet, *Arch. hist. Poitou*, X, n° 144.) — (2) Charte de St-Maixent 1134-64; Transaction entre l'abbé de St-Maixent et les tanneurs 1210, *Cart. de St-Maixent*, I, 362; II, 28-30. — Tarif de la prévôté de Poitiers (xive s.) et coutume de la Sèvre (xiiie s.). — (3) Mention de ces *nouhes* dans l'ordon. sur le prix des marchandises de nov. 1422 et autres documents cités dans ce chapitre. — Mentions nombreuses de moulins à tan dans l'enquête de 1596 sur la navigation du Clain. — Il y a eu 1354 un moulin à tan au Pré l'Abbesse à Poitiers (lettres de mai 1354, *Arch. hist. Poitou*, XX, 144.) Un autre en 1498 près de l'étang de Montierneuf, *Vienne*, G. 625. — (4) A Monteil, *Hist. des Français des divers états* II, 101. — (5) Statuts des tanneurs de Châtellerault 1596, art. 9. — (6) Déclar. du roi du 1er nov. 1773, *Affiches du Poitou*, 1774, p. 40.

des corroyeurs. Ceux-ci forment parfois, notamment à Poitiers et à Châtellerault, un corps de métier distinct (1) et peu considéré (2). « Ce sont, dit le drapier Denesde dans son journal, gens de vile condition » (3). Leur travail consiste à adoucir les cuirs tannés au moyen de la graisse, du suif et de l'huile, à lisser et à assouplir ainsi et par l'emploi d'instruments de fer les peaux de veau, de vache, de mouton et de chèvre destinées aux cordonniers, aux bourreliers, aux selliers, aux ceinturiers et aux armuriers (4). Les mégissiers ou blanconniers semblent en Poitou s'être confondus avec les chamoiseurs (5), bien que les deux professions ne fussent pas absolument identiques. L'une, celle du mégissier, consistait à enlever la laine ou le poil des cuirs légers, c'est-à-dire des peaux de mouton, d'agneau, de bouc, de chèvre et de chamois, à les dépouiller des restes de chair adhérents dans un bain d'eau et de chaux, et enfin à les assouplir avec de l'eau chaude et des jaunes d'œufs, après les avoir préservées de la corruption en les plongeant dans un mélange de sel et d'alun. Le chamoiseur complétait ce travail en soumettant les peaux à l'action de l'huile, du foulage et de la fermentation pendant plusieurs mois. Il est probable que l'art des chamoiseurs ne fut en Poitou qu'une transformation ou une extension de celui des mégissiers.

(1) Statuts des corroyeurs de Poitiers, 7 déc. 1457, *Mss St-Hilaire* f° 96. *Coll. Fonteneau* XXIII, f°s 345-349. — Statuts des tanneurs de Châtel^t. (1596), précités. — (2) Journal de Denesde (à l'occasion de l'élection d'un corroyeur comme juge consul), *Arch. hist. Poitou*, XV. — (3) Orden. de nov. 1422 sur le prix des marchandises. — Statuts des corroyeurs de Poitiers, 1457. — (4) Mention des statuts des maîtres mégissiers et chamoiseurs de Poitiers, *Délib. munic.* du 31 juillet 1662, *Reg.* 113. — Acte du 17 février 1615 *Arch. Mun.* D. 60. — (5) Une délib. munic. du 6 juin 1575 mentionne les statuts des boursiers-aiguilletiers-gantiers et *messiguers* de Poitiers, *Reg.* 42.

La tradition rapportée par Savary attribue même à Poitiers et à Niort l'introduction de cette méthode qu'il fait remonter au règne de François Ier (1). Une assertion de Laffemas lui donne une origine moins lointaine. Ce serait vers 1590 que la chamoiserie aurait commencé à Poitiers (2). L'emploi de l'huile de poisson pour la préparation des peaux est certainement antérieur, puisque le tarif ou coutume de la Sèvre fait mention de cette matière à la fin du XIIIe siècle (3). Quoi qu'il en soit, les maîtres chamoiseurs et mégissiers apparaissent au XVIe siècle groupés en corporation, soit dans la capitale du Poitou (4), soit à Niort, où ils sont unis aux aiguilletiers (5). On connaît le développement que prit leur industrie, et aussi le déclin où elle tomba quelque temps au XVIIIe siècle. Ce fut un Niortais, Thomas Jean Main, inspirateur de l'article sur la chamoiserie publié par Roland dans l'Encyclopédie méthodique, qui releva cet art dans le Poitou, en important les procédés anglais et spécialement le ponçage, destiné à donner aux peaux un velouté agréable à l'œil et au toucher (6). Quant aux peaussiers, qui teignent les peaux et leur donnent une prépara-

(1) Laurence, *Les Origines de la Mégisserie à Niort* (in-8º, 1886, 16 p.) croit à tort que l'art. du chamoiseur, c'est-à-dire le procédé qui consiste à passer les peaux en huile ne date que du XVIIe siècle ; il en donne comme unique preuve le fait que le nom de chamoiseur aurait été donné pour la première fois à Niort à un certain Bayard en 1633. — Les passages de Savary (Dict., v° Chamoiseur), et de Laffemas suffisent à réfuter cette assertion. Il y avait à Poitiers une rue des Chamoiseurs au XVIe siècle. (*Reg. munic.* mois des offices). Deux délibér. mun. de Poitiers (2 sept. et 15 juin 1585) conc. les maîtres chamoiseurs. *Rég.*, 45, 46. Ils sont alors organisés en corporation, ce qui prouve que leur métier est alors déjà ancien. — (2) Laffemas *Règl. gén.* 1597, réédité dans la *coll. Leber* XIX 544) : « depuis 7 ou 8 ans, ils accoustrent à Poitiers des peaux en façon de buffles et chamois, très bons et beaux, choses de vérité ». — (3) Coutume de la Sèvre (XIIIe s.). — Voir livre Ier, chap. Ier. — (4) Mention des chamoiseurs à Poitiers dans la délib. munic. du 31 juillet 1602 et l'acte du 16-17 février 1615, précités. — (5 Laurence, *la Mégisserie à Niort*, p. 7. — (6) Laurence, pp. 12-13.

tion spéciale en vue de la ganterie et de l'habillement ; quant aux hongroyeurs, qui apprêtent les cuirs suivant la méthode hongroise introduite en France vers 1698, ils se confondent, à Poitiers du moins, avec les tanneurs et les corroyeurs (1).

La mise en œuvre des cuirs pour la chaussure a donné naissance aux corporations des cordonniers et des savetiers. Les premiers figurent dans les cartulaires du xi° et du xii° siècle sous le nom latin de *sutores*, et sous la dénomination française de *suires* ou *suères*, qu'ils gardèrent longtemps (2). Ils emploient surtout les peaux de vache, d'où le nom de *vachers* ou de *cordouaniers* de gros ouvrage qui leur est donné dans divers documents du xiii° et du xiv° siècle (3). L'emploi des peaux de chèvres pour la confection des souliers indiqué aussi par les textes (4) a fait naître une nouvelle spécialité parmi les suères, celle des cordouaniers. Ceux-ci utilisent le maroquin ou cordouan, dont il est déjà question à Poitiers dans un règlement de 1274 et dans une ordonnance de 1307 (5). Suères, vachers, cordouaniers, encore désignés sous le nom de *maignens*, se confondent en un seul corps de métier, qui, dans les villes importantes, telles que Poitiers et Châtellerault, prend la forme de corporation jurée (6). Dans leurs boutiques, au-dessus de

(1) Mentionnés dans l'ass. des com. de métiers de Poitiers, 8 août 1789, *Rég.* 195. — (2) *Odolricus, Hugo, Thomas*, etc., *sutores* (actes de 1070, 1189, xiii° s.), *Cartul. St-Hilaire* I. 93, 207, 262 ; Gillet *suires, Robinus sutor* (actes xii°-xiii° s.), *Cart. d'Orbestier* n°° 140, 294 ; *Aimericus, Brun, sutores* (actes xii° s.) *Cart. St-Cyprien de Poitiers* pp. 38, 49. — (3) Statut des vachers de Poitiers 1274, *Mss St-Hilaire*, f° 75; coll. Fonteneau XXIII. f° 225 et sq. — Alard, cordouanier de gros ouvrage (acte de 1389) *Arch. hist. Poitou*, XXI, 383. — (4) Devoirs imposés en faveur de l'abbaye de St-Maixent au xiv° s. « *palles caprinæ ad suterales faciendos* ». *Cartul. de St-Maixent* II. 163. — (5) Règlement de 1274 précité. — Ord. de 1307 pour le prix des vivres. — (6) Mention des statuts des cordonniers de Poitiers datés de 1457 dans une ordon. du présidial 23 oct. 1767, *Arch. Antiq. Ouest*.

laquelle se détache quelque enseigne significative, telle qu'une botte de grandes dimensions (1), ils ont le monopole de la confection et de la vente de toutes chaussures neuves. Parmi celles-ci, on distingue les souliers de cordouan fins pour homme ou pour femme vendus 32 d., les souliers de vache vendus 2 s., les heuseaux ou estiveaux (bottes) et heuses (bottines) de même matière, qu'on vend 12 à 15 s. au début du XIV⁰ siècle (2). Au commencement du XV⁰ siècle, les cordonniers font le trafic des bottes (*houseaulx*) en peau de vache et de veau ou de chèvre, garnis d'*escaffignons* : ces chaussures de luxe valent 30 s. à 22 s. Les souliers de vache, destinés aux laboureurs et aux marchands, se vendent 7 s. 6 d. à 6 s.; ceux de femme de même condition 5 s. à 4 s. 2 d. Quant aux chaussures de cordouan pour hommes ou femmes de condition semblable, leur prix varie entre 5 s. et 3 s. Les bons souliers et les bottines pour enfants, serviteurs et chambrières sont vendus, eu égard à l'âge et à la nature du cuir (3). Un autre règlement, celui de 1578, énumère les variétés de chaussures, dont le prix est calculé à raison du point. Ce sont les souliers de vache, les souliers de veau ou de maroquin doublés de basane, à double ou à simple semelle, cousus « de bons lignaux », les escarpins de maroquin ou de peau de mouton, les pantoufles ou mules en cuir de vache, de veau ou de maroquin avec bonne semelle en liège. Les meilleures semelles (*carrelures*) sont prises à la croupe de l'animal, bien cousues et appliquées au soulier. Ce document indique aussi trois variétés de bottes en cuir

— A Châtelʳ. en 1738, ils sont au nombre de 30 et Roffay des Pallu affirme qu'ils ont des statuts. *Mém. Mss sur Châtelt.* 1738.

(1) Ex.: enseigne de cordonnier « à la Botte royale », *Délib. munic. de Poitiers*, 3 août 1654, *Reg.* 105. — (2) Statut de 1274. — Ordon. de 1307 sur le prix des marchandises. — (3) Ordon. de nov. 1422 sur le prix des marchandises.

de vache ou de cordouan, les grandes, les moyennes et les petites bottes qui se vendent depuis 2 écus jusqu'à un écu (1). Au xviiᵉ siècle, apparaissent d'autres espèces de chaussures, telles que les bottes et les souliers à galoche, les bottes, souliers et mules ou pantoufles de chambre à pont-levis et à la malouine (2). Les cordonniers ont seuls le droit de se servir des cuirs gras. Jusqu'à la Révolution, ils ont si bien gardé leurs privilèges qu'une ordonnance du lieutenant-général de police de Poitiers interdit à tous marchands, revendeurs, quincailliers (*clincailliers*) et à tous artisans, de faire venir de la campagne ou d'autres villes des souliers, pantoufles, bottes et autres ouvrages neufs de ce genre, de les mettre en vente, et de distribuer des « billets » ou annonces pour cet objet (3).

On ne trouve aucune trace de l'existence d'un corps spécial des savetiers en Poitou au Moyen Age. Ils furent érigés en corporation jurée à Poitiers en 1557 et 1570 seulement, du consentement des cordonniers (4). Les statuts municipaux leur réservent le travail de tous ouvrages et cuirs vieux, « soit en bottes, soit en souliers, escarpins et « pantoufles », c'est-à-dire les réparations de chaussures. Ils leur défendent de faire des souliers neufs, même pour leur usage et pour celui de leur famille, même pour les étrangers, à moins que ces souliers « n'ayent une vieille pièce ou quartier de vieux cuir ». Ils vont jusqu'à leur interdire l'emploi des cuirs neufs ou cuirs gras et bien cor-

---

(1) Le prix du point varie entre 10 d. et 22 d., *Règl. gén. pour la police du Poitou*, janvier 1578. — (2) Détails contenus dans les délib. munic. de Poitiers des 21 fév. 1633, 10 juin 1647, 14 déc. 1654, *Reg.* 83, 98, 105. — (3) Ordon. du lieut. gén. de police de Poitiers, 26 nov. 1766 et 23 oct. 1767, *Arch. Antiq. Ouest.* — (4) Le 30 juin 1570 et le 4 mai 1557, d'après l'ordon. précédente du 23 octobre 1767.

royés, sauf pour les chaussures de très petite pointure, c'est-à-dire de douze points. Tout au plus autorisent-ils l'usage du cuir tanné, gras et corroyé pour rhabiller les vieux souliers, les bottes et les pantoufles à pont'evis et à la malouine. Les souliers, bottes et pantoufles des anciens genres ne peuvent être raccommodées qu'avec du cuir rouge (1). La distinction entre les deux métiers de cordonniers et de savetiers se maintint jusqu'en 1789.

D'autres artisans occupés à mettre en œuvre les peaux pour l'habillement, les gantiers, apparaissent, en Poitou, réunis avec les boursiers et les aiguilletiers. Ainsi, à Niort et à Poitiers (2). La fabrication des gants paraît avoir occupé de bonne heure des ouvriers spéciaux, soit dans la cité Niortaise (3), soit dans la capitale du Poitou (4). En 1277, les gantiers sont au nombre de cinq dans cette dernière ville, et la commune leur impose un règlement (5). En 1522, réunis aux boursiers et aux aiguilletiers, ils forment un groupe de six membres (6). Au xviie siècle, il existe à Poitiers une rue de la Ganterie (7). Mais c'est surtout à Niort que cette industrie a pris une grande extension (8). L'ordonnance de 1307 mentionne deux variétés de gants en usage dans le Poitou ; les gants d'alun, c'est-à-dire préparés avec cette

(1) Délib. munic. de Poitiers, 21 février 1633, 27 mars 1651, Reg. 83 et 102. — (2) Règl. de 1469; liste de 1522; cités ci-dessous — acte du 17 fév. 1615, Arch. Mun. Poitiers, D. 60. — Délib. munic. du 8 mai 1690, Reg. 132. — Laurence, p. 7 (pour Niort). — (3) La Fontenelle (Soc. d'Agric. de Poitiers V. p. 95), d'après les chartes de Charroux, croit que la ganterie a commencé à s'établir à Niort au début du xiiie siècle. — (4) Mention de Nicolas le Ganter, échevin dans le statut de 1245 relatif aux bouchers de Poitiers, Mss St-Hilaire, f° 70; Coll. Fontenau, XXIII f° 261. — (5) Règl. de police pour les gantiers de Poitiers, 29 oct. 1277, Mss St-Hilaire, f° 79; coll. Fontenau XXIII, f° 287. — (6) Listes des métiers de Poitiers 1522, Reg. 18, f° 165. — (7) Mois des offices, Reg. des dél. mun. de Poitiers n° 121, f° 26 v°. — (8) Voir ci-dessus livre 1er, chap. IV.

matière, et les gants ordinaires, les premiers vendus 8 d. et les seconds 6 d. (1). En 1422, le prix des gants de mouton ou de chevrotin double est supérieur de 2 s. à celui des précédents (2). A la fin du xviiie siècle, les gantiers de Niort fabriquent surtout des gants forts pour la cavalerie (3). Confondus avec les gantiers ou distincts d'eux, les aiguilliers ou aiguilletiers (*aculearii*) n'ont pas tardé à joindre à la fabrication des aiguilles celle des aiguillettes ou cordons de cuir ou de soie ferrés à leur extrémité, dont on se sert pour rattacher les pourpoints, les chausses, les harnais et les étriers (4). Ils habitent à Poitiers une rue qui porte leur nom. C'est la rue de l'Aguillerie où se trouvait la maison de l'échevinage et qui est citée dans des titres du xiiie siècle (5). Le règlement de 1469 relatif aux gantiers montre qu'à cette époque la profession des aiguilletiers se confondait avec celle des fabricants de gants et que ceux-ci pouvaient faire et vendre à la fois des gants et des aiguillettes (6). Le métier des boursiers n'est pas non plus distinct à Poitiers de celui des gantiers. Ceux-ci ont le monopole de la confection des bourses en peau de lièvre et de chevrotin que l'on attachait au xve siècle à la ceinture avec des cordons appelés sarrails (7). Aux gantiers se rattachaient aussi les ceinturiers mentionnés dans la liste des métiers poitevins

(1) Ord. de 1307, sur le prix des marchandises. — (2) Ord. de nov. 1422. — (3) Voir le chap. IV du livre 1er ; et Gouget, p. 84. — (4) Voir sur les termes d'*aguileta*, d'*aguillerie*, d'*aguillia*, d'*aguilletie*, les lexiques de Du Cange, de Godefroy et de Littré. —(5) Actes de 1267, 1265, 1373 réunis sur cette rue par A. Richard, *Bull. Anq. Ouest*, 2e série VIII, 315, et discussion à ce sujet. — (6) Règl. de 1469 relatif aux gantiers, *Mss St-Hilaire*, fo 81. — (7) Règl. de 1469 relatif aux gantiers, *Mss St-Hilaire* fo 81. — Acte du 17 février 1615 précité relatif à un procès soutenu par les chamoiseurs et les gantiers boursiers-aiguilletiers — Girard « le *boursier* » (acte du xve s.) *Cart. S.-Hilaire* II, 133. —Sentence contre un coupeur de bourse 1491, *Vienne* G. 793.

en 1522 (1) et qui fabriquaient autrefois des ceintures d'étoffes pour dames et des ceintures de cuir pour hommes.

Le corps des pelletiers eut au Moyen-Age et presque jusqu'à la fin de l'ancien régime une importance supérieure à celle de la corporation des gantiers. Leur métier est répandu dans tout le Poitou dès le xie et le xiie siècle, comme le prouvent les noms recueillis dans les cartulaires. A Poitiers, aux Sables, à Thouars, à Châtellerault (2), dans bien d'autres villes ou bourgs se rencontrent des pelletiers (*pelliparii*), qui apprêtent les peaux, les nettoient du côté de la laine ou du poil, les travaillent avec l'alumine, les taillent et les assemblent en bordures ou fourrures, et les débitent eux-mêmes ou par l'entremise de leurs confrères, les marchands pelletiers (3). En 1522, la capitale du Poitou compte jusqu'à 33 industriels de ce genre (4), ce qui n'a rien d'étonnant pour un centre religieux, judiciaire et universitaire de cette importance. Les pelletiers forment donc, eu égard au nombre, l'une des premières corporations poitevines (5). L'ordonnance de 1307 indique les fourrures qu'ils vendaient, en dehors de celles de zibeline, de vair et de gris (peaux de l'écureuil du Nord), qu'apportaient les Flamands aux foires de la mi-carême (6). Ce sont des pelleteries com-

(1) Liste des métiers de Poitiers, 1522 précitées. — (2) *Pelliparii* à Thouars (*Cart. St-Laon*, n°s 25, 28 34, 35) ; *Garinus, Aimericus, Alboins peleters* (actes du xiie s.) ; *Mathæus pelliparius* (Acte de 1263) à Poitiers, *Cart. St-Cyprien*, pp. 40, 42 ; *Cart. St-Hilaire*, n° 290 ; *Boylesve le peleter* aux Sables (xive s.) *Cart. d'Orbestier*, n° 120 ; *Johannes pelliparius* à Châtellerault (enquête de 1247). *Arch. hist. Poitou*, XVI, 234, etc. — (3) Marchands pelletiers (liste des métiers de 1522), etc.; *Affiches Poitou*, 1781 ; ass. des corps de métiers, août 1789, *Reg*. 195. — (4) Liste des métiers de Poitiers, 1522. — (5) Cette liste compte en effet 29 à 30 marchands de draps de laine, 25 épiciers ou m[ds] de draps de soie, 21 merciers, 21 chaussetiers et ce sont les métiers qui ont le plus de membres. — (6) Voir ci-dessus, livre 1er chap. 1er.

munes, *pannes*, c'est-à-dire peaux d'agneaux mantellées (pour manteaux), tours de cou nommés *peliçons* en peaux d'agneaux « *nostrés* » (du pays), fourrures (*pannes*) faites avec des peaux de lapins du Poitou (*conins nostrés*) et qu'on emploie pour border les surcots (1). Un chanoine de S.-Hilaire en 1263 possède un assortiment de manteaux (*coopertoria*) et de couvertures noires, vertes et rouges en peaux de lièvre (*de penna cuniculorum*) (2). Un autre en 1466 porte des robes courtes en petit gris pour aller à cheval, et des tuniques de peau de chèvre noire (*panni nigri de morquin*) du prix de 26ˢ l'aune (3), tandis qu'une dame élégante de Fontenay paie 50 écus d'or une « penne de gris » pour fourrer une de ses robes (4). Les pelletiers travaillent aussi à fournir les gens d'église et leur personnel (5). Au xviii° siècle, ils pratiquent enfin un commerce qui existe toujours à Poitiers, celui des peaux d'oies (6). Ils forment encore au moment de la Révolution une corporation jurée (7).

Les baudroyers-bourreliers, les selliers, les bastiers et les gainiers forment une troisième catégorie d'artisans, intermédiaire entre les métiers qui s'occupent spécialement du travail des peaux et les industries du bâtiment ou de l'ameublement. Les bourreliers étaient parfois distincts des baudroyers. A Poitiers, ces deux catégories d'artisans forment un seul corps, organisé dès le xiii° siècle et pourvu de

(1) Or.Ion. de 1307 sur le prix des marchandises. — (2) Testament du chanoine Jean de Coussay 1263, *Cart. St-Hilaire* I, n° 269. — (3) Testament de P. Negrant 1466, *Cart. St-Hilaire* II, n° 355. — (4) Recettes et dépenses de la châtellenie de Fontenay (1466), Fillon, *Fontenay* I, 96. — (5) Actes capitulaires de St-Hilaire 1594-95 et xviie s. *Vienne* G. 533, 554. — (6) Ordon. du présidial de Poitiers, 29 nov. 1780 artᵉ 12. *Arch. Antiq. Ouest.* — (7) Listes des corporations 1675 ; xviiie s. — Quittance du droit de maîtrise du corps des pelletiers de Poitiers, 26 sept. 1777, *Arch. Antiq. Ouest* —

règlements. En 1341, ils y sont au nombre de sept (1). A leur profession se rattache celle des bastiers ou fabricants de bâts qui constituent au xviie siècle un métier libre (2). Ils mettent en œuvre les cuirs de vache, de cheval et surtout de mouton pour fabriquer des ceintures et baudriers, des semelles de souliers, des objets de harnachement, en particulier des sangles, des brides et des licous, et même des attaches pour bas de chausses (3). Ils y joignent le droit de fabriquer et de fourrer les bâts, mais il est loisible aux selliers et à tous autres ouvriers de travailler à ce dernier article (4). Les selliers sont constitués en corps de métier distinct. A Poitiers, leur profession, qui compte alors 6 membres, est réglementée par un statut daté de 1283. On y voit qu'ils avaient pour principale occupation la préparation des selles. Celles-ci consistaient en fûts de bois qu'ils recouvraient de basane, rembourraient avec de la bourre et du poil, assuraient avec des contre-sangles et des clous, et garnissaient de « godmetins, de poitrax et d'étriers (5) ». Une selle de ce genre valait en 1317 jusqu'à 26 s., et 35 s. en 1422 (6). A cette occupation essentielle, ils ajoutaient la confection des bâts qu'ils recouvraient partiellement de cuir de veau ou de vache (7). Au xviie siècle, ils avaient aussi le droit de fabriquer des coffres et des bahuts, et leur corporation portait le nom de communauté des *selliers-coffre-*

(1) Règl. des bourreliers de Poitiers, 30 mars 1265; 24 janv. 1341-42, *Mss St-Hilaire*, f° 78; *coll. Fonteneau* XXIII, f° 265; LXXIV, f° 506. — (2) Délibér. munic. de Poitiers rel. aux bastiers, 29 mai et 5 juin 1651. Reg. 102. — (3) Règlements de 1265 et de 1342, précités. — Ordon. de 1307 et de 1422 sur le prix des marchandises. — (4) Règl. de 1265 et de 1651, précités. — (5) Règl. du 17 février 1282-83 relatif aux selliers de Poitiers, *Mss St-Hilaire* f°s 72-73. — Textes cités ci-dessous. — (6) Ordon. de 1307 et de 1422, sur le prix des marchandises. — (7) Règlement de 1265.

tiers-faiseurs de bahuts (1). En cette qualité, ils se livraient encore à la confection des boisseaux destinés à mesurer les blés (2), et des chaires où siégeaient le maire et les juges (3). Au xviiie siècle, on rencontre même des selliers qui fabriquent des bandages et des pessaires à l'usage des malades de tout âge et de tout sexe (4). Ils sont enfin en conflit avec les gainiers (*guesniers*) qui formaient vers 1616 à Poitiers un métier libre, dont la spécialité consistait à fabriquer en cuir bouilli toutes sortes de petits ouvrages, boîtes, écrans, porte-feuilles, coffrets et fourreaux (5).

Des règlements communs à ces divers métiers régissent l'achat des cuirs ou peaux, le travail des matières, leur transformation, et enfin le commerce des produits. Huit jours après l'abattage, les bouchers mettent en vente au marché public la dépouille des bêtes égorgées, sans pouvoir y joindre la levée ou cueillette, c'est-à-dire les débris de peau d'une aune ou deux, et sans être autorisés à « mouiller ou abreuver les cuirs en poil » pour en accroître le poids (6). Le débit immédiat n'est permis que dans le cas où l'abondance du bétail risquerait d'amener « le dépérissement » des peaux et de causer de « l'infection » dans les quartiers de la ville (7). Les tanneurs et cordonniers ont le droit de préemption, même à l'exclusion des corroyeurs (8), et les cuirs qu'ils achètent sont lotis,

(1) Délib. munic. de Poitiers, 18 août 1608, 19 et 22 oct. mars 1635, 23 nov. 1665, 8 juin 1675, *Reg.* 64, 85, 86, 116, 123. — (2) Délib. munic. de Poitiers, 4 août 1603, *Reg.* 61. — (3) Délib. munic. 25 juin 1629, *Reg.* 79. — (4) *Aff. du Poitou,* 1776, p. 36. (5) Délib. munic. de Poitiers, 4 janvier 1616, *Reg.* 70. — (6) Règl. gén. pour la police du Poitou, janvier 1578. — Arrêt du Parlement de Paris 1er avril 1656; délib. munic. de Poitiers 27 août 1657; sept. 1658 ; 25 mai 1648, *Reg.* 99, 108, 109. — Statuts des tanneurs de Paris communs à tout le royaume, 1345, *Savary* II, 1668. — (7) Délib. munic. de Poitiers, 25 mai 1648, *Reg.* 99. — (8) Statuts des tanneurs de Châtell. art. 17.

c'est-à-dire répartis entre eux d'un commun accord (1).
Jusqu'à la déclaration royale d'août 1768, le commerce des
peaux n'est pas libre, même de province à province (2).
Dans les centres urbains, il importe d'empêcher l'accaparement des matières, soit du tan, soit des peaux de bêtes,
afin que les particuliers et les petits industriels ne soient pas
gênés dans leurs approvisionnements par les gros commerçants. C'est pour ce motif qu'on interdit d'arrêter les charges de tan sur les routes (3), qu'on défend aux pelletiers
d'aller au-devant des marchands de peaux d'oies et d'a-
cheter ailleurs que sur le marché après 9 heures en été, et
10 heures en hiver (4). Les tanneurs ne sauraient non plus
acquérir des forains les cuirs verts ou secs « et autres marchandises de leur mestier », sauf sur la place publique devant la porte de la halle. La quantité de leurs achats est
limitée. La législation locale défend aux tanneurs d'user
« de monopoles et de faire le marché de toute la dépouille
« d'une année », coutume abusive qui s'était parfois introduite parmi eux. Ils « ne peuvent acheter de peaux vertes,
« sinon à mesure que les bouchers, chevrotiers, bouque-
« tiers et forains les auront prestes à vendre » (5). Les cordonniers ne sont pas admis à faire « amas de cuirs gras,
« secs ou autres, sinon pour leur exploit, parce que ce serait
« le moyen d'enchérir la marchandise ». Tout au plus, leur
est-il permis d'acheter dans les foires et marchés de campagne, pour les employer à leur usage et en boutique seulement, telle quantité de cuirs qu'ils jugeront à propos (6).

(1) Règl. général de 1578. — (2) Déclar. royale d'août 1768. *Arch. H.-Ga-
ronne* B. 1697. — (3) Assises de la terre de la Frouzille fin xiv° s.
Vienne, G. 852. — (4) Ordon. du présidial de Poitiers, 29 nov. 1780, art.
12, précitée. — (5) Statuts des tanneurs de Châtellerault, art. 15. — (6)
Mêmes statuts, art. 13.

A tous, tanneurs, corroyeurs, cordonniers, la revente est interdite, du moins en ville, comme une spéculation qui provoque la hausse. La seule tolérance qui leur est accordée consiste à leur faciliter les moyens de revendre les cuirs dans les marchés de campagne (1). Les pouvoirs locaux n'hésitent pas enfin à employer, pour prévenir ou pour enrayer la cherté, l'arme suprême de la tarification officielle (2).

Le travail de préparation ou de transformation que doivent subir les peaux est contrôlé par les corporations, sous la surveillance de l'autorité. Il faut donc que les tanneurs tiennent dans les auges, appelées noues ou pelains, les peaux de bœufs, destinées à faire les cuirs gros et forts, pendant une durée d'au moins un an ou 15 mois (3). Les peaux de vache qu'on emploie à la confection des bottes et souliers doivent rester dans les noues un mois au minimum. Les peaux sont levées en présence des tanneurs jurés, de deux cordonniers et d'autres personnes dignes de foi qui les examinent avec soin, dressent procès-verbal de l'examen, et l'envoient aux officiers de police (4). Le cuir qui n'est pas trouvé « bien tanné ou apprêté » est confisqué (5), et le tanneur puni de 20 écus d'amende, dont le dénonciateur reçoit le quart (6). De même, on saisit et on

(1) *Ibid.*, art. 15. — (2) Ord. de nov. 1422 pour le prix des marchandises. — Règl. général de 1578. — Ordon. munic. de Poitiers, 27 août 1607, *Reg.* 63. — Par ex. en 1578, le prix des peaux brutes de bœuf est fixé à 2 écus au plus, et ceux des peaux de vache, de grand mouton ou de brebis avec laine, et de veau, à 1 écu 1/3, à 6s, et à 20s respectivement. — (3) Délib. munic. de Poitiers, 7 août 1607, *Reg.* 63. — Règl. général pour la police du Poitou, janv. 1578. — (4) Règl. général de 1578, précité.— Statuts des tanneurs de Châtell'., art.6.— (5) Ordon.de police de Châtell'. 21 août 1749, précitée. — (6) Règl. général de 1578. — Statuts des tanneurs de Châtell', art. 6 (prononçant la confiscation et une amende de 100s). — Ordon. munic. de Poitiers 31 octobre, 1571, interdisant aux tanneurs de vendre les cuirs verts et insuffisamment apprêtés, *Reg.* 40.

confisque les cuirs que les corroyeurs mettent en vente
« bouffiés, accornez ou noirs en la coupe », ceux qu'ils ont
« fait bousler » et qu'ils ont travaillés avec le couteau,
« sans les nourrir bien et dhûement de gresse » (1). Les
acquéreurs eux-mêmes ne sont pas indemnes de poursuites,
s'ils poussent les tanneurs ou corroyeurs à tirer prématu-
rément les peaux des cuves, s'ils achètent des cuirs mal
conditionnés, et s'ils n'avisent pas la police (2). Pour des
motifs d'hygiène il est aussi défendu aux pelletiers d' « habiller les peaux de pelleterie en leurs maisons et boutique » ; ils ne peuvent le faire qu'en quelque lieu « à l'écart
de la ville » (3). L'intérêt public est la loi suprême, dont
s'est inspirée l'autorité locale, en édictant ces prescriptions.
Tanneurs et corroyeurs sont si bien au service de la clientèle du lieu qu'on les astreint, non seulement à l'approvisionner de bonne marchandise, mais encore à apprêter
de préférence les peaux que les cordonniers et autres habitans domiciliés veulent leur donner à accommoder (4).

A l'égard des cordonniers, des selliers, des bourreliers,
des aiguilletiers, des gantiers, des précautions analogues
ont été prises, pour combattre la fraude et garantir la
loyauté de la fabrication. Le cordonnier doit mettre en
œuvre publiquement et en boutique les peaux de cordouan ou de vache. S'il emploie, de même que le save-
tier, du mauvais cuir ou du cuir mal apprêté, il s'expose
à la confiscation et à l'amende (5). L'aiguilletier ne peut

(1) Statuts des tanneurs de Châtell^t. art. 7. — Les cuirs mal corroyés et
échaudés sont saisis à Poitiers et brûlés au pilori; sentence de l'échevinage
de Poitiers, 26 avril 1408, *Coll. Fonteneau* XXIII, f° 327. — (2) Ordon. de
police de Châtellerault, 21 août 1649. — (3) Ordon. munic. de Poitiers
1er juin 1583, *Reg.* 44. — (4) Règl. général de 1578. — (5) Règl. pour
les cordonniers de Poitiers 1274, précité. — Règl. gén. de 1578 pour le
Poitou.

employer que du chevrotin ou du mouton et que de bonne étoffe ; il est tenu de bien serrer et clouer les aiguillettes et de leur donner la longueur « d'un empan » entre les deux bouts ferrés (1). Au bourrelier et au baudroyeur, il est formellement interdit d'user de cuir de mouton de mauvaise qualité, de mêler le cuir de mouton à celui de vache ou de cheval, de dissimuler les vieilles fourrures et les vieilles sangles (2). Le sellier ne saurait utiliser de vieux fûts de selle, à moins qu'ils ne soient bons et entiers, et sans les couvrir de basane avec contresangles. S'il mêle la basane avec le cordouan, au lieu de n'utiliser que l'une ou l'autre de ces matières sans mélange, il s'expose à voir sa marchandise saisie et brûlée. Il en est de même, s'il combine la bourre avec le poil, le vieux cuir avec le neuf, et s'il emploie des clous d'étain. Dans les bâts, il est tenu de ne mettre que de la basane ou du veau, sauf dans les bras, les brassons et les contresangles, où il lui est permis d'employer du cuir de vache (3). Il ne peut faire les boisseaux qu'en leur donnant les dimensions réglées sur le sep ou étalon municipal ou seigneurial (4). Le gantier est astreint à fabriquer ses gants doublés et à deux coutures, le boursier à ne livrer au commerce que des bourses à deux doublons et en croix (5). Enfin, pour certains industriels, tels que les cordonniers et les gantiers, le travail de nuit est interdit comme nuisible à la perfection des ouvrages. Les gantiers ont seulement la permission de faire sécher les peaux après le coucher du soleil, et les cordonniers

(1) Règl. des aiguilletiers de Poitiers 1468-69, 1348-41, précité. — (2) Règl. des bourreliers baudroyeurs de Poitiers 1265 précités. — (3) Règl. des selliers de Poitiers, 1282-83, précité. — (4) Ord. mun. de Poitiers, 4 août 1603, *Reg.* 61. — (5) Règl. de 1469 pour les boursiers de Poitiers, précité.

« d'ouvrer » à la chandelle, pour les pèlerins, les sergents du maire ou du seigneur, et les « gens errans besoignés (1) ».

L'obligation de la marque est la conséquence de ces règlements. Elle en assure l'exécution. En premier lieu, l'industriel, tanneur, corroyeur, cordonnier, est obligé d'avoir un poinçon ou un marteau portant son nom et ses prénoms, et dont une empreinte gravée ou imprimée doit être déposée à la maison de ville ou au siège de la police. Il est défendu de vendre toute marchandise dépourvue de marque, et même d'en acheter. Il est interdit, sous peine de grosses amendes, de marquer les cuirs défectueux (2). Le contrôle du corps de métier ou des corps voisins s'exerce sur les produits, et se manifeste par l'apposition de nouvelles marques. A Châtellerault, deux fois par semaine, les maîtres jurés tanneurs accompagnés des maîtres jurés corroyeurs et des maîtres jurés cordonniers, vont visiter les cuirs dans les ateliers de la ville et des faubourgs, saisir ceux qui sont défectueux, et marquer les bons (3). C'est un cordonnier appelé *cordonnier marqueur* ou prud'homme visiteur et marqueur, qui, à Poitiers et ailleurs, est chargé par le maire de garder le marteau officiel. Le marteau des ouvriers poitevins porte d'un côté trois fleurs de lys gravées, pour les armes du roi, et un lion rampant, pour les armes de la ville. Avec ce côté, le cordonnier visiteur marque les cuirs bien tannés et corroyés. Avec l'autre côté, où

---

(1) Statuts des tanneurs de Châtellerault, art. 13. — Règl. du 29 octobre 1277 pour les gantiers de Poitiers, *Mss. St-Hilaire*, fo 79. — Règl. des cordonniers de Poitiers, 1274. — (2) Ordon. munic. de Poitiers 19 août 1585, *Reg.* 45. — Statuts des tanneurs de Châtellerault, art. 20 et 21. — Ord. de police de Châtell. 21 août 1749. — Règl. gén. de janv. 1578 pour le Poitou. — Ordon. munic. de Poitiers, 15 mars 1632, *Reg.* 82. — (3) Statuts des tanneurs de Châtellerault, art. 4 et 5. — Règl. gén. de 1578. — Délibér. du corps de ville de Poitiers au sujet des tanneurs 11 fév. 1578, *Reg.* 42.

est gravée la lettre F (faux), il marque les peaux mal préparées et dont la vente est interdite. On choisit pour cet office qui s'exerce gratuitement « le plus ancien et expérimenté maître cordonnier de la ville » (1). Le maire et les échevins ont le droit d'assister à la visite en boutique et de contrôler les opérations des visiteurs ou marqueurs (2). Les mêmes obligations incombent aux corroyeurs, dont les cuirs sont visités et marqués avant d'être exposés en vente par les jurés corroyeurs, les jurés tanneurs et le maître cordonnier marqueur (3). La visite a lieu pour eux tous les huit jours ou tous les quinze jours (4). Les cordonniers et savetiers sont tenus de représenter les cuirs qu'ils détiennent dans leurs boutiques et les chaussures qu'ils ont exécutées. Le maître visiteur cordonnier est chargé d'y apposer la marque (5). Les maîtres jurés selliers ont des attributions semblables pour les ouvrages des membres de leur métier, et de plus les maîtres jurés menuisiers viennent inspecter et marquer les bois que les selliers mettent en œuvre (6). Quand un produit est exposé en vente, nouvelle vérification avant l'ouverture du marché, et apposition de la marque si la marchandise en est dépourvue. « Pour
« ce que, disent les statuts des tanneurs de Châtellerault,
« les corroyeurs et cordonniers, meus par la cupidité de
« gaigner, pourroient achepter des marchands forains cuirs
« bruslés, pourris et crouïs, et par après en faire ouvrages,

---

(1) Ordon. munic. de Poitiers, 15 mars 1632. *Reg.* 82. — Acte de notoriété délivré aux tanneurs de Poitiers par le corps de ville, pour le garde marteau cordonnier, Mathieu Bazille, 21 oct. 1630, *Reg.* 81. — Statuts des tanneurs de Châtell. art. 8. — (2) Ordon. munic. de Poitiers, 15 mars 1632, précitée. — (3) Statuts des tanneurs de Châtellerault, art. 17 et 18. — (4) Règl. des corroyeurs de Poitiers, 1457, précité. — (5) Statuts des tanneurs de Châtellerault, art. 14. — (6) Ordon. munic. de Poitiers, 2 nov. 1665, *Reg.* 116.

« en trompant ceux à qui ils en feront vente, est défendu
« aux corroyeurs et cordonniers d'acheter cuirs, soit en
« privé ou en public qui n'ayent esté marqués du bon marcq
« de la ville par les visiteurs des cuirs pour ce esleuz »,
à peine de 50 s. d'amende contre l'acheteur et de 40 s.
contre le forain. A Châtellerault, deux jurés tanneurs et
corroyeurs viennent donc à la halle, aux heures prescrites, le
samedi et le vendredi, procéder à la visite et à la marque (1).
A Poitiers, c'est le cordonnier garde-marteau, qui, à huit
ou neuf heures du matin, suivant la saison, se rend au
Poids-le-Roi, le lundi ou le mardi et le vendredi, pour accomplir la même formalité, en présence des maîtres jurés
cordonniers (2), des maîtres jurés tanneurs et corroyeurs et
de l'un des échevins (3). Les cuirs marqués du faux marc
doivent être mis à part par les forains et remportés le jour
même. Le vendeur et l'acheteur de ces produits s'exposeraient à l'amende et à la saisie (4). Au Moyen Age, les cuirs
trouvés « mal corroyés et échaudés » sont même aussitôt
confisqués et mis « ardoir » au pilori. C'est l'aventure qui
arrive en 1408 à un marchand de Vivonne (5). Vainement,
les tanneurs, corroyeurs et cordonniers s'efforceraient-ils
de tourner la loi en allant eux-mêmes acheter les peaux à
la campagne. On les oblige à transporter à la halle les cuirs
achetés au dehors, dès leur arrivée en ville, « pour illec
« estre vus, visités et marqués par le visiteur municipal »

---

(1) Statuts des tanneurs de Châtell^t art. 9, 12 et 21. — (2) Ord. munic.
de Poitiers, 21 janv. 1651, *Reg.* 102. — (3) Règl. général de 1578. —
Reg. de sept. 1634 pour Poitiers, précité. — (4) Mêmes Règl. — Ordon.
munic. de Poitiers, 7 mars 1653. *Reg.* n° 104 ; 23 fév. et 15 mars 1652, 12
décembre 1633. *Reg.* n°s 83 et 84. — (5) Sentence de l'échevinage de Poitiers,
26 avril 1408, *coll. Fonteneau* XXIII, f° 327. — A Fontenay, le vendeur est
frappé d'une amende de 60 s. après visite des deux prud'hommes chargés
du « regart des cuirs ». Règl. du 21 oct. 1343, pp. Fillon, *Fontenay*, p. 47.

ou garde-marteau, au plus prochain marché (1). En dépit de ces précautions, des plaintes sont formulées contre la mauvaise qualité des peaux apprêtées. Elles fournissent à la fin du xvie siècle un prétexte à l'État pour intervenir, et la marque royale des cuirs viendra pendant deux siècles s'ajouter à la marque municipale et à la marque de fabrique pour garantir la bonne préparation des produits (2). Garanties souvent illusoires, sources de vexations fiscales et de tracasseries administratives pour les intéressés, plutôt que sauvegarde pour le public.

S'il est permis aux maîtres des métiers de vendre à toute heure du jour en boutique à l'exclusion des forains qui ne sont admis à faire leur trafic que les jours de marché (3), on a voulu en retour que les ventes se fissent dans les conditions de publicité requises, pour empêcher les manœuvres illicites. C'est pourquoi, les jours, les heures, les lieux de vente sont fixés, pour les artisans domiciliés comme pour les forains. Aux tanneurs et corroyeurs et autres corps de métier voisins, le débit des peaux et cuirs n'est permis les jours de foire et de marché qu'aux halles ou autres lieux publics (4). Ceux de Châtellerault étalent à la Halle deux fois par semaine, le jeudi et le samedi, depuis huit heures du matin en été, neuf heures en hiver (5). A Poitiers, c'est à la Halle construite sur la place du Pilori qu'ils vendent au xvie siècle leurs produits, le mercredi et le samedi (6).

---

(1) Statuts des tanneurs de Châtellerault, art. 13. — (2) Voir ci-dessous le livre IV. — (3) Ordon. munic. de Poitiers, 15 mars et 13 février 1632, *Reg.* 82. — Règl. cités ci-dessous. — (4) Règl. général de janvier 1578; ordon. munic. de Poitiers 13 avril 1605, *Reg.* 115. — Règl. de sept. 1634 etc.— Statuts des tanneurs de Châtell. art. 11. — (5) Statuts des tanneurs de Châtell., *Ibid.* — (6) Ordon. munic. de Poitiers, 18 sept. et 3 oct. 1555; *Arch. Munic. M. 43, Reg.* 18. — Ordon. munic. du 3 octobre 1580 (il

Le marché finit à midi sonné à Châtellerault, à 10 heures l'été, 11 heures l'hiver, au xv° siècle, à Poitiers (1). Dans cette dernière ville, la vente en gros est permise à toute heure. Le commerce des cuirs au détail n'est autorisé après l'heure officielle que pour la clientèle composée des carreleurs ou faiseurs de semelles et des cordonniers (2). Les marchands forains qui viennent, surtout à Poitiers, de Lusignan, de Confolens, de Lavausseau, de Châtillon-sur-Indre, sont astreints à conduire directement leurs produits au marché public, et non dans les hôtelleries et maisons privées, et « ce pour obvier aux fraudes et tromperies qui se peuvent commettre » (3). Il leur est ainsi difficile de se soustraire à la marque, ou de s'entendre avec les revendeurs, et de frustrer les autres acheteurs de la marchandise qu'ils apportent. Les hôtes et cabaretiers, les particuliers qui leur donnent asile, les acheteurs qui s'abouchent avec eux en dehors du marché légal, sont frappés des mêmes peines que les vendeurs (4). Un lieu est assigné aux forains dans chaque ville pour y étaler à certains jours. C'est la Halle à Châtellerault, le jeudi et le samedi (5). Ce sont à Poitiers, d'abord les porches du Minage, rue de la Regratterie (6), ensuite la

y est dit que les tanneurs ont étalé « de tout temps en cette halle », mais elle est toute ruinée). *Reg.* 43.

(1) Statuts des tanneurs de Châtel^t. art. 11. — Les mercredis et samedis en 1555 à Poitiers (ordon. précitées), les lundis ou mardis et vendredis au xviie siècle; ordon. munic. de Poitiers, sept. 1634, 7 mars 1653, *Reg.* 104; 21 juin 1677. *Reg.* 126; 23 févr. 1632. *Reg.* 82. — (2) Règlement des tanneurs et corroyeurs de Poitiers 5 avril 1457-58, *Mss St-Hilaire* f°s 91 et 96. — (3) Même règlement. — Ordon. munic. de Poitiers, 22 février, 15 mars, 29 nov. 12 déc. 1632; 7 sept. 1634; 7 mars 1653, *Reg.* 82, 83, 104. — Statuts des tanneurs de Châtell^t. art. 11. — (4) Mêmes règlements. — (5) Statuts des tanneurs de Châtell^t. *Ibid.* — (6) Ordon. munic. de 1632, précitées note 1. — Délib. munic. 19 juillet 1610, *Reg.* 70. — Délib. munic. 15 mars 1632; 29 nov. 1632.

Halle de la Poissonnerie, et enfin le Poids le Roi, près de la place du Vieux-Marché, le lundi ou le mardi et le vendredi (1).

La vente des marchandises est surveillée jusque dans les plus petits détails. Ainsi, les cuirs et les peaux vendus au poids sont pesés par le fermier du poids royal qui délivre aux tanneurs et corroyeurs « des billets contenant » le résultat du pesage; ces billets ne peuvent être livrés en blanc, de peur de faciliter les fraudes (2). Les produits sont étalés pourvus de marques, qui constatent leur loyauté, ou de signes distinctifs, qui en signalent aux acheteurs la nature. Ainsi les cuirs forts doivent être coupés de la longueur d'une aune de roi (3). Les habitants ou artisans du lieu constituent une classe d'acquéreurs privilégiés. Les règlements interdisent en effet aux marchands forains ou étrangers tous achats, avant que les habitants de la ville et du ressort soient suffisamment pourvus. Pour les cuirs spécialement, les particuliers et les cordonniers urbains ont un droit de préemption, à Châtellerault et à Poitiers (4). Au besoin, l'accès du marché est interdit aux revendeurs forains avant l'heure de midi (5). Parfois, on prohibe tout achat destiné à alimenter le commerce de revente et on défend de transporter les cuirs et souliers hors de la ville, sans passeport du maire (6). Les marchés à terme des cuirs apprêtés sont soumis aux mêmes prohibitions que ceux des

---

(1) Délib. munic. du 5 sept. 1633 (transfert au Poids le Roi). *Reg.* 82, 83, 84; 21 juin 1677. *Reg.* 126. — (2) Délib. munic. de Poitiers juillet 1659; 19 déc. 1660. *Reg.* 110. — (3) Statuts des tanneurs de Châtell. art. 10. — (4) Règl. de police de Châtell. août 1749. — Ordon. munic. de Poitiers, 13 avril 1665, *Reg.* 115. — (5) Ordon. du 13 avril 1665 précitée. — (6) Ordon. munic. de Poitiers, 16 déc. 1555. *Arch. Munic. M.* 43, reg. 18. — Règl. général de 1578. — Ordon. mun. de Poitiers 7 et 25 août 1607, 7 sept. 1654 etc., *Reg.* 63 et 105.

cuirs bruts. Le règlement de 1578 punit les tanneurs qui vendent aux corroyeurs et aux cordonniers « la levée de « leurs cuirs de l'année ou autre, longtemps avant qu'ils « soyent apprestés » (1). Les boutiques et les halles doivent être suffisamment garnies en tout temps pour suffire aux besoins locaux. Les statuts des tanneurs de Châtellerault vont jusqu'à prescrire aux industriels le minimum des cuirs qu'ils devront étaler, à savoir demi-charge, et le nombre de délégués qu'ils seront tenus d'envoyer à la halle, c'est-à-dire quatre au moins (2). Enfin, il faut que la vente soit faite « à prix compétent et raisonnable » (3), et si les intéressés molestent l'acheteur en haussant leurs produits d'une manière exorbitante, l'autorité intervient pour taxer cuirs tannés ou corroyés, chaussures, fourrures, gants et objets de ce genre (4). C'est le correctif naturel et obligé du monopole dont sont pourvus la plupart des corps industriels occupés au travail et au commerce des peaux. Il s'applique aussi du reste aux autres métiers, et en particulier à ceux du bâtiment et de l'ameublement.

CHAPITRE IX

Les Industries du Bâtiment et de l'Ameublement en Poitou.

Les métiers du bâtiment et de l'ameublement occupent par le nombre et l'importance la seconde place parmi les

---

(1) Règl. général de 1578. — (2) Textes cités note 3. — Ord. munic. de Poitiers, 15 mars 1632. — Statuts des tanneurs de Châtell. art. 9. — (3) Règl. gén. de 1588. Délib. munic. de Poitiers 30 nov. 1654, Reg. 105. — (4) Voir ci-dessous livre IV.

industries poitevines. Ils ne sont dépassés que par les métiers de l'alimentation. Mais si l'organisation de ceux-ci est relativement aisée à connaître et à décrire, il n'en est pas de même de celle des professions qui se rattachent à l'art des constructions et du meuble. La pénurie et la dispersion des documents ne permettent d'en tracer qu'une esquisse sommaire et par suite imparfaite dans un travail d'histoire économique et sociale comme le nôtre.

Les industries du bâtiment et de l'ameublement apparaissent en Poitou divisées entre quatre groupes de métiers dont la plupart remontent aux premiers temps du Moyen-Age et même à la plus haute antiquité. Le premier est composé des ouvriers qui s'occupent de l'extraction ou de la préparation des matériaux et de la construction des édifices ; carriers, tuiliers et choliers, marchands de chaux, ardoisiers et tailleurs de pierre, paveurs, maçons et maîtres des œuvres ou architectes et entrepreneurs de bâtiments, plâtriers et couvreurs. Au second groupe appartiennent les artisans qui exploitent ou travaillent le bois, marchands de bois d'ouvrage, charpentiers, menuisiers, coffretiers-bahutiers-malletiers-layetiers, boisseliers, ébénistes, chaisiers, tourneurs, peignerans et sabotiers, charrons et ouvriers en voitures. Le troisième comprend les professions dont le travail de décoration des bâtiments forme l'objet : verriers et vitriers, potiers et faïenciers, peintres et sculpteurs ou ymagiers, doridiers ou doreurs. Enfin, les tapissiers-miroitiers, les cordiers-raquetiers et les fripiers constituent une quatrième variété spécialement intéressée au commerce du mobilier (1).

(1) Liste des métiers de Poitiers 1522, 1675, 1778, 1789, précitées. — Liste des métiers de Châtellerault en 1789, Godard II. 286 — à Fontenay en 1604, Fillon, *Fontenay* p. 253 ; à St-Maixent en 1664 et 1789, A. Richard,

De ces groupes, le premier est le plus nombreux, comme il convient. Chaque agglomération de population a ses ouvriers du bâtiment qui exploitent les matériaux de construction ou qui les mettent en œuvre. La difficulté des transports oblige les habitants à tirer parti uniquement des carrières voisines. Dans la plus grande partie du Poitou, au reste, on trouvait et on trouve encore de nombreux gisements de pierre à bâtir, siliceuse ou granitique, quartzeuse ou schisteuse dans le Bocage, calcaire ailleurs. Le Marais seul est dépourvu de ces matériaux (1). Le marbre lui-même ne fait pas défaut, et on avait essayé quelque temps avant la Révolution d'exploiter celui de la Bonardelière près de Civrai (2). Chaque centre urbain se borne alors à exploiter les carrières situées à une petite distance. Poitiers par exemple bâtit ses maisons et monuments avec les pierres de la porte de Paris et de la porte du Pont-Joubert, de Chardonchamp, de Bonillet, de Lourdines et du Breuil-l'Abbesse (3); Châtellerault avec celles d'Antogné (4) ou de Naintré (5). Sur la côte, les constructions des Maraichins sont faites de bois ou de roseaux mêlés de terre ou d'argile et édifiées sur pilotis (6). On nomme *pierreurs* ou *pierroyeurs* les carriers qui travaillent à extraire la pierre et

Rech. sur l'org. de St-Maixent. *Mém. Antiq. Ouest* XXXIV, 267, et Bibliogr. des Etats généraux dans la *Revue Poit. et Saintonge*. 1889.
(1) Dupin, *Stat. des D. Sèvres* 105. — Cochon *Stat. de la Vienne* p. 63. — Labretonnière, *Stat. de la Vendée*, pp. 19 et 49. — (2) Cochon, p. 63. — *Aff. du Poitou* 1773, pp. 62, 73, 107; 1774, p. 179; 1776, 106. — (3) Mentions de ces carrières dans les actes du xiiie et xvie s. par ex. *Vienne*, G. 533. *Arch. hist. Poitou*, XXI, p. 277. — Mention d'une carrière près la porte St-Lazare, appt. à la ve. Pallu de la Barrière. Délib. 2 janv. 1716. Reg. 135. — (4) Mention de ces carrières dans Godard, II. 163 (année 1766). — (5) Annonce des *Affiches du Poitou* 1775, p. 36. Le pied cube rendu à Poitiers coûte 9 s. — Sur les carrières et maisons, en Bas-Poitou. Essai du Dr Gallot relatif à la topog. du Bas-Poitou (1777), *Soc. d'Emul. Vendée*, 1871, p. 117. — (6) Labretonnière, p. 49.

qui cumulent parfois avec leur métier celui d'entrepreneurs de maçonnerie (1); dans les carrières de tuf, ils peuvent abattre jusqu'à 30 pieds par jour (2). Bien que le métier ne soit pas juré, il est néanmoins soumis à la surveillance du Bureau des finances ou des officiers de justice, du moins au XVIIIe siècle, et à celle de l'autorité municipale (3). Le travail en est même quelquefois réglementé. Ainsi en 1541, le règlement de police de Poitiers astreint les carriers à ne tailler des quartiers de pierre qu'en observant les dimensions légales, à savoir deux pieds de long et un pied de hauteur et d'épaisseur, au lieu de 4 pieds de long et 2 de haut, et à ne composer la charretée de pierre de taille que de matériaux de cette proportion (4). L'organisation et les règles du corps de métier des tailleurs de pierre nous sont encore moins connues que celles des pierroyeurs. Il résulte seulement des documents qu'il n'y a pas de séparation bien nette entre les tailleurs de pierre et les carriers, ou encore les paveurs, les maçons et même les architectes (5).

C'est des ardoisières d'Angers que les marchands poitevins faisaient venir les ardoises à Poitiers. Les bateaux

---

(1) Le règl. de police de 1541 les appelle *pierroyeurs*; de même une délib. munic. de Poitiers, 29 mai 1625. (*Reg.* 76 *bis*); le règl. de police de Châtell. (1749) les nomme *pierriers;* un acte d'août 1385 rel. à un carrier de Migné, *pierrieurs* (*Arch. hist. Poitou* XXI p. 277); ce carrier est aussi entrepreneur. — (2) *Aff. du Poitou* 1775, p. 36. — (3) Voir par ex. les règl. de police de Châtell. 1749 et de Poitiers (1541) et les ordon. du Bureau des Finances, *Vienne, série C.* — (4) Règl. de police de Poitiers 1541 art. 5. — Règl. de police de Châtell. 1749, art. 106 (stipule que la pierre devra être de 4 pieds de long et 2 pieds de haut). — (5) Par ex. dans l'art. 106 précité, note 4, les carriers et tailleurs de pierre sont confondus. — Mention de tailleurs de pierre et paveurs 1603. *Vienne*, G. 538 (*actes capit. de St-Hilaire*); d'un tailleur de pierre architecte, B. Fillon. *Pièces curieuses conc. N.-D. de Fontenay* 1849 (acte de 1620) p. 11. — *Doc. artist. rel. à N.-D. de Fontenay* 1853, p. 16 (acte de 1620).— L'ord. de 1307 sur le prix des vivres les nomme *machons* (maçons) de *taille*.

amenaient ce produit par la voie de la Loire, de la Vienne et du Clain et le déchargeaient au port Saint-Lazare (1). Mais on se servait généralement de tuiles pour la couverture des édifices. La fabrication de cet article occupait des artisans spéciaux, les tuiliers, qui sous le nom de *teblers* ou *teublers*, se trouvent mentionnés dans les cartulaires (2). Ils sont répandus un peu partout dans les environs des bourgs et des villes. Poitiers par exemple a ses tuileries dans le faubourg de la Tranchée (3) et Fontenay les siennes à Bourseguin et à Saint-Laurs près de Coulonges (4). On y produit non seulement les tuiles plates ou creuses (5), les premières valant 45 s. au plus le millier en 1422, les secondes 25 s. (6), mais encore la chaux, les briques et les carreaux. Quelquefois même, cette dernière fabrication prend un caractère artistique, comme dans l'atelier des carreaux émaillés établi par le duc de Berry au château de Poitiers (7). Les cholliers sont tantôt des fabricants, tantôt des commerçants nommés *marchands cholliers*, et parfois ils cumulent la production et le commerce de la chaux. Ils exercent leur industrie non loin des villes, à la campagne. Les règlements interdisent de travailler à cette spécialité dans l'intérieur des centres urbains, de peur que le chauffage des fours à chaux n'entraîne le renchérissement du bois, au préjudice du public.

(1) Délib. munic. de Poitiers, 31 déc, 1635, 7 février 1661. Reg. 86 et 111. — (2) Guillaume lo tebler à Maigresouris (Bas-Poitou) acte de 1247 Cart. de St-Hilaire 1, 262; 11, 99 (mention d'une teublerie). Robin tuilier (acte de 1438) Vienne G. 103. — (3) Mentionnée dans un acte du xvie siècle. Vienne G. 1037. (4) Mém. des commun. du Bas-Poitou (1788), pp. E. Louis, Ann. Soc. d'Emul. Vendée 1880, p. 49 — Gallot, op. cit., p. 106. — (5) Ordon. de nov. 1422. — Délib. munic. de Poitiers, 11 juin 1646, Reg. 97. — (6) Ord. de nov. 1422 sur le prix des marchandises. — (7) Sur cette fabrique, Bull. Antiq. Ouest, 2e série, IV, 50, 147. — On a retrouvé aussi des carreaux émaillés au château de Dissais, Art^e p.p. Barbier de Montault. Bull. Ibid., 2e série, IV, 300.

C'est pourquoi en 1662 le procureur de la police de Poitiers intime à des religieux qui fabriquaient de la chaux dans leurs cloîtres l'ordre d'éteindre leurs fours (1). C'est généralement après Pâques que l'on commençait à fabriquer et à voiturer la chaux qu'on apportait en ville dans des tonneaux (2). Les choliers faisaient ce débit en même temps que celui des tuiles, des briques et des carreaux, concurremment avec les tuiliers (3). La fabrication n'était pas livrée à la fantaisie de l'ouvrier. Il était en effet interdit par les règlements municipaux de vendre les tuiles, les briques et carreaux de mauvaise qualité et mal cuits (4). Bien mieux, les dimensions de ces produits sont fixées. Il faut les faire conformes au moule ou moufle officiel (5). A Poitiers, ce modèle en fer est déposé à la maison de ville « pour servir de forme » aux tuiles, briques et carreaux « à perpétuité », et les tuiliers ou choliers doivent venir en prendre une empreinte (6). Il est défendu aux marchands d'acheter ces produits s'ils ne sont dans les conditions prévues, et les fabricants s'exposent à la confiscation et à l'amende en débitant des articles mal fabriqués (7). La vente est surveillée avec soin ; la tuile ou la brique sont mesurées. La chaux doit se vendre non au panier qu'on peut diminuer arbitrairement, ou à la charretée, qui ne contient pas toujours la mesure légale, mais uniquement au tonneau, à la pipe et au

(1) Délib. munic. de Poitiers, 26 juin 1662 (il y est dit qu'il n'est « pas loisible de faire la chaux en ville), Reg. 112. — (2) Indication contenue dans une délib. munic. de Poitiers, 29 oct. 1663, Reg. 114. — (3) Délib. munic. de Poitiers, 3 avril 1651 Reg. 102. — (4) Règl. de police de Châtell[t]. 1749, art. 105. — (5) Ibidem. — et ordonnances ci-dessous citées. — (6) Ordon. munic. de Poitiers, 28 mai et 11 juin 1646, 6 déc. 1649, 3 avril et 8 mai 1651, 15 mai 1645, 25 octobre 1652, 31 juillet 1662, Reg. 95, 96, 97, 101, 102, 104, 113. — Délib. de 1630, Reg. 80, f° 115. — Ordon. du lieut. g. de police de Poitiers 19 janvier 1700, art. 15, précitée. — (7) Ordon. du 28 mai et du 11 juin 1646, ci-dessus citées.

bussard, si elle est vendue en gros, et au boisseau tiercier comble, marqué comme celui du minage, si elle est vendue au détail. Les marchands devraient même, s'ils étaient respectueux des ordonnances, posséder dans leurs boutiques des pipes, bussards et boisseaux pour le commerce de la chaux, « adjustez à ceux de la maison de ville et marqués » du marc municipal (1). Une place spéciale, celle du Marché-Vieux par exemple à Poitiers, est assignée pour la vente de la chaux, des tuiles, des carreaux et des briques. C'est le port Saint-Lazare pour le débit des ardoises. Les fabricants ou marchands y demeurent jusqu'à neuf ou dix heures, parfois pendant 24 heures, à la disposition des habitants qui doivent être servis de préférence aux revendeurs (2). Les détaillants ou regrattiers ne sont pas en effet admis au marché avant un certain moment, qui est celui de 10 heures, ou celui de midi (3). On les assigne devant le tribunal de police s'ils s'avisent d'aller au devant des marchands (4), de se rendre dans les lieux de production pour retenir les matériaux (5), et s'ils tentent de former des magasins (6). Ici encore l'intérêt des maçons, des recouvreurs et des particuliers, joint à la crainte de la fraude ou de l'accaparement, a fait prescrire ces mesures.

Les matériaux de construction sont mis en œuvre par les divers métiers du bâtiment, et en premier lieu par les pa-

(1) Ordon. des 28 mai et 11 juin 1646 et du 25 octobre 1652, précitées. — Règl. de police de Châtell^t. 1749, art^e 105. — (2) Ordon. munic. de Poitiers, 31 déc. 1635, 25 octobre 1652, 3 sept. 1669, 3 sept. 1674, Reg. 86, 104, 119, 124. — (3) Ordon. munic. de Poitiers, 11 juin 1646, 25 octobre 1652, 22 octobre 1663, 3 sept. 1669, Reg. 97, 104, 114, 119. — (4) Sentences du 22 octobre 1663 et du 3 sept. 1669 contre Guérin et Guyot, revendeurs de chaux, Reg. 114 et 119. — (5) Assignation contre Perronneau, revendeur d'ardoises, 7 et 14 février, 20 mars 1661 Reg. 111. — (6) Ordon. du lieut. g. de police de Poitiers, 12 janvier 1700, art. 18.

veurs dans les villes. L'importance de cette corporation s'accroît à partir du xve siècle, lorsque le pavage devient pour les habitants des cités une obligation plus ou moins stricte. Chacun, d'après les règlements municipaux ou généraux, est tenu de faire paver les rues publiques « devant sa mai- « son ou héritage de bon et convenable pavé, ensemble en- « tretenir ledit pavé, comme tenir les rues nettes » (1). Il faut que les pavés rompus ou enlevés soient promptement remplacés, et si les propriétaires ne font les réparations, on y pourvoit à leurs frais ou à ceux de leurs locataires (2). A Poitiers, le corps municipal a sous sa direction des *maîtres paveurs jurés*, qui sont au nombre de quatre en 1624, et auxquels il donne l'entretien des pavés des ponts et portes et de la rue de la Tranchée, moyennant une somme annuelle de 36 l., à condition qu'ils fourniront les matériaux gratuitement. Le reste du pavé, qui est à la charge des particuliers, est exécuté par les maîtres jurés paveurs aux conditions arrêtées par un tarif officiel. En 1624, chaque toise de pavé neuf est comptée 40 s. aux paveurs, s'ils fournissent les matériaux, 10 s. s'ils ne les fournissent pas : le pavé le meilleur est fait de pierre de Busserolles. Le pavé commun composé de bon caillou et de terre coûte 20 s., si le paveur fournit la matière, 10 s. dans le cas opposé. En 1754, les paveurs sont rétribués à raison de 14 s. pour la toise de pavé ordinaire formé de cailloux, de terre graveleuse et de sable. Les sommes sont recouvrées, d'après les mémoires des ouvriers, par les soins de l'autorité municipale et au besoin par

(1) Règl. de police de Poitiers 1541, acte 41. — Règl. gén. pour le Poitou, janvier 1578, etc. — (2) Règl[s]. précités. — Ordon. du présidial de Poitiers, 12 janvier 1700, art. 20 ; et de l'intendant Le Nain 1733, art. 5. — Règl. de police de Châtell. 1749, art. 48. — Ordon. munic. de Châtell[t] 24 déc. 1770, dans Godard II, 186.

voie de contrainte, sur les propriétaires ou locataires (1).

Longtemps, on confondit, sous le nom général de maçons, des artisans et même des artistes, dont la profession tendit aux temps modernes à se spécialiser. On distingua de plus en plus en effet à partir du xv° siècle, les architectes ou maîtres des œuvres et les entrepreneurs de bâtiments, ou chefs d'entreprise, des ouvriers, auxquels on réserva l'appellation de maçons (2). Ceux-ci se spécialisant à leur tour, on eut les maçons tailleurs de pierre, les maçons du gros œuvre et les maçons de pierre menue (3). Mais ces divers métiers sont souvent encore groupés ensemble. Ainsi en 1689, les maîtres entrepreneurs et maçons de Poitiers, au nombre de 51, forment une même corporation jurée, dont on a conservé les statuts (4). Ce document nous renseigne sur l'organisation du métier à la fin du xvii° siècle, mais pour la période antérieure, c'est à l'archéologie qu'il faut demander les rares renseignements que l'histoire du travail peut utiliser. Les nombreux châteaux-forts, les beaux monuments civils et religieux que le Moyen âge et la Renaissance nous ont légués en Poitou, attestent le grand développement que prit l'in-

---

(1) Voir sur ces paveurs *Rédet, Comptes de dépenses de la ville de Poitiers aux XIV° et XV° s. Mém. Antiq. Ouest.* VI, 385; VIII, 381. — Ordon. du 16 juillet 1583, *Reg.* 44. — Requête des maîtres paveurs jurés de Poitiers 23 mars 1643 *Reg.* 94. — Ordon. munic. de Poitiers rel. aux paveurs et au pavage 2 déc. 1624 et 26 août 1754, *Reg.* 76 bis; et *Rec. Poitevins* in-4, VII, n° 21. — Ordon. munic. du 27 avril 1722 fixant à Poitiers à 12ˢ 6ᵈ le prix de la toise de pavé neuf, et celui de la charge (de cheval) de cailloux à 5ˢ, de la charge de sable à 3ˢ, et de terre à 1ˢ, *Reg.* 140. — (2) Le nom d'architecte n'est guère répandu que depuis le xvi° siècle. Le nom le plus commun avant cette date est celui de maître des œuvres ou même de maître maçon. — (3) Ord. sur le prix des march. 1307 et 1422; Régl. gén. de police de 1578 pour le Poitou, etc. — (4) Statuts des maçons et entrepreneurs de Poitiers (1689) approuvés par le Roi. *Rec. Poitev.* in-8°, tome 1ᵉʳ, n° 2. — En 1777, les architectes entrepreneurs et maçons sont au nombre de 27. Liste de la collection Bonsergent, *Arch. Antiq. Ouest.*

dustrie des constructions dans cette province. Un érudit bien informé, M. Berthelé, a mis en lumière l'originalité de l'école d'architecture poitevine qui apparait dès le xi° siècle, et qui, se dégageant peu à peu de l'influence des écoles de l'Auvergne, de la Champagne, du Périgord et de l'Angoumois, couvrit de ses élégants chefs-d'œuvre le Poitou, l'Anjou et la Touraine. On connait ces églises romanes à coupoles, à façades délicatement sculptées, telles que Notre-Dame-la-Grande de Poitiers, où éclate le talent des maîtres des œuvres de cette période. Au xii° et au xiii° siècle, les architectes poitevins, mariant la coupole byzantine avec la croisée ogivale française, créeront, comme dans la cathédrale de Poitiers, l'art gothique de l'Ouest connu sous le nom de style Plantagenet (1). Les archéologues ne peuvent malheureusement nous donner que de rares renseignements sur la constitution même des métiers auxquels l'on doit ces constructions puissantes ou gracieuses. Ceux qui les dirigèrent sont à peine connus. Plusieurs des maîtres des œuvres sont des membres du clergé, tels que le moine Ponce, qui construisit Montierneuf (2), l'abbé Goderam, qui surveilla les travaux de Maillezais, ou l'abbé Théodelin, qui donna les plans de la belle église romane de Vouvant, ou encore Isembert, ce maître école de l'église de Saintes, qui fut un des principaux architectes du xiii° siècle (3). D'autres n'ont

---

(1) Berthelé, *Rech. sur l'hist. des Arts en Poitou*, pp. 1 et 11; 54-81; 90-160. — Voir aussi P. Mérimée, *Notes sur un voyage Archéologique dans l'Ouest de la France* 1836, pp. 368 et sq. — et le recueil des *Paysages et Monuments du Poitou*, pp. Robuchon. — (2) Ch. de Chergé, *Mém. hist. sur l'abbe de Montierneuf, Mém. Antiq. Ouest.* XI, 174, 255. — (3) Berthelé, pp. 100 à 160, — sur Isembert, *Mém. Antiq. Ouest*, XII, 167. — Berthelé, *Rech. crit. sur trois architectes poitevins (Bulletin Monum, 1856-87)* cite encore le moine Raoul, architecte de St-Jouin, et Jean chanoine, architecte de l'église St-Jean Bte à la Chaize-le-Vicomte.

laissé qu'un prénom, comme cet Adam, architecte de la cathédrale de Poitiers, que l'on a proposé d'identifier avec l'un des constructeurs de la cathédrale de Reims (1), ou qu'un nom à peine moins obscur, comme ce Gautier Coorland, qui édifia la basilique de St-Hilaire au xi° siècle (2). Plus tard, les maîtres des œuvres sont surtout des laïques, tels que Guy de Dammartin et Jehan Guérard, que le duc de Berry, grand constructeur, employa à embellir le Palais des ducs d'Aquitaine à Poitiers (3). Les comptes des bâtiments du duc que l'on a conservés pour la période de 1384 à 1387 peuvent donner une idée sommaire des attributions de ces artistes. En général, ils tracent les plans et font les devis, achètent les matériaux, passent les marchés avec les entrepreneurs de maçonnerie et de plomberie, avec les décorateurs et les recouvreurs, surveillent l'exécution des travaux, délivrent les mandats de paiement ou paient les ouvriers. Ils ont pour leur part des appointements fixes et des honoraires variables. Gui de Dammartin par exemple reçoit au premier titre 20 s. par jour, lors de la restauration du palais de Poitiers (4). Le roi, les princes, les grands seigneurs, les établissements religieux ont leurs maîtres des œuvres attitrés. Au xv° siècle, un certain Jehan de la Grange, qui demeure au coin de la rue de la Traverse, prend le titre de maître des œuvres « ou maître de massonne et charpente » pour le Roi en Poitou (5). C'est la même qualité

(1) Ledain, Note sur le nom de l'architecte de la cathédrale de Poitiers. *Bull. Antiq. Ouest*, 2e série, IX, 20. — (2) Note sur G. Coorlant, pp. A. Richard, analysée dans *Bull. Antiq. Ouest*, 2e série, V, 523. — (3) Mention de ces personnages dans les *Arch. hist. Poitou* XXI, 278; XXIV, 279. *Bulletin Antiq. Ouest*, IX, 376, 392. — Etude de M. Champeaux sur les travaux du duc de Berry, *Gaz. Arch.* 1887. — (4) Comptes des bât. du duc de Berry 1384-87. *Arch. Nat. KK.* 256-257, en particulier 157 f° 56. — (5) Mention dans un acte du xve s. *Vienne*, G. 1025.

que prennent d'autres entrepreneurs au xviie siècle (1).

Les maîtres des œuvres tendent dès lors à former deux catégories distinctes. L'une se compose d'artistes venus souvent du dehors, par exemple de l'Italie, ou formés à l'école des Italiens à la cour de France. C'est sous leur direction que les grands seigneurs Poitevins, les corps religieux opulents, les riches bourgeois font construire ces beaux spécimens de l'architecture de la Renaissance, qui sont les châteaux de Javarzay et d'Oiron, de la Roche du Maine et de Coussay, de la Grange et d'Apremont, l'hôtel de ville de Niort, l'hôtel de la Prévôté à Poitiers, le logis de St-Gelais près de Niort, les églises de St-Pierre de Loudun et de Bressuire. Les merveilles d'Oiron, de Thouars et de Bonnivet, œuvres d'un André Amy et d'un François Charpentier, montrent les maîtres des œuvres Français parvenus à la hauteur des maîtres italiens (2). Pendant ce temps, les architectes locaux qui portent indifféremment le nom de *maîtres maçons architectes*, de *maîtres architectes tailleurs de pierre*, de *maîtres entrepreneurs de maçonnerie*, poursuivent obscurément leur métier de constructeurs d'édifices sans style et sans originalité (3), s'essayant cependant parfois dans de modestes églises rurales ou dans des résidences seigneuriales à suivre les traces des grands artistes (4).

(1) Mention de l'architecte du roi et de celui de la ville dans une délib. munic. de Poitiers du 1er octobre 1629 (ils sont appelés maîtres de massone et de charpente), *Reg.* 80. — Mention de l'architecte du chapitre St-Hilaire 1576. *Vienne* G. 531. — (2) Sur l'architecte d'Oiron, voir B. Fillon, *l'Art de Terre* pp. 70-78. — Sur l'architecture de la Renaissance en Poitou le beau travail de L. Palustre, *La Renaissance en France*, tome IIIe (14e et 15e livr.). 1889. — (3) Vangine maçon architecte xvie s. *Vienne,* G. 153; tailleurs de pierre et architectes cités par Fillon, *Doc. artist. sur N.-D. de Fontenay*, p. 16; Pierre Fournier m^e maçon architecte (1600) *Rev. Poitev. et Saint.* 1889, 443. — (4) Par ex. Jean Ameil de la Lande, auteur de l'église rurale de Cours, L. Desaivre, *Bull. Soc. stat. D.-Sèvres*, II, 221. —

Peu à peu, l'art se centralise, et lorsqu'au xvii° siècle un architecte poitevin de talent, comme Charles Errard, voudra acquérir quelque renom, c'est auprès du roi qu'il devra se rendre (1). C'est à des architectes de cour que s'adresseront désormais les grands ou les communautés. Claude Métezeau construira le château de la Meilleraye, et l'Italien Sébastien Le Duc de Toscane, les couvents des Carmélites de Poitiers et de Niort (2). L'architecte provincial a désormais les yeux tournés vers Paris, et sous l'influence du goût régnant dans la capitale, il s'essaie maladroitement à copier l'antique et l'italien dégénérés, Vignole, Palladio et Vitruve. Dès 1566, un gentilhomme poitevin, Julien Mauclerc, écrivait un Traité d'architecture d'après ces modèles douteux (3). Il est plaisant de voir les statuts des maîtres maçons et entrepreneurs de Poitiers prescrire aux constructeurs la connaissance des cinq ordres toscan, dorique, ionique, corinthien, composite, et s'embrouiller dans l'énumération des colonnes, des chapiteaux et des frises, comme si les artisans poitevins eussent été destinés à couvrir leur province de monuments du style gréco-romain (4).

Architectes ou maçons ont également le droit d'entreprendre toutes sortes de constructions religieuses ou civiles que les statuts énumèrent en détail, sans compter les che-

---

Le Fontenaisien Léonard de Lureau est l'auteur du château de Coulonges, attribué à Ph. Delorme. *A. Bouneault, Rev. Poit. et Saint.* 1892.

(1) Sur Erard, *Mém. Antiq. Ouest*, XXX, 352 (il était né à Bressuire). — (2) Sur Metezeau, *Ad. Berty Les grands architectes de la Renaissance.* Paris 1860, p. 132. — Sur Le Duc de Toscane, Chergé, *Guide de Poitiers* p. 122. — *Bull. D.-Sèvres* VI. 654. — B. Fillon, *Doc. artist. sur N.-D. de Fontenay*, p. 21. — (3) R. Valette, *Un disciple de Vitruve en Bas-Poitou, Revue du Bas-Poitou* 1891, 23. — Les statuts des maçons de Poitiers (1689), art. 41, prescrivent de suivre les principes de Vitruve et de Palladio. — (4) Mêmes statuts art. 11 et sq.

minées, les couvertures et les « privés », les caves et les citernes, les murs de clôture à chaux et à sable ou en pierre sèche. Toutefois il n'est permis qu'à ceux qui entreprennent « à prix fait et la clef à la main » de se charger aussi de la charpenterie, de la serrurerie, de la menuiserie, de la vitrerie, de la plomberie, des couvertures, dorures, peintures et sculptures, qu'ils font exécuter par les ouvriers des corps de métiers spéciaux, en se réservant uniquement l'exécution de la maçonnerie (1). Tantôt on leur fournit les matériaux qu'on livre sur place, tantôt les maçons prennent à leur charge les moellons, la chaux, le sable, qu'ils sont tenus de procurer « bons et bien conditionnées », sous peine d'être responsables des malfaçons (2). Un contrat écrit intervient généralement pour les travaux importants. On y arrête les conditions et le prix de la façon qui est payée, soit à la toise carrée (3), soit moyennant une somme globale fixée d'avance (4), en ajoutant parfois des pots de vins ou gratifications pour l'architecte (5). Les maçons sont d'ailleurs obligés de travailler à la journée pour le compte des habitants qui le requièrent, et de fournir leurs services à prix raisonnable (6). Les statuts et les ordonnances de police

(1) Mêmes statuts, art. 11, 19 et 20.— (2) Mêmes statuts, art. 19 et 20. Nombreux exemples de marchés de maçonnerie, notam. *Cart. de St-Maixent* II, 287. — Etat des répar. aux châteaux de Poitiers et Niort, xive s. *Arch. hist. Poitou*, XX, 291.— Marché conclu entre M. de Parabère et l'architecte Trotin.1604. *Bull. D.-Sèvres*, tome VI. — (3) Ex. marché entre M. de Parabère et l'architecte Trotin (prix de la toise carrée 10[l]), en 1604. — (4) Ex. marché entre les Carmélites de Niort et l'architecte Le Duc pour la construction de leur couvent, au prix de 10,000[l]. *Bull. D.-Sèvres* VI. 654. — (5) Ex. marché pour la répar. du clocher de Fontenay avec Le Duc, pour 10.000[l], et en plus 300 [l] de pot de vin, B. Fillon, *Doc. artist. sur N.-D. de Fontenay*, p. 23. — (6) Statuts des maçons de Poitiers, art. 21 et 22. — Ordon. du présidial de Poitiers, 22 mars 1783 (les hab. sont libres d'employer les maçons de la ville ou les forains et de leur fournir les matériaux mais, sans leur servir de prête-noms) *Arch. Antiq. Ouest*.

déterminent les obligations de leur métier, depuis le xvi° siècle du moins. Ils leur interdisent de bâtir de nouveaux bâtiments ou d'en réparer de vieux sans avoir obtenu l'alignement (1). Ils les obligent, ainsi que les propriétaires, à démolir et à remettre en état les maisons qui menacent ruines, à fermer avec de bonnes trappes doubles munies de barres de fer les ouvertures des caves placées au ras du pavé, à supprimer les « advances et surprinses » des maisons sur la voie publique, à n'établir de saillies, ouvertures, hautvents et enseignes qu'avec la permission de l'autorité, à n'édifier ni pierres ni « montoirs le long des maisons », à ne munir les boutiques que d'auvens mobiles qu'on puisse enlever tous les soirs et dont la largeur ne gêne pas les passants (2). Pendant la période de construction, on les astreint à faire enlever les moellons et gravois par des tombereaux, pour les déposer en ville ou hors ville aux endroits fixés, sans qu'ils puissent embarrasser les places, rues et lieux publics (3)..Précautions excellentes, souvent répétées, et, semble-t-il, trop souvent inobservées. L'aménagement intérieur est également prescrit. Les statuts de 1689 enjoignent aux maçons de dresser des dessins et des plans, de manière à bien distribuer les appartements, de n'établir les fondations « que sur le ferme », ou du moins sur pilotis dans les terrains mouvants, de monter les murs à plomb ou en talus

(1) Mêmes statuts, art. 43. — Ordon. munic. de Poitiers 19 juillet 1717, Reg. 136. — Règl. de police Châtell'. 1749, art. 41, — (2) Règl. de 1567, de 1634 pour Poitiers ; de 1578 pour le Poitou ; de 1749 pour Châtell'. art. 39, 40, 49. — Ord. du présidial de Poitiers, 12 janv. 1700, art. 20. — Ord. de l'intend. Le Nain, 1733. — (3) Ord. de Le Nain, 1733. — Règl. de police de Châtell'. 1749. — Ord. du présidial de Poitiers, 15 déc. 1753, art. 8, 7 mars et 27 avril 1765, *Arch. Antiq. Ouest.* — Ord. de police de St-Gilles sur — Vie interdisant de laisser les matériaux dans les rues plus de 3 jours après la fin des constructions et d'y creuser des fosses pour y éteindre la chaux, 5 juin 1788. *Vendée*, B. 1092.

selon les exigences des lieux, de bien tailler et de poser de niveau pierres et moellons, de donner au moins 6 pouces aux liaisons des pierres, de faire les ouvertures les unes sur les autres d'étage en étage. A l'intérieur, le maçon est libre d'établir des escaliers, voûtes, cheminées d'après les divers systèmes, mais en s'inspirant toujours des principes de symétrie ou de solidité (1). On interdit toutefois de passer des bois dans les cheminées ou d'établir celles-ci contre les cloisons ou de les appuyer sur des soliveaux, afin d'éviter les dangers d'incendie (2). Les tuyaux construits en pierre ou en brique ne doivent dépasser les charpentes que de deux pieds au plus (3). Enfin, pour des raisons d'hygiène faciles à comprendre, mais généralement méprisées, il est prescrit d'établir dans toutes les maisons des latrines ou privés (4). Les maçons ou entrepreneurs sont garants des bâtiments neufs pendant trois ans, des murs de clôture et de jardins, des chaussées de moulins ou d'étangs et des vieux bâtiments réparés pendant un an et un jour; si, dans l'intervalle, l'édifice s'écroule, par suite de malfaçon, on les oblige à le reconstruire à leurs frais (5).

On a fort peu de renseignements sur les métiers auxiliaires de la construction. Les couvreurs, parfois spécialisés sous le nom de recouvreurs d'ardoise, parfois confondus avec les plombiers (6), forment un corps d'état nombreux

(1) Statuts des maçons de Poitiers, 1689, art. 25, 39. — (2) Règl. de police de Châtellerault, 1749, art. 38. — (3) Statuts des maçons de Poitiers, art. 25 et sq. — (4) Règl. de police de Châtellerault 1749, art. 31. Les officiers de police assistés des maçons ont le droit de vérifier l'existence des privés. — Voir ci-dessous le paragraphe relatif aux vidangeurs. — (5) Statuts des maçons de Poitiers, art. 41 et 43. — (6) Ils sont appelés recouvreurs ou couvreurs, couvreurs de pierre ardoise, Rédet, *Comptes de la ville de Poitiers*, Mém. Antiq. Ouest. VI et VII. — Comptes des rec. et dép. de St-Maixent 1574-75, pp. Frappier, *Bull. Soc. Stat. D. Sèvres* III, 61. — Prix de journées d'ouvriers à Noirmoutiers 1462. *Ann. Soc. d'Emul. Ven-*

qui ne compte pas moins de 27 maîtres à Poitiers en 1779 (1). Ils travaillent, soit à forfait, soit à la journée et à la toise, fournissant ou non les tuiles et ardoises, les lattes et les clous (2). La profession de plombier, voisine de celle des couvreurs, est exercée à Poitiers dès le Moyen-Age. On a un marché conclu en 1386 par le maître des œuvres du duc de Berry avec un ouvrier de ce genre (3). Ce sont des artisans berrichons qui couvrirent alors la tour de Maubergeon de plomb doré et estampé (4). En 1777, à Poitiers, il y avait 13 maîtres plombiers exerçant en même temps le métier de plafonneurs et de paveurs (5). Les plâtriers, généralement confondus avec les choliers, quand ils fabriquent le plâtre, avec les maçons, quand ils l'utilisent, ne semblent pas avoir formé pendant longtemps de corps distinct. A la fin de l'ancien régime seulement, ils paraissent s'être spécialisés pour la fabrication des plafonds, trumeaux, corniches, ornements et cheminées (6). Toute aussi récente semble être en Poitou l'industrie des fumistes. En 1777, un de ces artisans logé à Poitiers près de la rue Cloche-Perse, et qui s'intitule fumiste du duc d'Orléans, s'occupe de corriger les vices de construction des poêles et cheminées. Les communautés religieuses et l'hôpital général recourent aux services de ces

dée 1858, p. 176 — acte du *Cartul. de St-Maixent* II, 281. — Mention d'un couvreur plombier (xvii° siècle), *Godard* I, 84.

(1) Listes des maîtres architectes, entrepreneurs et maçons, etc., 1777. *Coll. Boassergent. Arch. Antiq. Ouest.* — (2) Nombreux exemples dans les comptes municipaux ; en particulier ceux cités ci-dessus; voir aussi un compte publié par B. Filleau (*Pièces inéd. sur le Poitou* 1880) pour les répar. du château d'Harcourt en 1430. — (3) Marché de Guy de Dammartin avec un plombier 1386, *Inv. des Arch. Mun. Poitiers*, p. 180. — (4) De Champeaux. Les trav. du duc de Berry à Poitiers, *Caze. Arch.* 1887. — (5) Liste des maîtres arch. etc., 1777, précitée. — (6) Annonces de plâtriers, *Aff. du Poitou* 1779, p. 184. — Prix du plâtre, 4 s. la livre, *Ibid.* 1774, p. 208.

nouveaux industriels qui prennent volontiers le nom d'artistes (1).

Le Moyen-Age s'était peu préoccupé de maintenir la propreté des habitations et des rues. C'est donc uniquement au xvi° siècle qu'apparaissent à Poitiers les *bourriers* ou *boueurs*, qui sont chargés avec des tombereaux d'enlever les boues des voies publiques et « les balléages » des maisons et boutiques, moyennant salaire prélevé mensuellement sur les habitants de chaque quartier (2). Mesure utile, car, en dépit des ordonnnances réitérées, fumiers et ordures s'étalent le long des maisons, des rues et des remparts, et l'insalubrité est encore accrue par l'habitude invétérée qu'ont les habitants des villes de joindre à leurs demeures des colombiers, des porcheries ou des basses-cours (3). L'institution des bourriers tomba du reste souvent en désuétude, ou bien resta limitée à la capitale de la province. Châtellerault n'en avait pas encore en 1749 (4). Les vidangeurs, qui se confondent le plus souvent avec les boueurs, accomplissent au xviii° siècle (5) un office qui était aupara-

(1) *Aff. du Poitou* 1777, p. 172; 1781. p. 30. — (2) Règl. de police de Poitiers 1541, art. 47, 49, 53. — En 1561, le maire de Poitiers traite pour 40 l. par an avec des particuliers chargés de nettoyer les rues; en 1583, on prescrit l'étab⁰ de tombereaux et charrois à l'exemple « des autres bonnes villes », pour dégager les rues une fois par semaine; en 1585, on ne trouve plus trace de cet essai. Délib. munic. Poitiers, 10 nov. 1561, 3 janv. et 23 mai 1583, 19 août 1585, *Reg.*, 38, 44. 45. — Cette institution est abandonnée encore au xvii° s. car le règl. de sept. 1634 en prescrit le rétablissement et ordonne d'avoir à cet effet « trois tombereaux à chevaux ». L'ordon. de l'intendant Le Nain 1733, art. 6 remet en vigueur cette prescription. — (3) Règl. de police de Poitiers 1541, 1561, 29 octobre 1582, 1634, 1700, 1733; de Châtellerault 1749. — (4) Voir ci-dessus note 1 pour Poitiers règl. de police de Châtellerault 1749, art. 42 et 43. — (5) Le premier document que nous ayons trouvé à leur sujet est une ordon. du présidial de Poitiers du 7 mai 1765. *Arch. Antiq. Ouest*. — Les règl⁰ˢ de police du xvi° et du xvii° siècle imposent aux particuliers eux-mêmes les soins qui incombèrent depuis aux vidangeurs.

vant généralement laissé à l'initiative de chaque habitant. Les règlements de police qui les concernent montrent que ces « *maîtres des basses œuvres* » qu'on appelait ailleurs « *maîtres fifi* », étaient chargés de l'enlèvement des fumiers et des immondices aussi bien que du nettoyage des privés ou latrines. Cette opération ne pouvait se faire qu'avec la permission des magistrats. Elle s'exécutait pendant la nuit seulement, mais l'habitant était tenu d'y recourir d'une façon régulière. A Poitiers, le nettoyage est limité aux mois d'octobre, décembre, janvier et février. Les vidanges sont alors placées le long des remparts, où on ne peut les laisser plus de quinze jours l'hiver. A partir du 1er mars, c'est dans la campagne que « les vidangeurs » doivent les déposer (1).

Le commerce et le travail du bois intéressent à la fois la construction et l'ameublement. Les métiers qui s'y rattachent comptent parmi les plus nécessaires, et par suite ont été de bonne heure réglementés. Si les anciens règlements ont disparu, du moins a-t-on conservé depuis le xve siècle une série d'ordonnances qui ne laissent aucun doute sur ce point. Tout d'abord, le bois apporté en ville par les paysans ou par les marchands spéciaux, sous forme de bois d'ouvrage brut ou merrain, de cercles, de chevrons ou de lattes et planchons, à dos de mulet ou dans des charrettes attelées de deux à six bœufs (2), ne peut être mis en vente que s'il réunit les conditions légales. Il faut en premier lieu qu'on en puisse indiquer la provenance, car les paysans dérobent dans les forêts les baliveaux ou grosses perches. Les gar-

---

(1) Ordon. du présidial de Poitiers 7 mai 1765; 29 janvier 1733; 15 décembre 1753; de l'intendant Le Nain, 1733, art. 6. — (2) Tarif de la prévôté de Poitiers (xive siècle) précité. — Ordon. de nov. 1422 sur le prix des march. — règl. de police janv. 1578 — délib. munic. de Poitiers, 27 juillet 1618, Reg. 73.— Tarif des droits d'entrée à Poitiers 1640.

diens ou intendants des portes ont le droit d'arrêter au passage les chargements suspects (1). Il est interdit à tous marchands d'exposer en vente du merrain défectueux, provenant de bois dont la coupe est prématurée (2). Celui qui est destiné à la tonnellerie doit être de la longueur et de la grosseur prescrites, c'est-à-dire avoir au moins 4 pieds de roi, s'il est destiné à faire des pipes, et 3 pieds, si on veut l'employer à la fabrication des bussards. De même le bois de cercle devra mesurer neuf pieds et demi de long dans le premier cas, 6 pieds et demi dans le second. Les meules, observe le règlement de 1567, « ne seront fardées » ; les cercles placés intérieurement comme ceux qu'on mettra à l'extérieur seront de la même longueur, largeur et épaisseur, sous peine de confiscation et d'amende (3). Tout au plus, par mesure d'indulgence, permettra-t-on au délinquant d'aller vendre son merrain défectueux aux Bordelais et aux Saintongeois (4). Au jour fixé pour la vente, le procureur de la police, le maire ou un échevin font la visite des bois et président au mesurage. Le marché ne commence que lorsque cette formalité est accomplie.(5)

Les particuliers et les artisans ne sauraient se passer d'un produit aussi utile. En conséquence, on a édicté des mesures contre les manœuvres d'accaparement: interdiction aux

---

(1) Ordon. munic. de Poitiers, 7 mars 1644, Reg. 95. — (2) Ordon. munic. de Poitiers, 20 août 1669, Reg. 119. — (3) Règl^t de police de 1567 (pour Poitiers), de 1578 pour le Poitou. — Ordon. munic. de Poitiers, 28 août 1625, 16 août 1660, 26 août 1675, 10 août 1676, Reg. 77, 111, 125, 126. — Ordon. du présidial de Poitiers 12 janvier 1700, art. 14. — Règl. de police de Châtellerault 1749, art. 103 (il prescrit la vente au pied de Guicane). — (4) Ex. ordon. munic. de Poitiers, 28 août 1625. — (5) Ordon. munic. de Poitiers, janv. 1567, 16 août 1660, 20 août 1669, 18 août, 29 août, 5 sept. 1689, Reg. 111, 119, 132. —Ordon. du présidial de Poitiers, 12 janv. 1700, art. 14.

marchands de bois de faire des magasins, c'est-à-dire de détenir une trop grande quantité de merrain (1), défense aux particuliers et aux artisans d'aller au devant des paysans et des forains, d'arrher la marchandise, de l'acheter dans les rues, dans les maisons et en dehors du marché officiel (2). Au besoin, les officiers de police visitent le domicile des spéculateurs qu'on soupçonne de fraude, les obligent à fournir des déclarations de la quantité de bois qu'ils possèdent, et envoient de force sur la place publique les cercles, lattes et merrains entreposés (3). Tout le bois d'ouvrage doit être transporté directement sur le lieu indiqué par l'autorité locale, et vendu seulement aux heures qu'elle a fixées. A Poitiers, c'est uniquement sur la place du Marché-Vieil, et le samedi, jusqu'à 11 heures ou midi, que le débit du bois d'ouvrage est autorisé. Les particuliers y sont admis les premiers à s'approvisionner. Les menuisiers, charpentiers et autres artisans, ainsi que les revendeurs, n'y peuvent pénétrer avant dix heures ou midi, suivant le temps (4), et à condition de n'acheter que la provision strictement nécessaire « pour l'usage de leur métier », sans pouvoir former de magasins (5). Dans les cas graves, l'autorité interdit l'exportation du bois (6) ou fixe le prix maximum de ce produit (7).

(1) Ordon. du présidial 12 janv. 1700, art. 18. — (2) Ordon. munic. 1567, 6 sept. 1655, 26 août 1675, 18 août 1682, 1er, 18, 29 août 1689, etc., Reg. 106, 125, 127, 132. — (3) Par ex. délibér. du 29 août 1689 et sentence contre un revendeur de cercles, Reg. 132. — (4) Ordonn. précitées; et délib. munic. de Poitiers, 27 juillet 1618. Reg. 73. — Ordon. du présidial de Poitiers, janv. 1700 art. 14. — (5) Ordonn. munic. de Poitiers 14 août 1617, 21 janvier 1618, 10 août 1675, 20 août 1669. Reg. 72, 119, 126. — Règl. de police de Poitiers, janv. 1567. — (6) Arrêt du Conseil 18 août 1672 cité dans la délib. du 26 août 1675. — (7) Par ex. ordon. munic. de Poitiers 18 août 1689. Reg. 132. — Ordon. de 1307 et de nov. 1422 sur le prix des marchandises.

Sur les deux grandes corporations qui mettent en œuvre le bois, les charpentiers et les menuisiers, nous n'avons que des documents d'importance inégale. Les statuts des charpentiers de Poitiers manquent. On sait seulement que ceux-ci forment un corps de métier très ancien, dont les membres sont cités dans les cartulaires au xii° et au xiii° siècle (1). Ils sont désignés encore en 1570 sous le nom de *charpentiers de la grande cougnée* (2). Ils s'occupent en effet en général du gros ouvrage de la construction : charpentes, solives, barreaux, « membrures », fenêtres et portes. Au besoin même, ils construisent les murs en torchis, blanchissent les vieilles murailles et y passent les enduits (3). Ils cumulent aussi au village les fonctions de menuisiers, de tonneliers, de charrons et d'ébénistes. Issus sans doute de la communauté des charpentiers (4), comme l'indique leur nom primitif de charpentiers de la *petite cougnée*, les menuisiers ou *menuziers* sont organisés en corporation, dans la capitale du Poitou, par lettres de 1450. Ils étaient alors au nombre de 20 maîtres (5). Ceux de Châtellerault en 1738 atteignent au même chiffre (6). Des subdivisions ne tardèrent pas à s'établir dans leur métier. En 1610, il est question dans les registres de l'échevinage de Poitiers du corps des *petits menuziers*, qui est associé avec celui des *grands menuziers* (7).

(1) Par ex. à Poitiers Petrus *carpentarius* (acte de 1183) et Adémar « *carpentarius in Magna Rua* » (acte de 1262). *Cartul. St-Hilaire*, I n° 262, p. 198. — (2) Requête des charpentiers de *la grande cougnée* aux maires et échevins de Poitiers 1570. *Arch. mun. Poitiers* D. 55. — (3) Par ex. le marché de charpente publié dans le *Cartul^e de St-Maixent* II, 275, 277 (acte de 1521) et celui de 1454 pour la reconstr. des Halles de Poitiers, *Mém. Antiq. Ouest.* XII, 91. — (4) Le nom des menuisiers ne se rencontre guère dans les chartes antérieures au xiv° siècle. — (5) Statuts des menuisiers de Poitiers, 12 nov. 1450, Mss *St-Hilaire* f° 16 — *Coll. Fonteneau*, XXII, f° 335. — (6) Mém. de Roffay des Pallu 1738, mss. précité. — (7) Délibér. munic. de Poitiers, 8 août 1611, *Reg.* 66.

Il est permis de supposer qu'on entendait par le premier terme les ébénistes ou menuisiers de placage et de marqueterie, et par le second les menuisiers d'assemblage. A Poitiers, à Châtellerault, à Saint-Maixent, ils formaient avant la Révolution une même communauté, à laquelle on avait aussi rattaché les tourneurs, les layetiers, les tonneliers, les boisseliers et les chaisiers (1). Les menuisiers proprement dits jouissent du droit de fabriquer les ouvrages courants d'ameublement : huis ou portes, châssis, haultevents ou auvents, bancs et tailles à colombes, coffres (lits) à coucher, coffres pour linge, forciers à argenterie, huches, armoires de toute sorte, dressoirs, meubles de chambre de toute espèce, cages et treillages, hambois de fourniers et matériel de taverniers (2). Les charpentiers ne peuvent faire d'ouvrages de menuiserie. En 1608, l'un d'eux est condamné à l'amende pour avoir fabriqué des armoires (3). De même, les menuisiers forains ne sont pas admis à étaler en ville leurs produits, sans l'autorisation ou la visite des menuisiers urbains (4). Ceux-ci sont encore en rivalité avec les serruriers-arquebusiers pour la fabrication des fûts ou bois d'arquebuses, de fusils et de pistolets (5). Ces artisans peuvent fournir à la fois la matière et le travail, mais ils sont astreints aussi à travailler au domicile des particuliers, et en utilisant le merrain qui leur est donné par eux. Bien qu'il soit permis aux menuisiers de travailler de nuit à la lueur des chandelles,

---

(1) Listes des corporations de Poitiers, déc. 1788 et août 1789 ; des corpor. de St-Maixent, mars 1789 ; de Châtellerault, 1789, — précitées. — (2) Statuts des menuisiers de Poitiers 1450. — Sur l'ameubl' en Poitou au début du XIXe siècle, voir H. Gelin, *La trad. en Poitou*, pp. 37, 42 ; et autrefois, les anciens inventaires de meubles. Ex. ameubl' d'une maison rurale (acte du XVe s.) *Arch. hist. Poitou* XXVI, 278. — (3) Sentence de l'échev. de Poitiers, 26 sept. 1608. *Reg.* 64. — (4) Délibér. munic. de Poitiers, 3 juillet 1673, *Reg.* 122. — (5) Délibér. munic. de Poitiers, 16 oct. 1651, *Reg.* 103

des règles minutieuses régissent leur travail. Les statuts leur interdisent l'emploi de l'aubour (aubier) dans certains ouvrages, celui du merrain dans d'autres ; ils prohibent rigoureusement les nœuds, le bois pourri ou échauffé. Le mauvais meuble est, en certains cas, saisi et brûlé. La nature du bois à employer est indiquée, par exemple le chêne pour les lambris. L'emploi de goujons, de membrures, de barres est obligatoire pour assurer la solidité des bancs, trappes, panneaux ou portes. Enfin, tous les ouvrages doivent être visités et marqués du marteau de la communauté. Rien n'est omis de ce qui doit assurer à la clientèle des produits « bons et suffisants » (1).

Il ne semble pas que les autres ouvriers du bois aient formé de corps distincts de ceux des charpentiers ou des menuisiers. Ainsi les charrons, dont le nom latin, celui de *quadrigarii*, apparaît dans les chartes du Moyen-Age (2), et dont les produits, roues, charrettes, brouettes sont tarifés dans les ordonnances (3), paraissent s'être rattachés tantôt aux menuisiers, tantôt aux charpentiers. Il en est de même des sabotiers, qui approvisionnent les classes populaires, surtout dans les campagnes, de sabots en bois de noyer ou de chêne (4). Les ordonnances qui régissaient leur profession sont inconnues. On a conservé au contraire quelques-unes de celles qui concernaient les ton-

---

(1) Statuts des menuisiers de Poitiers, 1450. — Lettres pat. du Roi et arrêt du Parl¹ de Paris (juillet 1765) relatifs aux menuisiers de Châtellerault. *Vienne*, E 7¹. — (2) Ex. Gautier le charron à Poitiers (acte de 1262), *Cartul. St-Hilaire*, I, n° 262. — (3) Ordon. de 1307, sur le prix des marchandises : 1 paire de roues de charrettes coûte 12ˢ ; à 12 paumelles 7 s. ; les moins chères 5 s. — (4) Règl. gén. de police pour le Poitou, janv. 1578 (les sabots de bois de noyer se vendent 2 s. 6 d. à 2 s. ; ceux de bois de chêne 2 s. et au-dessous). — Actes relatifs à des sabotiers 1717, 1726, *Vendée* B. 184, 379.

neliers. Ceux-ci étaient fort répandus dans les villes et les campagnes, de même que les vanniers ou marchands de paniers, et les boisseliers, ou fabricants de boisseaux, de seaux, de litrons, de soufflets, de pelles de bois, de pipes et cuves et autres ouvrages sans ferrements (1). Parmi eux, on distinguait surtout au vi[e] siècle les fabricants de chapelets de Parthenay (2).

Les règlements ordonnaient aux tonneliers d'observer dans la fabrication des tonneaux, pipes ou bussards et autres vaisseaux vinaires des lois particulières. Telles étaient l'interdiction d'arrer ou d'accaparer les cercles (3), et surtout de mettre en œuvre « des douelles et fousseaux de merrain « faits de chêne noir ou de bois mal sentant qui put causer « mauvaise odeur au vin » (4). Ils devaient n'employer que des douelles « bien dolées et à vive areste par dehors et d'espesseur compétente », de la longueur légale, c'est-à-dire de 4 pieds pour les pipes, de trois pour les bussards (5). Il fallait enfin prendre garde de se conformer pour les dimensions au modèle officiel de la pipe ou du bussard déposé dans chaque ville ou bourg, de sorte que la pipe contint au moins la valeur de 256 pots mesure de Poitiers, et le bussard 120 (6). Au moment des vendanges, et même dès le

---

(1) Aveu rendu par Jean de Curzay au sujet des droits du chapitre St-Hilaire sur les ouvrages en bois xve s. *Vienne* G. 640 ; et documents cités ci-dessous. — Ord. de 1780 conc. les ouvriers du bois à Poitiers, *Affiches* 1781, p. 11. — (2) *Mém. de l'int. Maupeou*, pp. D. *Matifeux*, p. 402. — (3) Les tonneliers faisaient aussi des tonneaux ferrés pour le transport des espèces monnayées (Comptes d'Alfonse 1253. *Arch. hist. Poitou*, III, 11). — Ordon. rel. aux march. de bois d'ouvrage citées ci-dessus. — Assignation du 29 juillet 1647 contre Bardon, tonnelier, à Poitiers. *Reg.* 99. — (4) Règl. de police de Poitiers, 1567 ; règl. gén. pour le Poitou, 1578. — (5) Règl. de 1567 et de 1578. Le bussard ou barrique valait 286 litres, c'est-à-dire près d'un muid, mesure de Paris. — (6) Mêmes règlements. — (7) Règl. général de 1578 pour le Poitou.

mois de juillet (7), les tonneliers s'en vont à domicile « gaigner leurs vies et sustentacions ». Ils visitent et raccommodent les tonneaux ou cuves, remettent les cercles et les enfoncent à coups de maillet (1). Ils réparent également les vieilles futailles. Sur tous leurs ouvrages, tant neufs que vieux, ils sont tenus d'apposer près de la bonde et dans l'intérieur de la douelle, une marque contenant la première lettre de leur nom et leur prénom. L'empreinte de cette marque est déposée sur une peau de parchemin au greffe de l'Hôtel de Ville (2).

De l'industrie des chaisiers, nous ne savons à peu près rien (3). Mais celle des tourneurs fort répandue en Poitou, a joui quelque temps d'une certaine célébrité. A Croutelle surtout (4), et aussi à Poitiers (5) et à Lusignan (6), des artisans ingénieux fabriquaient des quilles et pirouettes d'ivoire, des valets ou supports de miroirs, des aiguilliers ou étuis, de petits sifflets, des chandeliers d'ivoire ou de bois, de petits berceaux, de petits bâtons colorés blancs, bleus, verts, incarnats ou jaspés, de jolies poires d'épices, des bouteilles à poudre, de petits meubles, parements d'autel, cabinets d'études, pendules en bois qu'on retrouve partout au xvie et au xviie siècle, jusque dans le mobilier du prince de Condé et de la reine Catherine de Médicis. On y produi-

(1). Acte de rémission de 1380 au sujet d'un tonnelier d'Allonne. *Arch. hist. Poitou*, XXI, p. 139. — (2) Règlements de 1567 et de 1578. — (3) Mention des chaisiers de Poitiers dans une ordon. de l'intendant 1774. *Affiches du Poitou*. 1774. p. 174. — Acte de 1754 relatif à un maître *chaisier tourneur* aux Sables. *Vendée, B.* 848. — (4) Bousergent, *Les finesses de Croutelle, Rev. Poitev.* 1er mars 1873.— Léo Desaivre. *Les finesses de Croutelle* in-8, 1891, 36 p. — (5) G. Bouchet, XVe sérée — *Discours facétieux des finesses de Croutelle*, Poitiers 1622, 16 p. — Recon. de rente par un tourneur à Poitiers, près de la Tête Noire 1579. *Vienne*, G. 625. — (6) Desaivre, *op. cit.*, parle des « hastes » des tourneurs de Lusignan d'après un noël de 1550.

sait encore des ustensiles de buis pour le service intérieur, des instruments de musique, cornets à bouquin, hautbois, cornemuses, chèvres sourdes, flageolles, flageollets, flûtes à bec, fifres « en bois excellent ». On y gravait des bâtons armés de fortes têtes et qui servaient de cannes, des quenouillers en buis ou fusain décorées de dessins coloriés en bleu et qu'on offrait aux jeunes filles et aux femmes mariées (1). L'ensemble de ces produits d'un art naïf était connu sous le nom de « finesses de Croutelle ». Elles « sont, « dit un auteur poitevin en 1620, gentilles, déliées, profita- « bles et valent mieux que toutes les autres de France ». G. Bouchet vante la « subtilité et mignardise » de ces objets, dont la fabrication paraît avoir disparu ou du moins perdu tout son renom à la fin du xvii⁰ siècle, peut-être à la suite de l'émigration des protestants (2).

Parmi les autres ouvriers qui travaillent le bois pour l'ameublement, figurent les *huchiers-coffriers* ou *coffretiers-escriniers* ou *escommiers-malletiers* (3) et *layetiers* (4), dont la profession est mal connue. Ils fabriquent les huches où on met le pain, les bahuts où l'on serre le linge et l'argenterie, les coffres, malles, bouges, escrins, layettes ou petites boîtes en bois, en osier et en cuir, où l'on place les vêtements, les papiers et les objets précieux. A Poitiers, la confection des coffres, bahuts, malles, mallettes et paniers de guerre en cuir, paraît avoir été réservée aux selliers, qui du

(1) L. Desaivre, pp. 12-13, 33-36, 14-26. — Bouchet *Serées*, p. 122 (berceaux de Croutelle). — Imbert, Une quenouille de mariage, *Bull. soc. stat. D-Sèvres*, III, 244. — Bonnaffé, *Inv. des meubles de Cath. de Médicis* 1874, in-8⁰. — *Id.*, Finesses de Croutelle (d'après un inventaire provençal de 1611). *Rev. Poit. et Saintong.* 1892, p. 89. (2) G. Bouchet, *15ᵉ Sérée*. — *Discours facétieux* etc., 1622. — L. Desaivre, *op. laud.* pp. 14-22. — (3) Mentionnés dans les statuts des serruriers de Poitiers 1455, *Mss St-Hilaire*, f⁰ 55. — (4) Unis aux ébénistes et tourneurs et autres ouvriers en bois. Ordon. de 1780, *Aff. du Poitou* 1781, p. 11.

moins en revendiquaient âprement le monopole (1). La fabrication des coffres d'une autre nature était au contraire libre (2). Elle formait le domaine non exclusif des coffretiers layetiers. A côté d'eux, les *pignares* ou *maîtres tabletiers faiseurs et marchands de peignes*, qui habitaient dans la capitale du Poitou une rue spéciale, celle de la Peignerie mentionnée dès le xve siècle (3), se livraient à la fabrication et à la vente des menus objets de tabletterie et de marqueterie ou de toilette, en bois, ivoire, écaille et corne, tels que les tabatières et surtout les peignes. L'importance de ce corps était sans doute minime, si l'on en juge par la rareté des documents qui le concernent.

Il est encore plus malaisé de connaître l'organisation des métiers de sculpteurs et de peintres. Il existe dans la province un grand nombre de témoignages de la vitalité de l'école de sculpture médiévale du Poitou. Viollet-le-Duc reconnaît la fécondité de cette école, bien qu'il la juge inférieure pour la beauté des productions à celles de Bourgogne, de Champagne ou d'Ile-de-France. Les façades de Notre-Dame la Grande et de St-Pierre à Poitiers, celles des églises de Chauvigni et de Civrai et de l'abbaye St Jouin de Marnes, pour ne citer que les plus connues, attestent le talent avec lequel les ymagiers poitevins du Moyen-Age surent fouiller la pierre (4). Mais si les archéologues et les historiens essayent de

---

(1) Délib. munic. de Poitiers au sujet des coffretiers-malletiers et des selliers, 18 août 1608, 19 mars 1635, *Reg.* 64 et 85. — (2) Ordon. munic. de Poitiers, 22 et 29 octobre 1635, *Reg.* 86. — (3) Mentions de cette rue dans des actes privés de 1412 et de 1451, *Vienne*, G. 1104 et 1129. — Délib. mun. de Poitiers, 27 août 1657, relative aux « *pignares* ». *Reg.* 108. — (4) Mérimée, *Notes sur un voyage dans l'Ouest de la France*, pp. 378, 380, 387, 393, 406, 426. — Lec. Dupont, La façade de Notre-Dame de Poitiers, *Mém. Antiq. Ouest*, VI, 129. — Berthelé, *l'Eglise de St-Jouin de Marnes*, p. 13. — J. Robuchon, *Paysages et Monuments du Poitou*, 4 vol. in-f°.

reconstituer assez aisément l'évolution artistique qui s'est produite en Poitou jusqu'à la Révolution, d'après l'étude des monuments eux-mêmes, il s'en faut de beaucoup que l'historien des institutions économiques puisse retrouver dans les documents épars la structure des professions qui se formèrent pour la décoration des édifices. Sculpteurs et tailleurs de pierre se confondent sans doute ici comme dans le reste de la France, sous le nom latin de *signarii* (1), sous la dénomination française d'*ymagiers* (2). D'autres qui travaillent le bois en même temps que la pierre prennent le titre d'*architectes et menuisiers* (3), d'autres encore celui de *menuisiers sculpteurs doreurs et peintres* (4) ou de *sculpteurs et marbriers* (5). Ils appartiennent d'ailleurs à toutes les catégories sociales, et on trouve parmi eux des laïques et des ecclésiastiques (6), de grands artistes et de vulgaires artisans (7). La séparation n'est pas encore établie entre l'art et le métier. Les corps ecclésiastiques et les grands appellent souvent du dehors ceux qui décorent les édifices religieux et les châteaux. Ce sont en effet des sculpteurs flamands qui taillèrent

---

(1) « *Bloctus signarius* » (acte de 1127). *Cartul. St-Hilare.* I, 127. — Jehan Guibert, ymagier (1470). *Bull. Antiq. Ouest*, I, 299 — autre ymagier (acte de 1483) *Vienne*, G. 1230. — (2) Paistre tailleur de pierre et sculpteur (1614) *Fillon, Pièces cur. con. N.-D. de Fontenay*, p. 10. — (3) Frère Victor de Ste Anne, architecte et menuisier (1675-84), *Berthelé, Artistes Poitevins Rev. Poit. et Saint.* 1890, p. 228. — (4) Jean et François Pacourd (xviiie s. *ibid*, p. 275). Jean Drouard, (1778, *ibid*. 76-77. — F. Vallée, menuisier sculpteur aux Sables (1738), *Vendée B.* 745. — (5) Sculpteur-marbrier, sculpteur stucateur, *Aff. du Poitou* 1776, pp. 96, 106; 1781, p. 180; 1780, p. 148. — Lesueur peintre et sculpteur à St-Etienne près Palluau (acte de 1769) *Vendée B.* 968. — (6) Par ex. Alex. Guenyveau, prêtre Angevin qui travailla à Oiron (*Fillon L'art de terre* pp. 70-88); frère Victor de Ste-Anne, (1675) Capucin, (*Berthelé. Rev. Poit. et Saint.* 1890, p. 228). — (7) Ex. les Pacourd au xviiie siècle; les sculpteurs Paistre, Poiret et Gillot (1628) à Fontenay (*B. Fillon, Pièces curieuses* pp. 10 et sq. etc.) ne semblent guère avoir été que des artisans.

les statues du palais du duc de Berry à Poitiers (1). C'est probablement à des sculpteurs italiens que sont dues les boiseries de la maison de Catherine Tornabuoni dans la même ville et les fines découpures du château de Bonnivet (2). On sait que les tombeaux d'Oiron sont l'œuvre de deux grands sculpteurs Tourangeaux, les Juste (3), et qu'au xviiie siècle l'artiste parisien Simon Hurtrelle est venu exécuter à Niort le tombeau des Parabère (4). Toutefois, au-dessus de la masse des artisans, le Poitou produisit encore quelques individualités puissantes, qui continuèrent dignement la tradition des grands ymagiers d'autrefois. Tels furent au xve siècle, Jehan Guibert, l'auteur du tombeau de Louis d'Amboise à St-Laon de Thouars (5), au xvie, François Charpentier qui mania le ciseau avec autant d'art que l'équerre à Bonnivet et à Oiron (6), au xviie siècle Jean Girouard, qui sculpta le portail des Augustins et la statue équestre de Louis XIV (7), au xviiie Jean Drouart et son fils, dont il reste à Niort un certain nombre d'œuvres estimées (8). Autant qu'il est permis d'en juger par les marchés peu nombreux publiés jusqu'ici, les sculpteurs s'engagent par contrat avec les communautés ou les particuliers, pour l'exécution des bas-reliefs, statues, tombeaux, boise-

(1) De Champeaux, *Gaz. Arch.* 1887. — (2) L. Palustre, *la Ren. en France* livr. 14 et 15. — *La prétendue maison de Diane de France à Poitiers, Rev. Poit. et Saint.* 1890, pp. 9-11. — (3) B. Fillon, *L'Art de Terre* pp. 70-78. — L. Palustre op. cit. — (4) Arnauld et Largeault, *Notes sur le séjour de Hurtrelle à Niort. Bull. D.-Sèvres*, VI, 547; VII, 397; *Rev. Poit. et Saint.* 1889, 432, 436. — (5) Sur Guibert, voir *Bull. Antiq. Ouest*, I, 299; *Cart. Musée lapid. Antiq. Ouest*, p. 2. — (6) L. Palustre, *la Ren. en France*, pp. 212-218. — (7) Notices sur les Girouard. *Aff. du Poitou* 1774, pp. 89, 90, 163; 1775, pp. 117, 121. — Auber, *Bull. Antiq. Ouest*, III. 109. Rédet, *Ibid.* IV. 225 (montre que Jean Girouard eut 4 fils sculpteurs comme lui); André. *Notice sur Girouard.* 1862, broch. (sur les travaux de G. en Bretagne). — (8) L. Desaivre, *le sculpteur J. Drouart, Bull. D.-Sèvres*, VII, 468. — Berthelé, *Rev. Poit. et Saint.* 1890. 76-77.

ries ou stalles. Les matériaux leur sont généralement fournis, et la façon leur est payée, soit à la brasse (1), soit à prix fait pour l'ensemble du travail (2).

La condition des peintres poitevins n'est guère mieux connue que cela des sculpteurs. Ils formèrent cependant un corps nombreux au Moyen-Age, comme le prouvent les fresques dont ils décorèrent un grand nombre d'édifices, tels que la fameuse abbaye de St-Savin (3), les églises de Ste-Radegonde, de Notre-Dame la Grande à Poitiers, et celle de Civrai (4). La peinture murale eut ses représentants jusqu'au XVIe siècle (5), et sa valeur artistique s'est parfois maintenue. A côté des peintres de fresques, les peintres-verriers ornèrent les vitraux des cathédrales, des églises, des abbayes et des maisons seigneuriales (6). Le Poitou eut aussi alors ses mosaïstes (7). Au XVIe et au XVIIe siècle, paraissent s'être répandus les peintres d'armoiries ou de blason (8), et les

---

(1) Marché pour la préparation des stalles de l'abbaye de St-Maixent à 40 s. la brasse (1517), *Cartul. St-Maixent*, II, 269. — (2) Marché de 1620 pour un tombe (100 l.); pour un autre avec statues (2000 l.), à Fontenay *Fillon Pièces cur.* pp. 10 et sq. — Marché avec Girouard pour un tabernacle (400 l.) 1684 (*Rev. Poit. et Saint.* 1895, pp. 153-154); pour une chaire, avec le sculpteur Bardin de St-Maixent (XVIIIe siècle). (*Bull. D.-Sèvres VI*, 157); avec Ragon sculpteur pour 2 statues à St-André de Niort (110 l.) en 1716 (*Rev. Poit. et Saint.* 1890, 72); avec Drouard pour dorure de deux anges, 48 l. (*ibid.* 76-77); avec Fr. Bergeron pour façon du retable de St-Hilaire de Poitiers, 4000 l. (XVIIe siècle). *Vienne, G.* 512. — (3) Mérimée, *Voyage dans l'Ouest* pp. 407, 411, 418 — id. *Les fresques de St-Savin*, 1845. — *Bull. Antiq. Ouest.* III, 78-79. — (4) De Longuemar. *Les anciennes fresques des églises du Poitou* 1881 ; et *Bull. Antiq. Ouest* VII, 14, 21, 47, 84. XII, 375. — Faye. *Les peintures de St-Nicolas de Civrai*, *Bull. ibid.*, V, 69. — Auber. *Fresques de Ste-Radegonde*, *Bull.* I, 273 ; *Mém. Antiq. Ouest*. XVII, 11. — Barbier de Montault, *Anciens artistes du Poitou*, *Ann. Arch.* XI, 371. — (5) Par ex. la fresque de la Pommeraye-sur-Sèvre (XVIe siècle) Barbier de Montault, *Rev. du Bas-Poitou* 1888, pp. 15-19. — (6) Vitraux de St-André de Niort (1538) *Bull. Soc. St. D.-Sèvres* III, 277 ; la cathédrale de Poitiers et ses vitraux *Rev. de l'Art chrétien*, janv. 1892 (par B. de Montault); B. Fillon, *Notice sur les vitraux de Ste-Radegonde*, *Mém.* XI. 483. — (7) Ex. mosaïques de St-Hilaire; *Mém. Antiq. Ouest*, XXIII. — (8) G. Bouchet XXIIIe

peintres décorateurs qu'on emploie à dresser les arcs de triomphe pour les entrées de souverains ou de grands personnages (1), ou à orner les bannières des processions (2). Les artistes originaires de la province, et dont certains paraissent avoir été renommés, par exemple Mervasche, l'Apelle poitevin (3), son gendre Jacques de Jax (4) au xvi° siècle, et Louis Souhet, au xvii° (5), n'ont pas encore trouvé d'historiens. On appelait volontiers du dehors les peintres en renom pour leur confier l'exécution des ouvrages soignés. C'est ainsi qu'un évêque artiste, celui de Luçon, fit venir quelque temps en Poitou le grand paysagiste Nicolas Poussin, et le portraitiste Claude Lefebvre, et que le peintre janséniste Mesnier résida quelque temps à Poitiers(6). Au xviii° siècle, la province reçoit la visite de peintres-marbristes-doreurs-artificiers qui sont employés à décorer ses églises (7), et d'artistes ambulants parisiens qui peignent indifféremment le portrait, le paysage, les tableaux de sainteté, les bannières de confréries, ou qui restaurent les vieux tableaux (8),

---

Serée (des peintres). — P. Gourdon peintre de panonceaux d'armoiries 1574 Comptes de St-Maixent (*Bull. D.-Sèvres* III, 61). — Acte relatif à Jean Méry peintre à Niort 1565 (*ibid.*, V, 166).

(1) Délibér. du corps de ville de Poitiers (27 juillet 1614) pour décorer les portes de la ville, *Reg.* 69. — (2) En 1536, paiement de 45 s. à Mervasche peintre pour réfection des panneaux portés aux processions (comptes de N.-D.-la-Grande), *Vienne G.* 1286. — (3) Sur ce peintre, Dreux du Radier, *Bibl. du Poitou*, V, 210, 211, et Reg. des délib. munic. n° 10. — (4) Actes relatifs à Jax (1586), pp. M. de L'Estourbeillon *Bull. Com. Trav. Hist. Arch.* 1890, p. XLI; *Reg.* des délib. mun. n°s 47 et 48. — (5) Notice sur Souhet (1673), *Aff. du Poitou* 1782, pp. 37, 41, 82. — (6) Oct. de Rochebrune. Un évêque artiste en Poitou, Nivelle (1637-1660), *Rev. Bas-Poitou* 1889, 125. — Sur Cl. Lefebvre, *Rev. Poit. et Saint* 1889, 156. — Sur le séjour de Poussin en Poitou, Jouyneau Desloges, *J. de Poitiers* an VI n° 37. — Vallette et de la Bouralière, *Rev. Poit. et Saintong.* 1894, 23 ; 1893, 394,422 (ce séjour est douteux); 1889, 156. — Sur Mesnier (1653). *Bull. Antiq. Ouest*, 2° s., V. 357. — (7) Comptes du chap. de St-Hilaire 1762, *Vienne G*, 562. (8) *Aff. Poitou*, 1781, pp. 192, 196. — Berthelé, *Rev Poit. et Saint.* 1890, 78.

dorent et vernissent les équipages et les appartements (1). Ce sont pourtant des artistes ou ouvriers spéciaux fixés dans le Poitou qui exécutent en général, avec un mélange de mercure et d'or, les dorures des appartements, des boiseries et des autels. Un document de 1265 mentionne à Poitiers la présence d'un *dorider* ou *doridier*; et en 1522, il y a six ouvriers de ce genre dans cette ville (2). Leur métier était délicat; on le comparaît à celui des monnayeurs.

>...... Gardez-vous bien, doridiers
> Et monnoieurs, gros ou subtils ouvriers,
> De faire en l'or, ne en l'argent misture,

dit le poète poitevin Jean Bouchet dans ses Epîtres Morales (3).

La céramique commune, bien plus répandue que le métier délicat des doridiers, occupait un grand nombre d'artisans, qui fabriquaient dans les faubourgs des villes et dans les villages, les objets usuels de la cave, du cellier, de la cuisine, et de l'ameublement en général. Les droits sur la vente de la poterie sont inscrits dans la plupart des tarifs de péage ou d'entrée depuis le Moyen-Age jusqu'à la Révolution (4). La céramique d'art n'est guère représentée que par quelques fabriques de carreaux vernissés dont l'existence fut éphémère (5) et dont l'organisation est restée in-

(1) *Aff. Poitou*, 1780, 32. — (2) *Laurencius le Dorider* mentionné dans le règl. des potiers d'étain de Poitiers 1265, cité ci-dessous, chapitre X. — Liste des métiers de Poitiers 1522, Reg. n° 18. — (3) J. Bouchet, *Epîtres Morales* II, X (édit. de 1545). — (4) Coutume de la Sèvre (XIII siècle). — Tarif de la prévôté de Poitiers (XIV siècle). — Tarif du droit d'entrée de 1640. — Acte de rémission curieux relatif à 2 potiers au marché de Pouzauges (1384). *Arch. hist. Poitou*, XXIV, 214. — (5) B. Fillon, *Céramique poitevine* pp. 10-17. — Espérandieu, Carreaux vernissés de l'abbaye des Châtelliers (XIII siècle). *Bull. des trav. hist. Arch.* n° 1, 1892; *Rev. Poit. et Saint.* 1889-1890, oct. 252. — B. de Montault, Inv. arch. de l'abb. des Châtelliers, *ibid.* 1892.

connue, et par les ateliers célèbres de St-Porchaire près de Bressuire auxquels Ed. Bonnaffé a restitué la gloire d'avoir produit les faïences Henri II. Pendant un demi-siècle, les céramistes obscurs de ce bourg longtemps ignoré, les Tascher, les Marsault, produisirent ces objets d'art exquis, aiguières, chandeliers, veilleuses, salières, que se disputent aujourd'hui les collectionneurs (1). Puis, cet éclat artistique s'éteignit peu à peu. Les faïenceries du xviii° siècle, celles de Thouars, de Chef-Boutonne ou de Poitiers, se bornèrent à produire des articles communs et à bas prix (2). Il en fut de même des verreries qui dès l'époque romaine fabriquaient en Poitou le verre blanc ou le verre de fougère. Celles du Moyen-Age à la Roche, aux Moutiers, à Mervent, à Vouvent, à Mouchamps, à la Bouleur près de Couhé, à Mouton paroisse de Mérigny, à Bichat (3), n'ont donné que des objets sans originalité, ustensiles divers, candélabres, bassins, plats, écuelles, cuillers, pots, aiguières, gobelets ou verres à boire et verres de couleur (4). Le nombre des établissements de ce genre s'accrut au xv° et au xvi° siècle. Les verreries de Bichat, de Courlac, de la Roche-sur-Yon, de la Ferrière, de la Puye, du Rorteau, de la Motte, de Talmont et de Parthenay (5), de l'Apostolle à Champdeniers (6), de Largentière et

(1) Oiron a eu aussi probablement son atelier, moins important que ceux de St-Porchaire, Voir à ce sujet, les art. de H. Gelin, Bull. D.-Sèvres, VIII, 338-345; Ed. Bonnaffé, Rev. du Bas-Poitou, 1888, 1 et sq. ; Rev. Poit. et Saint. 1889, pp. 97-98; 1890, pp. 12-14; 1892, 213,246; 1894, 56-57 (l'atelier remonte avant 1528) — Berthelé, Ibid. 1888, pp. 140-149; L. Desaivre, Bull. D.-Sèvres, VII, 222. — (2) B. Fillon, L'Art de terre, p. 196. — (3) L. Brochet. Les anciens fours de la forêt de Mervent. Rev. B is-Poitou, 1889, 267-271. — Dugast-Matifeux, Les gentilsh. verriers de Mouchamps, 1863, in-8°. — B. Fillon, L'Art de terre, pp. 196, 285. — Verrerie de la Bouleur en Couhé citée (1415). Arch. hist. Poitou XXVI, 387 n. — Titre d'établ.t de la verrerie Mouton (1450). Arch Antiq. Ouest. — (4) B. Fillon, op. cit. 285 et sq. pp. — (5) Garnier, la Verrerie et l'Emaillerie, in-4°. 1885 pp. 119, 124. — Gerspach, la Verrerie, pp. 196-198. — (6) Verrerie signalée par L. Desaivre, Bull. D.-Sèvres, IV, 301-302.

de Vendrennes, assurent alors au Poitou une des premières places pour la production des verres. Mais si l'on en excepte quelques produits soignés, tels que le vase des Mortemer au Musée de Cluni (1), œuvre des verriers de l'Argentière, les articles sortis de ces ateliers s'inspirent de la fabrication traditionnelle. Les verres émaillés et gravés, les verres colorés, marbrés de rouge ou de rose et d'autres couleurs et présentant l'aspect des agates, sont des objets de grand luxe que les verriers italiens du Poitou, à l'imitation de Venise, n'ont produits qu'en petite quantité (2). Peu à peu au XVIIe et au XVIIIe siècle les fours à verrerie du Poitou éteignirent leurs feux devant la concurrence des verreries mieux outillées ou mieux placées, et devant les progrès de l'importation anglaise ou allemande. Un petit nombre, se confinant dans la production des verres communs, survécurent jusqu'à la Révolution.

Les documents ne permettent pas de connaître la condition économique de ces établissements et de ceux qui les exploitaient. Les règlements qui les concernaient ont disparu ou n'ont pas été retrouvés. Ces verreries ont produit surtout des coupes, des aiguières, des bouteilles de verre blanc, des salières. Le verre à vitre était apporté du dehors ainsi que les cristaux, et il était peu employé avant le XVIe siècle. Aussi n'y avait-il à Poitiers en 1522 que deux verriers-vitriers (3). C'est seulement en 1652 que ces artisans sont assez nombreux pour demander à être érigés en corporation sous le nom de maîtres-peintres et vi-

(1) Voir la gravure du livre de Gerspach (p. 207) et celle de Garnier (p. 119) qui en sont la reproduction. — (2) Gerspach, *op. cit.*, p. 208. — (3) Deux arrentements de mai 1380 et d'août 1381 mentionnent un vitrier à Poitiers, Guiot Audouin, qui demeure près de l'hôtel de la Monnaie. *Vienne, Reg.* G. 625. — Liste des métiers de Poitiers (1522) précitée.

triers (1). Ils n'ont pas le monopole de la vente du verre a vitre. Il est loisible aux marchands forains d'en amener à la ville, et à tous marchands urbains d'en tenir dans leurs boutiques (2). La liberté du commerce du verre est maintenue par les ordonnances municipales. Elles interdisent même tout marché entre marchands et verriers ayant pour objet l'achat en bloc de toute la production annuelle des verreries, et au besoin obligent le marchand à livrer le verre au prix coûtant sans bénéfice (3). Les maîtres vitriers et les officiers de police visitent en magasin et sur le marché les verres à vitre pour en reconnaître la qualité (4). La vente de ce produit n'est permise qu'à une mesure déterminée et uniforme, qui est le pied (5). Le plomb à « faire vitres » est avec le verre le principal article du commerce des vitriers. Eux seuls ont le droit d'en vendre, sous cette réserve qu'ils n'en « tireront et n'en vendront » que pour les habitants de la ville, à l'exclusion des étrangers et même des serruriers. Ceux-ci, en effet, sous prétexte qu'ils raccommodent les tire-plombs des vitriers, pourraient vendre abusivement le plomb aux particuliers (6). Divers marchés conclus avec des vitriers montrent qu'ils s'occupent à la fois de placer, de réparer, de laver, de « mettre en plomb », c'est-à-dire d'unir par des soudures de plomb ou d'étain, les vitraux ou les vitres peintes ou non peintes, et qu'ils se fournissent

(1) Statuts des maîtres verriers vitriers de Poitiers (6 sept. 1652) approuvés le 15 avril 1723 par le présidial. *Arch. Antiq. Ouest.* coll. Bonsergent A. 5. — (2) Statuts des maîtres vitriers, art. 2 et 9. — (3) Ord. du corps de ville de Poitiers annulant le marché du vitrier Cardon avec le maître de la verrerie de la Montelle en Jardre (15 octobre 1635), *Reg.* 86. — (4) Ordon. du corps de ville de Poitiers 20 janv. 1639, *Reg.* 109. — (5) Le pied de verre blanc vaut 4 s. en 1618, en 1597, 6 s.; en 1629, 3 s. 6 d. (Actes à cette date, *Cartul. St-Maixent* II, 271; actes capitul. de St-Hilaire, *Vienne*, G. 536; délib. munic. de Poitiers avril 1629, *Reg.* 79. — (6) Statuts des vitriers de Poitiers, art. 2, 9, 11.

surtout au xvi⁰ siècle de verre blanc d'Allemagne (1). Certains prenaient à forfait pour leur vie l'entretien des vitraux des églises (2), car ils travaillèrent longtemps à peu près exclusivement pour la clientèle ecclésiastique, aristocratique ou de haute bourgeoisie. Au xviii⁰ siècle, les vitriers font aussi le trafic des verres en tables et des cristaux d'Angleterre ou de Bohême, pour les édifices, les voitures, les estampes, les gravures. En 1774, l'un d'eux installe un dépôt de la verrerie royale de S. Louis (3). D'autres, qui s'intitulent marchands miroitiers et vitriers, s'occupent du commerce des glaces, qu'ils montent, polissent, sculptent et dorent, et y joignent celui des cheminées, consoles, trumeaux, miroirs, tenant en même temps les verres de qualité inférieure, coupant et posant les carreaux (4).

Après le xi⁰ siècle, le Poitou semble avoir perdu ses ateliers de tapisseries. Les maîtres tapissiers miroitiers vendeurs de meubles, qui forment à Poitiers une corporation jurée depuis le xvii⁰ siècle (5), sont simplement des marchands. Ils partagent avec les vitriers le commerce de miroiterie et ils font le trafic des tentures, draperies, meubles d'appartement, qu'ils se chargent aussi d'aménager, de remettre à la mode, de raccommoder et de rafraîchir (6). Les inventaires d'églises, d'abbayes ou de châteaux et les comptes municipaux montrent qu'ils font venir des Flandres, et surtout de la Marche, quelquefois de l'Italie, les ta-

(1) Actes cités ci-dessus et notamment marché pour les vitraux de l'église de St-Maixent 1518, *Cart. St-Maixent*, II, 271. — (2) Marché du chapitre St-Hilaire pour l'entretien des vitraux au prix de 16 l. par an (xvii⁰ s.) Vienne, G. 511. — (3) *Aff. du Poitou* 1774, p. 56. — (4) Annonce d'un vitrier à « l'image St-Luc » près le Pilori, *Aff. du Poitou*, 1775, p. 4. — (5) Délibér. munic. de Poitiers, 25 sept.-7 nov. 1634, *Reg.* 83. — Acte de 1777 relatif à cette corporation. *Arch. Antiq. Ouest* (coll. Bonsergent A. 5). — (6) Annonces de tapissiers, *Aff. du Poitou*, 1774, p. 56; 1777, p. 52.

pisseries d'appartement en velours ou en laine, brodées et armoriées (1), les tapisseries de lit et celles de siège, les tentures historiées (2) et les tapis veloutés d'autel (3), les tapis de Caen (4) ou de Rouen et les tapisseries communes dites de Bergame. Les statuts de cette communauté manquent; cette lacune ne permet pas de connaître en détail sa constitution. On a conservé au contraire quelques-unes des ordonnances qui réglaient le métier des cordiers (*corderii*). Ils sont organisés à Poitiers dès le xIII° siècle en corps d'artisans et ils exercent leur profession en plein air hors de la ville et le long des chemins (5). Ils fabriquent des longes ou licous et des sangles pour les chevaux, des sangles pour bas (6), des cordes de toute espèce pour l'usage domestique, pour cloches, pour lanternes, pour lampes, pour horloges, pour orgues, pour rideaux d'autel et pour tapisseries (7). Ils prétendent même avoir le monopole de la vente en gros et en détail de toute sorte de corderie, à l'exclusion des marchands. Ceux-ci du reste ne sont autorisés à acheter et revendre que les licous, sangles et cordes acquises des forains ou étrangers (8). Les cordiers exercent aussi,

(1) Barbier de Montault, *Inv. arch. des Châtelliers*, Rev. Poit. et Saint., pp. 81, 113 etc. — *Inv. des meubles du château de Thouars (1472) pp. Ledain*, p. 17. — *Inv. du château d'Oiron*, pp. Fillon. (*L'Art de terre*) p. 76 etc. — Les tapissiers du château de Fief-Clairet près Poitiers viennent des premiers Gobelins, L. Palustre, Rev. Poit. et Saint. 1896, p. 106. — (2) De Longuemar, Tapisseries historiées en Poitou, Bull. Ant. Ouest VII, 84. — (3) Ex. tapis d'autel velouté à 30 l. l'aune, à St-Hilaire de Poitiers (1779), *Vienne*, G. 569. — Marché de tapisseries pour couvrir les hauts sièges des échevins de Poitiers à 7 l. l'aune, 11 juillet 1633, Reg. 83. — (4) Ex. *Inv. du ch. de Thouars*, p. 16, etc. — (5) Statut ou règlement relatif aux cordiers, 5 janv. 1276, Mss. St-Hilaire, f° 80; *Coll. Fonteneau*, XXIII, f° 285. — (6) Règl. de 1307 et de 1422 sur le prix des marchandises. (Les licous valent 10 d. en 1422; les sangles de cheval, 2 s. 6 d.; les sangles de bas 2 s. 6 d.) — (7) Marché du chapitre St-Hilaire avec Robin, cordier 1693. *Vienne*, G. 554. — (8) Délib. mun. de Poitiers, fin mai 1572, *Reg.* 42, f° 481.

ce qui les met en conflit avec les chandeliers (1), le commerce des mèches roulées pour chandelles. Au xvii° siècle, ils font la préparation des cordes de raquettes, pour lesquelles ils utilisent les « tripes de moutons et d'autres animaux » (2). Au xviii° siècle, une fabrique de cordes à boyaux établie à la porte Saint-Cyprien de Poitiers exporte dans toute la France des produits de ce genre utilisés par les fabricants d'instruments de musique et de rouets (3). La corporation est astreinte à travailler en public et dans des lieux où elle ne puisse gêner la circulation (4), ni incommoder les habitants (5). Le travail de nuit lui est interdit sous peine d'amende (6), et il lui est défendu de mettre aux produits des ferrures ou anneaux, sauf dans certaines cordes de mince valeur (7), sans doute pour empêcher tout empiétement sur le métier des ouvriers du fer.

La dernière des communautés qui se rattache au commerce de l'ameublement, celle des fripiers, fort ancienne puisqu'il est question d'industriels de ce genre au xiii° siècle à Poitiers (8), exerce une profession de caractère mixte. Les fripiers poitevins qui revendiquent le nom de *maîtres fripiers regrattiers* « à l'instar de ceux de Paris », pratiquent l'achat et la revente des vieilles hardes et vieux habits (9), mais aussi le trafic des chaussures (10), de la ferraille, des

---

(1) Délibér. munic. de Poitiers 13 sept. 1666, 14 janv. 1675, 6 mars 1684, *Reg.* 117, 124, 128. — (2) Délib. munic. de Poitiers, 9 juin 1625, *Reg.* 76 bis. — (3) *Aff. du Poitou*, 1775, p. 10. — (4) Règlement de 1277, précité.— (5) Les cordiers-raquettiers par ex. qui travaillent les tripes, exercent leur métier peu odorant au Pré l'Abbesse. Délib. munic. du 9 juin 1625. — (6) Amende contre un hab. de la paroisse de la Résurrection à Poitiers pour ce motif. (1276) *Mss. St-Hilaire* f° 80. — (7) Règl. de janvier 1277, précité. — (8) Richard *le fripier*, demeurant près du château de Poitiers (bail de 1298), *Arch. hist. Poitou* XI, 30. — (9) Délib. munic. de Poitiers, 10 juillet 1628, *Reg.* 78; et documents ci-dessous. — (10) Ordon. du présidial de Poitiers, 26 nov. 1766 contre un fripier, *Arch. Antiq. Ouest*.

vieux meubles, des outils, des vieilles armes, et même des chevaux (1). On leur défend de faire le débit de tous objets neufs. Une ordonnance de 1766 condamne à 150 l. d'amende un fripier qui a vendu des souliers et escarpins à peine sortis de la boutique des cordonniers (2). Le commerce, même par commission, de la vaisselle et des bijoux ou autres objets d'or ou d'argent, est formellement interdit « aux fripiers porte-à-cou et autres gens sans qualité » par un arrêt du Parlement de 1786 relatif aux regrattiers de Poitiers (3). Ils ne peuvent acheter que les produits offerts par des gens « connus et non suspects », ou ceux que leur offrent des inconnus munis d'une caution des habitants de la ville (4). Les règlements prohibent tout achat fait à des enfants, domestiques, compagnons, apprentis, garçons de boutique, non munis du consentement écrit des parents ou des maîtres (5), et d'une manière absolue toute acquisition ou recel d'objets appartenant à des soldats (6). Ils astreignent les fripiers-regrattiers-ferrailleurs à tenir registre coté et paraphé des officiers de police, pour y inscrire, tous les jours, sans aucun blanc, la quantité et la qualité des marchandises achetées, les noms et domiciles des vendeurs, accompagnés de la signature de ces derniers (7). Garanties utiles pour le bon ordre et que notre législation a soigneusement conservées.

(1) Ordon. du présidial de Poitiers, 19 nov. 1769, *Arch. Antiq. Ouest.* — (2) Ordon. du 26 nov. 1766, précitée. — (3) Arrêt du Parl. de Paris, 2 juin 1786 relatif aux fripiers de Poitiers. *Arch. Antiq. Ouest.* — (4) Ordon. du présidial de Poitiers, 15 déc. 1753, *Arch. Antiq. Ouest;* arrêt du Parl^t 1786. — (5) Ordon. du présidial de Poitiers, 10 fév. 1762, *ibid;* arrêt du Parl. 1786. — (6) Ordon. munic. de Poitiers, 29 nov. 1728, *Reg.* 146. — Ordon. du présidial de Poitiers, 15 déc. 1753, art. 4; 19 nov. 1769 et 4 nov. 1783, *ibid.* — (7) Ordon. du présidial du 4 nov. 1783 ; Arrêt du Parl. 1786. — L'ordon. de 1762 interdit aussi les ventes de nuit et l'entente entre fripiers et débiteurs pour frustrer les créanciers.

CHAPITRE X

Le Travail et le Commerce des Métaux communs et des Métaux précieux en Poitou.

Le travail et le commerce des métaux n'eut jamais en Poitou une importance aussi grande que les industries de l'ameublement et du bâtiment. Toutefois, la métallurgie poitevine eut au Moyen-Age sa période de prospérité disparue dès les premiers temps de l'âge moderne (1). On rencontre surtout, dans cette province, des industriels qui exploitent les variétés usuelles de la petite industrie : ferrons ou marchands de fer, forgerons, cloutiers et ferblantiers, maréchaux, taillandiers, serruriers, chaudronniers et poêliers, couteliers, potiers et pintiers d'étain, éperonniers, armuriers et fourbisseurs, arquebusiers, facteurs d'orgues et fondeurs de cloches et d'artillerie, horlogers, orfèvres, monnayeurs, changeurs et banquiers.

Bien qu'il y eut en Poitou des gisements de fer, ils ne paraissent pas avoir été activement exploités. La seule mine dont l'exploitation semble avoir été longtemps active est celle de sulfure argentifère et de zinc de Melle (2). C'est sans doute des provinces voisines que les ouvriers poitevins tiraient les minerais de fer, de zinc, de cuivre, de plomb et d'étain, mentionnés dans les tarifs de péages ou d'octrois, et qui se vendaient au cent pesant (3). Ces matières étaient travaillées dans

---

(1) Voir livre Ier chap. I et suiv. — (2) A. Briquet, *Hist. de Niort*, I, 432. *Bull. Antiq. Ouest.* XI, 22 ; XIII, 14. Voir ci-dessous, même chapitre au sujet de l'atelier monétaire de Melle. — (3) Coutume de la Sèvre (XIIIe s.) — Tarif de la prévôté de Poitiers (XIVe s.) — Tarif d'entrée de 1640.

DU TRAVAIL EN POITOU

de nombreuses forges à l'époque médiévale(1). Le chiffre de ces établissements ne cessa de décroître depuis le xv° siècle. On y transformait les minerais de fer en billettes, barres, mottes ou ballons d'acier, en laiton, en pots de fer, marmites et quincaillerie (2). On sait combien fut grand au Moyen-Age le renom de l'acier poitevin (3). Il ne nous est rien resté de précis sur l'organisation de ces forges, dont les rois et les grands seigneurs tiraient avant le xvi° siècle une partie de leurs revenus (4), ni sur les règlements du personnel des maîtres et ouvriers qui y travaillaient. Le commerce des aciers et des fers resta cependant actif, malgré le déclin de la fabrication indigène. L'Angoumois, le Périgord, le Limousin, la Bretagne, le Nivernais, la Bourgogne et l'Espagne (5) suffisaient à alimenter le trafic des marchands ou vendeurs « de billettes d'acier, batterie d'estain, poeslerie, cuivre, airain et de toute œuvre de poids » (6), qui formaient dans les villes, à Poitiers en particulier, une communauté considérable. Ces négociants portent généralement le nom de ferrons, et la capitale du Poitou en compte sept vers 1522 (7). Les listes de la juridiction consulaire où ils figurent souvent prouvent qu'ils formaient en quelque sorte l'aristocratie des communautés occupées au travail ou au commerce des métaux communs (8).

(1) Voir ci-dessus livre Ier, chap. Ier. — (2) Tarifs précités. — Ordon. munic. du 18 nov. 1555 énumérant les commerçants de Poitiers, *Arch. Munic.* M. 43, *Reg.* n° 18. — (3) Voir ci-dessus, livre Ier, chap. Ier. — (4) Ex. domaine d'Alfonse de Poitiers à Chizé (xiii° s.) *Arch. hist. Poitou* VII, 86. — Droits de l'évêque de Poitiers sur la châtellenie d'Angles. 1420, *Arch. hist. Poitou*, X, n° 144. — Recettes de la forge à fer de cette baronnie xv° s. *Vienne*, G. 69. — (5) Ordon. de 1307 et 1422 sur le prix des marchandises. — Règl. gén. de 1578 pour la police du Poitou. — (6) Termes de l'ordon. mun. de Poitiers du 18 nov. 1555, précitée. — (7) Liste des métiers de Poitiers, 1522, précitée. — (8) Listes des membres de la jurid. consulaire de Poitiers, xvii° s. *Arch. hist. Poitou* XV, 238.

Au reste, les documents détaillés font défaut au sujet des ferrons, comme à l'égard des forgerons ou ferronniers. Deux termes latins, ceux de *faber* et de *ferrarius*, désignent à la fois en Poitou les marchands de fer et les artisans qui travaillent ce métal (1). Le terme français d'*acers* (2), d'*acerons* (3), de *ferrons*, de *ferronniers*, de *fèvres* (4) s'applique aussi à cette dernière catégorie d'ouvriers. Ils ont à Poitiers leur quartier particulier, la rue Favrouse et celle des Acerons (5). Les cartulaires mentionnent un peu partout la présence de ces industriels (6), dont certains, ceux de Thouars par exemple (7), savaient façonner avec art les ferrures des maisons bourgeoises, des châteaux et des églises, les grilles, les clôtures, et les ornements en fer de toute espèce. En général, ils fabriquaient surtout des objets usuels, fers à chevaux, écuelles, tailloirs, instruments aratoires, dont les droits de vente constituaient pour les seigneurs et les communes une source appréciable de revenus (8). Il est

(1) Ex. *Bernardus, Giraudus fabri* (*Cartul. St-Maixent* I, 212, 251); *Johannes Ferrons* (Actes de 1083 et 1129 *Cart. St-Hilaire*, I, 106, 255); *Faidis faber*, et *Petrus ferrons* (Actes de 1187 et de 1243) (*Ibid.* pp. 206, 255.) — *Tebaldus, faber* (cens de 1100) *Cart. St-Cyprien, Arch. hist. Poitou* III, 116). — Le ferron se nomme aussi *ferrarius* (Boutaric p. 236 droits d'Alfonse de Poitiers à Saint-Maixent). — Don de Pierre le ferron (*ferrarius*) aux Templiers 1207. *Arch. hist. Poitou* II, p. 171. — (2) *Aimericus acers* (acte de 1100) *Cart. St-Cyprien*, loc. cit. — (3) Rue des Acerons à Poitiers, par St-Michel, *Rédet, Enseignes et tours de Poitiers au Moyen-Age. Mém. Antiq. Ouest* XIX, 451. — (4) Textes, cités ci-dessus; liste des métiers 1522; *Cartul. d'Orbestier*, nos 121, 267, 278 (noms de ferrons xiie-xive s.) — Comptes de la ville de Fontenay 1450, *B. Fillon, Rech. sur Fontenay*, p. 93. — (5) *Rua Fabrilis, Fabrorum* (rue Favrouse — rue St-Etienne) *Cartul. St-Hilaire*, I, nos 259, 265, 269 (1261-1265) — *Carte St-Cyprien*, no 60 (acte 970). — (6) Voir notes ci-dessus. — (7) Imbert. *Hist. de Thouars*, p. 179. — (8) Domaine d'Alfonse à Chizé (1247) (droits sur les clous, fers à chevaux, *scutellas et tallcores*) *Arch. hist. Poitou* VII, 86. — Droits de prévôté Poitiers (xive s.) précités. — Comptes de Fontenay 1450 précités. — Revenus de l'évêque de Poitiers à Angle (1420) *Arch. hist. Poitou* X, no 144.

probable qu'ils se livraient aussi, de concert avec les lormiers, les serruriers et les taillandiers, à la fabrication et au commerce des clous, avant qu'une communauté spéciale, celle des cloutiers, se fut organisée. Les ordonnances de 1307 et de 1422 énumèrent en effet, à côté des fers à chevaux, les variétés de clous alors en usage, clous à lattes, clous à garde, clous chaperés, clous à large tête pour madriers, clous à porte, clous palaterret ou à souliers, et clous à montures (1). Le terme de cloutiers ne paraît guère dans les documents avant le xvii° et le xviii° siècle (2). C'est seulement dans une liste de 1788 qu'ils figurent à Poitiers au nombre de neuf (3), ce qui semble indiquer une spécialité d'origine récente et de faible importance.

On en peut dire autant des ferblantiers, sur lesquels on possède tout aussi peu de renseignements. Longtemps inconnue en France, la fabrication du ferblanc ne s'est guère développée que depuis l'époque de Colbert. On faisait venir ce produit auparavant de l'Allemagne, et l'usage en était restreint. Les taillandiers en faisaient l'application aux plats, assiettes, lampes, lanternes. A Poitiers, une communauté particulière de ferblantiers ne paraît pas s'être formée avant le xviii° siècle. Elle comptait seulement six membres en 1788 ; ils exerçaient aussi sous le nom de ferrailleurs le commerce des vieux fers (4). Avec eux se confondaient alors les lanterniers, mentionnés dans une liste de 1675 (5). Au contraire, les taillandiers ou fèvres gros-

(1) Ordon. de 1307 sur le prix des marchandises (fers de chevaux, mulets, ânes varient de 8 d. à 3 d. ; millier de clous de 7 s. à 4 s. 3 d ; fourches de fer 15 à 18 d.) et de 1422 (prix du millier de clous 60 s. à 8 s. 4 d.) — (2) Cités dans l'ord. de police de Châtellerault, août 1749. — (3) Tableaux des m^{rs} maréchaux cloutiers, etc., 1788 et 1789. *Arch. Antiq. Ouest.* — (4) Même documents. — (5) Liste des métiers de Poitiers

siers remontent à Poitiers jusqu'au milieu du Moyen-Age. Les cartulaires citent les noms d'artisans de ce genre dans les diverses régions du Poitou (1). Là où il existait des communautés de serruriers, il était interdit aux taillandiers de fabriquer des serrures, des clous et des ferrures de chevaux (2). Les maréchaux prétendaient également les restreindre à la production des œuvres blanches, c'est-à-dire des gros outils tranchants et coupants qui se blanchissent ou s'aiguisent sur la meule, tels que cognées, ébauchoirs, ciseaux, serpes, bêches, couperets et faux. Mais on leur reconnut le droit de travailler aussi à toutes œuvres noires, vrilles, limes, ustensiles de cuisine forgés, et spécialement celui de ferrer des charrettes, de forger des socs « et tout ce qui sert au jardinage et au labourage ». Le corps de ville de Poitiers leur défend seulement de ferrer les chevaux « et autres animaux portant des fers » (3). Au reste, ils étaient à la fin de l'ancien régime fort peu nombreux dans la capitale du Poitou. En 1788, ils s'y trouvaient réduits au nombre de cinq (4).

Au contraire, les *maréchaux-ferrans et grossiers*, comme on les appelait à Poitiers, atteignaient au chiffre de 21 à la même date (5), et en 1738, dans une ville moins importante,

---

1675, *Reg.* 125. — Ordon. pour l'établ* de lanternes d'éclairage en Poitou, juillet 1697 *Godard* I, 287.

(1) *Bernard li tallanders* (1232) Rôle censier de l'abb. Ste-Croix de Poitiers (*Doc. pp. la Soc. Antiq. Ouest*, p. 111). — Barberea « *le aillendier.* » (bail de 1285 aux Sables) et autres noms de taillandiers. *Cart. d'Orbestier*, nos 86, 214, 229, 233, 236 — nom de taillandier à Olonne (charte de 1285), *Ann. Soc. d'Emul. Vendée* 1878, p. 23. — Acte de rémission pour un taillandier de Vouillé, 1384. *Arch. hist. Poitou* XXI, p. 265. (2) Statuts des serruriers, ci-dessous. — (3) Ordon. munic. de Poitiers, 4 mars 1676, *Reg.* 125.— (4) Tableau des maréchaux, etc., 1788, précité. — En 1731, ils étaient au nombre de sept. (Tableau mss de juin 1738, *Vienne* E, 7, 5). En 1578, ils sont au nombre de 8. Délib. mun. Poitiers, janv. 1578. *Reg.*

Châtellerault, on n'en comptait pas moins de 15 (1). Le métier est représenté un peu partout dans la province, dès la période la plus reculée. Le souvenir de leur ancienne condition de serviteurs (*ministeriales*) des seigneurs, s'est longtemps conservé pour certains de ces artisans. De là viennent les redevances spéciales appelées coutumes ou servitudes de ferrerie et le nom de maréchaux-ferrants *fieffés*(2). Non seulement ils ont le droit de battre et forger le fer pour leur métier, mais encore de faire le trafic de « feretrie et grosserie » (3), c'est-à-dire de vendre toutes sortes de fers de France, de Nivernais, d'Espagne ou d'autres lieux à la livre, et les diverses espèces de fers pour chevaux communs, chevaux de guerre, courteauds ou chevaux de charrette, et pour mulets ou ânes. Ils peuvent aussi tenir les fers de « grosse besogne », tels que socs, coutres, barres, et fabriquer, de même que les taillandiers, toutes « œuvres blanches et noires » (4). Mais leur principale spécialité consiste à « embatter », c'est-à-dire à encercler ou ferrer les roues de charrettes, qu'ils ne doivent pas laisser trop longtemps au-devant de leurs boutiques, au grand dommage de la circulation publique, comme aussi à ferrer les animaux, sans jeter dans les rues le machefer, les ordures et immondices

42 f° 94¹. — (5) Tableau de 1788. — Ils étaient au nombre de 41 en 1738, tableau de juin 1738), et de 23 en 1583 (statuts de 1583 cités ci-dessous).
(1) Mém. mss. sur Châtellerault, par Roffay des Pallu. — En 1573, lors de la rédaction de leurs statuts, ils étaient 19. Parmi eux, sont compris d'ailleurs les taillandiers. — (2) Droit de 4 fers à chevaux dus au roi par chaque maréchal à Melle. *Aff.Poitou* 1780, p. 199. Même droit à St-Maixent (comptes d'Alfonse de Poitiers, précités). — Doc. sur les maréchaux-ferrans fieffés et la servitude de ferrerie, (1394) pp. Marchegay, *Ann. Soc. d'Em. Vendée*, 1864, p. 121. — (3) Statuts des maréchaux de Poitiers (1583), Vienne, E. 7 5; statuts des maréchaux de Châtell. (1573), Vienne E. 7 1. — Ord. munic. de Poitiers, 4 mars 1676. — (4) Règl. gén. de police de 1578, pour le Poitou (prix du fer 2 s. à 20 d. la livre ; des fers à chevaux placés, 5 s. à 2 s.)

provenant de cette opération (1). Ils ne peuvent mettre en œuvre que du fer « bon et marchand », tel que celui d'Espagne, « afin que les laboureurs et les commerçants ne soyent déçus ». Ils doivent savoir bien ferrer à la façon allemande ou turque (*turquoise*). Ils sont tenus d'avoir une marque pour l'imprimer sur leurs produits, et de visiter tous les ouvrages apportés par les forains (2). Accessoirement, ils ont le monopole de la bouterie, c'est-à-dire de l'art vétérinaire. Ils « médicamentent » les chevaux et le bétail, et pratiquent la saignée (3), en ayant soin, pour observer les règlements municipaux, d'aller porter à la voirie le sang des bêtes qu'ils ont soignées (4).

Le métier des serruriers, probablement aussi ancien que celui des maréchaux (5), est l'une des professions qui réunissent le plus de membres. En 1455, ceux de Poitiers, au moment de la rédaction de leurs statuts, sont au nombre de 12; en 1578, ils sont 13 (6 et en 1665, plus de 18 (7). En 1788, ils arrivent au chiffre de 24 (8). Leur nom primitif est celui de *sarruzier*, et l'art qu'ils exercent s'appelle d'abord la *sarruzerie* (9). « C'est un métier subtil, disent les statuts du xv° siècle ; « les mauvais et faulx ouvraiges qui y peuvent estre faits notamment ès serrures et clefs » peuvent amener toutes sortes « de pertes, larrecins et dommaiges ». Les

---

(1) Ord. de police de 1749 pour Châtellerault, précitée. — (2) Statuts de maréchaux de Châtel*, art. 9 et 10 — des maréchaux de Poitiers, art. 6 et 7. — (3) Mêmes statuts. Voir aussi le chapitre XIII du livre II au paragraphe relatif à l'art vétérinaire. — (4) Ord. de police de Châtell. août 1749. — (5) *Guillelmus cathenarius* (acte de 1262) dem. à Poitiers. *Cart. St-Hilaire* I. p. 302. — (6) Statuts des serruriers de Poitiers 1455, *Mss St-Hilaire* f° 91; *coll. Fonteneau*, tome LXXIV, f° 523. — Ordon. munic. de janv. 1578, *Reg.* 42, f° 944. — (7) Acte d'ass. des serruriers de Poitiers, 26 juin 1665, cité dans le *Reg. des délib. du corps de ville*, n° 116. — (8) Tableau des maréchaux, serruriers, etc. 1788, précité. — (9) Ex. délib. mun. du 18 août 1511, *Reg.* 11; et statuts de 1455.

obligations des artisans qui l'exploitent sont donc nettement déterminées. Il leur est prescrit de ne fabriquer qu'en bon fer les diverses espèces de serrures, en particulier celles qui ferment à deux guichets, et les clefs pour dressoirs ou pour coffres. Ceux qui font des clefs ou contre-clefs en cuivre ou en laiton, ceux qui vendent des serrures incomplètes ou des serrures à demi-tour, dont la bouterolle n'est pas rivée au milieu, sont également passibles d'amende. Il est interdit de vendre toute serrure neuve qui n'est pas munie des gardes nécessaires. Dans des temps où la police et la sécurité publique sont encore mal assurées, ne faut-il pas de fortes grilles, de forts verroux, de fortes serrures pour les maisons, et de fortes chaînes pour les rues? Une méfiance légitime a fait défendre aussi aux serruriers de fabriquer des clefs ou des serrures pour d'autres que les propriétaires (*chiefs de l'ostel*), « pour ce que, disent les statuts, « il y seroit grand péril ». De même, les garnitures munies de fer insuffisant sont saisies, « despecées », c'est-à-dire brisées sur le banc de l'ouvrier, et celui-ci est frappé d'une peine pécuniaire (1). Les maîtres jurés serruriers trouvent-ils dans leurs visites des serrures vieilles ou neuves mal réparées, défectueuses, « non dheuement accommodées de « rasteaux, gardes et ressorts qui y doivent estre pour la « seureté de ceux qui veulent s'en servir », le délinquant est dénoncé et sujet à l'amende.

Un article spécial, qui se retrouve dans les statuts des serruriers de Poitiers, défend expressément à ces artisans, ainsi qu'aux chaudronniers, aux coffriers « et à tous autres » de fabriquer des clefs sur moules de cire ou de terre « parce

(1) Statuts des serruriers de Poitiers, 1455.

« qu'il y choit moult grand péril de corps, et d'avoir ce
« pourrait une personne venir par devers ung orfieubvre
« ou autres ouvriers ou leurs apprentifs, pour faire clefs ou
« locquets et gecter ung moulle, pour quoy l'on pourroit
« perdre corps et biens » (1). Il n'y a dès lors rien d'étonnant à ce que la confection d'une bonne serrure pût demander une quinzaine de jours (2). Au reste, les serruriers peuvent fabriquer encore d'autres ouvrages de fer, tels que grilles, balcons, balustrades, ressorts de voitures, stores de carrosses ou d'appartements, cadenas, qui sont parfois par le fini et l'ingéniosité de l'exécution de véritables œuvres d'art. Au XVII° siècle, à Poitiers, pour mettre fin aux contestations entre armuriers et serruriers, les premiers empiétant sur le métier des seconds, il fut légalement décidé que les deux communautés n'en formeraient qu'une, qui à la serrurerie pourrait joindre la fabrication et la vente des armes (3). Comme la profession exige une longue expérience et des soins minutieux, les règlements obligent les serruriers forains à soumettre leurs produits à la visite des artisans urbains; ils prononcent une amende contre les acheteurs qui acquièrent ces articles avant cette formalité, surtout si les acquéreurs appartiennent à la communauté des revendeurs de coffres, écrins et malles (4). Les serruriers de la ville sont

(1) Mêmes statuts. — Ordon. munic. de Poitiers, 18 avril 1633, *Reg.* 83. — Inform. contre un serrurier de Challans pour fabric. de fausses clefs, 14 oct. 1769, **Vendée** B.349. — (2) Assertion qui se trouve dans les statuts des serruriers de Tours (1474). *Ordon. des rois*, XVIII, 109. — Certaines serrures ou cadenas sont d'ailleurs très soignés, de vrais chefs-d'œuvre spéciaux, ex.: cadenas décrit par Bitton. *Soc. d'Emul.* **Vendée**, 1886, p. 23; autre *Bull. Antiq. Ouest*, 2º série II, 17 et 21. Voir aussi dans Fillon et Rochebrune(*Poitou et Vendée*, nº 36) les ustensiles du Moyen-Age figurés. — (3) Ordon. munic. de Poitiers 1ᵉʳ déc. 1631. *Reg.* 82. — (4) Statuts des serruriers de Poitiers, 1455.

tenus de visiter encore les serrures achetées ou vendues par les huchiers, coffriers, escriniers, malletiers ou autres marchands. Non seulement, les maréchaux et fèvres grossiers ne doivent pas s'immiscer de « besoigner du mestier de sarruserie » (1), mais encore tout serrurier, qui s'avise d'aller forger des serrures dans l'atelier d'un maréchal ou d'un taillandier, est passible d'une pénalité pécuniaire supérieure à celle qui atteint ce dernier (2). Cloutiers, « sarpiers et autres ouvriers qui travaillent en œuvres blanches », n'ont pas le droit de faire « besogne neuve et d'en passer de vieille par le feu, qui dépende » de l'art des serruriers, par exemple des bandes, grillons, gonds, courroies et verges de châlits et de vitres. Les serruriers sont autorisés à exercer leur contrôle à cet égard (3). Si ces artisans ne peuvent empêcher les menuisiers de préparer les fûts ou bois d'arquebuses, dont ils prétendaient se réserver le travail, du moins ils ont obtenu qu'il fût défendu à tous ouvriers du bois, y compris les charpentiers, d'attacher ou de mettre en œuvre, à peine de confiscation et d'amende, toutes pièces de fer nécessaires au bâtiment ou à l'ameublement (4). Enfin, ils ont fait défendre aux ferrons et revendeurs d'acheter de vieilles clefs ou loquets, si ce n'est pour les envoyer aussitôt à leurs forges, où on les fond et met en œuvre (5).

Les statuts des serruriers font mention de la communauté des *chauderonniers* ou *chaudronniers* qui dut être l'une des premières organisées en Poitou, puisque la chaudronnerie et la poêlerie figurent parmi les articles du commerce

---

(1) *Ibid.* Ordon. munic. de Poitiers 16 août 1511, *Reg.* 11. — (2) Statuts de 1455 (l'amende est double pour le serrurier) — (3) Ordon. munic. de Poitiers, 11 et 18 avril 1633, *Reg.* 83.— (4) Délib. munic. 16 octobre 1651, *Reg.* 103 ; ordon. des 11 et 18 avril 1633. — (5) Statuts des serruriers, 1455.

local dès une époque assez reculée (1). En 1522, les chaudronniers de Poitiers sont au nombre de cinq (2). Ils se confondent, ici avec les fondeurs et les poêliers, là avec les potiers d'étain (3). Dans une requête de 1603, ceux de la capitale du Poitou prennent le nom de « marchands poisliers et fondeurs » (4). Ils travaillent le cuivre rouge ou jaune (5) et le laiton, fabriquent et vendent tous ustensiles de cuisine, chaudrons, coquemars, casseroles, marmites et poêles, et même des ouvrages plus délicats, tels que les timbales, les trompettes et les cors de chasse. Ils habitent certaines rues, loin des églises et édifices publics. En 1628, le corps-de-ville de Poitiers interdit aux habitants de la rue des Cordeliers de loger des chaudronniers dont le travail peut troubler le service divin (6). Ils ont aussi droit de préemption pour les matières premières de leur métier, telles que cuivre, métal ou mitraille, dont on interdit au besoin le transport hors de la province. C'est ce qui se produit, au début du XVIIe siècle, à l'encontre de marchands Lorrains, qui parcouraient le Poitou vendant des poêles et chaudrons et achetant le métal ou la mitraille, au préjudice des poêliers poitevins. Ceux-ci exercent enfin, en présence du maire ou du procureur de la police, une sorte d'inspection sur les marchandises de leur profession mises en vente par les forains (7).

(1) Livre Noir de Châtellerault (analysé par A. Barbier). *Mém. Antiq. Ouest*, 11e s. XVI, 239, 434. — Coutume de la Sèvre (XIIIe s.) — Tarif de la prévôté de Poitiers (XIVe s.) — (2) Liste des métiers de Poitiers, 1522. — (3) Liste des corporations de Poitiers, de St-Maixent, de Châtellerault 1789, précitées. — (4) Requête des marchands poisliers et fondeurs de Poitiers, 25 août et 6 octobre 1603, *Reg.* 61. — mes poêliers mentionnés dans une délib. du 29 janvier 1635, *Reg.* 85. — (5) La rue du Chaudron-d'Or à Poitiers doit prob¹. ce nom à une enseigne de chaudronnier. — (6) Délib. munic. de Poitiers, 2 octobre 1628, *Reg.* 79. — (7) Ordon. munic. de Poitiers, 25 août et 6 octobre 1603, *Reg.* 61.

Une autre spécialité, la fabrication de la coutellerie, est l'apanage d'un métier dont on trouve des traces dans la plupart des bourgs et villes du Poitou, et qui est exercé, dès la fin du xi° siècle par des femmes aussi bien que par des hommes (1). On sait que Châtellerault a été une des métropoles de cette industrie. Les couteliers de cette ville et du bourg voisin d'Ozon, qui en est une dépendance, sont au nombre de 50 maîtres en 1570, c'est-à-dire à l'époque où ils reçurent leurs statuts (2). En 1738, le chiffre s'en élevait à 120 (3), en 1772 à 236 (4), un peu avant 1777 à 300 (5). Ailleurs, les couteliers sont surtout des marchands qui débitent les ouvrages de leur profession, bien plus qu'ils ne les fabriquent. On voit, par les règlements donnés aux couteliers de Châtellerault et par d'autres documents, que le travail de ces industriels s'appliquait à trois grandes variétés de produits. En premier lieu, ils fabriquaient et vendaient des articles usuels, couteaux communs, grands et petits, ciseaux, rasoirs, qu'ils expédiaient en paquets (6), et que les ouvrières châtelleraudaises allaient offrir aux voyageurs avec une insistance qu'Arthur Young qualifie de « sollicitude polie » (7). Certains de ces ouvrages, ciselés avec art, avec des manches d'ivoire rehaussés d'or

---

(1) Ex. *Maria cultelleria* (cens de 1100). *Cart. St-Cyprien*. (*Arch. hist. Poitou*, III, 38.—Voir aussi *le Livre Noir de Châtell*. op. cit.— Les tarifs de la Sèvre et de la prévôté de Poitiers — les comptes de la ville de Fontenay, (1450), documents précités. — (2) Statuts des couteliers de Châtellerault, 25 mai 1570 (*Arch. Mun. de Châtell. Reg. n° 40, f° 22* ; publiés in extenso par L. Payé, *La Coutellerie* I^t, 102-104.—(3) Mém. sur Châtel^t. (1738), par Roffay des Pallu. — (4) Etat du 3 août 1672 cité par Pagé, p. 128. — (5) Cahier du tiers-état de Châtell^t. (1789), cité par Pagé, p. 151. — (6) Statuts des couteliers de Châtel^t. art. 16-20.—(7) A. Young. *Voyage en France*, trad. Lesage I. 86. — Journal de Mme Gauthier analysé par A. Babeau, *Les Voyageurs*, p. 325.

ou de pierres précieuses, étaient réservés aux personnages de marque et aux souverains ou princes de passage (1). Les marchands couteliers débitaient aussi, avec les rasoirs, le cuir, la poudre et autres accessoires (2). Ils se livraient de plus à la fabrication et au commerce des armes. Ils font et vendent au xvi° siècle des épées droites de trois pieds et de quatre doigts de long, des coutelas de deux pieds et demi, de grands couteaux pour écuyers, soit forts et à pointe rabattue, soit en biseau et coupant des deux côtés, de longues lances de cavalerie appelées azayants armées aux deux bouts d'une pointe de fer, des javelines au fer large et long, à l'extrémité en forme de crochet qu'on nommait corsecques, des dagues, des poignards, des voulges, des haches, des hallebardes et bâtons ferrés (3). Ils produisent enfin les instruments de chirurgie, tels que les trépans et les lancettes, et même des bandages pour les hernies et des pessaires pour les maladies des femmes (4). Le monopole de la production de ces divers articles appartient aux couteliers. Il n'est même pas permis à d'autres qu'à eux de préparer les allumelles ou tiges et les manches des couteaux (5). La vente est contrôlée avec soin. Nuls forains merciers, couteliers ou autres, ne sont admis à étaler des articles de coutellerie, ni même à déplier leurs paquets, sans avoir subi la visite des jurés couteliers, chargés de savoir si les objets exposés « sont bons et de bonne estoffe », et « d'éviter les fraudes

---

(1) *Rel. des amb. venit.* II, 131. — *Journal d'Héroard*, tome II, — autres exemples cités par *Pagé*, pp. 122-123. — (2) Annonce de marchand coutelier à Poitiers, rue N.-D. la Petite. *Aff. du Poitou*, 1776, p. 52. — (3) Statuts des couteliers de Châtell'. art. 16-20, 6 et 7. — (4) Annonce de coutelier rue St-Etienne et enseigne, pp. Ginot, *Bull. Antiq. Ouest*, 2ᵉ série (1898), p. 169 — autres annonces, *Affiches du Poitou*, 1776, p. 52 ; 1774, p. 176. — (5) Statuts des couteliers de Châtell'. art. 17. — Sentence contre Audinet, marchand à Châtell'. 27 fév. 1725, citée par C. Pagé, p. 128.

et abus». Exception n'est faite qu'en faveur des petits couteaux de table qui se débitent empaquetés et engaînés comme les produits de la mercerie (1). Le souci d'une bonne fabrication inspire les auteurs des statuts quand ils prescrivent l'inspection des ateliers de coutellerie, la confiscation et la mise en pièces des mauvais ouvrages. Il en est de même de l'obligation imposée aux couteliers de tout fabriquer, jusqu'aux couteaux communs, en bon acier et non en acier cru (2). Il importe aussi d'assurer une production régulière, en permettant à ces industriels de s'approvisionner avec facilité de combustible et de matières premières. Comme tous « les gens de forge », les couteliers ont donc, à Châtellerault du moins, un droit de préférence pour acheter le charbon et le bois, en obligeant les marchands à se contenter d'un bénéfice honnête sur la vente (3). Les négociants qui pratiquent le commerce de l'ivoire, de l'ébène, de l'émeri en grains (*semillon*), des barbes de baleine « et « autres marchandises appartenant au métier de coutelier », sont tenus de prévenir les artisans qui exercent cet art, pour qu'ils puissent se pourvoir les premiers (4). Ceux-ci sont responsables de leurs ouvrages, et, pour ce motif, astreints à les marquer d'une marque spéciale à chacun d'eux, sans qu'ils puissent en avoir plusieurs, sous peine de confiscation et de grosses amendes. Ces marques représentent des croix, des ciseaux, des écus, des fers à cheval, des tiges, des mortiers, des croissants, des pieds de biche, des éperons, des tire-bouchons, des haches d'armes, des canifs ou des

---

(1) Statuts des couteliers de Châtell^t. art. 6 et 7. — (2) Statuts des couteliers de Châtell^t, art. 17 et 20.— (3) Statuts des couteliers de Châtell^t. art. 18 et 19. — Clauses analogues dans les statuts des maréchaux de Châtell^t. et de Poitiers. — (4) Statuts des couteliers de Châtel^t. art. 17 et 20.

doloires, des battoirs, des musettes ou des violons, parfois encore des figures d'hommes ou d'animaux, le sauvage, le chérubin, l'ermite, le perroquet, la licorne, la tête de bouc, ou simplement des initiales, le tout surmonté souvent d'une couronne (1). Le coutelier n'a pas le droit d'en changer et le graveur est tenu d'avertir le juge de police toutes les fois qu'il reçoit la commande d'un nouveau poinçon (2). Chaque marque est déposée au greffe sous forme d'une empreinte à la cire, et au siège de la juridiction des métiers, sous celle d'une reproduction exacte gravée ou insculpée sur la planche de cuivre de la communauté des couteliers. Quand la planche est pleine, on la renouvelle aux frais de ce corps, et les intéressés sont obligés dans un court délai d'y faire insculper leurs marques (3).

Des règlements du même genre, aussi précis, s'appliquent aux pintiers et potiers d'étain, dont le métier est l'un des plus anciens qui se soient formés en Poitou. Une ordonnance de 1333 mentionne en effet à Poitiers la présence de six artisans de cette spécialité assistés de deux valets (4). On en signale trois en 1443 (5) et 10 en 1522 (6), et parfois l'un d'eux arrive aux honneurs de la juridiction consulaire (7). Leur communauté se maintint jusqu'à l'époque de

(1) Tableau des marques des couteliers de Châtell⁺. dans *Pagé*, pp. 117-118. — Statuts des couteliers de Châtell. art. 8. — Ordon. du lieut. g. de police de cette ville, 10 mars 1741. (*Pagé, p. 119*). — Tableau du poinçon des couteliers de Châtell. *Bull. Antiq. Ouest*, 2ᵉ s. tome III. — (2) Sentence du 16 août 1766 contre Fleury, graveur. (*Pagé, p. 119.*) — (3) Ordon. du lieut. g. de police de Châtell. 4 mars 1769. (*Pagé, p. 120*). — La planche de 1598 par ex. contenait 339 marques. — (4) Règl. concernant les potiers d'étain de Poitiers, 19 avril 1333 *Mss St-Hilaire* f° 80; *coll. Fonteneau XXIII, f° 307*. — (5) G. Bapst. *Etudes sur l'étain dans l'antiq. et au Moyen-Age*, in-8°, 1884, p. 233. — (6) Listes des métiers de Poitiers, 1522. — (7) Ex. Ph. Estrelin, pintier, juge-consul en 1654, *Arch. hist. Poitou* XV, 103. — Baumier, potier d'étain, *ibid.* XV, 206.

la Révolution (1). Elle vivait du travail de l'étain, que l'on employait à la fabrication de la vaisselle et des objets d'ameublement, avant la vulgarisation de la faïence. Il est question, dans les inventaires et autres documents, d'écuelles, de cuillers, de plats d'étain, de disques ou couvercles, de terciers ou mesures, de coupes, de pintes, de chopines, de pots ronds ou carrés, de buyes faites de même matière (2). Sur les dressoirs des bourgeois ou des clercs de fortune moyenne, la vaisselle d'étain remplace les ustensiles de terre des classes pauvres, l'argenterie des classes riches. Les églises utilisent même l'étain pour le mobilier sacré usuel, tels que chandeliers, calices, tuyaux ou pièces d'orgues (3). Les potiers ou pintiers appelés aussi en Poitou *picherers* (*pichereni*) (4) ne sont pas libres de fabriquer à leur guise ces produits si répandus. En particulier, la loi n'autorisait, pour les pots ronds, qu'un alliage de 10 0/0 de plomb, et pour les autres ouvrages, elle prohibait même le plomb, n'admettant avec l'étain que l'emploi de la mitraille, c'est-à-dire de la ferraille fondue (5). Cette prescription était inspirée sans doute par le souci de la solidité des produits, mais aussi probablement par une préoccupation d'ordre hygiénique. L'emploi du plomb en excès dans des ustensiles surtout destinés à la cuisine pouvait être dangereux. Il

(1) Requête des m[es]. potiers d'étain de Poitiers au Bureau du commerce, 1741 mai, *Arch. Nat.* F.12.88. — Liste des commun[es]. de Poitiers en 1788 et 1789 précitées. — (2) Règl. de 1333 ; inv. du chanoine P. Negraud (xve s.) *Cart. St-Hilaire* I. 355 — vaisselle d'étain volée par des soldats, délib. mun. de Poitiers 9 mai 1622 *Reg.* 76 — buyes d'étain (xviie s.) *Vienne* G, 1082 — vaisselie d'étain à l'hôtel du Dauphin 1643, *Reg. des dél. mun. de Poitiers*, n° 94. — (3) Chandeliers d'étain (1622) dans une église (coûtent 1[l] 1/2 chacun), *Vienne* G. ; 1304 calice d'étain dérobé (1605) à Poitiers, *Arch. Mun. Poitiers* N. 45. — Marché de 1608 pour les orgues de St-Hilaire, *Cartul.* II, 283-284. — (4) Termes du règl. de 1333. — (5) Règl. du 19 avril 1333.

l'était si bien qu'en dépit des précautions l'intoxation saturnine paraît avoir été l'origine de cette fameuse colique du Poitou (1), que les médecins ne purent enrayer avant la substitution de la faïence à la vaisselle d'étain. Les ouvrages qui étaient fabriqués en contravention aux ordonnances étaient saisis et fondus (2). Chaque pintier ou potier est responsable de son œuvre, et pour qu'il puisse être au besoin poursuivi, on l'astreint à apposer une marque, dont une empreinte gravée sur un lingot d'étain est déposée à l'hôtel de ville ou à la police, et l'autre aux mains des jurés du métier (3). La vaisselle d'étain est une des richesses que les voleurs cherchent volontiers à s'approprier. « Pour obvier « à leurs larcins, recélements et ventes clandestines », il est interdit aux potiers ou pintiers et à tous marchands en gros et revendeurs, et même aux particuliers, d'acheter aucune vaisselle vieille ou neuve fondue non marquée, ou dont les marques et armoiries sont effacées ou déguisées. Il n'est pas permis de la mettre en vente à moins que ce ne soit par autorité de justice (4). Pour l'achat de la vaisselle d'occasion, il faut demander aux vendeurs suspects leurs noms et pays d'origine, et exiger des garanties (5).

Les ouvriers qui s'occupent de l'armement et de l'équipement militaire forment un groupe qui fut en Poitou bien plus considérable et plus connu que celui des pintiers et potiers d'étain. Ce sont les espéeurs (*spatharii*) ou fabricants

---

(1) Cochon, *Stat. de la Vienne*, p. 44. — (2) *Ibid.* — (3) Ordon. munic. de Poitiers, 8 juin 1660, *Reg.* 110. — « Enjoint aux pintiers, dit le règl. gén. de police du Poitou (1578), faire vaisseaux à vin de mesure et les marquer d'une fleur de lys en bosse en lieu apparent ». — Les potiers d'étain sont aussi tenus de raccommoder la vaisselle, ordon. des 22 et 29 mars 1632, *Reg.* n° 82. — (4) Ordon. munic. de Poitiers, 4 sept. 1637, et 28 juin 1660, *Reg.* 88 et 110. — (5) Ordon. munic. 4 sept. 1637, 21 et 29 mai 1656, *Reg.* 106.

d'épées (1), les heaumiers ou fabricants de heaumes, de hauberts, d'écus, de broignes (2), les éperonniers et lormiers ou fabricants d'éperons, de brides, de freins (*frenerii*) ou de mors (3), et les fourbisseurs (4). Après avoir joui au Moyen Age d'une réputation très grande, ces artisans ne paraissent avoir conservé qu'une importance toute locale. Les *espéeurs* et *heaumiers* disparurent ou se transformèrent en *armuriers, vendeurs de arnois et de hacquebutes*, comme on les appelle dans un document de 1522 (5). Les fourbisseurs d'épée et les éperonniers se maintinrent à côté de ceux-ci jusqu'à la Révolution (6), et formèrent avec eux un même corps. Une nouvelle variété surgissait aussi vers le xvi° siècle, celle des arquebusiers (7), et les trois métiers des fourbisseurs, armuriers et arquebusiers finirent par s'unir. Ils se confondirent avec les serruriers à Poitiers (8), avec les couteliers à Châtellerault (9), tandis que les éperonniers se rattachaient aux maréchaux (10). Outre les armures pesantes en acier ou en fer nommées *arnois*, ces ouvriers, dont plusieurs venaient du dehors, par exemple de Lorraine (11)

(1) Voir ci-dessus livre Ier et études de Rédet. *Bull. Antiq.Ouest* 1re série, XIV, 293 ; *Mém. XLX*, 454 (rue de la Vieille Espéerie à Poitiers). — (2) Voir ci-dessus livre Ier, chap. Ier — (3) Voir même chap.—Règlement des éperonniers de Poitiers (qui sont alors 4), en 1265, *Mss St-Hilaire*, f° 65, coll. *Fonteneau* XXIII, f° 267. — *Hunebertus frenerius* (acte de 1100) *Cart. St-Cyprien Poitiers*, p. 116. — Droits du comte Alfonse à St-Maixent (il y a un lormier, *lormerium*), Boutaric, p. 236. — (4) Droits du comte Alfonse (*unum forbisor qui forbit enses*), *ibid.* — (5) Liste des métiers de Poitiers (1522); ils sont au nombre de 9 ; ils sont 6 en 1549, Délib. mun. de Poitiers 21 janv. 1549, *Reg.* 30. — (6) Audemard, m. fourbisseur d'épées à Poitiers (acte de 1669) *Vienne* G. 1285. — Requête des 4 fourbisseurs de Poitiers 1756. *Arch. Nat. F. 12.* reg. 10, n° 1721. —Mention des fourbisseurs-éperonniers dans les listes des corps de métiers 1788 et 1789. — (7) Mention dans la liste de 1522, dans la délib. du 24 juin 1641 ; dans celle du 16 oct. 1628, *Reg.* 79. — (8) Ordon. munic. de Poitiers, 1er déc. 1631 et 24 juin 1641, *Reg.* 91. — (9) Pagé, p. 145. — (10) Tableau des maréchaux, etc. à Poitiers, 1788, précité. — (11) Armurier arquebusier de Stenay établi. *Délib. mun. de Poitiers* 24 sept. 1629, *Reg.* 80.

et d'Angleterre (1), fabriquaient et vendaient aussi des *hacquebutes* ou arquebuses et couleuvrines à main, des bâtons à feu et des fusils, des épées, des couteaux et des dagues, des piques, javelines et hallebardes, des épieux, pertuisanes, voulges, bracquemars, masses d'armes, haches et poignards. Ils pouvaient les dorer, les argenter, les damasquiner, en ciseler les montures, en préparer les fourreaux, enfin les fourbir et remettre en état (2). La communauté des éperonniers-lormiers se consacre à la fabrication des éperons et mors de tout genre, des filets, bridons, étriers, étrilles, boucles de harnais, qu'elle dore, brunit, étame. Un règlement de 1265 relatif aux lormiers de Poitiers leur reconnaît aussi le droit de réparer ces produits (*garire opera facta*), et les astreint à répartir entre eux au juste prix ceux qu'ils auront achetés (3). Florissante au Moyen-Age et tant que les mœurs guerrières se maintinrent, la corporation déclina au point qu'en 1788 elle ne comptait plus dans la capitale du Poitou que deux membres (4). Les ordonnances qui concernent ces professions

(1) Délib. mun. de Poitiers autor^t. un m^e. armurier anglais à s'établir près de la boucherie et à bâtir harnois et cuirasses, 22 mars 1610. *Reg.* 65.
— (2) Énumér. du règl. de police de Poitiers de 1541. — Montre ou revue d'Apremont (1528) *Ann. Soc. d'Emul. Vendée*, 1878 p. 174; *Auber, Un poignard du XVIe s.*, *Mém. Antiq. Ouest*, VIII, 153. — Lettres de grâce pour un archer poitevin 1491. (*Ann. Soc. d'Emul. Vendée* 1875, p. 35). — *Livre de comptes du s. de la Pellissonnière* (fin xvie s.); achat d'un poignard damasquiné chez Picard, fourbisseur devant la porte du Petit More à Poitiers) (*p. 19, pp. L. Audé*).— Vente d'armures et d'armes par Th. A. d'Aubigné (1619) *Arch. hist. Poitou* I, 323. — Fusil à double canon inventé par un armurier des Sables et estimé 1200 l. *Aff. du Poitou*, 1778, p. 47.
— (3) Règlement de 1265, précité. — Un bon frein vaut en 1307, 4 s. et un éperon 4 d. (*Ordon. du sén. de Poitou, précitée.*) — Voir au point de vue archéologique, *Baudry, Eperons du X au XIIIe s. Bull. Antiq. Ouest* 1re s. XII, 65-70. — Découvertes du gué de la Sèvre. *Bull. Soc. Stat. D.-Sèvres*, III, 275-277. — (4) Tableau des ouvriers en fer de Poitiers, 1788, précité (tous deux demeuraient rue Cloche-Perse).

dans la province paraissent aujourd'hui perdues. Certaines prescriptions qu'on a conservées semblent montrer que la fabrication ou la préparation de leurs produits était astreinte à certaines règles techniques. Ainsi la place, la longueur, le poids du canon, du guidon, de la mire, des tenons de l'arquebuse se trouvaient fixés. Le polissage intérieur et extérieur de l'arme, la nature de la monture en bois de cormier sec sans nœud ni fistule, l'obligation de l'épreuve du canon et de la culasse, se trouvaient indiquées dans les statuts des arquebusiers. Toutes « besognes données à rac« commoder pour y mettre pièces neuves » ne devaient être réparées qu'avec soin, sans « pièces brazées ne cor« rompues ». Les armes ne pouvaient être mises en vente sans porter la marque du fabricant (1). D'autres mesures, prises dans l'intérêt de la sûreté publique, interdisaient tous essais d'armes à feu dans l'enceinte des villes, à peine d'amende ou de prison, et prohibaient la vente, le prêt ou la location des harnois, piques, javelines, hallebardes et autres engins dangereux, aux étudiants, gens de métier, clercs, laquais et étrangers, sans autorisation de la police (2).

La clientèle des fondeurs de cloches et des facteurs d'orgues, beaucoup plus restreinte que celle des ouvriers de

---

(1) Ordon. munic. de Poitiers, 24 juin 1641, *Reg.* 91. — (2) Règl. de 1541, 1567, 1578, 1632, 1634, 1700, 1733, pour la police de Poitiers et du Poitou, précités. — Règl. de police de Châtel[t] 1749, art. 26 et 28. — Ord. du présidial de Poitiers, 27 juin 1767 (interdisant de faire épreuves des armes dans l'enceinte de la ville, de tirer dans les rues, places et remparts aucuns coups de fusil et pistolet). *Arch. Antiq. Ouest.* — Ord. du présidial (12 juin 1742), défendant à tous m[ds]. quincailliers, armuriers, fourbisseurs d'épée, arquebusiers et regrattiers de vendre à des enfants au-dessous de 15 ans, aucunes armes de poche, pistolets, poignards, bâtons invasifs, dans lesquels il y a lames d'épée, ou autres non usités et toujours suspects. *Vendée* B. 777 (enreg. de cette ord. au siège des Sables).

l'armement, ne se composait guère que des communautés religieuses et du clergé. L'art campanaire a été en Poitou l'objet d'une étude approfondie. Il en résulte que les plus anciennes cloches de la province auraient été placées au ixe siècle à Ligugé, au xive siècle, en 1369, à l'église Saint-Léger de Poitiers (1). Le nombre s'en multiplia rapidement, soit dans les édifices civils, tels que le palais de Poitiers, soit dans les édifices religieux (2). Ce furent généralement des artistes étrangers au pays, des Parisiens, comme Jean Osmont, l'auteur de la cloche du gros horloge établi par le duc de Berry, et surtout des Lorrains, qui vinrent installer en Poitou leurs ateliers provisoires ou définitifs. On a relevé les noms de dix fondeurs de Lorraine établis dans la province du xvie au xviiie siècle (3). A leur école se formèrent les fondeurs poitevins (4). Ces industriels, nommés encore *sainctiers* (du latin *signum*), (5) étaient du reste aussi fondeurs d'artillerie et fabriquaient au xve et au xvie siècle des grenades, des boulets, de la mitraille, des coulevrines et des canons (6). A Poitiers en particulier, le corps de ville

(1) J. Berthelé. *Rech. pour servir à l'histoire des arts en Poitou* in-8º, 1889, pp. 200-455. — Du même, études sur diverses cloches, *Rev. Poit. et saint*, 1890-1895. — R. Drouault. *Les vieilles cloches*, ibid, 1891. — H. Gélin. Les cloches protestantes du Poitou. *Bull. hist. protest. franç.* 1891, pp. 585. 652. — (2) Sur les fondeurs Osmont et Haury aux gages du duc de Berry, *Rédet, comptes mun. de Poitiers, Mém. Antiq. Ouest*, VII, 409-413, — de Champeaux, *Gaz. Arch.* 1887. — Berthelé cite en 1451 la cloche de St-Porchaire, en 1445 celle de la cathédrale de Poitiers, *Rech.* pp. 240-246. — (3) Berthelé. *Rech.* pp. 210-220. — Exemple de marché avec un fondeur lorrain au xvie s. (Comptes de la fabrique de N.-D. la Grande à Poitiers, *Vienne*, G. 1286). — (4) Ex. Novion de Niort en 1539, *Berthelé, op. cit.* p. 263. — (5) Marais et Ernault, Etude étymol. sur le mot sainliers. *Bull. Antiq. Ouest*, 1897. — (6) Par ex. Et. Bouchard (1413-1451) (*Berthelé*, pp. 227, 250); Pierre Bidault, fondeur à Poitiers, qui fabrique des grenades pour le siège de Lusignan (xvie s.), A. de Champeaux, *Dict. des Fondeurs, ciseleurs, doreurs* in-16 (1888), tome Ier, p. 124.

entretient aux moments critiques à l'arsenal une fonderie et un ou plusieurs fondeurs, qui, avec la poêlerie, le cuivre, la mitraille, livrée par les habitants ou achetée au dehors, sont chargés de fabriquer des boulets de tout calibre, des pièces d'artillerie de tout genre, des arquebuses et des mousquets (1). Plus tard, la fonte des objets de guerre se concentra dans les grandes forges de l'Angoumois, du Limousin et du Périgord pour la région de l'Ouest. En général, le fondeur est un ouvrier nomade à la recherche de commandes et qui établit son atelier, soit dans l'arsenal municipal, soit dans le voisinage de quelque forge, ou bien qui construit un fourneau temporaire pour ses opérations, souvent à proximité d'une église (2). Les marchés conclus avec les fondeurs de cloches ou d'artillerie stipulaient un prix variable, suivant que les ouvriers fournissaient le métal ou que le métal leur était fourni. C'est tantôt un prix global, tantôt une rétribution fixée à raison de 100 l. de métal (3). En plus, le fondeur de cloches reçoit souvent une indemnité pour mettre la cloche en place, et une gratification sous le nom de vin du marché (4). Il recueillait de toutes parts le cuivre et

(1) Délib. munic. de Poitiers rel. aux fondeurs et à la fonderie de l'Arsenal, juin 1574, mai 1575, 20 mai 1581, avril et 4 juillet 1583, 18 mars et 15 sept. 1586 (relatives à 2 fondeurs venus de Saumur), 19 janvier, octobre et nov. 1587, 19 juin 1589, 3 sept. 1590, 24 août 1598, *Reg.* 42, 43, 44, 45, 46, 47, 48, 50, 57. — (2) Berthelé, *Rech*. p. 255. — *Id*. Une fonte de cloches au temps jadis, *Bull. Antiq. Ouest*, 2ᵉ s. V, 159-169. — (3) Marché de juin 1574 avec Vidaud, fondeur d'artillerie (on lui donne d'abord 2 s. 6 d. par 6 livre de métal fondu, puis 10 l. par 2000 l. de métal). *Reg. des dél. mun. de Poitiers*, nᵒ 42. — (4) Ex. de marchés : Osmont en 1387 reçoit 300 l. et le métal, *Rédet. Mém. Ant. Ouest* VII, 409. — Marché de 1515 pour une cloche de 1500 l. à St-Maixent (20 écus d'or au fondeur s'il fournit le métal, 35 l. dans le cas contraire : le métal est estimé 3 s. la livre) *Cart. St-Maixent* II. 268-269. — Marché de 1539 à Niort (17 l. 10 s. au fondeur par 100 l. de métal fondu ; 70 l. pour la mise en place, 10 s. 6 d. pour le vin du marché). *Berthelé*, p. 263. — Marché de 1620 à Vauçais (36 l. au fondeur qui reçoit la matière) *ibid*. p. 308. — Procédure de

l'étain vendus ou fournis gratuitement par les habitants de la province, établissait ses moules à la cire, et avec l'aide d'une foule de soufflets, procédait à la fonte, opération pénible pendant laquelle le fondeur et ses auxiliaires ne ménageaient pas les rafraîchissements (1). Le nombre de ces artistes était si restreint que leur communauté paraît n'avoir été régie que par des coutumes et qu'on n'a encore retrouvé aucun règlement qui la concerne.

Celle des faiseurs d'instruments à vent, luthiers, facteurs d'orgues et de clavecins ne semble pas avoir eu beaucoup de représentants en Poitou. L'Allemagne et les Flandres à l'étranger, Paris et Rouen dans le royaume, possédaient les meilleurs fabricants. C'est à un facteur normand que le chapitre Saint-Hilaire s'adresse en 1608 pour la réfection de ses orgues (2). Néanmoins, on connaît quelques artistes poitevins qui se consacrèrent à cette industrie spéciale. En 1467, c'est un facteur d'origine poitevine, Pierre de Montfort, prieur de Saint-Porchaire de Poitiers, qui établit les orgues de la chapelle de Châteaudun (3). Au XVIIe siècle, un habile artiste local, Favre, construit les belles orgues de la cathédrale Saint-Pierre (4). En 1745, dans la paroisse Saint-Paul, l'une des circonscriptions religieuses de la capitale du Poitou, réside Antoine Glockner, facteur d'orgues, à qui l'on confie le soin de fabriquer celles de Notre-Dame de Niort (5). Ces industriels se chargent générale-

---

M. Gausberg, fondeur de cloches, contre le curé de St-Jean de Bourneaux pour 892 l. de fournitures (1771). *Vendée* C. 56.

(1) Berthelé. *Une fonte de cloches*, etc., pp. 160-164. — (2) Marché de 1608 pour les orgues de St-Hilaire. *Cart. de St-Hilaire* II. — (3) Mention dans la *Rev. Poit. et Saint*, 1893, p. 94. — Au XVIIe s. Crespin Carrelier, facteur d'orgues. *Arch. hist. Poitou* XV. — (4) La Liborlière, *Souv. du vieux Poitiers*, pp. 24, 32, 38, 62, 66, 79. — (5) Marché de 1745 avec Glockner, pp. Berthelé, *Rev. Poit. et Saint.*, 1890 p. 184.

ment à prix fait de construire les tuyaux, soufflets, claviers, et de les placer ; le buffet et la tribune sont montés à part par les menuisiers (1). Jusqu'ici, on a rencontré dans les archives d'assez nombreux marchés de ce genre, mais les détails sur l'organisation elle-même de cette profession font défaut, aussi bien que sur celle des facteurs de clavecins, métier dont on a retrouvé des traces à Poitiers pour le XVIIe siècle (2).

On ne sait aussi presque rien sur les professions de fontainiers et d'horlogers. Les premiers formaient un corps peu nombreux, puisque les documents les mentionnent très rarement. A Poitiers, il n'en est question pendant près de cent ans qu'une seule fois lors du projet d'adduction des eaux de Tizon sur les places Notre-Dame et du Marché Vieux, où l'on eut un moment l'idée d'établir des fontaines publiques (3). Les seconds n'apparaissent en Poitou qu'au XIVe siècle. On sait que la première horloge établie à Poitiers en 1386-1387 sur l'ordre du duc de Berry (4) passa longtemps pour une des curiosités de la ville (5). C'est à cette occasion qu'est cité le premier horloger qui ait probablement exercé son art dans la province. C'était Pierre Meslin, qui fut chargé de construire le mouvement intérieur de l'horloge et les personnages mobiles dont la

(1) Ex. marché pour 3000 l. avec Carrelier (XVIIe s.) *Vienne*, G. 134. — Marché de 1602 avec Ourry, *Vienne* G. 1304. — Marché de 1745 avec Giockner, ci-dessus cité (il reçoit 2000 l.), etc. — (2) Un facteur de clavecins, Montuzeaud, vivait à Poitiers en 1620. Note sur une épinette poitevine, par A. Tolbecque. *Bull. Antiq. Ouest*, 2e s. V, 416. — (3) Délib. munic. de Poitiers, 19 sept. 1611. *Reg.* 68. — Mention d'un fontainier à Fontenay 1711. (Comptes d'octroi de Fontenay, 1711) *Vienne*, G. 581. — (4) Au sujet des impositions pour le gros horloge » 1386-87. *Arch. mun. Poitiers* J, 4, 190, 191, 192, 242.— Pilotelle, Le gros horloge (*Bull. Antiq. Ouest* 1re s. IV, 1844), p. 221). —(5) « Plût au ciel, dit Pantagruel, que j'eusse au col les grosses horloges de Rennes, Poitiers, Tours et Cambrai. » *Œuvres* II, 136.

fonction consistait à sonner les heures. Il reçut une pension de 100 l. pour veiller à la régularité du fonctionnement de ce nouvel ouvrage (1). Depuis, la capitale du Poitou et les villes importantes du pays, telles que Saint-Maixent, Fontenay, Niort, Châtellerault, Argenton, eurent leur horlogeur municipal pour donner des soins au mécanisme des horloges, dont chacune d'elles tint à honneur de posséder un spécimen (2). Cet industriel était aussi investi des fonctions de garde des poids et mesures de la commune, et astreint à les régler et étalonner (3). Au reste, la fabrication des horloges d'appartement et des montres ne tarda pas à se développer. Dès 1408, on trouve à Parthenay un « allogeur et faiseur d'alloges » (4). La nouvelle industrie se répand jusque dans les bourgs tels que Vivonne qui ont leurs « orelogeurs » (5). Ceux de Châtellerault sont au xviie siècle les plus renommés (6). Au xviiie, il en est de même des horlogers d'Airvault et de Saint-Loup (7). Ils font des montres de tout genre, même à répétition, des pendules compliquées à équations sonnant les heures et les quarts (8), et ils ont fini par

(1) Rédet, comptes mun. de Poitiers, *Mém. Antiq. Ouest*, VII, 409. — *Arch. mun.* J. 192, liasse 27. — (2) Comptes des octrois de Niort, Fontenay, Argenton (xviiie s.) *Vienne*, C. 578, 582. — L'horloge de Niort qu'on projeta d'établir en 1570 aurait ressemblé à celle de Strasbourg. *Description publiée dans la Rev. Poit. et Saint*, 1889, 434-436. — Arnault, *Bull. D.-Sèvres*, V, 177. — Niort avait une horloge depuis l'époque du duc de Berry. — Comptes munic. de St-Maixent 1574, *Bull. D.-Sèvres*, III, 61 (le gouverneur de l'horloge reçoit 15 l.). — Sur l'horloger de la ville à Châtellerault (1774), *Godard II*, 204. — (3) Au mois des offices tenu en juillet chaque année, on désigne le titulaire. *Reg. des délib. mun. Poitiers, passim.* — (4) Acte de rémission de 1408. *Arch. hist. Poitou.* XXVI, 143. — (5) Mention d'un horloger de Vivonne dans un acte de 1603, pp. P. de Fleury. *Note sur une horloge à pendule à Angoulême* 1891, p. 11. — Clerteau, horloger de Péault-sur-Mareuil établit pour 500 l. l'horloge de N.-D. de Fontenay (1751). *Rev. Poit. et Saint*, 1890, p. 74. — (6) Voir livre Ier chap. III. — Châtellerault avait 6 horlogers en 1673, et 9 en 1738, *Vienne* E. 71 ; mém. de Roffay 1738. — (7) Voir livre Ier, chap. IV. — (8) Notice sur Admirault, horloger à Thouars. *Aff. du Poitou* 1779, p. 204.

joindre à leur commerce celui de la bijouterie (1). La profession est d'ailleurs mal connue. La plupart des documents relatifs à ce métier ont disparu.

On a plus de renseignements sur l'importante corporation des orfèvres. Ils travaillèrent de bonne heure, surtout pour les églises et les abbayes, dans les principales villes du Poitou, telles que Poitiers, Saint-Maixent et Thouars (2). En 1467, les maîtres orfèvres de la capitale du Poitou étaient au nombre de huit (3). Leur chiffre est limité à 15 depuis 1571 (4). Il y en avait 8 à Châtellerault en 1738 (5). Leur art très apprécié faisait d'eux l'un des corps de métier les plus estimés, et les classait dans la grosse bourgeoisie urbaine (6). Les recueils de chartes, les inventaires des églises ou des couvents et ceux des maisons seigneuriales prouvent la faveur que rencontraient les œuvres d'orfèvrerie, et montrent la souplesse du talent des orfèvres poitevins. On voit figurer dans les trésors ou chapelles des monastères, des chapitres et des cathédrales, une foule d'ornements, chapes de drap d'or pers et rouge, couvertes de pierres précieuses, encensoirs, calices, coupes en argent, soleils, lampes, chandeliers, candélabres, croix de vermeil ou d'argent, calices en or, argent ou ivoire, ciboires et colombes eucharistiques en argent, étain ou vermeil, ostensoirs d'argent doré et émaillé, chapelets de cristal, paix d'argent, d'émail, de nacre et de perles, reliquaires de formes va-

---

(1) Annonce d'un horloger de Poitiers, ibid., 1781, p. 24. — (2) *Asco, aurifex burgensis* (xiie s. *Cart. St-Maixent* I, 283, 349). — Boudeaux orfèvre à Thouars (*Cart. St-Laon de Thouars*, p. 278).— Ant. de Buxeron orfèvre à Poitiers xvie s. *Arch. hist. Poitou*, XXI, 408. — (3) Statuts des orfèvres de Poitiers, 4 janv. 1466-67, *Mss St-Hilaire* f° 94. — (4) Règl. du 30 août 1571, cité dans un arrêt du Conseil de juin 1630, *Reg. des délib. mun. de Poitiers*, n° 81. — (5) Mém. sur Châtel. 1738, précité. — (6) Liste des juges consulaires de Poitiers, *Arch. hist. Poitou* XV, 211 et sq.

riées recouverts de feuilles d'argent, argentés ou dorés (1). Pour les églises peu fortunées, l'orfèvrerie moins riche se compose d'objets de cuivre doré ou argenté. Pour les particuliers, on fabrique ou on décore des gobelets d'or garnis de pierres précieuses, des plats, écuelles, tasses, pots, bassins à laver, coupes à boire, salières et flacons, pintes et cuillères, drageoirs, écuelles à vin, chandeliers d'argent ; des bijoux de toute nature, chaînes, bracelets, cordelières, cordons, fermails d'or rehaussés de rubis et de perles, coffres d'ivoire ferrés d'argent doré, heures enluminées d'or et d'azur, petits paniers d'or avec fond de diamant, anneaux ornés de saphirs et d'émeraudes, fers émaillés, tourets et gorgerins dorés, agnus, petites croix, patrenôtres d'or, de perles, d'ivoire, d'ambre, d'agathe, cages d'argent à mettre oiselets, petites cuillères en porcelaine, en écaille de perle, en cristal, escriptoires d'ivoire, coffres, cadrans, pommes d'ivoire, croix de jais, bourses de toile d'or, plaques, poignées d'épées, garnitures, cuirasses décorées d'or, d'argent, de pierres fines et d'émaux (2). Les orfèvres savent

(1) Acte d'engag. d'une partie du trésor de St-Hilaire de Poitiers, 1266 (*Cart. St-Hilaire* I n° 274.) — De Longuemar. L'église St-Hilaire, *Mém. Antiq. Ouest*. XXIII. — Invent. du trésor de St-Hilaire (1269), *Cartul. II*, n° 366. — Inv. du trésor de la cathédrale de Poitiers (1406), pp. Auber. *Mém. Antiq. Ouest* XVII 140. — Inv. du trésor de Notre-Dame la Grande 1667, 1705, *Vienne* G. 1094-1095. — Inv. du trésor de N.-D. de Fontenay (1527) *Arch. hist. Poitou* I. 128. — Inv. du trésor de la Maison-Dieu de Montmorillon, *Arch. hist. Poitou* II. 313.— Berthelé, *Rech. sur les arts en Poitou*, 161-199 (étude sur les reliquaires). — Barbier de Montault, Les agnus Dei *Bull. Antiq. Ouest* 2ᵉ s. III, 179. — Id. sur divers calices et croix, *Mém. Antiq. Ouest* X. 429 ; *Bull. D.-Sèvres* VII. 216; et autres nombreux travaux.
— (2) Testament du chanoine Simon de Curzay 1283, *Cart. St-Hilaire*, I, n° 290. — Inv. des meubles du château de Thouars (1472), pp. Ledain, pp. 14 et sq. — Inv. *des meubles de François de la Trémoille et comptes d'Anne de Laval* (1542). Nantes in-4°. 1888 — Mém. de Lucazeau, orfèvre à Thouars pour Mᵐᵉˢ de la Trémoille et de Boisy, pp. Imbert, *Bull. D.-Sèvres*. II, 180. — Inv. de Mᵐᵉ de Coëtivy à Niort (1527) *Mém. Soc. Stat. D.-Sèvres* 1875 pp. 304-307. — Inv. des meubles de M. de Ste-Hermine (1480), *Soc. d'Emul.*

encore monter de grandes pièces décoratives, éperviers, levriers d'or, statues de saints, et même groupes compliqués, tels que ce parc d'argent doré parsemé de fleurs et de rochers et dominé par un aigle, que la ville de Poitiers offrit en 1540 à Charles-Quint (1). Ces traditions allèrent s'atténuant, quand le goût de l'argenterie diminua par suite de la diffusion de la faïence et de la porcelaine. Les orfèvres « grossiers et metteurs en œuvres », c'est-à-dire fabricants (2), joignirent à leur industrie qui se restreignait de plus en plus à la bijouterie et à la joaillerie courantes, la composition et la gravure des armoiries, le débit de la verrerie et de la bimbeloterie de luxe, et même la vente de la parfumerie et de la ganterie. Ils portent alors le nom de marchands orfèvres-lapidaires-joailleurs et fourbisseurs, car ils s'occupent aussi de la taille et du nettoyage des pierres précieuses (3).

Les statuts qui régissent les orfèvres poitevins, datés du 4 janvier 1466-67, n'admettent pas que ceux-ci puissent travailler « en forge secrète ». Leur art doit s'exercer publiquement. Des règles techniques leur sont imposées. L'orfèvre poitevin est tenu « de n'ouvrer ou faire ouvrer » d'autre métal que de bon or ou de bon argent. Il n'y a d'exception que pour les joyaux d'église, tels que tombes, châsses, croix, encensoirs. L'or mis en œuvre sera « à la touche de Paris

---

Vendée 1878, 161. — Reçu de la dame de la Chèse-Vicomte 1284, *Cart. d'Orbestier* n° 182. — Reçu d'un anneau d'or orné d'émeraudes par Hug. de Thouars (1220), *Arch. hist. Poitou*, II, 202.

(1) Présents offerts à la duchesse de Berry (1389), à Jehan Bureau (1446), à Charles VIII (1487), à François Ier (1520), à Charles-Quint (1540) etc. *Arch. mun. Poitiers*, K. 1, 3, 1. 35; *Reg. des délib.* n° 3; série M, *reg.* 11, 1. 42; *Reg. des délib.* n° 17; *Bibl. Munic.* Mss 242, f°s 77-82. — (2) Nom qui leur est donné à Châtellerault. *Mém. de 1738, précité.* — Zinzerling signale les petites pierres ou diamants faux qu'on savait travailler à Châtellerault *Mém. Antiq. Ouest*, II, 144. — (3) Annonces d'orfèvres. *Affiches du Poitou* 1773, p. 68; 1775, p. 5; 1780, p. 92; 1781, p. 100.

« ou meilleur, laquelle touche passe tous les ors dont l'on
« œuvre en tous pays, et est chacun marc d'or à 19 carats
« et 1¼. » L'argent employé dans la vaisselle devra être à
11 deniers de 11 grains avec 4 grains de remède ou d'alliage toléré. Comme les orfèvres parisiens, ceux de Poitiers,
pour conserver à l'améthyste son aspect naturel de cristal
de roche violet, ne peuvent mettre sous cette pierre précieuse qu'une feuille d'argent ou qu'une feuille de verre ou
de couleur. De même pour le grenat. Il est défendu de mettre
l'améthyste avec le rubis balai, car autrement on ne pourrait
reconnaître la couleur de l'améthyste. Il est interdit de sertir
l'émeraude, dont il convient de mettre en évidence la couleur verte, avec le rubis d'Orient ou d'Alexandrie. On n'admet pas que l'acheteur puisse être trompé sur la valeur des
diamants. Aussi est-il également illicite de teindre l'améthyste et les pierres fausses, de mêler au grenat et aux
pierres fines des voirrines ou morceaux de verre colorés qui
doublent l'épaisseur et l'éclat des pierres fines auxquelles
ils sont associés, d'enchâsser tous les ouvrages d'orfèvrerie
en or ou argent avec ces verroteries, de décorer avec les
pierres d'Orient les ouvrages d'or et d'argent. Il n'y a
d'exception que pour les grands joyaux d'église où on
multiplie ces ornements. L'usage des émaux dorés et argent-
tés comme supports des croix et pierres fines n'est pas non
plus toléré, et la taille des diamants de verre ou faux diamants est formellement prohibée (1). Les ouvrages sortis
des ateliers de l'orfèvre doivent offrir toute garantie. Aussi
est-on tenu de les marquer de trois poinçons, celui du
maître, celui de la ville, et celui du seigneur suzerain,

---

(1) Statuts des orfèvres de Poitiers, janvier 1466-1467. — Cf. statuts des
orfèvres de Paris, *Fagniez*, pp. 254-267.

comte ou roi. Les produits de peu d'importance peuvent seuls n'être marqués que du premier poinçon (1). Chacun des orfèvres dépose une empreinte de sa marque à l'hôtel de ville, et depuis le xvii° siècle, il insculpe en outre son poinçon sur la table de cuivre du greffe de la monnaie, en déposant en même temps une caution de 10 marcs d'argent (2). Les gardes-jurés du métier et ceux de la monnaie visitent les boutiques, vérifient le titre et l'alliage des objets, inspectent les marchands forains, et, assistés d'un officier de police, procèdent aux saisies (3).

Les monnayeurs, dont la profession se rapprochait beaucoup de celle des orfèvres, formèrent longtemps en Poitou un corps de métier puissant. Les travaux remarquables de Lecointre-Dupont, de Poey d'Avant et de Fillon ont éclairé l'histoire de la numismatique poitevine jusque dans les détails. Ces savants ont démontré l'importance de l'atelier monétaire de Melle à l'époque mérovingienne et carolingienne, et étudié les phases du monnayage féodal et royal (4). Ils ont prouvé que la province a eu un nombre assez considérable d'établissements pour la frappe de la monnaie, en particulier à Poitiers, à Niort, à Fontenay, à Parthenay, à

---

(1) Mêmes statuts. — (2) Règl. munic. de Poitiers, 13 juin 1639, 29 nov. 1660. — Arrêts du Conseil privé du Roi conc¹ les orfèvres de Poitiers, 15 juin 1630, 28 avril 1637. Reg. 89 et 111. — Rec. Poit. in-4o, XXI n° 78. — Procès-verbal du dépôt du poinçon de marque des orfèvres de Poitiers sur la plaque de la Monnaie 1752, Vienne, G. 678. — Il est défendu aux orfèvres d'acheter de l'orfévrerie à des personnes inconnues ou étrangères, Délib. munic. de Poitiers, 14 juillet 1598, Reg. 56. — (3) Ordon. munic. et délib. du 28 juillet 1626 à Poitiers, Reg. 87. — Arrêt du Conseil privé du 28 avril 1637. — (4) Lecointre-Dupont. Essai sur les Monnaies du Poitou. Mém. Antiq. Ouest, III, 192; VI 263-376; VII 203. — B. Fillon, Etudes Numismatiques, Paris 1856, Poey d'Avant, Monnaies féodales de la France, 1858-62. Voir outre les travaux ci-dessus, Rondier, Les Mines de Melle, 1870. — Richard (A). Observ. sur les mines d'argent et l'atelier monétaire

Thouars (1). Avec le progrès de l'autorité royale, tendit à s'établir l'unité du monnayage, et c'est ainsi que fut concentrée, d'abord à Montreuil-Bonnin, puis à Poitiers jusqu'à l'arrêt de 1757, la fabrication des espèces monnayées (2). L'étude de l'organisation du métier des monnayeurs est loin d'être aussi connue que l'histoire des monnaies poitevines. On a cependant retrouvé à Melle, à Niort, à Montreuil, des représentations de l'attirail des fondeurs : creusets en terre où l'on fondait le métal, pinces avec lesquelles on le retirait, coins et marteaux au moyen desquels on le transformait, balanciers qui servaient à le frapper (3). On fabriquait dans ces ateliers des monnaies d'or et d'argent, et des monnaies de cuivre, telles que les deniers, mailles et pites (4). A Montreuil-Bonnin au xiv° siècle, 260 fournaises ou fours sont occupés à ce travail, et au moment de l'attaque des Anglais en 1346, deux cents ouvriers monnayeurs sont passés par l'ennemi au fil de l'épée (5). Ces chiffres peuvent donner une idée de l'importance des ateliers monétaires poitevins. Les monnayeurs sont groupés sous la direction d'un maître des monnaies, assisté de deux ou plusieurs prévôts et de deux ou plusieurs gardes, d'un receveur, d'un tailleur, et d'un

---

de Melle (*Revue Numism.* 1893). — Cet atelier disparut vers la 2ᵉ moitié du xiᵉ siècle. *Bull. Antiq. Ouest.* 2ᵉ s. III, 913. D'après Lec. Dupont, la monnaie appelée maille vient du nom de Melle, la pite (*quart de denier*) du latin *Picta ou Pictavina*. — Il croit (*Essai sur les monnaies*, p. 333) que l'atelier de Melle fonctionna jusqu'à la fin du xiiᵉ s.

(1) Lec. Dupont, *op. cit*, pp. 290, 314, 330, 338. — Id. Notice sur l'atelier monétaire de Niort, aux xiiᵉ et xiiiᵉ s. *Mém. Antiq. Ouest*, XII, 49, 59. — (2) Lec. Dupont, *Essai sur les monnaies*, pp. 226, 238. — Id. L'ancien hôtel des monnaies de Poitiers, *Bull. Antiq. Ouest*, XI, 261. — (3) Notes archéol. sur les fouilles de l'ancien cimetière de N.-D. de Niort, par A. Largeault, *Bull. Soc. Stat. Deux-Sèvres*, V, pp. 457, 701 et sq. — (4) Lec. Dupont, *Essai sur les monnaies*, pp. 338, 343, 352, etc. — (5) Lec. Dupont, *Essai sur les monnaies*, *Mém. Antiq. Ouest*, VII, 216-217.

essayeur (1). Ce sont des fonctionnaires chargés de la police de l'atelier monétaire et de la surveillance de la fabrication. Au xviii° siècle, le personnel supérieur de la Monnaie de Poitiers comprend seulement un directeur, un essayeur, un prévôt, des ajusteurs et un lieutenant (2). Ces officiers sont désignés par le roi. L'essayeur et le contre-garde aux xvi° et xvii° siècles sont cependant à Poitiers nommés par le maire et le corps de ville parmi les orfèvres professant la religion catholique et de bonnes vie et mœurs ; les autres officiers sont présentés au choix royal (3). Un usage ancien, dont l'État tire quelques ressources, autorise la mise en ferme de la frappe de la monnaie de billon. On a plusieurs conventions conclues entre Alfonse de Poitiers et un bourgeois de la Rochelle, en vertu desquelles le comte permet moyennant un droit de 3.000 l. par an, la fabrication, à la monnaie de Montreuil, de 22 à 23 millions de deniers et de mailles (4). Au xvi° siècle, après l'introduction par Guillaume de Marillac de la frappe des monnaies au moulin au lieu du marteau, la fabrication de la menue monnaie, doubles et deniers, est tantôt réservée au maître de l'hôtel monétaire, tantôt affermée à des particuliers. C'est ce dernier cas qui se produit en 1608 et en 1613. Ainsi, un gentilhomme, le sieur de la Grange St-Vivien associé avec un commis du nom de Poizat installe, avec la permission du roi et du garde de la mon-

(1) Mention de maîtres et gardes de la monnaie, *Arch. hist. Poitou XI à XXVI (Doc. pp. P. Guérin)*. — Délib. du corps de ville de Poitiers au sujet des officiers de la Monnaie, 25 nov. 1550, *Reg.* 31. — (2) Lec. Dupont, *op. cit*, pp. 235, 238. — (3) Au sujet de l'essayeur, contre-garde et autres officiers, délib. munic. de Poitiers, 14 mars 1580, 14 août 1586, 14 nov. et 19 déc. 1588, *Reg.* 42, 46, 48, 23-26 août 1627. *Reg.* 78. — (4) Conventions entre Alfonse de Poitiers et Bernard de Guibergues, bourgeois, 1265 et 1269-70, pp. B. Ledain, *Alf. de Poitiers*, pp. 360, 366. — Autre convention entre le dauphin Charles et Marot de Betons, échev. de Poitiers (12 oct. 1419) pour la fabric. du billon moy¹ 180.000¹ par an de ferme. *Ordon. des rois*, XI, 23.

naie, des moulins à Pont-Achard et à la porte de Paris (1), où il frappe quantité de doubles tournois et de deniers pour le Poitou, l'Aunis et la Saintonge. En 1656, des ateliers semblables fonctionnent à Lusignan (2) et en 1657 à Châtellerault (3). Ces fabricants particuliers sont d'ailleurs soumis à l'inspection des officiers de la monnaie, et toute fabrication non autorisée est passible des peines terribles qui frappent les faux-monnayeurs, telles que le supplice de l'eau bouillante, et l'amputation de la main droite (4). La mise en circulation elle-même de faux liards ou de faux sols peut entraîner le bannissement perpétuel (5).

Le commerce de l'argent n'est pas, comme l'industrie des monnayeurs, monopolisée entre les mains des agents ou des fermiers du souverain local ou de l'État. C'est un négoce qui jouit d'une liberté, restreinte par l'ingérence habituelle de l'autorité. Il est question en Poitou, dès le xiii° siècle, de la profession des changeurs (*campsores*). On en trouve à Châtellerault, à Poitiers, à Mirebeau (6). Entre 1308 et 1356, il n'y en a pas moins de cinq dans la capitale de la province,

(1) Délibér. munic. de Poitiers, 7 janvier 1608; arrêts du conseil du roi, mai 1613, 22 nov. 1616, 27 février 1620 et délib. munic. des 11 janvier 1616, 13 mars 1617, 20 août 1618, 30 août 1620, 20 août 1621, 14 mars 1622, Reg. 63, 70, 71, 73. 75, 76. — *Actes capit. de St-Hilaire* 1618, *Vienne*, G. 642. — (2) Délib. munic. de Poitiers, 20 février 1656, Reg. 107. — J. A. Blanchet. L'atelier monétaire de Lusignan, Rev. Numism. 1890, pp. 131-132. — (3) P. Bordeaux, Liards de France frappés par un fermier général (1655-58), Rev. Numism. 1898, II pp. 688 et sq. — (4) Lettres de grâce pour un faux-monnayeur de Parthenay, 1408, *Arch. hist. Poitou*, XXVI, 143. — (5) Lettre de l'intendant Roujault sur la condamn. du sieur Barbot, 28 juillet 1709, *Corresp. des contr. gén.* III, n° 623. — Voir sur la fabrication de la fausse monnaie en Poitou le *Mémoire de Colbert de Croissy* (1664) pp. Dugast Matifeux (*Etat du Poitou sous Louis XIV*, p. 199). — (6) André *le changeor* à Châtellerault (enquête de 1147, Arch. hist. Poitou, XXV, 234). — Germain et Larcher, changeurs à Mirebeau. (xiv° s.) Arch. hist. Poitou XVII, 127; XX, 127, 131, 160, 162; pour ceux de Poitiers, note suivante.

en relations avec les changeurs des régions voisines et parfois associés (1). Ils exercent, en vertu d'une commission des généraux des monnaies et moyennant une caution de 500 l. (2), non seulement le change des espèces, mais encore la revente du billon, d'où leur nom de *billonneurs*, négoce que leur disputent les orfèvres (3). Comme la monnaie de billon se trouve parfois saucée, c'est-à-dire additionnée de parcelles d'or ou d'argent par son passage dans les creusets, les changeurs établissent même des forges clandestines pour la refonte et l'affinage des deniers et des mailles (4). Au Moyen-Age, le change et la banque sont exercés en Poitou par les Templiers, banquiers au XIIe et au XIIIe siècle des Plantagenets et des Capétiens (5), et par les Juifs, protégés des barons et des rois, dont ils sont la propriété. (6) Ceux de Poitiers et de Niort résident dans une rue spéciale, la rue de la Juiverie (7), obligés de porter sur leurs vêtements, au dos et à la poitrine, une croix de drap rouge de quatre doigts de diamètre, marque dont le comte de Poi-

(1) Actes de 1308 à 1318, *Arch. hist. Poitou*, n° 83, XX, 231, 232.—Boulenger changeur de Poitiers est l'associé d'un changeur de Bourges, *ibid* XX 231 (acte de mai 1356). — (2) Fagniez, p. 253. — (3) Mandement du roi relatif aux changeurs et billonneurs de Poitou, (1308) *Arch. hist. Poitou*, XI, n° 18. — Règl. munic. Poitiers, 26 nov. 1665, *Reg.* 115. — (4) Mandement précité de 1308. — (5) L. Delisle. Mém. sur les opérations financières des Templiers. *Mém. Acad. des Inscr.* 1884. — Ex. Lettres du roi Jean (1214 et 1215) aux Templiers, *Rot. litt. pat.* pp. 153 et sq., et autres lettres rel. aux rap^{ts} financiers des Templiers avec les rois dans les recueils des *Rotul. chartarum*, des *Rotuli litt. patentium* et des *litterarum clausarum*, ainsi que dans le recueil de *Shirley*, etc. — (6) Léon le juif à Niort protégé du roi Jean *Rot. pitt. lat.* p. 62 (an 1199).—Lettre de Henri III à la commune de Niort (1221) *Rot. litt. claus.* p. 480 (pour la protection des juifs). — A St-Maixent le comte de Poitou a seul le droit d'avoir des juifs, *Boularic, Alf. de Poitiers*, p. 136. — De même, le comte de la Marche dans ses domaines, *Litterae comitis Marchiae super Judaeis* (de Lusignan) 1244-1248, pp. Ledain, *Alf. de Poitiers*, p. 105. — (7) Rue de la Juiverie à Poitiers (paroisse St-Paul) Ledain, *Hist. som. de Poitiers*, p. 86 — existe encore au XVIIIe s. (acte de 1734, Vienne, C. 374). — Une rue de Niort porte encore le nom de rue des Juifs.

tou a seul le droit de les dispenser (1). Tantôt expulsés et spoliés, tantôt traités avec ménagements, ils se maintinrent dans la province, pratiquant le prêt sur gages avec intérêts usuraires, en butte à l'hostilité des chrétiens et cependant considérés comme un élément indispensable de la vie commerciale (2). Au besoin, on les autorise même à exercer librement leur métier et on les aide dans le recouvrement de leurs créances (3).

Au xive siècle, la banque de dépôts, spécialité des Templiers, le négoce du papier de commerce et le prêt à intérêt, spécialité des Juifs, enfin le change et le billonnage, deviennent l'apanage des banquiers Lombards. On les trouve établis dans la plupart des villes de la province à Poitiers, Fontenay, Châtellerault par exemple (4), pratiquant l'usure avec autant de supériorité que les Juifs (5), et leur disputant la ferme des taxes royales (6), au reste exploités par les souverains, comme leurs rivaux, toutes les fois que le pouvoir besoigneux est à la recherche de l'argent (7). Lorsque plus tard la banque se naturalise en Poitou et est pratiquée par les Poitevins eux-mêmes, il n'en subsiste pas moins un préjugé contre les banquiers. Ainsi en 1658 divers commerçants ayant demandé la permission « d'ouvrir et tenir

(1) Mandements d'Alfonse au sénéchal de Poitou *super facto Judaeorum* (1268-1269), pp. Ledain, *Alf. de Poitiers*, pp. 170, 184. — (2) Sur les ménag. d'Alfonse à leur égard, *ibid*, p. 284.—(3) Lettres du c^{te}. de la Marche précitées. — Le roi lui-même les emploie : en 1247 on trouve un Moïse le Juif prévôt royal à Châtellerault (Enquêtes de 1247, *Arch. hist. Poitou*, XXV 234). — (4) Sur la présence de Lombards dans ces villes au xive s. (actes dans *Arch. hist. Poitou* XVII, pp. 11, 14; XX 15, 53, 63, 162). — (5) Voir par ex. une opération de Philippe Lombard de Châtellerault, analysée (acte de 1350 *Arch. hist. Poitou* XX, 13, 63-64. — (6) Ex. Guil. Lombard, garde du sceau royal à Fontenay et fermier de l'impôt du sol pour livre (1350) *Arch. hist. Po-tou*, XX, 170, 183, 184, 190. — (7) Ex. commission de 1350 créée sur le fait des Lombards et qui annule partie de leurs opérations. *Arch. hist. Poitou*, XX, 63.

banque » à Poitiers, le corps de ville rejette la requête veu la misère des temps » (1). A la même époque, une ordonnance municipale interdisait « de faire amas de monnaie » de billon, prescrivait des visites domiciliaires chez les banquiers, enjoignait à ces commerçants de « bailler deniers à tous ceux qui en voudraient en échange de monnaie blanche », interdisait enfin le transport des espèces (2). Ces obstacles apportés au commerce des banquiers en gênèrent l'essor si bien qu'en 1789 Poitiers n'avait encore que deux maisons de banque proprement dites (3), avec une maison de commission, qui se chargeait des ventes et achats de marchandises et du recouvrement des effets, moyennant remise de 2 à 1 0/0 (4). Mais il est probable que ces entraves enrayèrent alors fort peu la marche progressive du crédit public. Les officiers de finance, les corps ecclésiastiques, les bourgeois riches suppléaient, sans avoir besoin d'un titre officiel, à la pénurie des manieurs d'argent, en pratiquant sur une large échelle le système du prêt à intérêt.

CHAPITRE X

Les Industries des Transports, des Jeux et des Spectacles, et les Arts d'Agrément.

La circulation plus facile des moyens d'échange, le progrès de l'industrie et du commerce, l'amélioration des voies

---

(1) Délib. munic. de Poitiers, 30 décembre 1658, Reg. 109. — (2) Délib. munic. de Poitiers, 8 et 22 janv. 1656, contre Alexandre, banquier et march^d. de sel, Reg. 107. — (3) Banquiers changeurs en 1790, l'un rue Ste-Opportune, l'autre rue Queue-de-Vache. Alm. de la Vienne, 1791, p. 24. — (4) Laurence fils, banquier commissionnaire à Poitiers, Aff. du Poitou, 1776, p. 141. Il fut député du tiers aux États Généraux en 1789. — En 1738, il y a un office de changeur des monnaies à Châtellerault. Mém. de Roffay des Pallu mss.

de communication, l'établissement d'une police meilleure, eurent pour conséquence le développement des transports et des métiers qui s'y rattachent. Ces professions étaient peu importantes au Moyen-Age, c'est-à-dire en un temps où on voyageait peu, où les marchands et les vilains faisaient leurs voyages en caravanes à pied, en charrette, ou à cheval, et les nobles avec des escortes armées qui accompagnaient leurs litières ou leurs montures (1). Ces habitudes persistent encore à la Renaissance. Lippomano nous montre les dames et demoiselles obligées pour aller à la campagne de monter en croupe derrière un serviteur, accrochées à la selle ou à la couverture (2). C'est dans une litière transportée par deux mulets que Françoise d'Aubigné, la future marquise de Maintenon, fait son voyage de Niort à Paris à l'époque de la Fronde (3). L'état des routes coupées de fondrières, même dans les parties les plus fréquentées de la province (4), rendait les transports fort onéreux (5) et les voyages par terre difficiles. Aussi préfère-t-on se servir des voies navigables de la Sèvre et de la Vienne pour la plupart des expéditions de marchandises. Sur la côte, à Maillezais et aux Sables d'Olonne par exemple, le travail de construction des bateaux ou barques fait vivre un certain nombre d'industriels (6), et

(1) Babeau, *Les Voyageurs en France*, pp. 8 et 50. — (2) Voyage de Lippomano, cité par Babeau, p. 52. — (3) *Ibid*, p. 17. — (4) Lippomano, cité par Babeau, p. 52.— Voyages de Zinzerling et de Golnitz, relations analysées par N. Gaillard, *Mém. Antiq. Ouest*, II, 151, 162, 166. — Les doléances des cahiers en 1789 montrent que ce mal persistait. Voir ci-dessus livre Ier, chap. IV. — (5) Ainsi les frais de transport des grains équivalaient pour un trajet de 50 lieues à la valeur du produit, et c'étaient les frais de voiture qui avaient fait tomber en partie l'exportation de la bonneterie du Poitou en Piémont. *Affiches du Poitou*, 1777, p. 14. — (6) Actes privés relatifs à des charpentiers de navires et à des chaix ou châteliers propres à construire les navires aux Sables et ailleurs (xviiie s.), *Vendée B.pp.* 660, 784, 823, 839. — Le mémoire de l'intendant Maupeou, pp. Dugast

une nombreuse population de mariniers est employée au service du cabotage. A Niort, les bateliers forment un corps assez nombreux pour être admis en 1789 à figurer parmi les communautés qui participèrent à la rédaction des cahiers des doléances du tiers (1). Ils sont quinze ans auparavant au nombre de 20. Tous les dimanches au matin, ils partent pour Marans où ils arrivent le mardi avec des chargements de farines, de blés, de bois et de merrains. Ils en repartent le même jour chargés de sels et d'autres produits, remontant la Sèvre jusqu'à Niort en un jour, si les eaux sont abondantes, en deux ou trois, quand elles sont basses (2). Le mouvement de la batellerie est encore supérieur entre Châtellerault et le val de Loire (3). Il ne semble pas d'ailleurs que les transports de voyageurs se soient faits d'ordinaire par cette voie. En tout cas, il a été impossible de découvrir sur les rivières du Poitou la trace de ces coches à eau qui fonctionnaient depuis le milieu du xvie siècle, à l'imitation de l'Italie, sur la Seine, la Loire et le Rhône (4).

Les voyageurs, les marchandises et les correspondances ont dû prendre le plus souvent la voie de terre, mais longtemps le service des transports a été abandonné aux hasards de l'initiative privée ou locale. Les grands seigneurs, les communautés ecclésiastiques, les corps municipaux ont eu leurs messagers ou chevaucheurs plus ou moins réguliers. A mesure que les voyages deviennent plus faciles et les routes plus

---

Matifeux (*Etat du Poitou sous Louis XIV*. p. 419) compte pour les neuf ports du Bas-Poitou en 1698, 1300 matelots, 30 navires et 204 barques : les neuf ports sont les Sables, Beauvoir, la Barre-du-Mont, Jart, St Benoît, la Tranche et St Gilles, Noirmoutiers, et l'île d'Yeu.

(1) Doléances des bateliers de Niort, 1789. D.-Sèvres C. 59. — (2) Lettre rel. à la batellerie de Niort, *Aff. du Poitou* 1775, p. 131. — (3) Voir livre Ier, chap. IV. — (4) Sur les coches à eau, Babeau, *op. cit.*, pp. 9 et suiv.

sûres, s'organisent des entreprises particulières. Lorsque l'Allemand Hentzner parcourt le Poitou, en 1598, c'est au moyen de chevaux de louage entre la Rochelle et Poitiers, et avec une voiture de location à deux chevaux suivie de deux mulets, entre Poitiers et Tours (1). Zinzerling pour se rendre de Poitiers à Limoges traite avec un loueur qui fournit, à raison de 3 l. 4 s. par jour, un cheval et la nourriture du voyageur, ainsi qu'un guide rétribué à part pour conduire et ramener la monture (2). Cette industrie est si prospère qu'il y a en 1635 à Poitiers 11 loueurs de chevaux. Leur profession fort active les met en conflit avec les messagers du roi qui veulent les empêcher de « tenir et d'affermer » des montures, et qui les assignent devant les requêtes du palais royal. Mais le corps des échevins prend la défense des loueurs, dont le métier est avantageux au public, « aux paysans et autres habitans, et aux étrangers passans par ladite ville » (3). Un édit d'août 1602, sous prétexte que la profession des loueurs favorisait les abus et développait « la fainéantise de plusieurs sujets », avait défendu de tenir des chevaux de louage sans la permission du contrôleur général des postes. Les lettres patentes du 16 octobre 1616 renouvelèrent ces dispositions (4). Mais il ne semble pas qu'elles aient sérieusement entravé le trafic des loueurs ailleurs que sur les grandes routes où

(1) Relation de voyage d'Hentzner (1598), analysée par A. Babeau, p. 68. — (2) Même système de Saintes à Poitiers : entre Melle et Lusignan (7 lieues) le prix est de 40 s. : le guide va tantôt à pied, tantôt à cheval. Rel. de voyage de Zinzerling, analysée par Gaillard, *op. cit.*, pp. 144 et sq., et 136. — (3) Délib. du corps-de-ville de Poitiers rel. aux loueurs, 5 mars 1633, *Reg.* 85. — (4) L'édit de mars 1587 avait ordonné d'établir des relais de chevaux de louage officiels. — L'édit d'août 1602 et les lettres patentes de févr. 1616 en aggravaient les dispositions. *Institutions, Edits, etc., concernant les postes et relais de France.* Paris, in-4°, 1660, pp. 49 et sq.

fonctionnait la poste royale et où ils étaient tenus de payer une redevance à la ferme et aux maîtres de poste pour pouvoir pratiquer leur profession (1).

Ailleurs, le métier paraît s'être exercé avec assez de liberté. Le service de roulage par voitures, charrettes et fourgons est encore plus développé, surtout sur les grandes routes. A la veille de la Révolution, de Paris partent tous les jours des rouliers à destination de Poitiers et de Bordeaux. Leurs rendez-vous dans la capitale sont les auberges de la Croix-Blanche, rue Saint-Denis, et de l'Image Saint-Louis, porte Saint-Michel. A Poitiers, de l'auberge de la Tête Noire, près de la place Notre-Dame, ou de la porte de Paris, les rouliers partent pour Tours, Orléans, Niort, Fontenay, Aigre, la Rochelle et Bordeaux. Ils ont dans les aubergistes des commissionnaires qui se chargent de recevoir en dépôt les malles et les paquets. Une entreprise importante sous le nom de roulage de France s'est même formée à Poitiers, rue des Grandes-Écoles. Son directeur général, le sieur Malteste, se charge d'expédier tous les colis au-dessus du poids de 50 livres, soit pour le royaume, soit pour l'étranger, et il avance des fonds aux rouliers en vue de leurs remboursements (2). Les rouliers ne peuvent circuler que les jours de semaine. Le roulage est interdit le dimanche et les jours de fêtes (3). Dès lors s'est introduite aussi l'obligation imposée aux rouliers et voituriers de faire peindre en caractères gras et lisibles sur une plaque de

(1) Ord. du 26 août 1779 à ce sujet résumant la législ. en vigueur. Isambert XXVI n° 1173. — (2) Alm. prov. du Poitou 1789, pp. 247-248. — (3) Ordon. munic. de Poitiers, 4 nov. 1577 ; 27 janv. 1585 etc. Reg. 42, 45. — Il leur est aussi interdit « d'empescher les rues de charrettes » et enjoint de suivre en ville un itinéraire déterminé, Ordon. mun. 29 août 1580, Reg. 43.

métal posée en avant des roues, à gauche de la voiture, les noms, surnoms et domicile de l'entrepreneur de transports. Dès lors encore on se préoccupe d'empêcher la dégradation des routes en défendant aux rouliers de faire attacher les bandes des roues avec des clous taillés en pointe, d'atteler aux charrettes à deux roues plus de trois chevaux ou mulets, aux chariots et voitures à quatre roues plus de six, à moins que les jantes n'aient 6 pouces de largeur. Telles sont les prescriptions dont M. de Blossac rappelle en 1783 l'observation à ses administrés (1).

Des services réguliers, soit pour le transport des marchandises, hardes et paquets, soit pour la fourniture de chevaux et de voitures aux voyageurs sont spécialement organisés sous les auspices des corps universitaires et municipaux. L'Université de Poitiers eut dès l'origine ses messagers destinés à porter les lettres des docteurs, des professeurs, des régents et des étudiants, et à remettre « les « lettres et les choses nécessaires que les parents en- « voyaient ». Ces messagers, dit une requête de 1726, « étaient obligés de venir à Poitiers ou d'y envoyer des « gens dont ils répondaient, une foiz tous les huit jours ou « tous les quinze jours, d'y apporter l'argent et les autres « objets dont les parents des écoliers les chargeoient et d'y « demeurer un jour et demi, afin que les écoliers eussent « le temps de faire réponses au lettres qu'ils recevoient ». Ils pouvaient aussi se charger des lettres et paquets des particuliers moyennant le paiement d'un droit fixé par un règlement de l'Université, règlement daté du 2 mars 1578 (2). Leur fonction, sinon leur titre, cessa d'exister à

(1) Circulaire de M. de Blossac, intendant du Poitou, aux syndics des paroisses, 23 juin 1783. *Arch. Antiq. Ouest.* — (2) Requête adressée par

partir de la création des messagers royaux, sauf dans l'Université de Paris (1). D'autres messagers, placés sous la protection des échevinages, se chargeaient de transporter voyageurs et paquets, en même temps qu'ils assuraient les correspondances de ville à ville. Ainsi Poitiers, dès le xvi° siècle, a ses « messagers ordinaires » qui se rendent régulièrement à Paris, à Tours et à Bordeaux (2). Ils sont en 1575 au nombre de 5, et ensuite au nombre de 4 (3).

Deux assurent le service entre le chef-lieu du Poitou et celui du royaume en 1656. On les astreint à tenir « quan-
« tité de chevaux tant de charroi qu'autrement, pour faire
« les voitures toutes les sepmaines et pour mener chacune
« sepmaine ceux qui veulent aller à Paris ou en retourner,
« soit pour le service du roy, soit pour les particuliers » (4). Ils ont « des charrettes pour mener les voyageurs à moin-
« dres frais que le coche royal et pour porter les pa-
« quets » (5). Il en coûte 3 l. en 1614 à un notable de Niort pour avoir fait ainsi transporter de Paris à Poitiers ses papiers, habits et hardes, et 20 s. pour le transport de Poitiers à Niort (6). Un autre messager fonctionne en effet entre Poitiers et l'Aunis, par la vallée de la Sèvre, et un troisième de Nantes à la Rochelle (7). Ils louent aussi des

l'Université de Poitiers au proc. gén. du Parl^t de Paris au sujet des messagers universitaires (après 1726). *Arch. hist. Poitou*, I, 324 et sq.

(1) *Ibid*. La suppression date de 1678. — (2) Frappier, messager ordinaire de Poitiers à Paris (acte début du xvii° s.) *Vienne*, G. 785. — Délib. munic. de Poitiers, 3 sept. 1607 conc. les messagers, *Reg*. 63. — Messager de Saintes à Poitiers mentionné par Zinzerling (*Gaillard*, p. 136). — (3) Ordon. munic. de Poitiers relatives aux messagers, 23 août 1575, 26 janv. 1587, 15 mai 1595. *Reg*. 42, 46, 54. — (4) Délib. munic. de Poitiers, 7 sept. 1656, *Reg*. 106. — (5) Délib. mun. de Poitiers, 3 sept. 1607 et 9 mars 1620, rel. aux messagers, *Reg*. 63 et 74. — (6) H. Proust. Doc. sur un voyage de Niort à Paris en 1620. *Intermédiaire de l'Ouest*, 1892, n° 1. — (7) Relation de voyage de Zinzerling analysée par *Babeau*, p. 68.

chevaux, et se chargent, comme les loueurs, des dépenses de bouche des voyageurs. Le messager de Niort par exemple fournit moyennant 36 l. 10 s., à l'aller et 32 l. 10 s. au retour, monture et entretien à un échevin niortais qui se rend à Paris à l'époque de Louis XIII (1). Zinzerling a traité au prix de 10 l. à 12 l. avec le messager de Nantes pour se rendre à la Rochelle à travers le Bas-Poitou. On lui a donné la nourriture, un cheval qu'il peut changer aux relais et un guide à pied pour l'accompagner et ramener la monture (2). Le même auteur raconte que le messager de Saintes à Poitiers, qui part le mardi de chaque semaine pour arriver dans la capitale du Poitou le vendredi, prend les voyageurs pour 10 l., nourriture et transport compris (3). Cet industriel se charge même des transports d'argent, ne prélevant pour sa peine qu'une faible commission, 16 s. par 125 l. (4). Par l'entremise du messager, le voyage était lent, si bien que de Niort on mettait 8 jours pour se rendre à Paris en 1653. Le transport manquait aussi de confortable, et quand le temps était peu favorable, on aimait mieux prendre le *carrosse* ou coche du roi. Mais le messager coûtait 40 à 50 l. de moins (5), ce qui rendait ses services plus accessibles aux petites gens ou aux bourgeois de fortune modeste.

En dépit des édits et lettres patentes qui prescrivirent l'établissement de relais de chevaux, de coches et de messagers officiels, sur tous les grands chemins et traverses du royaume, pour le service des correspondances, des voya-

(1) H. Proust, *op. cit.*, note ci-dessus. — (2) Zinzerling, cité par *Babeau*, p. 68. — (3) Relation de Zinzerling analysée par Gaillard, *op. cit.* p. 136. — (4) H. Proust, *op. cit.*, note 3. — (5) Doc[ts] sur un voyage de Niort à Paris en 1653, pp. H. Proust, *Interm. de l'Ouest*, 1892, n° 1.

geurs et des bagages (1), les messagers privés continuèrent donc à subsister à côté des maîtres de poste officiels et des maîtres ou fermiers des coches du roi. Ceux-ci entrèrent plus d'une fois en conflit avec les messagers, rouliers et voituriers ordinaires de Poitiers à Paris, de Poitiers à la Rochelle et à Cognac ou à Bordeaux. Un arrêt du Conseil daté du 7 avril 1660 réserva aux maîtres des courriers royaux établis par Louis XI le port des lettres et dépêches du roi et du public, ainsi que l'usage des relais de jour et de nuit (2). Mais les messagers des villes du Poitou qui sont compris et désignés dans cet acte cessèrent si peu de fonctionner, qu'en 1789 ils assuraient, au nombre de 19, des communications hebdomadaires ou bi-hebdomadaires entre le chef-lieu du Poitou et les villes de Châtellerault, Fontenay, les Sables, Saintes, Niort, la Rochelle, Parthenay, Couhé, Montmorillon, Confolens, le Blanc, Bellac, Limoges, Charroux, Chinon et Thouars. Leurs quartiers généraux étaient à Poitiers les auberges de la Tête-Noire et des Trois-Piliers. Les uns voyagent à cheval, les autres en chaise à quatre places ou en chariot couvert, et ils mettent en général deux à trois jours dans le trajet, soit à l'aller, soit au retour (3). Au reste le service royal des messageries et des postes n'a souffert en rien de cette concurrence d'une industrie libre. Il a été

---

(1) Lettres patentes de Henri III (1582); édit de 1597; édit de décembre 1643, etc., publiés dans le *Recueil des Instit. et Edits conc. les postes, précité*, pp. 15 et 19, 78-84. — (2) Délib. mun. de Poitiers rel. au conflit entre les maîtres ou fermiers des coches du roi et les messagers, 9 mars 1620, *Reg.* 74. — Arrêt du Conseil 7 avril 1660 entre le surintendant des postes et les messagers des villes, *Rec. d'instit.*, etc. pp. 125-130. — Arrêt du Parl. entre Toussaint Salmon, m^e *des courriers du Poitou*, et le messager de Cognac, 20 décembre 1652, *ibid.*, pp. 90-91. — (3) *Alm. prov. du Poitou* 1789, pp. 245, 248; *Affiches du Poitou*, 1776, p. 200, 1777, p. 184.

se développant d'une manière lente mais continue (1). A la fin du xvii⁰ siècle, il n'y a que deux lignes de carrosses ou de coches du roi qui traversent le Poitou. L'une va de la Rochelle à Paris par Niort et le voyage coûte 300 l. environ vers 1653 (2); l'autre unit Bordeaux à Paris par Cognac et Poitiers (3). Le coche part vers 1720 de cette ville le vendredi et arrive à Paris le mardi seulement (4). Depuis le règlement de 1678 relatif aux messageries royales, et surtout depuis l'ordonnance de 1775, que rédigea Turgot, la province se trouve à cet égard mieux desservie. Avant 1789, partent de Poitiers pour Paris six diligences par semaine, quatre pour Bordeaux et deux pour la Rochelle, sans compter les fourgons qui transportent les bagages et les voyageurs peu fortunés (5). Des relais de chevaux sont organisés sur les routes, et le Poitou possède même 46 bureaux de poste, chiffre qui paraissait considérable aux yeux des contemporains (6). L'étude détaillée de ce service public ne saurait entrer dans le cadre de ce travail. L'insuffisance relative des messageries et des postes royales dans le pays poitevin suffit à expliquer l'importance que conserva l'industrie des transports privés.

Dans l'intérieur des villes, cette même industrie avait

(1) Voir à ce sujet le *Recueil d'Edits de 1660* et les ouvrages de A. Belloc et de J. de Rothschild sur l'histoire de la poste. — (2) H. Proust, *op. cit.*, pp. 7 et 8. — (3) En 1620, il y a à Poitiers un maître tenant la poste pour le roi, il est obligé de mettre ses chevaux à la disposition du roi et des seigneurs de sa suite; il y a en plus un maître des coches de Poitiers à Paris. *Délib. mun. de Poitiers*, 9 mars et 10 nov. 1620, Reg. 74, 75. — En 1654, le sieur Garnier déjà messager et maître de poste ayant pris la ferme des coches, le corps-de-ville proteste, de peur que le peuple soit à sa discrétion « pour les voitures et ports de lettres ». Délib. 7 décembre 1654, Reg. 105. — (4) Piganiol, *Voy. en France*, I, 51. — (5) Sur l'org. des messageries royales en Poitou, voir l'*Alm. prov. du Poitou* 1789, pp. 236, 239, 244, 245; La Liborlière, *Souvenirs*, p. 118. — (1) Alm. prov. 1789, p. 245. — *Aff. du Poitou*, p. 115; 1775, p. 103; 1780, p. 8.

donné naissance à des professions mal connues. Celle des cochers de place ou de remise et des loueurs de carrosse s'était établie à Poitiers, à l'imitation de Paris, vers la fin de l'ancien régime. La police en réglementait l'exercice (1). Les porteurs de chaise, encore plus répandus que les cochers au dernier siècle, transportent les hommes et surtout les femmes qui remplissent les devoirs de société ou qui se rendent aux cérémonies publiques. Ces industriels, leurs bretelles de cuir blanc autour du buste, attendent le client à un lieu spécial, qui est à Poitiers la place Royale (2). C'est là qu'on louait aussi les services des portefaix, espèce « alors très nombreuse, dont les insignes, dit un con- « temporain, consistaient en plusieurs cordes attachées « par un gros nœud retombant sur la hanche et étalées en « écharpe » (3). Le prix des courses était réglé par l'autorité judiciaire (4). Bon nombre d'habitants et surtout de boulangers recourent encore aux offices rétribués des *esviers* ou porteurs d'eau qui transportent à domicile l'eau de rivière ou l'eau des fontaines. Le métier est indispensable dans les villes où n'existent pas encore de canalisations qui desservent directement les maisons (5). Pour les envois d'argent, les recouvrements de lettres de change et de billets, les commissions de tout genre, on peut depuis 1776 s'adresser aux deux succursales du Bureau de correspondance générale établies à Civrai et à Poitiers par la di-

(1) Ordon. du lieut. g. de police de Poitiers relative aux cochers et porteurs de chaise (26 janv. 1773) *Aff. du Poitou*, 1777, p. 12. — Arrêt du Parl. 17 juillet 1787, relatif aux cochers de Paris, *Isambert* XXVIII, n° 2359. — (2) La Liborlière, *Souvenirs* pp. 14-15. — (3) *Ibid*, pp. 15-16. — (4) Ord. de police à Paris, sur le prix des courses des porteurs de chaises, 31 mai 1782, *Isambert* XXVII, n° 1652. — (5) Ordon. du lieut. gén. de police de Poitiers, rel. aux *esviers* ou porteurs d'eau, 12 mai 1780, *Aff. du Poitou*, 1780, p. 80.

rection de Paris. C'est une institution autorisée par arrêt du Conseil de 1766 et qui subsiste encore au moment de la Révolution (1). En 1781, apparaît enfin à Poitiers une industrie qui y était jusqu'alors inconnue, celle des bureaux de placement, qui servent d'intermédiaires entre les maîtres et les domestiques. Le premier y fut créé par un perruquier, place St-Didier, avec la permission de l'intendant et du lieutenant général de police (2).

Les besoins croissants de la vie civilisée amenèrent avec le développement de l'industrie des transports et des professions qui s'y rattachent, le progrès non moins rapide des métiers qui vivent de l'exploitation des jeux et des spectacles. Au premier rang se plaça depuis la période moderne un art de caractère mixte, celui des salpêtriers, poudriers et artificiers. Leur industrie fut d'abord surtout destinée à faciliter la défense des villes et du royaume. Ils travaillent en effet à la fois pour le roi, pour les communes et pour les particuliers. Les salpêtriers sont des artisans placés sous la dépendance de l'État, et ils se confondent généralement avec les poudriers, puisque à la recherche et à l'épuration du salpêtre, ils joignent la fabrication de la poudre (3). Jusque vers le milieu du xvii° siècle, les salpêtriers et poudriers, munis simplement d'une commission du grand maître de l'artillerie (4), travaillent librement pour le compte du roi et des villes. On en trouve un certain nombre établis à Poitiers et à Saint-Maixent dès le xv° et le xvi° siècle (5). Ils fournis-

(1) *Aff. du Poitou*, 1776, p. 59; 1778, p. 152. — *Alm. provincial*, p. 152. — (2) *Aff. du Poitou* 1781, pp. 32, 80. — (3) Ils sont gén. appelés poudriers salpêtriers dans les documents cités ci-dessous. — (4) *Délib. munic. de Poitiers*, 5 janvier 1609, 28 février 1628, etc. Reg. 64 et 78. — (5) Voir les textes cités ci-dessous, p. 409, note 4, pour Poitiers. — Compte des dépenses de St-Maixent 1574-75 (mentionne un moulin à poudre à 3 pilles et un pou-

sent surtout alors aux corps municipaux la poudre nécessaire aux arsenaux que chaque cité fortifiée doit entretenir et à l'artillerie qu'elle possède. La capitale du Poitou, par exemple, n'a pas moins de 29 pièces de canons de fer ou de fonte en 1514, et de 50 grosses pièces en 1539 (1). Les communautés religieuses et même les particuliers sont au besoin tenus d'avoir une certaine quantité de poudre en dépôt (2). Des poudriers ambulants dans le premier tiers du xviie siècle vont de bourg en bourg, dans la province, fabriquer et colporter ce produit (3). Les salpêtriers domiciliés sont tenus d'alimenter l'arsenal municipal, et quand le roi en donne l'ordre aux villes, de fournir aux arsenaux royaux des quantités déterminées de poudres ou de salpêtres (4). C'est le prince, dès le xve et le xvie siècle, qui fixe la quantité que chaque ville est autorisée à produire. Ainsi en 1625, Poitiers obtient du roi la permission de fabriquer 40 milliers de salpêtre par

---

drier), *Bull. Soc. Stat. D.-Sèvres*, III, 61. — Il y en a 4 à Poitiers en 1588, Délib. munic. du 7 juin 1588, *Reg.* 48.
(1) Documents relatifs à l'achat de canons et de poudre, 1411, 1417, 1421 ; inventaires de l'artillerie municipale juillet 1514, 10 nov. 1539, *Arch. Mun.* J. 406, 408, 486, 553, 643, 649, 652. — E. 28, 1. 12. — *Mss St-Hilaire*, f°s 77-82. — La ville a ses poudres en caques ou bussards déposées dans une voûte de la « librairie » ; un inventaire de 1580 mentionne 2582l de poudres en dépôt à cet endroit. Délib. munic., 12 nov. 1548, 1er août 1580. *Reg.* 30 et 43. — (2) Acte de 1576-77 relatif au dépôt de poudre du clocher de St-Hilaire *Vienne*, G. 531. — Ordon. munic. de Poitiers, 19 août 1630, *Reg.* 80. — Ex. ordon. municipales, 19 août 1585, 15 mai et 14 déc. 1587, 25 juillet, 1er avril 1588, 5 juillet 1589, contraignant les habitants à s'approvisionner sous peine d'amende. *Reg.* 45, 46, 47, 48. — (3) Délib. munic. 23 octobre 1628, *Reg.* 79. — (4) Lettres de François Ier et de Henri II, 29 nov. 1544, 5 oct. 1557 relatives à des fournitures de salpêtre raffiné demandées à la ville de Poitiers. *Arch. Mun.* K. 13, 1. 36, 26. Lettres du roi demandant 4 milliers de salpêtre à la ville de Poitiers, 8 août 1558. *Reg.* 36. — Ordon. munic. de Poitiers obligeant les poudriers à fournir par semaine une certaine quantité de poudre, 3 mai 1573, 2 avril 1586, 7 juin, 25 juillet, 1er août 1588. *Reg.* 41, 45, 48.

an. Les poudriers traitent avec le corps municipal. Ils s'engagent à lui donner un poids déterminé de poudre neuve, à faire sécher à leurs frais, à refaire et à mettre en grains les vieilles poudres de l'échevinage avec un déchet maximum limité, et ils obtiennent en retour le droit de fabriquer et de débiter le surplus (1). La fabrication se fait à domicile, au moyen de mortiers et d'autres instruments, dans l'intérieur même de la ville (2). Il est seulement interdit de battre et de piler les poudres dans les lieux où cette opération présenterait trop de dangers, par exemple, à Poitiers, auprès du dépôt des poudres et canons du roi (3). On voit aussi qu'en 1585 et en 1633 des maîtres poudriers établissent la fabrication mécanique, en « droissant des moulins à battre la poudre à canon »,d'abord aux Quatre-Rouhes, puis dans les dépendances du château à l'issue de l'étang de St-Lazare (4).

Cette industrie ne tarda pas d'ailleurs à être monopolisée en grande partie par l'État. Déjà, les villes avaient pris l'ha-

(1) Traités de la ville de Poitiers avec des maîtres poudriers (ment. fourniture de 200 l. de poudre neuve et réfection de la poudre vieille avec 5 o/o de déchet) 13 oct. 1625, 8 nov. 1627, 23 octobre 1628, 20 octobre 1631, 30 mai 1633 etc. *Reg.* 77, 78, 79, 82, 83. — Les registres municipaux de Poitiers nomment 5 poudriers entre 1628 et 1621 ; 2 sont en même temps libraires (délib. 8 janv. 1629, *Reg.* 79). — (2) Délib. munic. 5 janv. 1609, *Reg.* 64. Moulins à poudre des Quatre-Rouhes sur le Clain, et ateliers de Montierneuf et du prieuré St-Nicolas (celui-ci transféré aux Arènes), mentionnés dans les délib. municip. des 25 juillet 1585, 30 juillet 1574, 2 janvier 1589, 5 août 1591. *Reg.* 4r, 45, 48, 53. — Moulin à poudre près du couvent du Calvaire, d'autres à la porte de la Tranchée, à la grange St-Martial et au cimetière St-Porchaire, *Délib. munic. de Poitiers*, 9 janv. et 25 juillet 1633, 20 sept. 1638, *Reg.* 84 et 89. — (3) Délib. mun. 8 nov. 1627, *Reg.* 78, — Cette coutume persista si bien qu'en 1722 il y avait dans l'église St-Nicolas un moulin à poudre dont l'explosion fit tomber les voûtes. *Arch. hist. Poitou.* I, 4. — On connaît aussi l'explosion du dépôt de poudre de la place du Pilori, en 1753. Ce dépôt existait depuis 1667. Délib. munic. 25 juillet 1er août 1667, *Reg.* 118. — Ord. de la sénéch. de Poitiers déc. 1753. — (4) Délib.munic., 30 avril 1629, 4 juin 1646, 17 juin 1647, 23 juillet 1660 rel. à ce moulin à poudre, *Reg.* 79, 97, 98, 111.

bitude, comme le fit celle de Poitiers, de traiter avec un seul entrepreneur, et celui-ci prétendait avoir le monopole de la recherche et de la préparation du salpêtre et du « battage » des poudres dans toute l'étendue de la juridiction municipale (1), prétention que les autres poudriers repoussaient avec énergie. A leur tour, les agents du roi, grands maîtres de l'artillerie et intendants des poudres et salpêtres, dès l'époque de Richelieu, tendent à conférer à leur délégué seul le droit de tirer du salpêtre, de le raffiner et «d'accommoder les poudres ». De 1624 à 1636, la lutte fut vive entre les officiers royaux et leurs commis d'une part, les poudriers libres et les corps municipaux de l'autre (2). Les nécessités de la guerre de Trente Ans font ajourner la solution définitive (3). Mais dès le milieu du xvii° siècle, l'État l'emporte. Un commissionnaire pour la poudre à canon est établi en 1667 au quartier du Pilori à Poitiers et il est défendu aux particuliers de vendre d'autre poudre que celle qu'il tient au nom du roi dans son magasin (4). On sait que la régie des poudres et salpêtres était représentée en Poitou avant la Révolution par un commissaire à Châtellerault et par 4 gardes magasins fixés à Poitiers, St-Maixent, Civrai et Montmorillon (5). La ferme et plus tard la régie des poudres achetait ses produits à des industriels dont le nombre était limité. Le royaume avait été divisé à cet égard en 30

(1) Traités cités note 1, p. 410.—*Délib. mun.* 20 octobre 1631, 9 et 23 janv. 1634, *Reg.* 82 et 84.—(2) Délib. munic. 2 sept. 1624, 28 février et 20 mars 1628, 15 janv. 1629, 17 juin, 19 août, 2 déc. 1630, 19 sept. 1633, sept. et oct. 1636, sept. 1635, *Reg.* 76 *bis*, 78, 79, 80. 81, 84, 86. — (3) Ord. royale du 11 août 1636 rétab. la libre fabrication. *Reg.* 87. — (4) Dès 1635, l'intendant des poudres et salpêtres avait établi un commis pour la vente de la poudre en Poitou. *Délib. mun. de Poitiers* sept. 1635, sept. 1636. *Reg.* 86. — Commission de P. Le Jouteux march. poudrier commis du roi présentée au corps-de-ville de Poitiers, 28 fév. 25 juillet 1667. *Reg.* 117 et 118. — (5) Alm. prov. *du Poitou*, p. 180.

départements, parmi lesquels celui de Châtellerault comprenait le Poitou. Dix-huit chefs-lieux de ces départements avaient seuls des raffineries où se fabriquait la poudre. C'était, pour la province, la raffinerie de Châtellerault(1), qui alimentait les dépôts locaux ou magasins et les bureaux dans lesquels se débitait ce produit, de la même manière que le sel et le tabac (2). Aussi les salpêtriers châtelleraudais étaient-ils les plus nombreux du pays, mais il y en avait d'autres en nombre limité dans certaines villes, telles que Poitiers (3). Ces artisans pourvus d'une commission du grand maître de l'artillerie avaient le droit de fouiller et de lessiver partout les murs et terres des caves, bergeries, masures, écuries et magasins, de pénétrer dans les maisons en démolition, même d'entrer dans les couvents, sauf dans ceux de religieuses, de requérir l'ouverture des portes, de prendre les chevaux et les charrettes pour transporter le salpêtre, moyennant indemnité raisonnable, de s'installer en payant un loyer convenable pour raffiner leur produit dans les immeubles qui leur plaisaient. Ils étaient seulement astreints à ne se servir que de ratissoires de 6 pouces pour râcler les murailles des maisons habitables. Ils pouvaient employer ailleurs des pics, pelles, tranches et marteaux, le tout à la condition de remettre les lieux fouillés en bon état (4). Ces précautions se trouvaient souvent inutiles, si

---

(1) Savary, *Dict. du Commerce*, III, 24. — (2) Ex. bureau de la poudre des Sables (acte de 1729) Vendée B. 761. — *Aff. du Poitou* 1783, p. 199 (bureau de Poitiers). — (3) Sirotteau, salpêtrier à Poitiers, ment. dans une délib. munic. du 1er mars 1723, *Reg.* 141. — (4) Dès le XVIe siècle, les ordon. municipales autorisent les poudriers à fouiller les terres propres à faire le salpêtre et les alentours des murailles, à charge de ne pas les détériorer, mais seulement en cas de nécessité urgente. Délib. mun. de Poitiers 3 nov. 1561; 2 janv. 1589. *Reg.* 38 et 48. — Commission de salpêtrier ordinaire du Roi en la ville de Poitiers pour le sieur Chartier 2

l'on en juge par les plaintes que le corps de ville de Châtellerault formule à plusieurs reprises contre les dégradations commises aux murs d'enceinte par les salpêtriers (1). Si ces industriels ont le monopole de la recherche et du raffinage du salpêtre, sous la surveillance des officiers royaux qui a remplacé celle des corps municipaux (2), ils n'ont plus la permission de verser leurs produits qu'aux magasins de la ferme ou de la régie dans une proportion dont le minimum est fixé et au prix indiqué par le commissaire général des poudres (3). Au xvie siècle, les corps municipaux interdisaient aux poudriers et salpêtriers le transport et la vente des poudres au dehors, sans permission du maire, et ils réglaient la fabrication. Ainsi il était défendu « de battre la poudre, le jour clos », c'est-à-dire en été de 8 h. du soir à 4 h. du matin (4). Tout fabricant devait inscrire son nom sur chaque livre de poudre (5). Au xviiie siècle, la poudre, centralisée dans les magasins de l'État, est vendue par eux aux marchands poudriers, merciers, quincailliers, épiciers. Ceux-ci en font le commerce de détail, à condition de tenir un registre coté et paraphé par le commissaire des poudres et le garde-magasin, et où sont marquées les livraisons qui leur ont été faites (6). C'est au xviiie siècle la poudre de chasse qui est surtout vendue aux particuliers, comme jadis la poudre de guerre. Le prix qui

---

oct. 1756 (long document qui indique les obligations et droits des poudriers-salpêtriers) *Vienne*, C. reg. 781, f°s 51 et sq.

(1) Délib. du corps-de-ville de Châtell^t 17 avril 1693, 26 nov. 1697, *Godard*, I, 266, 275. — (2) Voir les doc. p. 411, note 2. — (3) Par ex. 2500 l. par an pour le salpêtrier Chartier (1756). — (4) Ordon. munic. de Poitiers 30 juillet 1574, 15 mai 1587, 25 juillet et 1er août 1588, *Reg.* 42, 46, 48. — (5) Ordon. munic. de Poitiers, 3 mai 1573, *Reg.* 41. — (6) *Aff. du Poitou*, 1778, p. 84.

en était fixé cent ans auparavant par les corps municipaux, ne l'est plus que par les agents du roi (1).

Au xvi⁰ siècle, les salpêtriers-poudriers exercent aussi la profession d'artificiers, c'est-à-dire utilisent la poudre à canon pour en former des pièces destinées aux réjouissances publiques, appareils déjà compliqués ou simples, tels que fusées volantes, marrons, saucissons, bombes ou ballons, grenouillères et plongeons, enveloppées de carton et qui éclatent dans l'air ou dans l'eau. Un compte des dépenses de la ville de St-Maixent mentionne une livraison de poudre, de cercles et de « flambeaux artificiels » faite par un de ces industriels en 1574 (2). Au xvii⁰ et au xviii⁰ siècle, il est assez souvent question des artificiers à Poitiers, Niort et dans les autres villes à l'occasion des feux de joie, dont ils sont les fournisseurs ordinaires (3). Les ordonnances de police montrent que la foule recourait à leurs services pour s'approvisionner de fusées ou de pétards, que l'on lançait dans les rues, les jardins et sur les places, au moment des processions et des fêtes (4). Le goût était si vif pour ces sortes de divertissements que les artifi-

(1) Le corps-de-ville de Poitiers fixe le prix de la poudre de chasse ou à canon à 16 s. ou à 20 s. la livre au xvii⁰ s. *Délibér. mun.* 28 fév. 1628, 3 mai 1633, 3 oct. 1635. — En 1635, c'est l'intendant des poudres du roi qui fixe le prix de la poudre de chasse à 15 s., et celui de la poudre à canon à 13 s. *ibid.* 21 oct. 1635. *Reg.* 78, 83, 86. —(2) Comptes des recettes et dépenses de Saint-Maixent 1574-1575, *Bull. Soc. Stat. D.-Sèvres*, III, 61. — (3) Comptes des octrois de Poitiers, Fontenay, etc. xviii⁰ s. *Vienne*, G. 578-583. Ex. en 1723, 260 l. à Sirotteau salpêtrier, en 1722, 200 l. à Pignoux artificier à Poitiers pour feux de joie. Description d'un feu d'artifice tiré à Poitiers à l'occasion de la naissance du Dauphin et représentant le temple de la Félicité. *Reg. des délib. munic.* (24 sept. 1728) n° 147. —Délib. 9 fév. 1722, 1ᵉʳ mars 1723. *Reg.* 140, 141, 142. —(4) Ordon. de police de Poitiers 15 déc. 1753, art. 12 (interdisant de tirer des pétards, serpenteaux, artifices, etc.) *Arch. Antiq. Ouest.* — Ordon. du maire de Poitiers, Babinet, pour le même objet 28 juin 1728, *Reg.* 146. — Ordon. des sièges de Challans, 11 juin 1767 et de St-Christophe de Ligneron, 1782. 7 juin, *Vendée* B. 318, 1079.

ciers organisaient des représentations dont le principal attrait consistait à faire partir devant le public des pièces « d'artifices ». C'est le spectacle que donnent par exemple à Poitiers l'artificier français Ardax au jeu de paume de Biel en 1768 (1) et l'artificier Italien Augé au jeu de paume du Faisan (2). Le métier est libre, mais en raison des dangers qu'il présente soumis à la surveillance de la police locale (3), et exercé par un petit nombre seulement d'artisans domiciliés ou ambulants.

Un nombre bien plus considérable de commerçants exploite les variétés multipliées de jeux que préfèrent les classes populaires. Ce sont d'abord les billardiers, qui ne se constituent guère à l'état de métier spécial qu'au XVIIe siècle. On connaissait en Poitou au Moyen-Age le jeu de la bille qui se pratiquait dans les hôtelleries (4). Mais c'est seulement en 1659 que le corps de ville de Poitiers autorise un Parisien, le sieur Oré, à établir « le jeu de billard sur ta-
« pis, qui est jeu, dit-il, d'institution royale, beau et recréa-
« tif, et qui se pratique en la plupart des villes à peu de
« frais (5) ». Les confiseurs, limonadiers, cafetiers et aubergistes s'empressèrent dès lors de monter des billards. La profession est accessible à tous. Les billardiers doivent seulement obtenir l'autorisation de la police, qui leur est

(1) Requête du sieur Ardax, artificier, 1768, *Vienne*, G. 670. — (2) Annonce du sieur Augé, logé auberge des Vreux (il vend des artifices chinois avec ou sans poudre), *Aff. du Poitou* 1777, p. 16. — (3) Ord. de police de Poitiers, 15 décembre 1753 : il leur est interdit de tenir plus d'une livre de poudre à tirer, ordonné de la placer en lieu sûr, défendu de faire épreuve dans l'enceinte de la ville. Une ord. de police du présidial de Poitiers réitère ces défenses et interdit de vendre en tout temps aux jeunes gens des pétards et des artifices, 27 juin 1767. *Arch. Antiq. Ouest.* — (4) Sur le jeu de billes au début du XVe siècle, actes des *Arch. hist. du Poitou*, XXIV, 179, 354 ; XXVII, 2 (an. 1403), 50, 1404, etc. — (5) Délibération munic. de Poitiers, 28 juillet 1651, *Reg.* 110.

octroyée moyennant une légère redevance destinée aux pauvres ou aux hôpitaux (1). Le billardier n'avait guère du reste pour clientèle que des gens du peuple. Un homme de condition même moyenne n'aurait osé fréquenter en pareil lieu (2). En 1764, le principal du collège de Châtellerault, accusé d'être un assidu du jeu de billard, parce qu'il avait eu le malheur d'y assister une fois, est mandé au conseil de ville et réprimandé, tant sa présence dans la salle d'un billardier paraît inconciliable avec sa qualité « d'éducateur de la jeunesse (3). » Les autres jeux autorisés sont ceux de boules et de paume. Le jeu de boules ou de quilles, fort populaire dès le Moyen-Age, ne pouvait se tenir en un lieu public, sur les rues, places ou promenades (4). Aussi y avait-il des industriels particuliers, appelés maîtres des jeux de boules, qui recevaient dans leurs logis et jardins les amateurs de cette distraction. Le jeu de paume ou de la balle a joui d'une popularité presque aussi persistante et a donné naissance à une industrie longtemps florissante, celle des maîtres-paumiers. On sait que ce jeu consistait à lancer et à recevoir alternativement une balle d'étoffe ou *éteuf* avec une raquette. De grandes salles carrées (5), fermées de quatre murailles, peintes en noir au dedans pour mieux distinguer les balles dont la couleur était blanche, soutenues par des piliers dont les intervalles sont garnis de filets pour

(1) Délib. munic. de Poitiers, 19 décembre 1661, *Reg.* 112. — (2) La Liborlière, *Souvenirs*, p. 11. — (3) Délib. du corps-de-ville de Châtellerault, 23 nov. 1764, *Godard* II, 140. — (4) Ordon. munic. de Poitiers, 17 juin 1669 (au sujet d'un jeu de quilles installé en lieu public près de St-Cyprien), *Reg.* 119. — Sentence de police des Sables d'Olonne, 7 juin 1784, interdisant de jouer aux quilles dans les rues et sur les places, 7 juin 1784. — Ord. de police du siège de Palluau, 17 juillet 1770, *Vendée* B. 809 et 1035. Même interdiction au sujet du jeu de paume, Ord. mun. de Poitiers, 4 août 1578, *Reg.* 42. — (5) Dimensions du jeu de paume des Hautes-Treilles (150 pieds de profondeur sur 62 de face), *Aff. du Poitou*, 1875, p. 72.

empêcher les balles de sortir du jeu, tels sont les lieux de réunion des fervents de la paume.

Cet exercice violent, où excellaient les étudiants de l'Université de Poitiers (1), était pratiqué dès le xiv° siècle jusque dans les bourgs du Poitou (2). Au xvii° siècle, Poitiers avait encore 22 jeux de paume; en 1740, il en existait 6. Puis le nombre déclina avec le goût des exercices physiques, si bien qu'en 1755 il n'y en avait plus que 3, et plus qu'1 en 1780 (3). Les plus connus étaient les jeux de paume de la Perdrix dans la paroisse Notre-Dame-la-Chandelière (4), de Biet dans la rue des Hautes-Treilles, paroisse Saint-Porchaire (5), du Faisan dans la même rue où il subsistait encore en 1780 (6), de l'Oison, près de la rue du Chariot-David (7), de St-Jacques dans la rue du Moulin-à-Vent (8). Près de l'église Notre-Dame, on voyait encore celui des Flageolles qui appartint à Fr. Houlier, ancêtre maternel des Voyer d'Argenson (9). Un peu plus loin, se trouvaient les jeux de paume des Quatre-Vents et du Bourain (10), de Montplaisir près de la rue Saint-Denis (11), et de l'Estude, dont le bas-relief ou enseigne d'entrée, daté de 1565, porte un ironique jeu de mots où

(1) On les appelait les « joueurs de paume de Poitiers », L. Desaivre. *Les finesses de Croutelle*, p. 13. — (2) Mention d'un jeu de paume à Ste-Hermine (fin du xv° siècle) *Arch. hist. Poitou*, XXIV, 191-192. — (3) Notice des *Aff. du Poitou*, 1780, p. 196. — (4) Déclarations ou aveux pour ce jeu de paume 1560 et 1653. Vienne, G. 625, 607, 597, 600, 601, 622. — (5) Déclar. ou aveu pour le jeu de paume de Biet. 1634, Vienne, G. 625; actes du xviii° siècle, *ibid* G, 624, 680, 610, 564, 597; autres documents cités ci-dessous. — (6) *Aff. du Poitou*, 1780, p. 1888. — (7) Mentionné dans le mois des offices 1622, *Reg.* 76. — (8) Mention dans divers actes cités ci-dessous et dans le mois des offices 1604 et 1651 par ex. Reg. 61, 102. — (9) Acte de vente du jeu de paume des Flageolles à Poitiers par François Houlier au sieur de Boisprévost pour 10.000 l. *Charente* E. 1586. — (10) Délib. mun. de 1587, *Reg.* 47, f° 48. — Mois des offices, ex. 1651, *Reg.* 103. — (11) Mention en 1640, *Reg. des délib. munic.* 90, f° 127.

le terme d'*esteuf* (balle) est rapproché de celui d'*estude*(1). On en rencontrait jusque dans les faubourgs, tels que celui de Saint-Saturnin (2). Niort (3) et Fontenay (4) avaient aussi des établissements de ce genre. Ils ont en général de vastes proportions et peuvent servir à différents usages, devenir à l'occasion magasins de sel, comme celui du Bourain (5), dépôt de prisonniers, comme celui du faubourg Saint-Saturnin (6), salles de spectacle, comme ceux des Flageolles, de Saint-Jacques et de Biet (7). Les maîtres paumiers fournissent en général à leur clientèle les objets nécessaires, balles de paume qu'ils fabriquent au besoin eux-mêmes avec des presses, filets pour les arrêter, raquettes pour les lancer, chaussons de peau pour empêcher le joueur de glisser, linge à l'usage des partenaires qui se retirent du jeu couverts de sueur, lits de repos où ils s'étendent (8). Parfois, ils sont de simples locataires et partagent avec le propriétaire de l'immeuble les bénéfices de leurs opérations (9). Pour accroître ou conserver leur clientèle, à la fin du xvıı° siècle, ils adjoignent des billards à leurs jeux de paume et se transforment presque tous en billardiers (10). De tout temps, ils fournissent aux joueurs altérés, du vin, et plus tard de la bière, quand l'usage de cette boisson se

(1) Rue neuve où est le jeu de paume de l'Estude. Mois des offices 1622, Reg. 76. — *Catalogue du Musée Lapidaire des Antiq. de l'Ouest*, p. 67. — (2) Moreau, mᵉ paumier du jeu de France, f. St-Saturnin 1643, Reg. des délib. mun. 95, f° 9. — (3) Jeux de paume de la rue St-Gelais et du Mûrier à Niort. Breuillac. Les halles de Niort, *Bull. Soc. Stat. D.-Sèvres*, VI, 541. — (4) B. Fillon. *Rap. sur les rues de Fontenay*, 1880. — (5) Délib. de 1651, Reg. des dél. mun. de Poitiers n° 103, f° 72. — (6) Délib. ibid, de 1643, Reg. 95, f° 9. — (7) Voir ci-dessous. — (8) Inv. des meubles de Laurent (1708) et de Moreau (1707), mᵉˢ paumiers Vienne, G. 654. — Marché de Fr. Houlier, propʳᵉ du jeu de paume des Flageolles avec 2 m. paumiers 1ᵉʳ avril 1607, Charente E. E, 1561. — (9) Marché cité à la note précédente. — (10) Inv. de Laurent, paumier (1708) (un jeu de billard estimé 45 l), texte précité. — Ordon. relatives aux billardiers ci-dessous citées .

répand (1).. Ils sont assistés d'un ou de plusieurs garçons, les marqueurs, instruits à fond des règles du jeu et des séries entre lesquelles il se divise, et qui, à chaque coup, sont chargés d'en indiquer la valeur à haute voix (2).

Un certain nombre de règlements sont communs aux trois professions de billardiers, de maîtres de jeux de boules et de maîtres paumiers. Ils datent d'ailleurs à peu près tous du xvi°, du xvii° et du xviii° siècle. Peut-être la profession était-elle antérieurement moins réglementée. A l'époque moderne, nul ne peut tenir billard ou jeu de boules sans une permission en forme obtenue de la police, enregistrée au greffe, et précédée d'une enquête sur la vie et les mœurs du postulant (3). L'autorité a le droit de limiter le nombre des établissements de ce genre. Ainsi en 1786, le Parlement de Paris réduit à six le chiffre des billardiers de Niort, à dix celui des maîtres de jeux de boules, et à un effectif identique les maîtres de billards de Poitiers. Chaque tenancier n'est autorisé qu'à tenir une salle de billard où il peut du reste installer plusieurs jeux (4). En vertu du même arrêt, la tolérance jusque-là accordée aux billardiers de cumuler avec leur profession celles de traiteur, de limonadier, de cafetier, de cabaretier ou d'aubergiste, est supprimée. Il leur est interdit de donner à boire ou à manger chez eux (5). Des ordonnances réitérées défendent aux paumiers, billardiers

(1) Inv. de Laurent (1708) (quartauts à mettre bière, barriques de vin rouge).—Marché de 1607 entre Houlier et les paumiers du jeu des Flageolles (stipule le partage du bénéfice de la vente du vin). — Délib. munic. de Poitiers, rel. au paumier de Mon plaisir, 20 fév. 1640, *Reg.* 90. — (2) Mention des marqueurs dans l'arrêt du Parl[t] du 2 juin 1786, ci-dessous cité, art. 7. — (3) Ordon. munic. 19 décembre 1661, *Reg.* 112. — Arrêt du Parl. de Paris, relatif aux Billardiers et Maîtres de jeux de boules de Poitiers, 2 juin 1786, art. 1. — Arrêt du Parl. de Paris relatif aux billardiers, etc. de Niort, 12 mai 1786, art. 5. *Arch. Antiq. Ouest.* — (4) Arrêt de 1786 pour Poitiers, art. 2 ; pour Niort, art. 1er. — (5) Mêmes arrêts, art. 3.

et maîtres de jeux de boules de permettre qu'on joue aux jeux non autorisés, tels que le rapeau, les cartes et dés, le trictrac, le domino, surtout la roulette, le pharaon, le lansquenet, la dupe, le trente et quarante (1). Aux jeux même permis, les sommes engagées ne doivent être que minimes; les paris sont défendus. Les maîtres des établissements, leurs enfants et leurs marqueurs ne peuvent jouer contre ceux qui fréquentent dans leur maison (2). Il convient que la surveillance de la police et du public puisse s'exercer aisément sur eux. Aussi les salles de jeu doivent-elles être situées sur la rue, à peine de fermeture, et placées dans un seul appartement. Le même maître ne peut avoir plusieurs de ces salles ou plusieurs maisons de ce genre dans la même ville (3). Les tenanciers sont astreints à observer les règles qu'on leur impose au nom de l'ordre et de la morale publique pour l'ouverture et la fermeture de leurs établissements. Ceux qui sont voisins des collèges doivent fermer les portes de leur maison « au temps que les régens font leurs classes (4) ». Les dimanches et jours de fête, pendant le service divin, c'est-à-dire, suivant les saisons, de 8 à 10 heures ou de 9 à 11 ou à midi, et parfois même pendant les vêpres, de 2 heures à 4, et au moment des sermons, la clôture est également imposée (5). Tous les soirs, à huit heu-

(1) Mêmes arrêts, art. 5 et 6. — Ordonnances de police citées au paragraphe suivant. — Ordon. munic. de Poitiers 11 août 1572, 25 nov. 1588, 14 nov. 1594 etc. Reg. 41, 48, 54. — (2) Arrêts du Parl. pour Poitiers (art. 5, 7 et 9) et pour Niort (art. 4), 1786. — (3) Mêmes arrêts pour Poitiers (art. 4 et 10), pour Niort (art. 1). — (4) — Ordon. munic. de Poitiers, 22 mai 1645, Reg. 96. — Ordon. du présidial, 9 février 1770, ci-dessus citée. — Jug. du tribunal munic. de Poitiers contre Doré et Mignon, billardiers, 1663, Vienne D. 23. — (5) Règl. de police de Poitiers 1567 — pour le Poitou, janv. 1578 — pour Poitiers, 19 juillet 1632. — Ordon. munic. 17 octobre 1580, 22 oct. 1583, 14 nov. 1594 etc. Reg. 43, 44, 54. — Ord. du présidial de Poitiers 12 janv. 1700, art. 8. — Règl. de police de Châtell* 1749, art. 5. — Arrêts du Parl, 1786, pour Poitiers (art. 8 et 9) pour Niort (art. 4).

res l'hiver, à 9 ou 10 heures l'été, l'accès des billards, jeux de paume, jeux de boules, est interdit, sous la menace d'amende contre les tenanciers et contre leur clientèle (1).

La passion du jeu ne trouvait pas assez d'aliments dans les distractions tolérées. De là le succès des jeux prohibés que l'on jouait dans les auberges et hôtelleries au Moyen-Age, et plus tard dans les cafés, dans les boutiques des traiteurs, dans les salles des billardiers et des paumiers (2). Au xiv° siècle, on connaissait les jeux de boucliers, de billes et de boules (3). Le jeu de cartes, connu dès 1379, prohibé dès 1392, était répandu en Poitou dès 1404 (4). Les lettres de rémission accordées à des joueurs coupables de meurtre prouvent l'intérêt passionné qu'excitait ce plaisir et montrent la fréquence des rixes auxquelles il donnait lieu (5). Des maisons particulières abritent aussi les joueurs. Des industriels et des industrielles spéculent sur ce vice en ouvrant des tripots, connus sous le nom de *brelans*, d'*assemblées* ou d'*académies de jeux*. On y joue aux jeux prohibés par la police, tels que les cartes, les dés, les clefs, la courteboule, les billes au xvi° siècle et au début du xvii°, le hoca ou pharaon, la barbacole ou la bassette, le pour ou contre, le lansquenet, le trictrac et le domino, à la fin du xvii° siècle et au xviii° (6). Les ordonnances n'admettent en effet comme

(5) Arrêts du Parl., articles précités, note 4. — Ord. du présidial de Poitiers, 14 sept. 1751, 9 février 1770, 15 décembre 1768. — (2) Ordonnances citées ci-dessus, notes 3 à 5. —(3) Mention dans les documents des *Arch. hist. Poitou* XXVI, 2, 50, 47, 98, 434 ; XXIV 179, 185, 332, 380, 412, 28. — (4) Acte de 1404 où est mentionné ce jeu en Poitou. *Arch. hist. Poitou* XXVI, 47. — (5) Actes de rémission pour meurtres au cours de discussions de jeux 1403, 1404, 1406 etc. *Arch. hist. Poitou*, XXVI, 2, 50, 98, etc. — (6) Ord. de Charles V prohibant les jeux de hasard. *Arch. hist. Poitou* XXIV, 179 n. —Ordon. de police de Poitiers, 21 nov. 1588, *Reg.* 48 ; 19 juillet 1632 et 1ᵉʳ déc. 1633, *Arch. Mun. D.* 70, 72 ; 5 déc. 1633, *Reg. des délib.* n° 84. — Arrêt du Conseil du roi (1691) contre les jeux de hasard, *Revue des prov.*

jeux licites, outre la paume, le billard et les boules, que les échecs et les dames françaises ou polonaises (1). On allait jusqu'à prohiber les jeux illicites dans les réunions privées, et jusqu'à interdire d'admettre à jouer tous enfants de famille, écoliers, clercs, apprentis, compagnons et serviteurs, non seulement dans les lieux publics, mais encore au domicile des particuliers (2). C'est seulement en 1789 qu'on autorise l'ouverture d'une académie de jeux, sorte de cercle de joueurs à Niort (3). Les rigueurs antérieures étaient d'ailleurs si excessives que l'application en devait être fort malaisée.

On pourchassait avec une sévérité tout aussi légitime, mais souvent inefficace, les tenancières de *jeux de sort*, c'est-à-dire les cartomanciennes et diseuses de bonne aventure, dont les maisons servaient parfois d'asile à la prostitution clandestine à l'usage des soldats, jeunes gens, abbés, célibataires ou même hommes mariés (4). On tolérait au contraire parfois, moyennant demande d'autorisation, les petits industriels nomades qui dans les foires, marchés, *assemblées* ou *prévails*, organisaient des loteries, faisaient, suivant le terme du temps, « *tirer des blanques* », et amusaient la jeunesse au jeu du tourniquet (5).

---

de l'Ouest, 1858 — Ord. de police du sénéchal de St-Hilaire de Poitiers contre les jeux de rapeau, pharaon et autres et sentences contre des paumiers 1709-33 *Vienne*, G. 655, 660, 661. — Ordon. du présidial de Poitiers 12 janv. 1700, art. 8; de l'intendant Le Nain 1733, art. 12; de Châtellerault 1749, art. 6 et 9; du présidial de Poitiers, 5 mars 1756 (contre Morice hôte du Chêne-Vert); 15 nov. 1766 (contre Civez hôte de St-Nicolas), 15 déc. 1768, 9 février 1770 (*Arch. Antiq. Ouest*); 10 mars 1777 (*Aff. du Poitou* 1777, p. 48).

(1) Arrêts du Parlement (1786) précités. — Ordon. de police du présidial de Poitiers, 24 déc. 1788, *Arch. Antiq. Ouest*. — (2) Ord. de police de Châtell^t 1749, art. 6. — (3) Ordon. du 22 mai 1789, rel. à Niort, *Bull. Soc. Stat. D.-Sèvres* VI, 728. — (4) Ord. de police du présidial de Poitiers contre les tenancières d'un jeu de sort, 19 juin 1781. *Arch. Antiq. Ouest*. — (5) Ord. de police de juillet 1632 et sept. 1634 pour Poitiers, préci-

Le goût de la danse était si répandu que, dans les villes ou dans les campagnes du Poitou, il ne se passait guère de dimanche, de fête, de foire, sans que la population se livrât à ce plaisir favori, soit sur la place publique, soit dans les cabarets. Les danses poitevines étaient renommées pour leur rythme entraînant et leur caractère original (1). Il ne semble pas que le métier de tenancier de bals publics ait été distinct de ceux d'aubergiste ou de cabaretier et de cafetier. Le bal public est réservé au peuple. Mais, au xviiie siècle, on commence, à Poitiers, à organiser pour la bonne société des bals par souscription ou payants dans la salle de théâtre, imitation flagrante des bals de l'Opéra (2).

La population urbaine ou rurale n'aimait guère moins les spectacles que la danse. A la ville surtout, au Moyen-Age et jusqu'au milieu du xvie siècle, on avait la passion des représentations de mystères, de farces et de moralités. A Poitiers, sur la place du Vieux-Marché, et dans le cimetière Saint-Cybard, à Saint-Maixent, sur le parquet des moines de l'abbaye, furent représentées souvent des pièces semblables à celles dont Villon et Rabelais furent les acteurs ou les témoins. Mais ces divertissements dramatiques ne constituent pas alors à vrai dire une industrie. Les auteurs sont des gens d'église, maîtres de psallette, chanoines et autres clercs, ou encore des étudiants, ou des basochiens, ou des

---

tées. — Ordon. du siège de Palluau 9 mars 1769. — *Vendée* B. 1034. — Acte rel. à un joueur de tourniquet ambulant 1783. *Vendée* B. 1050. — Ord. du présidial de Poitiers interdisant les jeux de banque et loteries, 6 nov. 1783. *Arch. Antiq. Ouest.*

(1) P. Boissonnade, Les Fêtes de Village en Poitou, au xviie et au xviiie s. dans la *Tradition en Poitou* 1896, pp. 321 et sq. — L. Desaivre, La danse en Poitou, *ibid*, p. 397. — *L'Orchésographie de Thoinot-Arbeau*, (Langres, 1588) mentionne les danses du Poitou (pp. 26 et sq.). — (2) La Liborlière, *Souvenirs*, pp. 111, 146, 148.

amateurs passionnés pour le théâtre, tels que le poète-historien Jean Bouchet de Poitiers, le notaire Généroux de Parthenay, l'avocat et juge prévôtal G. Le Riche à St-Maixent. Les entrepreneurs bénévoles se contentent, comme Bouchet, de recevoir pour leur peine quelques cadeaux, bijoux, colliers, vêtements d'apparat, que leur offrent les sociétaires. Ces derniers jouent pour le plaisir et non en vue d'un gain (1), luttant de générosité pour étaler les plus beaux costumes et les meilleurs décors. Les tentatives savantes des lettrés de la Renaissance, comme la Péruse et Rivaudeau, n'eurent rien non plus de commun avec les entreprises théâtrales organisées et exploitées par des comédiens de profession. Il en est de même des tragédies ou comédies scolaires représentées dès le xvi° siècle dans les collèges, tels que celui de Saint-Maixent (2), et dont les Jésuites de Poitiers continuèrent la tradition (3). Un érudit de talent, M. Clouzot, a donné un exposé très fouillé de ces essais dramatiques en Poitou, exposé qui intéresse plutôt l'histoire littéraire que l'histoire sociale et économique (4). L'industrie théâtrale n'apparaît dans la province qu'à la fin de la Renaissance, et elle y est exercée par des troupes d'acteurs ambulants. Ceux-ci vivent du théâtre et ils ont leurs fournisseurs atti-

---

(1) H. Clouzot. Notes pour servir à l'histoire de l'ancien théâtre en Poitou, *Rev. des Prov. de l'Ouest*, avril 1894, pp. 283 et sq.; sept. 1894, pp. 110 et sq. — *Id.*, Un ordonnateur de mystères au xvii° s. Jean Bouchet, *ibid.*, déc. 1891, janv. 1892, p. 51 et sq. — Ouvré, *Jean Bouchet*. *Mém. Antiq. Ouest*, XXIV, 5. — H. Clouzot. La Basoche, les Sociétés joyeuses, etc. *Rev. des Prov. de l'Ouest*, janv. 1895, pp. 69 et sq. — (2) H. Clouzot. Notes pour servir à l'histoire de l'ancien théâtre en Poitou la poésie dramatique de la Renaissance, *Rev. des Prov. de l'Ouest*, juillet-août 1895, pp. 172 et sq.; sept. 1895, pp. 18-20. — (3) Pièces représentées par les Jésuites de Poitiers. *Rec. Poitevins de la Bibl. Munic.* — (4) H. Clouzot, Notes pour servir à l'histoire du théâtre en Poitou, *Rev. des Prov. de l'Ouest*, 1892, 1894, 1895, 1896. — *Revue du Bas-Poitou*, 1897, pp. 296-310.

trés. Tels sont ces comédiens et joueurs d'instruments qui parcourent en 1580 le Poitou, s'arrêtant à Champdeniers, à Parthenay, à St-Maixent, ou encore ces écoliers « joueurs « de tragédies, comédies et farces », qui promènent en 1581 de ville en ville les tragédies de *Vénus* et d'*Adonis*, de *Polidore* ou de *Roland Furieux* (1) Telles sont aussi ces troupes de comédiens italiens, les *Gelosi*, qui jouèrent à Poitiers en 1578 et 1579 au jeu de paume de Saint-Jacques, sous les yeux de Guillaume Bouchet et d'Agrippa d'Aubigné, et qui initièrent les Poitevins aux exploits traditionnels de Pantalon, du valet Zani, du docteur Cornet, et du bouffon bossu, Franca Trippa (2).

Pendant le xviie siècle, les comédiens parisiens, dont Scarron a décrit les mœurs dans le célèbre Roman Comique, viennent divertir les habitants des villes du Poitou. C'est ainsi qu'en 1604, une troupe d'acteurs donne des représentations au jeu de paume de St-Jacques. En 1651, d'autres installent leur théâtre au jeu de paume des Flageolles, et l'on vit en novembre 1649 Molière lui-même, avec ses compagnons de l'*Illustre Théâtre*, solliciter la permission de venir « avec sa compagnie passer un couple « de mois à Poitiers » (3). Dans une seule année, en 1650, la capitale du Poitou reçoit la visite de deux troupes de co-

---

(1) H. Clouzot, Notes, etc.: la basoche, les sociétés joyeuses, *Rev. des prov. de l'Ouest*, mars 1895, p. 151. — (2) H. Clouzot. La comédie italienne en Poitou, *Rev. des pr. de l'Ouest*, mars 1895, pp. 152-154. — *Interméd. de l'Ouest*, n° 3 (sept. 1892). — (3) La première mention d'un passage de comédiens à Poitiers relatée dans les rég. des délib. munic. se trouve à la date du 25 juillet 1600, *Reg.* 59. — Délibér. munic. de Poitiers, 16 août 1604; 22 mai 1651; 8 nov. 1649, *Reg.* 61, 102, 101. — Cf Bricauld de Verneuil et A. Richard. *Molière à Poitiers en 1648 et les comédiens dans cette ville de 1640 à 1658.* 1888. in-8°; il est probable que Molière vint à Poitiers en 1648, car on a retrouvé l'acte de décès d'une demoiselle Du Fresne, comédienne, daté du 1er nov. 1648, *op. cit.*, pp. 24, 54.

médiens (1). Les registres municipaux signalent la présence d'autres troupes en 1656, 1657, 1666, 1670, 1671 (2). On sait que Molière accompagné de Madeleine Béjart et de René Du Parc est venu en juin 1648 à Fontenay; qu'en cette même ville passèrent en 1654 les troupes du Marais avec les célèbres acteurs Hauteroche, Catherine Desurlis et Claude Jannequin, et en octobre 1666, la troupe de Nicolas le Roy, sieur de la Mare, beau-frère du fameux comédien Montfleury (3). Ces traditions se continuèrent au xviiie siècle. En 1758, la troupe des comédiens de Paris, dite du roi de Pologne, dirigée par Eloy Saucerotte, de Raucourt, séjournait à Fontenay, où elle fut victime d'une agression sauvage (4).

Ces compagnies d'acteurs ambulants viennent en général à l'époque des foires qui leur assurent un public plus nombreux (5). Ayant à leur tête un directeur, et comprenant tout un personnel de comédiens et de comédiennes, elles emmènent avec elles leur peintre décorateur (6), et leur matériel de décors, toiles, tapis, hardes de théâtre, bagages qui représentent parfois une valeur importante, puisque le sieur de Raucourt estime le sien plus de 17.700l. (7). Avant de se présenter dans la ville, elles doivent solliciter l'autorisation de la police locale au xviie siècle ou

(1) Délib. munic. 28 nov. et 26 déc. 1650. *Reg.* 102. — (2) Délib. munic. de Poitiers, 6 nov. 1656, 2 juillet 1657, 18 janv. 1666, 20 janvier 1670, 14 déc. 1670. *Reg.* 107, 116 et sq. — Voir à ce sujet Bricauld de Verneuil, *Molière à Poitiers*, pp. 39, 60. — H. Clouzot. Notes pour servir à l'histoire du théâtre en Poitou, *Rev. des prov. de l'Ouest* fév. 1895, pp. 157 et sq.; et fév. 1896, pp. 71 et sq.—(3) B. Fillon, *Rech. sur le séjour de Molière dans l'Ouest*, in-8°, 1871, pp. 11-24. — (4) Requête du sieur de Raucourt (août 1758) publiée sous ce titre « *le Théâtre à Fontenay* », par R. Vallette, plaquette de 3 p. in-8°, s. l. n. d. — (5) B. Fillon, *Rech.*, p. 24. — Vallette, *op. cit*, p. 1. — (6) B. Fillon, *Rech.* pp. 23-24. — (7) Requête du sieur de Raucourt (1758), p. 3.

même de l'intendant au xviiie siècle. On l'accorde ou on la refuse suivant l'humeur du moment (1). Lorsque en 1628 « une troupe de commédiens farsseurs (*sic*) prie le maire « de Poitiers de lui permettre » de donner des représentations, celui-ci refuse et expulse les acteurs, « attendu le temps qui oblige plutôt à prier Dieu et assister au jubilé (2) ». De même en 1649, le maire et le lieutenant général de police s'opposent au séjour de Molière, « attendu « la misère des temps et la cherté des bledz (3) ». La permission est-elle octroyée, on spécifie sa durée, une semaine, 15 jours, deux mois. Elle est parfois illimitée (4). Muni de l'autorisation, le directeur de la troupe traite avec le maître de quelque jeu de paume, ou avec quelque aubergiste, pour dresser ses tréteaux. En 1614, un acteur qui se qualifie comédien du gouverneur de Poitou, Gédéon de la Tombe, conclut contrat avec un cabaretier de Fontenay, en vue de la construction d'un théâtre en planches au faubourg des Loges. En 1723, c'est un hangar de même nature, sorte de dépôt de bois, qui est approprié au même objet pour des comédiens de passage (5). En général, le jeu de paume est préféré comme salle de spectacle plus confortable. Le paumier fournit le local moyennant une somme déterminée. La troupe de Molière loue ainsi le jeu de paume de

(1) Ord. de police de Poitiers, 1567; 1632; de Châtellerault 1749; de l'intend. Le Nain 1733, art. 4 — du présidial de Poitiers, 15 déc. 1753, art. 2. — (2) Délib. munic. de Poitiers, 5 juin 1628, *Reg.* 78. — (3) Délib. mun. de Poitiers, 8 nov. 1649, *Reg.* 101. — (4) Délib. mun. de Poitiers, 4 sept. 1629, 28 nov. 1650, 18 janv. 1666, *Reg.* 80, 102, 116 etc. — (5) Ex. instal. aux jeux de paume de St-Jacques et des Flageolles. Délib. munic. de Poitiers, 16 août 1604, 22 mai 1651. *Reg.* 61, 102. — Marché de Gédéon de la Tombe, comédien du gouverneur de Poitou avec l'hôtelier de la Lamproie et un charpentier de Fontenay, 25 mai 1614, pp. H. Clouzot, Notes etc. *Rev. des prov. de l'Ouest*, fév. 1895, p. 161. — Vallette appelle ce comédien G. de la Touche, *op. cit.*, p. 1 note. — Il cite le hangar qui servait de théâtre en 1723, *ibid.*

Fontenay en 1648 pour 21 jours, y compris les dimanches et fêtes, au prix de 7 l. par jour (1). Les comédiens sont de plus tenus de verser une redevance à la caisse municipale, sorte de droit des pauvres dont on peut relever la trace dans les registres des délibérations municipales de Poitiers. Ainsi en 1650, on exige des comédiens 20 l. par semaine pour les besoins de l'aumônerie, et il est décidé qu'à l'avenir tel sera le taux de la rétribution demandée aux acteurs. En 1651, on abaisse le droit à 10 l. par semaine, mais en les faisant payer à l'avance par ceux qu'on nomme avec dédain « les maîtres du tripot » (2). La coutume est de les obliger à donner la valeur d'une soirée théâtrale, « pour être employée à la nourriture des pauvres », ou bien une somme fixée par le maire (3). Ces formalités remplies, la troupe annonce ses représentations à son de tambour dans les rues et carrefours de la ville. Toutefois, à Poitiers du moins, il faut qu'elle ait la permission des tambours municipaux (4), qui ne s'obtient sans doute qu'à prix d'argent.

C'est seulement au xviiie siècle, vers 1773, qu'une société composée du marquis de Nieuil, du comte de Marconnay, du marquis des Francs, et de M. Forien, receveur général des finances, résolut de faire construire à Poitiers un théâtre digne de la capitale du Poitou (5). Mais dès le milieu du siècle, une association dirigée par les sieurs Gastiou et Delaistre avait installé un théâtre permanent, vers le bas de la rue de l'Ancienne Comédie (6). C'était un ancien jeu de

(1) B. Fillon, *Rech.* p. VII. — (2) Délib. munic. de Poitiers, 21 et 28 nov., 26 déc. 1650, 9 janvier, 24 avril, 22 mai 1651, *Reg.* 102. — (3) Délib. munic. de Poitiers, 6 nov. 1656, *Reg.* 107. — 2 juillet 1657 et 18 janv. 1666, *Reg.* 107 et 116. — (4) Délib. munic. de Poitiers, 30 juillet 1601, *Reg.* 102. — (5) Dossier relatif à cette association. *Arch. Antiq. Ouest.* — (6) Mention dans une ordonnance du présidial de Poitiers du 15 janv. 1754, *Arch. Antiq. Ouest*, série B.

paume aux murs enfumés, crasseux, sans ornements, et où on avait pratiqué un double rang de galeries, des loges et des secondes, un orchestre et un parterre dans lequel les spectateurs se tenaient debout. A cet ensemble misérable donnaient accès une porte d'entrée basse et étroite et des corridors exigus (1). On y jouait la tragédie, la comédie et même l'opéra bouffe, et fiers enfin d'avoir une troupe permanente, les Poitevins se montraient fort satisfaits de leurs acteurs (2). La police des spectacles était dévolue, ici aux corps municipaux, là aux sénéchaux seigneuriaux, partout aux juges royaux et plus tard aussi à l'intendant. Les comédiens se trouvaient placés sous la protection de l'autorité locale. Un règlement de 1629 défend « à toutes personnes de « les empescher de monter sur le théâtre et d'attenter à leurs « personnes et biens, à peine de 300 l. d'amende (3). » Il était interdit de commettre aucuns désordres à l'entrée ou à la sortie, « de crier et faire du bruit » avant le commencement du spectacle et dans les entr'actes, « de siffler, faire « des huées, avoir le chapeau sur la tête, d'interrompre les « acteurs sous quelque prétexte que ce fut, de s'arrêter « dans les corridors ou couloirs (4) ». Malgré toutes ces recommandations, une partie du public se croyait tout permis à l'égard des acteurs et surtout des actrices. Les étudiants, friands de spectacles, se glissent dans la salle sans payer, comme l'observe une requête de comédiens datée de 1651 (5).

---

(1) La Liborlière, *Souvenirs*, p. 155. — (2) *Ibid.* — *Aff. du Poitou* 1773, p. 79. — (3) Ordon. munic. de Poitiers, 4 sept. 1629, *Reg.* 80. — (4) Ordon. du présidial de Poitiers, 15 déc. 1753, art. 2 — et du 5 février 1785. Arch. Antiq. Ouest. — (5) Délib. munic. de Poitiers, 9 janvier 1651, *Reg.* 102. — L'ord. de police de Châtel[t] (1749 art. 54), défend d'entrer au spectacle sans payer et d'interrompre les acteurs. Elle interdit aussi (art. 20) aux écoliers et clercs d'user de violences dans les comédies, farces, jeux de paume.

Ne reconnaissant que l'autorité de leurs professeurs et de leur prévôt, ils pénètrent au théâtre armés, en dépit des ordonnances (1), provoquent des rixes, et, comme en 1785, forcent les portes des loges fermées ou narguent la police. Le Parlement est forcé d'intervenir pour mettre un terme à ces abus (2). Parfois, les gentilshommes troublent aussi la représentation de leurs entreprises brutales. En 1604, un noble, nommé La Roche-Leblanc, escorté de quelques compagnons, en essayant des galanteries audacieuses auprès de la femme d'un comédien, suscite une querelle où le mari est tué (3). En 1758, une bande de hobereaux du Bas-Poitou, pris de vin, brise la rampe, déchire le rideau et les toiles, maltraite les comédiens du théâtre du sieur de Raucourt à Fontenay, tandis que les laquais enlèvent le matériel théâtral et vont le jeter dans les fossés (4). Ces mœurs violentes persistaient encore à la veille de la Révolution. Les femmes n'osaient à Poitiers aller au spectacle, de peur d'y être insultées ou mêlées aux disputes qui éclataient trop souvent entre les étudiants en droit et les officiers de la garnison, public ordinaire des représentations (5). Les bourgeois allaient aussi au théâtre, surtout au xviie siècle (6). Mais l'usage interdisait l'accès du spectacle aux domestiques et « gens de livrée », de peur que les « honnêtes gens » ne fussent victimes de l'humeur agressive et tapageuse des laquais. Exclus du parterre, les gens de livrée se réfugiaient

(1) Ordon. munic. de Poitiers 22 mai 1651 (au sujet des désordres commis contre les comédiens au jeu de paume des Flageolles), *Reg.* 102. — Ord. du présidial 9 février 1785, précitée. — (2) Arrêts du Parl. de Paris au sujet des étudiants en droit de Poitiers, 9 février et 12 août 1785, *Arch. Antiq. Ouest.* — (3) Délibér. munic. de Poitiers, 16 août 1604, 13 juin 1605, *Reg.* 61. — (4) Requête du sieur de Raucourt (août 1758), pp. R. Vallette, 3 p. in-8°. — (5) La Liborlière, *Souvenirs*, pp. 155-156. — (6) B. Fillon, *Rech.* pp. 11 et sq.

dans les couloirs, troublant la représentation de leurs cris et du cliquetis de leurs armes. La police dut encore leur en prohiber l'entrée (1). Elle intervenait aussi pour enjoindre aux comédiens de tenir les passages libres et suffisamment éclairés, pour leur défendre de se servir d'habits et d'ornements ecclésiastiques dans leurs farces, et de jouer des pièces « dissolues ou de mauvais exemple », à peine de prison et d'autres châtiments (2). Ici encore, il y avait loin de la lettre des règlements à la réalité de l'exécution.

Les comédiens n'ont guère pour clientèle que le public aristocratique ou bourgeois, et n'exercent leur art que dans les villes ou gros bourgs. Mais le peuple a aussi ses spectacles et ses industriels qui l'amusent. Ce sont les bateleurs, dont les exhibitions et les plaisanteries font la joie du public populaire aussi bien à la cité qu'au village. Munis de l'autorisation de la police (3), ils vont aux foires et aux assemblées convoquer les curieux au son des fifres, de la trompe, de la trompette et du tambour (4). Tel ce « joueur de basteaux », Perrinet Samson, qui, en 1377, le jour de la Pentecôte, exhibe après-dîner aux spectateurs, un ours, un cheval et une chèvre savante, et déride l'assistance en envoyant sa petite fille offrir un barillet d'étain pour l'emplir « au mieux buvant de la compagnie », tandis que sa femme, portant son dernier enfant sur les bras, fait la quête parmi le peuple (5). Les bateleurs se confondent souvent avec les

(1) Ordon. du présidial de Poitiers, 15 déc. 1753, 15 et 23 janvier 1754, Arch. Antiq. Ouest. — (2) Ordon. de l'intendant Le Nain 1733, art. 4 ; et du présidial de Poitiers, 15 déc. 1753, art. 2. — (3) Ordon. de police de 1567, 1632, 1634, 1700, 1733, pour Poitiers, etc.—Ord. de police de Châtell[t] 1749. — Pancarte de Châtell[t]. 1704 (droits du seigneur : son juge permet aux bateleurs de jouer), Golard, I, 299. — (4) Ordonnance précitées, et textes ci-dessous indiqués. — (5) Acte de rémission pour un bateleur coupable de meurtre à St-Hilaire-sur-Autise. Arch. hist. Poitou, XXVI, 118. —

montreurs de marionnettes qui, d'après Guillaume Bouchet, avaient les faveurs du peuple poitevin. Leurs « bateleries, « badineries, tours de champiceries » et farces (1) sont accompagnées de plaisanteries dont le public populaire s'égaie, bien que l'autorité ait soin de leur recommander « la décence et l'honnêteté » dans le jeu comme dans les paroles (2). Au village, le bateleur se met peu en frais : il se borne à produire quelques « misérables marionnettes » ou la lanterne magique (3). Mais à la ville, surtout au xviii° siècle, avec un public plus difficile, dans le jeu de paume qu'il loue (4), il offre à la curiosité du spectateur de véritables pièces à grand spectacle, telles que la représentation du Jugement dernier avec tremblement de terre, tonnerre, chute d'étoiles, apparition de serpents, invasion de la mer et naufrages, repas de requins, anges sonnant de la trompette pour réveiller les morts, défilé de la reine de Saba, des anges et des démons, vue de l'enfer et descente de la Jérusalem céleste sur la terre, le tout avec accompagnement de feux d'artifices (5). Tel est le régal que promet aux Niortais le sieur Monniotte, directeur d'un théâtre mécanique, en mai 1770, et que le sieur Ardax, qui s'intitule prince du Mont-Liban, donne aux Poitevins au jeu de paume de Biet en 1768 à trois heures ou à 5 heures et à 8 heures de l'après-midi, les jours ordinaires, dimanches et

---

Sur les bateleurs et l'origine du mot, voir E. Fournier, *Théâtre de la Renaissance*, p. 322, et Génin, *Récréat. philolog.* II, 65-67.

(1) G. Bouchet, 18° *Sérée*. — (2) Ordon. du sénéchal du St-Hilaire de Poitiers autorisant la reprrés. du sieur Petit, 24 déc. 1735. *Vienne*, G. 661. — (3) Lettre de M. de Scévole à Jouyneau-Desloges, *Affiches du Poitou*, 1776, p. 47. — (4) Ex. le jeu de paume de Biet loué par le sieur Petit et par Ardax. — (5) Programme du spectacle du Jugement Dernier, pp. H. Clouzot, *Spectacles pop. en Poitou*, *Interméd. de l'Ouest*, 1892, n°s 1 et 2.

fêtes (1). D'autres fois, ce spectacle édifiant est remplacé par la pièce militaire à grand fracas, telle que le siège de Maëstricht, dont Jacques Dodin et Pierre Courtadon gratifièrent trois ans de suite la curiosité des habitants de Poitiers, et où on voyait les péripéties d'un assaut représentées au moyen de machines et de figurants (2). Un autre impresario, le sieur Gon, offre vers la même époque, pour 12 s. aux premières et 6 s. aux secondes, chez un boulanger de Niort, le spectacle d'un grand combat naval devant le fort Saint-Philippe (3). A la fin du xviiie siècle, des industriels ingénieux exploitent aussi le goût du public pour le mécanisme des automates(4) et pour les aérostats. Ils fabriquent et lancent des ballons auxquels ils adaptent des réchauds, artifices et autres matières explosibles (5). Au jardin de l'hôtel d'Auzances, près de la place Saint-Didier, un Cordelier, le P. Rocheix, professeur à la Faculté de théologie, ayant fait partir avec succès une montgolfière en papier, le sieur Mignon, limonadier, essaie de spéculer sur l'attrait de ce nouveau spectacle en lançant un aérostat au parc de Blossac (6).

D'autres charlatans ou forains donnent des combats d'animaux dans les jeux de paume (7), mettent aux prises

---

(1) *Ibid,* n° 1, p. 11, n° 2, p. 19. — Requête du sieur Louis Ardax, 19 mai 1768, et ord. du sénéchal de St-Hilaire, *Vienne,* G. 670. — (2) Ordon. du sénéchal de St-Hilaire 23 mars 1772, 7 juin 1773. *Vienne,* G. 670, 671. — *Affiches du Poitou,* 25 avril 1774, p. 68. — H. Clouzot. *Spectacles populaires* (*Interm. de l'Ouest,* n° 2, p. 19). — (3) H. Clouzot, art. cité, p. 20 — voir aussi la reprod. de cet art. dans *la Tradition en Poitou,* in-8°, p. 305. — (4) Annonce du sieur Aupré, *Aff. du Poitou,* 6 nov. 1788. — H. Clouzot, *Interm. de l'Ouest,* n° 2, p. 21. — (5) Ordon. du lieut. g. de police de Poitiers interdisant le lancement des aérostats sans permission (il s'en fait, dit-il, journellement à P. et aux environs), 17 mai 1784. *Arch. Antiq. Ouest.* — (6) La Liborlière, *Souvenirs,* pp. 64-65. — (7) Ord. du sén. de St-Hilaire en fav. des sieurs Courtadon et Daudé 1773, *Vienne,* G. 672. — La Liborlière, *ibid.,* p. 110.

par exemple un lion et un taureau, comme cet industriel Lyonnais dont Guillaume Bouchet raconte la plaisante histoire (1). A côté des phénomènes, manchots tirant de l'arquebuse et exécutant mille prouesses avec leurs pieds, fillettes sans bras et pourvues d'un seul pied avec lequel elles tissent et cousent, culs-de-jatte qui grimpent aux échelles avec l'agilité des chats, et dont s'amusent la badauderie de l'avocat Michel Le Riche et de l'apothicaire Contant (2), voici les montreurs d'animaux savants. Ils exhibent des ours et des chevaux qui devinent « où on met de l'argent », spectacle après lequel on crie à la magie (3) ; ils montrent des bêtes qui circulent sur la corde raide maintenus par quelque artifice (4), et d'autres curiosités du même acabit. A la foire, aux assemblées, on va encore admirer les lutteurs, les danseurs de corde et les équilibristes (5), spectacles dont on ne dédaigne pas de divertir même une Altesse royale de passage (6). Enfin, le tableau des divertissements populaires est complété par les escamoteurs, les physiciens et mécaniciens (7), dont le succès ne devait pas être moins grand que celui de leurs émules.

Les arts d'agrément font vivre en Poitou une catégorie

(1) G. Bouchet, cité par H. Clouzot, *Interm. de l'Ouest*, n° 2, p. 22. — (2) H. Clouzot, *ibid*, pp. 23-24 (années 1559-1605). — (3) Ord. du corps-de-ville de Poitiers relat. à un montreur de cheval savant, 15 oct. 1650, *Reg.* 101. — (4) La Liborlière, *Souvenirs*, p. 110. — (5) *Tableau des victoires du Roy, et autres Poësies du sieur Colardeau*, procureur de S. M. à Fontenay. 1637, in-8° (poésie intitulée la Fête de Village). *Rec. Poit. de la Bibl. Mun. de Poitiers*. — Ordon. du sénéchal de St-Hilaire au sujet de danseurs de corde, 1733. *Vienne*, G. 661. — Lettre de M. de Scévole sur l'équilibriste Clémenson, *Affiches du Poitou* 1776, p. 47. — *La Feste de village, par le poëte Colardeau* (« Cet autre danse les sonnettes. — Voltigeant comme un papillon »). — (6) Procès-v. du passage de Madame infante à Poitiers, 4 sept. 1739, cité par H. Clouzot, *Interm. de l'Ouest*, n° 2, p. 24. — (7) Annonces des sieurs Goo, machiniste (1778), Monniotte (1770), et la Meronnière (1788), citées par H. Clouzot, *ibid*, pp. 19-21.

non moins nombreuse d'industriels. Les plus répandus sont les *ménétriers*, appelés aussi *joueurs d'instruments, joueurs de hautbois ou de violons, cornemuseurs et tambourineurs* (1). Dans une province où la danse est une véritable passion et qui avait la réputation dès le xiii° siècle de posséder les meilleurs danseurs de France, ces musiciens populaires formaient l'élément indispensable des bals et des assemblées (2). Ils assistaient aussi aux mariages, aux fêtes des confréries et des particuliers, aux cérémonies d'installation des maires et d'inauguration des foires, enfin aux grands repas (3). Ils vivaient encore des leçons qu'ils donnaient aux amateurs (4). Au son des violons, des hautbois, des musettes, des cornets, des coutres ou flûtes à bec, des fifres, des chèvre-sourdes, des flageolets et des cornemuses, ils accompagnent les danses lentes ou animées, pavanes, voltes, courantes, fissayes, gavottes et branles (5). Ils excellent surtout à jouer du hautbois et de la cornemuse ; les accords graves du second de ces instruments s'accordaient à merveille avec les sons aigus du premier. Il est d'usage que l'on rétribue leur concours par une somme d'argent, et qu'en outre ils soient hébergés et nourris gratuitement par ceux qui les emploient (6). Dans les villes, on exige qu'ils soient munis d'une autorisation de la police pour assister aux bals et assemblées, et la permission est

(1) Mention de ménétriers et cornemuseurs (xv° s. xvii° siècle), *Vienne,* G. 1230; *Arch. hist. Poitou,* XV, 280. — G. Bouchet, *Sérées* 4° et 32°. — et documents ci-dessous cités. — (2) G. Bouchet, *Serée* 4°, pp. 159-164. 211. — L. Desaivre. *Les finesses de Croutelle,* pp. 27 et sq. — H. Clouzot, Notes pour servir à l'hist. du théâtre en Poitou, *Rev. des prov. de l'Ouest,* 1895 mars, 7, pp. 151 et sq. — (3) G. Bouchet, *Serée* 32°. — (4) G. Bouchet, *Serée* 4°. — L. Desaivre, *op. cit.* pp. 11-12, 13, 22, 27, 32. — Documents inédits cités ci-dessous. — (5) L. Desaivre, p. 27. — P. Boissonnade, Les fêtes de Village au xviii° s. (*la Tradition en Poitou,* pp. 121 et sq.) — (6) G. Bouchet, 4° *Serée,* pp. 159-164, 211.

parfois refusée, surtout en temps de carême (1). De même, les aubades de nuit, qui peuvent donner lieu à des désordres sont interdites, si l'on n'est muni de la permission de l'autorité (2). Les ménétriers sont fort jaloux de leur métier, et prétendent défendre aux musiciens étrangers de venir leur faire concurrence. C'est ainsi qu'en 1666 les dix joueurs d'instruments de Poitiers présentent au maire une requête pour faire exclure une troupe de musiciens « nouvellement arrivée » (3).

Plus relevée est la condition des maîtres de musique et des choristes au service des églises ou des abbayes. On sait qu'à Poitiers en particulier la cathédrale St-Pierre, les chapitres de Notre-Dame la Grande et de St-Hilaire le Grand avaient leur psallette ou chapelle (4). Elle était dirigée, soit par des ecclésiastiques, soit par des laïques recrutés avec soin, parfois par la voie du concours (5), et composée de choristes et musiciens, dont plusieurs ont été des artistes de premier ordre. Tels furent Gaspard le Franc, maître de chapelle de Catherine de Médicis, chapelain de St-Hilaire (6), et surtout le fameux Lambert, beau-père de Lulli, maître de chapelle de Louis XIV, et qui simple enfant de chœur à Champigni-sur-Veude,

---

(1) Ordon. mun. de Poitiers, 27 janv. 1631, *Arch. Munic.* D. 68. — Autres ordon. du 3 février 1631, et 24 mars 1653, *Reg.* 81 et 104. — (2) Ordon. munic. du 23 déc. 1652, *Reg.* 104. — (3) Délib. munic. de Poitiers, 15 février 1666, *Reg.* 110. — (4) Fondation de la psallette de la cath. de Poitiers par S. de Cramaud pour 1 maître et 6 enfants de chœurs, 10 oct. 1402, acte pp. Rédet, *Arch. hist. Poitou*, X, n° 132. — Cf. *ibid*, XXIV, 419-421. — Sur celles de N.-D.-la-Grande et de St-Hilaire (xvi°-xviii° s.), *Vienne*, G. 1046, 1094, 513, 559, 569 etc. — Inv. des meubles donnés par le m. de la psallette de N.-D. de Châtell. février 1551, *Doc. pp. la Soc. Antiq. Ouest*, p. 6. — (5) Lettre circ. du chap. St-Hilaire aux m. de musique du roy° 1716, *Vienne* G. 5. — (6) Ment. dans un acte du chap. St-Hilaire (xvi° s. *Vienne*, G. 1046.

vit son talent découvert par Moulinié, maître de chapelle de Monsieur (1). Le directeur de psallette engagé pour une période déterminée pouvait porter l'aumusse ou le surplis quoiqu'il ne fût pas clerc, était logé aux frais du chapitre ou de l'église, recevait un salaire fixe, et au bout d'un certain nombre d'années de service, une pension de retraite (2). Il était tenu de nourrir les enfants de chœur, de leur apprendre à lire et à écrire, de les instruire en lettres latines, et de leur enseigner le plain-chant et la musique (3). On voit par divers documents qu'il était assisté de joueurs de harpe, de basse ou de basson, de serpent et de cornet à bouquin, et enfin de chantres (4), astreints les uns et les autres à une certaine tenue par leur caractère à demi-ecclésiastique (5). Les églises ou communautés religieuses possédaient également leur organiste attitré, qui était un facteur d'orgues ou un musicien, et dont les services se louaient de la même manière (6). Enfin, le goût de la musique s'était répandu peu à peu parmi les classes cultivées, au xviiie siècle surtout, si bien que la profession de maître de musique civil paraît avoir été assez répandue. Des étrangers, Italiens ou Allemands, enseignent alors, concurremment avec des Français, les éléments de la musique ou pratiquent la vente

(1) Notice sur Lambert, par Jouyneau-Desloges, *J. de Poitiers*, an VI, n° 10. — L. Desaivre, *op. cit.*, p. 32. — (2) Traités du chap. St-Hilaire avec Pain pour 10 ans; du chap. N.-D.-la-Grande avec Chauvet pour 5 ans (1669) etc. *Vienne*, G. 1046, 1094, 559. — Pension de 200 l. au s. Berton, m. de la psallette St-Hilaire après 26 ans de service. — Réception du sieur Dollé, 1779-89, *Vienne*, G. 559, 569. —(3) Ex. contrat avec le sieur Chauvet (1669;, précité. — (4) Actes divers des chapitres St-Hilaire, Notre-Dame, etc. *Vienne*, G. 382, 536, 538, 1551, 1046, 568, 544, 545. — (5) Actes capitules de Saint-Hilaire, 1652-56 (défenses aux choristes de fréquenter les cabarets et les femmes de mauvaise vie), *Vienne*, G. 545.—(6) Actes relatifs à des organistes à Poitiers (17-18e s.), *Vienne*, G. 382, 542, 551, 556, 568, 544. —Berthelé, *Rev. Poit. et Saint.*, 1891, p. 230.

des instruments, tels que le violon, la harpe et le clavecin, dans les principales villes du Poitou (1). A la même époque, les maîtres de danse sont également fort à la mode dans la société polie. Ils apprennent aux jeunes gens à marcher, à saluer, à s'asseoir, à se tenir sur un siège, à se lever, à offrir ou à donner la main, à danser enfin en mesure. Mis avec recherche, avec leur long habit à la française, leur perruque à bourse, leur violon dans une pochette, ils promènent de salon en salon leur air affecté et leur importance proverbiale (2).

La vogue des tireurs d'armes ou maîtres d'escrime n'est pas inférieure à la leur et remonte plus haut encore, c'est-à-dire au xvii° siècle. Il en est qui vont dans les foires et les assemblées de village éblouir le public rural de leur talent. Tel le jeune escrimeur, que le poète Colardeau décrit, à côté des acrobates et des vendeurs de complaintes, « montrant à faire une estocade » (3). D'autres plus sédentaires exercent en ville leur profession très appréciée, rangée parmi les arts libéraux. Cette profession se développe surtout, semble-t-il, vers l'époque de Louis XIII. Les *tireurs d'armes* appelés aussi *escrimeurs et capitaines en l'exercice militaire* (4), sont à Poitiers au nombre de cinq entre 1615 et 1617, et de 4 en 1629 (5). Bien qu'ils n'aient pu obtenir d'être érigés en

(1) *Aff. du Poitou*, 1776, p. 192; 1777, p. 64; 1779, p. 196. — La Liborlière, *Souvenirs*, p. 151. — (2) En 1597, le sieur de la Pelissonnière donne à sa fille dès l'âge de 8 ans un maître de danse, *Comptes pp. Audé*, p. 19. — Sur les maîtres de danse à Poitiers avant 89, La Liborlière, *Souvenirs*, p. 153. — (3) Colardeau, *La Feste de Village* (Où tu vois cette brigade. — S'amasse avec tant de rumeur. — C'est pour ce qu'un jeune escrimeur — Y montre à faire une estocade). — (4) Termes des délib. munic. des 5 et 26 oct. 1615, *Reg.* 70, — et des documents cités ci-dessus. — (5) Délib. mun. de Poitiers, 5 et 6 oct. 1615, 3 juillet 1617, *Reg.* 70 et 71. — Statuts des tireurs d'armes de Poitiers, 1629 (inédits), *Arch. Munic.*, D. 67, l. 11.

métier juré, quoiqu'ils l'aient demandé à plusieurs reprises, ils ont de fait une situation privilégiée. En effet, les maîtres d'armes étrangers à la ville ne sont admis qu'après une enquête du maire sur leur conduite, leur religion, leur pays d'origine, qu'avec des certificats de bonnes vie et mœurs, et qu'après avoir fourni des preuves de leur capacité (1). Ces preuves consistent à donner un assaut, en présence du maire et des maîtres d'armes du lieu, et à tirer avec des « escolliers ou apprentifs(2) ». L'échevinage a le droit de limiter le nombre des tireurs admis à exercer, d'après l'effectif présumé des jeunes gens appelés à suivre leurs leçons (3). Les tireurs enseignent les diverses variétés d'escrime, celles de l'épée, de l'espadon (épée à deux mains), du fleuret, de la hallebarde et du bâton à deux bouts (4). Ils donnent leurs leçons dans une salle sur la porte de laquelle s'étale leur enseigne ou tableau, avec un pot de fleurs, et ils annoncent leurs exercices au son du tambour. Mais il ne leur est permis de battre la caisse qu'au lieu où ils exercent (5). Ils ont seuls la permission de montrer à tirer, mais uniquement aux sujets du roi (6). Ils prétendent même, en 1629, faire visite dans les maisons particulières, en compagnie d'un sergent du maire, pour saisir les fleurets qu'on y pourrait trouver, sous prétexte des « inconvénients qui peuvent advenir (7) ». Au XVIII° siècle, leur industrie prospère encore, sous la pro-

---

(1) Délib. munic. de Poitiers, 11 fév. 1618, 15 juillet, 12 août 1619, *Reg.* 73, 74. — (2) Délib. munic. de Poitiers, 17 mai 1618, 23 nov. 1617, 22 fév. 1666, 1674, *Reg.* 72, 116 124. — (3) Délib. mun. (3 juillet 1627) relative au nombre des maîtres d'armes, *Reg.*, 71. — (4) Statuts des maîtres d'armes de Paris (1668), *Rec. de Pièces concernant la police*, tome IV *Bibl. Nat. Impr.* F. 21.025. — Projet de statuts des tireurs d'armes de Poitiers, 1629. — (5) Projet de statuts des maîtres d'armes de Poitiers, 1629, art. 5 et 6. — Requête des tireurs d'armes de Poitiers au conseil de la commune, 21 décembre 1790, *Reg.* 198. — Délib. munic. des 3 et 26 oct. 1615, *Reg.* 70. — (6) Délibér. des 5 et 26 oct. 1615. — (7) Projet de statuts des tireurs d'armes de Poitiers, art. 10.

tection du pouvoir. L'un des maîtres tireurs de Poitiers, nommé Marcet, se qualifie alors maître d'armes, breveté du duc d'Orléans et directeur privilégié des jeux Fleuraux (*sic*) de la ville (1). A cette époque cependant, les tireurs civils ont à lutter contre la concurrence des maîtres d'armes militaires. En 1789, ils se plaignent que les sous-officiers ou soldats du Royal-Roussillon aient établi une salle d'armes publique avec enseigne, dans une maison privée. Les escrimeurs militaires se défendent en objectant que l'escrime est un art libéral non sujet à maîtrise, et que les tireurs civils ne devraient attribuer le succès des leçons de leurs concurrents qu'à la modicité des prix de ceux-ci, dont ils peuvent suivre aisément l'exemple. Le privilège des maîtres d'armes civils semble encore à ce moment si bien établi que, sans oser demander l'interdiction de leurs rivaux, le corps municipal fait une démarche auprès du major du régiment pour faire fermer la salle publique des tireurs militaires et enlever leur enseigne (2). L'usage parmi les maîtres d'armes est d'attirer l'attention du public sur leurs talents par des assauts publics, que l'on annonce au moyen d'affiches ou au son du tambour, et auxquels on invite une nombreuse assistance (3). Les tireurs les plus habiles y reçoivent des prix que l'on exhibe dans les rues et que deux tambours municipaux proclament (4). Avant la Révolution, l'un des maîtres d'armes donne annuellement un de ces assauts dans la salle des Jacobins ou dans celle du collège Ste-Marthe. On y décerne aux vainqueurs des

(1) Délib. munic. de Poitiers, 24 juin 1789, 27 juin 1790, *Reg.* 195, 196. — (2) Requête des maîtres d'armes, Mercet et Pellerin, 21 déc. 1790. Délib. du conseil gén. de la commune de Poitiers, 4 janv. 1791, *Reg.* 198. — (3) Délib. munic., 22, 24, 27 juin 1790, *Reg.* 197. — (4) Projet de statuts des tireurs d'armes de Poitiers, 1629, art. 3 et 4.

épées, et la liste des lauréats est publiée, parfois même imprimée dans les journaux (1), satisfaction aussi rare à cet époque qu'elle est devenue depuis banale.

La vogue des académies a été de plus courte durée que celle des tireurs d'armes. Les *académistes* ou *maîtres d'académies* sont des gentilshommes placés par l'opinion publique bien au-dessus des escrimeurs. On sait avec quel enthousiasme les auteurs de la première moitié du xviie siècle parlent des écuyers de leur temps, c'est-à-dire de ces maîtres d'académie, tels que Pignatelli, Benjamin, Labroue et le fameux Pluvinel, qui enseignaient aux jeunes nobles l'équitation, et accessoirement la danse et l'escrime. L'art de monter à cheval passe alors pour plus indispensable que les sciences ou les lettres. A quatorze ou quinze ans au plus tard, le gentilhomme qui se pique de devenir adroit aux exercices va suivre les leçons d'un écuyer en renom (2). Ainsi fait le jeune fils d'un noble du Bas-Poitou, M. de la Pellissonnière, lorsqu'il se rend à Paris en 1611 du fond de sa province, pour « aller en l'académie du roy », tenue par M. de Pluvinel (3). Poitiers eut bientôt ses manèges décorés du même titre sonore que ceux de la capitale. En 1617 et 1618, il en existe au moins deux, l'un qui a pour directeur un gentilhomme marié avec une Poitevine et chargé de famille, « Pompeio de Olande », écuyer, sieur du Breuil-Bessé, et le second dirigé par un certain Dabain Lencloistre (4). Tous deux font profession « d'enseigner la noblesse du pays et d'ailleurs, à monter à cheval », et ils ont avec eux

(1) Détails tirés des textes cités à la note 2, p. 440. — (2) D'Avenel, *Richelieu et la Monarchie absolue*, I. 291-292. — (3) *Comptes du sieur de la Pellissonnière* (1611), pp. Audé, p. 10. — (4) Délib. munic. de Poitiers, 6 et 13 nov. 1617 — et requête du sieur de « Olande », *Reg.* 72. — Délib. du 7 mai 1618, rel. à Dabain, *Reg.* 72.

un tireur d'armes ou maître d'escrime pour les exercices militaires. Ils le logent, ils en sont responsables, et lui servent de prévôts (1). Vers la même date, un troisième écuyer, Loys de Rochier, sieur des Touches et de Monbail, demande à tenir académie ou manège de chevaux, près du pont St-Cyprien (2). La plus florissante de ces institutions paraît avoir été celle du sieur de Hollande, dont le fils, Gabriel du Breuil-Pompée, fut appelée en 1640 à professer dans l'Académie royale un moment créée par le grand ministre de Louis XIII à Richelieu en Touraine, pour instruire la noblesse (3). Revenu à Poitiers en 1645, il y trouvait installés deux concurrents, René Guillon, sieur de Pleumartin (4), et un gentilhomme huguenot, Claude d'Antonet, sieur de Bourcani et de la Mothe-Ternant (5). La rivalité de ces trois directeurs des académies ou manèges fut si âpre que les rues de la ville devinrent un instant le théâtre de leurs luttes à main armée. Accompagnés de leurs écoliers et de bandes de 40 à 50 hommes, ils se livrèrent bataille, et dans un de ces combats, M. de Pleumartin fut blessé à mort auprès de la rue Corne-de-Bouc (6). Le résultat de cette affaire paraît avoir été fâcheux pour M. de La Mothe-Ternant et ses confrères. Le roi et le secrétaire d'État Le Tellier interdirent l'établissement d'académies pour instruire la jeunesse « soit à monter à cheval, soit à tirer les armes » sans lettres patentes revê-

(1) Mêmes délib. — De plus, ces maîtres ou tireurs doivent faire expérience devant le maire et les autres maîtres d'armes réunis. Délib. 23 nov. 1617, *Reg.* 72. — (2) Délib. munic. de Poitiers, 4 déc. 1618, *Reg.* 73. — (3) Requête du sieur Gabriel de Hollande, où il mentionne les lettres patentes de sept. 1640, qui l'avaient nommé professeur et écuyer à Richelieu, 12 fév. 1645, *Reg.* 97. — (4) Délib. du corps de ville en faveur de Pleumartin, 12 février 1646, *Reg.* 97. — (5) Requête de G. de Hollande contre la Mothe-Ternant, 12 fév. 1645, *Reg.* 97. — Délib. du corps de ville en faveur de ce dernier, 11 juin 1646, *Reg.* 97. — (6) Rapport adressé au corps de ville sur la rencontre et le meurtre du 3 juin, 4 juin 1646. *Reg.* 97.

tues du grand sceau. Ils promettaient d'ailleurs de faciliter aux académistes l'obtention de ces lettres (1). Mais la profession semble avoir depuis ce moment décliné. La création des écoles militaires à l'époque de Louvois rendait en grande partie inutiles les académies, et il n'y a plus de trace depuis 1646 de celles qui avaient été créées à Poitiers (2).

CHAPITRE XII

Les Industries du Manuscrit et du Livre en Poitou et leur Régime.

D'autres professions que l'on pourrait ranger parmi les arts libéraux ont atteint en Poitou à un certain degré de développement. Telles sont celles de notaires, d'avocats, de procureurs, d'huissiers et de sergents. Mais elles n'ont pas le caractère d'un métier industriel ou commercial et elles se rattachent plutôt à l'histoire de l'organisation judiciaire. A l'histoire de l'enseignement appartiennent les régents ou professeurs de tout ordre, les maîtres des petites écoles qui forment une catégorie très nombreuse, les maîtres et les maîtresses de pension, les précepteurs. Tout au plus pourrait-on ranger au nombre des métiers proprement dits les professions de maîtres écrivains ou de maîtres-arithméticiens, dont il est assez souvent question dans les documents des vingt dernières années de l'ancien régime. Ces industriels écrivent non seulement la correspondance des illettrés, mais encore enseignent l'écriture, l'arithmétique,

(1) Lettres du roi et de Le Tellier au corps de ville de Poitiers, 10 déc. et 31 déc. 1646, *Reg*. 98. — (2) En 1774, on se plaint à Poitiers que l'éducation physique soit négligée, et en forme le projet d'une académie d'équitation, projet qui ne paraît pas avoir été exécuté, *Aff. du Poitou*, 1774, p. 83.

l'arpentage, la tenue des livres de commerce, les comptes doubles ou simples, le change des monnaies, font des copies et souvent même prétendent donner jusqu'aux éléments de l'instruction secondaire (1). Les industries du manuscrit et du livre rentrent au contraire dans le cadre des métiers, bien que depuis longtemps elles aient été classées parmi les arts libéraux.

La clientèle des corps ecclésiastiques, judiciaires et savants, donnait aux parcheminiers, aux copistes et aux enlumineurs une importance que la diffusion de la papeterie, de l'imprimerie et de la librairie diminua sans la détruire. La préparation du parchemin remonte à une époque très reculée en Poitou. Les nombreuses chartes où l'on utilise cette matière suffiraient à le prouver. Avant la fabrication du papier, le parchemin était considéré en effet comme un produit de première nécessité. Le règlement du sénéchal de Poitou en 1307 tarife les peaux préparées par les parcheminiers de Poitiers (2), et ce travail est si répandu qu'on trouve jusque dans des bourgs des artisans qui s'y livrent (3). Malgré la concurrence du papier, la vente du parchemin est encore assez active depuis le xve siècle, pour que le corps de parcheminiers se maintienne jusqu'aux

(1) Requête d'un maître écrivain arithméticien, Délib. mun. de Poitiers, 6 sept. 1666, Reg. 117. — Mention de maîtres écrivains, 3 mai 1628, 21 nov. 1633, Reg. 78, 84. — En 1730, il n'y a qu'un ou 2 maîtres écrivains capables à Poitiers; le corps de ville en fait venir un de Moulins nommé Mignot qui enseigne la ronde, la bâtarde, la lecture, l'écriture et l'arithmétique. Délib. 18 mars 1730, Reg. 148. — Annonces de maîtres écrivains et arithméticiens, Aff. du Poitou, 1773, p. 184; 1776, pp. 172, 184, 196; 1777, pp. 100, 192; 1780, p. 184; 1781, pp. 13, 56, 180. — (2) Ordon. du sénéchal de Poitou (1307), sur le prix des marchandises, précitée. — (3) Cette industrie s'exerce d'abord dans les cloîtres : chaque monastère a d'ordinaire son *pergamenarius*. Lecoy de la Marche, *les Manuscrits et la Miniature*, p. 30. — Mention d'un parcheminier à Pouzauges (acte de mars 1418). *Arch. hist. Poitou*, XXVI, 989.

approches de la Révolution. Dans la capitale du Poitou, ils sont au nombre de 15 en 1553 (1). Ils figurent parmi les protégés ou suppôts de l'Université (2), et leur métier est assez considérable pour être admis parmi les corporations jurées (3). Ils sont les fournisseurs attitrés des églises et chapitres (4), des gens de loi, des hommes de finance (5), et enfin des greffes, des tribunaux ou du corps universitaire. Ils reçoivent des mégissiers les peaux de mouton ou d'agneau (*parchemins*) et les peaux de veau ou de chevreau (*velins* et *chevrotins*) à l'état de cosses ou de croûtes, c'est-à-dire bruts. Ils les passent à la chaux, les adoucissent avec la pierre ponce, les raturent avec un fer tranchant pour en enlever la surface extérieure, les poncent une dernière fois, et les livrent aux copistes, greffiers, relieurs, employés des fermes et du contrôle, prêts à recevoir l'écriture, sous la forme de feuilles, demi-feuilles, carrés, bottes ou rouleaux. Les statuts des parcheminiers de Poitiers, que nous avons découverts, indiquent la réglementation à laquelle ils sont astreints. D'abord, il leur est prescrit de surveiller avec soin la préparation du parchemin, de sorte qu'il ne soit pas trop mince, ou insuffisamment poncé. Il ne faut point en effet qu'il boive l'encre, qu'il soit gras et qu'il présente des taches. Pendant l'opération, la peau se perce-t-elle ou se

---

(1) Règlement de 1422 sur le prix des march., précité (mentionne le parchemin). — Mention des maîtres parcheminiers, délib. munic. de Poitiers, 5 avril 1512, *Reg.* 11. — Statuts des parcheminiers de Poitiers (inédits), 30 mai 1553, *Reg.* 32. — Mention des parcheminiers, mai-juillet 1635, *Reg.* 85. — Listes des corporations, précitées. — Ils ne figurent pas sur celles de 1789. — (2) Statuts de l'Univ. de Poitiers, 1432 et 1475. *Rec. Poiterins.* — (3) Statuts du 25 juin 1487, ratifiés le 30 mai 1553, *Reg.* 32. — (4) Mention d'achat de parchemin dans les reg. cap. de St-Hilaire (xve s.), *Vienne*, G. 526. — (5) Ex. marché entre un commis aux aides et les 3 parcheminiers de Loudun, 27 juin 1681, p.p. A. de la Bouralière, *Bull. Antiq. Ouest*, 2e s. V, 238.

rompt-elle dans le sens de la longueur, le parcheminier est autorisé à la coudre et à la coller par le dessus ou au dos. « Et où il y aurait rompeure ou perceure en rond, ajoutent « les statuts, sera simplement collée sans coudre, bien et « convenablement, et aux endroits sera blanchie et appa- « reillée. » Chaque maître est responsable du parchemin vendu. Pour pouvoir remonter jusqu'au vendeur, et « affin « que si faulte et abbuz est trouvé, » le coupable ne puisse « desnier avoir fait les dictes faultes », tout membre du métier est tenu de déposer à l'hôtel de ville et à faire enregistrer au greffe le double du poinçon dont il doit se servir pour marquer toutes les peaux sorties de son atelier. S'il n'a point de marque, le travail lui est interdit. S'il ne poinçonne pas son parchemin, ou s'il met en circulation un produit « faulx et mal fait en œuvre », il est condamné à l'amende. Les parcheminiers de la ville sont chargés de visiter le parchemin apporté par les étrangers et qui est souvent trop mince, gras et mal préparé. Ils peuvent le faire saisir par un sergent du maire et en requérir la confiscation (1). On les oblige à tenir de leur côté les boutiques toujours garnies de parchemin « fait et appareillé suivant les statuts » et à le vendre à prix raisonnable, sans pouvoir l'enchérir par une entente entre eux (2). Au besoin, les pouvoirs locaux taxent le produit pour mettre des bornes à l'avidité du marchand (3).

(1) Statuts des parcheminiers de Poitiers, mai 1553. — Délibér. mun. du 3 juillet 1553, énum^t les marques des parcheminiers. *Reg.* 32. — (2) Statuts des parcheminiers de Poitiers. — (3) Ordon. du sénéchal de Poitou, 1304 (les peaux de vélin sont taxées 10 ^{d}, les autres 6 ^{d}).— Règlem. sur les prix de novembre 1422 (bonne pel de parchemin, 15^d). — Règlement gén. de police pour le Poitou (1578) (les peaux se vendent 5^s à 3^s, suivant la grandeur). — Le marché précité du 27 juin 1681, avec les parcheminiers de Loudun, fixe le prix du millier de feuilles à 25 l.

La profession des copistes qui s'exerça surtout au Moyen-Age dans les monastères est beaucoup moins connue que celle des parcheminiers. Les recherches de L. Delisle et du P. Cahier sur l'origine des manuscrits ont fait connaître sommairement les principaux ateliers monastiques où s'exerça l'industrie des *librarii* (1). Bien que ceux du Poitou ne figurent pas parmi les plus célèbres, ils ont déployé une activité qu'attestent les spécimens relativement nombreux de leurs travaux conservés dans nos dépôts de manuscrits et dans nos bibliothèques. Ils alimentèrent de leurs copies les « librairies » des monastères et des chapitres (2), aussi bien que celles des grands seigneurs, comme le duc d'Aquitaine, Guillaume IX, ou le duc Jean de Berry (3). Ils travaillent aussi pour de riches particuliers, tels que le seigneur de la Jouennière, noble du Bas-Poitou, dont la bibliothèque en 1447 ne compte pas moins d'une centaine de manuscrits de tout genre (4). On ne connaît malheureusement presque rien au sujet de ce corps de métier si intéressant et qui mériterait de faire l'objet d'une étude locale approfondie. Nous savons seulement qu'il avait fini par se séculariser en Poitou, et qu'il fut compris lors de la fondation de l'Université de Poitiers, parmi les professions placées sous la protection de ce corps puissant. Les libraires ou copistes de manuscrits continuèrent à travailler, soit pour les communautés ecclé-

---

(1) L. Delisle, *le Cabinet des Manuscrits de la Bibl. Nat.*, tome II. — P. Cahier, *Mélanges d'Archéologie*, IV, 127, 142. — (2) Voir sur ces bibliothèques les Histoires du chap. St-Hilaire et de la cath. de Poitiers, par de Longuemar et Auber; et l'*Histoire littéraire de la France*, tomes VII et sq. — Sur celle de St-Hilaire (alloc. de 5os à un copiste pour un mss., 1480-85. *Vienne*, G. 527). — autres documents G., 524 et 528). — (3) Sur la bibl° de Guillaume le Grand, *Hist. Littér.*, tome VII, — sur celle du duc de Berry. Douët d'Arcq, *Rev. Arch.*, 1850, 144. — (4) Cat. de la bible mss. de Jehan Moreau, 1447, *Soc. d'Emul. Vendée*, 1866, p. 169.

siastiques (1), soit pour la librairie universitaire (2), jusqu'à ce que la diffusion de l'imprimerie fût venue porter à leur profession le coup mortel. Le métier des *librarii* était intimement lié à celui des enlumineurs ou miniaturistes (*miniatores*), véritables artistes qui travaillent, d'abord dans les monastères et depuis le xiii° siècle dans les ateliers laïques, à décorer de couleurs vives et de figures les manuscrits de tout genre. Leur art, encore naïf au xi° et au xii° siècle, atteignit à son apogée au xiv° et au xv° siècle avec les grands peintres de miniatures André Beauneveu, Jehan Foucquet et Bourdichon (3). La bibliothèque municipale de Poitiers, celle du grand séminaire et plusieurs collections privées renferment un certain nombre d'ouvrages enluminés avec goût. Quelques-uns, tels que le livre d'heures de Jeanne de Laval, femme du roi René, celui de l'abbaye de Charroux, le bréviaire d'Anne de Prye, abbesse de la Trinité, le missel de Nouaillé, renferment des compositions artistiques d'une réelle beauté (4). Initiales rehaussées de rouge, de vert, de bleu, d'or ou d'argent, dessins mystiques et bibliques, paysages, portraits, groupes de personnages, figures satiriques d'hommes ou d'animaux, tableaux véritables, les miniaturistes ont tout traité avec un talent parfois supérieur (5). Le nom de ces artistes est resté le plus souvent

(1) Ex. indiqué ci-dessus note 2, p. 447. — (2) Sur cette librairie, *Bull. Soc., Antiq. Ouest*, 2ᵉ s., IV, 154. — Sur les copistes en général, Lecoy de la Marche, *les Mss. et la miniature*, pp. 109-110. (3) Lecoy de la Marche, *les Manuscrits et la Miniature*, pp. 125-296. — (4) Notices sur les manuscrits et leurs enluminures, d'après Barbier de Montault, dans Labitte, *Les Manuscrits et l'art de les orner*, 1893. in-8°, pp. 251, 282, 284, 311, 301, 331.— B. de Montault, Le missel pontifical de Raoul du Fou, *Rev. Poit. et Saint*, 1892, pp. 77, 80. — Id. Le bréviaire d'Anne de Prye, *Rev. des Prov. de l'Ouest*, avril 1895, p. 212. — A. Molinier et Lièvre, *Cat. des Manuscrits de la Bibl. de Poitiers*, 1894, in-8° pp. 5, 9, 11, 12, 15, 16, 21, 119. — (5) Etudes ci-dessus citées — et Auber, Les manuscrits avant la déc. de l'imprimerie (à Poitiers). *Bull. Antiq. Ouest*, I, 99.

inconnu. A peine a-t-on pu retrouver l'origine de quelques-unes de ces œuvres, par exemple celle du missel et pontifical d'Etienne de Loypeau, évêque de Luçon, dont on a attribué l'exécution aux enlumineurs célèbres qui travaillèrent pour le duc de Berry (1). Le beau missel du fonds La Vallière, à la Bibliothèque Nationale, et le fameux manuscrit de la Cité de Dieu, qui se trouve partie à la Haye, partie à Nantes, ont révélé le nom d'un miniaturiste, Pierre de la Noulx, originaire des Herbiers en Bas-Poitou (2). A l'époque de Louis XI, un enlumineur de Poitiers, Jehan Gillemer, figure parmi les justiciables du prévôt Tristan l'Hermite (3). Cet art ne se perdit pas entièrement dans la province, aux temps modernes. On trouve encore en 1584 un enlumineur de Poitiers, Fr. Lepage, employé par l'église Notre-Dame de Fontenay à la décoration d'un livre de chant (4), et en 1624 le corps de ville de la capitale du Poitou paie 4 l. 11 s. à un enlumineur, pour avoir illustré un manuscrit précieux ainsi que la bordure de l'ouvrage (5). Il serait possible par une étude minutieuse des manuscrits d'origine poitevine d'écrire un chapitre attrayant de l'histoire artistique de la province. Il est douteux qu'on puisse réunir jamais assez de documents pour connaître l'organisation économique de cette profession.

La difficulté est moins grande pour d'autres industries qui se rattachent étroitement à l'exercice des arts libéraux, à savoir la papeterie, l'imprimerie et la librairie. On sait

(1) L. Delisle, Le missel pontifical d'Etienne de Loypeau, *Bibl. Ec. des Chart.*, tome XLVIII (1887). — (2) Sur Pierre de la Nouhe, notice d'Auber (*Bull. Antiq. Ouest*, t. VI, pp. 15, 160), et de B. Fillon (*Rev. des Prov. Ouest*, 1855, pp. 678-680). — (3) Lecoy de la Marche, Interrog. d'un enlumineur par Tristan l'Ermite, *Rev. de l'Art Chrétien*, 1892, 5e livr. — (4) B. Fillon, *Revue des Prov. de l'Ouest*, I, 116 (comptes de N.-D. de Fontenay). — (5) Délib. munic. de Poitiers, 21 déc. 1629, *Reg. 76 bis*.

que la fabrication du papier s'est répandue assez rapidement en France au xiv⁰ siècle. Un règlement relatif au prix des marchandises à Poitiers en 1422 fixe le prix de la main de ce produit à 20 d., ce qui prouve que l'usage en était déjà répandu (1). Dès 1439, une riche famille de l'échevinage, celle des Claveurier, avait établi un moulin à papier sur le Clain près du Pont-Joubert, et se proposait à la même époque d'en fonder un second au Pré-l'Abbesse (2). Le chapitre St-Hilaire, de son côté, avait transformé une partie de ses moulins à blé situés près de la porte de Pont-Achard, sur la Boivre, en moulins destinés à la fabrication du papier, comme l'attestent un acte d'arrentement de 1455 (3), et diverses mentions des actes capitulaires depuis 1450 (4). Cet établissement subsistait encore au xvi° siècle (5). D'autres se fondèrent aux portes de Poitiers, à la fontaine de Mazay (6), sur la Boivre, à Trainebot, au débouché du sentier de ce nom sur le Clain, à Auzance (7), et enfin au petit bourg de St-Benoît de Quinçay (8). Ce dernier moulin à papier devint bientôt le plus important de la province, survécut à la ruine des autres, et existait encore à la veille de la Révolution (9). Il comptait en 1774

(1) Ordon. de nov. 1422 sur le prix des marchandises précitées. — (2) Rédet, Mém. sur qq. établ. ind. à Poitiers au xv⁰ s. *Mém. Antiq. Ouest*, IX, 335. — (3) Acte d'arrentement (14 juin 1455) des moulins à papier de Pont-Achard, *Vienne*, G. 625. — (4) Actes cap. de St-Hilaire 1450 (pour réparations à ces moulins), *Vienne*, G. 524, — autres actes rel. au fermier Pitois 1465-1475, *ibid*, G, 525, 526. — (5) Aveu rendu au chapitre 1522, *Vienne*, G. 625. — (6) Déclaration de terres (1560 et 1564) sujettes à cens avec mention du moulin de Mazay, *Vienne*, G. 625. — (7) Baux à ferme et pièces rel. au moulin de Trainebot, 1571-1664, *Vienne*, F. 625. — Mention de cette papeterie, Délib. mun. 21 sept. 1665, *Reg*. 116. — Vers 1640, les jésuites de Poitiers formèrent aussi le projet d'établir une papeterie à Ligugé. Procédure à ce sujet 1636-1650, *Vienne*, D. 43. — (8) Déclaration ou aveu d'un boucher (mention de la papeterie de St-Benoît) 21 janv. 1526, *Vienne*, G. 625. — (9) Elle est mentionnée souvent dans les

jusqu'à 14 piles ou cuves, et son papier, moins blanc que celui d'Angoumois ou d'Auvergne, alimentait la capitale du Poitou, où se trouvait, au canton de St-François près de l'Intendance, le magasin de l'usine (1). Au moulin de Montmorillon, composé de 7 piles à quatre maillets, un gentilhomme, M. de Meignié, était parvenu vers la même époque à fabriquer du papier encore supérieur semblable aux meilleures sortes d'Angoulême (2). D'ailleurs, la proximité des fabriques Angoumoisines permettait de suppléer aisément à la médiocrité de la production locale. Le progrès de l'imprimerie et de la fabrication du papier avait aussi amené le développement des deux métiers de *marchands papetiers* ou *revendeurs de papier* et de marchands « *de peilles* » ou *vieux drapeaux* (3).

Bien que les trois professions de fabricants, de revendeurs et de commerçants chiffonniers ne fussent pas érigées en corporations, on les avait soumises de bonne heure à des règlements destinés à sauvegarder l'approvisionnement local. Les uns avaient pour objet d'assurer aux fabricants de papier une matière première abondante, les autres devaient faciliter au public l'achat du papier. En vertu des premiers, il est interdit de « faire amas » de peilles et vieux drapeaux, afin de ne pas enchérir ces matières. Il est défendu de les vendre à des forains ou à des

---

registres municipaux, notamment en 1634, 1640, 1646 (*Reg.* 85, 88, 100) et au XVIIIe siècle. — Savary (*Dict. du Com.* I, 65) dit qu'il y avait à St-Benoît 2 moulins à papier.

(1) Mém. sur la pap. de St-Benoît. *Affiches du Poitou* 1774, p. 78. — (2) *Affiches du Poitou*, 1778, p. 68. — On trouve aussi mention de la papeterie du sieur de Montion (*Délib. mun. Poitiers* 1er oct. 1640, *Reg.* 91), et d'une papeterie près de Niort, à Ruffigny, non loin de Breloux (H. Clouzot, l'Imprimerie dans les D.-Sèvres 1890, *Mém. Soc. Stat. D.-Sèvres*, 1890, p. 435). — (3) Mentionnés dans l'ord. gén. de janv. 1578, pour le Poitou et dans les doc. cités ci-dessous.

étrangers, et de les transporter hors de la province, même dans les pays voisins, tels que le Limousin. En 1643, cinq marchands de peilles de Poitiers, qui contreviennent à ces ordonnances, se voient menacés de saisie et d'amende (1). Cette loi se maintient pendant tout le xvII^e siècle et une bonne partie du xvIII^e (2). Les moulins à papier des environs de Poitiers, en particulier celui de St-Benoît, ont le droit de préemption pour les chiffons (3), et si on veut leur vendre cette matière trop cher, l'autorité en tarife officiellement le prix (4). De leur côté, les fabricants sont tenus à observer certaines prescriptions qui vont se précisant de plus en plus, lorsque l'administration royale s'immisce dans la direction de l'industrie, de 1671 à 1740 notamment (5). Dès le xve siècle, l'usage veut qu'ils mettent leur marque au papier qu'ils fabriquent. Celui des moulins de Pont-Achard, par exemple, porte l'empreinte d'un bœuf, d'un raisin ou d'un lion couronné (6). Plus tard, les marques obligatoires se multiplient. Le propriétaire exploite rarement lui-même: il a en général des fermiers responsables de la gestion du moulin (7). Ceux-ci sont obligés de suivre les indications techniques des règlements. Elles se réduisent au xvI^e siècle à un petit nombre d'articles. Le principal enjoint aux maîtres papetiers de composer la main de 25 feuilles au moins

---

(1) Ordon. munic. de Poitiers 21 juillet 1631 (*Arch. Mun.* D. 73, l. 11), 31 juillet 1634, 10 sept., 1er oct. 1640, 12 mai 1643, 7 juin 1649, 11 juillet 1650, *Reg.* 85, 91, 93, 100, 101. — (2) Ordon. de l'intendant Moreau de Beaumont en faveur de la pap. de St-Benoît, 5 avril 1748, *Arch. Antiq. Ouest.* — (3) Documents cités à la note ci-dessus. — (4) Ex. en 1635, le prix du cent pesant de chiffons est fixé à 45 s.; en 1650 à 3 l. le cent au plus, Ord. munic. de Poitiers, 10 déc. 1635, 11 juillet 1650, *Reg.* 86, 101. — (5) Voir le livre IV de ce travail. — (6) C'est ce qu'on voit d'après le papier des registres capitulaires de St-Hilaire au xve siècle. — (7) Par ex. Citois et Berjot, fermiers des moulins de Pont-Achard 1465, 1469. *Vienne,* G. 525, 526.

et de ne mêler aucun papier cassé dans la main ou la rame (1). Les ordonnances de 1671 et surtout de 1739 et de 1740 iront bien plus loin dans cette voie et ne laisseront presque rien à l'initiative du fabricant (2). Pour que les imprimeurs et les particuliers puissent avoir du papier à prix raisonnable, l'autorité municipale interdit en certains cas, et moyennant l'octroi du monopole des peilles aux fabricants, la vente des rames aux marchands étrangers, fussent-ils simplement établis dans une province limitrophe (3). Elle défend aux papetiers de vendre « leur cueillette » en gros, et aux marchands revendeurs de la ville d'acheter tout le produit d'un moulin à papier un an ou un an et demi à l'avance, et pour une période annuelle ou supérieure à une année (4). Elle prohibe les achats faits en dehors du magasin, aux portes ou sur les avenues de la cité. Elle fixe les lieux de dépôt, tels que le magasin du fabricant, et la galerie du Palais de justice, ou l'Hôtel de Ville. Elle détermine même parfois la quantité que le fabricant devra exposer journellement en vente et le prix auquel il sera tenu de vendre la rame ou la main (5).

Les cartiers-dominotiers se confondaient d'abord sans doute avec les papetiers, avant que les édits royaux eussent limité à sept, puis à onze le nombre des villes où la fabrication des cartes était permise, afin de rendre plus facile

---

(1) Règl. gén. de police pour le Poitou, janv. 1578. — (2) Voir ci-dessous, livre IV. — (3) Ex. ordon. munic. du 31 juillet 1631, 7 juin 1649 (Reg. 100). — Ordon. de l'intendant 5 avril 1748. — (4) Règl. gén. de janvier 1578. — (5) Règl. gén. de janv. 1578. — Ordon. munic. 31 juillet 1634 (prix de la rame 45 s.); 10 déc. 1635 (prix 45 s.; obligation de faire mener une charge tous les matins au palais); 10 sept. et 1er octobre 1640 (prix de la rame 45 s.; oblig. d'en apporter à la maison commune le lundi, et au palais deux fois par semaine 12 rames), 11 juillet 1650 (prix de la rame 45 à 50 s.), Reg. 85, 86, 91, 100, 101.

la perception du droit qui depuis 1583 frappait les cartes et tarots. Au xviiie siècle, le nombre des centres où la profession des cartiers fut autorisée s'accrut. Il y en avait un ou deux par généralité. Dans le Poitou, cette industrie, depuis 1751, n'était autorisée qu'à Poitiers (1). A cette époque, on a relevé les noms de six cartiers établis dans cette ville (2). Ils vendent, en même temps que les cartes, toutes sortes de papiers et de cartons, mais leur principal commerce est celui des cartes fines qu'ils sont astreints à fabriquer depuis le règlement du 9 novembre 1751 avec le papier pot que leur fournit la régie. Chaque rame de ce papier d'où l'on peut tirer 240 jeux de cartes coûte, d'après le tarif de 1769, 4 l. 10 s. dans la généralité de Poitiers (3). Sur ce papier collé et pressé, le cartier imprime au moule les traits noirs, puis la peinture des têtes. Les couleurs usuelles dont usent les cartiers poitevins sont le rouge, le bleu clair, le bleu foncé, le jaune, le bleu cendré. Les jeux sont recouverts d'une enveloppe qui reproduit l'enseigne du fabricant, et sur une des cartes, surtout le valet de trèfle (4), est imprimée la marque spéciale qu'il a adoptée.

L'industrie des imprimeurs, libraires et relieurs eut en Poitou un développement auquel ne paraît jamais avoir atteint celle des cartiers. De bons travaux bibliographiques ont été consacrés à l'imprimerie poitevine (5), mais personne

(1) *Encycl. Méth. Dict. des Finances*, I, 201 (Droit sur les cartes — arrêt de règl. du 9 nov. 1751). — (2) Ils s'appelaient Martineau, Delaunay, Rontin, Clavé (Barbier de Montault, *Inv. Arch. de l'abb. des Châtelliers*, *Rev. Poit. et Saint.* 1892, p. 200), Fayolle et Ojard (Ginot, Note sur qq. enseignes, *Bull. Antiq. Ouest*, 1898, 165-169.) et *Aff. du Poitou* 1780, 136. — (3) Arrêts du Conseil, 9 nov. 1751 et 28 juillet 1769, *Encycl. Méth.* I, 201 et sq. — (4) Barbier de Montault, *op. cit.*, note 3. — (5) H. Clouzot, Notes pour servir à l'histoire de l'imprimerie à Niort et dans les Deux-Sèvres (*Mém. Soc. Stat. D.-Sèvres*, 3e s. VII, 1889, pp. 411-566). — A de la Bouralière, *Les Débuts de l'Imprimerie à Poitiers*, in-8o. 1893. — id.

n'a encore essayé d'étudier le régime économique de cet art. Il résulte des études publiées par divers érudits poitevins que l'imprimerie se propagea rapidement à Poitiers, sinon dans la province. C'est en février ou mars 1578 que furent établies, sous la protection du chapitre St-Hilaire, et dans la maison d'un chanoine bibliophile, probablement Jean de Conzay, les premières presses qui aient existé en Poitou (1), environ 10 ans après l'établissement des premières presses parisiennes. Poitiers, après Paris, Lyon, Toulouse et Angers, devenait une des métropoles de l'art nouveau, et bientôt les imprimeurs s'y fixaient d'abord, peu nombreux, puis en nombre toujours croissant. En 1486, commence la dynastie des grands imprimeurs locaux, les Bouchet, et en 1506 celle de leurs concurrents, les Marnef, originaires du pays de Liège. On a constaté l'existence entre 1480 et 1520 de onze entrepreneurs d'imprimerie, associés ou non (2). Le xvie siècle fut d'ailleurs la belle époque de cette industrie, soumise plus tard, pour des raisons d'ordre politique, à des restrictions qui en entravèrent l'essor. En dehors de Poitiers, l'imprimerie se propagea lentement. Les autres villes de la province manquaient des éléments qui faisaient la prospérité de la capitale. Elles n'avaient ni Université, ni cours importantes de justice, ni fonctionnaires administratifs nombreux. Aussi n'y eut-il d'imprimerie à Niort qu'en 1590 (3), à Saint-Maixent qu'en

Nouveaux documents sur les Débuts de l'Imprimerie à Poitiers 1894, in-8°. — Id. Les Imprimeurs et libraires du dép. de la Vienne, *Mém. Antiq. Ouest*, 2e s. XVIII (1895), pp. 259 et sq.

(1) A. de la Bouralière, *Nouv. Doc.*, pp. 5-16. — Edg. Bourloton, *A propos de l'origine de l'Imprimerie, à Poitiers* (Rev. du Bas-Poitou 1897), a proposé le nom de Jean de Conzay auquel se rallie M. de la Bouralière, *Chapitre rétrospectif sur les débuts de l'Imprimerie à Poitiers*. Paris 1898 in-8°, LXX, pp. I à IX. — (2) A. de la Bouralière, Les *Débuts, etc.*, 411, pp. 5-12, 22-34; *Nouv. Doc.* pp. 34-69. — (3) H. Clouzot, *op. cit.*

1662 (1), à Fontenay qu'au début du xvii° siècle (2), à Thouars qu'à la fin de la même période (3), à Châtellerault qu'en 1620 (4), à Loudun qu'en 1614 (5). Encore dans ces divers centres, si l'on en excepte Niort, le nombre des représentants de cette industrie se réduisit-il à un, à deux ou trois au plus (6). Certaines de ces villes ne conservèrent même pas leurs imprimeries d'une manière régulière jusqu'à la Révolution (7).

Les imprimeurs se confondent le plus souvent alors avec les libraires. La séparation des deux métiers ne devient guère fréquente qu'au xviii° siècle. Ils vendent généralement eux-mêmes les ouvrages sortis de leurs presses. C'est ce que font en particulier les premiers et les plus connus des imprimeurs de Poitiers, les Sauveteau, les Bouchet, les Mesnage et les Marnef à l'époque de la Renaissance (8). Ils ont leur boutique, comme l'imprimeur Bouyer, attenante à leur imprimerie (9), ou du moins dans une rue voisine, auprès de l'Université, dans la rue des Cordeliers, comme les Bouchet, auprès du Palais de justice, comme les Marnef (10), et même dans la salle ou galerie qui y donne accès, comme l'éditeur Courtois en 1711 (11). Au reste, il y a aussi des libraires qui n'ont point d'imprimerie. On a relevé les noms de cinq d'entre eux à Poitiers entre 1481 et 1507 (12). En 1522,

---

(1) H. Clouzot, p. 493. — (2) H. Clouzot, 442 et 42. — (3) A de la Bouralière, l'*Imprimerie à Thouars* 1892, p. 5. — (4) A. de la Bouralière, *Imp. de la Vienne*, p. 299. — (5) *Id.*, p. 260 — et H. Grimaud, *Les Orig. de l'Impr. à Loudun, J. de Loudun*, 6 avril 1891. — (6) H. Clouzot, p. 493, compte 3 imprimeries à Niort. — (7) Par ex. à Thouars et à St-Maixent, H. Clouzot, pp. 539-544. — (8) A. de la Bouralière, *les Débuts, etc.*, pp. 30-31, 65 ; *Nouv. Doc.* pp. 28-29. — (9) A. de la Bouralière, *les Débuts etc.*, p. 33. — (10) *Ibid*, pp. 33 et 42. — (11) Imprimé des statuts des barbiers-chirurgiens 1711, par Courtois, *Vienne* D. 12. — (12) A. de la Bouralière, *les Débuts* p. 65 ; *Nouv. Doc.* pp. 49-50.

les libraires de cette ville sont au nombre de 17, d'après une liste inédite des registres municipaux (1). Or, il est peu probable qu'il y eut à cette date autant d'imprimeurs dans la capitale du Poitou. En dehors des villes de premier ordre, le libraire est même rarement éditeur. Il se borne à acheter aux imprimeurs des grands centres les produits qu'il débite, et parfois à traiter avec ces industriels pour l'impression de quelque ouvrage. Ainsi agissaient certainement les marchands libraires qu'on voit établis jusque dans des bourgs, par exemple à Moutiers-lès-Lays (2), ou à Mortagne-sur-Sèvre (3), sans parler de ceux des petites villes, telles que les Sables-d'Olonne et Thouars (4). Certains sont même des libraires forains ou colporteurs, qui vont dans les marchés urbains ou ruraux, vendre des almanachs, des cantiques, de petits livres populaires, se contentant d'un dépôt à la ville, auquel ils annexent au besoin une petite presse (5). Si la librairie s'exerce parfois à part, il n'en est pas de même de l'imprimerie. Jusqu'à la Révolution, les imprimeurs du Poitou paraissent avoir tous pratiqué le commerce des livres. Souvent, ils sont aussi relieurs. C'est le cas d'un des premiers imprimeurs de Poitiers, Sauveteau (6). C'est encore celui de l'éditeur Niortais, Bureau, dont l'imprimerie contenait un atelier de reliure, où il habillait ses psautiers de veau fauve et de fers genre Le Gascon (7). L'union entre les trois professions est si étroite qu'en 1634 les imprimeurs-libraires-relieurs de

---

(1) Liste des métiers de Poitiers, 1522. *Reg.* n° 18; f° 165. — (2) Jean Clémenceau libraire en 1498-1510, A. de la Bouralière, *les Débuts*, p. 10.— (3) *Affiches du Poitou*, 1775, p. 176. — (4) Vente par Marie Boulineau, aux Sables, fév. 1781. *Vendée*, B. 837. — Sur les libraires de Thouars, H. Clouzot, p. 544. — (5) Par ex. à Niort, H. Clouzot, p. 527. — (6) A. de la Bouralière, *les Débuts*, pp. 28-29.— (7) H. Clouzot, p. 472.

Poitiers, au nombre de 16, sont groupés en une corporation soumise aux même statuts (1).

On sait que l'imprimerie en Poitou a suivi à peu près les errements qu'elle a observés dans le reste de la France. Elle fut d'abord représentée par des ouvriers ambulants, des typographes allemands ou italiens, tels que l'imprimeur inconnu qui travailla dans le bourg Saint-Hilaire, ou les deux frères Jean et Étienne des Grés (2). Ils transportaient dans leurs pérégrinations leur matériel, dont les caractères sont souvent usés. Puis, l'art de l'impression devient sédentaire. Pendant une bonne partie de la Renaissance, l'imprimerie poitevine produit surtout des in-folios et des in-quarto. L'in-octavo y apparaît au début du xvi° siècle (3). Plus tard, les diverses variétés aujourd'hui connues font successivement leur apparition. Les livres, qui sont d'abord une sorte de contrefaçon des manuscrits, avec leurs abréviations, leurs ornements, leurs enluminures, leurs initiales ornées ou peintes, leurs reliures (4), se dégagent peu à peu de cette imitation, remplacent dès 1499 les caractères gothiques par les caractères ronds, et prennent un aspect plus moderne. Les imprimeurs travaillent surtout, à Poitiers, pour l'Université et les collèges, ainsi que pour le présidial et plus tard pour l'intendance, ailleurs, pour les établissements d'instruction secondaire et pour les sièges royaux (5), partout pour les corps ecclésiastiques, sans négliger la clien-

(1) Statuts des imprimeurs-libraires-relieurs de Poitiers, 17 nov. 1634, imp. *Bibl. Mun.*, *Rec. Poit.* in-4°, tome XVII. — (2) A. de la Bouralière, *les Débuts*, pp. 7-12; *Nouv. Doc.* pp. 18-27. — (3) Voir *Catalog. des Imprimés de la Bibl. de Poitiers*, pp. A. Lièvre, tome Ier, 1895 (*incunables*). — (4) A. de la Bouralière, *Nouveaux Doc.* p. 42, note. — (5) Voir sur les imprimeurs du roi le livre IV. — Sur les libraires de l'Univ. de Poitiers, statuts des impr. 1634, art. 2. — Statuts de l'Univ. pp. Fleuriau, *Rec. Poit. Bibl. Munic.....* — Sur les autres libraires imprimeurs, A. de la Bou-

tèle populaire. Les livres sortis de leurs presses sont des ouvrages de jurisprudence et de théologie, des réimpressions des auteurs classiques, parfois des traités d'histoire ou de science. Ils éditent beaucoup de psautiers, de catéchismes, d'ouvrages d'ascétisme et de controverse, des publications administratives, édits, arrêts, ordonnances, de petits livres populaires, alphabets, almanachs de cabinet ou calendriers, légendes naïves, complaintes, et même des cartes à jouer. Toutes les variétés d'impressions depuis l'in-folio jusqu'au placard grossier sur mauvais papier sont représentées aux derniers siècles parmi les produits des presses poitevines. Les plus considérés des imprimeurs sont ceux qui peuvent prendre le titre d'imprimeurs libraires ordinaires du Roi et qui ont en cette qualité le monopole de l'impression des édits, règlements et déclarations royales, et des ordonnances de l'intendant (1). Puis viennent les imprimeurs de l'Université, du corps de ville, du présidial ou du corps consulaire, des collèges, des chapitres, des abbayes, des évêchés, des bureaux de finances, ou encore des princes apanagistes (2). Le même industriel peut réunir plusieurs de ces titres (3), et l'importance de son industrie s'en trouve d'autant accrue. Les imprimeurs éditent aussi des ouvrages, soit pour leur propre compte, soit pour celui des libraires et des particuliers (4).

ralière, l'*Impr. dans le départ. de la Vienne*, passim ; et H. Clouzot, pp. 494, 510, 513, 518.

(1) Déclaration du Roy sur les privilèges accordés à ses imprimeurs ordinaires, 2 fév. 1620 ; et provisions en faveur de J. Thoreau, imp. à Poitiers, 24 juillet 1612, *Rec. Poit.* in-4º, XVII, nos 64, 72. (2) Exemples dans les publications bibliographiques précitées, et dans les lettres accordées aux imprimeurs de Poitiers, 1652-1677, *Rec. Poit.*, in-4, XVII, nos 62, 66, 67, 68, 69, 70. — (3) Par ex. Thoreau et Fleuriau au xviie s. sont impr. du roi, de la ville et de l'Univ. de Poitiers ; requête au corps de ville par Fleuriau, 18 fév. 1658, *Reg.* 108. — (4) Statuts de 1634, art. 3.

Le matériel des imprimeries est encore généralement peu considérable. Les statuts des imprimeurs de Poitiers datés de 1634 recommandent d'employer « de bonnes fontes et bons caractères (1) ». On distinguait onze corps de caractères usuels, dont le plus fin était la nompareille, et dont le plus saillant s'appelait le gros canon. Les statuts de 1634 obligent les imprimeurs poitevins à avoir au moins une presse entière (2). Les règlements royaux au xviiie siècle indiquent un minimum de quatre presses avec neuf sortes de caractères romains pour chaque imprimerie (3). Mais ils étaient si peu observés que beaucoup d'imprimeurs n'avaient que deux presses, d'après un rapport adressé en 1764 à M. de Sartine (4). Les presses avaient d'ailleurs été améliorées (5). Depuis longtemps, on n'en était plus réduit comme à la fin du xve siècle à étendre « l'encre sur les formes au moyen de « deux tampons de cuir maniés à la main (6) ». L'imprimeur est tenu d'imprimer correctement et en « bon papier » (7). L'injonction n'était pas inutile, mais elle n'empêchait pas les négligences. L'imprimeur en était quitte pour accuser les auteurs de revoir trop légèrement leurs épreuves (8). Les conditions de l'impression varient, comme on peut l'imaginer, suivant les temps, les lieux et les personnes. On n'a encore publié que fort peu de marchés d'imprimeurs. En 1486, un libraire de Bordeaux débourse 100 l.

(1) Joubert, *Dict. des Arts et Métiers*, tome II (v^o *Imprimerie*), pp. 487, 502. — (2) Statuts des impr. de Poitiers 1634, art. 3. — (3) Règlem. gén. rel. à l'impr. et à la librairie, 1707 et 1723, Isambert, XXI, n° 279, pp. 216-251. — (4) Par ex. Elies à Niort (H. Clouzot, p. 518) et Guimbert à Châtellerault (A. de la Bouralière, *l'Impr. dans la Vienne*, p. 317). — (5) Joubert II, 502. — (6) A. de la Bouralière, *Nouv. Doc.*, p. 51. — (7) Statuts des Imprimeurs de Poitiers 1634, art. 3. — (8) Reproche déjà formulé par l'imprimeur Bouchet à la fin du xve s. La Bouralière, *Nouv. Doc.*, p. 45.

pour faire imprimer à Poitiers sept cent bréviaires (1). En 1600, un libraire de la Rochelle s'engage à payer à un imprimeur de Niort 2 écus 30 s. par feuille d'impression (soit 7 fr. 50 ou 35 à 40 fr. environ en valeur actuelle), mais le papier est fourni par l'auteur de la commande. Ce curieux traité montre qu'à ce moment le tirage se faisait par demi-feuilles, et que l'on comptait une journée pour tirer 650 exemplaires d'une feuille. Un bon ouvrier tirait à bras 60 à 70 exemplaires d'une feuille en une heure avec une seule presse. Il fallait pour faire un tirage double deux presses qui marchaient ensemble, l'une imprimant le recto, et l'autre le verso. Une imprimerie avec deux presses n'avait qu'un personnel de sept à huit compagnons ou apprentis, dont quatre pour la composition, et quatre pour le tirage ou la correction (2).

A l'origine, l'imprimeur met seulement sa marque sans spécifier le lieu d'impression, et parfois même sans mettre le nom de l'éditeur. Tel était le cas de Jean Bouyer et de Guillaume Bouchet, qui se contentaient de faire figurer leurs armes, un bœuf et un bouc, avec l'écusson de France, sur leurs ouvrages (3). Mais les règlements ne tardèrent pas à exiger non seulement que la marque fût imprimée sur chaque exemplaire, mais encore que tout ouvrage fût édité « sous le vray nom de l'auteur, du libraire ou imprimeur, sans falsification ni déguisement » (4), avec l'indication du

---

(1) E. Gaullieur, l'Impr. à Bordeaux en 1486. Bordeaux en 1819, in-8°, 44 p., cité par la Bouralière, *Nouv. Doc.*, pp. 30-41. — (2) Traité d'impression du 28 juillet 1600 conclu par un imprimeur de Niort, pp. H. Clouzot, p. 429. — (3) La Bouralière, *Les Débuts*, App°. — et pp. 22-34. — (4) L'édit du 31 août 1539, art. 16, l'impose aux libraires de Paris, et celui du 28 déc. 1541 aux libraires de Lyon. — Même prescription, Statuts des libr. impr. relieurs de Poitiers, 1634, art. 3.

lieu. Mais l'obligation fut plus d'une foi éludée, en particulier lors de l'impression de la fameuse Histoire Universelle d'Agrippa d'Aubigné (1). On sait que jusqu'à la fin de l'ancien régime les noms d'imprimeurs vrais ou supposés de Cologne, de Genève, d'Amsterdam, de Londres ou de Leyde, servaient à couvrir les publications clandestines des presses françaises. L'imprimerie provinciale, plus timide que celle de Paris, n'usait guère toutefois de ces procédés, dont on relève peu d'exemples en Poitou.

Imprimeurs et libraires possèdent un monopole assez étendu. Nuls autres « qu'eux, disent les statuts de 1634, « ne peuvent entreprendre de faire trafic et commerce de « librairie et imprimerie, pour acheter et revendre (2) ».Les auteurs eux-mêmes ne sont pas admis à vendre en leur nom, d'après le règlement de 1723 (3). Aux imprimeurs et libraires seuls il est permis d'acheter des livres aux enfants, serviteurs, apprentis, écoliers, ce qui est interdit à tous autres, sous peine des poursuites dont sont passibles les recéleurs (4). Nul, s'il n'est apprenti ou maître du métier, n'est admis à faire commerce d'imprimerie, à tenir boutique ou magasin de livres, papiers blancs, réglés ou reliés, heures, bréviaires, alphabets, romans neufs ou vieux et fripés, vieux papiers, vieux parchemins (5). Le colportage est réservé également aux maîtres imprimeurs et libraires (6), dont la plupart possèdent des étalages sous les halles de Niort, de Fontenay et des autres villes, où se tiennent les foires les plus fréquentées (7). On concède seulement aux compagnons poitevins qui ne peuvent plus

(1) H. Clouzot, op. laud., p. 470. — (2) Statuts de 1634, art. 4. — (3) Règlement du 28 février 1723, art. 4. Isambert, XXI, n° 279. — (4) Statuts de 1634, art. 4. — (5) Ibid., art. 9. — (6) Ibid., art. 5. — (7) Sur la vente des livres aux foires, H. Clouzot, p. 414.

travailler utilement et qui produisent un certificat du maître, la permission de colporter les livres (1). Les marchands merciers, grossiers et joailliers, même nationaux, et les colporteurs étrangers, n'ont pas le droit de vendre de livres imprimés. Il n'y a d'exception que pour les alphabets, les almanachs, les petits livres d'heures et de prières provenant d'autres imprimeries que celles de la ville où ils résident d'ordinaire, et qui n'excèdent pas deux feuilles d'impression du caractère appelé cicéro (2). Seuls, les imprimeurs et libraires doivent être chargés de dresser les inventaires pour prisées de livres et d'impressions. Seuls, ils procèdent à la vente des bibliothèques, sans pouvoir toutefois acheter les ouvrages dont ils ont fait les prisées, autrement qu'à l'encan et comme plus offrants et derniers enchérisseurs (3). On les protège contre la concurrence des forains. Ceux-ci, avant de pouvoir mettre en vente les livres, sont tenus de souffrir la visite du syndic des imprimeurs-libraires. La même inspection se fait chez les imagiers-dominotiers et tapissiers. Le syndic a le droit, dans les 24 heures, de faire mettre à part les ouvrages du forain et la communauté est autorisée à les acheter par préférence (4). Les forains ne sont d'ailleurs admis à vendre que pendant trois jours à compter du jour de l'ouverture et de l'inspection de leurs tonnes, balles et paquets. Leur trafic ne peut se faire qu'en magasin et non en plein air. Les trois jours écoulés, ils ont le choix entre le transport de leurs livres dans une autre ville ou la vente à l'amiable aux imprimeurs-

---

(1) Statuts de 1634, art. 5. — (2) Règlement gén. de 1723, art. 5. — Ordon. du sénéchal des Sables d'Olonne, 6 juillet 1778, *Vendée* B. 803. — (3) Statuts de 1634, art. 4. — Déclar. royale, 21 fév. 1716, *Isambert*, XXI, n° 45. — (4) Statuts de 1634, art. 8 et 12.

libraires du lieu (1). Ces derniers ne doivent faire aucun travail d'imprimerie ou de librairie pour les marchands forains, à peine de confiscation et d'amende arbitraire (2).

A leur commerce ordinaire, les imprimeurs et libraires joignaient la vente des encres, des menus objets de papeterie et des articles de bureau (3). C'est seulement au xviii° siècle qu'apparaissent à Niort, en 1766, chez le libraire-imprimeur Elies, et à Poitiers en 1776, chez son confrère Chevrier, les premiers cabinets de lecture, où, pendant quatre à cinq jours de la semaine, de deux heures à sept heures du soir, les amateurs de lectures et de nouvelles vont, moyennant 20 à 30 l. par an, parcourir les journaux et les ouvrages à la mode (4). De petites villes, telles que Mortagne en Bas-Poitou, piquées d'émulation, organisent leurs cercles littéraires, dont les libraires fournissent le local (5), l'éclairage, le chauffage, et les papiers publics ou recueils périodiques (6). On y reçoit les Gazettes de France, de Leyde, d'Agriculture, des Tribunaux et de la Santé, le Courrier de l'Europe, le Courrier d'Avignon, le Journal de politique et de littérature, le Journal politique de Bouillon, le Journal des savants, le Journal Anglois, le Journal de Verdun, les Nouvelles Ephémérides Economiques, le Mercure de France, l'Année Littéraire de Fréron, les Affiches de province de Querlon, les Affiches de Poitou de Desloges, le Spectateur François, le Radoteur, le Catalogue hebdomadaire des Nouveautés littéraires, et enfin

---

(1) Statuts de 1634, art. 8. — (2) Ibid., art. 9. — (3) Annonces, *Affiches du Poitou*, 1776, p. 108, etc. — (4) *Affiches du Poitou*, 1775, p. 219; 1776, p 6.—(5) *Aff. du Poitou*, 1776, p. 135.—(6) *Affiches du Poitou*, 1776, pp. 6, 135, 190-191. — Chevrier donne aussi à lire les brochures en ville moyennant 40 fr. par mois, et à la campagne pour 3 l. *Aff. du Poitou*, 1776, p. 84.

le Recueil des édits et arrêts que publiaient les imprimeurs parisiens Simon et Nyon (1).

Le champ d'action laissé aux imprimeurs et libraires était donc très étendu. Mais les obligations qu'on leur imposa en retour devinrent de plus en plus sévères. Sans doute, il y en avait d'inspirées par le souci du bon renom du métier. Telle est l'injonction que font les statuts de 1634 aux imprimeurs-libraires-relieurs poitevins « de bien et dignement faire leurs charges », de surveiller avec soin les impressions, et d'éviter les incorrections (2). Ce sont des prescriptions fort vagues et dont on ne peut que louer l'intention, sans s'imaginer qu'elles aient été observées à la lettre. D'autres ont pour objet de faciliter la surveillance dont l'imprimerie et la librairie ne sauraient être dispensées, ou de limiter la concurrence entre industriels du même métier. Ainsi, chaque imprimeur n'a droit qu'à une boutique et imprimerie. Les statuts de 1634 vont jusqu'à ordonner que chaque presse n'appartiendra qu'à un propriétaire, jusqu'à interdire de l'exploiter « par société de deux ou plusieurs personnes, à peine de confiscation », et même d'en louer l'usage (3). On sait que le règlement de 1723 éleva à quatre le nombre des presses que chaque imprimerie pouvait et devait posséder, mais en maintenant les autres dispositions antérieures (4). Toute imprimerie doit être tenue « non en public ni en boutique », mais « en maison, comme à Paris » (5); il faut éviter le contact entre la foule et les imprimeurs. Le règlement général de 1578 relatif au

---

(1) *Aff. du Poitou*, 1776, pp. 6; 1777, p. 8. — La Liborlière, *Souvenirs*, p. 159, mentionne deux cabinets de lecture à Poitiers. — (2) Statuts de 1634, art. 2 et 3. — (3) Statuts de 1634, art. 3. — (4) Règlement gén. de 1723, art. 9, 14, 15, 16, 49. — (5) Statuts de 1634, art. 3.

Poitou, rééditant les dispositions des ordonnances royales, subordonne la faculté d'imprimer tous livres nouveaux à la permission des officiers de justice (1). A cette règle, les statuts de 1634 en ajoutent d'autres, par exemple la défense d'imprimer des libelles diffamatoires, des livres prohibés, de contrefaire les ouvrages privilégiés, d'en publier sous de faux noms, de faire paraître aucun traité concernant la foi sans l'approbation des docteurs en théologie (2). L'imprimeur ne saurait, sous peine d'encourir l'accusation de fraude, retenir sur le tirage des ouvrages qu'il édite plus de quatre exemplaires, l'un pour son usage, les autres pour le libraire, pour le correcteur, et pour le compagnon compositeur. Il est tenu de déposer deux autres exemplaires à la Bibliothèque Royale, un troisième à celle du Garde des sceaux, et enfin un quatrième entre les mains du syndic de la communauté (3). Le commerce des livres, comme l'impression, doit se faire sous le contrôle de l'autorité, sans qu'il soit permis aux libraires d'acheter et de vendre des ouvrages provenant des dépôts publics (4), sans qu'ils puissent pratiquer leur trafic, même les fêtes et dimanches, au moyen de boutiques portatives et d'étalages. La profession, qui avait d'abord joui au xv° et au xvi° siècle d'une certaine liberté, se trouva bientôt, au xvii° et au xviii° siècle, soumise par l'Église et l'État à des conditions de plus en plus restrictives. La surveillance de l'autorité religieuse et politique s'appesantit lourdement sur les imprimeurs et les libraires, et la limitation légale du nombre des premiers ne fut pas sans doute étrangère au déclin de cette industrie en

(1) Règlement gén. de 1578 pour le Poitou. — (2) Statuts de 1634, art. 3. — (3) *Ibid.* art. 6. — (4) Ordon. municipale de Poitiers, 11 sept. 1607, *Reg.* 63 (relative au libraire de Bléac qui avait acquis des ouvrages provenant de la bibliothèque de la ville).

Poitou (1), pendant les cent années qui précédèrent la Révolution.

Ce régime explique aussi la tardive apparition de la presse provinciale. C'est à un Poitevin, Théophraste Renaudot, que Paris dut son premier journal, la *Gazette de France*.. Longtemps, cette gazette fut la seule qui, avec le *Mercure*, circula dans les villes du Poitou. En 1730, le corps de ville de Niort recevait deux fois par semaine ces feuilles publiques et presque officielles : il ne les recevait auparavant qu'une fois (2). Le *Journal de Verdun* eut aussi dans la province quelques abonnés. L'un d'eux, Dreux du Radier, figure parmi les collaborateurs de cette publication(3). Dans la seconde moitié du XVIII⁰ siècle, la presse profite de la tolérance administrative pour se propager, et l'industrie du journalisme fait son apparition dans les provinces sous la forme de feuilles périodiques appelées *Affiches*. C'est à l'imitation d'un grand nombre d'autres capitales provinciales que Poitiers fut enfin doté en 1773 de son premier journal, les *Affiches du Poitou*. Le fondateur de cette feuille fut l'avocat bien connu Jouyneau-Desloges, protégé du comte d'Artois et du duc de Chartres, et qui devint en 1777 inspecteur de la librairie et en 1783 chef de bureau à l'intendance (4). Son journal, rédigé avec beaucoup de soin, d'un caractère assez libéral, quoique peu dangereux pour l'autorité, contient une foule de courts articles, de dissertations, de notices, de lettres, de renseignements d'ordre adminis-

(1) Voir ci-dessous livre IV. — (2) H. Proust, *Interméd. de l'Ouest*, n⁰ 1 1892, p. 91. — Rev. et dép. de l'hôtel-de-ville de Niort avant 1789. *Mém. Soc. stat. D.-Sèvres*, 1891. — (3) Voir la table du *Journal de Verdun* publiée en 1775. — (4) Dugast-Matifeux, Notice sur Jouyneau Desloges, *Rev. des Prov. de l'Ouest*, 1855, p. 65. — A. Richard, Jouyneau Desloges, Notice biographique et bibliographique, *Bull. Antiq. Ouest*, 1ʳᵉ série, XII, 425 et sq.

tratif, scientifique, historique, littéraire, économique, qui ne manquent pas de valeur. Il paraissait tous les huit jours, le jeudi, sous le format in-4° à deux colonnes, en caractères petit-romain. L'abonnement coûtait 7 l. 10 s. pour Poitiers, où les abonnés étaient servis gratuitement à domicile, et 9 l. pour le reste de la province, avec port à la charge de la direction. Le prix était payable d'avance (1). Bien que le journal reçût des annonces au bureau du directeur, rue Cloche-Perse, bien que ses rédacteurs fussent des collaborateurs bénévoles, l'organisation commerciale en était trop défectueuse pour que le promoteur fît fortune. Il insérait gratuitement les lettres et avis (2). Il se montra trop désintéressé pour songer à faire de son entreprise une spéculation. Il agissait, disait-il, « plutôt en ami de l'ins- « truction et en bon citoyen qu'en marchand de papier (3) ». Il parvint à réunir d'abord 300 abonnés, parmi lesquels 50 à Poitiers, et plus tard 500 à 550 souscripteurs. Son journal tirait à 750 exemplaires environ, dont 200 étaient distribués gratuitement, et il forme de 1774 à 1781 un recueil de 2000 pages en deux volumes in-4° (4). Passé en 1782 aux mains du libraire-imprimeur Chevrier, il dégénéra en feuille d'annonces et de faits divers, qui présentaient un médiocre intérêt, bien que le prix d'abonnement restât le même (5). Les *Affiches de Poitou* devaient prendre en 1790 le nom de *Journal de Poitou*, puis de *Journal du département de la Vienne* ; ce journal, qui subsiste encore, est le doyen de la presse poitevine (6). Il a eu depuis de nombreux imitateurs. Mais son premier propriétaire et rédac-

(1) Prospectus des *Aff. du Poitou*, 1773, pp. 1 et sq. — 1779, p. 189; 1783 et sq. (même prix). — (2) *Ibid*. (3) A. Richard, *op. cit.*, p. 429. — (4) *Ibid*, p. 429. — (5) *Affiches du Poitou*, collection 1782-1790. — (6) A. Richard, *op. cit.*, p. 430, note 1. — Le jugement de la Liborlière, *Souvenirs*, pp. 158-159, est empreint sur ce point d'une certaine légèreté.

teur privilégié était loin de songer que sa modeste initiative pût donner naissance à l'industrie importante qui s'est formée au xix° siècle.

CHAPITRE XIII

La Médecine, la Chirurgie, la Pharmacie et les Industries annexes.

Dans la hiérachie des métiers, les arts médicaux occupaient des rangs fort différents. Tandis que les médecins étaient fort considérés et que la médecine passait pour l'un des premiers des arts libéraux, la profession des chirurgiens, des sages-femmes et des opérateurs se trouvait réléguée au nombre des industries les moins appréciées, et les apothicaires restèrent longtemps sur le même pied que les épiciers.

Les médecins forment en Poitou sous l'ancien régime une corporation encore peu nombreuse. Au Moyen-Age, ce sont des moines ou des prêtres qui exercent l'art médical, comme le prouvent les brèves mentions des cartulaires (1). L'art médical se laïcise ensuite, mais tardivement. Au xv° siècle, les premiers régents de la Faculté de Médecine de Poitiers sont encore des clercs. L'un des plus célèbres docteurs de l'Université de Paris, Robert Poitevin, médecin de Charles VII et de Louis XI,

---

(1) Landricus « *archiater* » (acte de 927), *Cartul. St-Cyprien* (*Arch.hist. Poitou*, III, 155); *Peregrinus medicus* (xii° s.) *Cart. St-Laon de Thouars*, n° 54; *Mandeguerre médecin* (charte de Talmont 1140, pp. Marchegay, *Soc. d'Emul. Vendée*, 1858, p. 189). — G. Doride, *clericus fisicus* (acte de 1271), *Cart. St-Hilaire de Poitiers*, I, n° 277.

était trésorier de St-Hilaire, et vers la fin du xve siècle (1), Michel de Bohain, qui pratiqua la médecine avec éclat, appartenait au même chapitre (2). L'institution de l'Université de Poitiers, en 1431-32, favorise la diffusion de l'art médical. Des médecins commencent à s'établir dans les villes importantes. On en comptait huit dans la capitale du Poitou en 1533 (3), parmi lesquels un moine Jacobin de Damas, deux Italiens, un Bourguignon, un Périgourdin et un Dauphinois. Il y en avait 10 en 1560, et 12 en 1617 (4), 6 seulement en 1728 (5). Une liste des docteurs qui ont exercé à Poitiers énumère 62 personnes de 1431 à 1731, et 16 de 1730 à 1789 (6). Les autres villes ou gros bourgs du Poitou eurent aussi leurs docteurs en médecine, formés, soit à l'Université de Paris, soit à l'Université de Montpellier, les deux centres les plus renommés des études médicales (7), soit encore à celle de Poitiers, dont le renom décline depuis le xviie siècle. Châtellerault, par exemple, avait en 1738 3 médecins, et en 1770, 4 (8). Niort, Parthenay, Lusignan, Bressuire, les Sables, Luçon, St-Maixent, et même des bourgs, tels que Airvault, la Pommeraye, les Essarts, Soulans, ont alors leurs médecins (9). Toutefois, le nombre en est encore relativement restreint. Ainsi,

(1) Simon Alegret, médecin du duc de Berry, trésorier de St-Hilaire, *Mém. Antiq. Ouest.* XXIII 332, *Cart. St-Hilaire* (acte de 1413), II, 70; Robert Poitevin, « physicien du roi » (actes du xve s.) *Cart. St-Hilaire*, II, 104, 150-151. — (2) Sur ce médecin Dreux du Radier, *Bibl. hist. du Poitou*, I, 433. — (3) Statuts de la Faculté de médecine de Poitiers, 23 déc. 1533, *Vienne* D. 10. — Jablonski, *Histoire de la Faculté de Médecine de Poitiers*, publiée dans le journal le Républicain de la Vienne, chap. II. — (4) Dr Jablonski, *op. cit.*, feuilleton 7. — (5) *Ibid*, cf. 56. — (6) Nomenclature des docteurs de la Fac. de Méd. de Poitiers de 1431 à 1789. *Vienne*, D. 10. — Chiffres non relevés par le Dr Jablonski, qui a cependant consulté et utilisé cette liste avec fruit. — (7) Voir en particulier la série B. des *Arch. de la Vendée*, par ex. B. 864. — (8) Mém. mss sur Châtell^t 1738. — Chiffre de 1778 dans Godard, II, 176-178. — (9) Dr Gallot, lettre aux *Aff. du Poitou*, 1776, p. 90.

à la fin du xviii° siècle, tout le département des Deux-Sèvres ne possède que 20 docteurs en médecine (1). La bourgeoisie et les classes riches recouraient seules en effet à leur science. La population des campagnes, déclare le docteur Gallot, dans un mémoire rédigé en 1779, n'appelle presque jamais le médecin pour soigner les affections même les plus graves, par exemple les maladies de peau, celles des voies respiratoires comme le catarrhe et la phtisie, sans parler des maladies épidémiques. Elle préfère avoir recours aux empiriques (2).

Pour être admis à exercer la médecine, on exige en Poitou, depuis le xv° siècle du moins, des études antérieures attestées par les grades de bachelier, de licencié et de docteur. Le baccalauréat, conféré après 32 mois d'études, non compris les congés et vacances (3), ne donne pas le droit de pratiquer l'art médical, mais la licence permet de se livrer à l'exercice de cette profession (4). Toutefois, le doctorat confère de tels privilèges et un tel prestige que la plupart des médecins aspirent à posséder ce titre. A Poitiers, siège d'une Faculté, il ne suffit pas pour exercer d'être docteur d'une autre Université française ou étrangère. Il faut encore être « adopté » par celle de Poitiers, soutenir diverses épreuves, répondre à des questions théoriques et pratiques, et enfin obtenir de nouvelles lettres ou un nouveau diplôme de docteur (5). L'instruction que recevaient les futurs

---

(1) Dupin, *Stat. des D.-Sèvres*, p. 83. — (2) Dr Gallot, Essai sur la topographie médicale en Bas-Poitou (1777), pp. D. Matifeux, *Soc. d'Emul. Vendée*, 1871 p. 129. — Dupin, *op. cit.*, p. 83. — (3) Statuts de la Fac. de médecine de Poitiers 1533, titres I à IV. — (4) Statuts de juin 1617, chap. 7. *Vienne* D. 10. — (5) Pièces à ce sujet 1538, 1588, *Vienne*, D. 10. — Nombreux détails sur ce point dispersés dans l'étude du Dr Jablonski, chap. IV et suiv.

docteurs était à Poitiers semblable à celle qu'ils recevaient ailleurs, c'est-à-dire beaucoup trop théorique (1). Bien que les statuts du 14 mars 1443 eussent prescrit l'établissement d'un laboratoire de chimie, ou comme on disait alors d'art hermétique, et d'un jardin botanique, en 1619 on n'avait encore ni amphithéâtre ni jardin (2). La Faculté finit par créer le jardin botanique, mais à la fin du xvii° siècle seulement elle se décidait à établir « un théâtre anatomique » pour les dissections (3). Le médecin sortait donc de l'école avec un savoir fort restreint. Les questions posées aux soutenances de licence et de doctorat montrent que la lecture et le commentaire des œuvres d'Hippocrate et d'autres auteurs latins ou grecs, et la connaissance de théories surannées, forment le fond de l'instruction médicale (4). Encore Guillaume Bouchet affirme-t-il au xvi° siècle que les médecins de son temps, « ne sachant rien en grec et guères en latin », négligent l'étude des anciens où ils auraient pu s'instruire avec fruit, et qu'ils abandonnent Hippocrate, Galien, Nicandre, Aétius, Scribonianus Largus et Paul Eginète, pour se confier aux rêveries des traducteurs d'Avicenne, d'Averroès, de Sérapion et de Mesvé, ou aux commentaires « d'Apponense et de Jacobus à Partibus (5) ». Accusations empreintes d'une exagération évidente qu'infirment d'ailleurs les publications des médecins poitevins

(1) Dr Jablonski, *Hist. de la Fac. de Méd. de Poitiers,* 1895 (c'est surtout une analyse des registres de la Faculté qui sont aux *Arch. Dép. de la Vienne,* sous les cotes D. 3 à 9). Cet essai est bien supérieur à l'ouvrage superficiel de Pilotelle sur l'Université de Poitiers, *Mém. Antiq. Ouest* XXVII, mais la composition en est confuse, et il ne traite pas spécialement le sujet qui est ici étudié. — (2) Dr Jablonski, feuil. 1, 2, 50 etc. — (3) Arrêt du Conseil privé du Roi, 20 avril 1689; Jablonski, f. 50. — (4) Dr Jablonski, nombreux détails d'après les registres de la Faculté, chap. III et sq. — (5) G. Bouchet, 10° *Sérée,* p. 420. — Le Dr Jablonski n'a pas connu ce passage.

de cette époque (1). Jusqu'au xvii® siècle, la renommée médicale appartient ici, comme partout ailleurs, aux docteurs qui publient des traités doctrinaux sur divers points de la théorie à l'aide de citations des anciens, ou qui traduisent quelque ouvrage de l'antiquité en l'accompagnant de commentaires (2). Une réputation peut se fonder sur quelque jeu d'esprit, comme l'Éloge du Coq, ou sur la production de poésies latines, aussi bien que sur une expérience professionnelle reconnue (3). Ce sont là des caractères communs à tout le corps médical d'autrefois, avant la diffusion de la méthode d'observation et avant les progrès des sciences physico-chimiques ou physiologiques. Beaucoup de ces vieux médecins poitevins paraissent avoir été cependant des hommes de talent. Si quelques-uns d'entre eux furent des traditionnalistes bornés, comme Umeau, qui prétendit réfuter la découverte de la grande circulation du sang, due à Harvey, ou comme Pillet de la Ménardière et Fr. Pidoux, qui s'obstinèrent à ne pas vouloir reconnaître dans la possession des Ursulines de Loudun les crises de l'hystérie (4), d'autres furent des observateurs remarquables ou des praticiens expérimentés. Tels ont été maître Raoul de Poitiers, au temps de Louis XII, Scévole de Ste-Marthe, l'auteur d'une Pédotrophie ou Traité sur l'éducation des enfants, qui

(1) Traductions du Traité des Plaies de la Tête d'Hippocrate par Lavau, ami de Scaliger et de Casaubon (1578), et du Traité des principes du même auteur (1578); de certains dialogues de Lucien par Dupuy (1549); Traité de Jean Ferrand, *De Nephritis et Lithiasis*, d'après Hippocrate, Dioscoride, Galien, Actius, Paul Eginète, Avicenne (1550), etc. Dr Jablonski, feuil. 6, 17, 18, 19. — (2) Dr Jablonski (biographies des médecins de Poitiers xve-xviiie s.) *ibid*, chap. II et sq. — (3) Par ex. Lecoq avec son ouvrage de *Gallo gallinaceo*; Dr Jablonski, feuil. 28-29. — D'autres écrivent des traités théoriques sur leur art, *ibid.*, passim. — Un certain Brion de Thouars a même l'idée saugrenue de composer une anatomie en vers (1668), Jouyneau Desloges, *Journ. de Poitiers*, an XII no 68. — (4) Dr Jablonski, feuil. 31, 43, 44.

fait pressentir les théories de Rousseau, Pierre Milon, le médecin de Henri IV, Citois, le médecin de Richelieu (1). C'est aussi un Poitevin, Jean Pidoux, qui fit connaître les vertus curatives des eaux de Pougues, et qui préconisa l'usage des douches (2), et l'on doit à plus d'un autre de ses confrères des observations exactes sur les diverses affections du corps humain (3).

On aurait tort en effet de prendre à la lettre les plaisanteries malicieuses que Guillaume Bouchet a rassemblées contre les médecins de son époque et où l'on trouve quelque chose qui rappelle la raillerie mordante de Molière. L'auteur des *Sérées* a réuni les lieux communs par lesquels l'humanité bien portante se venge du respect superstitieux qu'inspire la médecine à l'humanité souffrante. Il y signala les contradictions des docteurs, le dénigrement (*invidia medicorum*) qui les anime, l'incertitude de leur prétendue science, leur avidité et leurs défauts qu'il serait facile de reconnaître dans bien d'autres professions et qui ne distinguent pas à vrai dire le corps médical, car ils sont ceux de la plupart des hommes. Sa satire est plus juste, quand il note les travers spéciaux des médecins du xvie siècle : l'abus qu'ils font des remèdes, de sorte qu'ils transforment « les estomacs en boutiques d'apothicaires », l'uniformité de leurs prescriptions, où le clystère, la saignée réitérée et la purgation alternent avec une monotonie infatigable à l'usage de toutes les maladies, enfin leur grimoire

---

(1) Dr Jablonski, feuil. 5, 7, 8, 16, 18, 30, 31, etc. — (2) Dreux du Radier, *Bibl. hist.*, III, 174.— (3) Par ex. Ferrand et P. Descartes, qui appartenaient à la famille du célèbre philosophe (*Labbé, Notes sur la famille Descartes*, 1893, 25 p.), Joubert, de Loudun, qui aperçut clairement les effets de l'hystérie dans la possession des Ursulines de Loudun (*Jablonski*, feuil. 48) ; le Dr Gallot au xviiie siècle, etc.

où les mots grecs, arabes et latins ne paraissent être qu'un moyen de dérouter la curiosité du public ou d'inspirer au malade une confiance illusoire (1). C'étaient d'ailleurs les méthodes de recherche et d'instruction qu'il eût fallu incriminer plus que les hommes, et au xviiie siècle, la valeur scientifique du corps médical poitevin s'améliora notablement. Un de ses membres, le Dr Gallot, futur député aux États Généraux, fut dans la province l'un des premiers propagateurs de la vaccine (2), et l'enseignement que donnèrent les écoles de Montpellier et de Paris forma pour le Poitou toute une génération de praticiens au courant des meilleurs procédés (3).

Bien que la science des médecins ait été de bonne heure contestée ou raillée, du moins offrait-elle plus de garanties que l'ignorance aventureuse des empiriques. Aussi les règlements confèrent-ils au corps médical le monopole de la cure des malades et de la prescription des remèdes. Un arrêt du Parlement de Paris en date du 25 mai 1543 interdit de pratiquer la médecine à Poitiers, à moins d'avoir obtenu les grades universitaires requis (4). Cette règle, maintenue par de nombreuses sentences postérieures, devient une loi générale en vertu de l'édit royal de mars 1707 (5). Les médecins maintiennent avec vigueur leurs prérogatives à l'encontre des charlatans et des empiriques, des médecins étrangers, et même des chirurgiens et des apothicaires du pays. Seuls ils peuvent procéder à l'examen des malades, donner des « médecines laxatives, saignées, apozèmes, breuvages et

(1) G. Bouchet, 10e *Sérée*, p. 380 et sq. (De la médecine et des médecins). — (2) Jouyneau-Desloges, le Dr Gallot, *J. de Poitiers*, an XII, n°s 35-37. — L. Desaivre. Deux médecins des épidémies au xviiie s. *Bull. Soc. Stat. D. Sèvres*, tome VII. — (3) *Aff. du Poitou*, 1776, p. 90; 1780, pp. 3, 6, 24, etc. — (4) Arrêt du Parlement, 25 mai 1543, *Vienne*, D. 10. — (5) Edit du Roy portant règlement pour l'estude et exercice de la médecine, mars 1707, imp. *Vienne*, D. 10.

autres remèdes », indiquer aux chirurgiens les opérations externes qu'il convient d'accomplir, et dicter aux apothicaires les ordonnances pour les médicaments qu'il faut administrer. Agir autrement, déclare une sentence de la sénéchaussée de Poitiers, serait « mettre en hazard et péril la vie des hommes(1) ». Dans les hôpitaux militaires eux-mêmes au xviiie siècle, il est défendu de procurer aucun remède ou nourriture aux malades sans l'autorisation du directeur et des médecins (2). Les médecins président encore aux examens des chirurgiens et des apothicaires, à l'instruction des uns et des autres, à la visite des officines et des médicaments (3). Leurs soins sont rétribués d'après des tarifs qu'ils dressent et font homologuer par le Parlement. Celui de 1734 à Poitiers fixe le prix de la visite à 20 s., sauf la première qui est payé 40 s., avec une réduction correspondante au nombre de malades soignés dans la même famille. Les consultations sont plus chères et se paient, à chaque docteur, suivant le nombre des médecins consultants, 3 à 5 l. Les visites de nuit coûtent en hiver 4 l. et en été 3 l.; si elles se prolongent la nuit entière, c'est 10 l. qu'on exige. Pour assister à d'importantes opérations de chirurgie, le médecin demande 10 l.; pour l'ouverture de cadavres 6 à 10 l.; pour des rapports ou procès-verbaux « de l'état des morts, blessés ou malades », mêmes droits. La consultation simple coûte 40 s., la consultation approfondie jusqu'à 100 l. Le médecin est-il obligé d'aller visiter son malade à la campagne, il aura 10 l. par

---

(1) Sentence de la sénéch. de Poitiers, 10 mars 1599. *Vienne*, D. 11. — (2) Ordon. de la sénéch. de Poitiers, 29 déc. 1780. *Arch. Antiq. Ouest.* — (3) Voir ci-dessous.

jour, car il amène sa voiture et son valet, 15 l. pour une journée et demie, 3 l. pour une simple visite qui n'exige qu'un déplacement d'une demi-lieue. Aux « gens de qualité et personnes riches », ils peuvent, « suivant leur discrétion et probité », demander des honoraires plus considérables, aux autres consentir telles remises qu'ils voudront, mais en spécifiant ce fait sur leurs mémoires, « afin de ne pas préjudicier à leurs confrères (1) ». La profession est donc lucrative, dans les villes du moins, d'autant plus que le nombre des médecins est restreint.

Si elle confère des droits honorifiques et réels étendus, elle est aussi soumise à des obligations multiples, surtout d'ordre moral. Ces devoirs sont énoncés dans les serments que prêtent le licencié et le docteur en médecine, et qui reproduisent les dispositions des statuts du corps médical (2). Les médecins s'engagent à pratiquer leur art en chrétiens et en honnêtes gens, suivant les préceptes des auteurs éprouvés, et à vivre suivant les maximes de la religion. Au XVII° siècle, les réformés sont exclus de la profession. Chaque médecin doit alors jurer d'observer les lois de la religion catholique, apostolique et romaine (3). Le médecin est encore tenu d'avertir les malades en danger de mort pour

---

(1) Règlement des droits et honoraires des médecins de Poitiers, 14 juillet 1734, *Vienne*, D. 7, — donné in-extenso par le Dr Jablonski, *op. cit.*, feuil. 59-60. — Il parut sans doute exorbitant, car il fut atténué par un autre règlement du 7 déc. 1748. (*Vienne, Reg.* D. 8. —*Jablonski*, feuill. 65), où le prix des visites en ville est fixé à 25^s, celui des consultations de 6 à 3 l., des visites à la campagne 6 l. à 12 l. — (2) Nous analysons ici les textes des statuts de 1533 et de 1617, que le Dr Jablonski a connus, mais qu'il n'a pas utilisés. L'exemplaire de son ouvrage que nous avons consulté ne contient pas le texte de ces statuts qu'il devait donner aux pièces justificatives. Nous nous servons donc des originaux eux-mêmes conservés aux *Arch. de la Vienne*. — (3) *Statuts de la Fac. de médecine de Poitiers*, juin 1617, chap. VI, *De doctoribus receptis*. *Vienne*, D. 10.

qu'ils « songent au salut de leur âme (1) ». On le met en garde contre les pratiques de l'art spargirique, c'est-à-dire des sciences occultes (2). On lui interdit d'employer dans le traitement de ses clients « des sortilèges, des formules magiques, des mots inconnus », et toutes sortes de pratiques « superstitieuses » (3), de même que la nécromancie, la pyromancie, la magie et la divination. On lui défend d'employer aucun remède ou breuvage mortel, de procurer l'avortement des femmes enceintes, de faire tort à ses clients, d'abuser des aphrodisiaques. Enfin on lui prescrit de garder fidèlement le secret professionnel (4). On lui ordonne de dénoncer ceux qui pratiquent illégalement la médecine (5). On lui interdit de supplanter un collègue auprès des malades, à moins qu'il n'ait été appelé par eux (6). Est-il nécessaire de recourir à une consultation, les médecins ne peuvent refuser de s'y rendre, « pour l'utilité » des clients en péril, et il leur est enjoint d'y arriver à l'heure précise indiquée. Là, les jeunes docteurs ne doivent prendre la parole qu'après les anciens, dans l'ordre de réception au doctorat, n'interroger le malade et ne lui tâter le pouls que dans le même ordre. L'avis de la majorité doit être suivi dans ces sortes de réunions, et le doyen des médecins en annonce le résultat aux parents de l'intéressé.

Les formules des remèdes « confortants, altérants, et purgatifs », internes et externes, ne peuvent être exécutées que sur ordonnance signée du médecin, avec la date de l'année et du jour. Le médecin ne peut rien ordonner, même la saignée, que par écrit de ce genre. Les ordonnances destinées

(1) *Statuta Fac. medicæ Pictaviensis*, 23 déc. 1533, orig. parch. Vienne, D. 10. — (2) Acte du 15 mars 1443. Vienne, D. 2. — (3) *Statuts du* 23 déc. 1533 et du 8 nov. 1594. Vienne, D. 10 — (4) *Statuts de* juin 1617, chap. VI. Vienne, D. 10. — (5) *Ibid.*, chap. VII. — (6) *Statuts de* 1617, chap. II. art. 20.

aux chirurgiens, et qui prescrivent par exemple la saignée, l'application de cautères, de ventouses, de pointes de feu, doivent être formulées séparément, et ne pas se confondre avec celles qu'on destine aux apothicaires. Est-il appelé auprès d'un malade, le médecin ne peut se refuser à lui donner ses soins, sous prétexte que ce client a été soigné par un autre docteur, si celui-ci est tombé malade ou a été obligé de s'absenter. Pour des motifs de confraternité faciles à discerner, les statuts obligent les médecins à ne pas chercher à se supplanter auprès de la clientèle, à ne pas intervenir dans le traitement d'une maladie soignée par un autre de leurs collègues, si ce n'est sur la demande du malade ou s'il s'agit d'un proche parent ou d'un ami intime. Enfin, ils prescrivent, dans les cas d'épidémie, des consultations générales du corps médical et exigent que ses membres observent jusque dans leur costume les lois du décorum (1). Les malades pauvres sont signalés à la charité des médecins. Pour eux, ceux-ci sont tenus d'organiser des consultations gratuites qui ont lieu tous les jeudis à 10 heures, à partir de 1701. Au besoin, ils doivent les soigner à domicile sans exiger d'honoraires et même solliciter pour ces clients auprès des apothicaires la délivrance de remèdes gratuits(2).

Entre les médecins et les chirurgiens, il y eut jusqu'au milieu du xviii° siècle toute la distance qui séparait autrefois les arts libéraux des métiers manuels. Longtemps, en effet, les chirurgiens sont considérés comme les subalternes

---

(1) Statuts de 1533 et de 1594. — Ceux de 1617 sont plus développés sur ce point, chap. II, art. 20-36. — Le costume « honnête » exigé (*honesto incedant habitu*) était sans doute composé de la robe et de la toque doctorales. — (2) Délibér. de la Fac. de médecine de Poitiers, 19 janvier 1701. *Vienne*, D. 6. — Règlement pour les honoraires des médecins de Poitiers, 7 déc. 1745, art. 9, précité.

des licenciés ou docteurs en médecine. Ceux-ci savent le latin et le grec ou ils sont supposés savoir ces langues, et les maîtres en chirurgie ne les connaissent pas. Les docteurs formulent des ordonnances sans toucher eux-mêmes aux malades, et ce sont les chirurgiens ou les apothicaires qui sont chargés de ces soins réputés vulgaires. De plus, les chirurgiens se confondent avec les barbiers. Bien qu'en Poitou on les désigne au xiv° siècle sous le nom de *mires* (médecins) ou de *cirurgiens* (1), c'est généralement sous la dénomination de maîtres-barbiers qu'ils sont connus. Les statuts de ceux de Poitiers rédigés en août 1410, confirmés par le duc de Berry la même année et par le Dauphin Charles, régent du royaume, en 1420, stipulent en effet pour eux à la fois le droit exclusif de raser (*rère*), de peigner et de tenir des étuves, en même temps que celui de saigner (2). C'est de ce nom de barbiers qu'ils continuent d'être appelés jusqu'aux déclarations royales de 1743, de 1750 et de 1764 qui, séparant nettement la chirurgie du métier de perruquier, la classent parmi les arts libéraux, à côté de la médecine (3). Toutefois, le terme de barbier-chirurgien est encore resté dans l'usage courant à Poitiers même après ces édits (4). La profession est depuis le Moyen-Age fort répandue dans les villes et dans les campagnes. A la fin du xviii° siècle, dans le département des Deux-Sèvres, par exemple, le nombre des chirurgiens est quatre fois plus considérable

(1) Mention *d'un mire ou cirurgien* dans un acte de rémission de juin 1379. *Arch. hist. Poitou*, XXI, 133. — (2) *Statuts des barbiers de Poitiers*, août 1410, janv. 1420. *Arch. hist. Poitou*, XXVI, p. 356. — Confirmation fév. 1438 et janv. 1461. *Ordon. des rois*, XV, 307, 243, 611. — (3) *A. Franklin, les Chirurgiens*, in-18, 1893, pp. 176 et sq. — (4) Déclar. de terres par Cormant, m° barbier-chirurgien à Poitiers, 16 sept. 1760. *Vienne*, G. 625.

que celui des médecins (1). A Poitiers, leur communauté ne compte pas moins de 13 membres en 1585, de 12 à 16 entre 1756 et 1760 (2). En 1789, elle se compose de 14 maîtres (3). Les chirurgiens se retrouvent à cette époque dans la plupart des bourgs (4), où ils exercent souvent avec leur métier spécial ceux de médecin et d'apothicaire (5). La profession a commencé dès lors à se morceler en spécialités, et on distingue déjà les chirurgiens oculistes, les chirurgiens dentistes et les chirurgiens herniaires (6). Ces spécialistes ne résident pas d'ailleurs ; le plus souvent, ils vont de ville en ville exercer leurs talents. Longtemps assimilés aux artisans, les chirurgiens ont, au devant de leurs boutiques, des enseignes qui consistent en trois bassins de cuivre jaune ou en trois boîtes (allusion aux boîtes d'onguent), suspendues au-dessus de leurs portes. Dans leur salle basse aux châssis fermés de petits carreaux de verre, ce qui les distingue de celles des perruquiers, un garçon se tient en permanence afin de répondre à l'appel des clients, et pour suppléer au besoin le maître absent (7). Jusqu'aux édits de 1750 et de 1764, on n'exige aucune preuve d'études libérales de la part des chirurgiens. Le titre de maître-ès-arts n'est indispensable que depuis ces deux ordonnances. Mais

---

(1) Dupin, *Stat. des D.-Sèvres*, p. 83. — A Châtellerault, il y a en 1738 neuf chirurgiens et 3 médecins seulement, *Mém. de Roffay des Pallu*, 1738, précité. — (2) Délibér. du corps de ville de Poitiers, rel. aux barbiers chirurgiens, 21-22 juillet 1585, *Reg*. 45. — Procès-v. des ass. des maîtres chirurgiens de Poitiers, 1751-1760. *Arch. Antiq. Ouest, coll. Bonsergent*, A. 5. — (3) Alm. provinc. 1789, p. 182. — (4) Voir les actes de la série B. des *Arch. dép. de la Vendée*, passim. — (5) Barillon, m^e chirurgien et apothicaire à Challans, acte de 1716, *Vendée*, B. 332. — Les 2 chirurgiens à la Châtaigneraye sont aussi apothicaires. *Aff. du Poitou*, 1776, p. 144. — (6) Annonces des *Aff. du Poitou*, 1775, pp. 72, 76, 80 ; 1780, p. 20 ; 1781, pp. 8, 36, 84 ; 1778, p. 188. — (7) Statuts des barbiers-chirurgiens de Poitiers, octobre-nov. 1711. art. 9, imp. *Vienne*, D. 12.

on demande depuis le xvi° siècle aux aspirants à la maîtrise de chirurgie des connaissances théoriques et pratiques. L'ordonnance de Blois avait prescrit que les chirurgiens seraient obligés de suivre les leçons des docteurs dans les villes où existait une Faculté de médecine. A Poitiers, un cours de ce genre existait avant 1588. Il consistait dans une série de lectures ou « d'interprétations de l'anatomie du corps humain » faites à tour de rôle par un médecin aux élèves en chirurgie (1). Les élèves et les maîtres chirurgiens eux-mêmes cherchaient aussi à s'instruire au moyen de dissections. La ville leur livrait à cet effet les cadavres des suppliciés (2). A la fin du xvii° siècle, la Faculté était mise en demeure de faire construire un amphithéâtre d'anatomie, et les docteurs commençaient à faire des démonstrations anatomiques sur les cadavres en présence des chirurgiens (3). Il est vrai qu'elles étaient encore bien rares. L'édit royal de février 1692 n'en exigeait qu'une par an, et quand les circonstances s'y prêtaient peu, comme en 1708, on supprimait cet enseignement pratique (4). Les chirurgiens devaient fournir le cadavre et payer 50 l. au médecin qui faisait la leçon et 50 l. au chirurgien qui l'assistait en faisant la dissection. Dans les villes dépourvues d'Université, telles que Niort, depuis l'édit de 1692, un

(1) Ordon. de Blois, 1576, art. 87. — Procès entre les médecins et chirurgiens de Poitiers au sujet des examens, 1591-1624. — Factum des médecins, 1588. *Vienne*, D. 10 et 11. — Transaction entre les chirurgiens et les médecins de Poitiers, 4 sept. 1624, *Vienne*, D. 5. — Délib. de la Fac. de médecine, 14 août 1732. *Ibid.*, D. 6, etc. — (2) Délib. du corps de ville de Poitiers au sujet du sr. Daget, pendu place du Marché-Vieil, 24 déc. 1640, *Reg.* 91. — Rapport à la Fac. de Médecine, 1689, 8 janv. *Vienne*, D. 6. — Délib. de la Fac. de médecine, 6 janv. 1740, au sujet de la dissection d'une fille pendue, *Vienne*, D. 7. — (3) Arrêt du Conseil privé, 20 avril 1687. *Vienne*, D. 6, et D. 10. — (4) Edit de février 1692, art. 9. — Lettre de la Fac. de méd. de Poitiers, 18 avril 1708. *Vienne*, D. 6 et 10.

médecin du lieu présidait une fois par an l'épreuve anatomique et y prononçait un discours, tandis qu'un chirurgien disséquait le corps de quelque malheureux pris dans les hôpitaux et faisait à ses confrères, dit un document du temps, « la démonstration de la squelette » (sic) (1). Lectures des docteurs et épreuves annuelles d'anatomie manquaient d'ailleurs à la plupart des chirurgiens de campagne, qui se contentaient d'apprendre leur métier en faisant le service de garçons auprès de quelque maître en chirurgie. Les lettres patentes du 31 décembre 1750 exigèrent pour l'admission à la maîtrise des certificats établissant que l'aspirant avait suivi au moins un an un cours d'études chirurgicales et pratiqué son art au moins deux ans dans les hôpitaux de Paris ou trois ans chez des maîtres-chirurgiens. Mais en Poitou, on se contentait assez souvent d'un stage de quelques années d'études théoriques, sans connaissances pratiques (2).

L'examen imposé aux aspirants chirurgiens n'était pas une garantie plus sérieuse. Tout d'abord, il n'existait guère que depuis le xve siècle, époque où apparaissent dans la province les lieutenants du premier chirurgien-barbier du roi. Au xvie siècle, surtout depuis l'ordonnance de Blois (3), les élèves chirurgiens n'étaient reçus maîtres qu'après avoir subi des épreuves devant une commission composée de médecins et de chirurgiens ; elle siégeait dans les villes où existaient des lieutenants du premier chirurgien. Les docteurs se montraient fort jaloux de cette

(1) Ord. du siège de police de Niort au sujet des leçons d'anatomie et de médecine faites aux chirurgiens, 26 juillet 1695. *Bull. Soc. Stat. D.-Sèvres*, VII, 261. — (2) Lettre du procureur du roi à Civrai au sujet des chirurgiens de son ressort, *Aff. du Poitou*, 1778, pp. 86-87. — (3) Ordon. de Blois, 1576, art. 87.

prérogative, bien qu'ils n'eussent aux examens qu'un rôle décoratif, mais elle assurait leur prééminence et leur valait certains avantages matériels (1). Les interrogations portaient dans ces épreuves sur la chirurgie théorique et pratique. On les complétait par des expériences chirurgicales, telles que réduction de fractures, dislocation de membres, phlébotomie ou saignée (2). Malgré ces précautions, il arrivait souvent que le lieutenant délivrât le brevet de chirurgien à des sujets « ignorants » et incapables, comme le faisaient remarquer en 1727 les médecins de Poitiers (3). Leur témoignage est d'autant moins suspect qu'il est confirmé par un chirurgien poitevin de talent, Audouin de Chaignebrun, qui, vers 1740, déplorait l'incapacité de ses confrères, leurs préjugés et leur ignorance. Beaucoup, déclare-t-il, n'ont fait aucun cours ; là où il n'existe pas d'hôpitaux royaux, à peine en trouve-t-on un qui sache opérer. Pour eux, tout enfant et tout vieillard ne valent pas la peine d'être soignés dans la plupart des maladies. Sans conseil, sans surveillance de la part des lieutenants, qui trouvent trop modique la somme de 2 l. qu'on leur alloue pour les visites d'inspection, les chirurgiens de campagne végètent (4), se distinguant à peine par leur genre de vie, leurs mœurs, leurs idées, de la masse des paysans au milieu desquels ils vivent. Le Dr Gallot appelle « ces chirurgiens

(1) Documents cités à la page 482, note 1, pour les chirurgiens de Poitiers. — Lettres de réception de chirurgiens, août 1757-avril-mai 1775. *Vendée*, B. 713, 1152. — Délib. de la Fac. de médecine de Poitiers au sujet des examens des chirurgiens, 3 nov. 1742, *Vienne*, D. 7. — (2) Brevet de maître chirurgien à Civrai, 1641, p.p. *Bull. Soc. Stat. D.-Sèvres*, 1885, pp. 5-12. — Lettres de maître chirurgien délivrées au sieur Anouilh, 13 août 1757. *Vendée*, B. 1152. — (3) Sommation de la Fac. de méd. de Poitiers, au s^r. Charrier, lieut. des chirurgiens, 8 mars 1727. *Vienne*, D. 6. — (4) Rapport du chirurgien poitevin Audouin de Chaignebrun, d'après *L. Desaivre. Bull. Soc. Stat. D.-Sèvres*, VII, 21-26.

ignorants, les fléaux les plus destructeurs des campagnes, après le charlatanisme » (1), et Dupin, au début du xıx⁰ siècle, signale encore l'insuffisance de la plupart d'entre eux (2). Les villes sont à cet égard bien mieux partagées, notamment dans le siècle antérieur à la Révolution. Les chirurgiens s'y font remarquer par leur science et par leur zèle, organisant des cours publics et gratuits d'anatomie, de chirurgie, d'accouchements, faisant progresser leur art par le soin avec lequel ils conduisent leurs observations (3). C'est dans ce milieu urbain actif et éclairé que devait se former le célèbre chirurgien Piorry (4).

Les maîtres barbiers-chirurgiens avaient été, du reste, pendant de longues années à une meilleure école que celle des médecins, l'école de l'expérience. Il ne leur avait manqué longtemps que ces notions théoriques indispensables pour diriger les meilleurs praticiens eux-mêmes. Les médecins, méprisant la science appliquée, laissaient en effet aux chirurgiens tout le domaine de la médecine expérimentale et de la chirurgie. Les premiers formulaient, les seconds exécutaient. Les saignées, les cautères, les ventouses, les applications révulsives, les sangsues, les clystères, sont du domaine du chirurgien. La Faculté de médecine de Poitiers le reconnaît avec orgueil dans un factum de 1588 et dans une délibération de 1616. Dans ces opérations, le

---

(1) Dr Gallot, *Essai sur la topog. médicale du Bas-Poitou* (1777), *Soc. d'Émul. Vendée*, 1871, p. 129. — (2) Dupin, *Stat. D.-Sèvres*, p. 83. — (3) Observ. du sieur Le Chasseux, in-4°, 1733. *Rec. Poit.*, in-4°, XVII, in-4°. — Art^{es} des *Aff. du Poitou*, sur ces cours, 1774, 1789. — Délibér. munic. du 8 janv. 1791, sur les cours gratuits de Bertault et de Piorry, *Reg.* 198. — (4) Ad. Piorry était le cousin du conventionnel Piorry; un Piorry était chirurgien à Poitiers en 1756-60. Ducrocq, *Souvenirs de Thibaudeau*, 1895, *Introd.* p. 22. — Procès-v. d'ass. des chirurg. de Poitiers, 1756 et sq. précités, *coll. Bonsergent*. — Georges Piorry, père du célèbre chirurgien,

médecin trône, se bornant à observer, tandis que le chirurgien manipule, comme un artisan serviteur du docteur (1). Le maître en chirurgie s'occupe aussi de toutes les maladies externes, bosses, aposthumes ou abcès, fractures, plaies pénétrantes, luxations. Il a également dans ses attributions le traitement des hernies, des maladies des organes génito-urinaires, telles que la pierre et les affections vénériennes, dont le médecin dédaigne de s'occuper. Il possède le droit de pratiquer les accouchements (2). Il distribue les opiats et les élixirs pour les dents; il met les dents artificielles. Il traite encore les maladies des yeux, les fistules lacrymales et les cataractes, et il ne rougit pas de s'occuper au besoin de placer les bandages et les pessaires (3). Il empiète même sur les fonctions du médecin et de l'apothicaire. A la campagne, au XVIII° siècle, observe Audouin de Chaignebrun, il exerce la médecine, faute de trouver assez de cas chirurgicaux à traiter. Les blessures, fractures, chutes sont devenues plus rares depuis que l'ordre règne dans le royaume et d'ailleurs il y a moins de querelles, parce qu' « on ne boit plus autant ». Les chirurgiens ont d'autre part des concurrents nombreux : les moines, les curés, les matrones, les charlatans, les Frères et Sœurs de la Charité. Ces derniers, profitant de la tolérance que leur accordent les ordonnances (4), accaparent toutes les opérations et s'ils ne peuvent

et chirurgien lui-même, demeurait en 1789, en face Ste-Opportune, *Alm. prov.* 1789, p. 182.

(1) *Factum des médecins de Poitiers*, 1588. Vienne, D. 10.— (2) G. Bouchet. *Sérée* 27° (*Des barbiers-chirurgiens*), p. 72.— Délibér. munic. de Poitiers, relative à un chirurgien qui traite les hernies et la pierre, 8 janv. 1629, *Reg.* 79. — Edit de février 1692, art. 1, précité. — *Statuts des barbiers-chirurgiens de Poitiers*, 1711, art. 11. — (3) G. Bouchet *Sérée* 27°. — Procès intentés par des chirurgiens en paiement d'honoraires, 1735, 1775. Vendée, B. 619, 53, 636, 685. — *Aff. du Poitou*, 1774, p. 156; 1780, p. 160, etc.— (4) *Statuts des barbiers-chirurgiens de Poitiers*, 1711, art. 11. — Edit de février 1692, art. 1.

les faire, détournent les malades de s'adresser au chirurgien. Il n'est pas jusqu'au bourreau qui ne dispute la clientèle aux maîtres en chirurgie, si bien qu'ils regrettent le temps où ils avaient « le profit de la barbe (1). »

Leur situation n'est pas moins précaire à la ville. A Poitiers, en dépit de leurs statuts qui « interdisent à toutes per-
« sonnes de faire aucune opération concernant l'art de chi-
« rurgie, d'administrer aucun remède même dans les mala-
« dies secrètes et à titre gratuit », malgré la défense faite aux religieux de faire des opérations et pansements (2), le bourreau, les empiriques, les charlatans, les marchands d'orviétan, les moines, viennent distribuer des remèdes, baumes, onguents, et soigner les malades(3). En 1755, la communauté est obligée d'intenter un procès au sieur Verdeau, « exécuteur de la haute justice, qui s'ingère dans l'art de chirurgie (4) ». De plus, partout où il existe des communautés de médecins et d'apothicaires, la préparation et la vente des remèdes sont interdites aux chirurgiens, et l'assistance du médecin est requise pour la plupart des opérations. Non seulement, le chirurgien ne peut rien modifier dans les ordonnances médicales, mais encore s'il assiste aux consultations, c'est avec la situation et le ton d'un subordonné (5). Pour les procès-verbaux d'autopsie, de constat de coups et blessures, pour les visites médicales et chirurgicales ordonnées dans les

---

(1) Rapport d'Audoin de Chaignebrun (vers 1740), analysé par Desaivre, *op. cit.*, pp. 21, 26. — (2) *Statuts des barbiers-chirurgiens de Poitiers*, 1711, art. 11. — (3) Voir ci-dessous, pp. 507 et sq. — (4) Délibér. des chirurgiens de Poitiers, 15 juillet 1757, *Arch. Antiq. Ouest*, coll. Bonsergent, A. 5. — (5) Factum des médecins de Poitiers 1588, précité. — Procès entre les médecins et les chirurgiens, 1692. *Vienne*, D. 12. — Délibér. de la Fac. de médecine de Poitiers, 9 déc. 1616, au sujet des consultations qui se font avec les chirurgiens, *Vienne*, D. 5. — Délibér. et lettre de la même Faculté (28 août 1765), au sujet du chirurgien Piorry, *Vienne*, D. 8.

procès civils ou criminels, pour les opérations importantes, telles que la trépanation, le traitement des femmes blessées, des blessures pénétrantes, il doit être assisté d'un médecin (1), et son salaire est généralement très inférieur à celui de son confrère (2). Des règles professionnelles analogues à celles des médecins, quoique moins minutieuses, sont prescrites aux chirurgiens. Telles sont l'obligation de procéder eux-mêmes aux opérations les plus graves de leur état, comme les procès-verbaux de levée de cadavres et les autopsies, sans abandonner ce soin à leurs garçons; l'interdiction de s'associer « avec gens sans caractère comme « moines, chamberlans et autres »; l'injonction de ne pas user de procédés discourtois, par exemple en levant des appareils hors de la présence du confrère qui les a posés (3); enfin l'observation du secret professionnel (4), sauf dans le cas des accouchements de filles ou femmes mal famées qu'ils sont tenus de déclarer à la police. Une pensée charitable a aussi fait naître l'institution des chirurgiens des hôpitaux. La communauté est tenue à Poitiers de fournir un de ses membres, en général un garçon chirurgien, qui, après examen passé devant les médecins, est chargé comme maître en chirurgie de soigner gratuitement les malades pauvres à l'Hôtel-Dieu et à l'hôpital des pestiférés où il ré-

---

(1) Mêmes documents. — Délibér. de la Fac. de médecine de Poitiers et requêtes au procureur gén. du Parlement, 15 août 1725 — 8 mars 1727. *Vienne*, D. 6. — Statuts des barbiers-chirurgiens de Poitiers, art. 18. — (2) Par ex. en 1543 dans une visite médicale le médecin reçoit 10 s. et les deux chirurgiens chacun 5 s. Labbé, *Notes sur la famille Descartes*, p. 7. — (3) Statuts des barbiers-chirurgiens de Poitiers, 1711, art. 10 et 14. — Amende décernée à Châtell^t contre un chirurgien pour levée d'appareil posé par un confrère. *Arch. Munic. de Chât. Reg.* n° XLI. — (4) Ord. de police de Châtell^t, 1749, art. 33 (au sujet de la déclar. des accouchements). — Procès en violation de secret professionnel intenté à un chirurgien de Saint-Maixent par une cliente, 12-19 mars 1792. *Arch. Antiq. Ouest.*

side (1). Plus tard, au xviii° siècle, un article des statuts des barbiers-chirurgiens poitevins leur enjoint de « soigner et panser gratuitement les pauvres nécessiteux », et prescrit tous les premiers lundis de chaque mois une répartition des quartiers de la ville entre chacun des maîtres, qui seront tenus d'y visiter et panser les malades indigents (2). Le service des hôpitaux est alors mieux organisé, et chacun d'eux comprend un chirurgien en chef, choisi parmi les meilleurs, avec un nombre variable de chirurgiens ou d'élèves chirurgiens assistants (3).

L'emploi des chirurgiens dans les accouchements, très restreint, pour des raisons de décence, jusqu'au xviii° siècle, rendait le métier de matrones ou sages-femmes indispensable (4). Mais la profession n'était exercée que par des empiriques ignorantes, surtout dans les campagnes. On s'informait seulement de leur moralité, et le clergé exerçait sur elles une certaine surveillance. L'autorité ecclésiastique avait soin de s'informer si les matrones étaient instruites de leurs obligations religieuses, et surtout si, en cas de besoin, elles pouvaient baptiser les nouveau-nés (5). Un édit de Henri II, qui punissait de mort, pour crime d'infanticide, les femmes et filles, coupables d'avoir célé leur grossesse et dont les enfants mouraient sans baptême, imposait aussi aux sages-femmes l'obligation de signaler à l'autorité les femmes ou les filles grosses auxquelles elles donnaient retraite et de notifier l'accouchement à la police. Ce sont les seules lois

(1) Nombreuses délib. mun. de Poitiers à ce sujet, par ex. 3 sept. 1582, 21-29 juillet 1585, 23 nov. 1587, 16 déc. 1591, 16 oct. 1616, 11 sept. 1651, etc. *Reg.* 44, 45, 47, 71 et 103. — (2) Statuts des barbiers-chirurgiens de Poitiers, 1711, art. 12. — (3) *Alm. prov. du Poitou*, 1789, p. 182.—(4) Sur cette profession à Paris, voir A. *Franklin, Variétés chirurgicales*, pp. 57 et sq. —(5) Procès-v. de visite d'Ignace d'Armagnac, trésorier de St-Hilaire à Neuville, xvi° s. *Vienne*, G. 1001.

importantes auxquelles les matrones en Poitou se trouvent astreintes par les règlements des maires, des lieutenants de police ou des intendants, « à peine de punition corporelle, » d'amende, « et de demeurer responsables de la nourriture et garde des enfants (1). » Au XVIIe et au XVIIIe siècle, diverses ordonnances royales, celles de 1692 et de 1730 en particulier, se préoccupent de l'instruction professionnelle des sages-femmes et leur prescrivent des examens, dont les chirurgiens jurés ou le lieutenant du premier chirurgien du roi sont chargés. Aucune matrone ne devrait être admise à exercer sans avoir subi ces épreuves et sans avoir prêté serment devant le lieutenant (2). Mais « loin de satisfaire à « cette obligation, déclare en 1779 la sénéchaussée de Ci- « vrai, une foule de femmes ignorantes se livrent sans prin- « cipe à l'exercice d'un art qui exige tant de prudence et « d'adresse (3) ». Les sages-femmes, observe à la même époque le Dr Gallot, sont, par leurs manœuvres marquées au coin de la plus profonde ignorance, une des causes de la dépopulation des campagnes (4). Quelques-unes seulement, établies à Poitiers, ont été suivre les leçons des sages-femmes renommées de Paris (5).

La presque totalité est composée de paysannes sans instruction, si bien que l'État, se préoccupant du mal qu'elles causent, essaie en 1765 de former des matrones ins-

(1) Ordon. munic. de Poitiers, 1er juillet 1652, *Reg.* 103. — Ordon. du présidial de Poitiers, 12 janv. 1700, art. 9, — 17 juillet 1702. *Arch. Antiq. Ouest.* — Ordon. de l'intendant Le Nain, 1733, art. 2. — Ord. de police de Châtell^t, 1749, art. 32-33. — (2) Edit de février 1692, art. 10, — du 24 fév. 1730, art. 77. — (3) Lettre du procureur du roi ou d'un autre membre de la sénéch. de Civrai, 8 août 1779. *Aff. du Poitou,* 1779, p. 129. — (4) Dr Gallot, *Essai sur la topog. médicale du Bas-Poitou, op. cit.,* p. 129. — (5) Annonce de la Vve Bossé, maîtresse accoucheuse rue du Calvaire à Poitiers. *Aff. du Poitou,* 1776, p. 164.

truites, en organisant des cours publics et gratuits d'accouchements faits par des chirurgiens à Poitiers et à St-Maixent (1). Pour y être admises, les élèves doivent avoir 35 ans au moins, 40 ans au plus, et présenter des certificats de moralité signés des curés ou vicaires. Logées et nourries, elles suivent pendant deux ans les cours des chirurgiens, sont formées à leur métier par des démonstrations à l'aide de la machine ingénieuse qu'a inventée la dame Ducoudray, matrone parisienne, et par la pratique des hôpitaux. Elles passent ensuite des examens devant les maîtres en chirurgie et reçoivent des lettres de maîtrise (2). Telle était la puissance de la routine qu'il fallut des ordonnances de l'intendant Blossac et des présidiaux, pour interdire aux sages-femmes d'exercer sans être munies de ces lettres, sous peine d'amende, et aux personnes enceintes de s'adresser à d'autres qu'aux matrones brevetées (3). Encore, ces interdictions officielles échouèrent-elles devant l'obstination des paysannes : « Elle ne s'i-
« maginent pas, écrivait un magistrat de Civrai, qu'on
« puisse trouver des connaissances hors de l'enceinte de
« leurs paroisses, et que, pour devenir bonne accoucheuse, il
« faille aller au loin accoucher des fantômes ou des femmes
« de bois. Elles préfèrent toujours d'avoir recours aux
« sages-femmes de leurs villages qui n'ont d'autre expé-
« rience que d'avoir fait périr plusieurs mères et plusieurs
« enfants (4). » A la fin du XVIII° siècle, Dupin constate que l'intervention officielle avait jusqu'alors presque échoué

---

(1) *Aff. du Poitou*, 1773 p. 108. — 1784, 6 mai 1788, 25 sept. — (2) *Aff. du Poitou*, 1780 pp. 19-20. — (3) Ordon. du 9 août 1779, promulguée par la sénéch. de Civrai. — Ordon. de l'int. Blossac pour la sénéch. de St-Maixent, 6 mars 1772. *Affiches du Poitou*, 1779, p. 129; 1780, p. 75. — (4) Lettre de la sénéch. de Civrai août 1779, précitée.

partout. Un nombre infime de matrones avaient été formées dans les cours publics créés (1). « Le vrai fléau des
« campagnes, déclare dans son rapport de l'an X le préfet
« des Deux-Sèvres, ce sont de prétendues sages-femmes
« dont la maladresse multiplie chaque jours les boiteux et
« les bossus, et qui ont l'orgueil barbare d'empêcher qu'on
« appelle un accoucheur, même lorsque le danger est le
« plus imminent (2). »

L'art vétérinaire resta livré aux mêmes hasards que l'art obstétrical. Il était aux champs l'apanage des sorciers. Jusqu'au début de notre siècle, le paysan croyait que les maladies du bétail provenaient des sortilèges, et il préférait recourir au sorcier, qui prenait d'ailleurs le nom de vétérinaire, qu'à l'élève des écoles de Lyon et d'Alfort (3). Le concurrent de l'empirique était le maître-maréchal. Les communautés des maréchaux-ferrants possèdent en Poitou, jusqu'à la veille de la Révolution, le monopole officiel de la médication des animaux et spécialement des chevaux. Les statuts des maréchaux de Poitiers et de Châtellerault leur prescrivent de tenir « nets et propres, les flammes, rynettes, razouers, « poinsons, tenailles » qui servent à leurs opérations, les soumettent à la visite de leurs maîtres jurés, ordonnent de tenir en lieu caché et sous clef les drogues dangereuses, sans « les bailler ne distribuer à personnes quelsconques », de ne poser d'appareils dans les maladies graves qu'avec le concours d'un de leurs confrères, de ne pas médicamenter d'animaux soignés par un autre maréchal sans avoir convoqué celui-ci, enfin de ne consentir à traiter aucune bête

(1) Par ex. en 1780, 7 seulement. *Aff. Poitou*, 1780, p. 75. Le chiffre varie de 1780 à 1788 entre 14 et 7. — (2) Dupin, *Stat. des D.-Sèvres*, p. 84. — (3) Dr Gallot, *op. cit.*, pp. 127-128. — Dupin, pp. 83-84.

sans que le praticien qui l'a visitée auparavant ait été rétribué (1). Le métier ne laissait pas d'être lucratif. Aussi, lorsque, par les soins de l'intendant, un certain nombre de vétérinaires eurent été formés à de meilleures méthodes sous la direction du célèbre Bourgelat à Lyon (2), et revinrent en Poitou ouvrir des forges pour la ferrure et le pansement des animaux et pour la vente des médicaments, les maréchaux de la province, se fondant sur leurs privilèges, prétendirent leur interdire la pratique de leur art. On dut promulguer un arrêt du Conseil pour que les 9 *Artistes Vétérinaires brevetés* répartis dans les villes ou bourgs du pays fussent admis à exercer leur profession sans obstacle et pour que les prétentions des maréchaux fussent réduites à néant (3). Encore a-t-il fallu de longues années avant que le paysan ait pris l'habitude de recourir aux hommes de science plutôt qu'aux empiriques (4).

Exercé d'abord par les moines (5), l'art des apothicaires ou pharmacie s'est laïcisé en Poitou à une époque qui nous est inconnue, mais qui n'est certainement pas antérieure au xie siècle. C'est seulement au xvie siècle que les documents permettent de se rendre compte du développement pris par l'industrie pharmaceutique. En effet, en 1542 les apothicaires de Poitiers obtiennent de former une corporation dont les statuts d,éfinitivement rédigés en 1552, reçoi-

---

(1) *Statuts des maîtres-maréchaux de Poitiers*, 12 juin 1559, 16 mars 1583, art. 6, 8, 9.—*Statuts des maîtres maréchaux de Châtellerault*, juillet 1573, art. 12, 13, 14, 18. Vienne, E 5, 1 et 5.— (2) *Aff. du Poitou*, 1777, pp. 95, 110; 1778, p. 109, etc. — (3) *Alm. prov.* 1789, p. 181 (liste des vétérinaires du Poitou). — Arrêt du Conseil du 21 avril 1789 au sujet des « artistes vétérinaires du Poitou », *Arch. Antiq. Ouest.* — Arch. Vienne, C. 621. — (4) Dupin, op. cit., p. 84. — (5) Rainaldus *apothecarius* (acte de 1775) *Cart. St-Cyprien* (Arch. hist. Poitou, III, 115); Rodbertus (actes de 985 et 988), Salomon (acte de 967), Aiquinus (acte de 997), *apothecarii*, etc. *Cart. St-Hilaire*, I, n°s 46, 48, 32, etc.

vent de nouveaux articles en 1628 (1). Ils sont à ce moment au nombre de 15; ils atteignaient au milieu du xve siècle au chiffre de 19, chiffre qu'ils ne paraissent pas avoir dépassé; en 1789, ils n'étaient plus que 7 dans la capitale du Poitou (2). Leur profession s'était répandue dans la plupart des villes et gros bourgs. A Thouars, par exemple, dès 1617, les sept apothicaires du lieu avaient aussi été admis à se grouper en communauté jurée (3). Ils exercent en même temps « l'apothicairerie et l'épicerie (4) ». La séparation entre apothicaires et épiciers n'est devenue obligatoire et complète qu'en vertu de la déclaration royale du 25 avril 1777 (5). On se préoccupa d'exiger dès l'époque de la Renaissance certaines garanties pour l'exercice d'une profession aussi délicate. Nul n'y est admis s'il ne fait « apparoir par bonnes et valables attestations qu'il est « homme de bien, vivant catholiquement, de bonnes mœurs « et conversations, sans avoir été reproché et atteint d'aucun « vilain cas (6). » Il faut encore un stage officinal, c'est-à-dire un long apprentissage. « Si tost qu'ils peuvent manier « le pilon, dit un factum des médecins de Poitiers, et bien « souvent auparavant qu'ils soyent simples grammairiens, « les apothicaires sont mis ès boutiques pour travailler et « apprendre par usage le métier d'apothicairerie. » On

---

(1) Statuts des apothicaires de Poitiers. — 9 janv. 6 nov. 1552. *Vienne*, D. 10. — Statuts de sept. 1628, *Arch. Mun. Reg. des délib.* 79, f°s 171-189. — (2) Mêmes statuts. — Délib. munic. de Poitiers, 21 décembre 1552. *Reg.* 32. — *Alm. provincial* 1789, p. 182. — (3) Statuts des apothicaires de Thouars, 1617, pp. II. Imbert, *Rev. des Soc. sav.* VIIe série, tome VI pp. 446-451. — En 1738, à Châtellerault, il y a 3 apothicaires, *Mém. mss de Roffay des Pallu*. — (4) Requête des maîtres apothicaires espiciers de Poitiers 28 août 1607. *Reg.* 63. — Ils sont aussi appelés apothicaires et *drogueurs* ou *droguistes*, Délib. mun. de *Poitiers* 6 fév. 1596, *Reg.* 55. — (5) Déclaration royale du 25 avril 1777, art. 1 à 4. Isambert, XXIV, p. 389. — (6) Statuts des apothicaires de Poitiers 1552 art. 26; 1628, art. 31.

les astreint à faire des études de grammaire, afin qu'ils puissent savoir assez de latin « pour entendre les livres « dont on est accoutumé user en leur art ». Ne faut-il pas aussi qu'ils sachent lire et interpréter les ordonnances des médecins, qui sont rédigées en cette langue, et « où soit l'ignorance, soit l'erreur d'un mot ou même « d'une syllabe ferait bien perdre la vie au plus hon- « neste homme qui soit (1) » ? Ils sont également tenus de suivre, dans les villes d'Université, telles que Poitiers, pendant un an et une fois par semaine, les lectures d'un docteur en médecine sur la nature des médicaments, leur choix, la préparation et la mixtion des drogues (2). On leur recommande la lecture des ouvrages des spécialistes grecs, arabes ou modernes, à savoir Dioscoride, Galien, Mesvé, Fuchs, Dodonée, Mathiolus, Mussa Brassavolus, Sylvius, Cordus, Voucherus et Joubertus (3). Au moment des examens qu'on leur impose pour la maîtrise, ils doivent, sinon avoir lu tous ces doctes personnages, du moins être en état de lire et de commenter un passage de Mesvé, d'Abbucasis et de Nicolas Saladin (4), qui passaient au xvie et au xviie siècle pour les oracles de la pharmacie. Il est probable que cette partie des épreuves n'était pas poussée à fond, et que si un savant apothicaire, comme Jean Contant, était

(1) Factum des médecins de Poitiers contre les apothicaires, 1588, *Vienne*, D. 10. — (2) Arrêt de 1536 cité dans ce factum. — Sentence de la sénéch. de Poitiers contre les apothicaires, 5 août 1588. *Vienne*, D. 10. — (3) Factum des médecins, 1588. — (4) Statuts des apothicaires de Poitiers 1552 (nov.) art. 29; 1628, art. 44. — Paul Contant, apothicaire de Poitiers (*Second Eden*, p. 36), cite encore parmi les auteurs que ses confrères consultaient, Ruel, Pena, le « docte Garcie » médecin du roi de l'Inde, Rondelet, Lobel, Acosta, Monardes, Gessner, Daleschamp, Anguillare, Tragus, Lescluse. Plusieurs de ces auteurs furent en effet des botanistes de talent.

en état d'écrire un commentaire sur Dioscoride (1), la plupart de ses confrères en eussent été fort empêchés. On jugeait que la connaissance pratique des plantes « ou des simples », suivant l'expression du temps, avait une bien plus grande portée. Aussi l'examen des candidats à la maîtrise comportait-il des herborisations de six mois, d'avril à octobre, « pour cognoistre si l'aspirant, disent les statuts « de 1628, est simpliste ou non, qui est une qualité très « requise et nécessaire à un bon apothicaire (2) ». Ils devaient pouvoir reconnaître sans difficulté les plantes du pays, leurs genres, leurs espèces, le temps où il convient de les cueillir, les moyens de les conserver (3). De même, on exigeait qu'ils fussent en état de préparer toutes drogues simples et composées, d'expliquer les ordonnances médicales, d'administrer toutes « compositions intérieures et extérieures (4) ».

Les connaissances des apothicaires sont constatées par la communauté entière et par deux docteurs ou médecins, dont la présence est obligatoire, même dans les petites villes, telles que Thouars (5). Les médecins maintinrent avec énergie ce droit jusqu'en 1789. Ils devaient aussi visiter gratuitement les boutiques, se faire représenter les drogues simples et composées, inspecter sur la table, où ils devaient être à leur disposition du matin au soir, les médicaments les plus compliqués, saisir les compositions suspectes ou corrompues, viser enfin le

---

(1) *Les Œuvres de Jacques et Paul Contant*, in-f° Poitiers 1628 (*Commentaire sur Dioscoride*), pp. 1-250. — (2) *Statuts des apothicaires de Poitiers*, 1628, art. 38, 43. — (3) *Mêmes statuts*, art. 47, 49, 50. — (4) *Factum des médecins*, 1588. — *Sentence de la sén. de Poitiers* 5 août 1588. — *Statuts des apoth. de Poitiers*, 1628, art. 49 et 50. — *Statuts des apoth. de Thouars*, 1617, op. cit., p. 450. — (5) *Factum de* 1588. — *Arrêt du* 5 août 1588.

registre où les compositions « fameuses » étaient inscrites suivant un numéro d'ordre. Malgré cette surveillance, d'ailleurs illusoire, puisque la médecine n'était guère plus avancée que la pharmacie, les apothicaires du Poitou partagèrent les erreurs et les travers des praticiens de leur temps. Comme eux, ils abusaient des remèdes bizarres ou des recettes populaires, des bouillons de plantes, des tisanes, des clystères, des électuaires, des emplâtres, des onguents ou des baumes, des pilules, des poudres, des pierres pilées, des reconstituants d'or potable, recettes qui excitent la verve moqueuse de Guillaume Bouchet (1). Au début du XVIIe siècle, le polychreste de Poitiers, remède spécial inventé par le médecin Jean Pidoux pour la guérison de la peste eut une certaine vogue et fut préconisé par Théophraste Renaudot (2). Un autre produit fameux faisait l'orgueil de la pharmacie poitevine, c'était le bouillon de vipères ou thériaque. Les broussailles et rochers des environs de Poitiers contenaient un grand nombre de ces reptiles que l'on chassait pour les expédier dans une bonne partie de l'Europe, jusqu'à Venise (3). Ce fut un commerce assez lucratif pendant plusieurs siècles (4), et lorsqu'un apothicaire, tel qu'Ambroise Colin de Lyon, en 1619, voulait composer un bouillon sans reproches, il s'empressait de faire venir des trochisques de vipères du Poitou (5). Dans cette fameuse composition entraient, outre des plantes comme

---

(1) G. Bouchet, *10e Sérée*, pp. 417 et sq. — (2) *Traité de la curation de la Peste*, par Jean Pidoux, Poitiers, 1605. — *Description d'un médicament appelé Polychreston*, dispensé publiq^t. par J. Boisse (apothicaire à Loudun, etc.) Loudun, 1619, in-16. — (3) Relation de voyage de Zinzerling, analysée par Gaillard, *Mém. Antiq. Ouest*, II, 136. — (4) *Alm. Prov. du Poitou* 1789, p. 68. — Cochon, *Stat. de la Vienne*, p. 74. — (5) Lettre de la Fac. de Médecine de Lyon à celle de Poitiers, 1619 (30 mars), *Vienne*, D. 11.

le gingembre, des feuilles d'arbres ou d'arbrisseaux, des pétales de rose, du poivre, de l'agaric, de l'opium, de l'opoponax et du benjoin, des vipères sèches, de la mie de pain desséchée, de la terre sigillée, du sulfate de fer, du bitume de Judée, au total 56 substances réduites en pâte mêlée de miel blanc, de vin de Malaga et de térébenthine de Chio (1). Elle était encore dépassée par le mithridate, qui se composait de trois cents sortes de drogues, parmi lesquelles du plâtre et de l'albâtre, ce qui faisait dire à Guillaume Bouchet : « Tant de sortes ne sauroient loger ensemble dans un estomac « sans se faire ennuy l'une à l'autre, et ne sauroient faire « meilleur accord que 300 musiciens chantans ensemble (2). » Le corps des apothicaires comptait pourtant des hommes qui ne manquaient pas de valeur, même des savants, tels que David Lussaud, dont Zinzerling, pendant son séjour à Poitiers, rue Cloche-Perse, put apprécier le savoir et la bonne grâce (3), ou encore comme les deux Contant, dont le commentaire sur Dioscoride montre une réelle érudition et qui avaient réuni une collection d'histoire naturelle fort remarquable pour l'époque (4). Mais la pharmacie ne pouvait devenir une science que lorsque les progrès de la chimie lui eurent ouvert la voie. Depuis les travaux de Lémery seulement, l'art des apothicaires progressa, du moins à Paris. A Poitiers, les pharmaciens eux-mêmes se plaignaient en 1776 de l'insuffisance de leur préparation scien-

---

(1) Sur la comp. de la thériaque, Dr Jablonski, *op. cit.*, f. 35. — Sur la croyance à son efficacité, A. Franklin, *les Médicaments*, 1891, in-18, pp. 122-124. — (2) G. Bouchet, Xe *Sérée*, p. 417. — (3) Rcl. de voy. de Zinzerling, analysée par Gaillard, *op. cit.*, p. 141. — (4) *Œuvres de Jacques et Paul Contant*, 1628 in-f° (contenant entre le Commentaire sur Dioscoride, les poëmes du Second Eden et du Jardin Poétique avec une Description des curiosités de leurs collections et un Dictionnaire des noms des plantes).

tifique, et réclamaient un jardin des plantes avec des cours et des démonstrations de chimie et de botanique régulières et trimestrielles, et enfin des laboratoires d'application pratique (1).

De même que les autres membres des professions d'ordre médical, les apothicaires étaient investis d'un monopole qu'ils exerçaient avec âpreté. Eux seuls peuvent préparer et débiter les médicaments et les drogues. Cette prérogative les met en conflit avec les marchands grossiers, les graisseurs, et surtout les épiciers-droguistes. A l'égard des premiers, il leur est loisible de saisir tous médicaments composés trouvés dans leurs boutiques et de traduire en justice les délinquants (2). Aux seconds, c'est-à-dire aux marchands de graisses qui dans les bourgs s'étaient mis à faire le commerce des substances pharmaceutiques, ils font interdire tout débit de drogues, remèdes, médicaments « destinés à entrer dans le corps humain », sous peine de confiscation et de grosses amendes (3). Mais leurs adversaires les plus détestés sont les épiciers, contre lesquels ils soutinrent des luttes séculaires. Dès 1607, ils étaient en querelle avec eux, et leurs différends subsistaient encore peu avant la Révolution (4). Outre la vente du sucre, de l'eau-de-vie, du café et des denrées coloniales, les épiciers droguistes, qui ne formaient point de corporation, pratiquaient aussi le commerce des substances exotiques, des drogues simples,

(1) *Aff. du Poitou*, 1776, p. 91. — (2) Statuts des apothicaires de Thouars 1617, *op. cit.*, p. 451. — (3) Ord. de police du siège de Pouzauges 20 sept. 1776, *Aff. du Poitou*, 1776, p. 187. — (4) Requête des marchands drogueurs et espiciers de Poitiers au corps-de-ville, 27 août 1607, *Reg.* 63. — Sentence de la sén. de Poitiers 22 mars 1619, port. règl. entre les médecins, les apoth. et les droguistes, *Vienne*, D. 11. — Précis pour les marchands épiciers droguistes de Poitiers contre les apothicaires, imp. 1773. *Rec. Poit.* in-4°, tome XXII, n° 8.

c'est-à-dire des plantes médicinales, et prétendaient y joindre celui des « compositions galéniques et chimiques », en d'autres termes des produits pharmaceutiques. Non contents d'avoir le monopole de la préparation de ces produits, les apothicaires revendiquaient aussi celui de leur débit (1). Les statuts leur avaient concédé à l'égard des droguistes forains et domiciliés certains droits considérables. Quand les premiers apportent en ville des drogues simples ou composées, « exotiques et latines, » ils ne peuvent les mettre en vente sans avoir prévenu les maîtres-gardes apothicaires. Ceux-ci viennent en faire la visite, saisir celles qui paraissent « fausses et viliées » et ils sont chargés de déférer le délinquant à la police. Quand les drogues sont bonnes, les pharmaciens du lieu ont le droit, pendant vingt-quatre heures, d'en faire l'achat de préférence (2). Deux fois par an au moins, deux maîtres, délégués par la communauté des apothicaires, sont tenus d'aller inspecter les boutiques des épiciers-droguistes domiciliés, « pour voir si leurs drogues simples sont valables, » et s'ils ne détiennent pas quelque composition pharmaceutique (3). Leur surveillance s'exerçait surtout à ce dernier point de vue et mit aux prises droguistes et apothicaires, sans que la querelle semble avoir pu être réglée (4). Fort âpres à l'égard des épiciers, les apothicaires ne prétendent pas moins continuer à vendre des articles d'épicerie, tels que confitures, hypocras, épices, vins fins. Ils s'ingèrent même, au mépris du monopole des

---

(1) Pièces citées à la note précédente, en particulier le factum de 1773. — (2) Statuts des apothicaires de Poitiers, 1552 art. 10. — 1628, art. 17-18. — Statuts des apothicaires de Thouars 1617, *op. cit.*, p. 451. — (3) Statuts des apothicaires de Poitiers 1628, art. 19. — Statuts des apothicaires de Thouars 1617, p. 450. — (4) Il subsistait encore en 1773; voir pièces citées note 4, page précédente.

ciergiers, dans la confection des torches, cierges, barrillets, alors qu'ils ont seulement le droit de fabriquer des flambeaux et des bougies (1).

Les chirurgiens soulevaient également les plaintes de la corporation des apothicaires. L'usage ne permettait qu'aux chirurgiens-jurés des villes et bourgs où il n'y avait point de pharmacie, de faire la distribution des médicaments, mais ces praticiens s'occupaient partout de la vente des remèdes (2). Ce ne fut qu'en 1758 qu'un arrêt du Parlement de Paris régla sur ce point les prérogatives des apothicaires de Poitiers et de leurs rivaux. Cet arrêt reconnut aux chirurgiens le droit de traiter les tumeurs, plaies, ulcères, fractures, luxations, tant par opération de la main que par application des remèdes extérieurs nécessaires à ces opérations, et, à cet effet, les autorisa à faire et à avoir chez eux des cautères, emplâtres, onguents, liniments, baumes et poudres, sans toutefois pouvoir les vendre ni débiter autrement. Il leur était défendu par le même acte d'entreprendre et d'exercer la pharmacie, de donner « aucunes potions laxatives, confortatives ou altératives, à la réserve néanmoins des maladies vénériennes ou secrètes ». Les apothicaires étaient maintenus dans le monopole de la confection et du débit en boutique « des drogues et médicament simples et composés, internes et externes, servant à la médecine, même ceux permis aux chirurgiens »: On leur interdisait d'entreprendre et d'exercer la chirurgie, ou de faire les opérations manuelles attribuées aux chirurgiens(3).

(1) Délib. mun. de Poitiers, 20 janv. 1585, 6 février 1596. *Reg.* 45 et 55. — (2) Procès intenté à Verdalle, chirurgien à Poitiers, pour vente de médicaments. 1688, *Vienne*, D. 6. — Requête des apoth. contre les chirurgiens de Poitiers, 1721, *Vienne*, D. 16.—(3) Arrêt du Parlement de Paris en faveur des apothicaires de Poitiers contre les chirurgiens, 31 août 1758. *Arch. Antiq. Ouest.*

Les médecins, de leur côté, qui proclamaient qu'il n'était
« ni permis ni honnête » de délivrer les remèdes aux clients
sans l'intervention du pharmacien (1), accusaient les apothicaires d'user à leur égard de procédés moins délicats. Ils
considéraient les pharmaciens comme des inférieurs, qu'ils
étaient chargés de contrôler. Ils assistaient en effet à leurs
examens, ils leur faisaient des leçons (2). Ils étaient convoqués à certaines des assemblées du corps de l'apothicairerie, au moins deux jours à l'avance (3). Au chevet des
malades, se rendait l'apothicaire, soit seul, soit assisté d'un
garçon, dans l'attitude d'un « ministre (serviteur) du médecin ». Il lui était interdit de « bailler ou administrer des
remèdes » sans ordonnances médicales datées et signées (4).
Enfin, les médecins avaient la surveillance journalière des
officines de pharmacie (5). Mais ils se plaignaient des velléités d'indépendance ou des usurpations de ces subordonnés, dont ils accusaient l'ignorance et les tromperies et qui
ripostaient en incriminant les faiblesses du corps médical (6).
Dans un factum daté de 1588, les médecins de Poitiers expriment un certain nombre de leurs griefs contre les apothicaires. Ceux-ci s'arrogent le droit de modifier les ordonnances en quantité ou qualité. Ils ne suivent pas le dispensaire ou formulaire (*codex*) que la Faculté de médecine leur

(1) Réponse de la Fac. de médecine de Poitiers à un médecin de Blois,
10 déc. 1624. *Vienne*, D. 5. — (2) Factum des médecins de Poitiers 1588.
— Délib. du 14 juillet 1734 sur les lectures à faire aux apothicaires et sur
les examens. *Vienne*, D. 7.— (3) Délib. de la Fac. de médecine de Poitiers,
3 fév. 1621, *Vienne*, D. 5. — (4) Factum des médecins de Poitiers 1588. —
(5) *Ibid.* — Sentence de la sénéch. de Poitiers, 5 août 1588, *Vienne*, D. 10.
— (6) Procès entre médecins et apothicaires à Poitiers, 1588-1599, *Vienne*,
D. 2 et D. 10. — En 1558, un médecin de Fontenay, Collin, écrit une *Déclaration des Abus et tromperies que font les Apothicaires* 1558, in-8°.—Ceux-ci ripostèrent par une *Déclaration des abus et ignorance des Médecins*, B.
Fillon, *l'Art de Terre*, p. 135.

a donné, et ils trompent ainsi les médecins et les malades.
Ils traitent la clientèle. Ils la saignent et la purgent de leur
autorité privée. Ils se rendent à domicile, ordonnent et distribuent des remèdes sans appeler de docteurs, sous prétexte
qu'ils connaissent la complexion des clients mieux que
les médecins. Ils négligent leurs boutiques qu'ils abandonnent ainsi que la préparation des remèdes à des garçons
ignorants, pour courir visiter les malades le jour et la nuit.
Et pourtant, s'écrient les médecins, les membres du corps
médical sont aussi charitables que les apothicaires. Ils secourent les pauvres en « leurs maladies », leur font même
l'aumône, ne cherchent pas à rattraper leurs charités en
poussant à la consommation des drogues. Pendant la nuit,
ils ne refusent pas de se lever à moins qu'ils ne soient trop
vieux ou indisposés, et même si on les prie de bonne heure,
ils sont capables d'arriver aussitôt que les apothicaires. De
plus, ils détiennent les secrets de la science. Ils savent beaucoup de latin et les apothicaires en savent bien peu. Enfin, il
ne convient pas que les disciples usurpent ainsi sur des maîtres
dont ils se hâtent de réclamer les secours pour eux-mêmes ou
pour leurs familles en cas de maladie. C'est par ce dernier
trait que les médecins concluent leur mémoire (1). Ils
obtinrent gain de cause. Une sentence de la sénéchaussée de
Poitiers, du 5 août 1588, plusieurs fois confirmée, interdit
aux apothicaires toute usurpation sur les prérogatives médicales, et leur enjoignit de suivre strictement les ordonnances
des médecins, sans pouvoir substituer aucunes drogues à
celles que ceux-ci auraient prescrites (2). Ce fut seulement

(1) *Factum des Médecins de Poictiers pour les reiglemens qu'ils demandent contre les apothicaires.* 1er janv. 1588, imp. chez les Bouchetz. 24 pp.
Vienne, D. 10. — (2) Sentence de la sén. de Poitiers 5 août 1588, précitée.

en 1724 qu'une déclaration royale permit aux pharmaciens de visiter les malades en l'absence des docteurs (1).

Une profession aussi indispensable à la santé publique ne pouvait qu'être astreinte à des règlements rigoureux. Tout apothicaire est donc obligé d'avoir sa boutique garnie de simples. Quant aux drogues composées qui exigent « grands « frais et mises et qui ne sont ordonnées par les médecins « que dans des cas exceptionnels », chacun des pharmaciens à tour de rôle est tenu d'en avoir et d'en fournir ses confrères, à prix raisonnable et d'après un tarif arrêté par la corporation. Il en est de même pour tous les autres produits « dont ils seront requis » et qu'ils doivent se céder en bons voisins (2). Les apothicaires ne peuvent exposer en vente ou garder en boutique aucunes drogues ou marchandises qui n'aient été présentées aux maîtres-gardes du métier et visitées par eux. Deux fois par an au minimum, ceux-ci, en présence d'un délégué de la police, procèdent à l'inspection. Devant eux, doivent s'ouvrir tous coffres, boîtes et armoires, boutiques et arrière-boutiques. Rien ne doit être dissimulé (3). Les drogues corrompues ou viciées sont saisies, et après examen, détruites. Leur détenteur est frappé d'une amende, et, en cas de récidive, peut être privé de la maîtrise (4). Il est enjoint aux apothicaires, comme aux chirurgiens et aux droguistes, de renouveler de temps en temps les médicaments ou substances médicinales, et il leur est défendu d'en employer et d'en vendre d'altérées ou de mal conditionnées. Outre une forte amende, ils supportent en ce

---

(1) Déclar. royale du 14 mai 1724 *Isambert*, XXI, 265. — (2) Statuts des apothicaires de Poitiers, 1628, art. 20 et 21. — (3) Statuts de 1552, art. 4 ; de 1628, art. 1 et 2. — Statuts des apoth. de Thouars 1617, p. 450. — (4) Statuts des apoth. de Poitiers 1552, art. 4 ; 1628, art. 8 et 9.

cas la responsabilité des accidents (1). Bien qu'il soit obligé de délivrer les drogues ordonnées par les docteurs, sans y introduire aucun changement, sauf sur l'avis « d'un docte médecin (2) », l'apothicaire exerce cependant un certain droit de contrôle. Voit-il un médecin pratiquer illicitement, ou peu expert en l'art médical, il est invité par les statuts à ne donner ou distribuer aucunes médecines ou solutions « dont pourrait venir inconvéniens par l'imprudence de icel-« luy soy-disant médecin (3) ».

Il ne peut non plus détenir des poisons et des drogues vénéneuses, sauf celles « qui sont nécessaires pour le faict de médecine et dudit estat d'apothicairerie ». Ces dernières devront être placées dans des placards clos et fermés à clef, hors de la portée des femmes, enfants et serviteurs, sous peine pour le contrevenant de déchéance de la maîtrise et de châtiment exemplaire à l'occasion. Ces substances dangereuses sont refusées à toutes personnes inconnues. On ne les délivre que pour « cause nécessaire », après avoir enregistré le nom et la demeure de ceux qui en ont obtenu, la quantité délivrée, et la cause pour laquelle elles sont « baillées (4) ». Après la fameuse affaire des poisons, l'autorité, redoublant de précautions, ne permit l'achat des drogues dangereuses, telles que l'arsenic, le réalgal, l'orpiment, le sublimé, qu'aux médecins, apothicaires, chirurgiens, orfèvres, teinturiers et maréchaux, qui en avaient besoin pour leur profession. Elle les obligea à tenir registres signés, avec désignation des quantités achetées, des remèdes où ils les emploieraient, et des personnes auxquelles ils les donne-

(1) Ordon. de police de Châtell*. 1749, art. 97. — (2) Statuts des apothicaires de Poitiers 1628, art. 16. — (3) Statuts des apothicaires de Poitiers 1552, art. 43 — disposition qui ne se retrouve plus dans ceux de 1628. — (4) Statuts de 1628, art. 14.

raient. Ces divers industriels sont obligés de composer ces remèdes eux-mêmes ou sous leurs yeux. On leur interdit enfin de distribuer ces substances à l'état brut, sous la menace de punition corporelle (1). Au moment de sa réception à la maîtrise, l'apothicaire jurait de « n'administrer « ne donner pour amytié ni inimytié, dons ou promesses, « venins et médecines venimeuses à personnes quelconques, « sur peyne de la hart (2) ». De même, il ne devait donner ou souffrir être donné « médecine portant ou provoquant « avortement », à moins qu'elle ne fût prescrite par deux savants médecins, en cas de nécessité (3). Pour soigner les malades des hôpitaux, il y a un apothicaire spécial nommé par le corps de ville, et depuis 1631, à Poitiers du moins, par la corporation elle-même. Il est choisi en général parmi les garçons apothicaires, reçu à cette occasion à la maîtrise après examen, et tenu de fournir gratuitement les médicaments aux pauvres (4). Les statuts prescrivent encore aux pharmaciens de ménager le public, en ne formant entre eux « aucuns monopoles ». S'il s'en organisait, chacun d'eux est obligé de les révéler (5). S'il est commis des malversations ou abus, tout membre de la corporation est contraint par son serment de les dénoncer aux maîtres jurés(6). Enfin, tous les apothicaires sont invités à « se gou-« verner et entretenir audit estat, honnestement et sans re-« proche, et se contenter de salaires convenables, soyt pour

(1) Edit de juillet 1682 et arrêt du Parl. de Paris du 8 janv. 1770. *Rec. Poit.* in-4° V. 65. — Ord. de police du présidial de Poitiers, 6 avril 1756, *Arch. Antiq. Ouest.* — (2) Statuts de 1552, art. 42. — de 1628, art. 61. — (3) Statuts de 1628, art. 15. — (4) Délib. munic. de Poitiers au sujet de l'apothicaire des hôpitaux, 15 juin et 26 sept. 1595, juin-août 1612, 26 août 1613, 31 juillet 1617, 27 octobre 1631, février-mai 1632, mai 1633, etc. *Reg.* 54, 55 *bis*, 68 *bis*, 72, 82, 83. — (5) Statuts de 1552, art. 38, 1628, art. 57. — (6) Statuts de 1552, art. 37; 1628, art. 56.

« les drogues ou vacations, sans en faire enchérissement,
« sur peyne d'amende, selon la qualité des cas qui s'offri-
« ront dignes de répréhension (1) ».

Médecins, chirurgiens, vétérinaires, apothicaires, ont une foule de concurrents dangereux parmi les empiriques de toute espèce qui pullulent à la ville comme aux champs. Parmi ceux-ci, les plus vénérés ou les plus redoutés des paysans sont les sorciers ou devins, qui jettent des sorts sur les hommes et sur le bétail, et qui seuls connaissent les secrets des herbes et des attouchements propres à guérir les maladies (2). Ils inspirent une sorte de terreur, rançonnent la population des campagnes, sur laquelle ils prélèvent, en guise de tributs, du pain, du vin, de la volaille, séduisent parfois les femmes (3), et leur prestige est encore vivace à la fin du XVIIIe siècle. Des opérateurs parcourent aussi les foires et les fêtes champêtres, ballades, assemblées, prévails, et débitent à la clientèle rurale des drastiques, des purgatifs violents, dont les malades sont souvent victimes (4). Avec eux, les « *bailleurs de remèdes* », les « *mèges ou mégeyeurs* » et toutes sortes de médicastres, ont presque le monopole du traitement des fièvres, engorgements, obstructions, hydropisies, de la gale et des dartres, des hernies, des ulcères, des cancers, des maladies des yeux, employant sans discernement les opérations ou les médicaments les plus hasardés, tels que les caustiques et les répercussifs. « Ils tuent les malades ou les estropient, dit le Dr Gallot « en 1777, après en avoir tiré tout l'argent qu'ils peu-

---

(1) Statuts de 1552, art. 45. — (2) Dupin, *Stat. D.-Sèvres*, p. 83. —
(3) Acte de rémission pour le meurtre d'un sorcier en Poitou (1377). *Arch. hist. Poitou*, XXI, 50; XXIV, 333, 384 (acte relatif à une sorcière). —
(4) Dr Gallot, *Essai sur la topog. medic. en Bas-Poitou*, op. cit., pp. 127, 128, 129. — Dupin, p. 83.

« vent (1) ». Dans les villes comme dans les bourgs, le premier venu s'improvise médecin, apothicaire, chirurgien, sans la moindre hésitation. A Poitiers, on voit un chanoine de Ste-Radegonde (2), un Père jésuite, chargé de la pharmacie du collège (3), les Frères de la Charité, desservants de l'hôpital général (4), s'ingérer d'exercer la médecine et de vendre des remèdes. Ailleurs, près de Châtellerault, c'est un curé de campagne qui obtient un succès énorme en distribuant des onguents prétendus « curatifs contre le cancer (5) ». Un huissier, un menuisier se croient aptes à faire concurrence aux docteurs de la Faculté (6). Ici, c'est un paysan de Beaulieu, près Parthenay, qui a un secret infaillible contre l'épilepsie. « Il est flatté de pouvoir donner ce secours à l'humanité, » ce qui est d'une bonne âme, « mais il exige aussi quelque chose, très peu de chose pour ses peines », car il faut bien que le bienfaiteur vive de son bienfait (7). Là, c'est une demoiselle, qui a un frère chirurgien, grande preuve de science, et qui traite gratis, à son domicile de la rue des Hautes-Treilles à Poitiers, non seulement l'épilepsie, mais encore les fistules lacrymales, les plaies, panaris et furoncles, les cancers et les dartres (8). Elle est généreuse, mais ne compte-t-elle pas aussi sur la

---

(1) Dr Gallot, *Ibid*. — (2) Plainte de la Fac. de médecine de Poitiers contre Cb. d'Asnières, chanoine, 23 sept. 1614, *Vienne*, D. 4. — (3) Requête des apothicaires de Poitiers contre le père Jésuite, apothicaire du Collège, 29 août 1739, *Vienne*, D. 7. — (4) Signification faite par les médecins aux Frères de la Charité de la sentence du 10 mars 1599, interdisant l'exercice illégal de la médecine, 17 avril 1627. *Vienne*, D. 5. — (5) *Aff. du Poitou*, 1777, p. 20. — (6) Signification faite par la Fac. de médecine de Poitiers à Mignot, huissier, et à Davignon, menuisier, 17 avril 1627. *Vienne*, D. 5. — Plainte des chirurgiens de Châtell^t contre un cabaretier d'Oyré, 1728. *Reg. des aud. de police de Châtell.*, n° XLI. — (7) Annonce du s. Peirault. *Aff. du Poitou*, 1777, p. 96. — (8) Annonce de la D^{lle} Pépin. *Aff. du Poitou*, 1775, p. 164.

reconnaissance de ses clients? Celle-ci, plus pratique, se
vante de guérir les taies, mailles, rougeurs, maladies des
yeux, mais elle invite les malades à se mettre en pension
chez elle, rue des Feuillants, où son hospitalité n'est pas
sans doute gratuite (1). La femme d'un ingénieur logée à
l'hôtel des Trois-Piliers distingue dans sa clientèle. Aux
pauvres, elle donne gratis un onguent contre les cancers,
mais aux personnes aisées elle le vend 3 fr. la bille (2).
Dans ses moments de loisir, un employé des tabacs, rue
Corne-de-Bouc, distribue encore, avec permission des magistrats, une eau merveilleuse qui guérit les maux d'yeux
et les inflammations (3). Il n'est pas jusqu'au bourreau qui
n'ait son cabinet médical ou chirurgical. Celui de Fontenay-le-Comte est un rhabilleur incomparable qui se flatte
de remettre les os disloqués et les membres rompus aussi
bien que les chirurgiens (4).

Mais le renom de ces opérateurs locaux est éclipsé par
ces empiriques qui parcourent les villes et les gros bourgs,
affublés de noms bizarres et parés de titres retentissants.
Ils s'appellent *médecins-astrologues-philosophes-mathéma-
ticiens* (5), *opérateurs et distillateurs-chimistes* (6), arracheurs de dents (7), oculistes, *lithotomistes* (8), *alquimistes
et spargiristes* (9), ou simplement *vendeurs d'orviétan*. En
général, ils prétendent avoir le secret de guérir tous les

---

(1) Annonce de la D^lle Ribière. *Aff. du Poitou*, 1776, p. 140. —
(2) Annonce de la dame Parent. *Aff. du Poitou*, 1774, p. 48. — (3) Annonce
du sieur Oudin, *Aff. du Poitou*, 1773, p. 176. — (4) Arrêt du Parlement
de Paris (mars 1755) contre le bourreau de Fontenay-le-Comte, *A. Franklin
Var. Chirurgie.* p. 205. — (5) Le sieur de Chastelet en 1619. — (6) Desiderio Descombes en 1624. — Annonce d'un empirique en 1611. — (7) Délibér.
du corps de ville de Poitiers, 22 nov. 1621, relative à l'expulsion d'un « har-
racheur de dents » huguenot. *Reg.* 76. — (8) Médecin oculiste lithoto-
miste 1611. — (9) Annonces d'empiriques (1611).

maux, et brandissent aux yeux du public les certificats de leurs cures merveilleuses (1). L'un d'eux, en 1619, moyennant deux quarts d'écu, va à domicile soigner toutes les maladies ou bien y envoie sa femme, « qui a de grandes particularités » pour les connaître. Il n'en coûte qu'un quart d'écu, si on vient le consulter rue de la Tranchée. Il se flatte également d'enseigner l'anatomie en trois mois, la chimie dans le même laps de temps, l'arithmétique en trente jours, la botanique en un an, la connaissance des urines en huit jours, et l'art de fabriquer les horloges en 30. Pour chacune de ces spécialités, le prix n'est que de 2 à 6 pistoles (2).

Le charlatan italien Desiderio Descombes a moins de prétentions. Il se contente de vendre le baume précieux ou antidote appelé l'orviétan « pour préserver des maladies « contagieuses et garir toutes sortes de venins et morsures « de vipères, loups, chiens enragés et mesme du poison, « en vue du soulagement du public (3). » Tel autre, le médecin « spargiriq » par exemple, qui se vante d'avoir « pra- « ticqué avec les plus doctes médecins d'Europe aux armées « hôpitaux et villes », possède des remèdes pour tous les cas, depuis la paralysie et l'hydropisie jusqu'à la syphilis et à la peste (4). Il en est qui soignent indifféremment toutes les maladies, mais qui se déclarent surtout experts dans certaines affections. Celui-ci traite avec un succès incontestable les ulcères et les loupes, « tire la pierre avec subtilité » de la

---

(1) *Affiches du médecin spargirique* (1611) *et du médecin alguimist-occulist (sic) et lithotomist* (1611). *Vienne*, D. 11. — (2) Signif. de la Fac. de Médecine au sieur du Chastelet, 30 déc. 1619. *Vienne*, D. 5. — (3) Requête du sieur Desiderio Descombes au corps de ville de Poitiers, 2 sept. 1624. *Reg. 76 bis*. — Ce charlatan eut une certaine célébrité à Paris même. A. Franklin, Les *Médecins*, 1892, in-18, pp. 140-141. — (4) *Affiche du Médecin Spargiriq* (1611), *de passage à Poitiers, rue du Puygarreau. Vienne*, D. 11.

vessie, guérit les sciatiques, les coliques néphrétiques, les « carnosités » (rétrécissements) de l'urèthre, « abat les cataractes » (1). Celui-là est incomparable pour réduire les hernies ou les taies et toiles des yeux (2). Beaucoup de charlatans sont Italiens, comme Desiderio Descombes, qui eut une vogue considérable au xviie siècle, ou comme ce Rossini, originaire de Bologne, dont les médecins de Niort découvrirent le mince savoir (3). Ils débitent des poudres, des opiats, de singulières compositions, élixirs, eaux régénératrices, emplâtres, graisses, dont le public ignorant use avec une dévote confiance. S'il y a des sceptiques, comme Guillaume Bouchet, qui raillent les mensonges des arracheurs de dents ou charlatans (4), il y a des crédules en grand nombre, comme le veneur Jacques du Fouilloux, qui emploient avec componction des mixtures d'excréments de loups, de la cervelle de lapins ou d'autres substances, pour guérir leurs fluxions et autres maux (5).

Médecins, chirurgiens, apothicaires protestent contre cette concurrence illicite et contre les périls que font courir ces personnages ignorants, parfois à peine capables de distinguer les simples et d'en faire le débit (6). A maintes reprises, ils obtiennent des présidiaux et des autorités locales elles-mêmes l'interdiction d'exercer illégalement, c'est-à-

(1) *Affiche du Médecin Alquimist. etc.*, 1611 (logé rue Cloche-Perse). Vienne, D. 11. — Signif. faite par la Fac. de méd. de Poitiers à ce charlatan, 20 août 1611. *Vienne*, D. 4. — (2) Requête du sieur Dufresne au corps de ville de Poitiers, 20 juin 1625. *Vienne*, D. 12. — Délibér. du corps de ville rel. à un oculiste, 30 juillet 1629. *Reg.* 80. — (3) Acte de comparution et procès-v. relatifs au sieur J.-A. Rossini de Bologne (Niort, 17 juillet 1618), pp. Laurence. *Bull. Soc. stat. D.-Sèvres*, VI, 733. — (4) G. Bouchet, 27e *Sérée*. — (5) J. du Fouilloux, *la Vénérie*, édit. in-4°, 1585, p. 11. — G. Bouchet, 24e *Sérée*. — (6) Ex. le sieur Rossini, d'après le procès-verbal cité ci-dessus.

dire sans titre, la médecine, la chirurgie et la pharmacie (1). Mais la crédulité est telle que les opérateurs, vendeurs d'orviétan et charlatans de tout ordre obtiennent aisément des lettres patentes du roi ou des permissions des princes, gouverneurs de province, maires et échevins, pour pratiquer leur industrie. Descombes, par exemple, exhibe en 1623 et en 1624 une permission royale pour débiter partout ses baumes et antidotes (2). Après un procès de trois ans que lui ont intenté les médecins, apothicaires et chirurgiens de Poitiers coalisés (3), il se fait maintenir par le Grand Conseil dans son droit (4). En 1665, un autre charlatan du même acabit, Charles de Bonlieu, prend le titre d'opérateur du Roy et de chirurgien de ses armées navales, et il produit des lettres patentes qui l'y autorisent. Il en est qui sont protégés par le clergé, comme ce chevalier de St-Hubert, qui vient, en 1705, toucher à St-Hilaire les personnes atteintes de la rage et qui prétend par son attouchement préserver de la morsure des bêtes enragées (5). D'autres, tel que le sieur Fontblanche, surnommé l'Antithan, ont un privilège en bonne forme du corps municipal, qui leur permet de prendre le nom d' « opérateurs de la ville de Poitiers » (6). On a en effet une certaine confiance dans leurs assertions et dans

---

(1) Ordon. de la sénéch. de Poitiers, 10 mars 1599, contre les empiriques. *Vienne*, D. 10; du maire de Poitiers, 24 sept. 1618, *Vienne*, D. 5. — Arrêt du Grand Conseil du roi, 15 juin 1613, en faveur des chirurgiens de Poitiers *Vienne*, D. 11, etc. — (2) Lettres-patentes du roi, 15 mars 1623 et 23 mai 1624, citées dans la délib. du corps de ville de Poitiers, 2 sept. 1624, *Reg.* 76. — (3) Arrêt du Grand Conseil, 10 mai 1627, en faveur de Descombes, l'autorisant à vendre des remèdes, mais sans pouvoir faire aucune opération de médecine, chirurgie ou pharmacie, *Reg.* 78, f⁰ˢ 252-258. — Délib. munic. du 27 mai 1628, *ibid.* — (4) Lettres-pat. du 31 mars 1662 en fav. du s. de Bonlieu, mentionnée dans une délib. munic. de Poitiers, du 14 sept. 1665, *Reg.* 116. — (5) Actes capit. de St-Hilaire, 1705-08. *Vienne*, G. 556. — (6) Délibér. du corps de ville de Poitiers en faveur du sieur Fontblanche, 19 juillet 1666. *Reg.* 117.

leurs pratiques. Sans doute, ils ne peuvent vendre de drogues sans subir la visite d'un ou de plusieurs médecins et du procureur de la police (1). Parfois même, ils sont contraints de faire expérience ou de subir un examen devant une commission de docteurs, de chirurgiens et d'apothicaires (2).

Mais la permission est souvent obtenue sans difficulté. Ne voit-on pas des médecins vendre à des opérateurs les brevets qu'ils ont pris pour eux-mêmes et l'autorisation de les exploiter de ville en ville (3)! Certains, un doyen de la Faculté de médecine de Poitiers, par exemple, consentent à visiter tous les jours les malades en compagnie d'un charlatan bien achalandé (4). Au xviiie siècle, la délivrance des brevets pour les remèdes est réservée à une commission de médecins et de chirurgiens et renouvelable tous les trois ans (5). La vogue des empiriques ne paraît guère cependant avoir été enrayée par cette mesure. La foule continua à se presser autour de leurs théâtres en plein vent, où, à l'aide de farces et de plaisanteries, les opérateurs facilitent le débit de leurs drogues et le succès de leurs expériences. Il leur suffit d'observer quelque décence, de s'abstenir d'exercer pendant le service divin (6), de ne faire sur eux ni sur personne l'essai des poisons (7), pour obtenir aisément la permission de la

---

(1) Délibér. précitées rel. à Descombes et autres, 2 sept. 1624; 31 octobre 1644, etc. *Reg.* 76 *bis*, 96. — Ord. de police de Châtell^t 1749, art. 98; du siège de Palluau, 9 mars 1769. *Vendée*, C. 1034. — (2) Par ex. Rossini et Descombes, etc. — (3) Délibér. du corps de ville de Châtell^t relative au s. Many opérateur, acquéreur du brevet du docteur régent Dionis de Paris, 1er avril 1774. *Godard*, II, 203. — (4) Remontrances de la Faculté de médecine de Poitiers à son doyen de Lugré, 3 mars 1701. *Vienne*, D. 6. — (5) Arrêts du Conseil des 3 juillet 1728 et 17 mars 1731, concernant la vente des remèdes et la police des trois corps de médecine. *Vienne*, D. 10. — (6) Délibér. du corps de ville de Poitiers, rel. à des opérateurs, 2 sept. 1624, 5 juin 1628, 14 sept. 1665, *Reg.* 76 *bis*, 78, 116. — (7) Ordonn. de police de Châtell^t 1749, art. 98.

police. L'empirique domicilié peut aussi ouvrir boutique sous l'œil paternel de l'autorité, former même des apprentis, pourvu qu'il n'y ait rien à dire sur ses mœurs et sa religion, et à condition qu'il ait reçu une autorisation de résidence (1). Les vieilles coutumes ont un tel empire, même aujourd'hui, qu'on s'explique aisément la vogue des opérateurs et des médicastres d'autrefois.

Les soins de toilette et de propreté sont dévolus en Poitou, comme dans le reste de la France, à un corps d'industriels très ancien, celui des barbiers, que des liens étroits rattachent à l'art médical. Formés à Poitiers en corporation dès 1410, ils y constituent une des communautés les plus nombreuses, qui se confond longtemps avec celle des chirurgiens, dont elle est séparée, d'abord par l'édit de 1637 et définitivement par celui du 23 mars 1673 (2). A cette époque, ils prennent le nom de barbiers-barbans ou de barbiers-baigneurs-étuvistes et perruquiers. Au nombre de 12 en 1461 dans la capitale du Poitou (3), de 10 en 1692, et de 16 en 1706 (4), ils ne sont pas moins de 26 en 1764 (5). A Châtellerault, où ils atteignent au chiffre de 15 en 1738 (6), à Saint-Maixent (7) et dans les autres villes, ils forment des corporations importantes qui subsistaient encore au moment

(1) Requête du sieur Angevin opérateur (19 mars 1635), du sieur Dalichoux (31 oct. 1644), et délibér. mun. des mêmes dates et du 19 juillet 1666, *Reg.* 85, 96, 117. — (2) Statuts des barbiers de Poitiers, 1410-1420, in-ext. *Arch. hist. Poitou*, XXVI, 354-360; confirmations en 1429, 1438 février, et janvier 1461-62. *Ordon. des Rois*, XV, 307, 243; XIX, 611. — Edit de mars 1673, imp. *Arch. Antiq. Ouest.* — (3) Statuts des barbiers de Poitiers, 1461, précités. — (4) Arrêt du Conseil 18 mars 1692, relatif aux barbiers-perruquiers de Poitiers, et édit de juillet 1706, cités dans l'arrêt du 1er avril 1743, en faveur de la Peyronie, *Rec. Poit.*, in-4° VII, n° 13. — (5) Arret du Parlement en faveur des perruquiers de Poitiers, 23 janvier 1765. *Arch. Antiq. Ouest.* — (6) *Mém. de Roffay des Pallu*, 1738. — (7) *Bibliogr. des Etats Gén. de* 1789, p.p. A. Richard (liste des 24 corpor. de St-Maixent), *op. cit.*

de la Révolution (1). A l'origine et jusqu'au xvii⁰ siècle, ils ont pour fonctions essentielles le pansement des coups et blessures, le traitement des plaies extérieures, l'extraction des dents, la saignée et les opérations chirurgicales. Une prescription de leurs statuts semble prouver qu'ils s'acquittaient de cet emploi d'une façon un peu répugnante. Il leur est en effet recommandé de ne pas garder trop longtemps le sang des personnes opérées, mais de le jeter quelques heures après l'opération (2). Lorsqu'ils perdirent ces prérogatives médicales, les barbiers conservèrent du moins les autres droits de leur métier. Soit dans leurs boutiques, reconnaissables à leur peinture bleue, à leurs trois bassins blancs, à leurs fenêtres à grands carreaux de verre, soit à domicile, ils font le poil, c'est-à-dire peignent et rasent les clients (3). Jusqu'au xvi⁰ siècle, ils pratiquent l'épilation (4). Au xvii⁰ et au xviii⁰, ils accommodent les perruques et les toupets. Ils crèpent, pommadent et poudrent les hommes, coiffent et frisent les dames, fabriquent et vendent faux chignons et faux cheveux (5). On les reconnaît à leur bassin et à leur coquemard d'argent qu'ils portent avec eux en allant chez la pratique (6). Des « chaières ou fauteuils, des bassins, des rasouers et des couvrechiefs », constituent le fond du matériel de leur « hostel », d'après les statuts de 1410 (7). Les grands seigneurs ont un barbier attaché à leur service et à celui de leur mai-

(1) Liste des corporations de Châtellerault et de Poitiers 1789, précitées. — (2) Statuts des barbiers de Poitiers, 1410, 1462. — (3) Mêmes statuts — lettres pat. du 6 février 1725, 12 déc. 1772; arrêt du Parl. 22 août 1763 en fav. des perruquiers du royaume. *Isambert*, XXI et sq. — (4) Franklin, *les Soins de toilette*, p. 9. — C'est probablement l'opération qui se faisait aux étuves et que les statuts des barbiers de Poitiers de 1410 désignent sous le nom de *rère* (raser). — (5) *Aff. du Poitou*, 1783, 36; 1780, p. 192, etc. — (6) Requête du sieur Babeau, perruquier, au corps de ville de Poitiers, 1er fév. 1644. *Reg*. 95. — (7) Statuts des barbiers de Poitiers, 1410, 1462.

son (1). Au xviii° siècle, il y a même des coiffeuses pour femmes (2). Les barbiers-perruquiers joignent alors à leur commerce celui de la parfumerie. Ils vendent des liqueurs, des eaux de senteurs, telles que l'eau de Cologne, des essences pour le visage et les mains, par exemple le parfum du sérail, de l'eau de mélisse pour les yeux, du lait virginal pour la barbe, des pommades ou pâtes pour embellir le teint des femmes, des opiats, des perles, des poudres de Chypre ou à la maréchale, du rouge à la dauphine, des rasoirs en acier, et jusqu'à des orangers, des jasmins et des tubéreuses (3). Mais tandis qu'ils ont le monopole des soins de toilette, ils partagent avec les gantiers, les épiciers et autres marchands le commerce des parfums (4).

Ils avaient encore longtemps possédé le privilège d'ouvrir des établissements de bains publics. Depuis le xii° siècle surtout, l'usage des ablutions s'était en effet répandu. On connaît les cuves à baigner que possédaient beaucoup de familles aisées. Pour le public, les barbiers entretenaient des étuves, où l'on donnait à volonté des bains de vapeur ou des bains d'eau chaude, et ils avaient à côté de leurs boutiques des baquets à baigner. Dans la rue Notre-Dame-la-Petite, se trouvaient par exemple à Poitiers, des étuves dont les textes du xv° siècle font mention (5). Mais la fâcheuse réputation qu'acquirent ces lieux, devenus de véritables maisons de débauche, finit par en entraîner la dispa-

(1) Ordon. de l'hôtel du comte de Poitiers 1315 (il a son barbier, son « espicier » son tailleur). *Arch. hist. Poitou*, XI, 116. — (2) Annonce de la femme Coiffard. *Aff. du Poitou*, 1780, p. 192. — La Liborlière, *Souvenirs*, p. 161. — (3) Ex. annonce du sieur Magne, perruquier et parfumeur, *Aff. du Poitou*, 1776, p. 12. — (4) *Aff. du Poitou*, 1775, pp. 60, 160, 220; 1774, pp. 12, 64, 76; 1783, p. 183. — (5) Citées dans un acte du xv° s. *Vienne*, G. 1041. — Voir aussi, B. Ledain, *Jeanne d'Arc à Poitiers*, 1894.

rition (1). Le peuple continua à user des bains de rivière (2), mais les autres classes se déshabituèrent de ces soins de propreté. Les barbiers eux-mêmes, en dépit de leur droit, se désintéressèrent souvent de leurs fonctions de baigneurs. Ce fut ainsi qu'à Poitiers un hôtelier, qui dirigeait l'hôtel de la Bourdonnaye, sembla en 1776 tenter une grande innovation, quand il eut l'idée d'établir des bains froids et chauds pour les hommes et les femmes de la classe aisée. Le prix du bain était très élevé : 3 l. par personne et 12 s. pour le service (3). Aussi le public montra-t-il un faible empressement « à profiter de la proposition (4) ». Deux ans après un projet formé pour établir des cabines de bains au bord du Clain n'eut même pas un commencement d'exécution(5). En dépit de l'exemple donné par les grandes villes, les centres urbains du Poitou paraissent avoir persévéré dans les traditions de négligence qui avaient prévalu depuis trois cent ans. On ne connaissait guère non plus l'emploi des bains de mer. Tout au plus en usait-on pour la guérison de la rage. On connaît à cet égard l'anecdote relative à Mme de Ludre que raconte la marquise de Sévigné (6). Au xviie siècle, il est question dans la baronnie de St-Michel en l'Herm, en Bas-Poitou, d'un *baigneur juré* qui est chargé pour toute l'étendue de ce territoire de baigner toutes personnes et toutes sortes d'animaux « mordus de chiens » ou autres

(1) Havard, *Dict. de l'Ameubl.* II, 581, — A. Franklin, *les Soins de toilette*, p. 15. — (2) *Aff. du Poitou*, 1778, p. 124. — (3) Annonce du s^r Dastre, baigneur et m^e perruquier, *Aff.* 1775, p. 76. — Annonces du s^r Deshoulières, prop. de l'hôtel la Bourdonnaye, *Aff. du Poitou*, 1776, p. 60 ; 1777, p. 132. — (4) La Liborlière, *Souvenirs*, p. 191. — (5) *Aff. du Poitou*, 1778, p. 124. — En 1800, Jouyneau Desloges émettait encore le vœu qu'on établit des bains publics à Poitiers, *Journal de Poitiers*, an VIII, n° 22. — (6) *Lettres de Mme de Sévigné*, éd. Adr. Régnier, II, p. 105. — Sur l'usage des bains de mer comme remède contre la rage, voir A. Franklin, *les Médicaments*, pp. 118-119.

bêtes « enragées ou gastées (1) ». Il ne semble pas que cet emploi ait été réservé aux barbiers. Ces derniers industriels se trouvaient donc au xviii° siècle à peu près réduits à accommoder la barbe, les cheveux et les perruques, et à pratiquer accessoirement le commerce de parfumerie.

Leur corporation est l'une de celles dont la police se méfiait le plus, et que la chronique a le moins épargnées. « Ils
« sont grands menteurs, dit le Poitevin Guillaume Bouchet,
« rappelant le proverbe qui concerne les arracheurs de dents;
« or adjoustez qu'ils sont grands causeurs et babillards...
« pour ce que coustumièrement les fainéans d'une ville et
« les plus grands causeurs... se viennent assoir à leurs
« boutiques ». « Là, ajoute-t-il, les personnes les plus
« abjectes se trouvent pour deviser, comme les plus hon-
« nestes, vertueux et doctes chez les imprimeurs et librai-
« res (2) ». Leur propreté ne laissait pas d'être sujette à caution. Un article des statuts de 1410 prouve qu'il y avait quelque péril à se fier à leurs rasoirs ou à leurs peignes. Il leur interdit en effet, sous peine de confiscation de leurs outils, « de faire office de barbiers à meseaux'ou à meselles », c'est-à-dire auprès de lépreux ou de lépreuses. On les suspectait de se livrer encore à des occupations d'un caractère louche. Aussi leur était-il défendu d'aller « rère (raser) ne
« faire autre chose à personne, ès estuves ne autre part,
« fors choses et ès lieux honnestes ». Enfin, ce qui achève de montrer combien la profession était soupçonnée d'accueillir des individus peu recommandables, c'est l'injonction qui est faite à la corporation de chasser du métier tout barbier

---

(1) Réceptions de Blaise Ridaud et de Jacques Butaud, pêcheurs, comme baigneurs-jurés de St-Michel en l'Herm. 1677, 1697. *Vendée*, B. 1140, 1145. — (2) G. Bouchet, 27e *Sérée*, p. 72.

« réputé ou notoirement diffamé de tenir et avoir ostel de
« bordellerie ou macquerellerie (1) ». Telle était du moins
la situation au xv⁰ siècle. Il est permis de penser, d'après le
silence des ordonnances de police postérieures, qu'avec la
disparition des étuves déclina le fâcheux renom des barbiers.

CONCLUSION

DU LIVRE SECOND

Si l'on considère d'un point de vue général l'histoire des nombreuses communautés d'arts et métiers dont la trace se retrouve en Poitou, et si l'on examine la police qui les a régies, on retrouve partout des traits caractéristiques qu'il importe de dégager. L'étude de ces corporations permet d'abord de saisir les relations étroites qui existent entre les transformations du travail et celles de la société elle-même D'abord rudimentaire, l'organisation de l'industrie et du commerce se perfectionne, à partir du grand mouvement des Croisades, en vertu de cette loi constante qui est l'origine du progrès, à savoir la division ou la spécialisation du travail. Du tronc primitif, nourri dans un sol plus riche, moins exposé aux orages, fortifié par la croissance, surgissent sans cesse de nouveaux rameaux. En même temps, comme des organes qui s'atrophient par degrés lorsqu'ils ont rempli leur fonction, disparaissent lentement les métiers dont la société n'a plus à attendre des services. Le sort d'une des plus célèbres corporations poitevines, celle

(1) Statuts de 1410 et de 1462.

des heaumiers, des espéeurs et des éperonniers, est un exemple frappant de cette loi fatale. D'autre part, la grande industrie se forme, favorisée par le développement de l'unité politique et territoriale. Des centres industriels de premier ordre s'organisent pour livrer au commerce en grande quantité des produits, tels que les textiles, les fers, la céramique, et devant leur concurrence, certaines industries locales entrent dans cette période de déclin qui est le prélude de leur disparition. Le Poitou devait souffrir encore de cette forme inévitable de l'évolution économique. Mais les pertes que la petite industrie semble faire d'un côté sont rapidement réparées de l'autre. En effet, de nouveaux besoins naissent sans cesse dans une société où, en dépit de temps d'arrêt passagers, la civilisation progresse lentement, et où le luxe se propage par degrés des hautes classes aux classes moyennes, et de celles-ci aux classes populaires. L'accroissement des relations entre les hommes, l'affinement progressif des idées et des mœurs contribuent aussi à susciter parmi les industries anciennes une foule de nouvelles spécialités, et à donner à certaines variétés du travail, par exemple aux transports, aux jeux et aux spectacles, aux arts libéraux, un essor rapide et magnifique. Comme il arrive dans la nature, partout le besoin a créé l'organe, l'a varié en se transformant lui-même, ou l'a fait disparaître en disparaissant.

Dans le milieu physique où évoluent les organismes vivants, il y a des lois naturelles qui assurent leur naissance et leur développement. Dans le milieu social, où se sont organisées et où vivent les communautés industrielles et commerciales, les statuts et règlements émanés de l'autorité locale ou de l'État ont joué un rôle identique. Les intérêts généraux de la collectivité locale ou provinciale ont exigé que le recrutement des arts et métiers fût facilité en Poitou, par des privilèges et que leur sort fût protégé par des monopoles contre les hasards de l'existence. Sous l'abri tutélaire du privilège et du monopole, les communautés ont pu se créer des traditions, se former un personnel cohérent et habile. Ce régime, qui a trop souvent retenu, à la fin de l'âge moderne, l'industrie et le commerce dans l'immobilité de la routine, a été ainsi, à l'origine et dans la période de croissance, la source même du progrès économique. De là ces prescriptions dont l'histoire des métiers poitevins fournit tant d'exemples, et qui paraissent aujourd'hui si étranges, parce que le milieu a entièrement changé. De là ces efforts obstinés pour tracer à chaque profession le cercle dans lequel elle a le droit de se mouvoir. De là, ces mesures de protection à l'égard de l'industriel et du commerçant domiciliés à l'encontre des forains, en faveur de chaque groupe professionnel à l'encontre du groupe voisin ou de l'ensemble du public. De là enfin, ces garanties, lentement conquises, qui ont fait de l'artisan primitif, homme de corps du seigneur, le maître ou l'ouvrier libre, le bourgeois influent et honoré du Moyen-âge et des temps modernes. Nés à une époque où chaque collectivité locale devait tirer de son propre fonds les éléments de son existence, privilèges et monopoles ont été les moyens d'action légitimes et efficaces pour fixer maîtres et compagnons au sol de la province ou de la cité.

Aux droits correspondent d'ailleurs des devoirs, et le nombre de ces obligations tend à s'accroître, leur poids tend à s'alourdir sans cesse. La police des métiers n'apparaît à nos yeux, mesquine, minutieuse et tyrannique, que si nous négligeons d'en rechercher les raisons d'être. Dans un état de civilisation avancée, comme le nôtre, les habitudes tiennent souvent lieu de lois, et quand une société a grandi, elle ne se souvient plus des lisières qui ont assuré d'abord sa marche. Elle en considère l'usage comme irrationnel, oppressif ou puéril. Dans l'ancien milieu social et économique, il fallait des règlements pour fixer à chacun ses obligations et pour créer à la longue ces traditions de bonne tenue, d'habileté technique, de loyauté commerciale relative, qui une fois acquises et consolidées par l'habitude ont rendu inutiles les statuts de police. Ceux-ci ont contribué à rendre meilleur le recrutement des métiers, à entourer l'exercice des professions de garanties morales et matérielles. S'ils ont soumis la préparation ou la fabrication des produits à des règles techniques trop nombreuses, s'ils ont multiplié, pour en assurer l'observation, le système des visites et des marques, on ne saurait nier que cette surveillance n'ait été nécessaire sur des marchés locaux étroits, où l'absence de la concurrence eût livré le public aux caprices de l'industriel et du commerçant. La réglementation des achats et des ventes, les entraves à la libre circulation des produits, la prohibition des coalitions de maîtres, toutes ces mesures si restrictives de la liberté individuelle furent inspirées par la nécessité où se trouvait la société locale d'autrefois de garantir les intérêts collectifs en même temps que de protéger les intérêts particuliers.

Si cette organisation du travail a été nécessaire au moment où la commune, la province et la nation s'organisèrent, on ne saurait y voir sans erreur un idéal à imiter. La police des arts et métiers en Poitou, comme dans le reste de la France, après avoir secondé la formation et le développement de l'industrie et du commerce, n'a pas tardé à en retarder le progrès. Statuts et règlements ont trop longtemps survécu aux nécessités sociales qui les avaient fait naître. Aux temps modernes, c'est-à-dire au moment même où leurs effets utiles se trouvaient obtenus, leur multiplication et leur rigidité devinrent un des principaux obstacles qui retardèrent l'évolution économique. S'ils avaient permis dans le passé aux métiers de s'organiser et de vivre, s'ils avaient contribué à former la tradition morale et professionnelle de chacun d'eux, ils furent en retour, depuis le xvie siècle, une cause puissante de routine, une source incessante de procès, une entrave permanente pour l'initiative individuelle. A mesure en effet que les communautés devinrent plus fortes, à mesure que l'État et les pouvoirs locaux prirent une conscience plus nette de leurs devoirs et de leurs droits, la police de l'industrie et du commerce se fit plus minutieuse et plus oppressive, enserrant dans des liens étroits, au risque de l'arrêter, la sève qui circulait déjà plus abondante dans ces corps vigoureux.

FIN DU LIVRE SECOND

www.ingramcontent.com/pod-product-compliance
Lightning Source LLC
Chambersburg PA
CBHW071608230426
43669CB00012B/1870